Meiner Cousine Erika
zur Erinnerung an die Heimat
Ihrer Vorfahren,
an mich und den Bodensee
Gewidmet von
Cousin
Rudolf
am 20.12.2017

Nußdorf im 925. Jahr

Ein Lesebuch

Rudolf Beck
Dietram Hoffmann
Mechthild Knapp
Ingeborg Simon
Margarete Staiger-Gut

Nußdorf im 925. Jahr

Ein Lesebuch

Rudolf Beck
Dietram Hoffmann
Mechthild Knapp
Ingeborg Simon
Margarete Staiger-Gut

Impressum

1. Auflage

Autoren:
Rudolf Beck
Dietram Hoffmann
Mechthild Knapp
Ingeborg Simon
Margarete Staiger-Gut

Herausgeber: Förderverein Dorfgemeinschaft Nußdorf e.V.
Korrektorat: Simone Al-Dari, Michael Mess, Jörg Simon
Gestaltung: Braun, Meissner-Braun. Büro für Gestaltung, Überlingen
Druck: Leodruck, Stockach

Titelbild: Nußdorf, Gemälde von Walter Conz im Besitz der Familie Lafferentz (mit freundlicher Genehmigung), Foto: Lauterwasser

Bild auf der Rückseite: Margarete Staiger-Gut, Dietram Hoffmann, Inge Simon, Rudolf Beck, Mechthild Knapp
Foto: Laurin Knapp

Verlag: MEC Service, Überlingen
www.mec-verlag.de

ISBN 978-3-9815861-1-4

Bibliografische Information der Deutschen Nationalbibliothek:
Die Deutsche Nationalbibliothek verzeichnet diese Publikation in der Deutschen Nationalbibliografie; detaillierte bibliografische Daten sind im Internet über http://dnb.d-nb.de abrufbar.

Grußwort

Dem Fleiß eines ganzen Teams von ehrenamtlichen, geschichtsbegeisterten Bürgerinnen und Bürgern von Nußdorf ist es zu verdanken, dass Nußdorf heute über eine umfassende Ortschronik verfügt. Als im Jahr 2009 der Ortschaftsrat die Erstellung einer Chronik in Auftrag gab, ging er noch davon aus, dass Nußdorf anlässlich der Gründung des Klosters Salem 1134 - 37 erstmals genannt wurde. Ein gewisser Eigilwardo de Nuzdorf war Zeuge der Stiftung. Im Zuge der weiteren Erforschung stellte sich nun heraus, dass ein Egilwart[1] von Nußdorf bereits 1092 erstmals erwähnt wurde. Nußdorf kann deshalb im Jahr 2017 auf stolze 925 Jahre zurückblicken und würdigt dieses Jubiläum mit vorliegendem Werk.

Es ist ein Lesebuch, das im ersten Teil das heutige Dorf mit seinen kulturellen und wirtschaftlichen Besonderheiten darstellt. Firmenporträts sind darin ebenso zu finden wie die Biographien bekannter und weniger bekannter Nußdorfer Persönlichkeiten. Auch den Vereinen ist ein gesondertes Kapitel gewidmet. Sie sind Garant für das kulturelle, sportliche und gesellige Zusammenleben und zeugen von dem lebendigen ehrenamtlichen Engagement der Bevölkerung.

Im zweiten Teil wird Nußdorfs Vergangenheit beleuchtet, von den Anfängen lange vor den ersten Zeugnissen der Besiedlung 3919 vor Chr. über die Zugehörigkeit zum Kloster Salem, der Zeit als selbständige Gemeinde bis hin zur Eingemeindung nach Überlingen und der Entwicklung zum selbstbewussten Teilort heute. Die facettenreichen Beiträge und die vielen Fotos laden dazu ein, das Buch immer wieder gern zur Hand zu nehmen und darin zu schmökern.

1 Die unterschiedlichen Schreibweisen des Namens des ersten urkundlich erwähnten Nußdorfers, sind typisch für mittelalterliche Texte. So gibt es von Nußdorf zwischen 1218 und 1458 sogar zehn verschiedene Schreibweisen.

Ich bedanke mich bei allen, die zum Gelingen der Ortschronik beigetragen haben, allen voran Dietram Hoffmann, der 2009 die große und schwierige Aufgabe ehrenamtlich übernommen hatte. Ich bedanke mich auch bei seinem engagierten „Chronikteam" namentlich bei Rudolf Beck, Mechthild Knapp, Ingeborg Simon und Margarete Staiger-Gut, die mit ihren Recherchen und Beiträgen zum Gelingen des Buchs beigetragen haben. Auch allen Bürgerinnen und Bürgern aus Nußdorf, Überlingen und Nachbarorten sei herzlich gedankt, die ihre persönlichen Erinnerungen einbrachten und viele Bilder und Dokumente aus privaten Sammlungen zur Verfügung stellten.

Beim Lesen wünsche ich den Leserinnen und Lesern viele neue Erkenntnisse und viel Vergnügen.

Überlingen, 26. Juli 2017

Jan Zeitler
Oberbürgermeister

Vorwort

Bei einem Treffen oberschwäbischer Adeliger - möglicherweise im Jahr 1134 - wurde ein Teilnehmer aus Nußdorf erwähnt. Deshalb gilt 1134 als das Jahr der ersten schriftlichen Erwähnung Nußdorfs, wie es im „Codex Diplomaticus Salemitanus. Urkundenbuch der Cistercienser Abtei Salem", der 1883 herausgegeben wurde, geschrieben steht. Also beschloss der Ortschaftsrat von Nußdorf am 17. November 2009, zur 875. Wiederkehr dieser Jahresangabe, eine Chronik des Dorfes schreiben zu lassen.

Dietram Hoffmann, Historiker und Ortschaftsratsmitglied, wurde mit der Projektleitung beauftragt. Alle interessierten Nußdorfer Bürgerinnen und Bürger wurden von ihm zur Mitarbeit eingeladen und am 1. Dezember 2009 konnte ein fünfköpfiges Chronikteam gegründet werden. Heute, am 22. September 2017, wird das Ergebnis der achtjährigen Arbeit an diesem Buch der Öffentlichkeit vorgestellt.

Das Chronikteam hat sich schon in einem frühen Stadium des Projekts entschieden, nicht eine klassische Chronik, sondern vielmehr ein Lesebuch über Nußdorf zu schreiben. In Teil 1 wird das Dorf beschrieben, wie es sich heute darstellt. Dabei wird in nahezu allen Artikeln auch Bezug auf die Vergangenheit genommen. Teil 2 ist die chronologische Darstellung der Geschichte Nußdorfs. Diese Erzählung beginnt in der frühen Erdgeschichte und endet nach 2009.

Im Laufe der Forschungen kamen Zweifel an der Korrektheit des ursprünglichen Arbeitstitels „Nußdorf im 875. Jahr". So findet sich in der Quelle „Codex Diplomaticus Salemitanus" zwar das Jahr 1134 und eine Liste der Teilnehmer des Adelstreffens, aber keine Aussage, ob das Treffen wirklich schon 1134 und nicht erst 1137 stattgefunden hat. Dank eines glücklichen Zufalls konnte herausgefunden werden, dass Nußdorf sogar schon 1092[1] schriftlich erwähnt wurde, deswegen lautet jetzt der Buchtitel „Nußdorf im 925. Jahr".

Die Chronik sollte kein wissenschaftliches Werk werden, sondern ein Lesebuch, das inhaltlich wissenschaftlichen Ansprüchen genügt. Um das Buch lesbarer zu machen, wurde auf eine Vielzahl von Quellenangaben verzichtet. Zitate sind als solche gekennzeichnet und alle verwendeten Quellen im Anhang aufgeführt. Zitate wurden nicht an heute geltende Rechtschreibregeln

1 Nachzulesen im Artikel „Die Gründung von Salem" im Kapitel 14 „Salem und Nußdorf im Mittelalter"

angepasst, zitierte mittelalterliche Texte allerdings der Verständlichkeit halber ins Hochdeutsche übertragen. In den Fußnoten finden sich überwiegend ergänzende Erklärungen, sehr häufig der Online-Enzyklopädie Wikipedia entnommen.

In der Vergangenheit geschahen manchmal Dinge, die nicht unbedingt der Ehre der beteiligten Menschen dienten. Solche Ereignisse zu verschweigen, macht sie nicht ungeschehen. Wir haben daher darüber berichtet. Eine Beurteilung der Gräuel aus dem Dreißigjährigen Krieg oder der Kooperation mit den Nazis überlassen wir dem Leser. Martin Walser hat dies für sein Heimatdorf Wasserburg so ausgedrückt: *„In Wasserburg, da haben zwei Historiker ganz genau erforscht und aufgeschrieben, [...] was passiert ist zur Hexenverfolgung: Das war grauenhaft, und wenn Du das liest mit den Namen, die es heut noch gibt. Das ist [dennoch] ein unglaublich tolles Werk, der Gemeinde ihre Vergangenheit zu schaffen."*

Nußdorf, eines von 35.000 Dörfern in Deutschland, war im historischen Sinn nie bedeutend, aber die meiste Zeit seiner Geschichte im milden Klima am Bodensee eine Heimat, die einigen wenigen Dutzend Bauern ein alles in allem gutes Leben bot. Seine Einwohnerzahl, bzw. die der Siedlungen, die dort lagen, bevor das Dorf seinen heutigen Namen erhielt, wuchs von ca. 50 zur Zeit der Pfahlbausiedlungen um 3900 v. Chr., auf 381 im Jahr 1938 und 1.729 im Januar 2015.

Nur wenige Nußdorfer erreichten eine Bekanntschaft über die Region hinaus, sodass über sie schriftlich berichtet wurde. Auch gibt es in Nußdorf kein Gebäude von überregionaler Bedeutung, wie der Sitz eines Adeligen oder ein Kloster. Kurz, es gibt nur sehr wenige Quellen, bzw. archäologisch auswertbare Daten, die eine einigermaßen lückenlose historische Darstellung über knapp 6.000 Jahre ermöglichen. Das Chronikteam hat versucht, die Lücken mit Daten aus dem regionalen Kontext, also beispielsweise der Geschichte der Kelten am Bodensee oder von Salem und Überlingen zu überbrücken. Hierzu muss gesagt werden, dass während der acht Jahre dauernden Recherchen das Angebot im Internet quantitativ und qualitativ gestiegen ist. Erwähnt seien hier die laufenden Digitalisierungen durch Google oder das Projekt Gutenberg, die beträchtliche qualitative Steigerung der Wikipedia-Beiträge aber auch private Initiativen, die Forschungsergebnisse zum allgemeinen Gebrauch anbieten. Seit 2009 hat sich für das Chronikteam die Quellenlage so enorm verbessert.

Bis weit ins 19. Jahrhundert gab es nur lokal oder regional definierte Standards für Maße, sei es Gewicht, Masse, Entfernung usw. Erst die Französische Revolution von 1789 hatte dies grundlegend durch die Vereinheitlichung der Messwerte für Masse, wie das Kilo, und Entfernung, wie den Meter, geändert. Wir haben versucht, diese Werte in metrische Angaben umzurechnen. Das mag nicht immer genau gelungen sein, u.a. weil die Begriffe für die Werte regional oft unterschiedlich definiert sind. So sind ein Morgen, der anderswo Joch oder Jauchert oder Tagwerk usw. hieß, in Württemberg 3.152, in Baden oder nach rheinischem Maß 3.600, in Bayern 3407,27 Quadratmeter usw.

Bei der Währung war der Gulden, abgekürzt „fl", seit dem Mittelalter beinahe eine einheitliche Währung. Aber bei Währungsumrechnungen, die auf Unterlagen des statistischen Bundesamtes basieren, musste immer wieder beachtet werden, dass der DM-Multiplikator für die Umrechnung des Guldens zwischen dem 13. Jahrhundert und 1871, als deutschlandweit die Mark eingeführt wurde, von 975 DM auf 16,40 DM gesunken ist. Zusätzlich musste noch die DM in Euro umgerechnet werden (1,95583 DM = 1 Euro). Bei Geldwerten muss nach der Umrechnung auch noch die unterschiedliche Kaufkraft berücksichtigt werden. D.h., dass es Waren gibt, die früher nicht leicht zu erwerben waren und heute in jedem Laden erworben werden können, also früher teuer waren und heute preiswert sind. Zum Beispiel hat „um 1900 der Preis für 1 kg Kaffee 4,15 RM betragen [...]. Mit der Kaufkrafttabelle auf 2012 umgerechnet, würde 1 kg Kaffee demnach 26,21 Euro kosten. 2012 kosteten 1 kg Kaffee tatsächlich eher 8 Euro." Eine Umkehrung dieses Prinzips ist für andere Waren natürlich auch möglich.

Auch Zeitangaben sind nicht immer präzise, sondern unterliegen häufig der Interpretation von Historikern oder Archivaren. Erinnert sei an die Diskussion Ende 2014, ob Überlingen wirklich schon 770 n. Chr. schriftlich erwähnt worden ist oder erst 773.

Das vorliegende Werk konnte von uns nur mit der Unterstützung vieler Menschen geschaffen werden. Wir möchten uns daher bei allen, die dazu beigetragen haben, ganz herzlich bedanken. Sollten wir in der Aufzählung der vielen Helfer jemanden vergessen haben, bitten wir um Nachsicht.

Unser besonderer Dank gilt der Unterstützung von Dr. Michael Brunner (Leiter des Kulturamts der Stadt Überlingen), Dr. Eveline Dargel (Leiterin des Archivs des Bodenseekreises, Salem), Walter Liehner (Leiter des Stadtarchivs von Überlingen), Dr. Helmut Schlichtherle (Arbeitstelle „Unterwasser- und Feuchtbodenarchäologie" beim Landesamt für Denkmalpflege im Regierungspräsidium Stuttgart, Gaienhofen-Hemmenhofen) und Walter Hutter (Bermatingen) für seinen Beitrag über Gustav Robert Oexle.

Die folgenden Personen haben dankenswerter Weise in Speichern und Kellern, Schränken und Kommoden und in ihrem Gedächtnis gewühlt, um uns Texte und Bilder für die Chronik zu liefern, haben uns ihre Türen geöffnet und Auskünfte und Interviews gegeben, haben Briefe und E-Mails geschrieben:

Gert Adler, Hans und Irmgard Allgeier, Christiane Allweier, Jutta Bauder, Ernst Beck (Billafingen), Gerold Beck, Rudolf Beck, Therese Beck, Helmut Bommer (Überlingen), Erich Butscher (Überlingen) †, Helmut Butscher, Dr. Bodo Dieckmann (Hemmenhofen), Lilo Dreier †, Petra Drossel (Überlingen), Hans-Michael Friederichs, Anneliese und Paul Frohn (Stuttgart), Angela Fuchs, Anna Maria Fuchs, Rolf Geiger (Rathaus Überlingen), Hedwig Gil-Domingues, Barbara Guldin †, Berta und Josef Guldin, Hubert und Ulrike Gut, Wilfried Gut, Heinz und Ingrid Häusler, Wilma Haitz, Cordula Herbst-Stenger

(Wiesendangen, Schweiz), Uta Heuser, Ute Hipp, Günter Hornstein, Hedwig Jehle, Inge Kappes, Gerhard Keller (Überlingen), Hilda Keller †, Inge Keller, Heribert Kiefer (Überlingen), August Klingenstein † (Deggenhauser Tal), Ines Klingenstein, Horst Kränkel †, Karlheinz Kretz, Niklas Kretz, Michael Kuthe (Konstanz), Verena Lafferentz, Foto-Atelier Lauterwasser (Überlingen), Dr. Anna Lorenzer (Überlingen), Ursula Mahl, Jürgen Mayer-Lay, Volker Mayer-Lay, Achim Mende, Edda Nagel, Michael Nagel, Johannes Neitsch, Horst Renker, Winfried Ritsch, Marianne Roth, Hildegard Scheurer †, Konrad Scheurer †, Waldemar Scheyhing, Erik Schmidt (Basel), Verena Schnekenburger (Überlingen), Wilfried Sebastian, Helga und Joachim Seifarth, Uwe Setzer (Pfullendorf), Herbert Sorg, Franz Späth, Peter Steidle, Frank Stenger (Enniskillen, Kanada), Ottmar Sterk (Mühlhofen), Petra und Thomas Strehl, Gertrud Suhling, Josef Urnau, Lotte Vosseler (Rottweil), Dr. Martin Walser, Wolfram Welte, Joachim Emil Wehrle, Martin Widmann (Rathaus Überlingen), Franz-Josef Zündel, Helmut Zundel, Hildegard Zundel.

Um die Herausgabe dieser Chronik finanzieren zu können, wurde zu einer Spendenaktion aufgerufen. Wir bedanken uns ganz herzlich bei folgenden Personen und Unternehmen, die das Projekt mit einer Geldspende unterstützt haben:

Dr. Jamil und Simone Al-Dari, Michael Austrup und Dina Sauter-Austrup (Praxis für Physiotherapie), Angela Fuchs (Blumenhaus Fuchs), Ingrid Gerritzen (Vita Apotheke), Helmut Bommer (Johann Bommer GmbH & Co.), Christa Diener (Bäckerei Diener GmbH), Heinz und Ingrid Häusler aus Freiburg, Judith Hermann, Robert Herzog, Ute Hipp, Jürgen Kunstmann (Steakhouse zum Laugele), Christian Nell (Camping Nell), Wilhelmina Quadt und Dr. Walter Quadt, Richard Nardo (Rick's Biomarkt), Annette Schavan, Ingeborg Simon, Susanne Sinner (Strandbad Nußdorf), Petra und Thomas Strehl (Strehl GmbH), Albert Weber aus Markdorf, Joachim Wehrle (2-Rad Sport Wehrle).

Das Chronikteam wünscht Ihnen viel Lesevergnügen.
Nußdorf, 22. September 2017

Rudolf Beck, Dietram Hoffmann, Mechthild Knapp, Ingeborg Simon, Margarete Staiger-Gut

Inhaltsverzeichnis

Einleitung zu einem Lesebuch über Nußdorf (13)

Teil 1 Das Dorf (17)

1. Das Dorf wird vorgestellt (19)
Das Dorf zwischen Wasser und Wald (20), Die Gemarkung (29), Die Fluren (32), Die Straßen (37), Die Politik (44)

2. Prominente Gebäude und die Häuser von 1802 (49)
Die Kapelle St. Kosmas und Damian (50), Das erste Nußdorfer Rathaus und die erste Schule (58), Das alte Rathaus (59), Der Hessenhof (63), Die 36 Gebäude von 1802 (67)

3. Die Nachbarn von Nußdorf (69)
Überlingen (70), Die Birnau und Nußdorf (73), Deisendorf, der gute Nachbar hinter dem Wald (80), Maurach (82), Seefelden und Uhldingen-Mühlhofen (85)

4. Landwirtschaft, Fischerei und Jagd (87)
Ackerbau, Vieh- und Forstwirtschaft (88), Weinbau in Nußdorf (94), Obstanbau (98), Bodenseefischerei (104), Fischpacht im Nußbach (107), Die Jagd (109)

5. Gewerbe (117)
Einleitung (118), Die Entwicklung des Handwerks in Nußdorf (119), Der Einzelhandel (125), Die Gastronomie 131), Tourismus in Nußdorf (140)

6. Firmenporträts (149)
Kiesgrube Bommer (150), Kretz Elektrotechnik GmbH (153), Welta Chemie (157), Strehl GmbH (159), 2-Rad Sport Wehrle (163)

7. Leben in Nußdorf (165)
Die Schule (166), Das Rosa-Wieland-Kinderhaus (176), Das Strandbad (178)

8. Vereine heute und gestern (183)
Die Vereine - Kraftquellen des Dorfes (184), Kriegerverein Nußdorf (186), Landwirtschaftlicher Consumverein Nußdorf (193), Gesang- und Musikverein Nußdorf e.V. (198), Narrengesellschaft Schnecken Nußdorf e.V. (209), Schützenverein Nußdorf (217), Freiwillige Feuerwehr Überlingen - Abteilung Nußdorf (222), Fußballverein Grün-Weiß (232), Förderverein Dorfgemeinschaft Nußdorf e.V. (235), Theaterhaufe Nußdorf e.V. (238),

Badische Böllerschützen Nußdorf e.V. (241) Förderverein Grundschule Nußdorf e.V. (243), Bürgerinitiative Nußdorf 1999 (246), Frauentreff Nußdorf - kein Verein, aber vereinte Aktivität (249)

9. Menschen in Nußdorf (251)

Einleitung (252), Hans von Nußdorf (253), Das Ehepaar Wieland (257), Julius Weismann (261), Basilius Guldin und sein Sohn Josef (263), Ein Gerechter unter den Völkern (267), Gustav Robert Oexle (269), Familie Stenger (275), Ernst Fischer (283), Karl und Hans Allgeier (284), Hilda Keller (287), Verena Lafferentz (289), Herbert Höss (293), Martin Walser (294), Konrad Scheurer (300), Hans-Michael Friederichs (303), Franz-Josef Zündel (305)

10. Infrastruktur (307)

Die Schifffahrt (308), Bahnhof Nußdorf (311), Die Post (317), Bundesstraße 31 (319), Wasserversorgung (321), Abwasser (325), Müllentsorgung (329)

Teil 2 Nußdorfs Vergangenheit (331)

11. Nußdorfs früheste Vergangenheit (333)

Über die geologische Vergangenheit, die Braunkohle und die Eiszeit in Nußdorf (334), Die Pfahlbauten vor Nußdorf (341)

12. Das Dorf vor der Namensgebung (351)

Die Kelten (352), Die Römer (355)

13. Das Dorf nach der Namensgebung (359)

Die Alemannen (360), Die Franken (363)

14. Salem und Nußdorf im Mittelalter (369)

Das Mittelalter (370), Die Gründung von Salem (373), Die Bewohner des Klosters Salem (377), Politik und Recht in Salem (381), Wirtschaft und Gesellschaft in Salem (383), Die Entwicklung Salems von Konrad III. bis zur Reformation (388), Reformation, Bauernkriege, Dreißigjähriger Krieg und Wiederaufbau (392)

15. Salem und Nußdorf werden badisch (401)

Aus der Reichsabtei wird eine badische Markgrafschaft (402), Wie aus den Seeschwaben in Nußdorf langsam Badener wurden (404), Nußdorf beim Amt Salem (409)

16. Überlingen und Nußdorf (415)

Das Gemeindedorf im Großherzogtum Baden 1857 - 1918 (416), Nußdorf in der Weimarer Republik (421), Die Nazizeit in Nußdorf 1933 - 1945 (432), Von 1945 bis zur Eingemeindung 1975 (445), Nußdorf als Ortsteil und Teilort Überlingens bis 2009 (459)

Quellenverzeichnis (479)

Einleitung zu einem Lesebuch über Nußdorf

Politisch ist Nußdorf ein Teilort der Großen Kreisstadt und ehemaligen Reichsstadt Überlingen. Trotzdem sind sich Überlinger und Nußdorfer einig, dass Nußdorf ein eigenständiges Dorf außerhalb der Überlinger Kernstadt ist.

Wenn man von Überlingen am Ufer des Bodensees nach Osten geht oder radelt, gehen Überlingen und Nußdorf beinahe nahtlos ineinander über. Allerdings sind alle Häuser östlich des Überlinger Osthafens durchweg neu, d. h. im 20. Jahrhundert gebaut. Der Überlinger Strandweg wurde 2014 östlich des Osthafens zum Nußdorfer Strandweg und geht übergangslos in Nußdorfs Straße Zum Kretzer über. Das erste echte Nußdorfer Haus, Zum Kretzer 2, ist ein zwar mehrstöckiges modernes Mietshaus, wurde aber auf dem Grund eines Nußdorfer Bauernhauses aus dem 17. oder 18. Jahrhundert errichtet.

Ähnlich übergangslos sieht die Grenze zwischen Überlingen und Nußdorf ca. 180 Meter nördlich aus, wo die Überlinger Nußdorfer Straße in Nußdorfs Hauptstraße Zum Salm mündet. Fast genauso wird ca. 200 Meter weiter nördlich aus der Nußdorfer Straße Zum Karpfen die ehemalige Überlinger Alte Nußdorfer Straße. Die Grenze zwischen Überlingen und Nußdorf wurde 2014 zu Gunsten von Nußdorf nach Westen verschoben, mehr dazu im Kapitel 1, Die Gemarkung.

Warum ist Nußdorf ein Dorf und kein Stadtteil von Überlingen, wie das sogenannte Überlinger Dorf? Was macht Nußdorf zum eigenständigen Dorf?

Der niederländische Architekt Rem Kohlhaas hat einmal festgestellt, „Zwei Prozent der Oberfläche der Welt bestehen aus Städten. Wenn wir die ländlichen Gebiete übersehen, ignorieren wir strukturell 98 Prozent der Welt." Dies mag so deutlich nicht auf Deutschland zutreffen, ändert aber nichts an der Tatsache, dass auch hier in der Fläche die kleineren Gemeinden mit weniger als 5.000 Einwohnern gegenüber denen bis 50.000 Einwohnern deutlich überwiegen und immer noch 55 Millionen Deutsche auf dem Land leben.

Noch deutlicher wird es bei Betrachtung der folgenden Zahlen: In Deutschland gibt es zwar ca. 35.000 Dörfer, aber nur knapp 12.000 Stadt-, Markt- und Dorfgemeinden. Das heißt, die meisten Dörfer sind heute Teil einer Stadt, eines Marktfleckens oder eines Nachbardorfes bzw. einer aus mehreren Dörfern bestehenden Gemeinde, sind also keine eigenständigen politischen Gebietskörperschaften. Die Einwohnerzahl eines Dorfes ist dabei nicht das Kriterium für die politische Unabhängigkeit. So hat die selbstständige Gemeinde Stetten, ein Dorf nördlich von Meersburg, gut 30 Prozent weniger Einwohner als Nußdorf und ist nur unwesentlich weiter von Meersburg entfernt als Nußdorf von Überlingen. Dieses kleine Beispiel zeigt schon trefflich, dass zwar jeder weiß, was ein Dorf ist, dass aber kein Dorf dem anderen gleicht. Gerhard Henkel, emeritierter Professor für Geographie meint, „(w)er über das Dorf schreibt, versucht die Quadratur des Kreises". Trotzdem besteht er aber darauf, dass „die unterschiedlichen Dorf-Individuen viele Gemeinsamkeiten" haben.

Im Grimm'schen Wörterbuch wird das Wort „Dorf" vom griechischen Wort „τύρβη" (tyrbe) und dem lateinischen „turba" hergeleitet, woraus dann durch Lautverschiebung das althochdeutsche Wort „thorf" und im Mittelhochdeutschen dann unser Wort „dorf" wurde. Ursprünglich bedeutete dies eine „zusammenkunft geringer leute auf freiem feld, dann aber eine niederlassung derselben an einem solchen ort, um ackerbau zu treiben". „Gering" ist hier nicht verächtlich zu verstehen, sondern bezeichnet den Stand dieser Menschen in der mittelalterlichen Welt. Diese kurze Beschreibung eines Dorfes als Niederlassung von Ackerbau treibenden Menschen trifft auf die meisten Dörfer bis etwa in die erste Hälfte des 20. Jahrhunderts zu.

Insofern spiegelt sich die Entwicklung der Wirtschaft in Deutschland in der Entwicklung der Dörfer wider. Um 1800 arbeiteten 80 Prozent der Bevölkerung in der Land- und Forstwirtschaft und lebten demnach auch zum weitaus größten Teil in Dörfern. Heute sind die allermeisten Erwerbstätigen in mittelgroßen Dörfern wie Nußdorf nicht mehr in der Landwirtschaft, sondern im z. T. noch lokalen Handwerk, in der Industrie und im Dienstleistungssektor tätig.

Parallel zum Wandel der Erwerbstätigkeit kam es in den Dörfern zu einem Wandel der Bevölkerung. Von den 5,5 Millionen Deutschen, die zwischen 1816 und 1914 ausgewandert waren, sind die meisten aus den Dörfern gekommen. Noch stärker als die Auswanderung zehrte die Binnenwanderung an den dörflichen Bevölkerungen. So zogen zwischen 1860 und 1925 über 22 Millionen Menschen in die industriellen Ballungszentren Ruhrgebiet, Berlin, Hamburg, Rheinmaingebiet usw.

Trotz dieses großen Aderlasses gab es Dörfer, die in diesen Jahren stetig wuchsen. Grund war die Nähe zu Städten mit Industrie, Handwerk und Dienstleistungssektor. Einige Dörfer verschmolzen am Ende so sehr mit den Städten, dass aus ihnen letztlich Stadtviertel wurden. Beispiele sind die ehemaligen Dörfer Rixdorf oder Zehlendorf in Berlin, Schwabing oder Sendling in München, Zuffenhausen oder Degerloch in Stuttgart und auch Nussdorf in Wien. Andere Dörfer waren weit genug von den jeweiligen Städten entfernt, so dass sie zwar die Arbeitsplätze dort nutzen, sich jedoch unabhängig von der benachbarten Stadt entwickeln konnten. Hier können Germering und Haar bei München und Norderstedt bei Hamburg genannt werden.

Dann gibt es Dörfer, die einfach an einem Gewässer, in einem Gebirge - eben in schöner Landschaft liegen. Nußdorf kann zu den noch wachsenden

Dörfern der zwei Kategorien - Stadtnähe und schöne Landschaft - gezählt werden. Überlingen, Konstanz und die Industrie im Bodenseekreis bieten Arbeitsplätze; und in Nußdorf bilden vier Kilometer Bodenseeufer mit waldigem, hügligem Hinterland eine schöne Landschaft, die neue Einwohner anlockt.

Die Angleichung der Lebensumstände in Stadt und Land wie Fernsehen, Internet usw., die verbesserte Mobilität dank Auto, gut ausgebaute Straßen und auch der öffentliche Personennahverkehr haben einerseits die Attraktivität von Dörfern wie Nußdorf erhöht und andererseits den Druck, den ländlichen Raum zu verlassen, gesenkt.

Das durch Faktoren wie Landschaft und technischen Fortschritt angestoßene Wachstum bedeutet für die betroffenen Dörfer eine tiefgehende Veränderung der Gesellschaft. Diese wird, weil Dörfer doch meistens relativ klein sind, von allen Beteiligten, insbesondere der alteingesessenen Bevölkerung, tagtäglich registriert und nicht unbedingt geschätzt.

Den Kern einer Dorfbevölkerung bilden die alteingesessenen Bauernfamilien oder deren Nachfahren. Drumherum liegt, wie bei einer Zwiebel, eine weitere Gruppe von Alteingesessenen. Das sind Handwerker oder Arbeiter, die zwischen 1850 und 1930 zugezogen sind, aber meistens selber noch direkte Abkömmlinge von Bauern und in der Region des neuen Dorfes verwurzelt sind. Die nächste Schale wird von Menschen gebildet, die seit dem Ende des 19. Jahrhunderts wegen der Landschaft zugezogen sind. Dies sind häufig recht wohlhabende Leute, die einerseits von den Alteingesessenen wegen ihrer finanziellen Unabhängigkeit respektiert werden, andererseits aber schon so lange da sind, dass sie von den Abkömmlingen der Bauern und Handwerker beinahe wie Alteingesessene angesehen werden. Die vierte Schale besteht aus Zugezogenen aus den vierziger Jahren des 20. Jahrhunderts - Menschen, die entweder in einer Großstadt ausgebombt oder aus ihrer Heimat vertrieben worden sind. Spätestens deren Kinder oder Enkel werden, wenn sie sich aktiv in das Dorfleben einbringen, auch zu den Alteingesessenen gezählt. In der letzten Zwiebelschale finden sich Menschen, die in ein Dorf ziehen, weil Grund und Boden günstiger sind als in oder nahe der Stadt, weil es sich wegen eines Arbeitsplatzes im Dorf oder in dessen Nachbarschaft so ergeben hat oder weil man im Alter gerne von der Stadt aufs Land zieht. Die Mitglieder der letzten Zwiebelschale sind am wenigsten integriert, stellen aber in der Nachbarschaft kleiner und größerer Städte oft einen großen, wenn nicht den größten Bevölkerungsanteil eines Dorfes.

Die ehemaligen Bauern und Zuzügler am Ende des 19. und Anfang des 20. Jahrhunderts sind die Träger und Hüter der Tradition. Dabei ist es egal, ob die Tradition Jahrhunderte alt ist oder im Falle beispielsweise eines Sportvereins aus dem Anfang des 20. Jahrhunderts stammt. Hier ist das Wissen gesammelt, was im Dorf in den letzten 50 bis100 Jahren passiert ist: Wer war mit wem verheiratet; wer gehört zu welcher Familie; welche Familien sind miteinander verschwägert; wer ist mit wem warum verfeindet; wer hat wann welche Immobilie besessen; welches Haus ist wann und von wem gebaut bzw. umgebaut bzw. abgerissen und neugebaut worden usw.; im Prinzip eine „am Grundbesitz (und Familie) orientierte" immer noch irgendwie bäuerliche Sicht auf die Gesellschaft im Dorf. Deswegen wird den Neuankömmlingen auch wenig Status im Dorf zugestanden, es sei denn, diese erwerben eine Immobilie und passen sich schnell dem Leben im Dorf an. Dazu gehört eine aktive Teilnahme am Dorfleben, insbesondere das Mitwirken in Gesang-, Musik-, Sport-, Schützenvereinen, im alemannischen Raum in Narrenvereinen, natürlich bei der Feuerwehr und in der Dorfpolitik. Die Zugezogenen, die dieses Dorfleben mehr oder minder ignorieren, werden deswegen als Immobilienbesitzer zwar geachtet aber wenig als dem Dorf zugehörig betrachtet.

In den Dörfern herrscht eine strengere soziale Kontrolle als in den Städten. Das gilt gleichermaßen für echte Alteingesessene, für neuere als nahezu ebenbürtig anerkannte Dorfbewohner und für tolerierte Neuzugänge.

Erleichtert wird dies dadurch, dass man sich im Dorf wegen der im Gegensatz zu Städten geringeren Einwohnerzahl ganz einfach besser kennt. Der negative Aspekt ist, dass so ein gewisser Anpassungsdruck ausgeübt wird. Den Maßstab setzen die Alteingesessenen mit: „Wir waren immer schon da und werden immer hier sein". Deshalb glauben sie auch am besten zu wissen, was gut für das Dorf ist. Und wenn sich ein womöglich noch recht frisch Zugezogener nicht an die Normen hält, können Alteingesessene mitunter sehr unwirsch reagieren. Andererseits stellten schon Marx und Engels fest, dass das Dorf „das Gegenbild zu Entfremdung und Anonymität - trotz aller emanzipatorischen Vorzüge der Stadt" ist und bleibt. Denn man kennt sich und kümmert sich auch umeinander. Das Dorf bildet ein soziales Netz.

Wer am Dorfleben teilnimmt, wird erfahren, dass sich bei ihm, abhängig von der Intensität der Teilnahme, ein Zugehörigkeitsgefühl zum Dorf entwickelt. Das Dorf wird vom Wohnort zum Heimatort. Spätestens die Enkel werden dann nicht nur von den echten Alteingesessenen toleriert, sondern werden auch zu Verteidigern der dörflichen Traditionen. So läuft das auch in Nußdorf.

Auf den folgenden Seiten erzählen die Mitglieder des Chronikteams, wie Nußdorf heute aussieht und welche gesellschaftlichen Strukturen sich dort entwickelt haben. Es werden einzelne Bürgerinnen und Bürger von früher und heute und die Spuren, die sie in Nußdorf hinterlassen haben, vorgestellt. Und natürlich wird auch über die Vergangenheit Nußdorfs erzählt, so dass am Ende ein hoffentlich umfassendes Lesebuch über das Dorf zwischen Wasser und Wald - ein ganz normales und natürlich absolut einzigartiges Dorf - entstanden ist.

Teil 1

Das Dorf

Kapitel 1

Das Dorf wird vorgestellt

Das Dorf zwischen Wasser und Wald

Der touristische Slogan „Nußdorf das Dorf zwischen Wasser und Wald" beschreibt präzise unsere natürliche Umgebung.
Beginnen wir mit dem Wasser. Zwei Gewässer, der Bodensee und der Nußbach, waren bestimmend für die Entwicklung Nußdorfs. Dort beim Wasser wurde gesiedelt. Auf der ältesten Karte der Gemarkung von Nußdorf aus dem frühen 18. Jahrhundert liegen einige wenige Häuser entweder direkt bzw. nahe am See, die meisten aber in bequemer Nähe zum Bach.

Der Nußbach entspringt in einem Waldgebiet westlich von Owingen, nahe der Überlinger Gemarkungsgrenze. Dort heißt er erst einmal „Nußbach". Bis er den Bodensee erreicht, ändert er noch mehrmals seinen Namen. Von seinem Quellgebiet fließt er ca. 800 Meter gen Osten. Kanalisiert geht es einen halben Kilometer weiter entlang eines Feldwegs. An der Straße von Billafingen nach Owingen (L 205) ändert er die Richtung nach Ostsüdost und fließt parallel zur Straße nach Owingen. Beim Abzweig zur dortigen Überlinger Straße taucht er in den Untergrund und fließt nach Süden unter der Überlinger Straße bis zum Ortsende. Ab da kommt er wieder für einen Kilometer an die Oberfläche, nun unter dem Namen Mühlbach. Der Mühlbach fließt in südöstlicher Richtung vorbei an der im äußersten südöstlichen Eck von Owingen gelegenen Pfaffenhofener Mühle. Als Auenbach passiert er die Reutemühle in Richtung Deisendorf. Dort, kurz hinter der Ziegelei, verzweigt er in den Kesselbach, der der Zufluss des Königsweihers ist. Der andere, unser Zweig, heißt jetzt Riedbach. Dieser fließt durch Deisendorf. Er verlässt es am südöstlichen Dorfausgang entlang des Seefelder Kirchwegs. Ca. 100 Meter vor dem Deisendorfer Sportplatz geht es nahezu geradeaus Richtung Süden. Am Fuß des Gyrrenbergs schwenkt der Riedbach nach Nordnordost und wird wieder zum Nußbach.

Im 14. Jahrhundert haben die Überlinger im Tal zwischen Gyrrenberg und Mauchenhardt[1] Wasser in einen Kanal, den Mühlenkanal, abgezweigt. Reste dieses Kanals sind heute noch parallel zwischen Weg und Nußbach zu sehen. Unser Bach läuft mehrere hundert Meter entlang des Mauchenhardts. Am Nordende dieses Drumlins biegt er in einem Winkel von 90° nach Südsüdost in

1 Zwei Drumlins (längliche Hügel von tropfenförmigem Grundriss, deren Längsachse in der Eisbewegungsrichtung eines eiszeitlichen Gletschers liegt), die parallel zwischen Nußdorf und Deisendorf mit Längsachse von Südosten nach Nordwesten liegen. Der Gyrrenberg liegt näher an Deisendorf, der Mauchenhardt etwa in der Mitte zwischen beiden Dörfern.

unser Nußbachtal ab. Nördlich vom Hessenhof (Haus Zum Karpfen 20) wurde im Mittelalter nochmals Wasser abgezweigt. Mit diesem abgezweigten Wasser wurde eine Zeitlang eine Mühle betrieben und zwei Karpfenteiche gespeist. Danach floss es dann wieder zurück in den Nußbach. Zwischen Landungssteg und Schwimmbad mündet dieser als einer von vielen Zuflüssen in den Bodensee.

Der Bodensee ist kein stilles Gewässer, da der Rhein durchfließt. Eine Seitenströmung zweigt von der Hauptströmung zwischen Hagnau und Meersburg in den Überlinger See ab. Man kann diese Strömung Richtung Westen in unterschiedlicher Stärke beim Schwimmen vor Nußdorf fühlen. Die Hauptströmung kann vom Wind so stark abgelenkt werden, dass die abgezweigte Seitenströmung näher am gegenüberliegenden Ufer fließt. Da es am Ende des Überlinger Sees keinen Abfluss gibt, fließt die Strömung jetzt in Westostrichtung. Am Nußdorfer Ufer drückt es dann den Schwimmer nach Osten.

Der Rhein macht sich nicht nur durch seine Strömung bemerkbar, sondern auch durch starke Schwankungen des Pegels. Er entwässert „ein Hochgebirgsgebiet von ungefähr 6.560 km²“, knapp zehnmal so groß wie der Bodenseekreis. Das macht in etwa 60 Prozent der durch Bodenseezuflüsse zu entwässernden Fläche aus. Diese Fläche wird noch durch die Flüsse Bregenzer und Dornbirner Ach vergrößert, die wie der Rhein in den Alpen entspringen. Ab Herbst bis zum Frühjahr sind die Niederschläge aus den Alpen zum größten Teil als Schnee gebunden und beginnen erst mit der Schneeschmelze in den See abzufließen. Der Pegel des Bodensees schwankt deshalb bis zu zwei Metern im Jahr. Der niedrigste Wasserstand ist im Februar und der höchste im Juli zu messen. Die Folge eines schneereichen Winters und eines regenreichen und

Hochwasser 1965

milden Mais ist Hochwasser. Das war wahrscheinlich einer der Gründe, warum die ersten Siedler am Seeufer ihre Häuser zwar am Ufer bauten, aber auf hohe Pfähle stellten.

Zum Kretzer 6 während des Hochwassers von 1999

Die Nußdorfer Bauern, die ihr Dorf nach dem 30-jährigen Krieg wieder aufbauten, kannten sicherlich die Gefahr des zwar nicht jährlichen aber immer wiederkehrenden Hochwassers. Sie bauten trotzdem fünf Häuser auf hochwassergefährdeten Grundstücken. Die einzige Vorsichtsmaßnahme war, dass ihre Häuser entweder keinen Keller hatten oder dass der Keller so klein war, dass er leicht ausgeräumt werden konnte. Typisch für die Bauern am See war, dass sie sich eigentlich vom See abwandten. Das Seegrundstück war im wahrsten Sinne des Wortes der Hinterhof der Bauernhäuser am See.

Zwei der fünf Nußdorfer Häuser am See

Ein viel selteneres Ereignis als das Hochwasser war die Gfrörne, d. h. die Fläche des Sees von 571,5 km² war nahezu zugefroren. Nahezu heißt, es konnte offene Stellen bei Fluss- und Bachmündungen sowie in der Mitte des Obersees geben. Auch bildeten sich bei dem unter hoher mechanischer Spannung befindlichen Eis weite Risse, die allerdings meist schnell wieder zufroren.

Mädchen mit Schneemann auf dem Eis – Gfrörne 1963.

Rollerausflug über den See zur Mainau – Gfrörne 1963.

Dokumentiert sind zwischen 875 und 1963 insgesamt 33 Gfrörne, in denen auch der große tiefe Obersee fast oder sogar ganz zugefroren war. In diesen Jahren hat es viele Eisüberquerungen gegeben. Manche verliefen tödlich, so wie in Gustav Schwabs Ballade vom „Reiter über den Bodensee". Schwab kannte viele solcher Berichte, so auch diese von einem Mann, der 1573 von Dingelsdorf aus den See überquert hatte; irgendwo zwischen Nußdorf und Überlingen soll der junge Mann wieder an Land gekommen sein. Allerdings war er vorsichtshalber nicht geritten, sondern hatte sein Pferd an den Zügeln geführt. Und tot umgefallen war er nach seiner Ankunft auch nicht.[2]

Im Herbst sichert der See als großer Wärmespeicher den Anwohnern des Ufers einen späteren Winteranfang als denen im Hinterland. Nebel im Winter trifft vor allem die Uferanrainer. Wenn die Bewohner der Straßen Zum Hecht, Zur Forelle und Zum Kretzer noch im Nebel sind, scheint ab der Straße Zum Salm oder ein bisschen höher häufig schon die Sonne.

Im Frühjahr dauert es dafür etwas länger, bis es wirklich warm wird.

2 Wolfgang Mieder, Professor für deutsche Sprache und Folklore, ist den Wurzeln der Ballade von Gustav Schwab nachgegangen. Demnach hat es zurzeit von Gustav Schwab sowohl auf dem Zellersee bei Zürich als auch auf dem Rhein und auf dem Bodensee mehrere Eisüberquerungen gegeben. Es ist nicht sicher, ob sich die Tragödie in Schwabs Ballade am Überlinger See ereignet hat. Dafür könnte sprechen, dass Schwab in Überlingen gelebt hat.

Das ist aber nicht nur dem Speichereffekt zu verdanken, sondern auch dem Schmelzwasser aus den Gebirgsflüssen.

Wenn nach einer längeren Schönwetterperiode im Sommer die Wassertemperatur über 22° steigt, bleibt das Seewasser auch nach schweren Gewittern weiterhin schön warm. Die Temperaturschwankungen in Nußdorf, bedingt durch seine Lage am See, „weisen die geringsten mittleren Gegensätze innerhalb des ganzen Bodenseegebiets auf, die Winter sind ziemlich mild."

Das Wasser im Bodensee ist voller Leben, das dank dem Bau der Ringkanalisation in den siebziger Jahren des vorigen Jahrhunderts auch nicht mehr so gefährdet ist. Allerdings sind ganze Arten - sowohl Pflanzen als auch Tiere - aus dem See verschwunden. Das Leben im See ist mindestens so vielfältig wie das Leben auf dem Land. Die Größe der Lebewesen reicht von mikroskopisch kleinen Einzellern bis zum längsten Wirbeltier im Bodenseeraum. Der Wels (Waller, Weller) kann über drei Meter lang werden. Ein Lesebuch über Nußdorf bietet leider nicht den Platz, die vielen Lebewesen im See und an Land aufzuzählen. Wie groß diese Vielfalt auch im See ist, zeigt aber das folgende Beispiel:

Zwischen 1890 und 1895 wurde bei einer „botanischen Durchforschung des Bodensees" ein Katalog allein mit 356 verschiedenen Algen- und zehn Pilzarten erstellt. Und auch in Nußdorf sind damals Exemplare der Schimmelpilzart Saprolegnia bodanica gefunden worden, die als eine bis Ende des 19. Jahrhunderts unbekannte „neue Art beschrieben" worden ist.

Das pflanzliche Leben am See beginnt schon am Land im Uferbereich, der überschwemmt werden kann. Die auffälligste Pflanze dort ist das Schilf, eigentlich keine Wasserpflanze, sondern eine Landpflanze. Schilf findet man in flachen Uferzonen, aber auch in Feuchtgebieten im Hinterland.

Postkarte um 1920 mit Schilfgürtel am Ufer
Foto: Lauterwasser

In Nußdorf gibt es nur noch in wenigen dieser Uferzonen Schilf; am meisten direkt östlich vom Osthafen, zwischen der Nussbachmündung und dem Strandbad sowie östlich der Liebesinsel. Einige Anwohner auf der Uferseite der Straße Zum Hecht haben kleine Schilfinseln belassen. Schilf mag keine Ufermauern. Als Landpflanze vertragen seine jungen Triebe maximal 14 Tage unter Wasser. Deswegen haben die Hochwasser von 1966 und 1999 den Nußdorfer Schilfgürtel weiter verkleinert. Der Schilfgürtel dient vielen Tieren als Kinderstube. Fische laichen dort gerne. Selbst der größte Bewohner des Sees, der Wels, laicht dort. Nicht nur Wasservögel wie Enten, Haubentaucher oder Schwäne bauen ihre Nester gerne im Schilf, sondern auch nichtschwimmende Vögel, wie der Teichrohrsänger.

Zu guter Letzt darf angenommen werden, dass alle Nußdorfer Häuser, seit um 4000 v. Chr. die ersten Pfahlbauten errichtet wurden, bis zum Wiederaufbau nach dem 30-jährigen Krieg Ende des 17. Jahrhunderts mit Schilf gedeckt waren.

Auf sandigem bekiesten Ufer wachsen u. a. auch der Strandling (Littorella uniflora) und das Bodensee-Vergissmeinnicht (Myosotis rehsteineri). Beide überleben mehrere Monate unter Wasser, wenn im Frühjahr die Schmelzwasser den Seespiegel steigen lassen. Im flachen Wasser finden sich verschiedene Mitglieder der Laichkrautgewächse. Und im etwas tieferen Wasser gruselt man sich beim Schwimmen, wenn die Füße Pflanzen berühren. Im Volksmund sind das die Schlingpflanzen, die sich aber nicht um die Beine des Schwimmers schlingen und diesen in die Tiefe ziehen.

Im Zuge der schon erwähnten „botanischen Durchforschung des Bodensees“ hat man pflanzliches Leben bis zu einer Tiefe von 240 Metern nachgewiesen, wie die beiliegende schematische Darstellung zeigt.

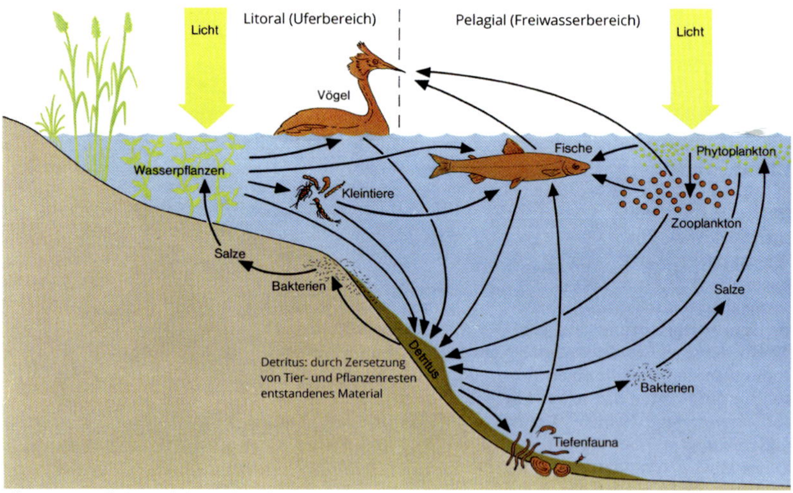

Pflanzen- und Tierwelt im stehenden Gewässer
Quelle: Der Bodensee, Cornelsen-Velhagen & Klasing 1978

Zum Lebensbereich am Bodensee gehören bei den Pflanzen absolute Winzlinge, wie das Uriterchen ophrydium versatile. Dessen Kolonien bilden „im flachen Wasser zwischen Geröll oder Schilf kirsch- bis apfelgroße gallertartige Kugeln oder Klumpen." Im Wasser schweben nahe der Oberfläche Algen und die schon erwähnten Einzeller. Dann gibt es im Flachwasser Schwämme, Egel und Würmer. Einige davon, wie Larven von Saugwürmern der Gattung Trichobilharzia spp., im Volksmund Entenwurm genannt, können sich bei Badenden durch juckende, aber harmlose Ausschläge bemerkbar machen. „Der Befall von Menschen geschieht irrtümlich; sie sind aus Sicht der Wurmlarven ein sogenannter Fehlwirt", so Wikipedia 2016.

Ca. 35 Arten von Muscheln und Schnecken leben im See. Die wie eine Ellipse geformte Teichmuschel, die bis zu 20 cm in der Längsachse groß werden kann, ist wahrscheinlich die bekannteste Vertreterin der Familie der Mollusken im Bodensee. In der zweiten Hälfte des vorigen Jahrhunderts kam eine unangenehme Variante der Muscheln, die Dreiecksmuschel (Dreikantmuschel, Wandermuschel), in den See. Wahrscheinlich wurden Eier oder Larven mit einem Boot eingeschleppt. Anfänglich waren sie nur in der Nähe von Häfen zu finden, haben sich aber bald über den ganzen See verteilt. Mit ihren messerscharfen Kanten können sie blutige Wunden in die Füße von Badenden schneiden, ja sogar Badeschuhe durchdringen. Dass es hier so viele dieser Muscheln gibt, muss sich in der gefiederten Welt herumgesprochen haben. Es hat nämlich die Zahl überwinternder Wasservögel zugenommen. „Scharen (von) Enten und Blässhühnern, die vom Herbst bis zum Frühjahr den See bevölkern", beweiden die Kolonien von Dreiecksmuscheln.

Winzige Krebse und Spinnentiere bilden als Plankton die Nahrung für viele Fische. Winzig heißt hier, dass ein Millimeter schon groß ist. Ob es noch die gut schmeckenden Edelkrebse gibt, die bis zu 20 cm lang werden können, ist nicht sicher. Allerdings wurden vor einigen Jahren Kinder am Strand beim Seepark beobachtet, die mit einem toten Krebs spielten.

Über die Fische im Bodensee, nach denen in Nußdorf die meisten Straßen benannt worden sind, kann sich der Leser im vorletzten Abschnitt dieses Kapitels „Die Straßen" informieren. Am 9. September 2016 berichtete der Südkurier, dass man 2014 ein paar Exemplare des Tiefwassersaiblings gefangen hatte. Eigentlich galt bis dahin, dass diese Saiblingsart seit den 1980er Jahren ausgestorben war. Die reichhaltige Nahrung dank der Phosphate, die bis dahin in den See abgeführt worden waren, hatten den Sauerstoffgehalt in der Tiefe so verringert, dass die Eier des Tiefwassersaiblings, die dieser in ca. 80 m Tiefe ablegt, buchstäblich erstickt wurden.

Der Bodensee ist für viele Vogelarten eine ganzjährige Heimat. Andere kommen sogar aus Sibirien zu uns um zu überwintern. Andere brüten hier im Frühling und kümmern sich um ihre Brut solange, bis sie kräftig genug ist, im Herbst in wärmere Gefilde zu ziehen. Und zu guter Letzt gibt es Vögel, die eigentlich Zugvögel wie die Graugänse oder die Blässhühner sind, sich aber entschlossen haben ganzjährig hier zu leben.

Der größte Vogel am Bodensee ist der weiße Höckerschwan. Wenn Schwäne Junge haben, können sie sehr aggressiv werden. So wurde 2008 ein Schwimmer im Strandbad Nußdorf beim Rückenschwimmen heftig attackiert. Die Schwanenfamilie wurde, da sie zu nahe am Schwimmbad nistete, in den Neuweiher bei Daisendorf evakuiert. Dies war jedoch zu nahe an Nußdorf. Denn am nächsten Tag marschierte die ganze Schwanenfamilie auf der B 31 Richtung alte Heimat. Sie musste, schon zur eigenen Sicherheit, wieder eingefangen werden. Diesmal wurde sie nach Norden an die Donau gebracht. Seitdem hat man nichts mehr von ihr gehört.

Zu den großen Bettlern an den Schifflandungsplätzen gehört die schwarzköpfige Lachmöwe. Die kleinere Flussseeschwalbe mit schwarzer Kopfplatte und Gabelschwanz besucht den Bodensee zwischen April und August.

Fischjäger sind der Graureiher und der Kormoran. Beide leben zwar von Wasserbewohnern, sind aber Baumbrüter. Ähnliche Bettler wie Möwen und Schwäne sind die Enten, von denen die Stockente die am stärksten vertretene Art ist.

Zur Erforschung der Vögel und ihrer Wanderungen werden diese in der Beringungszentrale Mettnau, ca. 40 Minuten mit dem Auto entfernt von Nußdorf, gefangen, beringt und registriert. Die Mettnau ist dem Max-Planck-Institut für Ornithologie, Vogelwarte Radolfzell, zugeordnet.

Das relativ kleine Dorf Nußdorf hat zwischen dem Überlinger Osthafen im Westen und der Pension Seefrieden im Osten ein beachtlich langes Seeufer von ca. vier Kilometern Länge. Diese Lage am See hat in frühhistorischer Zeit von ca. 4000 - 800 v. Chr. eine große Rolle gespielt, da zwischen Konstantinhalde und heutigem Landungssteg drei Pfahlbausiedlungen direkt am Ufer bzw. im Flachwasser lagen.

Am wenigsten hat der Mensch über die Jahrtausende in das Nußdorfer Seeufer eingegriffen. Das Mähen des Schilfs, das zum Dachdecken und zur Verstärkung von Decken verwendet wurde, kann eigentlich nicht als Eingriff bezeichnet werden. Das Schilf konnte ja im nächsten Frühjahr nachwachsen. Die ersten wirklichen Eingriffe ins Seeufer waren die Ufermauern, die Ende des 19. und in der ersten Hälfte des 20. Jahrhunderts hochgezogen wurden. Diese Mauern beeinträchtigten die Umwelt des Schilfs so sehr, dass im See vor den Mauern kein Schilf mehr wuchs.

Wesentlich größer waren die Eingriffe des Menschen auf dem Land. Der Wald, der bis zur Ankunft der Menschen an den Schilfgürtel heranreichte, wurde nämlich für den Bau der Pfahlbauten, Weiden und Felder gerodet. Ab 800 v. Chr. wurde das Holz des Waldes von den Nachfahren der Pfahlbaubewohner genutzt, die ihre Häuser am Ufer des Sees und des Nußbachs errichteten. So entstand die vom Menschen geformte Landschaft mit dem Dorf und seinen Häusern, Wiesen und Feldern am Wasser und vor dem Wald.

Die an den See gekommenen Menschen haben aber nicht nur zerstörerisch in die Flora eingegriffen. Sie haben neue Pflanzen eingeführt, wie die Römer, die den Weinanbau und die Walnussbäume im Bodenseeraum eingeführt haben. Der Weinbau mag zwar durch die Reblaus ab 1914 in Nußdorf zerstört worden sein, seinem Namen aber bleibt das Dorf immer noch gerecht. So wurden im Jahr 2016 99 Walnussbäume bei uns gezählt.

Der See ist und bleibt hoffentlich das Stück Natur, in das der Mensch am wenigsten eingegriffen hat. Alle Natur auf dem Land ist letztlich vom Menschen geformt. Das Kapitel 4 „Landwirtschaft, Fischerei und Jagd" befasst sich daher mit weiteren Aspekten zur natürlichen Umgebung Nußdorfs.

Die Gemarkung

„Eine Gemarkung […] ist eine Flächeneinheit des Katasters (Grundbuch). Sie bildet dort einen Grundstücksverband aus einer größeren Zahl von […] zusammenhängenden Grundstücken bzw. Flurstücken. Der Name einer Gemarkung entspricht [wie auch in Nußdorf] meistens dem Namen der auf ihr befindlichen Siedlung."[1] Die Gemarkung Nußdorf wurde nach der Eingemeindung durch Überlingen 1975 beibehalten und 2014 durch Grund- und Flurstücke der Gemarkung Überlingen vergrößert.

Die Gemarkung Nußdorf ist mit rund 200 Hektar nicht groß. Wobei sich die Größe relativiert, bedenkt man, dass dies der Grund und Boden war, der 1802 immerhin 33 Familien - also über 100 Menschen - ernährte.

Eine Begrenzung der Gemarkung Nußdorf ist das von Südsüdost nach Westnordwest laufende Ufer des Bodensees. Die Uferlänge beträgt ca. drei bzw. seit 2014 vier Kilometer. Die alte Gemarkungsgrenze zu Überlingen beginnt am Seeufer beim Haus Zum Kretzer 2. Sie verläuft von da an parallel zum Ufer entlang der Nordseite des Kretzers bis zur Bahnunterführung gegenüber der Straße Zum Stichling. Dieser Teil an der Nordseite des Kretzers gehörte daher bis 2014 zur Gemarkung Überlingen.

1 Wikipedia 2015

Die Gemarkungsgrenzen von Nußdorf
Quelle: Openstreetmap, modifiziert von M. Knapp

Folgen wir weiter dem Verlauf der historischen Grenze: Nach der Bahnunterführung und Überquerung der Landstraße verläuft sie entlang dem Stichling. Die Überlinger Gemarkung liegt auf der Westseite des Stichlings. Dies ist eine alte Grenze: Im Mittelalter hieß der Stichling Ettergasse[2] und markierte schon damals die Grenze von Nußdorf zu Überlingen. Auch die Landstraße ändert hier ihren Namen: aus der Nußdorfer Straße in Überlingen wird der Salm in Nußdorf.

2 „Etter (auch: Öder), weibl, auch männl., ist eine süddeutsche Bezeichnung für die Umgrenzung eines mittelalterlichen Ortes. Im Gegensatz zu Städten mit Stadtmauern waren Dörfer zumeist von Hecken oder Holzzäunen umgeben. In der Dreifelderwirtschaft waren auch die drei Flurteile Sommerfeld, Winterfeld und Brache jeweils mit einem Zaun oder einer Hecke umgeben, da sie in Zeiten ohne Fruchtbestand als Viehweide dienten. Im Etter waren auch ein oder mehrere Tore erforderlich. Der Verlauf des Etters und seine Tore hatte auch juristische Bedeutung. Er bildete im Mittelalter und der frühen Neuzeit oft die politische Grenze zwischen dem rechtlichen Zuständigkeitsbereich einer geschlossenen Hofmark (Hofmark innerhalb Etters, Gerichtsbarkeit inner der Etter) und dem Zuständigkeitsbereich des Landgerichts des Landesherrn. Hier wurden etwa Straftäter von Hofmarksamtmännern an Landgerichts-Amtmänner übergeben." (Wikipedea 2015)

Bei der Querung der Straße Zum Karpfen schwingt die Grenze leicht nach Nordwest entlang des Grundstücks des ehemaligen Hessenhofes. Hinter dem weitläufigen Gebäudekomplex biegt die Grenze nach Nordnordost ab. Sie läuft dann entlang des Riedmühlenkanals[3] einige Meter unterhalb des Überlinger Wegs „Am Mühlbach", bis sie auf eine Wiese stößt, an deren nördlichem Rand sie Richtung Nordost die B 31 unterquert. Die Wiese endet am Wald. Dort begleitet die Grenze den Kanal weiter durch den Wald, vorbei am ehemaligen Nußdorfer Wasserreservoir, in Richtung Nordosten. Sie biegt bei der ersten Brücke im Nußbachtal (nach der B31-Brücke) nach rechts in einem spitzen Winkel hinunter zum Nußbach ab und folgt ihm bis zur Kreuzung Richtung Mauchenhardt. Dann geht es weiter entlang des Wanderweges Richtung Deisendorf bis zur dritten Nußbachbrücke. Vor der Brücke, wo von der Mündung her gesehen aus dem Nußbach der Riedbach wird, biegt die Grenze parallel zum Bach nach Südosten ab.

Der Bach bleibt weiterhin für einen guten Kilometer die Grenze. Sie verlässt den Riedbach im rechten Winkel an der Stelle, wo der Bach in einem Halbkreisbogen von Deisendorf herkommt, und stößt ca. 200 Meter weiter östlich auf die Gemarkungsgrenze von Uhldingen. Dort biegt sie wieder beinahe rechtwinklig nach Südosten ab und läuft für ca. 600 Meter an der Nordseite des Milchenbergs entlang. In einem spitzen Winkel ändert sie die Richtung nach Osten und folgt dem Weg dort bis zum Mauerholz. Durch das Mauerholz geht es weiter für rund 400 Meter gen Osten, danach im beinahe rechten Winkel nach Süden und über die B 31 hinweg in Richtung See. Die Grenze verläuft noch ca. 400 Meter im Wald, biegt im rechten Winkel Richtung Westnordwest ab und trifft, den Waldrand entlang, nach nochmals ca. 400 Metern auf einen Grenzstein, der wiederum rechtwinklig die Grenze zwischen Nußdorf und Uhldingen markiert.

Grenzstein auf der Konstantinhalde

Die Grenze geht dann ca. 200 Meter Richtung Südsüdwest über die Bahn

3 Der Riedmühlenkanal wurde im 12. Jahrhundert für den Betrieb der Überlinger Fünfmühlen gebaut. In den sog. Weiherwiesen, nordwestlich vor dem Mauchenhardt, wurde in einen Kanal auf Deisendorfer Gemarkung, also Territorium des Überlinger Spitalfonds, Wasser aus dem Riedbach geleitet. Dieser Kanal führte parallel über dem Ried/Nußbach Richtung See, um dann ca. 200 Meter vor dem Hessenhof nach Überlingen abzubiegen. Dort betrieben seine Wasser bis ca. 1860 die am See gelegenen fünf Mühlen. Der Kanal hatte nahezu kein Gefälle, es reichte aber, um die Mühlen zu betreiben. Weil das Wasser beinahe still stand, verkrautete der Kanal und musste jährlich gemäht werden. Im Winter fror er meistens zu und bot eine gut drei Kilometer lange, aber recht schmale Eisbahn. Reste des Kanals sind im Nußbachtal über der Hessenwiese und in den Weiherwiesen zu sehen. Er war der Reichsstadt so wichtig, dass sie sich 1361 mit Salem vertraglich einigte, die Abtei in Nußdorf dürfe keine Mühle bauen.

hinweg bis zur Nordseite der Straße Zum Hecht. Von dort geht sie auf der Nordseite des Hechts Richtung Maurach. Nach ca. 200 Metern ändert sich der Name der Straße Zum Hecht in Untermaurach. Bei der Pension Seefrieden schwenkt die Gemarkungsgrenze nach rechts zum See.

Am 19. Februar 2014 beschloss der Überlinger Gemeinderat in einer Änderung der Hauptsatzung eine Vergrößerung der Gemarkung Nußdorf nach Westen. Zu Nußdorf kamen die oben erwähnte Überlinger Nordseite der Straße Zum Kretzer und der Strandweg bis zum Hafen Ost. Nördlich davon verschob sich die Gemarkungsgrenze bis zum neuen Verlauf der Rengoldshauser Straße vom Bahnhof Nußdorf zum Kreisverkehr nördlich der Firma Diehl. So wuchs Nußdorf über die 1,99 km² auf über 2 km² hinaus und seine Bevölkerung um 200 neue Einwohner auf über 1750 (Januar 2016).

Die Fluren

Innerhalb der Gemarkungsgrenze liegen Fluren, die wiederum in Grundstücke unterteilt sein können. In Nußdorf waren die Fluren Weiden für das Vieh, bis in die zwanziger Jahre des 20. Jahrhunderts Weinberge, Wälder, Wiesen und Grasland, Ackerland, Hausgärten und Gebäude.

Nach der Einführung der Dreifelderwirtschaft (Sommergetreide, Wintergetreide, Brache)[1] um 1100 wurden die Fluren in lange schmale Streifen, die Flurstücke, unterteilt. Ihre Anzahl sollte möglichst durch drei teilbar sein. Sie sollten lang und schmal sein, damit beim Pflügen eines solchen Flurstücks so wenig wie möglich gewendet werden musste. Vom Verb „wenden" stammt lt. den Gebrüdern Grimm der Name „Gewann" für eine solche Flur. Die Gewannnamen wurden nach der Umwandlung von Ackerland in Rebland und der damit verbundenen Aufgabe der Dreifelderwirtschaft beibehalten und gelten noch heute.

Im Folgenden werden die Fluren nach ihrer geographischen Lage in etwa von Südwesten nach Nordosten - also nicht alphabetisch - tabellarisch dargestellt. Der beiliegende Übersichtsplan aus dem Jahr 1877 entspricht immer noch dem heute gültigen Grundbuch. Allerdings ist einiges des ehemaligen Acker- und Reblands inzwischen bebaut worden.

1 s. Abschnitt „Das Mittelalter" im Teil 2, Kapitel „Salem und Nußdorf im Mittelalter"

Gemarkung von Nußdorf mit allen Fluren im Jahr 1870

Fluren, die heute ganz bzw. teilweise bebaut sind:

Flurnamen	Lagebeschreibung
Rohren	Seeseite von Kretzer, Forelle und Gropper bis zum Kindergarten; heute bebaut (Campingplatz, Strandbad)
Gackeler oder Gaggeler	Zwischen Seeufer und Konstantinhalde, westlich an Unterer Neusatz anstoßend bis zur Gemarkungsgrenze von Oberuhldingen; heute Bauland mit Wohnhäusern, nördlich der Bahn landwirtschaftlich genutzt
Wiegel	Zwischen Nußbach und Döbel, von der B 31 durchschnitten; heute am Döbel bebaut
Schwarzwiesen	Südlich des Hechts, am See bis Untermaurach; heute bebaut (Campingplatz)
Stockwiesen	Nördlich der Flur Rohren, vom Nußbach bis zum Gebiet östlich des Strandbads; heute bebaut (z. T. Parkplatz beim Strandbad)
Stettengärten	Nördlich vom Kretzer, zwischen Stichling und Karpfen; heute bebaut
Unterer Neusatz	Östlich der Flur Stettengärten, nördlich der Flur Stockwiesen/Rohren bis zum Felchen, südlich vom Hecht bis Gackeler; heute bebaut (Wohngebiet)
Mittlerer Neusatz	Zwischen Döbel, Felchen, Zander und Grundel; heute bebaut (Wohngebiet)
Oberer Neusatz	Zwischen Döbel, Felchen, Zander, Äsche und ehemaliger Kiesgrube der Gemeinde, zwischen den Häusern Zum Döbel 12 und 14; heute bebaut (Wohngebiet)
Untere Stücke	Zwischen Felchen, Salm (Auffahrt zur B 31) und Brachsen; heute bebaut (Wohngebiet)
Obere Stücke	Vom Döbel bis zum Haus Zum Saibling 27, bis zur Äsche, zum Brachsen und zum Saibling; heute bebaut (Wohngebiet)

Wiegelhalde	Zwischen Döbel und der Auffahrt zur B 31, Saibling, Weller, von der B 31 durchschnitten, ehemalige Lehmgrube der Gemeinde beim heutigen Haus Zum Saibling 13; heute bebaut (Wohngebiet)
Hochgsträß	Zwischen Salm (Auffahrt zur B 31), Gackeler, Hecht und Pfrille; heute bebaut (Wohngebiet)
Zieleichen	Von Haus Zum Saibling 27 bis Auffahrt zur B 31, nördlich der Straßen Brachsen/Pfrille bis zum Saibling; heute bebaut (Wohngebiet)
Untermaurach	Fortsetzung der Schwarzwiesen, gehört einschließlich Pension Seefrieden zur Gemarkung Nußdorf.

Wiesen, Äcker, Wälder, die nicht oder nur gering bebaut sind:

Flurnamen	Lagebeschreibung
Hallendorf	Westufer des Nußbachs bis zum ehemaligen Mühlenkanal, von der B 31 durchschnitten; heute Wiesen
Constantinhalde	Hang zwischen Hochgsträß und Uhldinger Gemarkungsgrenze, bis in die zwanziger Jahre des 20. Jahrhunderts Rebland; heute Streuobstwiesen und Kuhweide
Mittelhau	Zwischen Oberen Stücken und Mauerholz (s. u.) und zwischen der Konstantinhalde und der B 31, Funkenplatz, bis in die zwanziger Jahre des 20. Jahrhunderts Rebland; heute vorwiegend Streuobstwiesen, z. T. als Kuhweide genutzt
Egelsee	Zwischen Wiegelhalde und Mauerholz und zwischen der B 31 und Waldrand, kleiner schlammiger Weiher (ca. 800 m^2), Gelände des ehemaligen Fußballvereins von Nußdorf, von der B 31 durchschnitten; heute Acker- und Wiesenland
Kolbenerget	Zwischen Wiegelhalde, Wiggelhalde (s. u.), Evenwiesen, Gesellenholz, Egelsee und Gemarkungsgrenze; heute Wiese, Ackerland und Wald

Evenwiesen	Zwischen Gesellenholz, Kolbenerget und Wiggelhalde; heute Wald
Hessenwiesen	Östliches Nußbachufer, Anschluss an Wiegel; heute Wald
Wiggelhalde	Zwischen Wiegel/Hessenwiesen und Kolbenerget/Evenwiesen/Gesellenholz (s. u.) und zwischen Wiegelhalde und Mauchenhardtwiese (s. u.), von der B 31 durchschnitten; heute Wald
Gesellenholz	Zwischen Wiggelhalde und Gemarkungsgrenze, abgeschlossen durch Langewiesen; heute Wald
Langewiesen	Zwischen Gesellenholz und Mauchenhardt; heute Wald
Mauchenhardt	Östlich des Nußbachs bis zur östlichen Gemarkungsgrenze und zwischen Wiggelhalde/Gesellenholz und westlicher Gemarkungsgrenze, dazu gehörend vordere/hintere Weiherhalde, Mauracher Wald und Siechenbühl; heute meist Wald
Mauerholz	Zwischen Egelsee/Mittelhau und östlicher Gemarkungsgrenze, zwischen Konstantinhalde/südlicher Gemarkungsgrenze und nördlicher Gemarkungsgrenze, von der B 31 durchschnitten; heute Wald

Der Waldanteil beträgt gut 150 Hektar. Knapp 60 % oder 89,5 Hektar davon gehören der Gemeinde - Nußdorfs Mitgift bei der Eingemeindung nach Überlingen. Die vordere und hintere Weiherhalde und ein Teil der Wiggelhalde gehören dem Spital Überlingen[2], immerhin 42,4 Hektar. Der private Waldbesitz kommt auf knappe drei Hektar und befindet sich zum größten Teil auf aufgeforsteten Wiesen.

2 siehe Artikel „Überlingen“ im Kapitel „Die Nachbarn von Nußdorf“

Die Straßen

Nahezu alle Nußdorfer Straßen und Wege tragen den Namen von Fischen, die es im Bodensee gibt.

Als Salem 1802 badisch wurde und damit auch Nußdorf, machte das Haus Baden in einer sehr aufwendigen Aktion Inventur seines neuen Besitzes. Eines der vielen Dokumente, die zu dieser Inventarisierung damals entstanden, war ein Urbar (Güter- und Abgabenverzeichnis) von Nußdorf aus dem Jahr 1803. In diesem Nußdorfer Urbar waren alle 36 Nußdorfer Häuser einschließlich der Kapelle aufgeführt. Alle Bauernhäuser hatten einen Hausnamen, im Falle Nußdorfs waren dies meist Fischnamen - drei davon waren allerdings die für den Bodensee atypischen Bratfisch, Hering und Sardelle; neun weitere hießen Schnecken, Jäger, Morauche (anderes Wort für Morchel), Seehund, Schafbock, Prücken, Pfeffer, Platheißle[1] und Krebs.

In Untermaurach gab es das Fischerhaus. Dazu kamen das Messnerhaus (Rathaus, später Schule) und der Schussenrieder Pfleghof (altes Rathaus).

Als im Laufe des 19. Jahrhunderts neue Häuser zusätzlich zu den Häusern aus dem Urbar gebaut wurden, erhielten erst 1911 die Häuser Nummern. Wobei das Haus mit der Nummer 1 das älteste und das mit der höchsten Nummer das neueste Haus war. Es gab wenige Straßennamen. Der Hecht, das Laugele und der Karpfen ab Brunnen schräg gegenüber der Kapelle waren das Nußdorfer Stück der Landstraße, die von Uhldingen über Maurach nach Überlingen führte. Die Straße zum Kretzer war die Seestraße. Ansonsten war Nußdorf in Viertel eingeteilt: Entlang der heutigen Straße Zum Karpfen lag das Oberdorf, die Barbe und der Kretzer bildeten das Unterdorf. Östlich vom Hecht lag dann noch Untermaurach. Der Kretzer ohne Barbe wurde auch Hinterdorf bzw. Überlingisches Viertel genannt.

Der gegen Ende der ersten Hälfte des 20. Jahrhunderts in Nußdorf lebende Lehrer Josef Baumgartner kannte das Urbar mit allen Hausnamen. Der Nußdorfer Bürgermeister Karl Anton Mayer, ein ehemaliger Lehrerkollege Baumgartners, schlug in Zusammenarbeit mit Baumgartner 1955 dem Gemeinderat vor, anstatt der bisherigen Straßennamen, z. B. Hauptstraße (heute Zum Salm), diese Fischnamen zu verwenden. Und so wurde dann auch am 14. Dezember 1955 vom Nußdorfer Gemeinderat beschlossen, 23 Straßen die heutigen

1 Weder im Grimmschen Wörterbuch noch in Alemannischen Wörterbüchern (online oder analog) konnte der Begriff „Platheißle“ gefunden werden.

Fischnamen zu geben. Weil es 1803 aber 33 Häuser mit 28 Fischnamen gab, hat Bürgermeister Mayer gerne darauf hingewiesen, dass er für ein weiteres Wachstum von Nußdorf „noch einige Fische in der Schublade" habe.[2]

Rudolf Beck konnte in diese Schublade greifen, als Mitte der achtziger Jahre ein Name für die heutige Straße Zur Grundel gebraucht wurde. Wenn man bedenkt, dass Nußdorf damals zu den Zeiten von Mayer über 600 Einwohner und im Januar 2016 über 1.750 Einwohner einschließlich der Zweitwohnungsanmeldungen hatte, kann man die stadtplanerische Leistung von Bürgermeister Mayer nicht hoch genug einschätzen.

Im Folgenden werden alle Straßen mit den dazu gehörenden Fischnamen[3] vorgestellt.

Zum Alet - von der Pfrille östlich abbiegend zum Hecht:

Schon beim Alet (Squalius cephalus; Syn. Leuciscus cephalus) zeigt sich, dass die Herren Baumgartner und Mayer ichthyologisch (fischkundlich) wenig vorgebildet waren, da der Alet im Alemannischen (etwa am Bodensee und in der Schweiz) eine Fischart ist, die anderswo Döbel (s. unten) heißt.

Zum Brachsen - Sackgasse östlich abbiegend vom Felchen:

„Die Brachse (Abramis brama), [max. Länge 60 cm] auch Brachsen, Brachsme(n), Brasse, Bresen, Pliete, (Schratz) oder Blei genannt, ist eine Fischart aus der Familie der Karpfenfische (Cyprinidae)."

Zum Döbel - vom Karpfen zum Weller:

"Der Döbel (Squalius cephalus; Syn. Leuciscus cephalus) [durchschn. Länge 40 cm], auch Alet, Eitel oder Aitel genannt, ist eine Fischart aus der Familie der Karpfenfische (Cyprinidae). Zu dieser Fischgruppe gehören etwa 2.500 Arten."

Zum Felchen - vom Salm zum Saibling:

„Der Bodenseefelchen (Coregonus wartmanni) [max. Länge 50 cm], auch als Blaufelchen (oder Renke) bezeichnet, ist ein Süßwasserfisch aus der Gattung Coregonus, der im Bodensee vor-

2 In der Schublade verblieben, nachdem die Grundel Mitte der achtziger Jahre vergeben wurde, das Neunauge, der Bersich (anderes Wort für Barsch), der Lachs und zur Not noch der Krebs als Bewohner des Bodensees.

3 Für alle Erläuterungen zu den Fischnamen war Wikipedia 2015 sehr hilfreich.

kommt. Er ist ein wohlschmeckender Speisefisch. Ihm gilt das Hauptinteresse der professionellen Bodenseefischerei."

Zum Gropper - Fußweg, parallel zu Forelle und Seeufer, der Anfang des ehemaligen Uferwegs Richtung Untermaurach:

„Die Groppe (Cottus gobio) [max. Länge 16 cm], auch Kaulkopf, Rotzkopf, Westgroppe, Koppe oder Mühlkoppe genannt, ist ein kleiner, [...] Süßwasserfisch. Die kaum bekannte Groppe gehört zu den gefährdeten Tierarten. Anzutreffen ist die Groppe in der Forellen- und Äschenregion von Fließgewässern bis in Höhen von etwa 2000 m über dem Meeresspiegel und in sommerkühlen Seen wie dem Bodensee."

Zum Hasel - vom Hecht zum Wanderweg nach Birnau:

„Der Hasel (Leuciscus leuciscus, griech. leukos - glänzend, leuchtend, weiß) [max. Länge 25 cm] ist ein kleinwüchsiger Vertreter der Karpfenfische. Er hat in Europa nur eine sehr geringe wirtschaftliche Bedeutung und wird wegen seiner typischen „Weißfischgestalt" leicht mit anderen Vertretern seiner Familie verwechselt."

Zum Hecht - vom Salm östlich abbiegend bis Untermaurach:

„Der Hecht (Esox lucius) [max. Länge 150 cm] ist ein Raubfisch und gehört zur Familie der Hechte (Esocidae). Er ist in brack- und süßwasserführenden Gewässern der nördlichen Hemisphäre weit verbreitet. Er wird als Speisefisch genutzt, lässt sich aber wegen seiner Aggressivität nur schwer züchten."

Zum Karpfen - vom Salm übergehend in die Alte Nußdorfer Straße:

„Der Karpfen (Cyprinus carpio) [max. Länge 120 cm] gehört zu den bekanntesten europäischen Fischarten und ist als Typusart der Gattung Cyprinus sowohl im Deutschen als auch in der Fachsprache Namensgeber der Familie der Karpfenfische (Cyprinidae) [...]. Er ist seit der Antike ein beliebter Speisefisch, der häufig in Fischteichen angezogen wird und dazu auch in zahlreichen Ländern weltweit eingeführt wurde, wo er teilweise als invasive Art auftritt. Der Wildbestand gilt dagegen heute als bedroht."

Zum Kretzer - Fortführung des Strandwegs bis zur Barbe:

„Der Flussbarsch (Perca fluviatilis), am Bodensee Kretzer [max. Länge 70 cm], in der Schweiz auch Egli genannt, ist ein in ganz Europa vorkommender Süßwasserfisch. Von der IUCN[4] wird der Flussbarsch als ‚nicht gefährdet' eingestuft."

Zum Laugele - vom Karpfen zum Hecht:

„Der Ukelei (Alburnus alburnus, ehemals auch Cyprinus alburnus), [max. Länge 19 cm], auch Ablette, Laube, Zwiebelfisch oder Laugele (Bodensee) genannt, gehört zu einer Unterfamilie der karpfenartigen Fische (Cyprinidae). Er hat einen schlanken Körper mit seitlich abgeflachtem Schwanzstiel. Lauben werden 12 bis 15 Zentimeter lang, selten bis 25 Zentimeter."

Zum Saibling - vom Döbel zum Weller:

„Die Gattung Saibling [max. Länge 55 cm] gehört zur Familie der Lachsfische und weist die für alle Salmoniden typische Fettflosse auf [...]. Die Gattung zeichnet sich durch eine außerordentliche Vielfalt unter den einzelnen Arten aus, welche noch viel größer ist als bei anderen Lachsfischgattungen. Daher ist die Systematik der Saiblinge noch nicht abschließend geklärt."

Zum Salm - von der Überlinger Nußdorfer Straße zum Abzweig zur B31, ehemalige Hauptstraße:

Laut Wikipedia-Enzyklopädie ist Salm [max. Länge 150 cm] ein anderes Wort für Lachs. Nun ist aber der Rheinfall eine unüberwindliche Barriere für Lachse und demnach ist der Salm kein Bodenseefisch. Die Nußdorfer um 1800 waren aber nicht ganz so streng nur auf den Bodensee ausgerichtet. So gab es ja auch ein Haus „Zum Häring". Es kann davon ausgegangen werden, dass der Lehrer Baumgartner und der Bürgermeister Mayer wussten, dass es im Bodensee keine Lachse gab. Lachse waren übrigens bis zur Industrialisierung keine Delikatessfische, sondern wurden lange Zeit in großer Anzahl in den Neben-

4 Die IUCN (International Union for Conservation of Nature and Natural Resources; deutsch „Internationale Union zur Bewahrung der Natur und natürlicher Ressourcen"), auch Weltnaturschutzunion, ist eine internationale Nichtregierungsorganisation. Ihr Ziel ist die Sensibilisierung der menschlichen Gesellschaften für den Natur- und Artenschutz und diese so zu beeinflussen, dass eine nachhaltige und schonende Nutzung der Ressourcen sichergestellt ist. Die IUCN erstellt unter anderem die Rote Liste gefährdeter Arten und kategorisiert Schutzgebiete mittels der World Commission on Protected Areas („Weltkommission für Schutzgebiete").

flüssen des Rheins in Deutschland, wie in der Schweiz gefangen.
„Lachse sind verschiedene mittelgroße Fische der Gattungen Salmo, Salmothymus und Oncorhynchus aus der Familie der Lachsfische (Salmonidae) innerhalb der Ordnung der Lachsartigen. Der atlantische Lachs (Salmo salar) und die pazifischen Lachse (Oncorhynchus) wandern ins Meer und kommen zum Laichen zurück in die Süßgewässer (Wanderfische), wobei sie beim Hochschwimmen zu ihren Laichplätzen im Oberlauf der Flüsse auch Hindernisse wie niedrigere Wasserfälle und Wehre, u. U. auch über Fischwege überwinden."

Zum Stichling - vom Salm zum Karpfen:

„Die Stichlinge (Gasterosteidae) sind eine Familie der Fische, die in fast der gesamten nördlichen Hemisphäre verbreitet ist. Die gewandten Schwimmer kommen im Süßwasser und küstennahen Brack- und Meerwasser vor. Den Namen verdanken sie einer Reihe von drei bis sechzehn Einzelstacheln vor ihrer Rückenflosse [...] Die meisten Arten bleiben relativ klein und erreichen Größen von vier bis acht Zentimetern, lediglich der Seestichling hebt sich mit einer Länge von bis zu 20 Zentimetern davon ab."

Zum Weller - vom Döbel zum Saibling:

„Der Europäische Wels oder Flusswels (Silurus glanis) ist der größte reine Süßwasserfisch Europas und [...] die einzige europäische Art aus der Familie der Echten Welse (Siluridae). Regional wird er auch als Waller, oder Schaidfisch sowie mit zahlreichen Abwandlungen dieser Namen (wie Weller) bezeichnet [max. Länge 300 cm]. Welse sind vorwiegend nacht- und dämmerungsaktive Raubfische, die sich von lebenden und toten Fischen, aber auch von Wirbellosen und gelegentlich von kleinen Wasservögeln und Säugetieren ernähren."

Zum Zander - vom Döbel zum Felchen:

„Der Zander [max. Länge 130 cm] (Sander lucioperca, Synonnym: Stizostedion lucioperca, Lucioperca sandra), auch Sander, Schill, Hechtbarsch, Zahnmaul oder Fogasch genannt, gehört zur Familie der Barsche (Percidae). Er ist der größte im Süßwasser lebende Barsch Europas. Er lebt in Europa vom Stromgebiet des Rheins bis zum Ural und in Westasien in der nordwestlichen Türkei und rund um das Kaspische Meer. Zander kommen auch im Brackwasser der gesamten Ostsee vor. [...] Durch Besatzmaßnahmen[5] hat er sich auch in westeuropäischen Gewässern ausge-

5 „Die Besatzmaßnahmen verfolgen das Ziel, das biologische Gleichgewicht eines Gewässers zu erhalten beziehungsweise wieder herzustellen." (Wikipedia 2015)

breitet." Im Bodensee gibt es den Zander erst seit den 1890er Jahren. Deshalb gab es auch im Urbar von 1803 noch kein Haus Zum Zander.

Zur Äsche - vom Döbel zum Felchen

„Das Gewicht der ausgewachsenen Äsche beträgt etwa 500 bis 1.500 Gramm; die Länge der ausgewachsenen Äsche liegt in der Regel zwischen 30 und 50 Zentimetern. Besonders große Exemplare können bis zu 3.000 Gramm schwer und bis zu 60 Zentimeter lang werden [...]. Durch Gewässerverschmutzung und -verbauten ist die Äsche immer mehr im Rückgang begriffen."

Zur Barbe - vom Salm zur Forelle:

„Die Barbe [max. Länge 100 cm], auch Flussbarbe, Barbel oder Pigge (Barbus barbus) genannt, ist ein europäischer Süßwasserfisch aus der Familie der Karpfenfische (Cyprinidae) und Namensgeber der Unterfamilie Barben (Barbinae). Sie war im Jahr 2003 in Deutschland Fisch des Jahres."

Zur Forelle - östlich vom Kretzer abbiegend zum Hecht:

„Die Forelle (Salmo trutta) [Bachforelle, max. Länge 60 cm] ist eine Fischart aus der Gattung Salmo in der Familie der Lachsfische (Salmonidae). Sie kommt im Atlantik, in der Nord- und Ostsee, von Spanien bis Island und Westrussland vor sowie in vielen angrenzenden Flüssen und Seen Europas [...]. Nach der Lebensweise werden drei Formen unterschieden: die anadrom[6] wandernde Meerforelle sowie die zeitlebens im Süßwasser verbleibenden Formen der Seeforelle und Bachforelle. Forellen sind beliebte Sportfische, Meerforellen werden auch mit Treibnetzen bejagt oder als Beifang wirtschaftlich genutzt."

Zur Grundel - Sackgasse westlich abbiegend vom Felchen:

„Der Gründling (Gobio gobio) landschaftlich auch Kressling (Blaue Krasse, Greßling, Grundel, Grelling, Gründer, Gründel, Giefen, Gieben, Grimpe, Gringe, Grüml, Güwchen, Krebsfisch, Kresse, Läufer, Weber) ist ein gesellig lebender Karpfenfisch, der in West- und Nordeuropa verbreitet ist und in schnell fließenden, aber auch stehenden Gewässern mit kiesigem oder sandigem Grund und Pflanzenbewuchs vorkommt. Gründlinge werden etwa 10 cm, selten

6 zum Laichen flussaufwärts wandernd

über 15 cm groß. [....] [Der Gründling] lebt stets auf dem Grund des Wassers und ernährt sich von Insektenlarven, Weich- und Krebstieren." (Fischlexikon)[7]

Zur Pfrille - vom Hecht zum Hasel:

„Die Elritze (Phoxinus phoxinus) [max. Länge 12 cm], auch Bitterfisch, Maipiere oder Pfrille genannt, ist ein Kleinfisch aus der Familie der Karpfenfische (Cyprinidae). Der wissenschaftliche Name geht zurück auf seine altgriechische Bezeichnung phoxinos φοξῖνος (zu Griechisch phoxos φοξός ‚spitz')."

Zur Schleie - Sackgasse östlich abbiegend vom Felchen:

„Die Schleie (Tinca tinca) [max. Länge 50 cm], auch der Schlei genannt, gehört zu den Karpfenartigen (Cypriniformes) und lebt überwiegend am Grund langsam strömender oder stehender Gewässer."

Zur Trüsche - von der Pfrille zur Pfrille:

„Die Quappe (Lota lota) [max. Länge 150 cm], ist ein Knochenfisch aus der Familie der Quappen (Lotidae). In der Erstbeschreibung von Linné[8] wurde sie noch Gadus lota genannt, der Gattungsname Lota ist späteren Datums. Die Quappe ist der einzige Fisch aus der Ordnung der Dorschartigen, der ausschließlich im Süß- oder Brackwasser vorkommt. Sie gehört in Deutschland zu den stark gefährdeten Tierarten und unterliegt deshalb in vielen Bundesländern fischereirechtlichen Schonbestimmungen. 2002 war die Quappe Fisch des Jahres. Am Bodensee wird sie Trüsche genannt, in der Schweiz auch Trische oder Treische."

Ausnahmen von der Fischregel sind folgende Straßen bzw. Wege:

Der Birnauer Weg - vom Hasel nördlich der Bahn bis zur Birnau - wurde Anfang des 20. Jahrhunderts parallel zur Bahnlinie gebaut und wird so nur von den Nußdorfern genannt.

Die Alte Nußdorfer Straße - von der Rengoldshauser Straße in den Karpfen übergehend - war bis zum Bau der Eisenbahn die Verbindungsstraße von Überlingen über Nußdorf bis Uhldingen.

---

7 Die Grundel war in 2015 der einzige Nußdorfer Fischname ohne Eintrag in Wikipedia.

8 Carl von Linné (* 23. Mai 1707 in Råshult bei Älmhult; † 10. Januar 1778 in Uppsala) war ein schwedischer Naturforscher, der mit der binären Nomenklatur (in der Biologie die Disziplin der wissenschaftlichen Benennung von Pflanzen und Tieren) die Grundlagen der modernen botanischen und zoologischen Taxonomie (einheitliches Verfahren zur Klassifizierung bestimmter Objekte) schuf. (Wikipedia 2015)

Der Margaretenweg - Treppenweg von der Grundel zum Zander (Nord → Süd) - wurde nach Margarete Kuschinsky benannt, weil sie die Mittel für die Anlegung des gesamten Treppenweges gespendet hatte.

Die Nußdorfer Straße - vom Bahnhof in den Salm übergehend - wurde Anfang des 20. Jahrhunderts parallel zur Bahnlinie gebaut.

Der Strandweg - vom Hafen Ost in den Kretzer übergehend - wurde bereits nach dem 1. Weltkrieg bebaut.

Die Politik

Ein Gemeinwesen[1] wie Nußdorf ist ohne Politik unvorstellbar, ja unmöglich. „Politik bezeichnet (nämlich) die Regelung der Angelegenheiten eines Gemeinwesens durch verbindliche Entscheidungen. Sehr allgemein kann jegliche Einflussnahme, Gestaltung und Durchsetzung von Forderungen und Zielen in [...] öffentlichen Bereichen als Politik bezeichnet werden. Zumeist bezieht sich der Begriff [...] auf die Öffentlichkeit und das Gemeinwesen im Ganzen." (Wikipedia 2016)

Wir können davon ausgehen, dass in den drei Nußdorfer Pfahlbausiedlungen (seit ca. 3900 v. Chr.) unterhalb der Konstantinhalde, vor dem Strandbad und Landungssteg, u. a. entschieden wurde, wer zur jeweiligen Siedlung gehören und wohin er seinen Pfahlbau stellen durfte. Es wurde also schon damals politisch gehandelt. Wahrscheinlich gab es eine Art Häuptling, der aber ebenso wahrscheinlich kein Alleinherrscher war, sondern dessen Entscheidungen eher auf dem Konsens in der Gruppe beruht haben werden.

Nach Aufgabe der Pfahlbauten um 800 v. Chr. dürften bei den in dieser Zeit am Nußbach und am See lebenden keltischen Bauern ähnliche Verhältnisse bis zum Ende der Römerzeit um 300 n. Chr. geherrscht haben. Sollte nach der Eroberung des Linzgaus durch die Alemannen ein Adeliger Besitzer des Dorfes gewesen sein, der auch dort wohnte, hat der entweder selber die öffentlichen Angelegenheiten der Dorfbewohner geregelt oder die Dorfpolitik an einen Dorfältesten delegiert. Dieser unterstand immer dem jeweiligen Grundherrn, bei dem auch letztlich die endgültige Entscheidungsbefugnis über

1 „alle Organisationsformen des menschlichen Zusammenlebens [...], die über den Familienverband hinausgehen." (Wikipedia 2016)

das Dorf lag. Wenn der Grundherr abwesend, nicht vor Ort war, delegierte er seine Herrschaft über das Dorf an einen Schultheiß, Vogt, Ortsvorsteher usw.

Eine andere Möglichkeit war, dass der Ortsvorstand mit einem bestimmten Beruf verbunden war. Das waren der Verwalter des Hofes des Grundherrn, der Maier (Meir, Maier, Mayer usw.), der Müller, der Gastwirt oder der Schmied, die alle direkt dem Grundherrn gegenüber verantwortlich waren. Auf jeden Fall gab es im Mittelalter in den Dörfern keine Bürgermeister. Dieses Amt war nur den Städten vorbehalten.

Als Nußdorf im 12. Jahrhundert eines von den vielen Dörfern wurde, die dem Kloster Salem gehörten, setzte die Abtei Dorfpfleger ein. Das waren entweder Konverse (Laienmönche) oder Bauern. Keiner aus diesen beiden Gruppen musste zwangsläufig ein Nußdorfer, ein Einheimischer, sein. Als die Badener 1802 im Zuge der Säkularisation[2] zu den Grundherren von Nußdorf wurden, blieb erst einmal alles beim Alten. Aus dem Dorfpfleger wurde lediglich der Vogt. So war 1819 der Tüfinger Peter Gremelsbacher der von der badischen Obrigkeit eingesetzte zuständige Vogt von Nußdorf.

Erst mit der badischen Gemeindeordnung von 1831 wurde aus Nußdorf eine unabhängige Gemeinde, wie man sie heute versteht. Von da an wurde Nußdorf von einem Gemeinderat, dem der Bürgermeister vorstand, verwaltet. Dieser Gemeinderat wurde von den männlichen Bürgern der Gemeinde gewählt. Ausgeschlossen vom Wahlrecht waren Almosenempfänger und Juden. Auch wenn alle wahlberechtigten Männer den Bürgermeister wählen durften, musste dessen Wahl von der Obrigkeit bestätigt werden. Finanzielle Angelegenheiten entschied der Bürgerausschuss, eine Art zweite Kammer. Zwistigkeiten zwischen Gemeinderat und Bürgerausschuss wurden von der Bürgerversammlung geklärt.

Zugezogene konnten das Bürgerrecht käuflich erwerben. Sie erwarben damit aber nicht das aus dem Mittelalter stammende Anrecht auf Nutzung des Bürgerholzes. Dies blieb bis zu seiner Auflösung Ende des 20. Jahrhunderts bei den Besitzern der in einem Urbar[3] von 1802 erwähnten 33 Anwesen.[4]

Mit Gründung der Weimarer Republik nach dem Ersten Weltkrieg erhielten alle volljährigen und mündigen Bürgerinnen und Bürger unabhängig von Einkommen und Religion sowohl das aktive als auch das passive Wahlrecht. An der Zusammensetzung des Nußdorfer Gemeinderates änderte sich insofern nichts, als dass weiterhin keine Frauen in den Gemeinderat gewählt wurden. Der Bürgermeister wurde von allen Wahlberechtigten der Gemeinde gewählt. Die Bestätigung der Wahl durch die Obrigkeit entfiel.

Anfang der zwanziger Jahre versuchte der Überlinger Landrat Levinger,

2 Verstaatlichung von Kirchenbesitz

3 Besitzrechtsverzeichnis

4 Die anderen drei Gebäude waren die Kapelle, das Messnerhaus (Zum Salm 23) und die ehemalige Schussenrieder Zehntscheuer (altes Rathaus, Zum Stichling 16).

Nußdorf in die Nachbarstadt Überlingen einzugemeinden. Dieser Versuch verlief sich im Sande der Bürokratie. Gefährlicher war die Idee der badischen Regierung, Ende der zwanziger, Anfang der dreißiger Jahre im Zuge einer landesweiten Gebietsreform kleinere Dörfer in einer großen Gemeinde zusammenzuschließen bzw. kleinere Gemeinden in großen Nachbargemeinden aufgehen zu lassen. In unserem Fall waren Andelshofen und Nußdorf die kleineren Gemeinden und Überlingen war die große Gemeinde, die die kleineren zu schlucken versuchte. Das gelang im Falle von Andelshofen, obwohl weder Überlingen noch Andelshofen dies wollten. Nußdorf wehrte sich so lange erfolgreich, bis das Land Baden im Dritten Reich aufging und der Eingemeindungsversuch wieder versandete. Die neuen Machthaber, die vorher als Fürsprecher der kleinen Dörfer aufgetreten waren, entpuppten sich aber nun als Verfechter zentraler Herrschaft. Als der Überlinger Bürgermeister Dr. Spreng 1940 versuchte, Nußdorf einzugemeinden, wurde dies allerdings von einem Nußdorfer verhindert, der in der Hierarchie der NSDAP weit höher angesiedelt war als der Überlinger Bürgermeister.

Ab 1946 gab es in Nußdorf wieder einen nach demokratischen Regeln gewählten Gemeinderat und einen gewählten Bürgermeister[5].

Nußdorf wurde 1975 als Ortsteil nach Überlingen eingemeindet. Von 1975 - 1999 gab es den von den Nußdorfern gewählten Ausschuss für Nußdorfer Angelegenheiten. Vorsitzender dieses nur beratenden Ausschusses war der Überlinger Bürgermeister. Recht auf eine eingeschränkte Mitsprache erhielt Nußdorf erst wieder 1999, als es - wie nach ihrer Eingemeindung die Dörfer Bambergen, Bonndorf, Deisendorf, Hödingen, Lippertsreute und Nesselwangen - eine Ortsverfassung erhielt und so zu einem Teilort Überlingens wurde. Der Gemeinderat von Überlingen gewährte in seiner Hauptsatzung den sieben eingemeindeten Dörfern eigene Ortsverwaltungen.

Diese Ortsverwaltungen bestehen aus dem Ortschaftsrat, an den der Überlinger Gemeinderat gewisse Rechte in der Hauptsatzung delegiert hat. So ist der Ortschaftsrat „zu wichtigen Angelegenheiten, die die Ortschaft betreffen, zu hören" und entscheidet u. a. über „die Vermietung, Verwendung und Nutzung der gemeindeeigenen Gebäude und Einrichtungen". Die Anzahl der Ortschaftsräte ist abhängig von der Anzahl der Einwohner des Teilorts. Diese schlagen in geheimer Wahl dem Gemeinderat einen Ortsvorsteher vor. Zum Ortsvorsteher kann jeder Bürger des Teilorts mit passivem Wahlrecht vom Ortschaftsrat vorgeschlagen werden. Der Ortsvorsteher ist der Ortschaft, der er vorsteht, verantwortlich, aber auch der Gemeinde, da er ja vom Gemeinderat gewählt wird. Das manifestiert sich darin, dass der Ortsvorsteher Ehrenbeamter seiner Gemeinde ist.

5 Der 1943 aus Altersgründen zurückgetretene Bürgermeister Josef Beck hätte ganz sicher auch in einer Demokratie 42 Jahre seiner Gemeinde gedient.

1. Reihe von links
Volker Mayer-Lay, Dietram Hoffmann, Margret Leitz, Waldemar Scheyhing, Maria Spreitzhofer;
2. Reihe von links Thomas Strehl, Anja Kretz, Markus Wuermeling, Günter Hornstein, Ulrike Gut

Fünf Frauen und sechs Männer bilden seit der Kommunalwahl im Jahr 2014 den Nußdorfer Ortschaftsrat. Im Nußdorfer Ortschaftsrat gibt es keine Parteien, sondern drei Listen: Die „Liste für Nußdorf", die „Unabhängige Wählerliste" und „Aktiv für Nußdorf".

Da die Nußdorfer Vereine das Dorfleben spätestens seit der zweiten Hälfte des 19. Jahrhunderts prägten, hatten sie auch Einfluss auf die Dorfpolitik. Es war nämlich nahezu jeder Nußdorfer Mitglied in mindestens einem Verein. Die vielen Neu-Nußdorfer, die seit Ende des Zweiten Weltkrieges zugezogen und nicht in die dörflichen Traditionen eingebunden waren, schlossen sich weniger den Vereinen an, als dies Tradition in den alten Nußdorfer Familien ist. So verringerte sich der politische Einfluss der Vereine.

Nußdorfer Bürgermeister[6]:

Name	Zeit
Blaßer	von ? bis 1848
Urnau, Konrad	1848
Reichle	1865
Böhler, Sebastian	1883 bis 1901
Zundel, Josef	1901 bis 1922
Beck Josef	1922 bis 1943
Mayer[7], Karl Anton	1943 bis 1945
Freyburger[8], Josef	1945
Beck[9], Josef	1945 bis 1946

6 Leider sind nicht alle Bürgermeister aus den frühen Jahren der Gemeinde Nußdorf bekannt.

7 Er wurde nicht gewählt, sondern als kommissarischer Bürgermeister eingesetzt.

8 Franzose, aber wegen mangelnder Qualifikation nach nur vier Monaten im Amt abgesetzt.

9 Von den Franzosen eingesetzt, Vater von Rudolf Beck, weder verwandt, noch verschwägert mit dem früheren gleichnamigen Bürgermeister.

Denz, Leopold	1946 bis 1948
Beck, Josef	1948 bis 1954
Mayer, Karl Anton	1954 bis 1962
Butscher, Gebhard	1962 bis 1975

Nußdorfer Ortsvorsteher:

Beck, Rudolf	1975 bis 2009
Hornstein, Günter	2009 bis 2014
Hoffmann, Dietram	seit 2014

Josef Zundel
1901 - 1922

Josef Beck
1922 - 1943

Leopold Denz
1946 - 1948

Josef Beck
1945 - 1946 und 1948 - 1954

Karl Anton Mayer
1943 - 1945 und 1948 - 1962

Gebhard Butscher
1962 - 1975

Rudolf Beck
1975 - 2009

Günter Hornstein
2009 - 2014

Dietram Hoffmann
seit 2014

Kapitel 2

Prominente Gebäude und die Häuser von 1802

Die Kapelle St. Kosmas und Damian

Bevor die Bahnlinie Nußdorf zerschnitt, waren die Straßen Zum Laugele und Zum Karpfen Teil der Straße Uhldingen-Überlingen und die Kapelle St. Kosmas und Damian vor dem Bau der Schule, des späteren Rathauses und des Dorfgemeinschaftshauses das alle Häuser überragende und zentrale Gebäude Nußdorfs.

Ihren Namen verdankt die Kapelle dem syrischen Zwillingspaar Kosmas und Damian, zwei Ärzten, die im dritten Jahrhundert nach Christus im Nahen Osten wirkten. Sie sollen hervorragende Heilkünstler gewesen sein. So haben sie einer Frau das faulende Bein amputiert und ihr das gesunde Bein eines gerade verstorbenen Mohren transplantiert. Bemerkenswert ist auch, dass sie für ihre Dienste keine Entlohnung verlangten. Sie erlitten 303 in Aigai in der heutigen Türkei den Märtyrertod durch Enthauptung, nachdem sie weder ertränkt, noch verbrannt, noch mit Pfeilen erschossen werden konnten.

Die Nußdorfer Kapelle wurde als gotische Kapelle mit Altarraum Ende des 13., Anfang des 14. Jahrhunderts gebaut. Vermutlich stand vor dem Bau dieses Gebäudes auf dem Fundament eine Vorgängerin. Nach Meinung eines Maurers bei der letzten Renovierung 2008 stammte das Fundament aus dem 11. oder 10. Jahrhundert. In der handschriftlichen und schön illustrierten „Geschichte von Nußdorf am Bodensee und seines Karpfenwirtshauses" berichtete Q. E. Beyer 1953, dass diese Vorgängerkapelle und auch der Neubau von zwei Bischöfen der St. Verena[1] geweiht worden seien - eine doch zu große Ehre für eine Kapelle im kleinen Nußdorf. Die von Beyer erwähnte Kirche war mit aller Wahrscheinlichkeit St. Verena des Dorfes Salmannsweiler, wo Frowein 1137 als erster Abt das Kloster Salem gründete. Ihren heutigen Namen erhielt die Nußdorfer Kapelle wahrscheinlich erst nach 1348/49. Die Namensgebung „Kosmas[2] und Damian" war zu dieser Zeit recht häufig, da man sich gegen die Pest, die in diesen Jahren in Europa wütete, Schutz von den beiden Heiligen der Heilberufe erhoffte.

Beim Gang um die sechseckige nach Osten ausgerichtete Kapelle sieht man, dass auf der Südseite die Bögen der beiden Fenster keine Spitze haben, sondern abgestumpft sind. An der Ostseite sieht man von außen ein wohl im

1 Verena war eine christliche Ägypterin, die mit römischen Legionen über Mailand nach Solothurn kam. Dort soll sie in der Höhle einer Schlucht, der heutigen Verenaschlucht, als Heilerin gelebt haben.

2 Kosmas oder Cosmas in der latinisierten Schreibweise.

17. Jahrhundert zugemauertes, spitzbogiges Fenster.

Auf der Nordseite hingegen formen die Fenster klassische gotische Spitzbögen. Dort hängt außen an der Kapellenwand ein Kruzifix aus dem 16. Jahrhundert, über dem sich auf dem Dach eine kleine Gaube befindet. Sie diente als Ausguck, um während der Flurprozession in der Bittwoche vor Christi Himmelfahrt die Glocken läuten zu können, wenn diese an einem der vier im Dorf aufgestellten Altäre - in den letzten Jahren bei den Bauern Zündel, Buchstor, Zundel und Schreiber - angekommen war.

Links neben den Füßen Jesu ist in der Wand eine kleine, vergitterte Nische, in der sich „ein etwas derb gestaltetes Bild auf Blech in dunkelbraunem Holzrahmen" befand. Dieses Bild vom Ende des 18. Jahrhunderts stellte „die Schmerzhafte Muttergottes mit den sieben Schwertern in der Brust" dar. Auf einem Spruchband war zu lesen: „Alle die ihr vorübergeht, seht ob ein Schmerz meinem Schmerz gleich sei". Das Bild war zu guter Letzt durch den Ruß der Kerzen so schwarz und unansehnlich geworden, dass es entfernt wurde.

Den Giebel auf der Westseite krönt ein Giebelreiter mit Uhr und zwei darüber befindlichen Glocken. Er ersetzte um 1860 ein etwas größeres Türmchen mit einem Rosettenfensterchen.

Der Eingang - im Westen - wie auch das Kruzifix werden seit den achtziger Jahren des vorigen Jahrhunderts durch Vordächer geschützt. Auf alten Postkarten sieht man die Kapelle noch ohne diese Vordächer.

Es gibt keine Belege, dass es neben der Kapelle einen Friedhof gab. Das umlaufende Gerücht, man habe beim Graben Knochen und Totenköpfe gefunden, können die ehemaligen Bewohner des heute abgerissenen Bauernhofes nicht bestätigen.

Die Nußdorfer Kapelle im Jahr 1943, noch ohne das heutige Vordach
Foto: Müller & Sohn © Zentralinstitut für Kunstgeschichte

In der Kapelle wurde, soweit bekannt, an Sonn- und Feiertagen von Anfang an die Messe gelesen, auch wenn Nußdorf spätestens seit 1282 zur Kirchengemeinde Seefelden gehörte. So stand im Vermächtnis der Adelheid Schneider vom 26. April 1470, dass diese der Kapelle in Nußdorf 4 ½ Hofstett Reben (ca. 16 Ar), ihr Haus und noch mehr vermacht habe, unter der Bedingung, dass immer eine wöchentliche Messe zur „Abtilgung ihrer Pein [wohl im Fegefeuer]" zu lesen und jährlich eine Totenvigil[3] am Montag nach Mariä Himmelfahrt zu halten sei. Um sicher zu gehen, dass dies auch wirklich geschieht, sollte ein Pfund Wachs als Zins - vermutlich jährlich - an die eigentliche Pfarrkirche, St. Martin in Seefelden, gehen.

1597 ist die Kapelle sehr gründlich renoviert worden. Damals wurde der Innenraum mit Fresken bemalt. Um Weihnachten 1643 wurden alle Nußdorfer Häuser - außer einer Scheune und der Kapelle - von französischen Truppen zerstört. Die Kapelle wurde zwar beschädigt, das Mittelteil mit den fünf gotischen Figuren und die Wandmalereien von 1597 sind aber erhalten geblieben.

Die 1648 überlebenden 14 Männer von Nußdorf mit Familie und Gesinde, insgesamt höchstens 50 Personen, und die Obrigkeit in Salem hatten nach der Zerstörung des Dorfes andere Prioritäten als den Wiederaufbau einer Kapelle. Für die Nußdorfer war das wahrscheinlich kein so großer Verlust, da sie schon seit dem 13. Jahrhundert zur Messe nach Seefelden gingen.

Erst um 1700 wurde die Kapelle wieder aufgebaut. Geweiht wurde der Altar vom Konstanzer Fürstbischof Konrad von Rodt erst 1763, so dass von da an wieder Messen gelesen werden konnten. Wahrscheinlich wurden zu diesem Zeitpunkt die Fresken von 1597 überweißelt. 1806 wurde die kleinere Glocke neu gegossen, die größere 1816.

Der Kapellenfonds ist 1837 aus Stiftungen zu Jahrestagen und Seelenmessen entstanden. Sein Vermögen betrug 600 Gulden, sein Zweck war die Übernahme der Kosten für Jahrtage und Seelenmessen. Außerdem sollten durch ihn von Alois Baruth und dem Lehrer Meinrad Knäple (Knepple) Stipendien bzw. „Schulbedürfnisse für arme Schulkinder" beglichen werden.

Nachdem 1856 die Großherzogliche Bauinspektion schwerwiegende Mängel u. a. im Dachstuhl und am Glockenturm festgestellt und der Kapellenfonds keine Mittel für die Renovierung hatte, übernahm die Gemeinde die Kosten von gut 1.700 fl Gulden (ca. 24.310 Euro). Die eigentlichen Renovierungsarbeiten wurden um 1860 geleistet. Dabei wurde der Turm zum heutigen Giebelreiter verkleinert und die Empore über der Eingangstür um ca. 1,20 Meter verbreitert.

Im Jahr 1888 wurde auf Bitten der Stiftungskommission Seefelden die Kapelle als Eigentum an das Kirchspiel Seefelden bzw. den Kapellenfonds Nußdorf übertragen, da „nach öffentlicher Ausschreibung von Seiten Dritter keine

3 Totenvigil ursprünglich das Gebet am Totenbett bzw. die Totenwache. Sie entwickelte sich im Laufe der Zeit zur Totenmesse.

Eigentumsansprüche geltend gemacht wurden".

Bei kleinen Ausbesserungsarbeiten wurden in der Kapelle 1925/26 die bereits erwähnten Wandmalereien unter den getünchten Wänden entdeckt. Diese wurden dann 1936 bei einer Renovierung freigelegt und mit Tränklacken aufgefrischt.[4] Außerdem wurden der Reitergiebel und der Dachstuhl erneuert. Die Kosten von gut 7.000 Mark trug die Gemeinde Nußdorf, gedeckt durch Holzverkäufe und Steuern, nachdem „das Ordinariat in Freiburg die Renovation der Kapelle [...] zu Lasten der politischen Gemeinde [genehmigt]" hatte. Seit 1936 haben die Nußdorfer mit der Uhr auf dem Turmaufsatz ihre zentrale Normaluhr.

Bei einer weiteren Renovierung 1962 wurde „der alte Fußbodenbelag [...] entfernt und in Sandstein neu eingebracht, einschließlich der Altarstufen", die vordem aus Holz waren. Die Uhr und das Geläute wurden elektrifiziert. Der Beichtstuhl und die Bänke wurden erneuert und „die Empore durch Stahlträger gesichert". Die Kapelle bekam eine Elektroheizung. Auch das Türmchen musste renoviert werden.

1983, 21 Jahre später, wurde die Holzdecke ausgebessert. Das Gestühl wurde dunkel gebeizt, die Fresken gesäubert und aufgefrischt. 2008 wurde die Kapelle für die stolze Summe von 250.000 Euro grundlegend renoviert.

Wenn man den einschiffigen spätgotischen Bau (16 Meter lang, 6,3 Meter hoch und 6,7 Meter breit) mit „einer Holzdecke, die durch profilierte Leisten aufgeteilt ist", betritt, wird der Blick von den Fresken auf beiden Längsseiten zum Schnitzaltar geführt. Den Mittelpunkt des spätgotischen Werks bildet die Mutter Gottes mit Kind erhöht auf einem Podest stehend. Die Namensgeber St. Kosmas und St. Damian stehen ihr zur Seite eine Stufe tiefer. Neben St. Kosmas steht St. Sebastian und neben St. Damian steht St. Jakob, erkennbar an Wanderstab und Muschel, jeweils wieder eine Stufe tiefer. Die fünf Heiligenfiguren sind um 1500 von einem unbekannten Künstler, wahrscheinlich aus dem Salemer Raum, geschaffen worden.

Der 1,80 Meter hohe und zwei Meter breite Altar wirkt wie ein Portal für die Heiligen, das in die Kapelle hineinführt. Dieser Eindruck wird noch durch zwei mit filigranem Laub verzierte Bögen verstärkt. Über der Mutter Gottes schwebt eine Krone, die von zwei Engeln weniger getragen als gezeigt wird. Über dieser Krone wiederum ist ein Rahmen, dessen oberer Rand mit einem Rankenwerk geschmückt ist. In der Mitte dieses Rahmens ruht der Kopf eines Engelchens, nicht unähnlich dem Logo der oberschwäbischen Barockstraße. Auf dem Rahmen steht ein Kruzifix, zu dessen Füßen Maria Magdalena kniet. Rechts und links des Rahmens stehen jeweils eine Statue der Mutter Gottes und des Apostels Johannes. Diese vier Figuren sind ca. einhundert Jahre jünger als die fünf Figuren des Hauptrahmens des Altars.

---

4 Die Bilder der Fresken in diesem Kapitel stammen aus einer Farbdiaserie, die Ende des Zweiten Weltkrieges von Kulturdenkmälern wie der Nußdorfer Kapelle gemacht wurde.

Ursprünglich war der Altar ein Flügelaltar, was an den zwei Scharnieren beidseits des Altars deutlich wird. Die Flügel wurden vermutlich Opfer des Dreißigjährigen Krieges. An Stelle der Flügel stehen heute barocke Statuen von Franziskus von Assisi mit den Wundmalen und Antonius von Padua, einem Zeitgenossen von St. Franziskus.

Die Figuren von links außen: St. Antonius von Padua, St. Sebastian, St. Kosmas, die Mutter Gottes mit Kind, St. Damian, St. Jakob, St. Franziskus von Assisi
Foto: Laurin Knapp

Die Nordwand schmückt eine Statue der heiligen Theresia von Ávila, die Empore aus dem 19. Jahrhundert über dem Eingang nochmals ein St. Sebastian. Dort auf der Empore befindet sich auch eine Orgel mit Pfeifen, die Ende des 20. Jahrhunderts im bayerischen Kloster Ottobeuren gekauft wurde und eine elektronische Orgel ersetzte.

Die Nord- und Südwand sowie der Altarraum (Chor) wurden 1597 von einem unbekannten Künstler bemalt. Diese Fresken sind in ihrer Vollständigkeit einmalig im Bodenseeraum. Sie sind in zwei Reihen, die eine auf halber Höhe, die andere darunter, an die Wände gemalt.

Schräg hinter dem Altar bilden Jesus, Maria und Petrus in der oberen Reihe eine Dreiergruppe. Unter dem Marienbildnis steht: „Joannes Steck der Zeit / der dorf pfleger zu Nussdorff samd sein Ehelich Haus Frau / Lucia Notthelfferin haben dieß zweien Stuck machen laßen / Gott zu Lob und Ehr." Der Stifter von Petrus war ein Johann Scheffer.

Auf Höhe der Dreiergruppe folgen an der Südwand Bilder von elf Aposteln ohne Judas. Unter ihre Füße sind für jeden Apostel fortlaufend Artikel aus dem Glaubensbekenntnis geschrieben. Die Reihenfolge der Apostel ist „S. Andreas", „S. Jacob der Grosser", „S. Joannes", „S. Thomas", „S. Jacob der klener", „S. Phillippus", „S. Bartholomeus", „S. Mattheus", „S. Simon", „S. Jhudas Thadeus" und „S. Matthias".

Links am Fuße des Apostels Phillippus die betende Figur des Spenders, über dem Spender das Fähnchen mit dem Text „Jakob Miller zu Nußdorff hat das Bild laßen malen".
Foto: Müller & Sohn © Zentralinstitut für Kunstgeschichte

Das Bild des Johannes wurde von Michael Urnau, Heiligenpfleger von Nußdorf, gestiftet. Der Name Urnau findet sich heute noch in Nußdorf. Den Matthäus hatte Christoffel Stadelhoff aus Nußdorf malen lassen. Bei allen Aposteln knien kleine Figuren, die Porträts der Stifter mit einem Fähnchen, auf denen der Name der stiftenden Person vermerkt ist. Lesbar sind nur noch die vier oben erwähnten Fähnchen.

Unter der Dreiergruppe mit Jesus, Maria und Petrus beginnt mit dem Abendmahl die untere Reihe von Bildern.

Es folgen die Darstellungen von St. Georg, dem Ritter, der den Drachen tötet, von der Anbetung Jesu durch die Weisen und vom Gastmahl des Herodias mit dem Haupt des Heiligen Johannes. Die lateinische Inschrift „arguebat Herodem Ioanes propter Herodiadem quam tulerat fratri suo Philippo uxorem [Johannes beschuldigte den Herodes, weil er die Herodias seinem Bruder Philipp als Weib überlassen habe]" ist gut lesbar. Maria erfährt die Ankündigung von Jesu Geburt unter der Empore. Die untere Reihe auf der Nordwand beginnt mit der Todesangst Christi am Ölberg. Dann erscheint Christus der Maria Magdalena nach der Auferstehung. Auf eine Kreuzigungsgruppe folgt der Einzug Jesu in Jerusalem am Palmsonntag.

Heute kann man auf diesem Abendmahlbild nur elf Apostel zählen, aber mit Judas, der am Geldbeutel erkennbar und als einziger ohne Heiligenschein ist. Auf dem Foto von 1943 ist der Kopf des fehlenden 12. Apostels schwach im oberen Drittel am rechten Bildrand zu sehen.
Foto: Müller & Sohn © Zentralinstitut für Kunstgeschichte

Vor der ersten Bank auf der linken Seite steht ein Vortragskreuz - zum Vorantragen bei Prozessionen - dessen Vorderseite den Gekreuzigten mit den Symbolen der vier Evangelisten zeigt. Diese sind auf der Rückseite auch in Silber wiederholt. Das Kreuz selber besteht aus vergoldetem Messing.

Auf der Rückseite des Altars ist ein auf Holz gemaltes Jüngstes Gericht dargestellt, das ca. einhundert Jahre älter ist als die Wandmalereien, weshalb der Schluss zulässig ist, es verbergen sich noch andere Bemalungen unter der von 1597. Dort sitzt Christus über einem Regenbogen, „die Weltkugel ihm zu Füßen, das Schwert von seinem [...] Mund ausgehend, ebenso eine Blume, unter ihm die auferstehenden Toten." Unter Jesus kämpft St. Michael um die aus dem Fegefeuer auferstandenen Seelen. Rechts neben Christus kniet betend seine Mutter. „Links ein

Vorderseite des Vortragskreuzes
Foto: Laurin Knapp

bärtiger Heiliger, ohne Zweifel Johannes der Täufer, unter ihm eine Gruppe Verdammter, wohingegen unter der Mutter Gottes nur Selige zu sehen sind."

Heute ist die Kapelle das ökumenische Gotteshaus für die Messe der Katholiken und den Gottesdienst der evangelischen Christen. Sie ist zwischen Palmsonntag und dem Sonntag nach Allerheiligen für Besucher täglich von 9 bis 17 Uhr geöffnet.

Das Jüngste Gericht auf der Rückseite des Altars
Foto: Ulrich Knapp

Das erste Nußdorfer Rathaus und die erste Schule

Als sich Nußdorf nach der ersten badischen Gemeindeordnung 1831 selbst verwalten konnte, benutzte man als erstes Rathaus das heutige Haus Zum Salm 23.

Das erste Nußdorfer Rathaus Zum Salm 23, ca. 2007

In die älteste Karte von 1713, eine Federzeichnung, ist dieses Haus schon eingezeichnet worden. Im Urbar von 1803 - „Verzeichnis über Besitzrechte einer Grundherrschaft und zu erbringende Leistungen ihrer Grunduntertanen" (Wikipedia 2017) - wird das Haus wie folgt beschrieben:

„No 24

Ein 2käriges Haus[1] und Hofreithe nebst der Cappelle, haltet 30 Ruthen[2], liegt zu allen Seiten an der Gemeind[3], ist zugleich Gemeind und Schulhaus samt Wohnung des Lehrers".

Da Lehrer früher auch gleichzeitig die Messnerdienste übernehmen mussten, kann man schlussfolgern, dass es ehedem auch Messnerhaus für die Kapelle St. Kosmas und Damian war.

Zum Haus gehört ein Gewölbekeller. Sein ursprünglicher Zugang vom Karpfen aus ist heute zugemauert. Man kann ihn nur noch durch eine Tür im Untergeschoss des Gebäudes betreten. Dort finden sich auch Reste eines kleinen Torkels aus dem Jahr 1903. Vermutlich war dieser Keller einer der Orte, an dem das Kloster Salem seinen Nußdorfer Wein lagerte.

1833 verkaufte der Markgraf die ehemalige Schussenrieder Zehntscheuer[4] am Ortsrand an die Gemeinde, die dieses Gebäude als Rathaus verwenden

1 Zweikärig" meint ein Gebäude mit zwei selbständigen Hausteilen.

2 Flächenmaß: eine Ruhte entspricht 3 ½ - 7 Metern.

3 Gemeint ist, dass das Grundstück von Gemeindeland umgeben war.

4 s. Artikel „Das alte Rathaus".

wollte. Damit konnte das Gebäude mit der heutigen Adresse Zum Salm 23 wieder ausschließlich als Schulhaus genutzt werden. Die Einschulung von drei sechsjährigen Schülern im Jahre 1833 ist dokumentiert.

Als 1878 ein neues Schulhaus, das heutige Rathaus, gebaut wurde, begann für das ehemalige erste Rathaus eine neue Ära. Es kam in Privatbesitz und wechselte innerhalb der Jahre 1881 - 1902 fünfmal die Besitzer. 1902 kaufte der Landwirt Hermann Schafheutle das Gebäude. Er richtete im Obergeschoss einen Kolonialwarenladen und in den ehemaligen Ställen im Untergeschoss einen Laden für Manufakturwaren ein. Ab 1936 war das Ehepaar Dicknöther, welches ab 1926 bereits das Geschäft übernommen hatte, Eigentümer.

Ältere Nußdorfer erinnern sich noch an die vielfältige Nutzung des Gewölbekellers und anderer Räume des Hauses; sie berichten u. a. von einer Wäscherei, einem Schallplattenladen, einem Atelier der Künstlergruppe „Mal-8“ und den dort einige Jahre probenden Musikern des Nußbach-Echos.

Seit 1974 gehört das Haus einer Stuttgarter Familie, die es zunächst an verschiedene Apotheker verpachtet hatte, später an die Antiquitätenhandlung Goldmart und schließlich an das Bauunternehmen Siegler.

Das alte Rathaus

Bei zugezogenen Nußdorfern kann man absolut sicher sein, dass diese jeden, der das alte Rathaus sucht, zum neuen Rathaus in der Straße Zum Laugele schicken. Ein verständlicher Irrtum, weil der Neunußdorfer meint, das Rathaus im Laugele sei mit der Eingliederung nach Überlingen „alt“ geworden, da ja das Rathaus der Stadt Überlingen der schöne Renaissancebau am Münsterplatz ist.

Wenn man von der Kapelle kommend dem Karpfen entlang des Nußbachtals Richtung Norden folgt, sieht man links nach der Nußbachbrücke ein großes Gebäude mit Fachwerkgiebel über zwei in der Bachsenke liegenden Wohnhäusern thronen. Geht man den Karpfen dann noch ca. 50 Meter bergauf, biegt links der Stichling ab. Dort, an der Ecke Karpfen/Stichling, steht das alte Rathaus. Seine Adresse ist Zum Stichling 16.

Die Nordseite des Walmdachhauses ist dem Karpfen zugewandt. Über dem Eingang zum Keller ist das Wappen von Robert Schlecht (1740 - 1802), dem vorletzten Abt von Salem, mit der Jahreszahl 1790 angebracht. In jenem Jahr kaufte die Reichsabtei[1] Salem den Nußdorfer Pfleghof[2], das spätere alte Nußdorfer Rathaus von der Reichsabtei Schussenried.

Ein Chronist berichtete Ende des 18. Jahrhunderts: „Den Vorzug und Rang unter den Bodenseeorten wird haben bei der des Heil. Römischen Reiches berühmten Stadt Überlingen liegende Marktflecken Nußdorf, weil allda das Gotteshaus Schussenried, soviel aus den Akten bisher erhellt ist, die ersten Wein- und Rebgüter am Bodensee käuflich an sich gebracht, nämlich schon in anno 1409." Dies war der erste Pfleghof von Schussenried in Nußdorf. Dazu gehörten das Haus des bisherigen Besitzers, dem Schmied Peter von Moriz, die Hofreite[3], der Krautgarten und ein Weingarten.

Zwischen 1410 und 1589 erweiterten die Schussenrieder ihre Weingärten durch Zukäufe an der Fuchshalde und an der Frauenwiese, über dem Mühlbach (Mühlbachkanal), beim Sonnenberg sowie am Neusatz und oberen Neusatz (das Areal zwischen Saibling und Zander). Bei all diesen Verkäufen vergaß der Chronist nicht, darauf hinzuweisen, dass an den Grundherren Salem Bodenzins (jährliche Pacht) von Schussenried zu zahlen wäre. Der Standort dieses Anwesens war an der Ettergasse[4] von Nußdorf. Diese Ettergasse könnte die heutige Straße Zum Stichling gewesen sein, weil dort die Grenze zu Überlingen war. Dann hätte dieses erste Pfleghaus ungefähr an der Stelle gestanden, wo noch heute das alte Rathaus steht.

In der ersten Hälfte des 16. Jahrhunderts wurde von den Schussenriedern ein weiteres Anwesen in Nußdorf am Wigel (Nordseite des heutigen Döbels von der Einmündung in den Karpfen bis zum Zander) unter gleichen Bedingungen wie das erste gekauft, also mit einem einmaligen Kaufpreis und jährlicher Pacht an Salem. Nachdem die Schussenrieder dieses Anwesen abbrachen, erfolgte die jährliche Bodenzinszahlung jedoch weiter, da das dazu gehörige Land weiter von ihnen genutzt wurde.

Vertreten wurde Schussenried in Nußdorf von einem Schaffner[5]. Dieser

---

1 Reichsabtei, eine Abtei, die „direkt und unmittelbar dem Kaiser" untergeben war. (Wikipedia 2014)

2 „Als Pfleghof (auch Stadthof oder Stadthaus) wurde im Mittelalter und in der frühen Neuzeit ein Wirtschaftshof eines Klosters (oder Domkapitels) bezeichnet, der sich in einer größeren Ansiedlung - meist einer Stadt - befand." (Wikipedia 2014)

3 Eine Hofreite oder Hofraite ist der von den Gebäuden eines Gehöfts umschlossene Hofraum, respektive der um den Hof liegende Raum, die Hofstelle, mit Bauernhaus und Nebengebäuden (je nach örtlich üblicher Siedlungsform).

4 Etter (auch: Öder), weibl., auch männl., ist eine süddeutsche Bezeichnung für die Umgrenzung eines mittelalterlichen Ortes. Im Gegensatz zu Städten mit Stadtmauern waren Dörfer zumeist von Hecken oder Holzzäunen umgeben.

5 Als Schaffner wird der Vermögensverwalter einer Stadt, eines Klosters oder eines Hauswesens (Gutsverwalter) bezeichnet, als Schaffnerin die Gehilfin der Hausfrau mit Schlüsselgewalt über Küche und Keller.

hatte im Pfleghof Wohnrecht und das Recht auf Trieb und Tratt[6]. Seine Herkunft war weder an Schussenried noch an Nußdorf gebunden. War er aber ein Nußdorfer mit eigenem Haus, behielt er als ein „Mitgemeinder" (nicht Bürger!) alle Gemeinderechte.

Der Pfleghof an der Ettergasse wurde Weihnachten 1643 zusammen mit allen Häusern Nußdorfs, ausgenommen der Kapelle und einer Scheuer, von französischen Truppen zerstört, aber zwischen 1655 und 1658 in der heutigen Form wieder aufgebaut. Dabei unterstützte Salem Schussenried zwar mit Bauholz, mahnte aber einen Rückstand des Bodenzinses seit 1633 über 165 Gulden, 17 Kreuzer und 3 Heller an. Man einigte sich dann auf die Zahlung von 100 Gulden (2.147 Euro).

Der Neubau entspricht trotz einiger Änderungen während der letzten 250 Jahre dem heutigen alten Rathaus. An der Südfront gab es zwei Wohnungen, eine für den Schaffner, die andere für Besucher - meistens zur Jahresabrechnung - aus Schussenried. Alle anderen Räumlichkeiten dienten mit Torkel und Keller der Weinproduktion. Der Wein musste übrigens von Bauern aus Schussenried und näherer Umgebung per Fuhr- und Spanndienst ins Kloster gebracht werden. Wein aus Markdorf, Pfullendorf und Nußdorf diente dem Eigenbedarf des Klosters.

Salem erwarb das Anwesen, wie schon erwähnt, 1790 mit allen Weingärten und sonstigem Grund von Schussenried, deshalb findet sich auch das Wappen des damaligen Salemer Abts, Robert Schlecht, auf der Nordseite. Schussenried hatte allerdings darauf bestanden, sich alle dort noch lagernde Wein- und Fässerbestände von Nußdorfern nach Meersburg liefern zu lassen.

Wappen des Abts von Salem an der Nordseite des Gebäudes

1831 verabschiedete der badische Landtag eine Gemeindeordnung, in der einerseits die Unabhängigkeit der Gemeinde von staatlicher Willkür, andererseits Demokratie (beschränkt auf Männer mit Bürgerrechten) innerhalb der Gemeinde festgeschrieben wurde. In Nußdorf kam man wohl zu der Feststellung, dass das bisherige erste Rathaus, das ehemalige Messnerhaus unterhalb der Kapelle - Ecke Salm/Karpfen, gegenüber dem Blumenhaus Fuchs - diesen Ansprüchen nicht mehr genügen würde. Deshalb kaufte die inzwischen entstandene politische Gemeinde Nußdorf 1833 den ehemaligen Schussenrieder Pfleghof von den badischen Markgrafen, die diesen im Zuge der Säkularisation 1802 von Salem übernommen hatten.

6 Trieb und Tratt, das Trattrecht ist das Recht, Vieh nach der Getreide- oder Grasernte auf fremde Weiden (mittelhochdt. ‚tratt') zu treiben. Das Trattrecht wird oft zusammen mit den Weg- und Überfahrtsrechten als ‚tritt und tratt' oder ‚trieb und tratt' genannt.

Auf der Südseite wurde im Parterre die ehemalige Wohnung zum Bürgermeisteramt und zum Dorfgefängnis umgebaut. Aus den Räumen für Weinproduktion und Lagerung wurde das Feuerwehr- und Gerätehaus (Bauhof) der Gemeinde. Der ehemalige Schussenrieder Pfleghof diente dann bis 1953 als Rathaus.

Das alte Rathaus im Jahr 1903, im Vordergrund Bürgermeister Josef Zundel

Nach dem Zweiten Weltkrieg wurden noch weitere Wohnungen eingebaut. Ein Raum auf der Südseite diente bis zum Neubau der Volksschule 1954 am Laugele als Klassenzimmer und als Gemeindeverwaltung. Seit 1974 sind ehemaliges Bürgermeisteramt und Dorfgefängnis das Hauptquartier der Nußdorfer Narrengesellschaft Die Schnecken, das von Mitgliedern innen mit schönen Wandmalereien geschmückt wurde.

Nußdorf hat also - um die Verwirrung der Neunußdorfer zu steigern - eigentlich zwei alte Rathäuser, das erste Nußdorfer Rathaus am Eck Salm/Karpfen und das alte Rathaus am Eck Stichling/Salm.

Wandmalerei in der Zunftstube der Schnecken; der Radfahrer im Hintergrund ist der Maler des Bildes, Lothar Rohrer.

Der Hessenhof

Wenn man den Karpfen Richtung Norden folgt, liegt am Dorfausgang rechter Hand das große, hinter Hecken verborgene Anwesen Zum Karpfen 20, allgemein bekannt als der Hessenhof. Es ist mit seinem Baujahr 1656 wahrscheinlich eines der ersten Gebäude in Nußdorf, das nach der Zerstörung durch die Franzosen 1643 von der Reichsabtei Salem wiederaufgebaut worden ist. Dies hatte einen ganz praktischen Grund. Die 1643 ebenfalls zerstörte Wallfahrtskirche von (Alt)Birnau war 1655 wiederhergestellt worden. Dazu benötigten die Salemer wieder einen Gasthof für ihre Pilger.

Bewirtschaftet wurde dieser Gasthof wohl von Salemer Konversen, wie in den Jahrhunderten vor der Zerstörung im Dreißigjährigen Krieg. Ob Salem den

Gasthof nach der Verlegung des Wallfahrtsortes 1746 weiter betrieben oder ihn an weltliche Pächter verpachtet hat, ist nicht belegt. Nach der Säkularisation1802 haben die neuen Herren, die Markgrafen von Baden, das Gasthaus verkauft. Es wurde fortan als Gasthof „Zum Karpfen" betrieben. Der Name stammt noch aus Zeiten, als er als Wirtshaus für Pilger diente. Nördlich des Hauses finden sich heute noch Senken, in denen der Nußbach, Anfang des 19. Jahrhunderts noch Mühlbach genannt, zu Teichen für die Karpfenzucht gestaut war. Fisch war die typische Fastenspeise, seit Papst Gregor I. im Jahr 590 den Verzehr warmblütiger Tiere in der Fastenzeit verboten hatte.

Für ein kleines Dorf wie Nußdorf, das 1895 erst 235 Einwohner zählte, war der Gasthof „Zum Karpfen" ein beachtliches Etablissement. Im Erdgeschoss befanden sich Küche, Schankstube, Stall, Speisekammer, eine weitere Kammer und zwei Zimmer. Nahezu der ganze erste Stock diente als Tanzsaal. Es gab, abgetrennt mit einem durchsichtigen Gläserschrank, einen weiteren Schankraum für die älteren Nußdorfer, die von dort aus die tanzende Jugend im Blick hatten. Die Mädchen saßen auf Stühlen neben dem Aufgang und warteten auf ihre Kavaliere, die sich wahrscheinlich zuvor im Schankraum des Erdgeschosses Mut angetrunken hatten. Im Dachgeschoss waren fünf Gästezimmer und auf der Südseite, zum alten Rathaus am Stichling hin, eine Kegelbahn eingerichtet worden.

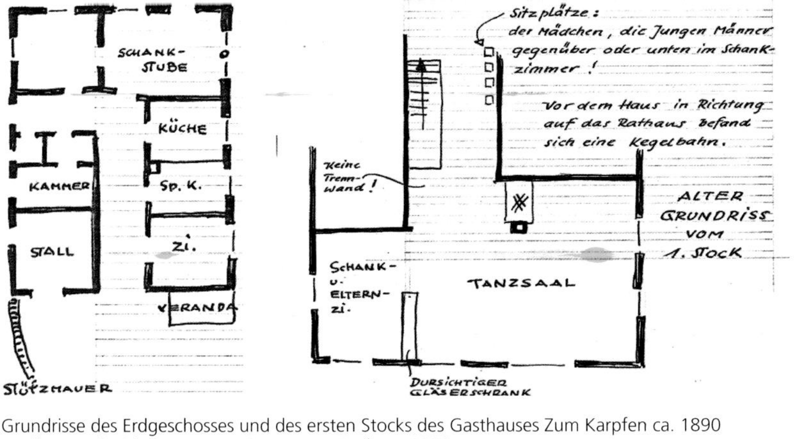

Grundrisse des Erdgeschosses und des ersten Stocks des Gasthauses Zum Karpfen ca. 1890
Quelle: Handzeichnungen von O. E. Beyer, Freiburg 1953

Der Gasthof „Zum Karpfen" war für lange Zeit, bis 1890, unter wechselnden Wirten das Nußdorfer Gasthaus. Einer der ersten Wirte war ein Georg Keller aus Bambergen. Noch 1880 hatte der neue Besitzer Martin Scheich eine Konzession für die Wirtschaft Zum Karpfen beantragt. Der Wirt Widmer besaß den Karpfen bis 1888.

Nur zwei Jahre bewirtschaftete der Landwirt Ulmer aus Hausen an der Lauchert, einem Teilort von Trochtelfingen, den Hof. Er verkaufte ihn an Friedrich Sarg. Entweder dieser oder sein Vorgänger Ulmer haben wohl die Gastwirtschaft aufgegeben und betrieben nur noch Landwirtschaft.[1]

Der aus Darmstadt stammende Sarg änderte den Namen zu „Hessenhof". Damit war zwar der Karpfen das erste Nußdorfer Haus, das seinen Fischnamen verlor, aber der Name Hessenhof hatte nicht unbedingt etwas mit dem Stamm der Hessen zu tun. Nordöstlich des Hessenhofs, auf der anderen Seite des Nußbaches, zieht sich die Hessenwiese ungefähr von der Brücke der B 31 über das Nußbachtal bis zum Abzweig Mauchenhardt hin. Heute ist sie meist mit Stangenholz bewaldet. Diese Wiese hatte ihren Namen schon lange, bevor der Darmstädter das Haus Zum Karpfen kaufte. Es muss Friedrich Sarg sicher gut gepasst haben, sich mit dem neuen Namen auch auf einen alten Nußdorfer Flurnamen beziehen zu können. Die Hesse ist laut dem Deutschen Wörterbuch der Gebrüder Grimm eine andere Bezeichnung für die Espe oder Zitterpappel.

Hauptgebäude des Hessenhofs 1917 von Südwest

Sarg baute 1890 nordwestlich des Anwesens einen großen Stall, verließ Nußdorf aber schon 1899, nachdem er den Hof an eine Familie Tritschler aus Lenzkirch verkauft hatte. Tritschlers verdreifachten das zum Hof gehörende Land durch den Ankauf der 20 Morgen (7,2 Hektar) großen Fuchshalde. Dem Gärtner Leopold Schnackenberg (1902 - 1906) folgte im Reigen der Besitzer Kurt Frauenholz, der den Hof zu einer Sommerfrische ausbaute. 1911 war der Stab des elsässischen Infanterieregiments Nr. 11 dort einquartiert, als die

1 Etwa zur selben Zeit wurde aus der fast schon einhundert Jahre existierenden Schankwirtschaft an der Straße nach Maurach (heute Zum Hecht) die Gastwirtschaft Zum Löwen.

Quartiermacher des Regiments zur Erleichterung ihrer Arbeit allen Nußdorfer Häusern Nummern zuteilten. 1933 verkaufte Frauenholz das Anwesen an den Bankdirektor Karl Pfeiffer. Für Pfeiffer war der Hessenhof ein Ort der Erholung, weshalb er sich nicht um die Landwirtschaft kümmerte, sondern diese von 1933 - 1937 an einen Herrn Knoll und dann bis 1948 an den Nußdorfer Landwirt Zündel verpachtete. Der schaffte für die Arbeit auf dem für Nußdorfer Verhältnisse großen Anwesen den ersten Nußdorfer Traktor an.

Mitglieder der Pächterfamilie Zündel bei der Kirschenernte ca. 1939

1952 verkaufte Pfeiffer den Hessenhof an eine Frankfurter Bank, die ihn als Ausbildungsstätte und Erholungsplatz für ihre Manager nutzte. In dieser Zeit wurde an das Hauptgebäude ein runder Turm angebaut.

Nur zwei Jahre später verkaufte die Bank den Hessenhof an den Bankier Dr. Hermann Richter, der ihn gründlich renovieren ließ. Seine Tochter Ute, verheiratete Hipp, erbte den Hessenhof nach dem Ableben ihrer Eltern. Die ehemalige deutsche Meisterin im Dressurreiten hält dort nicht nur ihre Pferde, sondern baut auch Obst an und nutzt das zum Anwesen gehörende Brennrecht zur Erzeugung von Obstler und Heugeist. Keiner der weltlichen Eigentümer hat das Anwesen Zum Karpfen 20 solange in Besitz gehabt wie die Familie Hipp-Richter.

Die 36 Gebäude von 1802

Nußdorf hatte bis zur Säkularisation[1] 1802 über 600 Jahre zum Kloster Salem gehört.[2] Der weitaus größere Teil der Salemer Herrschaft, einschließlich Nußdorf, wurde 1802 dem Haus Baden zugeschlagen. Nußdorf gehörte von da an nicht mehr zur Reichsabtei Salem, sondern zur Markgrafschaft Baden.

Da das Haus Baden wissen wollte, was es erworben hatte, wurden die neuen Besitztümer erfasst und registriert. Ein solches Register gibt es auch von Nußdorf, das sogenannte Urbar. Es wurde frühestens 1803 zusammengestellt und enthält auf vielen Seiten eine gründliche Beschreibung der Lage der Häuser, den dazu gehörenden Grundstücken und deren Nutzung.

Ein Teil der aufgeführten Namen von Besitzern ist heute noch in Nußdorf vertreten. Einige Namen sind verschwunden, weil der Familienname weiblicher Erbinnen nach deren Heirat aufgegeben wurde. Andere Familien haben Nußdorf verlassen.

Liste der Häuser mit den ursprünglichen Hausnamen von 1803[3]

Hausname	damaliger Besitzer	heutige Adresse/Lage[4]
Hasel	Jakob Schamberger	Zum Kretzer 2
Sartellen	Anton Löhle	Zum Kretzer 4
Pfeffer	Georg Kirst	Zum Kretzer 4[5]
Bersich a	Josef Gulde	Zum Kretzer 6[6]
Bersich b	Anton Fitscher	Zum Kretzer 8
Prücken	Bernhard Urnau	Zum Kretzer 10
Bratfisch	Baptist Vogler	Zum Kretzer 12
Platheißle	Filipp Urnau	Zum Kretzer 24

1 Enteignung aller geistlichen Besitztümer im Zusammenhang mit den Napoleonischen Kriegen.

2 Dies wird in Kapitel 14 „Salem und Nußdorf im Mittelalter" beschrieben.

3 Diese Aufstellung wurde aus dem Urbar und Grundbucheinträgen zusammengestellt.

4 Bei etwa der Hälfte der Häuser konnte nicht die heutige Adresse, sondern nur noch die Lage bestimmt werden.

5 Das Haus existiert nicht mehr. Es wurde schon vor 1800 abgerissen.

6 Die sieben Doppelhäuser (a oder b) waren wahrscheinlich die ersten Häuser beim Wiederaufbau von Nußdorf nach dem Dreißigjährigen Krieg und sind aus Kostengründen als Doppelhäuser gebaut worden.

Jäger	Jakob Jung	Zum Kretzer 14
Schnecken	Joseph Gieß	Zur Barbe
Prillen a	Alois Burth	Zur Barbe 2 (heute Grünfläche)
Prillen b	Mathias Beck	Zur Barbe 2 (heute Grünfläche)
Äschen a	Stephan Jung	Zur Barbe 4
Äschen b	Kosmas Jung	Zur Barbe 4
Salmen	Mathias Bommer	Zur Barbe (Schuppen Barbe 6?)
Forellen	Michael Baumgart	Zur Barbe 8 (?)
Häring a	Andreas Hirm	Zum Laugele
Häring b	Fideli Beck	Zum Laugele
Hecht a	Krisoßt Urnau	Zum Laugele
Hecht b	Joseph Urnau	Zum Laugele
Kapelle	Pfarrgemeinde Seefelden	
Messnerhaus	Gemeinde	Zum Salm 23
Neunaugen a	Nikolaus Mayer	Zum Karpfen
Neunaugen b	Jakob Waldhör	Zum Karpfen
Lachs	Fideli Häußler	Zum Karpfen 17
Groppen a	Stephan Urnau	Zum Karpfen
Groppen b	Mathias Urnau	Zum Karpfen
Schafbock	Anselm Jung	nordöstlich vom Karpfen
Morauchen	Josef Beck	nordöstlich vom Karpfen
Schleyen	Georg Hirt	nordöstlich vom Karpfen
Krebs	Michael Jung	nordöstlich vom Karpfen
Grundel	Joseph Waldhör	westlich vom Karpfen
Seehund	Jakob Schneider	Zum Hecht 3
Fischerhaus	Konrad Bommer	Untermaurach
Karpfen	Michael Kudermann	Zum Karpfen 20
Ehemalige Schussenrieder Zehntscheuer	Salem - gnädigste Herrschaft	Zum Stichling 16

Heute stehen in Nußdorf ca. 380 Häuser. Diese Zahl basiert auf dem Adressbuch der Stadt Überlingen von 2007 und dem Wissen, was in den letzten neun Jahren neu gebaut bzw. abgerissen worden ist.

Kapitel 3

Die Nachbarn von Nußdorf

Überlingen

Am Samstag, 01. August 1857, endete für Nußdorf die Oberhoheit von Salem mit Aufhebung des Bezirks Salem und Übernahme dessen 16 Gemeinden, einschließlich Nußdorf, durch den Bezirk Überlingen.

In einem Lesebuch über Nußdorf muss Überlingen zwar ab Mitte des 19. Jahrhunderts eine schwergewichtige Rolle für Nußdorf spielen. Es ist aber auch festzustellen, dass die engen Nachbarn Überlingen und Nußdorf viele Jahrhunderte lang nur wenige Berührungspunkte hatten. Man kann eigentlich erst seit diesem Samstag im August 1857 von einer echten Beziehung zwischen beiden Orten sprechen. Beide haben sich über die Jahrhunderte hinweg grundlegend unterschiedlich entwickelt, auch wenn die Entfernung zwischen Überlinger Münster und Nußdorfer Kapelle nur ca. drei Kilometer beträgt.

Die Gemarkung Nußdorf grenzt im Westen an Überlingen und im Norden an Deisendorf, das dem Überlinger Spital[1] gehörte, der Mitte des 13. Jahrhunderts gegründet worden war. Diese Gemarkungsgrenze war gleichzeitig die Grenze der Reichsabtei Salem zur Reichsstadt Überlingen. Sie bedeutete gesellschaftlich sehr viel mehr als die Grenze von Salem nach Heiligenberg. Heiligenberg war eine Grafschaft, Überlingen aber war seit 1211 eine von Bürgern regierte Stadt und seit 1268 eine Reichsstadt[2]. Das bedeutete für Hörige - und alle Nußdorfer waren hörig -, dass sie in einer Reichsstadt zu freien Menschen, aber nicht ohne weiteres zu Bürgern werden konnten. Sie mussten mindestens ein Jahr dort gelebt haben. Ihr Grundherr musste sie während dieses Jahres dort gefunden und zurückgefordert haben, ansonsten machte „Stadtluft [...] frei nach Jahr und Tag".

Es ist nicht bekannt, wie häufig Nußdorfer oder andere Salemer Hörige die nahe Nachbarschaft der Reichsstadt genutzt haben, um so frei zu werden. Der Baseler Steinmetz und Baumeister Hans von Nußdorf hat, wenn er denn aus unserem Nußdorf stammte, wohl nicht diesen Weg gewählt, sondern eher

1 In Überlingen heißt es nicht das Spital, sondern der Spital.

2 „Als Freie und Reichsstädte wurden seit dem 15. Jahrhundert jene weitgehend autonomen Stadtgemeinden des Heiligen Römischen Reiches bezeichnet, die im Städtekollegium des Reichstags vertreten waren. Die eigentlichen Reichsstädte unterstanden keinem Reichsfürsten, sondern direkt dem Kaiser, waren also reichsunmittelbar. Dagegen hatten die Freien Städte zwar noch einen Bischof als nominellen Landesherrn, besaßen aber Selbstverwaltungsrechte und Privilegien, die sie den Reichsstädten de facto gleichstellten. Daher entstand im Laufe der Zeit die unkorrekte, volkstümliche Sammelbezeichnung Freie Reichsstadt, obwohl nur wenige Städte gleichzeitig Freie Stadt und Reichsstadt waren." (Wikipedia 2016)

den über Konstanz. Er war nämlich in den Anfangsjahren seiner Baseler Zeit vermutlich identisch mit dem Steinmetz Hans von Konstanz.

Geflohene Hörige aus Salem werden in Überlingen wohl auch nicht viel Unterstützung gefunden haben. War doch die Verwaltung des Spitals schon ca. 60 Jahre nach seiner Gründung „in die Hände des Rates" übergegangen. Der Spital konnte seine Funktion des sich Kümmerns und Pflegens von Kranken, Waisen, Witwen und Armen dank des Spendfonds erfüllen. Dieser blieb über die Jahrhunderte durch großzügige Spenden gut gefüllt. Für die Spenden gab es, da der Spital anfänglich eine rein kirchliche Angelegenheit war, Ablass für die Spender. Durch Erben und Erwerben kamen in ca. 100 Ortschaften viele Güter in den Besitz des Spitals, der so zum feudalen Grundherren mit an den Grund gebundenen Hörigen wurde. Es ist zu vermuten, dass der Überlinger Rat, der den Spital sehr bald beherrschte, kein großes Interesse zeigte, flüchtigen Salemer Hörigen zur Freiheit zu verhelfen. Er war selbst Herr über viele hörige Untertanen, die demselben Reglement (Frondienste, keine Freizügigkeit außerhalb des Gebiets des Grundherrn usw.) unterstanden.

Berührungen zwischen Überlingen und Nußdorf gab es gelegentlich, wenn es zu Streitigkeiten mit den Deisendorfern über das Weiderecht am Mauchenhardt kam. Dann schlichtete schon mal ein Claus Besserer aus Überlingen.

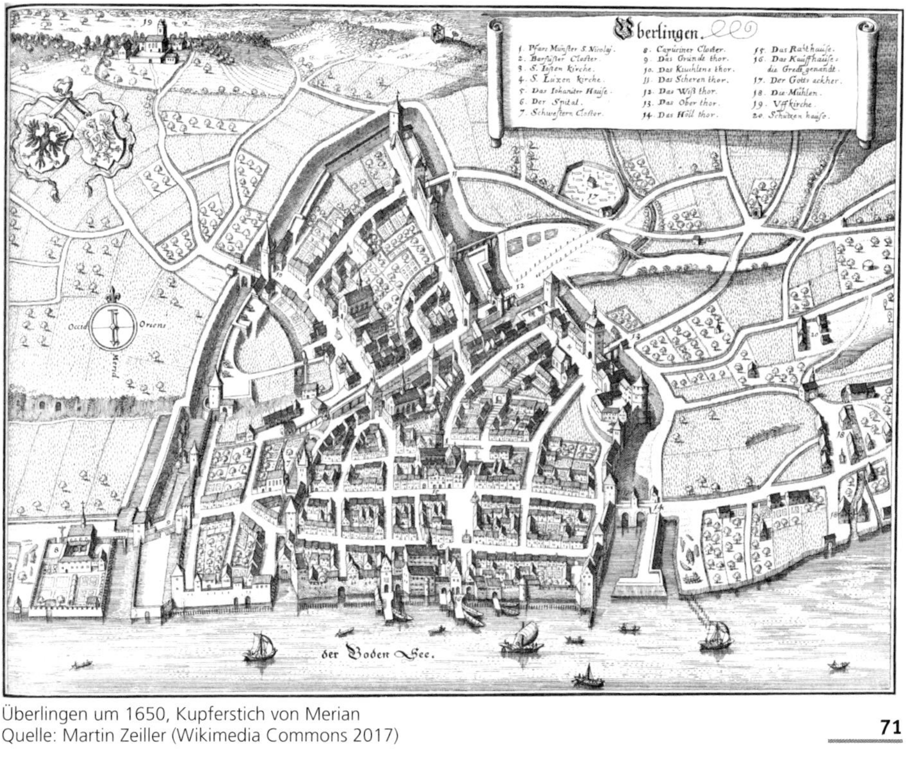

Überlingen um 1650, Kupferstich von Merian
Quelle: Martin Zeiller (Wikimedia Commons 2017)

Normalerweise vertrat die Reichsabtei Salem Nußdorfer Angelegenheiten im Zusammenhang mit Überlingen. So schlossen das Kloster und die Stadt 1361 einen Vertrag, in dem sich das Kloster verpflichtete, keine Mühle in Nußdorf zu bauen. Damit wurde sichergestellt, dass der größere Teil des Riedbaches weiterhin in den um 1300 erbauten Mühlenkanal für den Betrieb der fünf Mühlen vor Überlingen fließen würde und nicht in den Nußbach.

Überlingen wurde nach 1632 zum Zufluchtsort für viele Flüchtlinge im Dreißigjährigen Krieg, als sich das Kriegsgeschehen in den bis dahin relativ ruhigen deutschen Südwesten verlagerte. Ob unter diesen Flüchtlingen auch die 14 Nußdorfer Familien waren, die den Krieg überstanden hatten, ist nicht bekannt. Sehr wahrscheinlich waren aber unter den 1.500 Bauern, die die kaiserlichen Truppen 1643 für Schanzarbeiten zur Befreiung Überlingens von der französischen Besatzung einsetzten, auch Nußdorfer. Weihnachten 1643 wurde Nußdorf ein Opfer der Nachbarschaft. Die Franzosen, Besatzer von Überlingen, zerstörten aus strategischen Gründen das ganze Dorf außer der Kapelle und einer Scheuer, bevor sich der Belagerungsring der kaiserlichen Truppen um Überlingen schloss.

Als Salem den Wallfahrtsort Birnau 1746 von der Anhöhe über Überlingen und Nußdorf auf den Hügel über Maurach verlegte, waren beide zwar gleichermaßen durch den Verlust des Wallfahrtsbetriebes betroffen. Die Gasthäuser aber, das Überlinger Gasthaus direkt neben dem, dem Erdboden gleichgemachten, ehemaligen Wallfahrtsort, und das Nußdorfer Wirtshaus „Zum Karpfen" existierten noch viele Jahrzehnte.

Als Anfang des 19. Jahrhunderts im Zuge der Säkularisation bzw. des Reichsdeputationshauptschlusses Überlingen und Salem badisch wurden, zählte man in Überlingen keine Hörigen mehr. In Salems Amt „Vor dem Berge" aber war nahezu die gesamte Bevölkerung von 3.500 Seelen noch leibeigen.

Weil sich einerseits die Gemeinsamkeiten von Überlingen und Nußdorf über viele Jahrhunderte auf eine geographische Nachbarschaft beschränkten, Nußdorf andererseits aber ab 1857 immer enger an Überlingen gebunden wurde, bis es 1975 zur Eingemeindung kam, findet sich das eigentliche Kapitel „Überlingen und Nußdorf" erst im Teil 2 dieses Lesebuchs.

Die Birnau und Nußdorf

Nordwestlich von Nußdorf liegen auf einem Drumlin[1] in 484,5 Metern Höhe vier Gebäude, die auf den Wegweisern für Wanderer „Altbirnau" genannt werden. Südöstlich dagegen, gut dreimal so weit entfernt, steht auf 432 Metern Höhe die Birnau, eine prächtige Barockbasilika mit Klostergebäuden - die Kirche der Pfarrgemeinde Deisendorf-Nußdorf.

„Altbirnau" hieß natürlich ursprünglich nicht so. Eine Kapelle wurde dort schon 883 in einer Urkunde Karls des Dicken erwähnt. Die Ortsbezeichnung „ad pirningas" verweist wohl auf das alemannische Wort für Birne; die lateinische Bezeichnung für Birne ist nämlich „pirum". 1222 wurde durch Walter von Vaz[2] „die Übertragung des Zehnten an Salem" bestätigt. Die Vazer, die „Eigenkirchenherren[3] der [...] Seefelder Pfarrei", hatten aus einem Erbe aus dem 12. Jahrhundert „ausgedehnten Zehntbesitz [...] zwischen Überlingen und Markdorf". Als Konvent, noch nicht als Kloster, wurde die Birnau erstmals 1227 erwähnt. Da wurde nämlich den Schwestern der Birnau (lat. „Sorores de Birnowe") ein „Weinberg zur ewigen Seelenmesse" gespendet. Die Schwestern waren keine Nonnen, sondern Beginen[4], die 1231 die Birnau verließen.

Das Fundament für künftige Konflikte mit Überlingen legte 1241 „der Salemer Abt Berthold I. Graf von Urach" beim Verkauf des Geländes „rund

1 Drumlins (von irisch droimnín ['drim′n′iːn′] „kleiner Rücken", „Höhenrücken") sind längliche Hügel von tropfenförmigem Grundriss, deren Längsachse in der Eisbewegungsrichtung eines (eiszeitlichen) Gletschers liegt. (Wikipedia 2015).

2 Die Freiherren von Vaz oder Vatz waren im Hochmittelalter eines der mächtigsten Adelsgeschlechter im Alpenraum. Urkundlich nachgewiesen sind sie ca. von 1135 bis 1338. Die heutige Gemeinde Vaz/Obervaz ist ein Teil ihres Nachlasses (Wikipedia 2014).

3 „Eigenkirchen [...] waren im frühen Mittelalter Gotteshäuser [...], die meist Laien (örtlicher Adel, Grafen und Herzöge des Frankenreiches zeitweise bis hin zum König) auf privatem Grund und Boden errichten ließen. Über die Eigenkirchen bzw. Eigenklöster hatte der Grundherr das Recht [...] der Ein- und Absetzung der Pfarrer bzw. der Äbte ohne Bewilligung durch den Diözesanbischof. Der Grundherr war Vogt seiner Eigenkirche. Es stand ihm zwar die Nutzung der Erträge (Zehnt und Grunderträge) zu, doch hatte er auch für die Bedürfnisse der Kirche und der Seelsorge aufzukommen. Als Gegenleistung wurden der Eigenkirchenherr und seine Angehörigen in die Gebete einbezogen [...]; dies war - zumindest theoretisch - der Hauptgrund für die Stiftung von Kirchen und Klöstern auf dem eigenen Boden" (Wikipedia 2014).

4 „Als Beginen [...] und Begarden wurden ab dem 12. Jahrhundert in den Niederlanden und dem 13. Jahrhundert in Deutschland, Frankreich, Oberitalien und der Schweiz die Angehörigen einer Gemeinschaft christlich andächtigen Lebens ohne Klostergelübde bezeichnet. Beginen (weibliche Mitglieder) und Begarden (männliche Mitglieder, auch Lollarden oder Lollharden genannt) führten ein frommes, eheloses Leben in ordensähnlichen Hausgemeinschaften." (Wikipedia 2014)

um die Wallfahrtsstätte […] an die Stadt Überlingen als Weidefläche", wobei Überlingen auf alle Abgaben des Klosters verzichtete. Das erste schriftliche Zeugnis, dass es sich bei der Birnau um eine Wallfahrtsstätte handelte, stammt von 1318 aus einem Indulgenzbrief[5] von Papst Johannes XXII., der „den Wallfahrern einen 40-tägigen Ablass beim Besuch der Kapelle in Birnau" gewährte. Um diese Zeit wird die Birnau für Überlingen „die bedeutendste reichsstädtische Nahwallfahrt" und sicherlich auch eine Wallfahrt für das sehr nahe gelegene Nußdorf.

Die Beziehungen zwischen Birnau und Überlingen wurden 1371 weiter vertieft, als „Dietrich Mülinger, Kaplan der Marienkapelle zu Birnau, sein am „Blutschenberg" [Krummebergstraße] gelegenes eigenes Haus […] der Kapelle zu Birnau [schenkt], so dass die künftigen Kapläne darin wohnen können; das Haus soll der Stadt Überlingen steuerpflichtig sein".

Altbirnau im 17. Jahrhundert, am unteren Bildrand Nußdorf mit Überlinger und eigenen Rebgärten

Die bis dahin von Weltpriestern betreute Wallfahrt wurde dann 1384 von den Zisterziensern[6] aus Salem übernommen. Die enge Bindung an Überlingen blieb und wurde von Salem 1490 bestätigt. So gehörte der Grund bis zu den

5 In der Lehre der römisch-katholischen Kirche ist Indulgenz der zeitliche Ablass (Nachlass) der Sündenstrafen (Wikipedia 2014).

6 „Zisterzienser nennen sich die Mönche und Nonnen, die in der Tradition der Gründer des Klosters Cîteaux ein Leben des Gebets, der Lesung und der Arbeit führen wollen. Der Zisterzienserorden entstand durch Reformen aus der Tradition der Benediktinermönche." (Wikipedia 2014)

Mauern der Kapelle der Stadt, auf dem „auch nur die Stadt das Recht habe daselbst zu bauen." Überlingen bestimmte auch, dass - als die Abtei um die Kapelle mit dem Gnadenbild eine eigene, kleine gotische Kirche bauen wollte - diese keinen Kirchturm und keine Stallung haben dürfte.

Altbirnauer Wallfahrtskirche (kolorierte Federzeichnung, wahrscheinlich vor 1614)

Nach mehreren Um- und Anbauten auf Überlinger Grund und von der Reichsstadt genehmigt, wurde die turmlose Kirche 1643 von französischen Truppen abgebrannt, wie auch das benachbarte Nußdorf, dort mit Ausnahme der Kapelle und einer Scheuer. Die Kapelle und das Gnadenbild wurden keine Opfer des Feuers. Das Bild der Mutter Gottes mit dem Jesuskind wurde von einem Laienbruder gerettet und in den Salmansweiler Hof in Konstanz gebracht, wo es bis 1655 zum Wiederaufbau der Kirche blieb.

Der schnelle Wiederaufbau, nur sieben Jahre nach dem Ende des Dreißigjährigen Krieges, war der blühenden Wallfahrerkultur rund um das Gnadenbild zu verdanken. Damit die Pilger auch Kost und Logis hatten, war schon 1656 das Gasthaus (heute Zum Karpfen 20) südlich am Fuße der Wallfahrtsstätte am Rande von Nußdorf wieder aufgebaut worden. Bei

Wundertätiges Gnadenbild der Jungfrau Maria zu Birnau; rechts unten sind Nußdorfer Häuser zu sehen.
Quelle: Apiarium Salemitanum, 1708

diesem Gasthof gab es einen großen Karpfenteich, da Fisch eine traditionelle Speise für Pilger war. Deshalb hieß der Gasthof auch „Zum Karpfen". Diesem erwuchs Konkurrenz durch ein Wirtshaus, das Überlingen auf dem Birnauer Hügel 1685 errichtete.

Trotz der sehr erfolgreichen Wallfahrt „fasste der 1745 neu gewählte Salemer Abt Stephan II. Enroth, der selbst in Birnau Präfekt gewesen war, den Entschluss, dass die Wallfahrt an eine andere Stelle auf dem Salemer Territorium verlegt werden sollte". Dafür gab es zwei Gründe:

Die ganze Anlage verlangte einen grundlegenden Neuentwurf, um den wachsenden Pilgeransturm zu bewältigen. Die Kirche war schlicht und einfach viel zu klein geworden. Sie war nicht einmal dreimal so groß wie die Nußdorfer Kapelle. Eine angemessene Vergrößerung der Anlage war praktisch unmöglich, da dies eine Einbeziehung von Überlinger Land bedeutet hätte. Dies ging nicht so einfach, weil es zwischen der Reichsabtei und der Reichsstadt zu Streitereien gekommen war. Die Gründe waren vielfältig: Einerseits beklagten sich die Mönche über das neue in Überlinger Besitz befindliche Gasthaus neben dem Wallfahrtsort, das für „Wildschützen und anderem liederlichen Gesindel und ledigen Leuten [Prostituierten] Schlupfwinkel" war. Andererseits sollte nicht übersehen werden, dass dieses Überlinger Gasthaus, das neben der Wallfahrtskirche stand, auf Grund seiner Lage eine nahezu unschlagbare Konkurrenz für das Gasthaus „Zum Karpfen" bei Nußdorf war.

Die Verlegung eines Wallfahrtsortes, zu der sich Abt Stephan II. entschloss, war kein einfaches Unterfangen. Es bedurfte der Genehmigung sowohl durch den Bischof von Konstanz als auch durch Papst Benedikt XIV., die die Salemer auch erhielten. Da sie auf „Widerspruch oder [...] Gewaltanwendung [...] von Seiten der Stadt Überlingen gefasst" waren, wurde das Gnadenbild am 4. März 1746 unter dem Deckmantel einer Prozession „zur Wohlfahrt des Vaterlandes" unter militärischem Schutz von 360 Heiligenberger Dragonern nach Salem gebracht; die Überlinger nannten das in einem kurzen, aber „räßen" Protestschreiben an den Abt eine Entführung.

Dieser Vorwurf war nicht ganz unberechtigt, bedenkt man die enge Bindung der Reichsstadt an den Wallfahrtsort. Erst 1790 kam es zu einer Versöhnung zwischen Salem und Überlingen. Abt Stephan II. starb am 28. Mai 1746. Sein Nachfolger wurde am 6. Juni 1746 Abt Anselm II., der schon im August 1746 mit Bauarbeiten auf einem Hügel über Schloss Maurach begann, einem Standort, für den sich noch sein Vorgänger entschieden hatte. Die zur Wallfahrtstätte gehörenden Gebäude einschließlich des vor knapp 100 Jahren wieder aufgebauten Kirchleins wurden bis auf die Grundmauern abgerissen, um ein für alle Mal klarzustellen, dass die Birnauer Wallfahrt an diesem Ort für immer beendet war. Das 1685 gebaute Gasthaus blieb jedoch bestehen. Altbirnau wurde Bestandteil der Gemarkung Überlingen. Die Bewohner der nicht zur Wallfahrt gehörenden Gebäude waren Bürger von Überlingen, wie auch die von Brünnensbach, Goldbach und Aufkirch.

Die neue Wallfahrtskirche, Stahlstich von Johann Poppel (1850) nach einer Zeichnung von Conrad Conradi

Der Neubau über Schloss Maurach wurde fünf Jahre später am 20. September 1751 eingeweiht. In einer großen Prozession wurde das Gnadenbild von Salem nach Birnau überführt. Die Feier dauerte fünf Tage. Der neuen Birnau war nicht der Erfolg beschieden, den die alte Wallfahrt hatte. Einen der Gründe hatten die Salemer wohl geahnt, als sie Altbirnau bis auf die Grundmauern schliffen, „Wallfahrtsorte lassen sich [eben] nicht so von außen her machen". Der Nußdorfer Gasthof am Fuße von Altbirnau musste auf jeden Fall auf die Wallfahrer als Gäste verzichten.

Nußdorf und die Birnau blieben bis 1802 unter Salemer Herrschaft und kamen im Dezember dieses Jahres unter die Herrschaft der Prinzen Friedrich und Louis von Baden. Das Kloster Salem wurde nur zwei Jahre später aufgelöst. Die Birnau hingegen blieb bis 1808 weiter in der Obhut der Zisterzienser. Das Gnadenbild wurde wie in den letzten 12 Jahren des Dreißigjährigen Krieges ins Exil, diesmal in das Salemer Münster, gebracht. Das bedeutete aber nicht, dass die Zisterzienser bereit waren, diesen Wallfahrtsort für immer aufzugeben. Der Überlinger Gasthof übrigens, der das Ende der Wallfahrt überlebt hatte, blieb „als beliebtes Überlinger Ausflugsziel bestehen [...] [und wurde] am Beginn der 1830er Jahre wegen Baufälligkeit abgerissen".

Auch die Nußdorfer waren an einem Kauf der Birnau als weltlicher Kirche interessiert, hatten aber nicht genügend Geld dafür. Der Versuch, die Nachbargemeinden Deisendorf und Uhldingen für einen gemeinsamen Kauf als Partner zu gewinnen, scheiterte 1842.

1227 war von Salem aus als eine Schenkung des Freiherrn Heinrich II. von Rapperswil bei Wettingen ein Tochterkloster gegründet worden. Dieses Kloster wurde 1841 aufgelöst. Als die Suche der dortigen Zisterzienser nach einer neuen Bleibe in der Birnau 1851 fehlschlug, gelang es ihnen 1854, eine säkularisierte Benediktinerabtei in Mehrerau östlich von Bregenz zu erwerben

Blick auf die Birnau von der Konstantinhalde, 2016

und diese zu ihrer neuen Abtei zu machen. Versuche, die Birnau wieder als Wallfahrtskirche unter Obhut von Zisterziensern zu führen, scheiterten bis 1917 an einem badischen Gesetz, das die Niederlassung von Orden verbot. Die Verhandlungen mit dem Haus Baden begannen 1918 und wurden 1919 mit dem Kauf der Birnau und des Schlosses Maurach durch die Abtei Mehrerau erfolgreich abgeschlossen. Die Birnau wurde zu einer Propstei, „d. h. eines von der Abtei [Mehrerau] abhängigen Hauses."

Die Birnau blühte wieder zu einem beliebten Wallfahrtsort auf, wurde insbesondere für Pfarrer aus der Umgebung zu einer Beichtkirche und zu einer Hochzeitskirche mit im Jahresdurchschnitt 250 Trauungen.

Diese Wiederbelebung der Birnauer Wallfahrt erwies sich 1941 als nur eine 22 Jahre dauernde kurzlebige Episode. Acht Tage nach der Beschlagnahme des Mutterhauses Mehrerau wurde die Birnau am 31. Juli 1941 ebenfalls von der Gestapo[7] beschlagnahmt. Die Zisterzienser mussten erneut die Birnau verlassen, nur zwei Brüder blieben zurück und „wurden zur Weiterführung der Landwirtschaft dienstverpflichtet." Die nationalsozialistische Organisation Reichsfrauenschaft machte aus den Wohngebäuden der Birnau und Maurach ein Erholungsheim für ausgebombte Mütter und Kinder. Zu einem Erholungsheim für verwundete Soldaten (1943) kam 1944 auch noch die landwirtschaftliche Schule Pfullendorf nach Maurach. Das Gnadenbild wurde 1943 als Eigentum des Markgrafen von Baden zum dritten Mal nach Salem gebracht. In der beschlagnahmten Kirche durften keine Messen mehr gelesen, geschweige denn Wallfahrten abgehalten werden. Gegen eine Lockerung dieser Schikane wehrte sich der ehemalige Nußdorfer Ratsschreiber Oexle:

„Zwischenzeitlich beabsichtigt die Reichsfinanzverwaltung in Konstanz, die Klosterkirche pachtweise der kath. Kirche wieder zu überlassen, was selbstverständlich vom zuständigen Kreisleiter Pg. [Parteigenossen] Bäckert nicht geduldet wird. Würde die Kirche wieder für den Gottesdienst freigegeben,

7 „Die Geheime Staatspolizei, auch kurz Gestapo genannt, war ein kriminalpolizeilicher Behördenapparat und die Politische Polizei in der Zeit des Nationalsozialismus […]. Sie entstand 1933 aus der ‚Preußischen Geheimpolizei' sowie aus den adäquaten Polizeien der Länder der Weimarer Republik. 1939 wurde die Gestapo in das Reichssicherheitshauptamt (RSHA) (Amt IV) eingegliedert. Als Instrument des NS-Staates besaß sie weitreichende Machtbefugnisse bei der Bekämpfung politischer Gegner. In den Nürnberger Prozessen wurde sie zu einer verbrecherischen Organisation erklärt." (Wikipedia 2017)

so würde Birnau über kurz oder lang wieder zu dem Wallfahrtsort, der er vorher war. Meiner persönlichen Meinung nach wäre es das beste, die gesamten Gebäulichkeiten einschließlich der Kirche gingen in den Besitz der Landkreisselbstverwaltung Überlingen über. Über die zukünftige Verwendung der Kirche selbst könnte nach Kriegsende entschieden werden.

Nußdorf am Bodensee, den 6.12.1942 Heil Hitler Oexle".

Ausgerechnet der Reichsnährstand schlug 1943 als Verwendung der Kirche vor, diese in ein „Mozarteum Süddeutsche Kammerfestspiele" umzuwidmen.

Gegen solche Verwendungsvorschläge protestierte Conrad Gröber, Erzbischof von Freiburg, in einem Hirtenbrief, der in den Gemeinden der Landkreise Konstanz, Überlingen und Stockach verlesen wurde. Das wiederum kommentierte die Gestapo in Karlsruhe eigenartig milde, „dass der Reichsminister des Inneren im Hinblick auf die gegenwärtigen Verhältnisse [Unruhe in weiten Kreisen der Bevölkerung] die Durchführung der geplanten Einziehung des Klostervermögens auf unbestimmte Zeit zurückgestellt hat."

Schon wenige Tage nach Kriegsende kehrten Patres zur Birnau zurück und erhielten von den Franzosen „die Erlaubnis, dort einzuziehen und die Kirche wieder für Gottesdienste zu öffnen". Noch im Oktober 1945 wurde das Gnadenbild aus Salem geholt und „wieder in Birnau inthronisiert".

Das erzbischöfliche Ordinariat in Freiburg hatte Ende 1945 vorgeschlagen, „die weitläufige Pfarrei Seefelden zu teilen und eine neue Pfarrkuratie Birnau zu errichten". Der Deisendorfer und der Seefeldener Stiftungsrat waren zwar gegen die Teilung und wollten die neue Pfarrkuratie auf Nußdorf beschränken, der Abt der Mehrerau aber stimmte dem Freiburger Vorschlag 1946 zu. Außerdem änderte er den Status der Birnau als Propstei zu einem Priorat mit eigenem Noviziat. Die Gemeindemitglieder dieser Kuratie waren die Katholiken von Nußdorf, Deisendorf, Maurach, Ralzhof (Tüfingen) und Restlehof (Überlingen). So kann sich Nußdorf seitdem zusammen mit den anderen Ortschaften mit einer der schönsten Gemeindekirchen Süddeutschlands schmücken.

Nußdorfer Buben (von rechts nach links: Wolfgang Keller, Rudolf Beck, Karl Beck? und Wilfried Gut) bringen am Palmsonntag geschmückte junge Fichten als Palmen vom Oberhof zur Basilika.

Blütenteppich an Fronleichnam; Frauen aus Deisendorf und Nußdorf haben solche Blütenteppiche entworfen und am frühen Morgen vor der Basilika ausgelegt.

Deisendorf, der gute Nachbar hinter dem Wald

Das Dorf im Hinterland des Überlinger Sees liegt an der alten Poststraße Paris - Wien. Mozart ist wohl auf seinen Paris-Reisen zweimal bei der Hin- und bei der Rückreise 1763 - 1767 und 1777 - 1779 durch Deisendorf gekommen.

Deisendorf wird 120 Jahre vor Nußdorf, nämlich 972 zum ersten Mal, schriftlich als „Tyzindorf" im Besitz des Klosters Maria Einsiedeln im Kanton Schwyz erwähnt. Ähnlich wie Nußdorf hatte Deisendorf unterschiedliche Grundherren, gehörte aber seit 1402 dem Überlinger Spital. Deshalb wurden Meinungsverschiedenheiten mit dem Nachbarn Nußdorf - die Quellen sprechen mehrmals von Problemen mit Weide-, Viehtränke- und Wegerechten - immer von den Grundherren, also Salem und Überlingen gelöst. Die Deisendorfer Bauern waren Hörige des Spitals, wie die Nußdorfer von Salem. Die Deisendorfer wurden aber früher als die Nußdorfer aus der Leibeigenschaft entlassen. Als Überlingen und Salem Anfang des 19. Jahrhunderts der Markgrafschaft Baden zugeschlagen wurden, zählte man dort im Gegensatz zu Salem keine Leibeigenen mehr.

Panorama Deisendorf
Quelle: David W. at German Wikipedia

1402 wurde zum ersten Mal von der Deisendorfer Kapelle St. Andreas als Pfarrkirche berichtet. Deisendorf blieb bis 1744 Pfarrdorf. Erst dann wurde St. Martin in Seefelden für die nächsten 201 Jahre zur Deisendorfer Pfarrkirche. St. Martin wurde schon im 13. Jahrhundert als Pfarrkirche von Nußdorf erwähnt. Seit 1945 gehören Deisendorf und Nußdorf zur Pfarrgemeinde Birnau und bilden deshalb einen Pfarrgemeinderat, der bisher immer gutnachbarschaftlich einmütig entschieden hat.

Deisendorf, wie wohl die meisten Dörfer im Linzgau, litt unter den Konflikten nach der Reformation. „Im [schmalkaldischen] Krieg 1552 verbrannten Soldaten aus Sachsen das halbe Dorf, und [im Dreißigjährigen Krieg]1634 zündeten schwedische Reiter zwölf Deisendorfer Häuser [...] und die Ortskapelle [...] an."

Deisendorf hatte schon um 1800 eine Schule, die 1819 von 37 Kindern auch aus Bambergen, Andelshofen und Rengoldshausen besucht wurde. In der Hochzeit der Deisendorfer Schule lernten dort über 60 Kinder. Heute beherbergt die Schule den Kindergarten „Storchennest".

Die Deisendorfer und Nußdorfer Abteilungen der Freiwilligen Feuerwehr Überlingen werden in hoffentlich naher Zukunft im Ausrückbereich Ost nahe Altbirnau gemeinsam für Sicherheit in beiden Dörfern und dem Überlinger Gewerbegebiet Nord sorgen.

Deisendorf liegt etwas über zwei Kilometer nordöstlich von Nußdorf. Man erreicht es in einem schönen Spaziergang durch das Nußbachtal nach ca. einer dreiviertel Stunde.

Maurach

Das Schloss Maurach ist Nußdorfs östlicher Nachbar am See. Dorthin kommt man, wenn man von der Dorfmitte den Hecht in Richtung Osten geht. Man folgt dem Hecht mit seinen Wohnhäusern am See und passiert die auf der linken Straßenseite liegende Gärtnerei Fuchs. Kurz hinter deren letztem schmalen Ausläufer ändert sich der Straßenname von „Zum Hecht" in „Untermaurach". Jetzt liegen nur noch einige wenige Wochenendhäuser am See, gefolgt von einem Campingplatz. Dann kommen nochmals zwei Wohnhäuser und ein großes Fachwerkhaus mit mehreren Wohnungen, alle am See gelegen. Am letzten Haus von Nußdorf, der Pension Seefrieden, gabelt sich die Straße. Links geht es hinauf zur Birnau. Geradeaus führt die Straße am See entlang bis zum Tor eines ummauerten Gebäudekomplexes, dem Schloss Maurach.

Schloss Maurach, Luftaufnahme
Quelle: Matthias Lohse (Wikimedia Commons 2017)

Nußdorf und Maurach sind Nachbarn, seit 1155 Frowein, der Gründungsabt von Salem, das Mönchsgut Muron von seinem „Kollegen Rudolf von Einsiedeln" erwarb. Das waren sechs Jahrhunderte, bevor die Birnau von Salem auf den Hügel über Maurach gesetzt worden ist. Das Land um Maurach, z. B. der Oberhof oberhalb der Birnau, hatte bis 1211, vor dem Erwerb durch Salem - wie übrigens auch Teile von Nußdorf und ganz Seefelden - den in Chur ansässigen Herren von Vaz gehört. Solange Maurach zu Salem gehörte, waren der Oberhof die „villa superior" und Maurach die „villa inferior". Es gibt die Sage, dass Nonnen, denen Verfehlungen vorgeworfen wurden, zur Strafe in Verließen gefangen gehalten worden wären, ja, dass eine Nonne dort sogar hingerichtet worden wäre.

Die Salemer Zisterzienser machten aus dem Mönchsgut eine Grangie, das war „ein großer von Laienbrüdern bewirtschafteter Gutshof". Ein Konverse leitete diesen Gutshof, wo gleiche Regeln wie im eigentlichen Kloster galten. Weitere Grangien Salems waren u. a. Forst, Schwandorf, Fessenried, Mendlishausen und Banzenreute. Grangien waren Außenstellen des Klosters und von Mauern, und nicht wie die Dörfer von Zäunen, umgeben. Innerhalb der Mauern wurde die Anlage von einem gotischen „Treppengiebelhaus mit großem Dachspeicher" beherrscht. Dazu kamen „mindestens zwei Ökonomiegebäude und eine kleine der hl. Anna geweihte Kirche". Auf den Südhängen um die Gebäude der Grangie wurde wie heute intensiv Wein angebaut.

Wegen seiner Lage am See war Maurach das Tor zum überregionalen Handel der Abtei und hatte deswegen eine besondere Stellung unter den Grangien Salems. Über den Hafen Maurach, der vor dem heute zu Nußdorf gehörendem Untermaurach liegt, exportierte Salem Wein, Holz, Früchte, aber auch - so gegen das Monopol Überlingens konkurrierend - Getreide. Importiert wurden „Baumaterialien, Rohrschacher Sandstein und Kalk".

Luftaufnahme des Mauracher Hafens
Quelle: Google Maps 2017

Mit Überlingen kam es immer wieder zu Streitereien, weil die Überlinger, meist zu Recht, die Betreiber des Mauracher Hafens des Bruchs der Überlinger Handelsprivilegien verdächtigten. Diese Streitigkeiten dauerten auch nach der Säkularisation weit bis ins 19. Jahrhundert an. Erst die Dampfschifffahrt beendete wegen des flachen Wassers den Hafenbetrieb bei Maurach. Als Überbleibsel der Hafenanlagen ragen noch heute verwitterte Pfähle in Untermaurach aus dem See.

Maurach verhielt sich gegenüber Nußdorf wie dessen anderer landwirtschaftlich geprägter Nachbar Deisendorf. Man stritt und einigte sich in Urteilen und Verträgen über Trieb[1], Tratt[2] und Weiderechte. Die Grangie hatte gut 21 Hektar „Felder, Reben und Gärten" wie auch „beträchtliche Waldungen [...], die alle zusammen eine eigene Gemarkung ausmachten".

Auch wenn Maurach ummauert war, so verhinderten diese Mauern nicht die mehrmalige Zerstörung in Kriegen. Das letzte Mal geschah dies ca. 1635 während des Dreißigjährigen Krieges. Als Salems Hafen wurde es aber immer wieder in ähnlicher Anordnung neu aufgebaut. 1722 ließ es dann der „Nußdorfer" Abt Stefan Jung abreißen, um es in der heutigen Form wieder ganz neu erstehen zu lassen. Deshalb prangt Jungs Abtwappen noch heute über dem Mauracher Osttor.

Wappen des Salemer Abts Stefan Jung

1802 wurde Maurach im Zuge der Säkularisation von Salem zum Besitz der Markgrafen von Baden. Diese gestatteten jedoch sechs Salemer Patres, in Maurach ihren Ruhestand zu genießen. Im Rahmen der Neuordnung des Großherzogtums Baden, während der 1831 die erste deutsche Gemeindeordnung in Kraft trat, wurde der Großteil der Ländereien von Maurach, einschließlich dem Weiler Seefelden mit der Nußdorfer Pfarrkirche, dem bis 1802 zu Heiligenberg gehörenden Uhldingen zugeschlagen. Wahrscheinlich wurde damals der Mauracher Wald im Nordosten der Nußdorfer Gemarkung Bestandteil der Nußdorfer Waldflur Mauchenhardt. Außerdem waren das Fischerhaus in Untermaurach und der südliche Teil der ehemaligen Mauracher, der heutigen Uhldinger Flur „Schwarzwiesen", einschließlich der Straße von Nußdorf nach Maurach schon 1803 zu Nußdorf gekommen.

Als das Kloster Mehrerau bei Bregenz 1919 die Birnau erwarb, kamen Schloss Maurach sowie die Wiesen, Äcker und Rebgärten um die Birnau wieder in den Besitz einer Zisterzienserabtei.

Im baulich sehr vernachlässigten Schloss brannte es 1979. Die Zisterzienser verpachteten das ziemlich heruntergekommene Maurach an eine Bank, die das Schloss zwischen 1985 und 1992 grundlegend renovierte. Bis dahin hatte die Straße von Überlingen über Nußdorf nach Uhldingen in Maurach durch das West- und das Osttor geführt. Diese Durchfahrt ist seit der Renovierung gesperrt.

Heute bietet sich Maurach als Ort für Tagungen und Feiern an.

1 Das Recht, Vieh über fremde Wege zu treiben.

2 Das Recht, Vieh nach der Getreide- oder Grasernte auf fremde Güter zur Weide (mittelhochdt. tratt) zu treiben.

Seefelden und Uhldingen-Mühlhofen

Eigentlich sollte Maurach im Reigen der historischen Nußdorfer Nachbarn im Osten den Abschluss am Seeufer bilden. Dennoch gehört Seefelden, das noch weiter östlich von Maurach liegt, auch zu den Nachbarn.

Seefelden ist ein Weiler in der Gemeinde Uhldingen-Mühlhofen, die 1972 aus den Gemeinden Mühlhofen, Oberuhldingen und Unteruhldingen gebildet worden ist. Diese drei Dörfer kamen im Zuge der Säkularisation bzw. des Reichsdeputationshauptschlusses 1802/1804 zu Baden. Unteruhldingen, auch Hafenuhldingen genannt, hatte bis dahin zur Grafschaft Heiligenberg und Mühlhofen und Oberuhldingen zur Reichsabtei Salem gehört.

In Mühlhofen war vermutlich auch die Mühle, wo die Nußdorfer, solange das Dorf zu Salem gehörte, ihr Getreide mahlen ließen. Die Reichsabtei und die Reichsstadt Überlingen hatten sich schon 1361 darauf geeinigt, dass Salem keine Mühle am Nußbach bauen würde. Zu Oberuhldingen kamen dann Anfang des 19. Jahrhunderts der größte Teil der Gemarkung von Maurach und der Oberhof. Die am Seeufer gelegenen Schwarzwiesen und Untermaurach wurden Nußdorf zugeschlagen. So ist Uhldingen-Mühlhofen erst seit 1972 östlicher Nachbar von Nußdorf. Eine rote Bank auf dem Weg von Nußdorf zur Birnau ca. 200 Meter vor der unbeschrankten Bahnüberquerung bei der Pension Seefrieden auf der Gemarkung Uhldingen-Mühlhofens liegend, vom Verschönerungsverein Überlingen aufgestellt und vom Ortschaftsrat Nußdorf gestiftet, zeugt von unkomplizierter Nachbarschaft.

Wichtig in der Geschichte von Nußdorf sind aber weder die ehemalig badischen Gemeindedörfer noch die moderne Verbundgemeinde, sondern der Weiler Seefelden. Dort liegt nämlich die Kirche St. Martin, die mindestens 700 Jahre die Gemeindekirche von Nußdorf und ab 1744 von Deisendorf war. Die Nußdorfer Kapelle St. Kosmas und St. Damian war, auch wenn dort häufig und regelmäßig Messen gelesen wurden, nur eine Filialkapelle von St. Martin.

Die Pfarrei Seefelden wurde erstmals 1135 urkundlich erwähnt. Sie ist sehr wahrscheinlich viel älter. Denn schon um 630 soll St. Gallus dort in einer Kapelle die Messe gelesen haben. Wie Teile von Nußdorf und der Oberhof oberhalb Maurach war der Weiler in den Besitz der in Chur ansässigen Herren von Vaz gekommen. 1211 oder 1213 wurde er zwar Zehnteigentum des Klosters Salem, die Pfarrei blieb aber weiter unter der geistigen Oberherrschaft des Bistums Konstanz.

Im Dreißigjährigen Krieg wurden mit der Kirche St. Martin auch die dor-

Johann Sebastian Dirr, Ansicht des Bodensees mit Seefelden (Kirche St. Martin), Wallfahrtskirche Birnau und Schloss Maurach, 1809

tigen Kirchenbücher zerstört und damit alle schriftlichen Nachweise der Nußdorfer Familien aus der Zeit vor dem Krieg. Für Nußdorf bedeutet das, dass von den 14 Nußdorfer Familien, die diesen fürchterlichen Krieg überlebt hatten, nur von einer Familie ein schriftliches Zeugnis existiert und diese somit ihren Stammbaum auf die Zeit vor den Dreißigjährigen Krieg zurückführen kann. Es handelt sich um die Familie Urnau. Deren Name steht auf einem der Stifterfähnchen in der Nußdorfer Kapelle.

Nach dem Wiederaufbau von St. Martin diente diese Kirche wieder den Nußdorfern und den Bewohnern der anderen Dörfer als Gemeindekirche.

Während der Messen in Seefelden war Nußdorf von seinen Bewohnern, ausgenommen Kleinkinder, kranke und alte Menschen, verlassen. „Jetzt trat (an jedem Sonn- und Feiertag) die Dorfwache in Tätigkeit; von vormittags 9 Uhr bis 11 Uhr patrouillierten zwei Nußdorfer Bürger, mit alten Hellebarden ausgerüstet durch das Dorf, der eine im oberen Teil, der andere im unteren. Sie beobachteten namentlich scharf die Fremden, die das Dorf betraten [...]. Auch Feuersgefahr [...] zu verhüten, war ihre Aufgabe. Sobald dann die Kirchgänger aus Seefelden heimkamen, zog die Dorfwache ab, die Wächter stellten ihre Hellebarden in das benachbarte Haus, dessen Besitzer am folgenden Sonntag die Wache übernahm"; eine seeschwäbische Variante der Kehrwoche.

Auf dem Seefelder Friedhof, der um St. Martin herum angelegt worden war, wurden auch die Nußdorfer beerdigt. Der erste Schritt zur Trennung von Seefelden war der Bau des Nußdorfer Friedhofs, mit dem 1931 begonnen worden ist. Nach der Fertigstellung ihres Friedhofs verlegten die Nußdorfer ihre Gräber von Seefelden nach Nußdorf. Heute findet man dort kein Nußdorfer Grab mehr. Die endgültige Trennung wurde 1945 vollzogen, als das Erzbistum Freiburg, der Nachfolger des Bistums Konstanz, die Pfarrgemeinde Seefelden auflöste und die Klosterkirche Birnau zur Pfarrkirche von Deisendorf und Nußdorf wurde.

Kapitel 4

Landwirtschaft, Fischerei und Jagd

Ackerbau, Vieh- und Forstwirtschaft

Rudolf Beck, Jahrgang 1939, ist selbst immer noch Landwirt, d. h. Obstbauer, früher hielt er auch eigenes Vieh. Wie die Bauern in Nußdorf gelebt haben, das kennt er aus Erzählungen seiner Eltern und aus eigener Erfahrung. So weiß er, dass aus dem ehemaligen Weindorf ein Dorf für Ackerbau und Viehzucht wurde, nachdem ab 1913 die Reblausplage die Weinstöcke vernichtete. Das bedeutete für die Nußdorfer Rebleute eine völlige Umstellung zu Kleinbauern mit den Schwerpunkten Viehhaltung, Obst- und Ackerbau. Bisher hatte man die klassische Landwirtschaft für den Eigenbedarf betrieben. Das Land war nicht ideal für die Landwirtschaft. Von der Gesamtfläche waren 50 Prozent mittelschwere, kiesdurchsetzte Lehmböden, 40 Prozent stärker kiesdurchsetzte sandige Böden, 10 Prozent Niederungsmoorböden, Sand, Mergel und Letten, wie 1935 in einem Gutachten ermittelt wurde.[1]

Reich wurden die Bauern damit nicht. So gab es z. B. keine Pferdegespanne, sondern nur Kuhgespanne. Die zahlreichen Kinder mussten nach der Schulzeit aus dem Haus zum Arbeiten auf einen größeren Hof, selten in einen Lehrbetrieb; das damals übliche Lehrgeld hatten die meisten Familien nicht. Viele waren noch auf einen Zuverdienst angewiesen. Den fanden sie in Diensten für den Klosterhof Salem, bei der Stadt Überlingen oder anderswo. Allerdings gab es erhebliche Unterschiede, was die bewirtschafteten Flächen und die Größe der Häuser anbelangt. Es gab auch die ganz kleinen Häuser der Tagelöhner, mit nur einem winzigen Stall für eine Kuh oder ein paar Ziegen.

Ende der zwanziger Jahre des vorigen Jahrhunderts fand sich für einige Bauern eine neue Geldquelle: Sie verkauften Grundstücke am See, auf denen sehr bald Villen gebaut wurden. Heute noch stehen einige Villen aus dieser Zeit an den Straßen Zum Hecht und Zur Forelle. Eine der ersten Villen war das Haus Wieland (Zur Forelle 24), das im Zuge des Kindergartenneubaus 2012 abgerissen wurde.

Die Seegrundstücke waren aus landwirtschaftlicher Sicht minderwertig, zwar mit Seeufer, aber ohne Ertrag. Dort wuchsen nur Schilf und saures Gras. Die Käufer haben damals „für einen Apfel und ein Ei" die Schönheit der Lage am See und den Blick auf die Schweizer Alpen erworben. Gleiches geschah am Überlinger Strandweg, zwischen dem Hafen Ost und dem Beginn der Gemarkung Nußdorf (Haus Zum Kretzer 2). Auch diese Grundstücke befanden sich

1 nachzulesen im Kreisarchiv Salem

Siegfried Schumacher vor seinem Haus Zum Salm 2 in den vierziger Jahren

ehemals im Besitz Nußdorfer Bauern.

Es ist unbekannt, ob diese Gelder in Immobilien angelegt wurden. Die Gelder dienten oft zur Erbabfindung der Kinder. Bekannt ist aber, dass sich die Bauern dafür gute und ertragreiche Felder gekauft haben. Allenthalben hat man auch die eigenen Wohnverhältnisse verbessert.

Bis nach Ende des Zweiten Weltkriegs ist dann die Zahl derjenigen Nußdorfer Bauern, die den Umstieg vom Weinbau auf die klassische Landwirtschaft geschafft hatten, annähernd konstant geblieben. In den folgenden Straßen waren dies:

Zum Kretzer:	Ottmar Schmid, Emil Gom/Otto Häusler, Josef Beck, Karl Urnau und Albert Deufel
Zur Barbe:	Franz Nell, Bernhard Sauter und Josef Reichle[2]
Zum Hecht:	Josef Beck und Johann Wenk
Zum Laugele:	Wilhelm Zündel, Ludwig Beck und Karl Wilhelm
Zum Salm:	Franz Schumacher und Otto Deufel
Zum Karpfen:	Josef Pfeifer (Hessenhof), Heinrich Beck, Bruno Blepp und Karl Zundel
Zum Felchen:	Georg Buchsto
Zum Stichling:	Ferdinand Schreiber
Untermaurach:	Leopold Denz

Sie alle waren Milcherzeuger.

2 Die ehemalige Landwirtschaft von Richard Baumgartner in der Straße Zur Barbe wurde von seinem Sohn, dem Lehrer Josef Baumgartner, nach dem Zweiten Weltkrieg aufgegeben.

Ca. ab 1950 begann die Technisierung: Jeder Landwirt kaufte einen kleinen Traktor; bisher verfügte nur der Hessenhof über einen solchen. Die eigenen Gebäude wurden entweder modernisiert und ausgebaut oder abgerissen und neu errichtet. Baugrundstücke wurden verkauft oder es wurden auf dem eigenen Land Mietshäuser errichtet. Das verbesserte das Einkommen gegenüber dem aus der Landwirtschaft. So kam es, dass immer weniger Bauern Milchkühe hatten. Für Getreide und Kartoffeln zum Verkauf wurde noch etwas Ackerbau betrieben. Es war üblich, einen Wintervorrat an Kartoffeln einzukellern. Dafür kauften die zugezogenen Bewohner gern direkt beim Bauern ein, oft mehrere Zentner, je nach Familiengröße.

In den fünfziger und sechziger Jahren gaben einzelne Bauern ganz auf, vor allem die kleineren, und wurden Arbeitnehmer. Ein bisschen Obstbau haben aber alle noch weiter betrieben, zumal die meisten auch über ein eigenes Brennrecht für die Herstellung von Branntwein aus Stein- und Kernobst verfügten.

Für die verbliebenen Bauern war die Milcherzeugung meist das Rückgrat des Betriebes. Das monatliche Milchgeld der in der Landwirtschaftlichen Ein- und Verkaufsgenossenschaft[3] organisierten Bauern war ein sicheres Einkommen. Jeden Monat wurde es an einem Sonntag beim Genossenschaftsrechner Ludwig Beck bar im Wohnzimmer ausgezahlt, erinnert sich dessen Sohn Ernst. Die Milch wurde bei der Milchsammelstelle Zum Kretzer[4] abgeliefert. Diese Sammelstelle war aus Mitgliedsgeldern der Genossenschaft erbaut worden und verfügte über eine moderne Kühlanlage. Dort wurde die Milch morgens von der Molkerei Wielath/Oberuhldingen abgeholt. Nach 1960, als diese ihren Betrieb aufgab, übernahm die Abholung die Milchzentrale Überlingen (eine Zweigstelle der Milchzentale Radolfzell), die an der Alten Nußdorfer Straße 7 gegenüber der Jugendherberge erbaut worden war.

Im Jahr 1964 gab es noch 13 Milcherzeuger in Nußdorf. Es standen insgesamt ca. 70 Milchkühe in den Ställen sowie Jungvieh als Nachzucht. Aus einem noch vorhandenen Sammelbuch der Milchsammelstelle in der Straße Zum Kretzer geht hervor, dass 1964 ca. 140.000 Liter Milch bei der Zentrale angeliefert wurden. Natürlich wurde von den Bauern zusätzlich auch privat Milch verkauft. Die Nußdorfer mit den Alu-Milchkannen, die meist abends zu „ihrem Bauern" pilgerten, waren im Dorf nicht zu übersehen.

Bis zur Einführung der künstlichen Befruchtung gab es auch einen Deckbullen, umgangssprachlich Farren genannt, im Dorf, der beim Farrenhalter Karl Wilhelm, Zum Laugele 1, im Stall stand. Der Farrenhalter wurde für seine Mühen von der Gemeinde entlohnt. Der Deckbulle gehörte der Gemeinde, die per

3 Als Genossenschaft wird der ehemalige Consumverein Nußdorf bezeichnet, den es seit 1897 gab. Ab 1921 hieß er Landwirtschaftliche Ein- und Verkaufsgenossenschaft und ab 1967 Raiffeisen-Milchgenossenschaft.

4 Das Gebäude besteht immer noch und ist heute ein Betriebs-und Lagergebäude der Strehl GmbH.

Gesetz zur Vatertierhaltung verpflichtet war. Als sich die Kuhbestände rasch verringerten, wurde er arbeitslos und die künstliche Befruchtung der restlichen Kühe übernahm der Tierarzt.

Erwähnenswert ist in diesem Zusammenhang noch die Viehversicherung. Sie wurde von der Gemeinde organisiert. Jeder Viehhalter musste entsprechend der Anzahl seiner Tiere einen Versicherungsbeitrag leisten. Dafür wurden die Tiere einmal im Jahr von einer Schätzkommission bewertet. Hatte sich ein Tier beim Sturz auf der Weide einen Fuß gebrochen, kam es zur Notschlachtung. Dann musste jeder Viehhalter der Gemeinde gegen einen minimalen Preis ein Stück Freibankfleisch (berechnet nach der Anzahl seiner eigenen Tiere) von dem geschlachteten Vieh abnehmen. War ein Tier jedoch verendet oder krank gewesen, konnte das Fleisch nicht mehr verwendet werden; die Versicherung zahlte den Verlust.

So etwa um 1970 musste die Milchsammelstelle in der Straße Zum Kretzer wegen mangelnder Kapazität geschlossen werden; es gab nur noch fünf Lieferanten. Diese fünf restlichen Milchbauern organisierten dann den Abtransport der Milch wechselweise. Das endgültige Ende der Nußdorfer Milchwirtschaft war im Jahr 2000: die Milchquoten wurden eingeführt, die Anlieferungsmengen zwangsweise geschmälert und die Qualitätsanforderungen drastisch erhöht. Die Milchbauern gaben auf.

Mit der Aufgabe der Viehwirtschaft drohte jedoch das bis dahin gemähte Grünland zu versteppen. Der letzte noch aktive Viehhalter, Franz Josef Zündel, hat die Lage erkannt und seine Viehhaltung umgestellt. Bisher hatte man die Tiere für die Milcherzeugung und die Fleischgewinnung genutzt, früher auch noch als Zugtiere. Es handelte sich um Badisches Fleckvieh, war also bunt gescheckt, kräftig gebaut und hatte ein relativ hohes Körpergewicht. Eine Kuh konnte bis zu 700 Kilogramm wiegen. Das Badische Fleckvieh wurde nun 2008 ersetzt durch zwei Herden mit je 20 - 25 Tieren der Schwarzwälder Rasse Hinterwälder, die kleinste deutsche Rinderrasse, die vom Aussterben bedroht ist. Diese Tiere sind winterhart, d. h. sie befinden sich vorwiegend ganzjährig auf der Weide, wobei natürlich im Winter gefüttert werden muss. Sie haben ca. 30 Prozent weniger Eigengewicht, verursachen damit weniger Trittschäden und sind folglich für die Beweidung des Grünlandes besser geeignet. Die Tiere leben im Herdenverband mit Deckbulle, Muttertieren und Nachwuchs. Sie werden ausschließlich zur Fleischgewinnung gehalten.

Im Zusammenhang mit der Heinz Sielmann Stiftung, welche auch auf Privatland die traditionellen und zum Teil alten Sorten der Bodensee-Hochstämme nachpflanzt, und der genannten Beweidung ist uns in Nußdorf noch eine heile Welt, sprich „gepflegte Natur" garantiert - zur Freude auch der Nußdorfer Bürger und der Touristen.

Die Streuobstwiesen, wie sie einst am Bodensee ausschließlich anzutreffen waren, werden nur noch sporadisch genutzt, um Apfelsaft und Schnaps zum Verkauf herzustellen bzw. zu brennen. Früher hatte fast jeder Landwirt eine eigene, sogenannte landwirtschaftliche Kleinbrennerei mit eigenem Brennrecht. Dabei durfte ausschließlich eigenes Obst verwendet werden. Der Begriff „Streuobstwiesen" wurde 2009 vom Verband der Gartenvereine in Deutschland (VGiD) definiert:

„Streuobstanbau ist eine Form des extensiven Obstbaus, bei dem großteils starkwüchsige, hochstämmige und großkronige Obstbäume in weiträumigen Abständen stehen. Charakteristisch für Streuobstbestände ist die regelmäßige Unternutzung als Dauergrünland [...]. Häufig sind Streuobstbestände aus Obstbäumen verschiedener Arten und Sorten, Alters- und Größenklassen zusammengesetzt, sie sollten eine Mindestflächengröße von 0,15 Hektar umfassen. Im Unterschied zu modernen Dichtpflanzungen mit geschlossenen einheitlichen Pflanzungen ist in Streuobstbeständen stets der Einzelbaum erkennbar."

Diese Wiesen dienten jedoch nicht nur dem Obstanbau. Unter den Bäumen wuchs zwar kein ertragreiches gutes Viehfutter, aber Gras, das als Streu verwendet wurde. Da die Bauern wegen der Viehhaltung kaum Getreide anbauten, hatten sie nur wenig Stroh als Einstreu im Stall. Teilweise wurde zu diesem Zwecke im Winter auch Schilf im See geschnitten. Als Nebenprodukt wuchs dann im folgenden Jahr wunderschönes dichtes Schilf nach - ein Beitrag der Bauern für die Landschaftspflege.

Der Slogan „Nußdorf, das Dorf zwischen Wasser und Wald" beschreibt treffend, was am stärksten die Landschaft um Nußdorf bestimmt. Über das Wasser wurde schon im Kapitel 1 geschrieben.

Von den gut 200 Hektar der Gemarkung Nußdorf sind über 150 Hektar Wald. Der größte Teil dieses Waldes, nämlich 89,5 Hektar, sind Gemeindewald, diese gehören also der Stadt Überlingen. 62,4 Hektar sind im Besitz des Spitals.[5] Dann gibt es noch einige auf ca. drei Hektar belaufende Parzellen, die in Privathand sind. Der Wald ist Mischwald mit einem Übergewicht der Laubbäume. Im privaten Wald allerdings überwiegen - wahrscheinlich wegen des schnelleren Wachstums - die Nadelbäume.

Der dem Spital gehörende Wald wurde wahrscheinlich noch zu Zeiten erworben, als der Grundherr von Nußdorf die Reichsabtei Salem war. Der Gemeindewald hingegen ist der Wald, in dem Salem den Nußdorfern seit 1461 das Privileg des Bürgerholzes - die Nutzung fester, jährlicher Mengen von Brennholz - gewährt hatte. Dieser Wald wurde von der Gemeinde Nußdorf in der ersten Hälfte des 19. Jahrhunderts dem Markgrafen, als Rechtsnachfolger der Abtei, abgekauft.[6] Den Nußdorfer Bauern hat an dieser Lösung wahrscheinlich gut gepasst, dass der Wald in der Hand einer Obrigkeit, näm-

5 Quelle für diese Zahlen: Rolf Geiger, Abteilungsleiter der Abteilung „Grünflächen, Umwelt, Forst" der Stadt Überlingen

6 Durch die badische Verfassung von 1817 wurde auch in Nußdorf die Leibeigenschaft aufgehoben. Die ehemals hörigen Bauern konnten ihre Höfe mit Grund und Boden dem vorigen Besitzer, dem Markgrafen von Baden, abkaufen. Das Eigentum des bisherigen Grundherrn konnte nicht nur von einem Individuum, sondern auch von einer Gemeinschaft, wie einer Gemeinde, erworben werden, so geschehen mit dem Teil des Nußdorfer Waldes.

lich der Gemeinde blieb. So verblieb bei den Bauern Nußdorfs das Recht auf Bürgerholz, aber keine Verpflichtung zur Pflege des Waldes. Das lag bei der Gemeinde.

Die Gemeinde hatte aber mit dem Wald eine Geldquelle, die, wenn nötig, immer angezapft werden konnte, z. B. konnte die Renovierung der Kapelle 1936 auch dank Holzverkauf finanziert werden. Wurde sie vernünftig angezapft und ordentlich gepflegt, was bis zur Eingemeindung in Überlingen 1975 der Fall war, versiegte diese Quelle nicht. Als dann 1975 die Gemeinde Überlingen dank der Eingemeindung von Nußdorf Herr über die knapp 90 Hektar Wald wurde, muss zur Ehre von Überlingen festgestellt werden, dass das Recht auf Bürgerholz weiterhin bei den dazu berechtigten Nußdorfer Bürgern belassen wurde. Die baden-württembergische Gemeindeordnung von 1955 hatte nämlich bestimmt, dass der Bürgernutzen nur noch für Gemeinden mit weniger als 3.000 Einwohnern gelten sollte. Diese Klausel wurde für den neuen Überlinger Ortsteil Nußdorf nicht in Kraft gesetzt. Es galt aber die Gesetzeslage von 1966, in allen ehemaligen badischen Gemeinden den Bürgernutzen auslaufen zu lassen. Mit anderen Worten, der Bürgernutzen würde mit dem Tod des Inhabers dieses Rechts erlöschen. Die zwei letzten Nutzer des Bürgerholzes sind wenige Jahre nach der Jahrtausendwende gestorben.

Weinbau in Nußdorf

Man mag es im zweiten Jahrzehnt des 21. Jahrhunderts kaum glauben, aber Nußdorf war während vieler Jahrhunderte ein Weindorf, bis die Reblaus ab 1913 den Reben den Garaus machte. Vom Weinanbau in Nußdorf gibt es nur noch ganz wenige Zeugnisse. So nennen ältere Nußdorfer die Konstantinhalde immer noch die Rebhalde. Das mächtige alte Rathaus, am Stichling 16 gelegen, diente von 1409 bis zu seiner Zerstörung 1643 und vom Wiederaufbau 1656 bis 1790 der Reichsabtei Schussenried, von 1790 bis 1802 der Reichsabtei Salem und von 1802 bis 1833 dem Markgrafen von Baden als Weingut mit Torkel und Weinkeller.

Die vielen schmalen Streifen im Ausschnitt aus einer Karte von 1713 zeigen Nußdorfer Rebgärten.

Die Natur von Nußdorf bietet sich geradezu für den Weinbau an. Sanft ansteigende Südhänge, „milde Winter, kühle Frühlinge, nicht zu heiße Sommer und warme Herbste" sind ideale Voraussetzungen, die auch lange und spätestens seit dem zweiten und dritten Jahrhundert von den Römern genutzt wurden. Funde von Wildtrauben bei Wangen und auf der Höri lassen sogar die Vermutung zu, dass es schon vor den Römern Wein am Bodensee gegeben hat. Sollten allerdings die Räter[1] um Bregenz herum oder die Kelten in unserer Gegend schon eine Weinkultur besessen haben, ist nichts davon überliefert. Viele römische Begriffe der Winzersprache weisen hingegen auf den lateinischen bzw. griechischen Ursprung hin: Most (mustum), Eimer (amphora), Kelter (calcatorium), Wein (vinum), Torkel (torculum), Winzer (vinetor) usw.

Mit der Verbreitung des Christentums und den begleitenden Klostergründungen wie St. Gallen (631) oder auf der Reichenau (742) wurde der Weinbau in unserer Gegend gefördert. Auch wenn im siebten und achten Jahrhundert bei uns das Bier dominierte - so musste Bermatingen im Jahr 779 Bier an das Kloster St. Gallen abliefern, während im selben Jahr eben dieses Kloster Wein aus dem Breisgau und dem Markgräfler Land bezog - beherrschte der Weinanbau den Bodenseeraum. Weitere Klostergründungen wie die von Salem (um 1134) sorgten für eine kontinuierliche Weiterentwicklung. So klagte ein Salemer Mönch im 17. Jahrhundert über zu viel Wein, so dass er nicht mehr verkauft werden könne und gar verschenkt werden müsse. Im 18. Jahrhundert soll in Baden viermal so viel Wein angebaut worden sein wie heute. Man importierte dazu den Dung von 30.000 Rindern aus dem Thurgau.[2] Doch waren schon zur Ankunft der Reblaus 1913 die Flächenanteile, auf denen Wein angebaut wurde, geschrumpft. Anfang der zwanziger Jahre gab es in Nußdorf und Überlingen keine Beeren tragenden Rebstöcke mehr.

Ab den dreißiger Jahren begann sich der Weinbau nach den Angriffen der Reblaus wieder zu erholen. Ermöglicht wurde dies durch die Pfropfung von Edelreben auf sogenannte Unterlagsreben. Diese waren resistent gegen die Rebläuse, die die Wurzeln der einheimischen Rebstöcke bis zum totalen Absterben attackiert hatten. So sorgte der Gemeinderat in Überlingen Anfang der dreißiger Jahre dafür, dass vier Hektar Wein mit gepfropften Unterlagsreben angepflanzt wurden. Zwei Hektar bei Goldbach und zwei weitere Hektar auf dem Hang beim heutigen Weingut Kress bildeten so die Grundlage für den neuen Überlinger Wein. Böse Zungen sagen, die Stadträte hätten so für freien Wein während der Nachsitzungen[3] gesorgt.

1 „Räter (Rhäter, Rhätier) waren ein Volk oder eine Gruppe von Völkern der Antike im Bereich der mittleren Alpen, nach älteren Vorstellungen ungefähr zwischen dem Lago Maggiore, Como, Verona, dem Unterinntal und dem östlichen Ende des Bodensees." (Wikipedia 2014)

2 So berichtete der SWR2 am 21.09.2016. Das in diesem Bericht erwähnte Baden war vermutlich das Großherzogtum Baden nach 1806 und nicht die im Vergleich zum Großherzogtum kleinen Territorien von Baden-Baden und Baden-Durlach.

3 Die Nachsitzung ist der schöne Brauch, dass sich nach einer anstrengenden Gemeinderats- oder Ortschaftsratssitzung die Rätinnen und Räte zu einem gemeinsamen Umtrunk treffen.

Die Situation in Nußdorf unterschied sich deutlich von der in Überlingen. Der Nußdorfer Gemeinderat ergriff nämlich nicht eine ähnliche Initiative wie die Räte in der Nachbarstadt. 29 der 33 Nußdorfer Bauern hatten in den Jahren zwischen 1913 und 1925 den Weinbau völlig aufgegeben und auf Ackerbau, Viehzucht und Obstwirtschaft umgestellt. Diese Umstellung war so radikal verlaufen, dass heute „Weinbau in Nußdorf" wie das Echo aus einer sehr entfernten Vergangenheit klingt.

Entsprechend dem Verzeichnis der Nußdorfer Anwesen von 1803 verfügten alle 33 Bauern über Weingärten, auch das Messnerhaus und sogar die Kapelle. Der kleinere Teil des produzierten Weins wurde im eigenen Haus ausgeschenkt. Dokumentiert sind z. B. für 1805 eine ganzjährige Konzession zum Ausschank und für 1828 Verlosungen von mehrmonatigen Konzessionen. Vor allem aber wurde der Wein versteigert. So lud ein Wendelin Hahn im Mai 1841 in die Nußdorfer Tafernwirtschaft[4] zu einer Versteigerung von 3.500 Maß (5.250 Liter) des Jahrgangs 1839 ein. In einer Anzeige in der Zeitung „Der Verkündiger" wurde betont, dass es sich um zwei Sorten „reingehaltene Weine" handele, das heißt letztlich nicht gepanscht. Im Juli 1853 lud Bürgermeister Urnau zu einer öffentlichen Versteigerung von 13 bis 14 Ohm (1.950 bis 2.100 Liter) wiederum in die Tafernwirtschaft ein.

Wein gehörte auch zu den Naturalien, mit denen Gemeindeangestellte bezahlt wurden. So wurde 1863 bestimmt, dem Lehrer jährlich 350 Maß, immerhin 525 Liter, Messnerwein zu überlassen. Da in der katholischen Messe nur ca. 0,1 Liter Wein vom Priester, bzw. bei Trauungen, Firmungen oder ähnlichen liturgischen Ereignissen sicherlich auch nicht wesentlich mehr ausgeschenkt wurde, blieb viel für den Eigenbedarf des Lehrers. Er bekam pro Tag mindestens einen Liter reinen Weins, der heute das Etikett Prädikatswein tragen würde.

In Nußdorf wurden die Rebsorten Ruländer und Elbling angebaut. Ruländer (Grauburgunder, Pinot gris, Pinot grigio) war wahrscheinlich der edelste Wein, der in Nußdorf produziert wurde. Obwohl seine Trauben rötlich grau sind, wird aus ihnen Weißwein gemacht.

Die in unserer Gegend bis zur Reblaus-Katastrophe recht verbreitete Elblingtraube sei, wie Weinkenner gern feststellen, der wesentliche Grund für den schlechten Ruf des Seeweins. Andere hingegen loben den Weißwein ob seiner Frische und meinen, die Trauben seien häufig leider zu früh vor der Reife gelesen worden, weshalb der Wein etwas zu sauer geraten sei. Auf jeden Fall ist diese Traube eine der ältesten in Deutschland. Sie wird seit den Zeiten der Römer angebaut. Die Nußdorfer als hörige Bauern hatten einen sehr praktischen Grund für den Anbau von Elbling: Er produziert reichhaltig Trauben. Das

4 „Tafernwirtschaft" ist ein Hendiadyoin, d. h. Bildung eines Begriffes durch zwei annähernd gleichbedeutende Begriffe; Tafern in unserem Fall stammt aus dem lateinischen Wort für Gastwirtschaft „taverna". Die Tafernwirtschaft in Nußdorf war der Gasthof „Zum Karpfen", heute der Hessenhof.

erleichterte den ihrem Grundherrn, der Abtei Salem, verpflichteten Bauern, ihren Zehnten abzuliefern.

Angeblich soll auf der Konstantinhalde der beste Rotwein im Salemer Territorium angebaut worden sein.

Aus vielen Jahrhunderten Weinbau in Nußdorf gibt es sehr wenige Zeugnisse. So finden sich nur noch in sechs Gebäuden der 36 Häuser von 1803 Weinkeller. Im alten Rathaus, Zum Stichling 16, gibt es einen Gewölbekeller mit einem relativ großen Tor, durch das man Fässer, die 600 Liter fassen konnten, transportieren konnte. Der Hessenhof, Zum Karpfen 20, hat einen großen Keller, der wahrscheinlich sogar der Keller des Grundherrn war, wo die Nußdorfer also ihren Zehnten für Salem ablieferten. Zum Haus Zum Salm 23 gehört ein Gewölbekeller, in dem die Reste von Lagern für Halbstückfässer mit einem Fassungsvermögen von ca. 600 Litern zu sehen sind. Dort konnten ca. 15 Fässer lagern, also immerhin 9.000 Liter Wein. Außerdem gibt es dort die Reste eines kleinen Torkels von 1903.

Reste eines Torkels - wahrscheinlich für den Privatgebrauch

Ein weiterer Keller, der wahrscheinlich einmal Weinkeller war, befindet sich unter dem Haus Zum Karpfen 12. Er blieb erhalten, weil er nach der Reblaus-Katastrophe zum Lagern von Most aus Obst diente. Der fünfte noch erhaltene Weinkeller liegt im Karpfen unter dem Haus mit der Nummer 8. Auch unter dem Haus Zum Hecht 1, wo früher der Gasthof Zum Löwen war, existiert das großes Gewölbe eines Weinkellers.

Alle diese Keller haben bzw. hatten einen für Halbstückfässer ausreichenden Zugang. In allen anderen Bauernhäusern sind die Weinkeller entweder zugeschüttet oder völlig umgebaut worden.

Als Nußdorf 1975 in Überlingen eingemeindet wurde, hätte es beinahe eine Renaissance des Weinanbaus gegeben. Der Überlinger Winzer Heribert Kiefer wollte an der Konstantinhalde Wein anbauen, ohne die Vergangenheit der Halde als Weinbaugebiet zu kennen. Kiefer war der Meinung, der Südhang der Konstantinhalde sei ideal für den Weinanbau. Der damalige Stadtgärtner Thomas Vogler hat sich gegen diese Initiative gestellt. Er wollte einerseits die Konstantinhalde als Naherholungsgebiet erhalten, andererseits bevorzugte er die bestehende Streuobstwiesenkultur vor einer Monokultur wie Weinanbau. Auch befürchtete Vogler eine zu große Belastung der Natur durch Pestizide.

Im Dorf Nußdorf, in dem vor 200 Jahren außer Pfarrer und Lehrer praktisch nur Rebleute lebten und arbeiteten, finden sich an einigen Häuserwänden Weinranken. Die Südhanglage Nußdorfs bietet nämlich immer noch durch „milde Winter, kühlen Frühlinge, nicht zu heiße Sommer und warme Herbste" die idealen Voraussetzungen für schmackhafte Weintrauben.

Obstanbau

Noch weit bis in die zweite Hälfte des 19. Jahrhunderts stellten sich die Ufer des Bodensees im Frühjahr mit ihren vielen Weinanbauflächen lange nicht so blütenreich dar, wie dies heute der Fall ist.

„Die Kultur des Obstbaumes im Untersuchungsgebiet[1] ist außerordentlich alt, der landwirtschaftliche Obstbau hingegen verhältnismäßig jung. [...] Die einzigen steinzeitlichen Relikte in Mitteleuropa eines offenbar kultivierten Apfels wurden [...] in der Provinz Mailand und [am] Pfäffikersee im Kanton Zürich [gefunden]", so die Ergebnisse wissenschaftlicher Forschungen durch Hermann Freudenberg von 1938.

Wie so Vieles wurde der Obstanbau in unserer Region durch die Römer eingeführt, die gezüchtete Kultursorten aus dem Orient übernommen und in ihren Provinzen südlich der Alpen angepflanzt hatten. In den folgenden Jahrhunderten spielten die Klöster, für unsere Gegend die Zisterzienser auf der Reichenau, eine bedeutende Rolle bei der Verbreitung des Obstanbaus. Der Name der Wallfahrtskirche Birnau, 883 urkundlich erstmals erwähnt, darf als Hinweis auf den Birnenanbau bei Nußdorf gelten.[2]

Im Bodenseegebiet wurden die Bäume in Obstgärten dicht bei den Siedlungen angepflanzt. „Der Baumgarten gehörte als fester Bestandteil zum Hofe und wurde als solcher auch in den Stammesrechten erwähnt", schreibt Freudenberg weiter. Allerdings scheint der Obstanbau zunächst, d. h. bis ins Mittelalter, auf die Südseite des Bodensees beschränkt gewesen zu sein. Zumindest konnte Freudenberg für den Obstanbau am Nordufer keine schriftlichen Quellen finden.

Doch im 13. Jahrhundert werden die verschiedenen Obstarten - Äpfel, Birnen, Kirschen und Pflaumen - in einer Abhandlung über die mitteleuropäische Flora des Gelehrten und Bischofs Albertus Magnus nicht nur beschrieben, sondern sogar ihre Verwendung bzw. Bearbeitung empfohlen: Der „Apfel [sollte] als Frischobst genossen [werden, ...] Kirsche und Pflaume [...] als Dörrobst, [...] Apfel [...] zur Most- und Essigbereitung." Wie verbreitet und erfolgreich der Obstanbau damals schon war, zeigt die Besteuerung des Obstertrags durch die Landesherren und die Kirchen im 13. Jahrhundert.

1 Gemeint ist das Bodenseegebiet.

2 Wie im Kapitel „Die Birnau und Nußdorf" erwähnt wird, nannten die Alemannen Birnen „pirningas" und bei den Römern hieß die Birne „pirum".

Im 14. Jahrhundert ist der Handel mit Obst in Konstanz urkundlich belegt und ebenfalls aus dem 14. Jahrhundert gibt es Beschreibungen aus Ravensburg und Meßkirch über Baumgärten. Versuche, Obst wie in Italien in Plantagen anzubauen, stießen jedoch auf den Widerstand der Bauern. Es blieb in unserer Region für Jahrhunderte beim Gartenobstanbau, während der Weinanbau am Nordufer schon Ende des 13. Jahrhunderts erwähnt und im Laufe der folgenden Jahrhunderte zunehmend auf Kosten des Ackerlandes verbreitet wurde.

Erst im 17. Jahrhundert weisen Quellen auf eine Intensivierung des Obstanbaus in unserer Gegend hin. Der Chronist des Dreißigjährigen Krieges, Sebastian Bürster, berichtete, dass die Salemer Äbte nicht nur den Wein, sondern auch den Obstanbau im Linzgau gefördert hatten. Auch die Kunst der Veredelung durch Pfropfen wurde von den Mönchen verbreitet.

In einer „Verordnung betreffend die Obstbäume an Wegen und auf Allmenden" des Abts von Salem 1718 wird ausdrücklich die Anpflanzung von Obstbäumen - u. a. Äpfel, Birnen, Kirschen und Wildäpfel - auch außerhalb der Gärten gefordert. Damit sollte wohl der Eigenbedarf einer stark gewachsenen Bevölkerung gedeckt werden. Im Klostergarten von Salem selber wurden Ende des 18. Jahrhunderts auch Pfirsiche und Quitten angepflanzt.

Obstbau als eigenständige Landwirtschaft verbreitete sich über den Kanton Thurgau bis zum bayerischen Seeufer - bei Nonnenburg und Wasserburg - im 19. Jahrhundert; dazu wurden erstmals Äcker mit Obstbäumen bepflanzt. Die stärkere Ausbreitung des Obstanbaus nördlich des Bodensees hatte drei Ursachen: die Veränderung beim Ackerbau, die Zerstörung der Weinstöcke durch die Reblaus sowie der Ausbau des Eisenbahnnetzes am See.

Bezüglich des Ackerbaus hatten neue Verfahren, wie die starke Düngung des Ackers[3], zu größeren Erträgen geführt; das Getreide ließ sich jedoch nicht mehr wie bisher gewinnbringend an die Schweizer verkaufen, welche inzwischen preiswertes Getreide aus Übersee bevorzugten. Entsprechend stand nun mehr Ackerfläche zur Verfügung, die für Grasland und damit für den Obstanbau geeignet war.

Im späten 19. Jahrhundert machten es die schneller fahrenden neuen Dampfschiffe den Rebläusen möglich, die Schiffsreise aus der Neuen Welt nach Europa zu überleben. Eine verheerende Reblausplage vernichtete die Weinstöcke.

Den Bauern, die nicht noch einmal ihre Arbeits- und Lebenswelt im arbeitsaufwendigen Weinbau riskieren wollten, boten die Hügel und das sanfte Klima mit dem Anbau von Obst eine mehr als akzeptable Alternative. Dazu kam, dass sich durch den Ausbau des Bahnnetzes neue Möglichkeiten der Vermarktung eröffneten. Die Strecke von Überlingen nach Friedrichshafen wurde 1901 dem Verkehr übergeben, Nußdorf bekam seinen eigenen Bahnhof. Vor allem Frischobst konnte nun über weite Strecken versandt werden.

3 Kühe wurden zunehmend im Stall gehalten und entsprechend gab es reichlich Düngemittel.

Besonders die neuen Absatzmöglichkeiten ermutigten offensichtlich den Kunstgärtner Leopold Schnackenberg, von 1902 bis 1906 Besitzer des Hessenhofes, die ersten Plantagen Nußdorfs mit „Spezialkulturen" anzulegen und Obstprodukte herzustellen. Auf dem Hessenhof wurden folgende Sorten angebaut: „Äpfel, Birnen, Pfirsiche, Aprikosen, Kirschen, Saure Knorpel, Pflaumen, Reineclauden". An Beerenobst gab es Erdbeeren, Himbeeren, Johannisbeeren und Stachelbeeren. Zusätzlich hatte Schnackenberg Rhabarber, Spargel, Melonen, Cornichons und Haricots verts (grüne Bohnen) im Angebot. Was nicht als Frischobst verkauft oder über den Nußdorfer Bahnhof versandt wurde, wurde zu Gelee, Marmelade und Obstwein verarbeitet. Die nachfolgenden Besitzer des Hessenhofs, Kurt Frauenholz sowie Karl Pfeiffer und seine Pächter, später auch Hermann Richter, führten den Obstanbau weiter.

Etwas bescheidener nehmen sich dagegen die ersten Empfehlungen der Regierung in Karlsruhe aus: Nachdem die Reblaus den Weinbau nach dem Ersten Weltkrieg endgültig als Erwerbszweig vernichtet hatte, sollten Obstbäume entlang von Straßen und Feldwegen gepflanzt werden, damit sich die Landwirte im Vorbeifahren vom Stand der Entwicklung des Obstes informieren konnten. Solche Ideen basierten auf der irrigen Vorstellung, dass - weil Früchte ja von alleine wachsen - Obstanbau mit wenig Kosten und fast keiner Arbeit verbunden sei. Außerdem mussten die ersten Obstbauern schon sehr früh erfahren, dass eine schlechte Ernte wenig Arbeit, aber gute Preise bedeutete, eine gute Ernte hingegen mit viel Arbeit und schlechten Preisen verbunden war. Trotz dieser Anfangsschwierigkeiten entwickelte sich Obst vom Bodensee nach dem Ersten Weltkrieg zu einem im ganzen Deutschen Reich bekannten Markennamen.

Auch in Nußdorf hatte nach dem Überfall der Reblaus das Obst den Wein verdrängt. Die bisherigen Weingärten zwischen den heutigen Straßen Zum Saibling und Zum Salm waren Mitte der zwanziger Jahre des 20. Jahrhunderts in Obstgärten, wohl für Streuobst, umgewandelt worden, wie auch die Totalansicht aus den zwanziger Jahren zeigt.

Aus der Rebhalde wurde die heutige Konstantinhalde mit ihren Streuobstwiesen, die seit bald zehn Jahren von der Heinz Sielmann Stiftung gepflegt werden.

Auf den Streuobstwiesen hatten die Bauern Apfel-, Zwetschgen-, Kirsch- und Birnbäume angepflanzt. Die hochstämmigen Bäume standen in großen Abständen verstreut - daher der Name Streuobstwiese -, sodass die Wiese auch als Weideland für die Kühe und/oder zur Heugewinnung genutzt werden konnte.

Ein Teil der geernteten Früchte wurde an Obstgroßhändler verkauft, wie an den Nußdorfer Josef Beck[4] oder an die Obstanbaugenossenschaft in Radolfzell, unter der Leitung der Firma Schlör. Viele Bauern hatten sich dieser Ge-

4 Vater von Rudolf Beck

Obstwiesen oberhalb des Dorfes in den zwanziger Jahren
Foto: Lauterwasser

nossenschaft angeschlossen und besaßen somit eine Abnahmegarantie. Einen großen Teil der Apfelernte verarbeiteten die Bauern jedoch für den Eigenbedarf zu Most (wie in Süddeutschland Apfelwein genannt wird). Der vergorene Apfelwein war das Hausgetränk der Bauern. Erst in den sechziger Jahren brachte man sein Obst in Mostereien; für die Ablieferung von 100 Kilogramm Obst erhielt man 70 Liter Most. Der vergorene Apfelwein wurde außerdem zum Brennen von Obstler verwendet. Jedes Bauernhaus verfügte früher über eine entsprechende Brennerei.

Doch zurück zu den Nußdorfer Obstwiesen: 1928 entstand an der Konstantinhalde eine drei Hektar große Obstgemeinschaftsanlage, von Ernst Beck als „Pionierleistung" bezeichnet. Auf gemeindeeigenem Land wurden in langen Reihen von Nord nach Süd Obstbäume angepflanzt, und zwar mit verschiedenen Obstsorten in jeweils einer Reihe. Diese Bäume konnten dann reihenweise zur Pflege und vor allem zum Ernten an die Nußdorfer Bauern verpachtet werden. Besonders beliebt waren die Kirschbäume, die gutes Geld einbrachten.

Ernst Beck, der sogar eine Ausbildung zum Obstbauern mit Meisterabschluss gemacht hatte, schreibt:

„Als in den dreißiger Jahren Obstbaugenossenschaften gegründet wurden, um den Absatz zu bündeln, war der Obstanbau auch in Nußdorf zu einem bedeutenden Betriebszweig geworden. Karl Urnau war in dieser Zeit der fortschrittlichste Obstbauer in Nußdorf. Neben dem Anbau von neuen Sorten war seine Spezialität, große Mostbirnbäume mit den teuren und gesuchten

Williams-Christ-Birnen zu veredeln.[5]

Die Kirschen waren am begehrtesten. Weil die Kirschbäume auch mit wenig Pflanzenschutz gute Ernten einbrachten, hatten meine Eltern wie alle Nußdorfer Landwirte eine stattliche Anzahl von großen, fast in den Himmel hinauf gewachsenen Kirschbäumen. Als die Männer in den Krieg ziehen mussten, bedeutete es für die Frauen große Mühe und Geschick, mit den langen Leitern umzugehen. Für die großen alten Kirschbäume wurden damals Leitern mit 30 - 40 Sprossen benötigt.

In den Kriegs- und Nachkriegsjahren waren die Kirschen heiß geliebt. Von weit her, von Pfullendorf, Mengen, Tuttlingen, kamen die Menschen mit dem Fahrrad oder mit dem Zug, um einige Kirschen zu erstehen. Ganz Scharen von Menschen kamen unter die nicht eingezäunten Kirschbäume und ließen sich höchst ungern abweisen.

In diesen Tagen ist meine Mutter schier verzweifelt, weil viel mehr Leute Kirschen haben wollten, als auf den Bäumen wuchsen. Den Teil, der nach der Ablieferungspflicht zur Verfügung stand, hat man gerne abgegeben, eigentlich verschenkt, weil die Reichsmark wertlos war. Das änderte sich mit der Währungsreform 1948 schlagartig. Die Kirschenernte brachte uns in diesem Jahr über 1.000 nagelneue Deutsche Mark; und die Eltern konnten mit dem Kirschgeld den Wiederaufbau der abgebrannten Scheune beginnen.[6]

Nach dem Zweiten Weltkrieg und der Öffnung der Grenzen für ausländisches Obst in den fünfziger Jahren kam der bisherige Obstanbau auf hochstämmigen Bäumen immer mehr ins Hintertreffen. Das Land unterstützte mit finanziellen Beihilfen die Umstellung von Hochstämmen zu arbeitssparenden und ertragreicheren Niederstammanlagen.

Im Obstanbau sah ich als Landwirtssohn auch meine berufliche Zukunft. 1953 begab ich mich nach Norddeutschland, um dort meine Lehr- und Wanderjahre auf Obstanbaubetrieben im Alten Land[7] bei Hamburg zu absolvieren. Mit neuen Ideen kam ich nach Nußdorf zurück und vollendete meine Ausbildung mit der Prüfung als Obstbaumeister. 1958 pflanzte ich dann die erste intensive Apfel-Niederstammanlage oberhalb der Konstantinhalde. Es folgten eine Pfirsichanlage an der Pfrille und westlich der Fuchshalde ein Kirschgarten, ebenfalls auf nieder gehaltenen Stämmen; für die Ernte waren nun keine langen Leitern mehr notwendig.

Nach dem Bau eines Siedlungshofes in Billafingen 1965 betrieb ich von dort aus für einige Jahre den Obstbau in Nußdorf weiter, gab ihn aber wegen der weiten Wegstrecke nach und nach auf.

In der Folge gab es in Richtung intensiven Obstanbaus keine weiteren An-

---

5 Er schaffte es auch, Williams-Christ-Birnen in der Flasche wachsen zu lassen.

6 Die Scheune war dort, wo heute das Dorfgemeinschaftshaus steht.

7 Das Alte Land bei Hamburg in der Elbmarsch, südlich der Elbe, hat eine über 150jährige Obstanbau-Tradition. (Wikipedia 2017)

pflanzungen in Nußdorf. Es lag u. a. auch daran, dass die landwirtschaftlichen Betriebe nur über begrenzte Flächen verfügten und das Land stark parzelliert war. Eigentlich schade darum. Für Wein und andere Obstarten herrschen in Nußdorf die besten klimatischen Voraussetzungen."

Streuobstwiese auf der Konstantinhalde mit Hinterwälder Kühen

Einige Plantagen gibt es jedoch auch heute noch: Auf der Konstantinhalde hat die Familie Schumacher eine Äpfel- und Birnenplantage und die Familie Knepple-Gumberger einen Zwetschgengarten. Unterhalb des Friedhofs pflegt Rudolf Beck nach wie vor seine Apfelplantage, wo er 2016 sogar neue Bäumchen pflanzte. Und ein paar der alten, inzwischen riesigen Kirschbäume kann man auf der Konstantinhalde auch noch sehen.

Um die Streuobstwiesen östlich von Nußdorf kümmert sich seit 2004 die Heinz Sielmann Stiftung. 200 hochstämmige Obstbäume wurden neu angepflanzt, 150 Altbäume werden gepflegt. In Kooperation mit dem Bauern Zündel aus Nußdorf wird die Beweidung der Wiesen mit einer Herde Hinterwälder Rinder[8] betrieben. Die meisten Äpfel und Birnen werden von einem Unternehmer außerhalb Nußdorfs geerntet. So arbeiten die Stiftung und der Handel gemeinsam für Naturschutz und die Erhaltung einer historischen Kulturlandschaft.

8 Die Hinterwälder-Rinder sind eine besonders robuste und genügsame Rasse.

Bodenseefischerei

Ende des 19., Anfang des 20. Jahrhunderts wurde in Reiseberichten und Fremdenverkehrsprospekten Nußdorf gerne als Bauern- und Fischerdorf bezeichnet. Diese Bezeichnung war bei gut 30 Landwirten und höchstens drei Berufsfischern leicht übertrieben. In Statistiken des Großherzogtums Baden taucht der Beruf Fischer in Nußdorf das erste Mal 1897 auf. In den Statistiken der folgenden Jahrzehnte kommen immer wieder ein bis drei Fischer vor, die jedoch wieder zu anderen Nußdorfer Häusern gehörten als die der Fischer von 1897. Daraus kann geschlossen werden, dass bis in die 20er Jahre des vorigen Jahrhunderts Fischerei in Nußdorf nur ein Beruf für nachgeborene Bauernsöhne war. Der Beruf wurde nicht zwangsläufig wie ein Bauernhof vom Erstgeborenen übernommen. In den dreißiger und wahrscheinlich bis in die fünfziger Jahre betrieben die Nußdorfer Fischer Karl Allgeier, August Klingenstein und Hans Toleti die Fischerei als Haupterwerb. Hans Allgeier, der Sohn von Karl, hörte 2011 mit dem Fischen auf; das war das Ende der Berufsfischerei in Nußdorf.

Die Bewohner von Nußdorf, bzw. des Ortes, wo heute Nußdorf liegt, haben, seit dort gesiedelt wird, eigentlich nur von der Landwirtschaft gelebt. Dennoch gehörten Fische schon in der Pfahlbauperiode zur Nahrung. Das zeigen Angelhaken aus Hirschhorn und Schweinshauern und Reste von Netzen aus der Pfahlbauära. Auch wurden aus dieser Zeit Reste von Kretzern, Karpfen, Aalen, Haseln, Rotfedern, Trüschen und Hechten gefunden, aber keine Reste von Felchen, dem „Brotfisch des Bodensees". Das Fehlen von Felchenresten lässt sich nicht erklären, da es diese Fischart wohl schon damals im Bodensee, wie in den allermeisten Alpenseen, gegeben hat.

Im Mittelalter waren die Fische im See wie das Wild in Wald und Feld Eigentum des Grundherrn. Bis ins 19. Jahrhundert hatten Anrainer am Bodenseeufer, wie die Reichsabtei Salem oder die Reichsstadt Überlingen, die Fischereirechte für einen Uferrand bis zur Tiefe von 25 Metern. Das bedeutete, dass der Grundherr bestimmte, wer das Recht zu fischen hatte.

Östlich der Seefelder Ach, im Heiligenbergschen Gebiet, wurde das Fischereirecht als Lehen wie eine Landwirtschaft verliehen. Dort gab es also immer schon eine Art Berufsfischer. Anders war die Situation im Gebiet von Salem: In den spärlichen Quellen zu Nußdorf im äußersten Südwesten des Territoriums der Reichsabtei Salem wird über Bauern berichtet, die Wein und Getreide anbauten. Über die Fischerei als wirtschaftlichen Faktor ist sehr wenig bekannt. Sie war aber für das Kloster und seinen Nachfolger, das Haus Baden, wirtschaftlich doch so interessant, dass die Abtei zwischen Seefelden und Nußdorf, dem salemischen Ufer, zwei und das Haus Baden ab 1803 drei Fischerhäuser hielt. Zwei lagen jeweils in Seefelden und Maurach. Das dritte war die Urzelle des heutigen Hauses Zur Forelle 10 in Nußdorf. Die erstgenannten Fischerhäuser stehen heute noch. Sie sind so groß, dass sie mehreren Familien Unterkunft geboten haben. Es darf angenommen werden, dass hier ganze Mannschaften lebten, die für das Kloster fischten. Das folgende Bild, zeigt, wie eine solche Mannschaft gearbeitet hat.

Ausschnitt aus einer Postkarte von 1903

Rekrutiert hat das Kloster die Fischer vermutlich aus den nachgeborenen Söhnen der leibeigenen Bauern.

Auch heute ist, obwohl es keine Grundherren mehr im mittelalterlichen Sinn gibt, das Fischen geregelt. Jeder, der am deutschen oder österreichischen Bodenseeufer angeln möchte, braucht dafür einen Angelerlaubnisschein. In der Schweiz ist Freiangeln unter gewissen Bedingungen (z. B. Verzicht auf Widerhaken am Angelhaken) erlaubt. Der Erlaubnisschein berechtigt zum Angeln in einem festgelegten Gebiet, z. B. am baden-württembergischen Ufer. Um ihn zu erhalten, benötigt man einen Fischereischein. Diesen erhält man nach einer erfolgreichen Fischereiprüfung, in der natürlich das Wissen über Fische, aber auch über Schonzeiten, erlaubtes Fanggerät usw. geprüft wird. Der Fischereischein wird vom Bürgermeisteramt des Wohnorts (Überlingen im Fall Nußdorf) ausgestellt. Zur Vorbereitung auf die Fischereiprüfung muss ein Lehrgang des Landesfischereiverbandes Baden-Württemberg besucht werden. Kinder zwischen 10 und 15 Jahren können einen Jugendfischereischein erwerben, dürfen aber nur in Gegenwart einer Person über 18, die einen Fischereischein hat, fischen.

Für die Regelung der Fischgründe gibt es zwei unterschiedliche Betrachtungswinkel. Der eine ist die Frage der „staatlichen" Hoheit, der andere die „natürliche Bodengestaltung des Sees".

Für die Hoheit wiederum gibt es zwei Betrachtungsweisen:

1. Es gibt auf dem See keine territorialen Grenzen. Der See ist ein „sogenanntes Kondominat"[1]. Diese Auffassung wird von deutscher Seite vertreten.
2. Die schweizerische Auffassung sieht die Mittellinie des Sees als „Hoheitsgrenze zwischen den Anliegerstaaten" an. Dabei bleibt aber der Verlauf dieser Mittellinie offen.

Die Auffassung, die sich auf die Bodengestaltung des Sees bezieht, ist an einigen Uferstrecken immer noch entscheidend für die Festlegung von Fischereirechten. Hier gilt, dass die Uferstaaten wie im Mittelalter „an einem Randstreifen des Wassers, der sogenannten Weiße, bis zur Halde" (bis zu einer Tiefe von 25 Metern) die Hoheit und den mittleren See als international, bzw. als Kondominat annehmen können. Dies gilt auch für die vier Kilometer Seeufer von Nußdorf. Hier liegt das Fischereirecht im Randstreifen bis zu einer Tiefe von 25 Metern immer noch beim Haus Baden als Rechtsnachfolger der Reichsabtei Salem.

1 „Kondominat ist die gemeinschaftlich ausgeübte Herrschaft mehrerer Herrschaftsträger über ein Gebiet." (Wikipedia 2014)

Fischpacht im Nußbach

Getrennt von der Jagdpacht gibt es in Nußdorf die Fischpacht im fließenden Gewässer, dem Nußbach. Das Gebiet erstreckt sich von den Weiherwiesen bis in den See. Obwohl der Nußbach ein abwechslungsreicher, naturbelassener Bach ist, war und ist der Ertrag an Fischen minimal und das Interesse an der Fischpacht gering. Neben Bachforellen kommen noch einige andere Fischarten und Flusskrebse vor.

Wie bei der Jagd bestand auch hier zunächst eine Fischereigenossenschaft aus den Gemeinden Owingen (Auenbach), Deisendorf (Riedbach) und Nußdorf (Nußbach)[1], die jedoch bereits 1938 aufgelöst wurde.

Die Ursachen der Auflösung finden sich in einem Schreiben des Fischerei-Sachverständigen vom Finanz- und Wirtschaftsministerium Dr. Koch vom 29. August 1937:

Fischerei-Verpachtung.

Die Fischereigenossenschaft des Auenbachs, Ottomühlkanals, Riedbach und Nußbach versteigert am

Mittwoch, den 25. Februar 1925,

nachmittags halb 3 Uhr

im Rathause in Deisendorf, das ihr zugehörige Fischwasser im Flächengehalt von ca 3 ha 24 ar und einer Länge von ca. 12 Kilometer in 3 Abteilungen an den Meistbietenden auf 12 Jahre. Das Fischwasser ist eines der besten des badischen Oberlandes für Forellenfischerei, fließt bis zur Stadt Ueberlingen und ist von derselben auf der ganzen Strecke in 2—4 Kilometer zu erreichen.

Deisendorf, den 8. Februar 1925.

Der Genossenschafts-Vorstand.

Ausschreibung der Fischereigenossenschaft aus dem Jahr 1925
Quelle: Stadtarchiv Überlingen, III.1. Fischerei

„Wie aus den Akten zu ersehen, sind jetzt wegen der Fischerei im Genossenschaftsgebiet seit über 10 Jahren Verhandlungen geführt worden, die sich immer nur mit Klagen über den Rückgang der Fischerei […] befassen. Es gab immer wieder Pachtänderungen, Verweigerung von Pachtzahlungen, Beschwerden über Wasserentzug, Verjauchung des Fischwassers, anhaltende Trübung durch Bauarbeiten und Gewässerregulierungen, vor allem auch Beschwerden über Wasserverunreinigung durch den Vorreinigungsweiher des städtischen Elektrizitätswerkes." Dr. Koch kam zu dem Schluss, dass der Fortbestand der Fischereigenossenschaft nicht sinnvoll wäre, da die Fischereigenossenschaft ihrerseits nur „klagende Schriftsätze den Akten beifüge" und ihren Aufgaben und Pflichten nicht nachkomme, z. B. das „genossenschaftliche Fischgebiet" zu schützen oder „soweit es sich um unvermeidliche Wertverringerungen handelt, in vollem Umfange

1 Der Bach erhielt während seines Verlaufs verschiedene Namen.

Nußbach im Frühling, im Hintergrund der Nußbachviadukt
Foto: Laurin Knapp

Schadenersatz zu fordern. Dies wäre wohl seinerzeit nach Erstellung des Elektrizitätswerkes und Anlage des Stauweihers der Stadt Überlingen möglich gewesen."[2]

Nach Auflösung der Fischereigenossenschaft sollten die Fischwasser durch die einzelnen Gemeinden selbständig verpachtet werden, sofern die vorgeschriebene Mindestlänge des Gewässers von zwei Kilometern bestand. Als Pachtdauer waren lt. Fischereigesetz weiterhin jeweils 12 Jahre vorgeschrieben.

Wie aus den Akten im Stadtarchiv Überlingen zu ersehen ist, informierte sich Bürgermeister Beck 1939 beim Landrat über die Möglichkeiten und Bedingungen der Verpachtung und konnte im Juni dem Gemeinderat berichten: „Nach Bekanntmachung in der Bodensee-Rundschau und öffentlichen Ausschellen in der Gemeinde am 20.ds.Mts wird im Rathaus zu Nussdorf das Fischwasser des Nussbachs öffentlich an den Meistbietenden [...]" verpachtet.

Den ersten Pachtvertrag unterschrieb „Richard Achenbach, Kraftfahrer in Nußdorf", 1942 kam als Mitpächter Franz Bommer hinzu. Laut Pachtvertrag waren die Pächter verpflichtet, jährlich „1000 Stück Forellenbrut oder 100 Stück einsämmrige Forellen", einzusetzen.

Der ehemalige Ortsvorsteher Rudolf Beck erinnert sich noch an einige weitere Fischpächter: Franz Nell, Hugo Hund, August Klingenstein, Marcus Gross, Andreas Fuchs, Gert Adler und Erwin Hund. Einmal musste Beck unter den Pächtern einen Streit schlichten. Es ging um Krebse, die einer der Pächter ausgesetzt hatte. Er unterstellte dem Mitpächter, sie abgefischt zu haben.

Neben der Jagdpacht ist die Vergabe der Fischpacht heute eine der wenigen Angelegenheiten, deren Entscheidung dem Ortschaftsrat Nußdorf direkt zufällt. Die derzeitigen Fischpächter sind Erwin Hund und Joachim Scheel aus Deisendorf.

2 Der Brief ist im Stadtarchiv Überlingen aufbewahrt.

Die Jagd

„Die Jagd ist so alt wie die Menschheit selbst. Unseren Vorfahren diente sie zuerst als Nahrungserwerb, […] Felle dienten als Kleidung und aus den Knochen machten die ersten Menschen Waffen und Schmuck. Mit der Sesshaftwerdung der Menschen, der Haltung von Haustieren und der Urbarmachung des Bodens wurden Viehzucht und Ackerbau zur bestimmenden Ernährungsgrundlage."[1] Für die Jagd gab es zunächst keine Regelungen, jeder durfte ein Tier erlegen. Das Ende der freien Jagd kam vermutlich im Jahr 812, als Karl der Große die „herrenlosen Wälder zum Besitz der Krone" erklärte. So diente im Mittelalter die Jagd vor allem dem Vergnügen der Aristokraten. Wer unberechtigt jagte, wurde als Wilddieb bestraft. Dieses feudale Jagdrecht wurde in Deutschland erst mit der Revolution von 1848/49 abgeschafft.[2] Jagd war seitdem nur noch auf eigenem Grund und Boden möglich.

Diese Funde aus dem See vor Nußdorf zeigen, dass schon zu Pfahlbauzeiten gejagt wurde.
Quelle: Rosgartenmuseum Konstanz

Wie auch im Kapitel „Nußdorf beim Amt Salem" zu lesen ist, führte 1851 - 1862 der Nußdorfer Bürgermeister Urnau die Verhandlungen über die Ablösung der Jagdbevorrechtigung des Standesherrn, dem Markgrafen.[3]

Da durch die neue Jagdfreiheit die Tierbestände stark abnahmen, mussten Regelungen geschaffen werden. Im Reichsjagdgesetz von 1934 wurde daher erstmals ein landesein-

1 Planet Wissen: Jagd, s. http://www.planet-wissen.de/natur/tier_und_mensch/geschichte_der_jagd/index.html 02.01.2017

2 ARD, Das Erste: Eine Zeitreise durch die Geschichte der Jagd, s. http://www.daserste.de/information/wissen-kultur/w-wie-wissen/sendung/zeitreise-100.html 02.01.2017

3 Im Stadtarchiv Überlingen findet sich hierzu die Akte „Ablösungsvertrag und Jagdbevorrechtigung zw. Standesherrschaft Salem und Gemeinde Nussdorf 1851 - 1862".

heitliches Reviersystem eingeführt. 1948 hoben es die Besatzungsmächte - in Nußdorf waren es die Franzosen - teilweise für ihre Zonen wieder auf. 1953 trat dann an Stelle des Reichsjagdgesetzes das Bundesjagdgesetz (ergänzt durch Landesjagdgesetze) in Kraft, „in welchem das Reviersystem bis heute beibehalten" ist. Es regelt unter anderem, welche Tiere wann jagdbar sind und wer jagen darf. Das Jagdrecht selbst steht weiterhin den Grundeigentümern zu, die tatsächliche Ausübung der Jagd ist jedoch an zahlreiche Bedingungen geknüpft. So ist die Jagd nur in Jagdbezirken erlaubt und nur außerhalb von befriedeten Bereichen wie Wohngrundstücken und Gärten. Die Jagdbezirke sind entweder Eigenjagdbezirke oder gemeinschaftliche Bezirke. Einen Eigenjagdbezirk besitzt, wem eine zusammenhängende land-, forst- oder fischereiwirtschaftlich nutzbare Grundfläche von mindestens 75 ha Größe gehört. In den gemeinschaftlichen Jagdbezirken sind dagegen mehrere Grundstücke zu einem genügend großen Jagdbezirk zusammengeschlossen.[4]

Wie in vielen anderen Orten bildete sich auch in Überlingen eine Jagdgesellschaft, bestehend aus den jeweiligen Eigentümern der bejagbaren Flächen. Die Aktivitäten der Jagdgesellschaft Überlingen sind seit 1902 im Stadtarchiv Überlingen dokumentiert. Dort finden sich Sitzungsprotokolle, Pachtverträge und Briefwechsel.

Zur Veranschaulichung hier ein Auszug aus einem Schreiben des Nußdorfer Bürgermeisters Josef Zundel aus dem Jahr 1910:

„Dem Kurt Frauenholz dort ist zu eröffnen, dass ein ca. 25 Morgen grosses Grundstück gemäss § 7 des Jagdgesetzes in die Gemeindejagd einbezogen werden muss, weil es durch Einzäunung oder auf andere Weise nicht derart abgeschlossen ist, dass das Wild weder ausbrechen (z. B. an Stellen, wo der Bach durchfließt) noch an fremdem Eigentum Schaden anrichten kann."

Die Jagdgesellschaft bildete alljährlich die Jagdgenossenschaft, deren Hauptzweck die Verpachtung der Gemeindejagdbezirke an ihre Mitglieder war. Die Gemeindejagdbezirke umfassten Andelshofen, Deisendorf, „Nußdorf, Owingen, Tüfingen, Überlingen (Bezirk I, II, III), die Spitaljagd Überlingen und die Wasserjagden auf dem Bodensee längs der Gemarkungen Nußdorf und Überlingen".[5]

Einer der ersten und häufig erwähnten Jagdpächter in Nußdorf ist „Hermann Würth, Pensionsbesitzer (Fremdenheimbesitzer) in Überlingen". Er wird als Jagdpächter zwischen 1908 und 1926 in den Büchern aufgeführt und fungierte auch längere Zeit als Vertreter der Jagdgenossenschaft. Neben ihm gab es in der Zeit zwischen 1908 und 1931 folgende Jagdpächter: „Emil Strobel (Metzgermeister in Überlingen), August Wagner (Landwirt in Überlingen)", Theodor Lennig (Fabrikdirektor in Mannheim), Heinrich Achenbach (Ingenieur in Nußdorf), „Privatier Baus aus Überlingen", Dr. Stefan Becker (Veterinärrat, Überlingen).

4 Wikipedia 2017

5 Stadtarchiv Überlingen III.2/3 Jagdgenossenschaft Überlingen

Folgender Briefwechsel aus dem Jahr 1931 spiegelt sehr anschaulich die unterschiedlichen Ansichten und Abhängigkeiten zwischen Besitzern und Pächtern wider und lässt sich mühelos in die heutige Zeit übertragen. Es handelt sich um eine amtliche Antwort auf ein Gesuch um Pachtermäßigung von Emil Strobel am 25. April 1931:

„Die Jagd liegt ausserordentlich günstig und ist reich an Wild. Ausserdem wurde schon vorkriegszeitlich 1903 eine Pacht von 303 Mark ersteigert. Nichts ist aber heute auf den Friedensstand zurückgegangen; es sei denn die landwirtschaftlichen Produkte. Auch kann und darf die Jagd nicht als Erwerbshandwerk getrieben werden. Wäre das der Fall, so wären in Nussdorf selber Jagdpächter genug vorhanden.

Die Pacht für Feld usw. ist aber stets im Steigen begriffen und auch die Ausgaben der Gemeinden steigern sich immer mehr. Auch ist die Gemeinde durch den Schulhausum- und -anbau finanziell stark in Anspruch genommen und kann deswegen auf einen Einnahmeausfall nicht verzichten.

Sollten Sie mit dem derzeitigen Pachtpreis von 300 M einverstanden bleiben, so wären wir geneigt, Ihnen entgegenkommenderweise den Pachtvertrag auf drei weitere Pachtjahre also bis 1935 zu verlängern."

Antwort von Emil Strobel: „Unser Antrag auf Senkung des Pachtpreises geschah, um die Pachtsumme den heutigen Zeitverhältnissen anzugleichen. Wir bitten zu bedenken, daß wir über den Pachtschilling hinaus - aus weidmännischen Gründen - stets noch weitere Opfer zur Erhaltung des Wildstandes gebracht haben und somit weit davon entfernt waren, die Jagd als einen Erwerb zu betrachten. Den Überlieferungen unserer Jagdgesellschaft folgend, werden wir auch weiterhin auf die Pflege des Wildstandes bedacht sein."

Das Jagdgebiet Nußdorf mit einer Flächengröße von ca. 200 Hektar konnte aufgrund der jagdgesetzlichen Regelung kein eigenständiger Jagdbezirk sein, wurde aber jeweils als abgegrenztes Gebiet den Jägern zugeteilt.[6] Dies änderte sich erst mit dem Nußdorfer Jagdpächter Ernst Sorg. Ihm ist es zu verdanken, dass die Nußdorfer Jagd heute wieder ein eigenständiger Bezirk ist. Wie es dazu kam, soll im Folgenden nach einem Interview mit seinem Sohn Herbert Sorg berichtet werden:[7]

Ernst Sorg wurde 1905 in Nußdorf geboren und starb 1976. Er bewohnte das Zwei-Familienhaus Zum Hecht 7, welches schon seit mehreren Generationen im Besitz der Familie Sorg ist. Bis zum Krieg war Ernst Sorg als Förster im Schwarzwald tätig und wohnte dort mit seiner Familie. Als er im Krieg eingezogen wurde, zog die Mutter mit den Kindern ins Elternhaus ihres Mannes nach Nußdorf. Ernst Sorg war in russischer Gefangenschaft und kam erst 1947 zurück in die Heimat. Er arbeitete zunächst einige Jahre in Meßkirch

6 Hierzu findet sich im Stadtarchiv Überlingen folgender Auszug vom 18.01.1936: „Nach dem neuen Reichsjagdgesetz wird die Gemeindejagd Nußdorf zur Gemeindejagd Überlingen II geschlagen. Die Pächter dieser Jagd haben die Pflicht, diese zu übernehmen".

7 Herbert Sorg, Jahrgang 1939, Sohn von Ernst Sorg, lebt heute in Unteruhldingen.

als Förster, bevor er beim Überlinger Forstamt eine Stellung als Forstbeamter antreten konnte.

Die Jagd betrieb er privat und als Mitglied der Jagdgesellschaft wurde ihm das Nußdorfer Jagdgebiet zugeteilt. Er war von 1956 bis 1974 Jagdpächter, zunächst zusammen mit Dr. Bodo Lafferentz, nach dessen Tod wurde Gert Adler Mitpächter. Durch das Betreiben von Ernst Sorg wurde ein Tausch mit Überlinger und Uhldinger Gebieten vorgenommen. Nußdorf bekam im Zuge der Tauschaktion die fehlenden Quadratmeter zugeschlagen. Der Tausch war für alle Beteiligten vorteilhaft, da die Gebietsgrenzen daraufhin „natürlicher" verliefen.

Ernst Sorg vor seinem Haus mit erlegtem Wildschwein, im Fenster seine Frau Luise

Im Gespräch mit dem jetzigen Jagdpächter Gert Adler erfährt man weitere Details:

„Früher endete die Jagdgrenze östlich vom Nußbach, heute reicht die Gebietsgrenze bis zur Rengoldshauser Straße. Der Jagdbezirk umfasst 324 Hektar und heißt heute ‚Birnauer Wald'." Der Tausch, den Ernst Sorg eingefädelt hatte, wurde u. a. von Albert Hahn, Ratsschreiber und Mitglied der Jagdgesellschaft Überlingen, befürwortet.

Dem aktuellen Jagdpachtvertrag von 1999 über den städtischen Eigenjagdbezirk „Birnauer Wald"[8] ist die folgende Beschreibung der heutigen Reviergrenzen entnommen:

„Vom Bodenseeufer (Bommersteg) die gerade gedachte Linie zur Kreuzung ‚Alte Nußdorfer Straße'; ab hier die K 7763 in nördlicher Richtung bis zur L 200a (Kreuzung Waldorfschule); diese ostwärts in Richtung Deisendorf bis zum Anwesen Wiggenhauser, so dann die ehemalige Gemarkungsgrenze Deisendorf südwärts bis zum Nußbachweg des Stadtwaldes Überlingen (bei der Gabelung Nußdorf-Gyrrenbergweg); dem Nußbachweg südlich folgend bis zur ‚Nußbachbrücke' an den ‚Weiherwiesen'. Ab hier folgt die Jagdgrenze dem Nußbach aufwärts bis zur Markgräf. Eigenjagd Salem; sodann der östlichen Abteilungsgrenze des markgräf. Waldes ‚Milchenberg' folgend zur Ge-

8 ausgestellt vom Landratsamt des Bodenseekreises

markungsgrenze Überlingen-Nußdorf/Uhldingen; dieser folgend bis zur Bahnlinie und von hieraus in südlicher Richtung eine Gerade zum Bodenseeufer."

Schon in den sechziger und siebziger Jahren machten den Jägern die vielen Wildunfälle auf den Straßen zu schaffen. So errichteten Ernst Sorg und Gert Adler gemeinsam den Zaun entlang der B 31, um dort die Unfälle einzudämmen. Später wurden blaue Reflektoren entlang der Rengoldshauser Straße installiert, die das Wild davon abhalten sollen, nachts vor herannahenden Autos eine Straße zu überqueren.

Seit der gemeinsamen Zeit mit Ernst Sorg ist Gert Adler auch heute noch als Jagdpächter in Nußdorf aktiv. Er wurde in Lahr/Bühl geboren und zog 1958 nach Überlingen, wo er bei der Firma Eisenhut als Geselle arbeitete. 1962 zog er nach Nußdorf und wohnte mit seiner Familie im Obergeschoss des Hauses der Familie Sorg. Die Familien haben sich sehr gut verstanden, nicht zuletzt durch das gemeinsame Interesse an der Jagd. Erst als die Tochter von Ernst Sorg ins Haus einziehen wollte, suchte sich Familie Adler eine neue Wohnung in der Straße Zum Salm, wo Gert Adler seit 1970 sein Geschäft für Raumausstattung betreibt.

Jagdpächter in Nußdorf ist Gert Adler seit 1974, vorher hatte er bereits einen Begehschein beim Jagdpächter Ernst Sorg. Aus dieser Zeit hat er viel Wissenswertes zu berichten, z. B. von gemeinsamen Rehessen, zu denen die Gemeinderäte jährlich von den Jagdpächtern eingeladen wurden, oder vom 75. Geburtstag von Ernst Sorg, bei dem der Jagdhornbläser Karl Wilhelm zur allgemeinen Belustigung ein gekonntes Hirschbrüllen vorführte.

Fragt man Gert Adler zur Jagd früher und heute, bekommt man zur Antwort:

„Früher gab es nicht unbedingt mehr Wild, es war aber weniger Publikumsdruck im Wald und das Wild daher leichter zu jagen. Heute wird das Wild ‚heimlicher', es versteckt sich tiefer im Wald. [...] Auch der Wald hat sich verändert: das Altholz wird schwächer, junges Unterholz wird stärker. Das Wild kann sich besser verstecken. Das kommt durch die starke Abholzung und auch durch den Sturm Lothar 1999. Da gab es Verwirbelungen hinter dem Berg, wodurch selbst 300jährige Eichen gestürzt sind. Danach wurde vieles sich selbst überlassen und das Unterholz konnte wachsen. Früher wurde der Wald mehr kultiviert, es wurde gezielter aufgeforstet und mehr investiert, z. B. nach dem starken Sturm 1967: Bäume wurden eingezäunt, so dass sie besser durchkamen. [...] Die Wildschweine verursachen heute mehr Feldschäden, sie vermehren sich sehr stark. Das liegt wohl an den warmen Wintern der letzten Jahre, es können mehr Schweine überleben."

Neben Rehen und Wildschweinen gibt es als jagdbares Wild in Nußdorf hauptsächlich Füchse, Waldhasen, Dachse und Enten. Ab und zu sind jedoch auch Überraschungsgäste zu sehen wie Gert Adler zu berichten weiß:

Vor einigen Jahren war er, zusammen mit dem damaligen Mitpächter Markus Rockenstein, im Herbst unterwegs, um die Stände für eine geplante

Gert Adler im Wald nach dem Sturm Lothar am 26.12.1999

Drückjagd zu inspizieren. Sie schauten einen Hang hoch und entdeckten ein *„weibliches Stück Rotwild"*. Dazu muss gesagt werden, dass das Nußdorfer Revier zu unruhig und zu klein ist für Rotwild und es dort normalerweise nicht anzutreffen ist. Dieses Exemplar war vermutlich aus dem Schwarzwald herübergewandert, wurde in Nußdorf erlegt und zur weiteren Verwendung der Metzgerei Jehle übergeben.

Eine weitere Begegnung mit Rotwild gab es, nachdem aus dem Gehege St. Leonhard ein Hirsch ausgebrochen war. Wochenlang versteckte er sich im Wald, bevor er vom Besitzer Spang zum Abschuss freigegeben und dann im Maisacker von Nußdorf von einem Jagdgast erlegt wurde.

Einen bedenkenswerten Vorschlag zum Jagdgebiet Nußdorf äußerte der ehemalige Ortsvorsteher Rudolf Beck in einem Gespräch: Im Gebiet Konstantinhalde, in dem nur wenig Wild vorkommt, da es die B 31 im Norden und der See im Süden einschließt, seien zum Anschluss des Gebietes Wilddurchlässe unter der B 31 notwendig. Das würde auch die Zahl der Wildunfälle reduzieren. *„Es gibt zurzeit nur einen kleinen Durchlass beim Mauergraben (Mauerholz). Da wo der Wald aufhört und die Reben anfangen, ist der Durchlass für den Mauerbach. Hier hat man auch vor vielen Jahren Fasane ausgesetzt, die haben aber nicht überlebt."*

Eine Besonderheit des Nußdorfer Jagdgebietes ist die Wasserjagd. Sie reicht am Seeufer vom ehemaligen Bommersteg bis zum Campingplatz Denz/Köhne und bis in die Seemitte. Früher wurde sie zeitweise getrennt von der Gemeindejagd verpachtet, heute ist die Wasserjagd fester Teil des Nußdorfer Jagdreviers.

Gert Adler erinnert sich:

„Früher wurde die Entenjagd intensiv ausgeübt: In den sechziger und siebziger Jahren, als der See noch nicht so sauber war, gab es viel mehr Enten. Sie wurden nach Absprache mit den Grundstücksbesitzern am Campingplatz und beim Kindergarten gejagt. Dazu kam das Phänomen ‚Entenstrich': Die Enten flogen abends scharenweise zur Futtersuche auf die Maisäcker, morgens zurück zum Wasser. Hierdurch waren sie abends und morgens in der Luft und konnten bejagt werden. Heute gibt es vermehrt Kies am Ufer, mit wenig Äsung; und der Entenbestand ist so weit zurückgegangen, dass Jagd kaum noch möglich ist."

Jagd wird heute fast ausschließlich von privaten Jägern in der Freizeit betrieben. Mit einer Jagdpacht erwirbt der Jäger nicht nur das Recht zu jagen, sondern auch vielfältige Pflichten: Nachhaltige Hege und Pflege sowie die Regulierung des Wildbestandes in der Kulturlandschaft Wald stehen im Vordergrund. Die Jagdpächter sind zudem zuständig für Wildschäden, die in Landwirtschaft und Forst entstehen. Die Zunahme der Wildunfälle durch Kraftfahrzeuge erfordert oft den schnellen Einsatz rund um die Uhr.

Die heutigen Jagdpächter im Nußdorfer Revier sind Gert Adler und Klaus-Dieter Knapp, unterstützt durch Jagdhund Figo vom Auenwald. Drei weitere Jäger haben einen sogenannten „Begehschein" und dürfen in Absprache mit den Jagdpächtern hier als Gäste jagen. Die Vergabe der Jagdpacht ist übrigens eines der wenigen Rechte, die dem Ortschaftsrat Nußdorf unterstellt sind.

Beim Thema Wald und Jagd darf natürlich eine spannende „Räuberpistole" nicht fehlen. Daher soll zum Schluss noch die Geschichte vom Buserstein erzählt werden:

Der Jagdpächter Gert Adler machte auf einen Gedenkstein unterhalb der Tennishalle Alt-Birnau aufmerksam, er trägt die Aufschrift: „Förster Gustav Buser 1882 - 1929". Dem Hinweis, dass der Förster möglicherweise ermordet worden sei, muss ein Chronist natürlich nachgehen. Nach vergeblichen Versuchen, noch lebende Verwandte des Försters unter den „Busers" in Überlingen zu finden, konnte letztendlich Rolf Geiger vom Überlinger Forstamt in einer E-Mail zur Aufklärung beitragen:

„Es geisterten früher ‚Wilderer-Geschichten' um den Buserstein herum. Mir wurde von meinem Vorgänger im Amt, Förster Gut, erzählt, dass der Förster Buser einen Wilderer verfolgt hat und dabei erschossen wurde. Diese Geschichte wurde dann vor vielen Jahren auch in der Presse so wiedergegeben. Daraufhin hat sich eine Nachfahrin des Försters Buser bei mir gemeldet und erzählt, was wirklich hinter der Geschichte um den Buserstein steckt. Der damalige Förster Buser wohnte in Überlingen im Dorf nahe dem Hänselebrunnen. Er war mit seinem Hund bei der Arbeit im Altbirnauer Wald. Er erlitt einen Hitzschlag und blieb hilflos im Wald liegen. Sein Hund machte sich sodann auf den Heimweg ins Dorf. Die Angehörigen wurden dadurch alarmiert und suchten den Vermissten. Man fand ihn noch lebend im Wald, vermutlich in der Nähe des heutigen Gedenksteines und brachte ihn nach Hause. Er erholte sich allerdings nicht mehr von dem Hitzschlag und verstarb dann nach wenigen Wochen."

Der „Buserstein" im Wald erinnert an den Tod des Försters Gustav Buser.

Gert Adler und sein Jagdgast Heinz-Peter Fränzki haben den Stein vor ein paar Jahren vom Steinmetz Wiest renovieren lassen. Eberhard Wirth von der Fuchsfarm sorgt dafür, dass der Stein nicht zuwächst.

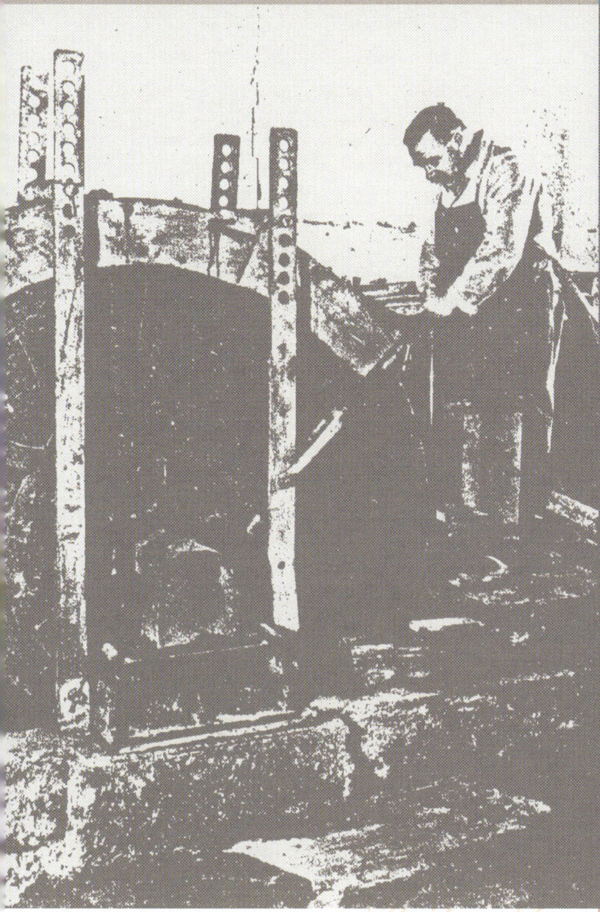

Kapitel 5

Gewerbe

Einleitung

Wenn man anfängt zu recherchieren, wer in Nußdorf neben den Bauern und Fischern ein Gewerbe betrieben oder ein Geschäft geführt hat, kommt man ins Staunen über den Unternehmergeist in diesem kleinen Dorf.

In der folgenden Darstellung sollen sowohl die vielen Betriebe beschrieben werden, die es einmal gab, als auch die gegenwärtige Situation im Dorf festgehalten werden. Dabei haben wir uns auf das klassische Gewerbe, wie auf das Handwerk, auf den Einzelhandel, auf die Gastronomie und auf den Tourismus, beschränkt. D. h. viele Dienstleister, die es gab und gibt, - wie Waschküchen, Wäschemangelstuben, Ärzte, Physiotherapeuten, Architekten, Web-Designer, Verleger, Makler, Versicherungsagenten, Nagelstudios - werden hier nicht erwähnt, weil diese nicht typisch sind für ein kleines Gemeinwesen wie ein Dorf.

Die Erfassung der Handwerker, Gastwirte und Einzelhändler war nicht ganz einfach, weil die vorhandenen Akten im Stadtarchiv nicht immer vollständige Auskunft gaben. Schriftliche Anfragen beim zentralen Registergericht in Freiburg blieben ohne Ergebnis. Häufig waren wir auf die Erinnerungen von Zeitzeugen angewiesen. So konnte in vielen Fällen nicht ermittelt werden, von wann bis wann ein Betrieb existierte; oft gab es nur die Angabe, dass es einen bestimmten Betrieb in einem bestimmten Jahr gegeben hat. Diese Zahl haben wir dann aufgeführt oder den ungefähren Zeitraum genannt.

Die Entwicklung des Handwerks in Nußdorf

Noch bis ins 19. Jahrhundert waren die Bauern in Deutschland Selbstversorger, d. h. sie waren in der Lage, neben der Produktion und Verarbeitung von Lebensmitteln auch Bau- und Schreinerarbeiten zu verrichten, ihre Geräte z. T. selbst herzustellen bzw. sie zu reparieren sowie Kleidung anzufertigen. Die ersten Handwerker auf dem Dorf waren meistens der Schuster, der Schneider und der Schmied. Allerdings wurden viele dieser Handwerksbetriebe als Nebenerwerb geführt. Meist wurde zur Selbstversorgung nebenbei noch eine kleine Landwirtschaft betrieben. Manche Handwerker verdingten sich zusätzlich als Tagelöhner. Ab Mitte des 18. Jahrhunderts erlebte das Dorfhandwerk einen Aufschwung, der erst durch die zunehmende industrielle Produktion 100 Jahre später wieder abflaute.

Von Nußdorf wissen wir,[1] dass der Aufschwung erst in den 20er und 30er Jahren des 20. Jahrhunderts begann. Für die Zeit Mitte des 19. Jahrhunderts werden ein Zimmermann, ein Küfer und ein Schmied genannt. Küfer waren bei den Weinbauern, die einen großen Bedarf an Weinfässern und deren Reparaturen hatten, wichtige und angesehene Handwerker. Später erfahren wir von dem Schreiner Georg Kütter, dessen Haus 1886 abbrannte.

Für die ersten zwanzig Jahre des 20. Jahrhunderts sind folgende sieben Handwerker für Nußdorf nachgewiesen: der Feilenhauer Emil Knecht (1903), der Schreiner Friedrich Wolfensberger (1905), der Küfer Gregor Beck (1907), der Kunstgärtner Leopold Schnackenberg (1907) sowie die Schreiner Josef Lehmann (1912), Hermann Blepp (1920) und Alfred Hofmann (1920).

Über drei Handwerker - den Schreiner Alfred Hofmann, den Feilenhauer Emil Knecht und den Schuster Kurt Kienappel - schrieb unser Zeitzeuge Ernst Beck Wissenswertes aus eigenen Erinnerungen und von Erzählungen seiner Mutter:

„Alfred Hofmann war der Nachfolger von Josef Lehmann. Seine Schreinerei war besonders modern, denn der Antrieb der Maschinen erfolgte über Wasserkraft. Oberhalb vom Hessenhof wurde hierfür ein Stauweiher angelegt (‚wo

1 Die Quellenlage zu den Handwerksbetrieben ist dürftig. Vorhandene Statistiken und Dokumente von Konzessionserteilungen im Stadtarchiv sind nicht vollständig. Oft erfährt man nur, dass es in einem bestimmten Jahr diesen oder jenen Betrieb gab (dann haben wir diese Jahreszahl angegeben). Nur selten wird belegt, von wann bis wann die Betriebe geführt wurden. Manchmal haben uns Zeitzeugen Jahreszahlen zu einzelnen Betrieben genannt, aber oft konnten sie nur ungefähre Angaben machen. Nicht immer konnten den aufgelisteten Handwerksbetrieben Namen zugeordnet werden.

die Buben des Dorfes im Winter Schlittschuh fuhren'). Die Zuleitung entlang des Nußbaches bis zur Schreinerei war noch lange sichtbar.

Emil Knecht war ein wagemutiger und letztendlich erfolgreicher Unternehmer. Auf dem Grundstück des heutigen Hotels Seepark richtete er seine erste Werkstatt ein. Bald darauf baute er einen modernen Betrieb oberhalb der Bahnlinie [heute Zum Salm 5]. Es folgte ein für die zwanziger Jahre repräsentativer Hausneubau neben der Werkstatt [heute Zum Salm 1].

Das Wohnhaus des Emil Knecht neben seiner Werkstatt

Kurz vor dem Krieg baute er unterhalb der Bahnlinie ein weiteres Haus. Im Wohnhaus eröffnete er neben seiner Werkstatt einen Kolonialwarenladen. Seine Frau Ida war ob der risikoreichen Unternehmungen oft in großer Sorge. Mehr als einmal habe der Kuckuck am Klavier geklebt.

Seine Feilen verkaufte er an Handwerker und Fabriken in Friedrichshafen. Auf den Elisabethenmarkt in Markdorf, wo er ebenfalls seine Feilen anbot, durften die Enkelkinder mitgehen - für die Kinder ein Ereignis, dem sie entgegenfieberten.

Emil Knecht und der Obsthändler Josef Beck waren nach dem Zweiten Weltkrieg die ersten Nußdorfer, die ein Auto ihr Eigentum nennen durften. Aus Altersgründen übergab Emil Knecht etwa Ende der 40er Jahre die Feilenhauerei seinem Schwiegersohn Karl Steidle [s. u.]. Den Kolonialwarenladen übergab Emil Knecht ebenfalls nach dem Krieg seinem Schwiegersohn Friedrich Keller und seiner Tochter Hilde."

An den Schuster Kurt Kienappel erinnert sich Ernst Beck noch selbst:

„Da es in der Nachkriegszeit nichts zu kaufen gab, musste alles zusammengeschustert und geflickt werden. Der Meister Kienappel und seine zwei Gesellen hatten damit alle Hände voll zu tun. Sie waren im wahrsten Sinn des Wortes Flickschuster."

Emil Knecht am Schleifstein seiner Feilenhauerei

In den folgenden 25 Jahren bis zum Ende des Zweiten Weltkriegs zeigt die Vielzahl der ermittelten Handwerker für Nußdorf einerseits die zunehmende Spezialisierung und die technische Entwicklung der Handwerksberufe und andererseits den Bedarf an handwerklichen Produkten durch eine wachsende und nicht nur landwirtschaftlich geprägte Bevölkerung im Dorf und in der Umgebung.

Es gab 1925 einen Bürstenmacher und 1931 den Maler Josef Ade; im Karpfen wohnte der Hausmetzger Heinrich Beck; 1931 reparierte Karl Beck, „ein talentierter Mechaniker und Tüftler", landwirtschaftliche Maschinen und Fahrräder; 1933 wurde in den Akten der Schuhmacher German Müller genannt, der nicht nur Schuhe reparierte, sondern auch neue Schuhe verkaufte. Aufgelistet wurden außerdem der Feilenhauer Emil Knecht sowie ein Sattler, ein Mechaniker und ein Baumeister[2]. Eine Bäckerei wurde nacheinander von Eugen Ebner (1934 - 1937), Anton Kleiber (1937) und Gebhard Butscher (ab 1937) geführt. Die Flaschnerei von Hermann Maier (1933) wurde ab 1936 von Fritz Kühlbein übernommen. Als zweiter Maler im Dorf kam 1937 Emil Dengler dazu.

Auch die Kundennäherin[3] und Stickerin Maria Klingenstein (1936) sowie die Schneiderin Sophie Bertsche (1937) fanden ihre Kundschaft in Nußdorf. 1943 gab es inzwischen auch einen Elektromonteur, zwei Schlosser, zwei Mechaniker, einen Kfz-Meister sowie insgesamt drei Schreiner.

Der wirtschaftliche Aufschwung in den ersten zwanzig Jahren nach dem Zweiten Weltkrieg spiegelte sich auch in den Fortführungen und Neugründungen der Handwerksbetriebe in Nußdorf wider. In dieser Zeit gab es die meisten Handwerksbetriebe in der Nußdorfer Geschichte.

Friedrich Beck nahm 1948 sein Baugeschäft wieder auf und bekam Konkurrenz durch Gustav Bertsche und Oswald Deinert. Karl Kretz machte sich 1945 als Elektroinstallateur selbständig[4]. Nach wie vor gab es die Flaschnerei von Hugo Hund, die Feilenhauerei von Emil Knecht am Salm 5 (sie wurde Ende der 40er Jahre von dessen Schwiegersohn Karl Steidle übernommen und bis

2 Hier fehlten in den Akten die Namen; der Baumeister war wahrscheinlich Friedrich Beck, dessen „Baubetrieb" 1937 in den Akten erwähnt wird.

3 Maria Klingenstein hatte nur die Nähschule in Mimmenhausen besucht, bekam aber eine Lizenz, weil sie ihre Kinder während der Abwesenheit ihres Mannes ernähren musste.

4 1960 übernahm sein Sohn Karlheinz Kretz die Firma.

Auch noch nach dem Krieg fuhr Malermeister Emil Dengler mit dem Rad zur Arbeit. Dabei trug er als Mütze gern ein Papierschiffchen auf dem Kopf.

1963 fortgeführt) und die Schreinerei von Alfred Hofmann (bis 1968). Dazu kamen weitere neue Schreiner: Josef Zimmermann (1948) und August Klingenstein (1948/49)[5]. Klingenstein hatte mehrere Mitarbeiter, war Kreisinnungsmeister und auf den Bau von Kirchenbänken spezialisiert. Die Kirchenbänke der Nußdorfer Kapelle sind auch sein Werk. Max Schmids Betrieb wurde nach seinem plötzlichen Tod von seinen Sohn Walter übernommen. Walter Schmid hatte sogar die Kunstakademie in München besucht und beschäftigte in seiner Werkstatt mehrere Gesellen. Als auch er 1990 starb, verpachtete seine Witwe die Schreinerei an Michael Sandhas. Die Schreinerei Sandhas gab es bis 2003.

Konrad Beck übernahm 1945 die mechanische Werkstatt seines verschollenen Bruders Karl und machte daraus im Laufe der 50er Jahre eine NSU-Auto-Werkstatt[6], die er bis 1972 in der Straße Zum Hecht 4 betrieb.

Zwei Schmiedemeister hatten ihre Werkstätten in Nußdorf, wo auch noch Pferdehufe beschlagen wurden: Friedrich Ruther von 1946 - 1948 und Adolf Gut von 1957 - 1979. Am Kretzer erhielt 1947 Werner Hendler die Konzession für eine Druckerei, die er bis Ende der 60er Jahre betrieb. Vier Friseure arbeiteten in dieser Zeit in Nußdorf: Johann Huber (1948), Wally Zündel (1948 - 1949), Ernst Weißenbach (1953) und Otto Schmidt (1957).

In der Lebensmittelbranche gab es nach dem Krieg die Bäckerei von Gebhard Butscher, die sein Sohn von 1969 bis 2004 fortführte. Für Gebhard Butscher, der mit einer schweren Fußverletzung aus dem Krieg zurückgekehrt war, stellten die Bäckerei und sein Bürgermeisteramt, das er von 1962 bis 1974 innehatte, eine enorme Doppelbelastung dar. Wenn die Mitglieder des Gemeinderats nach den Sitzungen noch bis spät in die Nacht im Gasthof Jehle zusammensaßen, musste sich Gebhard Butscher oft direkt nach diesen Nachtsitzun-

5 Die Werkstatt arbeitete bis 1970.

6 Heute ist dort das Gebäude Zum Hecht 4, in dem Joachim Wehrle sein Fahrradgeschäft mit Werkstatt betreibt.

In diesem Bauernhaus begann Karl Beck mit seiner ersten mechanischen Werkstatt.

gen in seine Bäckerei begeben.

1951 eröffnete Jakob Hacker eine Metzgerei, die schon ein Jahr später an den Salemer Franz Jehle verkauft wurde. Franz Jehle und sein Sohn Erich führten die Metzgerei bis zu ihrer Schließung 2002. Heute befindet sich dort der Laden der Meersburger Bäckerei Kränkel.

Josef Pollakowski arbeitete 1953 als Damen- und Herren maßschneider, später (1957) auch sein Sohn Erich[7]. Die Schuhwerkstatt von German Müller (s. o.) wurde nach dem Zweiten Weltkrieg nacheinander von folgenden Pächtern übernommen: von Kurt Kienappel 1946 bis 1948, danach von Ludwig Strobel und von 1955 bis 1993 von Johann Fuchs. Fuchs heiratete 1960 seine Nachbarin Annemarie Zündel und führte mit ihr von da an die 1954 von Annemaries Mutter, Rosa Zündel, gegründete Gärtnerei. Seit 1999 leitet Angela Fuchs, die Tochter von Annemarie und Johann, die Gärtnerei.

Ein für Nußdorf ungewöhnliches Handwerk wurde von Karl-Anton Mayer[8] und seiner Frau Elsa Mayer-Lay in ihrem Haus in Nußdorf betrieben: eine Stoffdruckerei. Sein Enkel Jürgen Mayer-Lay schreibt:

„Dabei handelte es sich um eine Stoffdruckerei, in der Sommerdrucke für Bekleidung und im Winter Stoffdrucke für Fastnachtskostüme gemacht wurden. Hierzu wurde extra ein Anbau an dem Haus meiner Großeltern[9] errichtet, indem sich die Druckstraße befand. Die Drucke wurden nach dem Druck in einem besonderen Raum dann durch Hitze und Säuren licht- und

7 Der Sohn nahm den Familiennamen Hildebrandt an.

8 Der Lehrer und Schriftsteller Karl-Anton Mayer, seit 1934 in Nußdorf wohnend, war von 1943 - 1945 kommissarischer und von 1954 bis 1962 gewählter Bürgermeister von Nußdorf. Also auch in der Zeit, als er die Druckerei betrieb.

9 in der Straße Zum Hecht

waschecht gemacht. Der Druckbetrieb erfolgte in Handarbeit, insbesondere durch meinen Großvater, der im Übrigen die Druckschablonen selber entwarf und gestaltete. Die Druckschablone war ein Quadrat auf etwa 1,50 m/1,50 m. Dazwischen war eine Kupfergaze gespannt. Wenn ein Mehrfarbendruck angefertigt wurde, mussten die ‚Druckplatten' mehrfach angefertigt werden, wobei dann Gaze an den Stellen, die entweder weiß bleiben sollten oder bereits ein farbiger Aufdruck auf dem Stoff war, so dicht überpinselt wurden, dass die Poren der Gaze in diesen Bereichen geschlossen waren.

Die Arbeiten wurden im Wesentlichen von meinem Großvater und zwei/drei angelernten Mitarbeiterinnen durchgeführt, während meine Großmutter im Wesentlichen die Buchhaltung und den Versand übernommen hatte. Die Druckerei hieß: ‚UMBA-Stoffdrucke'. Hintergrund des Namens war, dass ich meinen Großvater seit klein ‚Umba' genannt hatte. Soweit ich mich erinnere, wurde der Betrieb ca. Ende 1947/1948 aufgenommen und dann in den späteren 50er Jahren, als der Kleinbetrieb nicht mehr konkurrenzfähig war, aufgegeben."

Viele Betriebe haben nur wenige Jahre überlebt, manche sogar weniger als ein Jahr; manche verlegten ihre Werkstatt an einen anderen Ort[10]. Heute hat Nußdorf nur noch wenige Handwerksbetriebe, die aber seit Jahren erfolgreich geführt werden:

Nach wie vor gibt es die Elektroinstallateur-Firma Kretz, seit 1960 vom Sohn Karlheinz geführt.

Seit 1951 unter einem Dach: Das Elektro-Fachgeschäft der Firma Kretz und die Bäckerei Butscher - auf einem Foto von 1995

10 So der Polsterer Jürgen Willgeroth, der seine Werkstatt an der Barbe von 2003 bis 2012 hatte, bis er nach Überlingen umzog.

1964 gründete Siegfried Strehl eine Blechnerei, die sein Sohn Thomas Strehl mit den Schwerpunkten Blechnerei und Flachdachbau 1990 übernahm. Gert Adler richtete 1970 eine Raumausstatter-Werkstatt in der ehemaligen Werkstatt der Feilenhauerei am Salm ein. Die Friseurmeisterinnen Annegret Gräbener und Filiz Özyürekli eröffneten 1992 bzw. 1993 ihre Geschäfte in Nußdorf. Malermeister Schröder arbeitet seit 1996 von Nußdorf aus, und das Baugeschäft „Siegler Bau und Dach" gibt es seit 2010.

Auch wenn es heute für die Nußdorfer dank Telefon und E-Mail einfach ist, sich einen Handwerker von außerhalb zu bestellen, schätzen viele Einwohner hier immer noch die kurzen Wege und die Vertrautheit mit den lokalen Betrieben.

Der Einzelhandel

Dorfläden gab es erst sehr spät in Nußdorf. Auf dem Dorf waren die meisten Bewohner Selbstversorger, und was man nicht selber erzeugen oder herstellen konnte, kaufte man bei Hausierern. Die Nußdorfer waren, seit Überlingen und Nußdorf ab 1802 zur badischen Markgrafschaft in Salem gehörten, sicher in der komfortablen Situation, in fußläufig zu erreichender Entfernung in Überlinger Läden einkaufen zu dürfen.[1] Umso mehr überrascht die Vielzahl und Vielfalt der Geschäfte in Nußdorf, besonders der Lebensmittelgeschäfte.

In diesem Kapitel soll im ersten Teil zunächst die Geschichte der Lebensmittelläden in Nußdorf dargestellt werden; im zweiten Teil folgen Berichte über die übrigen Geschäfte.

Die früheste ermittelte Erwähnung eines Lebensmittelladens in Nußdorf stammt aus dem Jahre 1902. Der Landwirt Hermann Schafheutle hatte das ehemalige Schulhaus unterhalb der Kirche erworben, heute Zum Salm 23, und richtete zunächst im Obergeschoss einen Kolonialwarenladen sowie einen Laden für Manufakturwaren im Untergeschoss ein. Im Kolonialwarenladen wurden nicht nur Lebensmittel aus Übersee verkauft, wie Kaffee, Tee, Zucker, Gewürze, Kakao und Tabak, sondern auch landwirtschaftliche Produkte der Region. Zu Manufakturwaren zählten vor allem Stoffe und Kurzwaren, aber

1 Vorher war Überlingen politisches Ausland, dort war nicht sichergestellt, ob Nußdorfer Hörige einkaufen, bzw, verkaufen durften.

Manufaktur- und Kolonialwaren von Hermann Schafheutle,
Ausschnitt aus einer Postkarte von 1954
Foto: Lauterwasser

auch jeglicher industriell hergestellter Hausrat. Später zog der Kolonialwarenladen in das Untergeschoss und es gab nur noch einen Laden.

Georg Dicknöther übernahm 1926 das Geschäft und kaufte 1936 das Haus. Bekannt und bei vielen Nußdorfern sehr beliebt war jedoch vor allem seine Frau Anna, die das Geschäft auch nach seinem Tod zusammen mit ihrer Schwester Maria Auer bis 1955 führte. Ernst Beck erinnert sich: „Anna und ihre Schwester Maria waren zwei tüchtige, manchmal etwas schrullige, aber im Grunde liebenswerte Frauen. Der Laden Dicknöther war in Nußdorf eine Institution. Beliebt waren Frau Dicknöther und die durch ihre Leibesfülle imposante Schwester auch bei der männlichen Dorfjugend. Der Abend konnte noch so spät sein; ein Klopfen am Küchenfenster genügte und schon wurde das begehrte Pils herausgereicht. An diese Sommerabende, mit Dicknöthers Bier unter dem Nußbaum sitzend, haben die Burschen vom Dorf noch lange mit Freude und einer leisen Wehmut zurückgedacht."

Im Oktober 1955 erfolgte eine Geschäftsübergabe an die Familie Ritsch; der Sohn Winfried Ritsch-Hug übernahm ab 1959 mit seiner Frau als Inhaber das Geschäft mit dem Slogan „Zuständig für alles, was schmeckt". Der Laden florierte. In den Jahren 1962 und 1964 erfolgten Umbauten und es wurde ein großes Schaufenster eingesetzt. 1965 konnte ganz groß das zehnjährige Eröffnungsjubiläum gefeiert werden.

Als besonderen Service für die Feriengäste, vor allem für die Camper, gab es während der Sommermonate den „Sonntagsverkauf" von 11.00 - 14.00 Uhr. Auf Bestellung wurde auch frei Haus geliefert. Als Winfried Ritsch-Hug eine Stelle als Marktleiter in Überlingen bekam, übergab er 1969 das Nußdorfer Geschäft einem Herrn Müller, der den Laden noch weitere fünf Jahre als EDEKA-Geschäft führte. Danach wurden hier keine Lebensmittel mehr verkauft.[2]

2 Von 1974 bis Anfang 2000 gab es dort die Sonnen-Apotheke, gefolgt vom Antiquitätenladen Goldmart. Seit 2010 nutzt der Bauunternehmer Siegler die ehemaligen Geschäftsräume als Büro.

1937 hatten Gebhard und Anna Butscher Zum Hecht 9 eine Bäckerei eröffnet. 1951 zogen sie mit Backstube und Bäckerei in das neu erbaute Haus Zum Salm 14 um. 1963 kam dort ein Café dazu. Der Sohn Helmut übernahm 1969 zusammen mit seiner Ehefrau Helga das Geschäft und baute es zum Lebensmittelladen mit Caféstube aus. Bis 2005 führten die Eheleute dieses Geschäft, die arbeitsaufwändige Bäckerei hatte Helmut Butscher schon 2004 aufgegeben.

Butscher übergab sein Geschäft 2005 an ein Ehepaar Müller, das sich aber nur ein Jahr hielt. So war Raum für ein Geschäft mit ganz neuem Konzept: Richard Nardo eröffnete im Mai 2006 Rick's Markt, einen Bioladen - mit Backwaren, Obst und Gemüse, Wein und anderen Getränken, französischem Käse, Wurst und Frischfleisch, Zeitungen und Zeitschriften sowie Körperpflegeartikeln.

Bäckerei und Caféstube Butscher und Elektro Kretz

Seit den 20er Jahren gab es noch zwei weitere Lebensmittelläden in Nußdorf:

Im Westen des Dorfes, Zum Salm 1[3], hatte Emil Knecht 1927 einen Kolonialwarenladen in seinem Wohnhaus eröffnet. „Neben sämtlichen Spezereien und Rauchwaren führen wir auch frische Allgäuer Tafelbutter, Käse und Wurstwaren und haben zunächst probeweise die Niederlage[4] der Bäckerei Keller Überlingen" - bewarb Emil Knecht seinen neuen Laden. Bei ihm konnten die Nußdorfer auch eigene Butter und Eier abgeben und gegen Waren verrechnen. Nach dem Zweiten Weltkrieg übernahmen sein Schwiegersohn Friedrich Keller bzw. ab 1955 seine Frau Hilda den Kolonialwarenladen und betrieben ihn bis 1969.

3 Heute ist dort der Frisiersalon Filiz.

4 Gemeint ist eine Filiale.

Eine Spezerei, also Gewürzhandlung, hatte 1927 auch German Müller „im eigenen Wohnhaus" am Salm. Später gab er dieses Geschäft auf. Da er auch Schuhmacher war, betrieb er ebenso ein Schuhgeschäft, das seine Tochter Erna Müller bis Anfang der 50er Jahre weiterführte.

Im Osten des Dorfes, Zum Hecht 9, hatte Gerhard Kohler 1951 in den Räumen der ehemaligen Bäckerei von Gebhard Butscher einen Milch- und Käseladen eröffnet, in dem er auch Obst und Südfrüchte verkaufte. Damit war er so erfolgreich, dass er 1962/63 am Salm 10 ein Haus baute und dort im Erdgeschoss bis 1972 einen Lebensmittelladen mit Molkereiprodukten betrieb. Seit 2011 bietet dort Christiane Allweier in der Genussecke den Service eines Cafés, diverse Dekorationsartikel für Haus und Garten, Schnäpse, Süßwaren, Öle, Geschenkartikel und Ansichtskarten an.

Lebensmittel gab es natürlich auch beim Metzger Franz Jehle, der den 1951 vom Metzger Jakob Hacker gegründeten Betrieb 1952 mit seiner Frau Helene erwarb. Sein Sohn Erich übernahm und verkaufte dort bis 2002 Fleischwaren aus eigener Schlachtung.

Aus dem Metzgerladen wurde dann ein Backshop, bis 2013 die Bäckerei Kränkel mit einer Filiale einzog. Das ganze Jahr über kann man hier an sieben Tagen in der Woche vormittags Backwaren kaufen und Kaffee trinken.

Kleine Verkaufsstellen in den eigenen Wohnhäusern gab es einige im Dorf: Albert Deufel verkaufte bis 1928 in seinem Haus alkoholfreie Getränke und Konditoreibackwaren, Hilda Zündel handelte mit Obst. Margarete Staiger hatte bis 1967 eine Niederlassung der Brauerei Schussenried in ihrem Haus. Einen „Kleinhandel mit Flaschenbier und alkoholfreien Getränken in verschlossenen Flaschen" betrieben Paula Denz 1952 - 1953, Helene Kretz 1955 und auch Barbara Guldin 1956.

Seit den 50er Jahren entstanden in Nußdorf einige Kioske, auch Trinkhallen genannt. Zwei davon waren in der Barbe:

In einem kleinen Häuschen auf dem Grundstück Zur Barbe 17 betrieb Berta Beckers von 1952 - 1956 einen Kiosk für Flaschenbier. Nachfolgerin war Margot Tunnat mit einer „Trinkhalle für alkoholfreie Getränke und Flaschenbier" von 1958 - 1967. Im selben Gebäude wollte Helga Haas 1978 ebenfalls einen Kiosk betreiben, erweitert um einen Stehimbiss. Nach Beschwerden der Nachbarn verzichtete sie auf den Imbiss.[5]

Am Haus Zur Barbe 8 gab es den zweiten Kiosk: Hermann Zündel erhielt 1955 die Erlaubnis, dort Reiseandenken, Zeitschriften, Rauch- und Süßwaren, ab 1958 auch alkoholfreie Getränke und Flaschenbier zu verkaufen. Der Kiosk wurde 1962 von Liselotte Kopp übernommen, sie nannte ihn „Gemischtwarenhandel", hat ihn aber wegen mangelnder Rentabilität 1966 wieder aufgegeben. Nachfolger war zunächst ein Ehepaar Kaufmann. Außerdem

5 In den nachfolgenden Jahren wurden hier hintereinander Spielzeug, Reiseandenken und schließlich Bratwürste und Fisch verkauft, bevor 2003 ein Polsterer einzog. 2012 wurde das einstöckige kleine Haus abgebrochen.

Der Kiosk an der B31 bei der Abzweigung nach Nußdorf

gab es im selben Haus das Reisebüro Zündel[6]. Schließlich ist noch ein Gerhardt Winter als Betreiber des Kiosks Zur Barbe 8 ab 1969 aktenkundig.

Der dritte Kiosk auf Nußdorfer Gebiet lag an der B31 und gehörte der Familie Sigmund. Er ist auf einer alten Postkarte zu sehen, aber in keinen ermittelten Dokumenten nachgewiesen.

Aber in Nußdorf konnte und kann man nicht nur Lebensmittel kaufen. In den 50er Jahren bot Konrad Beck in seiner mechanischen Werkstatt im Hecht Landmaschinen, Fahrräder und deren Ersatzteile an, August Klingenstein verkaufte Möbel, Josef Reichle Waschmaschinen und Wäscheschleudern und das Blumengeschäft Zündel[7] wurde eröffnet.

In den 70er Jahren verkaufte die Firma Fendrich aus Singen in der ehemaligen Werkstatt von Konrad Beck Motorräder; das Geschäft wurde 1978 von Joachim Wehrle übernommen, der dort heute ausschließlich Fahrräder verkauft. 1997 eröffnete das Einkaufszentrum im Westen von Nußdorf und darin siedelten sich nach und nach folgende Geschäfte[8] an:

6 dort, wo heute Trekkingtouren verkauft werden.

7 heute Fuchs

8 Die folgende Aufzählung entspricht dem Stand 1. Januar 2017. Keinen Warenverkauf, sondern Dienstleistungen bieten folgende Betriebe: Glücksspiel Casino Lounge, P 191 Pils-Bar, Volksbank Bankomat, Frisör Klier, Fotoautomat, Nagelstudio Trend-art-Nails, Schuh- und Schlüsseldienst, Fitness- und Gesundheitszentrum Fitness 4you.

elektroplus Bommer - Elektrohausgeräte, Haushaltswaren, Kundendienst

Supermarkt Kaufland[9]

Vita-Apotheke, Inhaberin Ingrid Gerritzen

Deichmann Schuhgeschäft

Kirchmann TV, Hifi, Video

NKD Bekleidung

Trigema Testgeschäft, Inhaber Wolfgang Grupp

Italia Mode Center

Filiale der Metzgerei Frick GmbH[10]

Filiale der Meisterbäckerei Schneckenburger

Zeitschriften-Shop mit Tabakwaren, Lotto, Post

Asoubar Feinkost - griechisch - italienisch – türkisch

Aral-Tankstelle

Der Einzelhandel hatte und hat es nicht leicht in Nußdorf mit einem Einkaufszentrum vor der Tür und mit Überlingen in gut erreichbarer Nähe. Nicht alle Geschäftsgründungen waren auf die Dauer erfolgreich; nur kurze Zeit gab es am Salm 10 ein Tierbedarfsgeschäft und das Reisebüro Rosaroter Reiseladen; das Damenwäschegeschäft hielt sich dort nur von 2003 - 2011; die Antiquitätengeschäfte am Salm 23 und am Hecht 1 gaben schnell wieder auf. Mechthild Knapp verkaufte im Ticket Treff Nußdorf Schreibwaren, Tickets, Reisen und Briefmarken, Helga Sebecke übernahm den kleinen Laden und bot neben den Postdienstleistungen auch Schreibwaren und Kunstpostkarten an. Auch zwei Damenmodeläden, noch dazu in einem Haus, am Hecht 1[11], sind offensichtlich zu viel für Nußdorf. Überlebt hat bisher seit 2005 nur einer, Certo Due. Doch auch dieser Modeladen muss im Sommer 2017 schließen.

Der Einzelhandel in Nußdorf trägt auf alle Fälle zur Lebensqualität seiner Bewohner bei. Von ihrem Kaufverhalten, aber auch vom Kaufverhalten der Pendler von und nach Überlingen sowie der Touristen ist es abhängig, ob diese Lebensqualität erhalten bleibt.

9 vorher Real

10 vorher Metzgerei Walser

11 Dort, wo früher der Gasthof Zum Löwen stand.

Die Gastronomie

Die älteste Wirtschaft in Nußdorf war fraglos der Karpfen im heute sogenannten Hessenhof. Hier wurden schon im Mittelalter die Pilger der benachbarten Wallfahrtskirche Birnau untergebracht und verköstigt. Nachdem das Gebäude im 30jährigen Krieg abgebrannt worden war, wurde es 1656 eiligst wieder aufgebaut, da die Nachfrage nach einem Gasthof offensichtlich groß war. Damals wurde der Gasthof von Mitarbeitern des Klosters Salem bewirtschaftet. Ob sie auch nach dem Umzug in die neue Wallfahrtskirche Birnau, östlich von Nußdorf, den Gasthof weiterführten, ist nicht belegt. Nach der Säkularisierung Salems haben dessen neue Besitzer, die Markgrafen von Baden, das Gebäude verkauft. Als Gasthof Zum Karpfen wurde es mit fünf Fremdenzimmern, einer Gastwirtschaft und einem Saal für größere Feste weiter betrieben.[1]

Noch 1880 hatte der neue Besitzer Martin Scheich eine Verlängerung der Konzession für die Wirtschaft Zum Karpfen beantragt. Doch als das Haus schon zehn Jahre später an Friedrich Sarg weiterverkauft wurde, wurde der Gastbetrieb aufgeben. Der neue Besitzer hatte daran kein Interesse. In einer Statistik von 1895 wird nur noch ein Gastwirt aufgeführt; das wird Johann Baptist Jung gewesen sein, der 1886 erneut die Erlaubnis zum „Betrieb einer Schankwirtschaft und zum Ausschank von Branntwein in seinem Haus Nr. 26[2] Nußdorf" erhielt (s. u.).

Für eine begrenzte Zahl von Nußdorfer Weinbauern gab es im 19. Jahrhundert die Möglichkeit, für einige Monate im Jahr eigenen Wein in ihrem Haus auszuschenken. Um die Ausschankerlaubnis zu erhalten, wurden Lose gezogen. Aus dem Jahr 1828 existiert eine entsprechende Liste des Vogtamtes. Die Zahl der Losgewinner überrascht. Man fragt sich, woher die Kunden für diesen Weinausschank kommen sollten. Es waren die Bauern Vogler, Vogt, Jung, Urnau, Bommer, Burth, Böhler, Waldhör, Harm, Widhorn, Zundel und Lorenz.

Eine Nußdorfer Weinbauerfamilie hatte jedoch längere Zeit eine ganzjährige Konzession. 1809 wurde dem Weinbauern Cosmas Jung in Nußdorf der Ausschank seines eigenen Weins vom Vogtamt Nußdorf gestattet. 1818

1 Ausführlicher wird das Wirtshaus Zum Karpfen im Kapitel 2 beschrieben.

2 Das Haus des Gasthofs Zum Löwen hatte die Hausnummer 26 und gehörte damit zu den 33 Häusern von 1802.

In diesem - später als Hessenhof bezeichneten - Anwesen war der Gasthof Zum Karpfen, der älteste Gasthof von Nußdorf. (Ausschintt aus einer Postkarte aus dem Jahr 1907)

erhielt Anselm Jung, wahrscheinlich dessen Sohn, eine Folge-Konzession. Er führte den Ausschank bis zu seinem Tod 1857 gemeinsam mit seinem Sohn Peter Jung fort. Da dieser die Konzession nicht automatisch erben konnte, wurde die Schankwirtschaft sechs Monate nach dem Tod des Anselm Jung geschlossen. Peter Jung musste selbst einen neuen Antrag stellen, was er 1858 auch tat - jedoch vergeblich. Der Gemeinderat meinte, dass Nußdorf keine zweite Wirtschaft neben der Wirtschaft Zum Karpfen bräuchte. Auch von dessen Wirt kam Widerstand. Georg Keller, der Wirt des Karpfens seit 1858, setzte sich gegen diese für ihn offensichtliche Konkurrenz ein. In einem Brief an den Gemeinderat vom 7. Mai 1860 betonte er, dass er die Wirtschaft zum Karpfen bisher „zur allseitigen Zufriedenheit geführt und zu keinen Klagen Anlaß gegeben" hätte. Für eine zweite Wirtschaft gäbe es in Nußdorf keinen Bedarf. Dafür führte er drei Gründe an:

Der Markgraf wäre gegen eine Schankwirtschaft an der Landstraße nach Maurach[3], da es in Maurach schon eine Schlosswirtschaft gäbe.

Nußdorf hätte nur 42 Bürger, zu wenig für zwei Wirtshausbetriebe.

Andere mögliche Kunden, wie durchreisende Touristen, würden auf ihrem Weg von Überlingen nach Friedrichshafen eher mit dem Dampfboot fahren, statt den Weg durchs Dorf zu nehmen.

Der Gemeinderat entschied mit sieben zu 19 Stimmen gegen den Antrag des Peter Jung. Die Weinbauerfamilie Jung gab jedoch nicht auf. Im Stadtar-

3 Das war die heutige Straße Zum Hecht.

chiv ist nachgewiesen, dass Johann Baptist Jung 1886 die Erlaubnis zum „Betrieb einer Schankwirtschaft und zum Ausschank von Branntwein in seinem Haus Nr. 26 Nußdorf" erhielt.

Ob dieser identisch ist mit dem Baptist Jung, der 1901 als Wirt vom Gasthof am Bahnhof genannt wurde, ist nicht unwahrscheinlich; letzterer könnte aber auch ein Sohn gewesen sein. Auf alle Fälle erhielt er die Konzession für die Bahnhofswirtschaft, die der Fabrikant Spek aus Mühlhofen zusammen mit einem Hotel[4] oberhalb des neuen Bahnhofs gebaut hatte. An Baptist Jung gingen auch die Ermahnungen bezüglich der Einhaltung der Polizeistunde (Mitternacht). Der Bau des Bahnhofshotels und der Bahnhofswirtschaft zeigen die Goldgräberstimmung, die die neue Bahnstrecke und der Bahnhof geweckt hatten. „Die Eröffnung wurde mit einem glanzvollen Fest gefeiert, bis in die Morgenstunden wurde getanzt. Doch die Ernüchterung erfolgte bald. Den Reisenden war der steile Aufstieg zur Bahnhofswirtschaft zu mühsam und der Gastbetrieb wurde schon nach einem Jahr geschlossen."

Einer der Stühle aus dem ehemaligen Gasthof Zum Löwen, mit den Initialen „BMJ" und der Jahreszahl 1888 - ein Hinweis auf die Wirtsfamilie Jung, deren Schankwirtschaft höchstwahrscheinlich Vorläufer des Löwen war.

Wann die Schankwirtschaft mit der Hausnummer 26 an der Straße nach Maurach, heute Zum Hecht 1, den Namen Zum Löwen erhielt und zu einer Speisegaststätte mit Fremdenzimmern und einem größeren Saal wurde, konnte nicht ermittelt werden. Es muss in den letzten Jahren des 19. Jahrhunderts gewesen sein, zur selben Zeit, als der Karpfen als Gastwirtschaft schloss.[5] Sehr wahrscheinlich ist, dass der Weinausschank des Cosmas Jung, 1809 erstmals erwähnt, als Vorläufer des Gasthofs Löwen gelten kann. Ein Beleg dafür könnten noch zwei vorhandene Stühle[6] mit den Initialen „BMJ" 1888 sein, die 1990 bei der Auflösung des Löwen noch vorhanden waren. Das „J" steht für Jung, das „B" für Baptist, das „M" könnte eine Initiale der Ehefrau sein.

Namentlich taucht der Löwe als Ort der Dorffeste seit Anfang des 20. Jahrhunderts in vielen Protokollen der Vereine auf.

4 Die Hoffnungen auf zahlende Gäste wurden nicht erfüllt; so wurden in die Hotelräume bald Wohnungen eingebaut. Die Bahnhofswirtschaft blieb noch länger erhalten.

5 Fremdenzimmer wurden dort noch weiterhin vermietet.

6 Die Stühle sind heute im Besitz von Gerda Schumacher.

Hier fand das gesellschaftliche Leben der Nußdorfer statt. Auffallend ist, dass in den ersten zehn Jahren des neuen Jahrhunderts sehr häufig Anträge für Konzessionen zum Betrieb des Gasthofs „Zum Löwen" gestellt und auch erteilt wurden, manchmal zwei Mal in einem Jahr. Wirte waren in dieser Zeit Georg Scheckelreiter, Hermann Zwick, Wilhelm Häßler, Johann Klingenstein, Xaver Adelbert, Gustav Hermann und Karl Hecker. Hecker hatte offensichtlich so schlecht gewirtschaftet, dass der Gasthof 1910 zwangsversteigert werden musste.

Historische Aufnahme vom Gasthof Zum Löwen
Foto: Lauterwasser

Der junge Maximilian Gruler (er war 28 Jahre alt) aus Maurach ersteigerte den Löwen mit samt den landwirtschaftlichen Gebäuden zum Preis von 22.500 Mark und erhielt auch die Konzession. Allerdings wurde diese an die Bedingung geknüpft, das Haus gründlich zu renovieren. Insgesamt wurden 13 zu behebende Schäden aufgeführt, darunter der Holzfußboden im Gastzimmer, die „völlig geschwärzte Küche", die Tapeten und der „beschädigte Sitz beim Abort".

Mit Gruler kam Kontinuität in die Betriebsführung. Er war Gastwirt bis zu seinem Tod 1928. Die Kriegerwitwe Paulina Steidle, Mutter von fünf Kindern, war per Testament von ihm als Erbin eingesetzt worden. Sie stammte ursprünglich aus der Schweiz, verheiratet mit einem Salemer, und war seit 1922 Haushälterin und Wirtschaftsführerin im Löwen. Als sie sich beim Bezirksamt um die Erlaubnis, den Löwen weiter zu betreiben, bewarb, wurde sie vom Nußdorfer Gemeinderat unterstützt. Bei der Übernahme des Gasthofs bekam

Der Gasthof Zum Löwen in den 70er Jahren

auch sie Auflagen: Sie sollte vor dem Haus eine Wasserzapfstelle mit Wandbecken anbringen, den Abort reparieren, die zerrissenen Tapeten erneuern und Hinweisschilder zum Frauenabort anbringen.

Pauline Steidle hat offensichtlich erfolgreich gewirtschaftet. Im Januar 1938 bat sie um die Erlaubnis, sechs weitere Fremdenzimmer einzubauen. Vom Bürgermeister Beck wurde ihr Antrag mit Hinblick auf die Zunahme von KdF[7]-Gästen befürwortet. Sie erhielt die Genehmigung im Dezember 1938, wieder mit Reparaturauflagen. Vor allem sollte umgehend ein Luftschutzraum eingerichtet werden. In Nußdorf bereitete man sich auf den Krieg vor. Ob diese Erweiterungsbauten dann tatsächlich durchgeführt wurden, ist nicht bekannt, während des Krieges war es eher unwahrscheinlich.[8]

Nach Kriegsende veranlasste die französische Besatzungsmacht die Einquartierung französischer Soldaten im Löwen. Der Gastbetrieb ruhte in dieser Zeit. Im Mai 1946 bat der Bürgermeister den Landrat um Unterstützung dafür, das Gasthaus wieder für die Zivilbevölkerung freizugegeben. Die politische Beurteilung der Pauline Steidle fiel harmlos aus und so durfte sie ab Februar 1947 den Löwen wieder betreiben. Als sie schon im Dezember 1947 starb, übernahm ihr Sohn Anton Steidle den Betrieb. Er stellte erneut ein Baugesuch, um mehr Fremdenzimmer in den ehemals landwirtschaftlich genutzten Räumen (Heuböden) einzurichten, und es wurde genehmigt.

1972 übergab Anton Steidle seinem Sohn Peter Steidle den Gasthof. Der Löwe schien sowohl als Gastwirtschaft als auch als Gasthof für Fremde gut zu laufen, zumal sich Peter Steidle als gelernter Koch gastronomisch auf Fisch-,

7 Die nationalsozialistische Organisation Kraft durch Freude organisierte während des Dritten Reichs Urlaubsmöglichkeiten für die Bevölkerung.

8 1954 stellte ihr Sohn Anton Steidle erneut einen entsprechenden Bauantrag.

Wild- und Spargelgerichte spezialisierte. Aber es musste auch wieder renoviert werden: Die Küche entsprach nicht mehr „den Anforderungen, wie sie in § 10 der Gaststättenverordnung vom 20.4.1972 verlangt werden". 1987 beantragte Peter Steidle, den ehemaligen Gewölbekeller zum Weinlokal umzubauen.[9] Der Plan konnte aber nicht mehr umgesetzt werden, da die vorhandenen Bedingungen den Einbau von Sanitäranlagen unmöglich machten. 1988 ging der Betrieb auf Peter Steidles Ehefrau, Ludwiga Steidle, über.

1990 entschloss sich das Ehepaar Steidle, den Löwen aus gesundheitlichen Gründen aufzugeben und das Grundstück zum größten Teil zu verkaufen. Der Gasthof Zum Löwen wurde abgerissen und ein großes Ärzte- und Geschäftshaus an seiner Stelle errichtet.

Die Nußdorfer haben die Aufgabe des Löwen sehr bedauert. Der Löwe war eine Institution im Dorf, mit ihm verbanden sich viele Erinnerungen an wunderschöne Feste. Hier fanden die traditionellen Weihnachtsfeiern, die legendären Feuerwehrbälle und die Theateraufführungen statt. Allerdings hatten die Nußdorfer schon lange Jahre Alternativen im Ort.

In diesem Haus wurde 1925 das Café Achenbach eröffnet, in den 70er Jahren war dort die Gaststätte Mainaublick.

1925 erhielt Heinrich Achenbach im Westen von Nußdorf die Erlaubnis für eine Schankwirtschaft mit Kaffee und Branntwein, Es sollte „etwas Besseres sein" als der Löwe. 1926 bekam er zusätzlich die Genehmigung, im Sommer auch Flaschenbier auszuschenken.

1928 verkaufte Heinrich Achenbach, offenbar unter finanziellem Druck, das Café an Johann Hund, einem Landwirt aus Mendelbeuren, und seiner Ehe-

9 Der Gewölbekeller existiert noch heute unter dem Friseurgeschäft Gräbener.

frau Albertine. Das Café Achenbach wurde ein attraktives Speiselokal für die Nußdorfer und war auch für Überlinger eine gefragte Adresse, um „etwas Besonderes" zu essen. Tochter Hilde, die ein Jahr in der Schweiz das Kochen gelernt hatte, war bis zu ihrer Heirat 1934 für die Küche zuständig und ihre Gerichte waren gefragt.

Das Achenbach war auch ein gesellschaftlicher Treffpunkt. Sehr oft liest man in den Vereinsberichten, dass man sich nach festlichen Aufmärschen dort traf. Vor allem wurde hier 1930 die Ortsgruppe Überlingen der NSDAP gegründet. Auch die Frauengruppe der NSDAP tagte im Achenbach. „Während der euphorischen Siegesstimmung der ersten Kriegsjahre sangen sie hier mit nicht zu überbietender Hingabe u. a. das Lied ‚Es zittern die morschen Knochen der Welt vor dem großen Krieg [...] heute gehört uns Deutschland, morgen die ganze Welt.' Für die Bauersfrauen, deren Männer an der Front waren, und die deshalb früh bis spät schwerste Arbeit verrichten mussten, waren diese Gesänge eine Tortur", erinnert sich ein Zeitzeuge an die Berichte seiner Mutter.

Als die Eltern Hund gestorben waren, übernahm die jüngere Schwester, Paula Hund, 1941 das Café. Damals musste sie jeden Tag für 20 Personen, meist Evakuierte, mittags und abends kochen. Nach dem Krieg ließ sie noch eine Kegelbahn anbauen. Nach ihrem Tod übernahm ihre Tochter Irmgard Roth das Café. Noch in den 70er Jahren gab es in den selben Räumen die Gaststätte Mainaublick.

Das Café Achenbach scheint keine ernstzunehmende Konkurrenz für den Löwen gewesen zu sein. Beide Betriebe hatten genügend Gäste aus Nußdorf und sogar aus Überlingen sowie Feriengäste.

Der Gasthof Jehle mit Metzgerei

Die Zunahme der Bevölkerung in Nußdorf, aber auch der Touristen im Sommer ermutigten nach dem Krieg zu weiteren gastronomischen Neugründungen. 1951 wurde der Antrag des Metzgers Jakob Hacker, im Ortszentrum eine Gastwirtschaft zu eröffnen, vom Gemeinderat noch abgelehnt. Ein Jahr später verkaufte er die Metzgerei an Franz Jehle, dem der Gemeinderat die Konzession zum Führen einer Gastwirtschaft nicht verweigerte.

Neben der Post am Hecht gab es das Posthörnle, bis in die späten 80er Jahre eine beliebte Kneipe.

Ende der 60er Jahre wurde in den Räumen der ehemaligen Druckerei von Werner Hendler am Kretzer die Gaststätte Zum Struwwelpeter eröffnet.[10] Im Mai 1986 machte das Steakhaus Laugele gegenüber vom Gasthof Jehle auf. Ebenfalls 1986 wurde das Dorfgemeinschaftshaus eingeweiht und bot mit seinem großen Saal für die inzwischen gewachsene Dorfbevölkerung Platz für größere Veranstaltungen, die bisher im Löwen stattgefunden hatten.

Auch für den Fast Food gab und gibt es in Nußdorf Angebote. In den 80er Jahren gab es am Kiosk Zur Barbe 17 für kurze Zeit einen Imbiss mit Würstchen und Fisch. Im Haus Zum Salm 10 hatte Nußdorf von 2001 bis 2011 einen Döner-Imbiss. Am Kretzer 5 gibt es in der Tenne seit 1990 einen Imbiss, mit Namen Zur Tenne. Anfänglich bewirtete dort ein Italiener. Auch der Uhldinger Fischhändler Knoblauch, der das große Fischhaus Löwenzunft in Überlingen führt, bot dort einfache Kost mit Bodenseefischen an. Heute bietet David Walter, der Wirt der Tenne, vom Frühsommer bis zum Herbst überwiegend regionale Kost an. Da die Tenne am Bodenseeradweg liegt, ist sie geschäftlich gesehen eigentlich ein Selbstläufer. Zu guter Letzt seien noch die Imbisse im Souterrain des Einkaufszentrums erwähnt. In der Verkaufsstelle der Metzgerei Frick gibt es regionales Fast Food wie Fleischküchle oder Fleischkäs. Direkt daneben werden griechisch-türkische Spezialitäten und Döner angeboten.

Cafés hatten offensichtlich einige Jahre guten Zulauf. Bäcker Butscher hatte am Salm von 1956 bis 1969 neben seiner Bäckerei ein Café, gegenüber vom Strandbad gab es seit den 60er Jahren das Café Lauterberg (später Hotel und Restaurant Glorius[11]) und 1960 eröffnete Alfons Zolg ein „Caféhaus mit Pensionsbetrieb"[12] mit einer Terrasse mit Seeblick.

Gastronomische Betriebe ganz anderer Art entstanden im Haus Zum Salm 10.

1972 übernahm Wolfgang Walter die Geschäftsräume von Gerhard Kohler[13] und richtete dort eine Disco ein, die Femina-Bar[14], mit schwarz getünchten

10 Die Gaststätte Struwwelpeter gab es bis 2000.

11 Das Restaurant existierte mit wechselnden Pächtern bis 2013.

12 Heute Hotel Seepark

13 Kohler hatte dort bis 1972 einen Laden für Molkereiprodukte und Südfrüchte.

14 In den Akten des Stadtarchivs tauchen für 1971 noch eine Disco 1900 sowie ein Tanzcafé I-Punkt als Vorgängerlokale auf. Über beide Etablissements konnte jedoch nicht mehr ermittelt werden.

Fensterscheiben, drinnen *„rot und puffig"* eingerichtet. In der Femina-Bar ging es wohl manchmal recht laut zu. „Barbetrieb in Nußdorf störte die Nachtruhe eines Gastes" konnte man in einem Leserbrief im Südkurier vom August 1972 lesen. Ein Tourist beschwerte sich: Anhaltende Schreie eines Mädchens nach drei Uhr nachts hatten ihn aufschrecken lassen und ihn zu den schlimmsten Vermutungen veranlasst. Auch in der Nacht darauf gab es um zwei Uhr wieder Lärm. Wolfgang Walter wurde ermahnt, die Polizeistunde einzuhalten und für Ruhe zu sorgen.

Walter verpachtete die Femina-Bar an Margot Schley, die sie bis Dezember 1975 führte, bevor sie an Giuseppe Cusati überging. Neuer Pächter von 1976 - 1979 war Rudi Kaufmann, der daraus ein gepflegtes Tanzcafé machte. Kaufmann selbst spielte die Hammondorgel. Als Kaufmann aus familiären Gründen das Tanzcafé aufgab, übernahm Erwin Schneider die Räume, wieder für eine Disco, den Dancing Club. Bis 1982 wurde hier getanzt.

Ab 1972 wurde im Untergeschoss eine Kellerbar eingerichtet, in der - auf 25 qm, später auf 39 qm - zeitweise auch getanzt wurde und in der auch warme Speisen angeboten wurden. Die Dokumentation über die jeweiligen Pächter dieser Bar füllt im Stadtarchiv einen besonders dicken Ordner. Von 1972 bis zu ihrer Schließung 2006 versuchten mehr als 18 Pächter hier ihr Glück. Doch offensichtlich warf die Bar nicht genügend Gewinn ab, auch wenn man sich mit immer neuen Namen - Heustadel, M 1, Zick Zack, Pilsbar, Ramons Treff und zum Schluss Badische Pilsbar - um Attraktivität bemühte. Die Kellerbar und ihre Gäste haben in Nußdorf immer wieder für Unruhe gesorgt. Mehrfach gab es Beschwerden und Anzeigen wegen Nichteinhaltung der Sperrstunde. Heute gibt es noch eine Pilsbar im Einkaufszentrum - und in Nußdorf ist es wieder ruhig.

Zur Zeit sind die Nußdorfer gastronomisch gut versorgt. Ab zehn Uhr morgens ist die Genussecke geöffnet, wo man bei Kaffee und Tee mehr als nur Nussecken genießen kann. Der Jehle ist inzwischen zu einer festen Größe von Nußdorf geworden. Nach einem Interregnum der norddeutschen Brüder Wimmer von 1985 bis 2013 kocht der Wirt Andreas Jehle jetzt in dritter Generation gutbürgerliche und badische Gerichte. Die Gaststätte Zum Laugele, vor 20 Jahren von Gerda und Peter Mihatsch eröffnet und seit 2007 in der Hand von Jürgen Kunstmann, ist mit seinen Steakvariationen erfolgreich. Seit 1999 gibt es auch das Strandcafé auf dem Gelände des Strandbads. Es ist mehr als ein Café; der erste Pächter des Strandbads, Peter Eberz hatte daraus ein feines Restaurant gemacht. Seit die neue Pächterin Susanne Sinner 2015 das Strandcafé übernommen hat - heute heißt es Restaurant Strandbad Nußdorf-, können die Gäste hier nicht nur in den Sommermonaten, sondern bis Mitte Dezember den Blick auf den See und die Alpen genießen.

Tourismus in Nußdorf

Die ersten Übernachtungsgäste kamen zu Fuß, zum Teil sogar zu Pferd nach Nußdorf. Es waren Pilger, die seit dem 14. Jahrhundert die zu Salem gehörende Wallfahrtskirche Birnau[1] aufsuchten. Der Chronist Franz Xaver Staiger berichtet in seinem Buch über „Salem und Salemsweiler " von 1862, dass im 15. Jahrhundert „die Zahl der Pilgrimme immer mehr zunahm". An hohen Festtagen soll die Zahl derer, die an Gottesdiensten und Prozessionen teilnahmen, oft bei 20.000 gewesen sein. Wo sie übernachtet haben und verköstigt wurden, wird nicht erwähnt. Ab wann es im benachbarten Gasthof Zum Karpfen[2] Gäste- und Speisezimmer für die Pilger gab, ist ebenfalls nicht bekannt; bekannt ist lediglich, dass dieser Gasthof schon vor dem 30jährigen Krieg existierte, da er um 1656 wieder aufgebaut worden ist. Er wurde vermutlich von Salemer Konversen[3] bewirtschaftet. Auch nachdem die ursprüngliche Wallfahrtskirche abgerissen und 1746 östlich von Nußdorf die neue Wallfahrtskirche Birnau errichtet worden war, blieb der Gasthof Zum Karpfen erhalten und bot auch fünf Fremdenzimmer für Touristen, die sich länger am Bodensee aufhalten wollten.

Der weltliche Tourismus am Bodensee begann zu Anfang des 19. Jahrhunderts. Beflügelt wurde er durch zwei Verkehrsinnovationen: das erste Dampfschiff 1824 und die erste Eisenbahnstrecke zum See 1847, d. h. nach Friedrichhafen. Diese neuen Verkehrsmittel begünstigten nicht nur den Handel, sie brachten auch die ersten Sommerfrischler an den Bodensee. Sicher gehörte Nußdorf damals nicht zu den ersten touristischen Zielen, zumal die Bahnlinie Friedrichshafen - Radolfzell erst 1901 in Betrieb ging; aber immerhin wird Nußdorf im Bodensee-Reiseführer von Gustav Schwab 1827 erwähnt: „Nußdorf, Filial von Seefelden mit 160 Seelen und einer Schule".

Als 1901 der Nußdorfer Bahnhof in Betrieb genommen wurde, machte sich der Mühlhofener Fabrikant Spek Hoffnungen auf zahlende Feriengäste und baute oberhalb des Bahnhofsgebäudes ein Bahnhofshotel. Seine Hoffnungen wurden jedoch nicht erfüllt, und er baute aus dem Hotel eine Bahnhofsgaststätte und Mietwohnungen. Die wenigen Touristen, die es nach Nuß-

1 Der damalige Standort der Birnau liegt heute westlich der Rengoldshauser Straße und wird Altbirnau genannt. Für mehr Details zur Geschichte der Birnau s. Artikel „Die Birnau und Nußdorf" im dritten Kapitel.

2 Heute bekannt als Hessenhof an der Straße Zum Karpfen 20

3 Ein Konverse ist ein Laienbruder.

dorf verschlug, wohnten damals offensichtlich privat. Bekannt ist, dass der Hessenhof, der ehemalige Gasthof Zum Karpfen, Zimmer an Feriengäste mit besserem Einkommen vermietete.

1927 warb Bürgermeister Beck auf einem maschinenschriftlichen Einzelblatt für Nußdorf und zählte die Angebote auf:
„**Wirtschaften:** ‚Zum Löwen' an der Landstraße mit ff Bieren und Weinen, Grosser Saal, Besitzer Max Gruler
Kaffee und Weinstube: ‚Achenbach' Staubfreie, aussichtsreiche Lage, Vorzügliche Biere und Weine, ff Kaffee und Kuchen, Milch und Selters."

Vereinzelt wurde am See gezeltet, und zwar auf dem Grundstück, das 1929 Winifred Wagner kaufte. Einen offiziellen Zeltplatz gab es nicht.
Für 1929 meldete der Nußdorfer Bürgermeister an das Badische Statistische Landesamt:

„Löwen = 4 Betten, Achenbach = 2 Betten, Frauenholz[4] = 20 Betten, Haus Lang = 4 Betten."

Der Bedarf schien groß gewesen zu sein, aber es fehlte noch die touristische Infrastruktur zur Vermarktung und Vermittlung der vorhandenen Zimmer. Einzelne Anfragen von Reisebüros landeten beim Bürgermeisteramt und wurden auch von hier aus beantwortet. So antwortete der Ratsschreiber von Nußdorf, Oexle, einem Allgäuer Reisebüro im April 1931: „Wir haben uns bemüht, Ihnen die erwünschte Unterkunft in unserem Bodenseeblütendorf zu sichern. Wenden Sie sich umgehend an Landhausbesitzer Stenger in Nussdorf am Bodensee Neuer Strandweg oder an Herrn Stadtinspektor a. D. Lowag in Nussdorf Seestraße oder an Pension Frauenholz in Nussdorf."

1933 begann eine neue Phase für den Tourismus. Die Kreisleitung der NSDAP begann, den Fremdenverkehr von Nußdorf durch Werbematerial zu unterstützen. Der Ortsgruppenführer der Partei, Gustav Robert Oexle, Ratsschreiber zu Nußdorf, war hier sicher die treibende Kraft. Es ist nicht unwahrscheinlich, dass auch auf seine

Nußdorfer bringen ihre Feriengäste vom Bahnhof in die Unterkunft an der Barbe.

4 im Hessenhof

Initiative hin Nußdorf zum Ferienziel der nationalsozialistischen Tourismusorganisation Kraft durch Freude (KdF) wurde.

„Wir hatten Feriengäste, die durch die Organisation KdF vermittelt wurden. Die haben in unseren Schlafzimmern gewohnt und wir mussten ihnen morgens das Wasser zum Waschen hochtragen", berichtete Hans Allgeier.

Ein Foto der Familie Johann Beck zeigt KdF-Gäste, die man, mit Handwagen für ihr Gepäck, vom Bahnhof abgeholt hatte.

Und auf einer Postkarte von 1939 schreibt eine Käte: „Unterkunft einfach herrlich 200 m zum See. Stimmung nicht zum Beschreiben. Verpflegung haben wir im Restaurant, dort treffen alle KdF-Urlauber zusammen. […] Es ist jeden Tag eine andere Fahrt vorgesehen."

Mit einem KdF-Feriengast konnten die Vermieter 1,20 Mark pro Tag für ein Bett mit Frühstück verdienen, für viele Nußdorfer Bauern offensichtlich ein lohnendes Geschäft.

In den ersten Nachkriegsjahren entstand am See in Nußdorf ein eher unorganisierter Tourismus: wildes Zelten auf dem Badeplatz. Bald gab es Beschwerden entrüsteter Bürger.[5] Der Bedarf, am See preiswerten Urlaub zu machen, war jedoch so groß, dass trotz eines neu eingerichteten Zeltplatzes in Untermaurach weiter wild auf dem Badeplatz in Nußdorf gezeltet wurde, sehr zum Leidwesen der Badegäste, die dadurch verdrängt wurden. Das Bürgermeisteramt erhielt Beschwerden von Gästen und Vermietern aus dem Dorf, sah sich jedoch nicht in der Lage, eigens für den Badeplatz eine Aufsicht zu finanzieren.

Die Lage schien sich später entspannt zu haben; für die folgenden Jahre ist kein weiterer Schriftwechsel zwischen Landratsamt und Gemeinderat zum Thema wildes Zelten dokumentiert.

In den 50er Jahren kamen vermehrt Touristen aus dem Ruhrgebiet und aus Berlin, zum Teil wieder organisiert. Das Reiseunternehmen Touropa bot Reisen nach Nußdorf an und sorgte dafür, dass die Fernzüge ausnahmsweise am Nußdorfer Bahnhof hielten.

Die Nußdorfer sahen ihre Chance und investierten in Werbung. Ein liebevoll gestaltetes Faltblatt aus den 50er Jahren mit dem Slogan: „Nussdorf am Bodensee. Das Dorf zwischen Wald und See ladet [sic!] Sie ein!" warb mit den zahlreichen Unterbringungsmöglichkeiten des Dorfes: Aufgeführt wurden das Hotel am Strandbad und fünf Gasthäuser: Mainaublick, Zum Löwen, Jehle, Zum Struwwelpeter und Zolg, außerdem der Zeltplatz. Nicht erwähnt wurde die Pension Haus Seefrieden in Untermaurach, die ebenfalls seit Anfang der 50er Jahre zehn Zimmer mit Frühstück anbot.

Darüber hinaus nahm jeder, der eine Kammer zu vermieten hatte, Feriengäste auf. Die Kinder haben derweil im Keller, in der Garage oder in der Badewanne geschlafen, die Vermieter z. T. im Wohnzimmer. Ihr Frühstück bekamen

5 s. dazu die Ausführungen im Kapitel Strandbad

Werbeflyer für Urlaub in Nußdorf aus den 50er Jahren

Gäste im eigenen Wohnzimmer serviert; es gab pro Gast zwei Brötchen, 20 g Butter, selbstgekochte Marmelade und zwei Tassen Kaffee.

Margarete Gut erinnert sich: „Im Frühsommer 1954 zogen meine Mutter, Kriegerwitwe, und ich als Zwölfjährige nach Nußdorf. Hier wollten wir ein Haus beziehen und dort für Touristen Zimmer vermieten. Der Innenausbau war noch nicht fertig und der Garten sah auch wüst aus. Eine Waschmaschine gab es keine, und so packten wir den Waschkorb auf den Leiterwagen und zogen ihn zu Maria Daiber im Felchen. Sie hatte eine geräumige Mietwaschküche. Das Jahr 1955 fing gut an, zuerst wurde ein Staubsauger gekauft und dann eine Bottich-Waschmaschine. Die Wäsche mussten wir aber von Hand spülen. Dann kamen um Ostern 1955 herum die ersten Nachfragen nach Fremdenzimmern. Meine Mutter hatte im ersten Stock zwei Einzel- und zwei Doppelzimmer, jedes mit Waschbecken und Dusche separat. Gekostet hat es 3,50 DM mit Frühstück im Einzelzimmer und 3,20 p. P. im Doppelzimmer. Es war so ein großer Bedarf, dass meine Mutter auch ihr Schlafzimmer und mein Zimmer vermietet hat. Für kurze Zeit haben wir im Keller auf Liegestühlen geschlafen, ich mit viel Geschimpfe. Aber das war keine Lösung. So schlief meine Mutter im Wohnzimmer auf dem Sofa und ich habe oben im Flur eine Ecke abgezweigt bekommen, mit einem Vorhang davor. Aber ich hatte die schönste Sicht auf den See.

Gefrühstückt haben die Gäste im Wohnzimmer, es gab zwei Brötchen, Butter und Marmelade. Die Brötchen hängte Frau Butscher sen. in einem Stoffbeutel morgens an die Tür. Später übernahm Marianne Raff aus dem alten Rathaus dieses Amt. Es gab keinen Aufenthaltsraum für die Gäste, es spielte sich alles in unserem Wohnzimmer ab. Abends war immer ausgelassene Stimmung und viel Gequalme. Meine Mutter kam nie zu ihrer Nachtruhe. Vier Monate ging das alles immer, dann war Nußdorf wieder beschaulich."

In diesem Häuschen vermietete die Mutter von Margarete Gut Ferienzimmer.

Ernst Beck, dessen Mutter ebenfalls Feriengäste im Haus hatte, erinnert sich sogar an Schmuggeltouren seiner Mutter in die Schweiz. In Kreuzlingen war der für die Touristen dringend benötigte Kaffee wesentlich billiger als in Deutschland. Leider hatte seine Mutter Anna kein Talent zum Schmuggeln und wurde von den Zöllnern mit fünf Pfund Kaffee erwischt.

Die touristische Infrastruktur verbesserte sich zusehends. 1969 berichtete das Bürgermeisteramt an das anfragende Landratsamt von dem großen Strandbad mit Parkplatz und drei privaten Campingplätzen. Und man hatte ambitionierte Pläne: sogar einen Bootshafen wollte die Gemeinde bauen.

Aber nicht nur die Gemeinde investierte in den Tourismus, auch die Hotels und Gaststätten konkurrierten mit speziellen Attraktionen für die Gäste: Da gab es - laut Unterkunftsverzeichnis von 1973/74 - die Liegewiese und eine Kegelbahn bei der Gaststätte Mainaublick. Die Gaststätte Struwwelpeter warb gar mit „2 vollautomatischen Bundeskegelbahnen", der Gasthof Zum Löwen mit einer Spezialitätenküche und das Seehotel Zolg mit einem „Café, direkt am See".

Das Foto eines Wegweisers in Nußdorf aus den 60er Jahren verrät uns, dass es außerdem bei der Pension Ritsche eine Bootsvermietung gab, dass in Nußdorf Hermann Zündel ein Reisebüro betrieb und auch Motorboot- und Taxifahrten anbot.

Rudolf Beck holte 1961 mit seinem Traktor Feriengäste am Bahnhof ab.

Eine besondere Attraktion gab es für Touristen bei Josef Urnau: Er bot in den Jahren 1968 - 1974 auf seinem landwirtschaftlichen Anwesen direkt am See eine Motorbootsschule, eine Wasserskischule sowie „Motorboot-Charter am Bodensee" für Gruppen an.

Der Tourismus boomte im kleinen Nußdorf. Als 1986 das Dorfgemeinschaftshaus gebaut wurde, wurde dort ein Fremdenverkehrsamt eröffnet. Dieses Amt war auch eine Anlaufstelle der Stadtverwaltung. Hierhin brachte man seine Ausweise zum Verlängern oder die Müllgebühren in bar. Auch Beschwerden über defekte Lampen im Dorf und ähnliches landeten hier. Edda Nagel, die seit 1985 hier arbeitete, hatte gut zu tun.

Blick von der Pension Ritsche auf den See

Es scheint, als ob die wechselvolle Geschichte des Fremdenverkehrsamtes in Nußdorf die Schwierigkeiten widerspiegelt, als kleiner Ortsteil von Über-

Ansichtskarte von Nußdorf aus den 60er Jahren

lingen touristisch am Ball zu bleiben. Im Februar 2005 schloss die Kur- und Touristik GmbH in Überlingen das Nußdorfer Verkehrsamt, obwohl es nach wie vor gut genutzt wurde. Die Zimmervermittlung sollte nur noch in der Hauptgeschäftsstelle am Landungsplatz stattfinden, die Auslastung wäre zu gering. Als Ersatz wurde eine jederzeit nutzbare elektronische Buchungstafel vor dem Dorfgemeinschaftshaus eingerichtet. Edda Nagel übernahm nach 20jähriger Tätigkeit beim Verkehrsamt in Nußdorf neue Aufgaben in der Überlinger Geschäftsstelle.

Doch die Nußdorfer sahen weiteres Entwicklungspotenzial für den Tourismus in ihrem Dorf. Der Ortsvorsteher bewarb sich im Auftrag des Ortschaftsrates um das Prädikat Erholungsort, leider vergeblich,[6] und kämpfte um den Erhalt der Tourist-Information, scheinbar mit Erfolg. Unter der Überschrift „Schöne Grüße an Asterix. Nussdorf darf sein Verkehrsamt behalten" beglückwünschte der Südkurier den unbeugsamen „Gallier", doch die Stadt war künftig nur noch bereit, einen geringen finanziellen Beitrag für die Personalkosten zu übernehmen.

Ostern 2006 eröffnete dann das ehemalige Verkehrsamt unter neuer Flagge. Mechthild Knapp entwickelte ein Konzept für die Tourist Information Nußdorf. Mit dem nur kleinen Zuschuss der Stadt Überlingen während der sechsmonatigen Hauptsaison finanzierte sich der Betrieb durch weitere Dienstleistungen wie dem Verkauf von Veranstaltungstickets, Busreisen oder Infor-

6 Das Regierungspräsidium lehnte den Antrag wegen der Bauruine in der Dorfmitte und wegen des starken Durchgangsverkehrs ab.

mationsmaterial. Zusätzlich hatte Mechthild Knapp auch die Post Service Filiale von Nußdorf in die Räume übernehmen können.

Durch Unterstützung der Kur und Touristik GmbH Überlingen wurde im folgenden Jahr auch ein kostenloser Internetarbeitsplatz für die Gäste eingerichtet. Die Tourist Information war vormittags geöffnet, außerhalb der Öffnungszeiten diente die oben erwähnte elektronische Buchungstafel zur Orientierung.

Noch mehr Öffnungszeiten - sieben Tage in der Woche von 9 bis 21 Uhr - und ein Café versprach ab 2008 die neue Pächterin des Dorfgemeinschaftshauses, die Firma ICOMA. Ihr Geschäftsführer Klaus Seiler hatte gehofft, das Tourist Info Café, auch mit einem Aufenthaltsraum für Kinder, würde genügend Gewinn bringen. Doch das Café rechnete sich nicht. Die Firma ICOMA zog sich nach drei Jahren aus der Tourist-Info zurück.

Es war ein Glücksfall für Nußdorf und seine Gäste, dass Christiane Allweier 2011 im Haus Zum Salm 10 die Genussecke - ein Café mit Geschenkeladen - eröffnete. Sie erklärte sich bereit, von April bis Oktober die Tourist-Info zu übernehmen. Touristen und Nußdorfer treffen sich hier zu Kaffee und Kuchen, lesen Zeitung und schreiben Ansichtskarten. Die Genussecke bietet ihren Kunden ein Frühstück an, und es liegt vielfältiges Informationsmaterial aus. Die Gäste können sich über Ausflugsziele beraten lassen, suchen aber auch Auskünfte aller Art, wie über gute Restaurants in Konstanz, behindertengerechte Restaurants, hundefreundliche Strände, den Weg zum Rheinfall oder „Was man so alles in einer Woche hier unternehmen kann". Vor allem können sie hier über das Zimmernachweissystem der Kur und Touristik GmbH Unterkünfte buchen, allerdings auch Zimmer, die im Zimmernachweissystem nicht gemeldet sind. Das ist ein enormer Aufwand, der durch den Zuschuss der Stadt nicht gedeckt ist. Dennoch bewährt sich hier die Kombination Laden-Café-Tourist-Info. Laden und Café werden auch in den Wintermonaten von den Nußdorfern genutzt, die Touristen nutzen neben den Buchungs- und Beratungsmöglichkeiten auch das Café und das Warenangebot.

Den Touristen stehen heute das Hotel am Seeuferpark (Nachfolger des seit 1959 betriebene Hotels Zolg), die Pensionen Ritsche und Seefrieden, der Gasthof Jehle, 40 Anbieter von Privatzimmern und Ferienwohnungen sowie zwei Zeltplätze[7] zur Verfügung - insgesamt 413 Betten.[8] Die elektronische Buchungstafel wurde 2016 wegen zu geringen Umsatzes vom Betreiber aufgegeben.

Bootsverleih, Wasserski, Kegelbahnen gibt es nicht mehr. Alle diese Angebote scheinen sich langfristig nicht gelohnt zu haben. Auch viele Zimmeranbieter haben aufgegeben - nicht wegen mangelnder Nachfrage, sondern wegen mangelnder Motivation. Feriengäste machen Arbeit. Immerhin es gibt ein

7 Ende 2015 wurde der dritte Zeltplatz, im Besitz der Familie Luft, geschlossen.

8 Angaben der Kur und Touristik Überlingen 2016

großes Strandbad mit Restaurant und einen Anbieter von Kanutouren beim Strandbad. Das, was Nußdorf bietet, und was offensichtlich auch geschätzt wird, könnte man „sanften Tourismus" nennen - und so belassen.

Trotzdem: Um das Prädikat „Erholungsort" wird sich der Ortschaftsrat nach der zu erwartenden Verkehrsberuhigung 2021 erneut bemühen, schon allein deswegen, weil dieses Prädikat Fördermittel für touristische Infrastrukturmaßnahmen wie z. B. einen hohen Zuschuss für einen Badesteg im Strandbad bedeutet.

Das Strandbad am See ist ein attraktives Angebot für Nußdorfer Gäste
Foto: Mende

Kapitel 6

Firmenportraits

Kiesgrube Bommer

Der Standort des Einkaufszentrums Bommer, wo sich heute u. a. ein Supermarkt befindet, ist eine Alt-Überlinger Gemarkung. Das Grundstück wurde im Jahre 2014 durch Änderung der Gemarkungsgrenze an den Stadtteil Nußdorf angegliedert, zusammen mit dem Bahnhof Nußdorf, dem Strandweg Ost (bis zum Osthafen) sowie mit einem Stück Alter Nußdorfer Straße - bis zur noch zu bauenden Anschlussstelle an die B31.

Auf diesem Areal befand sich bis ca. 1932 eine ausgebeutete Kiesgrube mit einer Fläche von 30.000 Quadratmetern. Die Kiesgrube muss sehr alt gewesen sein, denn bereits einer Federzeichnung von 1713 ist zu entnehmen, dass die umgebenden Straßen von damals unter der Bezeichnung „Baustraßen" geführt wurden. Dabei handelt es sich in Teilen um die heutigen Straßen Zum Kretzer, Zum Stichling sowie um ein Stück der Alten Nußdorfer Straße.

Damals reichten die Nußdorfer Grundstücke vom Seeufer durchgehend bis zur Landstraße - heute Zum Karpfen - sowie bis zur Alten Nußdorfer Straße. Die Grundstücke wurden um 1900 zum Zwecke des Bahnweiterbaus brutal durchtrennt; südlich der Bahnstrecke war Siedlungsgebiet (Zum Kretzer und Strandweg), nördlich war die Kiesgrube.

Die Kiesgrube in den dreißiger Jahren

Die Ausbeutung der Kiesgrube dürfte sich also über 200 Jahre hingezogen haben. Wegen des Bahnbaus in den letzten Jahren des 19. Jahrhunderts musste ein Tunnel zum See gebaut werden. In Kipploren wurde der abgebaute Kies durch den Tunnel auf Lorengleisen bis zum Seeuferbereich transportiert, um über einen 60 Meter langen Anlegesteg auf Schiffe verladen zu werden. Der Steg wurde 1963 bei der letzten Seegfrörne zerstört, durch die Firma Bommer als Badesteg wiederaufgebaut und schließlich 2004 aufgrund der Uferrenaturierung mitsamt der Anlegestelle entfernt.

Die ausgebeutete Kiesgrube war 1932 von der Firma Bommer gekauft worden, um dort mehrere Geschäftszweige anzusiedeln. Die Kiesgrube selbst war nach Ende des Kiesabbaus in einen Dornröschenschlaf verfallen. Die nicht unerheblichen Steilhänge entwickelten sich von selbst zu einem Trockenbiotop mit entsprechender Vegetation.

Mit den herumstehenden Kipploren haben die Nußdorfer Kinder und Jugendlichen - so erinnert sich Rudolf Beck - bis lange nach Ende des Zweiten Weltkrieges Eisenbahn gespielt. Sie fuhren damit durch den Tunnel über den Strandweg bis auf den Steg. Dabei blieb es nicht aus, dass einige am Ende des Stegs in den See fielen.

Viel gefährlicher waren jedoch die Hinterlassenschaften anderer Nutzer dieses Areals. In den letzten Kriegsjahren bemächtigte sich die Organisation Todt (OT)[1] des Geländes. Die OT lagerte auf dem Gelände u. a. einige Waggons mit Sprengstoff.

Wenige Tage vor Kriegsende und dem Einmarsch der Franzosen als Besatzungsmacht bekamen es die Nußdorfer wegen des Sprengstoffs mit der Angst zu tun. Es bestand die berechtigte Sorge, beim Luftangriff auf die Überlinger Stollenanlage[2] könnte auch dieses Lager Ziel von Bomben werden. Die Nußdorfer wurden aufgerufen mitzuhelfen, den Sprengstoff in den See zu schaffen. Auch viele Frauen halfen mit, da die Männer meist noch im Krieg waren. Meterhoch lag nun der Sprengstoff - aus den Behältern entfernt, um die Sprengkraft zu mindern - im See und am Ufer. Rudolf Beck, damals sechs Jahre alt, erinnert sich: *„Die Nußdorfer Kinder haben noch lange damit gespielt, da*

---

1 „Die Organisation Todt (OT) war eine paramilitärische Bautruppe, die den Namen ihres Führers Fritz Todt (1891–1942) trug. Die 1938 gegründete Organisation unterstand ab März 1940 diesem auch als Reichsminister für Bewaffnung und Munition (RMfBM sowie dem Nachfolgeministerium unter Albert Speer). Sie wurde nach Kriegsbeginn vor allem für Baumaßnahmen in den von Deutschland besetzten Gebieten eingesetzt. Bekannt wurde sie durch den Ausbau des Westwalls, den Bau der U-Bootstützpunkte an der französischen Küste sowie des ‚Atlantikwalls' (verbunkerte Artillerie- und Verteidigungsstellungen). Ab 1943 baute sie die Abschussrampen der V1- bzw. V2-Raketen. Im Sommer 1943 folgte im Reichsgebiet der Ausbau von Luftschutzanlagen für die Zivilbevölkerung (Erweitertes LS-Führerprogramm) und die Untertageverlagerung von Industriebetrieben. In der Organisation kamen auch Zwangsarbeiter, Kriegsgefangene und KZ-Häftlinge zum Einsatz." (Wikipedia 2016)

2 „Der Goldbacher Stollen bei Überlingen am Bodensee wurde zwischen Juni 1944 und April 1945 von Häftlingen des KZ-Außenlagers Überlingen-Aufkirch erbaut und war zur Untertage-Verlagerung kriegswichtiger Rüstungsbetriebe aus Friedrichshafen vorgesehen." (Wikipedia 2016)

der Sprengstoff in dieser Form relativ ungefährlich war. Die gelben Zündplättchen, von den Kindern auch Pulverblättchen genannt, dienten zuhause als Herdfeueranzünder, ähnlich einem Öl-Ofenanzünder."

Die Franzosen haben dann allerdings einen Teil des Sprengstoffs mittels Helmtauchern[3] von einem alten Kies-Schiff aus wieder aus dem See geholt. Noch heute kann man im Winter bei Niedrigwasserstand des Sees Zündplättchen am Ufer finden.

Nach Kriegsende wurde die Kiesgrube zu einem Autofriedhof für Privat-Autos, die vom deutschen Heer beschlagnahmt worden waren, sowie für Autos und Geräte, die die französische Besatzungsmacht hinterließ.

Dann aber entwickelte sich die Firma Bommer - Eigentümerin des Grundstücks - zu einem innovativen Unternehmen, wie schon einmal vor dem Krieg. Zu den Vorkriegsgeschäftszweigen wie Handel mit Kohle, Dünger, Landesprodukten usw. kamen nun das Heizöl, die Bimsbausteinfertigung, eine Kfz-Werkstatt, eine Tankstelle und eine Autowaschstraße hinzu. Etwas später siedelten sich hier ein Elektromarkt, ein C+C-Großmarkt und andere kleine Betriebe an.

Schließlich wurde die gesamte Fläche zum Bauplatz für ein Nahversorgungszentrum für Nußdorf[4], Überlingen und die umliegenden Ortschaften, mit einem riesigen Supermarkt und anderen Einzelhandelsgeschäften und Dienstleistern, das heutige Bommer-Center.

Das Bommer-Center
Foto: Mende

3 „Ein Helmtauchgerät ist ein Taucherhelm aus Metall (Kupfer) oder Kunststoff mit einer Luftzufuhr und -abfuhr, der mit einem Tauchanzug verbunden ist. Helmtauchgeräte waren die ersten Taucheranzüge und dienten in erster Linie dem Berufstaucher." (Wikipedia 2016)

4 Der Standort Überlingen-Nußdorf wurde beim Einzelhandelskonzept der Stadt Überlingen vom 13.8.2012 als Nahversorgungszentrum für Nußdorf und die umliegenden Ortschaften sehr positiv beurteilt.

Bei einer Begehung des Verwaltungsgerichtes Sigmaringen an den Gemarkungsgrenzen im Jahre 1997 anlässlich der Einführung der Ortschaftsverfassung für Nußdorf fragte der Verwaltungsrichter, was denn *„da unten"* entstehen sollte. Der spätere Ortsvorsteher Rudolf Beck konnte ihm antworten: *„Ein Super-Einkaufsmarkt"*. Der Richter meinte ungläubig, da hätte man aber eine große Grube ausheben müssen. Die Grube, eine alte ausgebeutete Kiesgrube, wäre schon da gewesen, erwiderte Rudolf Beck. *„Bei uns am See baut man Märkte in alte Kiesgruben und nicht flächenzehrend auf die grüne Wiese"*.

Heute hat das Einkaufszentrum eine Fläche von 7.500 Quadratmetern und 17 Mieter, darunter Einzelhandels- und Dienstleistungsbetriebe sowie ein großes Fitness-Center.

Kretz Elektrotechnik GmbH

Anfang Mai 1939 kam Karlheinz Kretz im Wöchnerinnenheim, einer heute noch existierenden Villa östlich vom Alten- und Pflegeheim St. Ulrich, in Überlingen zur Welt. Sein Vater war als Elektrikermeister bei den Maybach Motorenwerken[1] in Friedrichshafen als unabkömmlich (uk) vom Fronteinsatz freigestellt worden.

Da die Maybach Motorenwerke 1945 total zerbombt waren, eröffnete Kretz Senior in Nußdorf in Deufels Scheuer (im heutigen Park vor dem Dorfgemeinschaftshaus) eine Elektrowerkstatt, um für den Lebensunterhalt seiner Familie sorgen zu können. Als es dort zu eng wurde, zog er mit der Werkstatt in eine Scheuer in der Seestraße (heute Mehrfamilienhaus Zum Kretzer 24) und später in eine Scheuer des Baumgartner Hauses (heute Mehrfamilienhaus Zur Barbe 10) um. 1952 baute Kretz Senior zusammen mit Gebhard Butscher das heutige Haus Zum Salm 12, anfänglich mit einer Werkstatt im Parterre. Als auch diese Werkstatt zu klein wurde, wurde 1958 die heutige Werkstatt im Hof errichtet. In diesem Haus Zum Salm 12 wohnen heute drei Generationen der Familie Kretz.

Karlheinz Kretz' Schulzeit begann 1945, u.a. zusammen mit Rudolf Beck,

1 Heutige MTU

im Wohnzimmer von Rosa Wieland[2], bis diese von Lehrer Stisi abgelöst wurde. Karlheinz und Rudolf kannten sich schon aus der Zeit vor der Schule, da die Familie Kretz damals in der heutigen Straße Zum Kretzer wohnte.

Im Jahr 1948 haben Karlheinz und sein Freund Rudolf für die Hühnernester einer Tante von Rudolf Stroh geschnitten. Dabei hielt einer das Stroh, der andere schnitt es in die für Hühnernester passende Länge. Als Karlheinz das Stroh hielt, schaute Rudolf nicht genau hin, senkte das Schneidemesser über das Stroh und schnitt dabei Teile von Mittel-, Ring- und kleinem Finger von Karlheinz' linker Hand ab. Dieser Verlust hat jedoch die Freundschaft von Karlheinz und Rudolf nicht beschädigt.

Von der Volksschule wechselte Karlheinz auf das Gymnasium in der Seeschule in Überlingen. Nach der Mittleren Reife begann er bei den inzwischen wieder aufgebauten Maybach Motorenwerken in Friedrichshafen eine Lehre als Elektromechaniker. Mit abgeschlossener Lehre wollte er eigentlich eine Stelle bei Telefunken in Ulm antreten, musste aber seinen kranken Vater in dessen Geschäft unterstützen.

Zwei Jahre nach dem Tod des Vaters machte Karlheinz 1962 seinen Meister als Elektroinstallateur. Seine Mutter durfte die Nußdorfer Werkstatt die zwei Jahre nach dem Tod des Vaters als Witwe führen, da mit dem zukünftigen Meister Kretz ein Nachfolger feststand. 1965 heiratete er Elisabeth Neubrand. 1966 wurde beider Tochter Heike geboren, der 1968 Anja folgte. Elisabeth und Karlheinz Kretz haben zwei Enkel (Niklas und Svenja) von Anja und ihrem Mann Ralf, mit denen sie in einem Dreigenerationenhaus im oben erwähnten Haus Zum Salm 12 zusammenleben, sowie vier Enkel (Mark, Leon, Adrian und Cedric) von Tochter Heike und ihrem Mann Frank, die in Bad Säckingen leben.

Karlheinz war Anfang der fünfziger Jahre einer der Gründer der Schnecken und 1955 auch Gründungsmitglied der Musikkapelle, in die auch seine Tochter Anja mit schon acht Jahren eintrat. Heike und Anja wurden schon als Kinder 1972 Mitglieder bei den Schnecken, der Nußdorfer Narrengesellschaft. 1971 wurde er zum stellvertretenden Vorsitzenden des Musikvereins gewählt, den er von 1978 bis 1998 als Vorsitzender leitete.

Karlheinz Kretz auf der Veranda des Hauses Zum Salm 12

2 s. Kapitel 9: Menschen in Nußdorf, Das Ehepaar Wieland

2005 wurde er Ehrenmitglied des Gesang- und Musikvereins und seit 2008 bläst Karlheinz Kretz seine Posaune in der Seniorenkapelle Bodenseekreis.

Kretz war nicht nur bei den Narren und in der Musik aktiv, er war von 1965 bis 1975 Gemeinderat in Nußdorf. Nach der Vereinigung mit Überlingen war er bis 2004 Mitglied der CDU-Gemeinderatsfraktion. Er brauchte nicht den Mechanismus der unechten Teilortswahl[3], um gewählt zu werden. Natürlich war er bis 1999 auch Mitglied des Ausschusses für Angelegenheiten des Stadtteils Nußdorf und dann bis 2009 im Ortschaftsrat. Als Mitinitiator des Fördervereins Dorfgemeinschaftshaus Nußdorf war er stark in die Planung und Realisierung des DGH involviert. Die größte Hürde war dabei der Widerstand von Reinhard Ebersbach, dem Überlinger Bürgermeister, der nach zähen Verhandlungen den Bau lieber auf dem heutigen Parkplatz beim Strandbad gesehen hätte. Im Ortschaftsrat stieß Karlheinz Kretz außerdem die erfolgreiche Initiative an, die aus dem Schandfleck in der Dorfmitte den kleinen Park am Dorfgemeinschaftshaus schuf.[4]

Kretz' zahlreiche Erfolge im ehrenamtlichen Bereich waren nicht etwa die Kompensation einer mittelmäßigen Berufslaufbahn. Nein, ganz im Gegenteil, er kann auf ein sehr erfolgreiches Arbeitsleben zurückblicken. Der 23jährige Elektromeister wurde 1963, nur ein Jahr nach der Meisterprüfung, Mitglied im Gesellenprüfungsausschuss. 1976 wurde er stellvertretender Obermeister der Elektro-Innung des Bodenseekreises, 1976 Mitglied im Meisterprüfungsausschuss und von 1983 bis 2003 Obermeister. Innerhalb des Landesinnungsverbands Elektrotechnik gehörte er den Arbeitskreisen Berufsbildung, Meisterprüfung und Unternehmen an. Er war nicht nur Mitglied des geschäftsführenden Vorstandes der Landesinnung, sondern auch Vorsitzender des Landesbezirks Südwürttemberg. In seinem Nußdorfer Geschäft bildete er 60 Lehrlinge aus und führte etwa zehn Gesellen zum Meister, von denen sechs eigene Betriebe gründeten.

Das Geschäftsmodell für das Elektrogeschäft hat sich inzwischen vollkommen verändert. Man braucht heute fast kein Lager mehr und kauft nach dem Bedarf der Kunden ein. Preislich kann ein Geschäft, wie das von Kretz, nicht mit Super- und Baumärkten mithalten. Sein Vorteil ist das Angebot des Kundendienstes, der bei auftretenden Problemen praktisch sofort kommt, obwohl er gezwungen ist, übertariflich zu bezahlen, um einigermaßen klar zu kommen. Diesen Service bieten die großen Konkurrenten nicht.

Das Hauptgeschäft von Kretz ist die Elektroinstallation am Bau. Seine Kundschaft kommt aus dem Dreieck Sipplingen, Pfullendorf, Meersburg. Karlheinz Kretz schwärmt geradezu von den neuen Technologien, die ins Haus

---

3 „Die unechte Teilortswahl (UTW) ist eine Sonderregelung im Kommunalwahlrecht von Baden-Württemberg, die eine ausreichende Repräsentation der einzelnen Ortsteile im Gemeinderat sichern soll." (Wikipedia 2014)

4 Auf dem Grundstück, wo sich heute der kleine Park vor dem Dorfgemeinschaftshaus erstreckt, befand sich Anfang dieses Jahrhunderts eine völlig verwahrloste Bauruine.

einzögen. So gebe es eine Bustechnologie, bei der über zwei Drähte bis zu 128 unterschiedliche Anwendungen über einen Home-Server gesteuert werden könnten, ein Schritt zum vollautomatischen Haus. Die Krise 2008 - 2010 ging spurlos an ihm vorbei - seine Auftragsbücher sind ein halbes Jahr im Voraus gefüllt.

Trotz dieser an sich rosigen Situation hat Kretz einiges Kritisches anzumerken. Von den 60 Lehrlingen, die er in 52 Jahren ausgebildet hat, sind gerade die guten vom Bodenseewerk abgeworben worden. Die Lehrlinge seien überwiegend Hauptschulabgänger gewesen. Heute meint er allerdings, dass die Eingangsbedingungen für die jungen Menschen nicht mehr stimmten, da die theoretischen Anforderungen gewachsen seien.

Die Schwarzarbeit hält er für ein großes Problem. Er ist sich sicher, dass beim Bau normaler Eigenheime immer ein Anteil Schwarzarbeit unvermeidbar sei. Leiharbeiter seien gut, um Personalengpässe auszugleichen. Bei Subunternehmern von außerhalb der Region befürchtet er Lohndumping, weshalb er für einen Mindestlohn steht.

Karlheinz Kretz ist kein Freund der Fremdenverkehrsabgabe und zweifelt am Sinn des Handwerkerparkscheins (150 Euro im Jahr pro Fahrzeug) für die Innenstadt. Die Erfahrung zeige, dass die städtischen Ordnungskräfte jedes Fahrzeug in der Innenstadt tolerieren würden, wenn eine akzeptable Entschuldigung vorgetragen würde. Zur Förderung des örtlichen Handwerks hätte er gerne mehr nichtöffentliche Ausschreibungen.

Die Kretz Elektrotechnik GmbH, 2017

Die Anzahl der Meisterprüfungen im Elektrohandwerk im Bereich der Handwerkskammer Ulm ist in den letzten Jahren gefallen. Nur noch ca. 20 Prozent der Meister sind selbstständig, obwohl immerhin 67 Prozent des BAföG[5] nicht zurückgefordert werden, wenn ein eigener Betrieb gegründet wird.

Der Familienbetrieb Kretz hat gute Chancen, in der vierten Generation weitergeführt zu werden. Die dritte Generation ist mit Tochter Anja als Kauffrau der GmbH, unterstützt von ihrer Mutter Elisabeth, in der Firma tätig. Weil Anjas Ehemann Ralf kein Elektriker ist, arbeitet er nicht in

5 „Das Bundesausbildungsförderungsgesetz (kurz: BAföG) regelt die staatliche Unterstützung für die Ausbildung von Schülern und Studenten in Deutschland. Mit dem Kürzel BAföG wird umgangssprachlich auch die Förderung bezeichnet, die sich aus dem Gesetz ergibt. [...] Das sogenannte Meister-BAföG, mit dem die berufliche Aufstiegsfortbildung von Handwerkern und anderen Fachkräften finanziell gefördert wird, ist nicht im Bundesausbildungsförderungsgesetz, sondern im Aufstiegsfortbildungsförderungsgesetz (AFBG) geregelt." (Wikipedia 2017).

der Kretz GmbH. Ihr gemeinsamer Sohn Niklas absolviert derzeit eine Lehre als Elektrotechniker und wird sich Ende 2017 der Gesellenprüfung stellen. Er kann sich gut vorstellen, dass seinem Gesellenbrief der Meisterbrief folgt.

Welta-Chemie

Wer heute den idyllischen Fußweg von Nußdorf zur Birnau oberhalb der Bahn entlang spaziert, ahnt nicht, dass hier, wo auf der linken Seite zwei kleine Mehrfamilienhäuser stehen, früher ein chemischer Betrieb war, dass hier Beifutter produziert wurde und große Lastwagen den Weg entlang donnerten. Hier stand das Firmengebäude der Firma Welta-Chemie.

Erich Welte[1], von Beruf Kaufmann, arbeitete als reisender Vertreter einer Leipziger Firma für Beifuttermittel. Er war in den dreißiger Jahren des letzten Jahrhunderts mit seiner Frau nach Nußdorf gezogen und hatte in der Straße Zum Hecht 58 ein Haus gebaut. Man hatte sich für Nußdorf entschieden, weil hier ein Großteil seiner Kunden lebte und weil seine Frau den Bodensee liebte.

Nach dem Krieg war die Leipziger Firma von ihren Kunden in Süddeutschland abgeschnitten. Das war die Chance für Erich Welte: 1947 gründete er seine Firma Fruth & Welte, später in Welta-Chemie umbenannt.

Die Firma hatte ihren Sitz zunächst auf dem ehemaligen Gelände des Raiffeisen Centers am Westbahnhof, bis 1959 das Grundstück in der Straße Zum Hasel 7/9 in Nußdorf erworben werden konnte. Hier wurde ein größeres Firmengebäude gebaut mit Räumen für die Produktion, mit Lagerräumen, Büros und Garagen für die Lieferwagen.

Zulieferer waren Chemiefirmen wie Hoechst, Hoffmann la Roche und Großhändler, bei denen Komponenten der Beifuttermittel eingekauft wurden. In Abständen von einigen Monaten trafen Speditionslastwagen mit typischerweise 50 - 100 Zentnersäcken ein. In der Firma gab es eine große Mischmaschine für etwa 750 Kilogramm pulvriger Substanzen, eine automatische Sackfüllmaschine und eine Emulsionsmaschine. Der Verkauf der Produkte an landwirtschaftliche Betriebe erfolgte vorwiegend über freiberufliche Vertreter

1 Alle Informationen zur Firma Welta-Chemie beruhen auf einem Interview mit dem Sohn Wolfram Welte, Professor an der Universität Konstanz, der noch heute im elterlichen Haus in Nußdorf wohnt.

im Bereich Oberrhein, Hochrhein, Schwarzwald, Baar, Alb, Hegau, Bodensee, Allgäu sowie Bayerisch-Schwaben.

Das Unternehmen war nicht sehr groß: Zwei Angestellte arbeiteten in der Produktion, zwei Frauen waren für die Verpackung zuständig. Zusätzlich gab es noch ein bis zwei Mitarbeiter im Büro und zwei Lastwagenfahrer.

Genovefa Schneider aus Nußdorf und Herr Oettel aus Grasbeuren waren Mitarbeiter der Firma Welta-Chemie.

Auf dieser Basis konnte Erich Welte bis 1970 seine Firma mit Erfolg führen. Dann wurde die Konkurrenz durch das gut organisierte Netz von Raiffeisen-Genossenschaften so groß, dass der Nußdorfer Betrieb nicht mehr rentabel war. 1971 wurde er verkauft und existierte noch ein paar Jahre in der Nähe von Markdorf. Die Gebäude in Nußdorf wurden an das Bodenseewerk Geosystem GmbH vermietet.

Und damit wurde es wieder ruhiger auf dem Weg zur Birnau. In den Räumen der Welta-Chemie wurden Werkstätten eingerichtet, in denen bis 1993 Messgeräte zur Analyse von Industrieabgasen produziert wurden, zum Teil mit internationalen Partnern. Der Nußdorfer Nachbar Josef Guldin erinnert sich noch gut an eine Gruppe junger Japaner, die sich unbändig über die Kirschblüte auf der Wiese oberhalb der Firma freuten.

Für die Nußdorfer mag noch von besonderem Interesse sein, dass ein freier Mitarbeiter der Firma, Hans Scheurenbrand[2], in diesen Räumen die Uhr der Klosterkirche Birnau wieder in ihren alten Zustand versetzte[3]. Er hatte sie - in

2 Prof. Dr. Hans Scheurenbrand lehrte später an der Fachhochschule in Esslingen.

3 Folgende Informationen stammen von Horst Renker aus Nußdorf, ehemaliger Ingenieur der Bodenseewerke.

Einzelteile zerlegt - in der Werkstatt eines verstorbenen Radolfzeller Uhrmachers gefunden. Das Entrosten und Reinigen der Teile des zentralen Uhrwerks sowie die Reparatur und das Neuanfertigen von Teilen geschah in der mechanischen Werkstatt im ehemaligen Haus Welte durch Mitarbeiter der Bodenseewerke Geosystem GmbH. Daran beteiligt war u. a. ein Herr Lunkenbein, der später Führungen zur Besichtigung der Uhr organisierte. Im Haus Welte wurde ebenso eine elektronische Korrektureinrichtung entwickelt, die die Uhr zu jeder vollen Stunde auf das Funksignal des Zeitzeichensenders synchronisiert, der alle heutigen Funkuhren steuert.

1993 gaben die Bodenseewerke diesen Standort für den Geschäftsbereich Geosystem auf. Das Werkstattgebäude wurde an einen Bauträger verkauft, abgerissen und damit Platz geschaffen für die beiden Mehrfamilienhäuser an der Hasel 7/9. Das Gewerbegebiet Nußdorf-Ost ist damit Geschichte geworden, der Weg zur Birnau ist wieder idyllisch.

Strehl GmbH

Die Strehl GmbH mit Wohnhaus und Fuhrpark, 2008
Foto: Strehl

Dort, wo die Straße Zum Kretzer von der Barbe abbiegt, erstreckt sich auf der rechten Straßenseite entlang dem Bahndamm - unterbrochen vom Feuerwehrhaus - auf ca. 150 Metern das Areal der Strehl GmbH. Das Handwerksunternehmen ist Ausbildungs- und Meisterbetrieb und führt Arbeiten im Bereich Blechnerei und Flachdachbau aus. In der eigenen Werkstatt werden Entwässerungsprodukte für den Vertrieb hergestellt und Klempnerteile für die Baustelle vorgefertigt.

Die Geschichte des kleinen erfolgreichen Unternehmens begann am 1. Januar 1965 in einer garagengroßen Scheune auf der anderen Straßenseite, Zum Kretzer 22 (heute Kretzer 24). In der gemieteten Scheune eröffnete Klempnermeister Siegfried Strehl auf 70 Quadratmetern seine Werkstatt unter dem Namen „Siegfried Strehl Flaschnerei und Isolierungsarbeiten"[1]. Die Scheune wurde in Eigenarbeit zur Betriebsstätte umgebaut, sogar ein winziges Werkstattbüro fand Platz. Siegfried Strehl und seine Frau Erna blieben zunächst in der Überlinger Hafenstraße wohnen.

Die Werkstattausstattung bestand aus einer ein Meter großen Rund-, Wulst- und Abkantbank, einer Sickenmaschine, einer Schlagschere und diversen Kleinwerkzeugen. Diese Ausstattung kaufte Siegfried Strehl gebraucht von der ehemaligen Flaschnerei Albrecht aus Überlingen.

Unterstützt wurde Siegfried Strehl von seiner Frau Erna im Werkstattbüro und seinem Bruder Werner, der in seiner Freizeit als Aushilfe arbeitete. Bereits ein viertel Jahr nach der Firmengründung wurde ein Dachdecker als fester Mitarbeiter eingestellt und als Flaschner angelernt. Seine Geschäftsfahrten erledigte Siegfried Strehl zunächst mit einem goldfarbenen VW-Käfer, der aus Kapazitätsgründen nach einem Jahr von einem gebrauchten gelben Opel Karavan mit Anhänger abgelöst wurde.

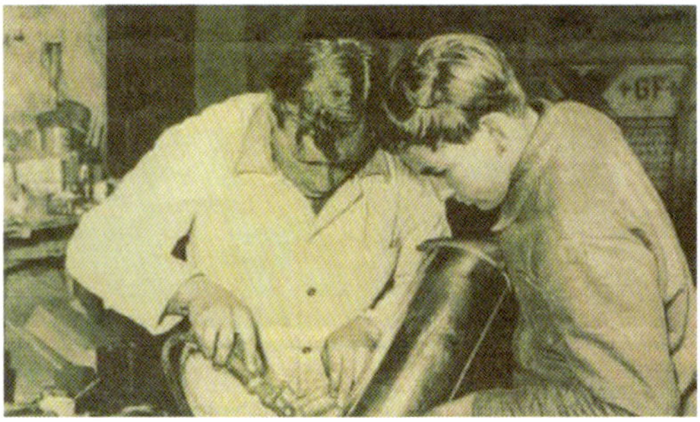

Siegfried Strehl (rechts) half als 17jähriger Geselle seinem damaligen Meister beim Verlöten der Dokumentenkapsel für den sanierten Überlinger Münsterturm.

1969 kaufte das Ehepaar Strehl das heutige Wohnhaus und konnte nach ersten Renovierungsarbeiten ins Erdgeschoss einziehen. Im Keller wurde ein Büro eingerichtet, im Dachgeschoss wurden Fremdenzimmer vermietet.

1 Der Klempner (auch Klemperer, Klampferer, Spengler, Blechner, Flaschner) entwickelte sich aus den Blechschmieden. Die Handwerksbezeichnung Blechner und Blechschmied geht auf das hauptsächlich verarbeitete Material zurück. Der lautmalende Name Klempner stammt vom klappernden Geräusch des Blechhämmerns. Der heutige Klempner/Spengler ist neben der Dachentwässerung auf die Bekleidung von Dächern und Fassaden in den verschiedensten Verlegetechniken spezialisiert. Seine Werkstoffe reichen von Aluminium, Blei, Bronze, Edelstahl, Kupfer, Messing und Stahlblech bis hin zu Titanzink und Titan (www.strehl.biz/historie.html).

Im Jahre 1975 konnte der erste Klempner-Lehrling aufgenommen werden. Die Belegschaft bestand nun aus zwei festen Mitarbeitern, dem Lehrling, einer Aushilfe und dem Ehepaar Strehl. Das Lehrlingsgehalt eines Flaschners betrug 380,00 DM monatlich. Ein Facharbeiter verdiente ca. 11,50 DM pro Stunde und ein Helfer ca. 8,40 DM.

Im August 1977 begann der Sohn Thomas Strehl seine Ausbildung im Betrieb des Vaters. Nach den drei geforderten Gesellenjahren besuchte er neben seiner Tätigkeit als Klempner am Wochenende und in Abendkursen die Meisterschule in Ulm.

1984 war ein ereignisreiches Jahr: Das Dachgeschoss des Wohnhauses wurde ausgebaut, im Sommer fand die Hochzeit von Thomas und Petra Strehl statt und im Herbst begann der Bau der heutigen Werkstatt neben dem Wohnhaus. Im November erhielt Thomas Strehl mit 23 Jahren seinen Meistertitel.

Thomas Strehl war technisch interessiert und dachte innovativ. Durch ihn zog bereits 1986 die Computertechnik in das Unternehmen ein. Zwei Jahre später war die EDV fest etabliert und Thomas Strehl wechselte von der Baustelle ins Büro. Unterstützung fand er bei seinem Schwiegervater, der für den Betrieb bis heute Firmensoftware nach den erforderlichen Belangen erstellt.

Dacharbeiten 1988, in der Mitte Thomas Strehl

1990 firmierte die Firma zur Strehl GmbH mit Siegfried und Thomas Strehl als Geschäftsführer. Die Belegschaft bestand in diesem und den folgenden Jahren aus 12 bis14 Beschäftigten.

Ende 1994 entschied sich Erna Strehl für den Ruhestand und übergab die Büroarbeiten an ihre Schwiegertochter Petra Strehl, die zuvor schon regelmäßig mitgearbeitet hatte. Die gelernte technische Zeichnerin ist seitdem in der GmbH für Personal und Buchhaltung zuständig und wichtige Anlaufstelle für die Kunden.

Thomas Strehl ist der Überzeugung, dass ein Handwerksbetrieb wie der seine auf mindestens zwei Standbeinen stehen sollte. Die Arbeiten auf Dächern, Balkonen und Terrassen sind stark vom Wetter und der Bauwirtschaft abhängig. Mit der Produktion von Bauteilen in der eigenen Werkstatt an CNC-gesteuerten Maschinen baute er daher einen zusätzlichen Geschäftsbereich auf. Die Erfahrungen auf den Baustellen fließen dabei in die Produktion ein. So entwickelte Thomas Strehl ein hochwertiges Kiesleistensystem mit besonderen statischen Eigenschaften, das 1999 zum Patent angemeldet wurde. Es wird heute bundesweit als Systemzubehör für den Flachdachbau angeboten und verkauft.

Da es in Nußdorf zunächst keine Möglichkeit gab, den Betrieb zu vergrößern, wurde im Frühjahr 2000 ein Außenlager im Überlinger Industriegebiet Zum Degenhardt 11 angemietet. Erst 2008 konnte der Betrieb vor Ort weiter ausgebaut werden: Thomas und Petra Strehl erwarben das ehemalige Milchhäuschen[2] nebenan und bekamen so Platz für eine zusätzliche Werkstatt und eine Ausstellungsfläche. Der Neubau wurde als Musterhaus erstellt, in dem unter anderem eine Giebelverkleidung, eine Dacheindeckung, eine Dachbegrünung und verschiedene Musterterrassen gezeigt werden. Es war nun auch möglich, den Maschinenpark zu erweitern und die Fertigung von Blechen für Handwerk, Industrie und Privatkunden auszubauen.

2010 begann mit der Ausbildung des damals 17jährigen Marvin Strehl zum Kaufmann für Büromanagement die dritte Generation in der Strehl GmbH.

Petra Strehl erweiterte 2012 das Sortiment der Firma durch die Produkte von Strehl Deko. Verkauft werden schöne, meist handgefertigte Windspiele und andere Figuren aus Metall - als Dekoration für Garten, Terrasse oder Haus. Die Deko-Produkte befinden sich draußen und in den Ausstellungsräumen der Firma und sind auch von der Straße aus nicht zu übersehen.

2013 wurde der Webshop überarbeitet, um den Vertrieb der eigenproduzierten Entwässerungsteile zu fördern. In den folgenden Jahren entstand ein zusätzlicher Anbau an die Werkstatt und der Maschinenpark wurde durch die Anschaffung einer modernen CNC-gesteuerten Abkantpresse erweitert. Im Juni 2015 wurde die Marke „Strehl" beim Deutschen Patent- und Markenamt eingetragen.

Der Firmengründer Siegfried Strehl zog sich bereits 2005, im Jahr des vierzigjährigen Firmenbestehens, aus dem aktiven Geschäftsleben zurück. Er verstarb 2015.

Heute wird der Geschäftsführer Thomas Strehl von seinem Sohn Marvin und seiner Ehefrau Petra unterstützt. Marvin Strehl ist wie sein Vater im Büro tätig und zusätzlich für die Produktion in der Werkstatt verantwortlich. Weitere Mitarbeiter, die regelmäßig geschult werden, darunter ein Auszubildender, sind auf den Baustellen und in der Werkstatt tätig.

Thomas Strehl ist nicht nur im eigenen Geschäft aktiv, sondern auch für Nußdorf, wo er seit 1999 dem Ortschaftsrat angehört.

2 Mehr zur Milchstelle s. im Kapitel 4 Landwirtschaft, Fischerei und Jagd

2-Rad Sport Wehrle

Am Anfang stand die Motorradbegeisterung des 15-jährigen Schülers Joachim Emil Wehrle. Der konnte es kaum glauben: Aus der NSU-Autowerkstatt mit Stinnes Fanal Tankstelle, die Konrad Beck seit den fünfziger Jahren betrieben hatte,[1] war 1972 ein Fachgeschäft für Motorräder mit angeschlossener Werkstatt geworden - eine Filiale der Firma Fendrich aus Singen. Zwar wurden auch Fahrräder und Mopeds verkauft, doch die Sensation in Nußdorf waren die Motorräder. Wechselweise konnte man die Schmuckstücke der Firmen Honda, BMW, Kreidler, Suzuki und Zündapp im Schaufenster der Straße Zum Hecht bestaunen.

Trotz seiner Begeisterung für diese großen Maschinen machte der junge Wehrle zunächst eine Ausbildung zum Koch im Hotel Ochsen in Überlingen. Das hielt ihn jedoch nicht davon ab, in seiner Freizeit in der Nußdorfer Werkstatt zu helfen und immer mehr über Motorräder zu lernen. Gerne stellte Wolfgang Fendrich deshalb den gelernten Kochgesellen Joachim Wehrle als Mechaniker und Verkäufer an, schickte ihn auf Fortbildungen und gewann so nicht nur einen leidenschaftlichen Motocross-Fahrer, sondern auch einen versierten Fachmann. Der wurde dringend gebraucht, denn Anfang der siebziger Jahre boomte das Geschäft mit Motorrädern. Die Kunden kamen aus dem gesamten Bodenseekreis nach Nußdorf; jedes Jahr gab es einen Tag der offenen Tür - mit Gebrauchtfahrzeugen, Freibier und Musik. Das kam gut an.

Als die Firma Fendrich 1977/78 in finanzielle Schwierigkeiten kam, bewarb sich Joachim Wehrle um die Übernahme des Geschäfts - mit Erfolg. 1978 wurde also zum Gründungsjahr der Firma 2-Rad Sport Wehrle. Die kommenden Jahre wurden durch Veränderungen auf dem Markt zu einer großen Herausforderung für den jungen Geschäftsmann: Die Firmen Zündapp und Kreidler gingen bankrott, in den achtziger Jahren wurden weniger Motorräder verkauft. Firmen wie Honda verkauften ihre Maschinen nur noch in Läden, die ausschließlich Honda-Motorräder präsentierten - in speziellen Geschäften in Gewerbegebieten. Joachim Wehrle entschied sich jedoch für den Verbleib in Nußdorf und musste hinnehmen, dass die großen Markenfirmen ihm keine Motorräder mehr lieferten. Auch der Verkauf von Mofas ging zurück. Durch

1 Konrad Beck, Sohn des langjährigen Alt-Bürgermeisters Josef Beck, hatte zunächst eine mechanische Werkstatt zur Reparatur von Landmaschinen im östlichen Teil des Gebäudes betrieben, die er von seinem im Krieg vermissten Bruder Karl Beck übernommen hatte. Hier waren auch schon vor dem Zweiten Weltkrieg Fahrräder repariert worden.

die neue Helmpflicht blieben die weiblichen Käufer weg. Nur Fahrräder, die immer auch zu seinem Angebot gehört hatten, wurden nach wie vor gut verkauft.

Fahrradladen und Werkstatt Zum Hecht 4
Foto: Navratil

Joachim Wehrle bewies Flexibilität, frönte seiner Motorradleidenschaft nur noch in der Freizeit und konzentrierte sich auf den Verkauf und die Reparatur von Fahrrädern. Die Nachfrage vor allem auch nach hochwertigen Fahrrädern stieg an. Diese und zunehmend E-Bikes garantieren heute den Geschäftserfolg von Joachim Wehrle.

Doch nichts bleibt, wie es ist: Diesmal ist es nicht der Markt, der Veränderungen erzwingt, sondern Neubaupläne des Hausbesitzers. Der Trend zum Radsport und zum Radtourismus hält an. Joachim Wehrle wird mit seinem Betrieb umziehen - an einen anderen Standort in Nußdorf. Die Firma 2-Rad Sport Wehrle bleibt so höchstwahrscheinlich unserem Dorf erhalten.

Kapitel 7

Leben in Nussdorf

Die Schule

„Der Stand der Schule ist mit ‚ziemlich gut' zu bezeichnen. [...] Gegen den Dienstfleiß des Hilfslehrers Mosbacher hat man nichts zu erinnern. [...] Schriftliches Rechnen war in beiden Klassen mittelmäßig. Sehr zu beanstanden ist die Körperhaltung beim Schreiben. [...] Turnen ließ zu wünschen übrig". (1901)

„Die [...] Schule ist auf gutem Stand. Die Kinder sind frisch und geistig rege dank der gründlichen Arbeit des Hauptlehrers Hörner. Die Arbeitsschule ist geordnet. [...] die vorgelegten Arbeiten sind das Ergebnis von Pünktlichkeit und Fleiß. Das Turnen hat befriedigt." (1926)

Im Jahre 1985, als das Dorfgemeinschaftshaus in Nußdorf gebaut wurde, entdeckte der damalige stellvertretende Vorsitzende des Ausschusses für Angelegenheiten des Stadtteils Nußdorf, der spätere Ortsvorsteher Rudolf Beck, im Schulkeller einen Berg alter Schulakten, in denen sich u. a. diese Berichte über die Schule fanden. Rudolf Beck war sofort bewusst, dass es sich um wertvolle Dokumente der Dorf- bzw. Schulgeschichte handelte, und übergab sie der damaligen Schulleiterin. Sie wiederum ließ den gesamten Fund dem Staatsarchiv Sigmaringen zukommen.

Ab wann genau Kinder in Nußdorf unterrichtet worden sind, ist nicht ganz klar.[1] Aus Salem ist bekannt, dass dort schon 1785 ein Schulgebäude errichtet wurde, in dem ab 1786 unterrichtet wurde. Daraus könnte man schließen, dass es zu dieser Zeit auch im ebenfalls vom Kloster Salem verwalteten Nußdorf eine Schule gab. Zumindest eine sogenannte Sonntagsschule dürfte es gegeben haben, in der den Kindern vom Pfarrer der Katechismus, die wichtigsten Gebete und Kirchenlieder beigebracht wurden.

1591 wurde eine Schule in Nußdorf im Zusammenhang mit der Maßregelung des Überlinger Lehrers Egidius Reuter durch den Rat der Stadt erwähnt. Dieser beschwerte sich über eine „Winkelschule" in Nußdorf, die von einem gewissen Roßhaimb offensichtlich in Konkurrenz zur Überlinger Schule errichtet worden war und von Überlinger Kindern besucht wurde. Da man ihm aber vertraglich zugesichert hatte, keine Nebenschule zuzulassen, wurde die Nuß-

1 Heinrich Heyd schreibt in seinem umfassenden Werk „Geschichte und Entwicklung des Volksschulwesens im Großherzogtum Baden", Bd. 1, 1900: „Was nun das Schulwesen in den Abtei Salemischen Herrschaften betrifft, so war es dem Verfasser trotz aller Nachforschungen sowohl zu Karlsruhe als zu Salem unmöglich, zuverlässige Akten über die früheren Schulverhältnisse aufzufinden."

dorfer Schule nach der Beschwerde geschlossen.

Der nächste von uns ermittelte Hinweis auf eine Schule in Nußdorf findet sich im Urbar, einem Grundbuch aus dem Jahr 1803. Darin heißt es über das Gebäude unterhalb der Kapelle „[...] ist zugleich [...] Schulhaus samt Wohnung des Lehrers".

Entsprechend dem „13. Organisationsedikt" wurde 1803 im badischen Staatsgebiet die allgemeine Schulpflicht eingeführt. In welchem Jahr es in Nußdorf umgesetzt worden ist, konnte nicht ermittelt werden. Eine weitere Erwähnung der Dorfschule fanden die Chronisten in einem Lexikon von 1814 „Historisch-statistische-topographische Lexicon von Großherzothum Baden [...] Zweyter Band". Darin steht über Nußdorf: „Der Ort hat eine Kirche, Schule, 35 Häuser." Dieses Lexikon war wohl auch Quelle für Gustav Schwabs „Handbuch für Reisende" über den Bodensee von 1827. Er schrieb darin: „Nußdorf, Filial von Seefelden mit 160 Seelen und einer Schule".

Die im Sigmaringer Staatsarchiv die Schule betreffenden Dokumente beginnen mit dem Jahr 1833[2]. Das Gebäude unterhalb der Kapelle, seit 1802 von der Gemeinde als Rathaus genutzt, war also 1833 zur Schule umfunktioniert worden.[3] Im Gebäude gab es einen Schulraum und für den Lehrer drei Zimmer, eine Küche, einen Gewölbekeller, einen Holzschopf und einen Stall.

Dokumentiert ist auch, dass 1833 drei sechsjährige Schüler aufgenommen wurden. Für 1843 wurden die ersten Entlassungen notiert. Es wurden nicht nur Namen und Alter der Schüler erfasst, auch ihr Verhalten während des Unterrichts wurde kommentiert. So ist 1854 in Bezug auf einen „Entlaßschüler" vermerkt: „[...] sein religiöses Betragen war wegen Religionsschändung ein sehr geringes und schändliches."

1863 - so berichtete es Franz Xaver Staiger - betrug das Jahreseinkommen des Nußdorfer Lehrers ca. 200 Gulden sowie einen Gulden und 12 Kreuzer Schulgeld pro Schüler. Die Lehrerausbildung war Ländersache, das Gehalt hatte die Gemeinde Nußdorf zu zahlen. Zusätzlich musste sie ihm zwei Morgen Acker und Wiesen zur Selbstbewirtschaftung sowie 350 Maß Messnerwein und zwei Klafter gemischtes Scheitholz zur Verfügung stellen. Der Lehrer war zugleich auch Messner in der Kapelle St. Kosmas und Damian[4]. Das Schulgebäude mit der Lehrerwohnung sowie alle Lehrmittel mussten ebenfalls von der Gemeinde finanziert werden.

---

2 Die Geschichte der Nußdorfer Schule ist seit 1833 im Staatsarchiv Sigmaringen dokumentiert. Dort werden Protokolle der Gemeinderatssitzungen, Protokolle der jährlichen Prüfungen, Schulstatistiken und Berichte der Schulbesuche durch das Kreisschulamt Konstanz aufbewahrt.

3 Das Rathaus bekam dafür Räume in dem 1658 gebauten Haus gegenüber dem heutigen Hessenhof, das damals dem Kloster Schussenried als Zehntscheuer gedient hatte.

4 Diese Regelung entstammte noch aus der Zeit, als das Kloster Salem das Schulpatronat für Nußdorf hatte, d. h. die Lehrerstellen besetzen konnte und durch Gehaltszuschüsse (finanziert aus dem Schulfonds) „geeignete Kräfte für diese Aufgabe [...] gewinnen" konnte. Auch nach der Säkularisation erhielten die Nußdorfer von der Domänenkanzlei Salem noch jährlich Holz für die Schule. Das Patronatsrecht wurde erst 1870 aufgehoben.

Damit war der Nußdorfer Lehrer vergleichsweise gut bezahlt. Ein anderer badischer Lehrer beklagte 1833: „Manche Schulstelle mit Inbegriff des Mößner- oder Glöcknerdienstes kömmt in unserem badischen Lande noch auf kaum 100 bis 105 fl. jährlich, [...] während mancher Polizeidiener auf 200 bis 300 fl. jährlich kommt. [...] mancher Lehrer kann sich für seinen Gehalt kaum genug Erdäpfel kaufen, um sich und die Seinigen zu ernähren."

Aus heutiger Sicht ist der hohe Grad an Kompetenzen bemerkenswert, die der Gemeinderat dieses kleinen Dorfes - 1848 hatte Nußdorf gerade einmal 175 Einwohner - bezüglich der Schule hatte. Bei den jährlichen Prüfungen der Schule waren, neben dem Lehrer und dem Geistlichen, immer auch der Bürgermeister und fünf bis sechs Gemeinderäte anwesend. Und mindestens ein- bis dreimal jährlich trat der Gemeinderat als „Ortsschulbehörde" zusammen, um ausschließlich Belange der Schule zu beschließen: die Zusammenfassung der Jahrgangsstufen in Klassen, die Termin-Festlegung für die Ferien (insgesamt acht an die Erntezeiten angepasste Wochen im Jahr), für die täglichen Unterrichtszeiten und für die jährlichen Prüfungen sowie die Bewilligung von Lehrmitteln und sogar Erziehungsmethoden. So wurde 1868 vom Gemeinderat die Bestrafung bei „Unfleiß" mit der „Rute" genehmigt und 1881 die Einrichtung einer Schülerbibliothek.

Anders als oft berichtet, wurden nicht immer sämtliche Klassenstufen gemeinsam in einem Raum unterrichtet. Vielmehr wurden die Schüler der acht Jahrgangsstufen in insgesamt zwei bis drei sogenannten Klassen zusammengefasst, für die es dann unterschiedliche Unterrichtszeiten gab.[5] Beispielsweise fand im Sommerhalbjahr 1865 der Unterricht für die „Drittklässler" (die Jahrgangsstufen sechs bis acht) morgens von 6.00 - 8.00 Uhr statt; so konnten die ältesten Schüler tagsüber ihren Eltern helfen. Alle jüngeren Kinder wurden gemeinsam von 8.30 - 11.30 Uhr unterrichtet. 1867 gab es offensichtlich dann mehr Schüler, und so wurden die Kleinen separat von 13.00 - 15.00 Uhr unterrichtet. Insgesamt war die tägliche Unterrichtszeit mit zwei Schulstunden für die Schüler zunächst gering. Für das Schuljahr 1874 wurden dann jedoch schon jeweils drei volle Stunden pro Tag und Klasse beschlossen, zuzüglich zwei Wochenstunden Religionsunterricht durch einen Geistlichen.

Ab 1868 wurden außerdem Jungen, die die Volksschule erfolgreich absolviert hatten, zwei Stunden pro Woche in der sogenannten Fortbildungsschule unterrichtet.[6]

Was unterrichtet wurde, erfährt man aus erhaltenen jährlichen Prüfungs-

5 Für 1888 sind insgesamt 48 Schüler nachgewiesen, 22 in der Klasse 1 (Jahrgang 1 - 3) und 26 in der Klasse 2 (Jahrgang 4 - 8).

6 Die sogenannte Fortbildungsschule ist ein Vorläufer der Berufsschule; sie wurde für männliche Schulabgänger eingerichtet. Die Schulbesuchszeit betrug zwei Jahre. Die Dorfgemeinde musste den Unterricht in der Fortbildungsschule finanzieren - auch wenn manchmal nur zwei bis vier Schüler jährlich daran teilnahmen. Die Mädchen konnten die Haushaltsschule in Überlingen besuchen. Das Schulgeld dafür - 1910 waren es jährlich 150 RM - musste die Gemeinde zahlen.

protokollen. In der Elementarschule wurden die Kenntnisse der Fächer Lesen, Rechnen, Sprachlehre und Aufsatz, Formenlehre, Geographie, Gesang und Anschauungsunterricht geprüft sowie das Turnen begutachtet, in der Fortbildungsschule die Fächer Lesen, Rechnen und Aufsatz.[7] Dokumentiert wurden meist jedoch nur Gesamtbewertungen für die jeweilige Klasse. Noten gab es für die „Kenntnisse" in allen Fächern (außer Turnen) und für das Betragen. Die Noten für die Kenntnisse schwankten zwischen „gut" und „ziemlich gut"; beim extra ausgewiesenen Turnunterricht gab es auch schon mal ein „hinlänglich", für „Betragen" gab es immer „gut". Des Weiteren wurden sowohl die Lehrer als auch die Infrastruktur der Schule, „die Beschaffenheit des Schulhauses, der Lehrzimmer, der Geräte, der Wohnungen" beurteilt.

Bald schon reichten die Räumlichkeiten nicht mehr aus, vor allem der Lehrer benötigte mehr Platz. Deshalb wurde 1878 ein neues Schulhaus gebaut, das heutige Rathaus, mit einem Schulraum, dem heutigen Rathaussaal, und einer darüberliegenden Lehrerwohnung.[8] Aber die kleine Gemeinde Nußdorf investierte nicht nur in die schulische Infrastruktur. 1894 beschloss der Bürgerausschuss[9] mit 17 zu 11 Stimmen, „dass das Schulgeld künftig durch Umlagen gedeckt werden soll." Damit wurden auch die Zahlungen des Schul-

Nußdorfer Schüler mit ihren Lehrern um 1910

7 Dokumentiert ist die Zeit von 1888 bis 1905.

8 Das bisherige Schulhaus wurde verkauft, diente bis 1974 als Lebensmittelladen, dann als Apotheke und ist heute Firmensitz einer Immobilien- und Sanierungsfirma.

9 Das waren alle in Nußdorf geborenen Männer, deren Väter schon das Bürgerrecht hatten bzw. die es sich erkauft hatten und somit stimmberechtigte Bürger von Nußdorf waren.

geldes durch den Nußdorfer Kapellenfond für „arme Schulkinder", die es laut Franz Xaver Staiger seit 1837 gab, überflüssig. Allerdings hat die Gemeinde für die Finanzierung der Schule auch immer wieder staatliche Unterstützung beantragt und - wie die Akten im Überlinger Stadtarchiv belegen - manchmal auch bekommen.

Die ab 1903 dokumentierte Schulstatistik des Schulkreises Konstanz gibt Auskunft über die Schülerzahlen (Jungen und Mädchen wurden getrennt erfasst) und deren Religionszugehörigkeit, die Anzahl von Mädchen, die im Winter den Handarbeitsunterricht besuchten, sowie der Jungen, die im Sommer am Turnunterricht teilnahmen, die Namen der Lehrer und z. T. deren Einkommen. So erfährt man, dass

- der Hauptlehrer Gustav Adolf Eckert 1903 - bei kostenfreier Wohnung mit drei Wohnräumen im zweiten Stock der Schule jährlich 2.150 Reichsmark Gehalt plus 100 Reichsmark für Fortbildungsunterricht bekam, die Handarbeitslehrerin 60 Reichsmark;
- 1926 die Schülerbibliothek 330 Bände enthielt und die Benutzung der Bibliothek „lebhaft" war;
- 1928 ein Übersichtsplan der Gemarkung Nußdorf, eine Relief-Weltkarte und ein Längsschnitt vom Dampfer Columbus als Lehrmittel angeschafft wurden;
- 1927 von den insgesamt 38 Schülern 19 Landwirts- und zehn Arbeiterkinder waren;
- 1936 an der Nußdorfer Schule die Rassenzugehörigkeit der Schüler erfasst wurde: „deutschen oder artsverwandten Blutes" (37) oder „jüdisch" oder „jüdisch mischblütig" (1)[10] oder „sonstiger fremdrassiger Abstammung".

Das Foto von der Verabschiedung des Hauptlehrers Barth am 1. April 1924 illustriert wunderbar, wie wichtig die Institution Schule in einem kleinen Dorf wie Nußdorf damals war.

So waren die Honoratioren des Dorfes anwesend, wie Bürgermeister, Pfarrer, Gemeindeschreiber, Gemeinderäte, und die 59! schulpflichtigen Kinder - eine beeindruckende Zahl bei rund 300 Einwohnern. Der inzwischen verstorbene August Klingenstein, Sohn des Fischers Johann Klingenstein, erinnerte sich noch an die Schulzeit vor dem Zweiten Weltkrieg:

„1924 gab es an der Nußdorfer Schule Lehrerwechsel. Der neue Lehrer Hörner, ein ausgesprochener SPD-Mann mit Parteiabzeichen, hat alle Fächer unterrichtet, einschließlich Musik, also Gesang. [...] Der Unterricht wurde in drei Schichten durchgeführt: von 8 - 10 Uhr, von 10 - 12 Uhr und nachmittags; zusätzlich gab es eine Strickschule bei Frau Knecht. Die Schule war nicht schlecht. Nur einmal ist der Unterricht für eine Woche ausgefallen, weil ein

10 1940 gab es dann kein jüdisches Kind mehr an der Schule in Nußdorf.

Verabschiedung des Hauptlehrers Bart 1924 - mit Schülern und Prominenz Es konnten nicht alle Namen bzw. Vornamen ermittelt werden.): **1.** Karl Steidle **2.** Josef Deufel **3.** Hermann Deufel **4.** Adolf Ruf **5.** Otto Urnau **6.** Josef Zündel **7.** Siegfried Schumacher **8.** Kurt Beck **9.** Urnau **10.** Jochen Frauenholz **11.** Bernhard Bauer **12.** Heinrich Bauer **13.** Wilhelm Zündel **14.** Otto Schmid **15.** Gebhard Schmid **16.** Ernst Deufel **17.** Anna Deufel (verh. Beck) **18.** Maria Deufel (verh. Abele) **19.** Robert Schmid **20.** Ottmar Schmid **21.** Karl Schmid **22.** Erwin Wilhelm **23.** German Müller **24.** Werner Zündel **25.** Fritz Zündel **26.** Adolf Kehl **27.** Gebhard Zündel **28.** Max Schmid **29.** Konrad Beck **30.** Konrad Veith **31.** Franz Schumacher **32.** Franz Löchle **33.** Anton Zündel **34.** Wilhelmine Kehl **35.** Dora Kalis **36.** Rosina Beck **37.** Frida Müller **38.** Sofie Nell **39.** Nina Steidle **40.** Maria Zündel **41.** Emilie Beck **42.** Mathilde Wilhelm (verh. Deufel), **43.** Josefine Beck, **44.** Berta Nell, **45.** Anna Häuser, **46.** Anna Wolfensberger **47.** Ida Steidle **48.** Hilde Binz **49.** Hilda Knecht (verh. Keller) **50.** Sofie Wolfensberger **51.** Martina Ruf **52.** Maria Beck (verh. Daiber) **53.** Anna Beck (verh. Butscher) **54.** Lisbeth Werner (verh. Deubler) **55.** Hedwig Bauer **56.** Rese Beck **57.** Maria Klingenstein (verh. Zolg) **58.** Rosa Bauer **59.** Anna Zündel **60.** Eugen Gies **61.** Josef Binz **62.** Emil Knecht **63.** Rief **64.** Josef Beck **65.** Henze **66.** Wilhelm Reichle **67.** Binz **68.** Wenk **69.** Ludwig Beck **70.** ? **71.** Karl Schmid **72.** Karl Urnau **73.** Kränkel **74.** Josef Beck **75.** Hofmann **76.** ? **77.** Heinrich Beck **78.** Heinrich Achenbach **79.** August Klingenstein **80.** Hauptlehrer Barth **81.** Pfarrer Nagel **82.** Dicknöther **83.** Wilhelm Zündel **84.** ? **85.** Stefan Deufel **86.** Josef Schumacher **87.** ? **88.** Ida Knecht (geb. Beck) **89.** Josef Wolfensberger **90.** ? **91.** Karl Zundel **92.** Gustav Oexle **93.** Karl Wilhelm

Schüler, der von ihm einen ‚Hosenspanner' [er wurde übers Knie gelegt und verdroschen] bekommen hat, ihm seinen eisenbeschlagenen Schuh an den Kopf geworfen hat. Er war am Kopf verletzt."

Für die Zeit von 1925 - 1964[11] liegen Berichte von Schulbesuchen des Konstanzer „Kreisschulvisitators"[12] vor. Daneben gab es auch einen „Erzbischöflichen Schulinspektor" aus Markdorf für die jährliche Religionsprüfung. Bemerkenswerterweise beurteilte er auch den Gesang der Schüler, so 1933. „Der Gesang war in beiden Klassen gut und kräftig. Resultat: sehr gut". Und auch der Bericht einer „Handarbeitsinspektorin" aus Konstanz taucht 1940 in den Dokumenten auf: „Die vorgelegten Ausführungen dienen nützlichen Zwecken u. konnten im Allgemeinen befriedigen."

1928/29 musste das Schulhaus schon wieder erweitert werden: Ein Besuch vom Kreisschulamt aus Konstanz hatte 1925 ergeben, dass der Schulraum der gesetzlich geforderten Größe für 46 Schüler nicht entsprach, und ein Turnplatz fehlte. Außerdem mussten die Schulaborte neu gebaut sowie die Räume für den Lehrer erweitert werden. An der Nordseite wurden eine Waschküche (das heutige Büro des Ortsvorstehers) und darüber zusätzliche Räume für den Lehrer gebaut.

Das war nicht ganz billig: Die Baukosten beliefen sich auf 22.000 Mark. Doch man war stolz darauf, das Geld aufbringen zu können. Denn die so bewiesene finanzielle Unabhängigkeit war ein wesentliches Argument gegen die Eingemeindung Nußdorfs durch Überlingen. In einer öffentlichen Erklärung „Ein Protest der Gemeinde Nußdorf", am 7. November 1931 im Seeboten veröffentlicht, wird die Finanzierung detailliert aufgelistet: 9.000 Mark konnten mit vorhandenen Wirtschaftsmitteln gedeckt werden. Allein für 9.200 Mark wurde Holz aus dem Gemeindewald verkauft - die Rede ist von einem außerordentlichen Holzhieb. Aus staatlichen Zuschüssen bekam die Gemeinde nur 2.000 Mark [...]. Die restlichen 2.000 Mark stellte ein Nußdorfer Bürger zum Zinssatz von 6,5 Prozent zur Verfügung, „[...] und sind wir in der Lage, dieselben im laufenden Wirtschaftsjahr wieder zurück zu zahlen."

Für die Zeit von 1940 bis 1956 gibt es im Sigmaringer Staatsarchiv kaum Dokumente über die Nußdorfer Schule, lediglich knappe statistische Angaben, die von den jeweiligen Lehrern notiert wurden. Diese Lücke wird mit Berichten von Zeitzeugen gefüllt:

„Lehrer Kuppel war großer Nazi und wurde nach Kriegsende als einer der ersten von den Franzosen auf einen Panzer aufgeladen und fortgefahren", erinnert sich Hans Allgeier. Und er erzählt vom Unterricht im Wohnzimmer von Frau Wieland für 10 bis 15 Kinder. „Sie wollte, dass die Kinder von der Straße wegkommen. Unterricht gab es bei ihr von 8 - 12 Uhr, ca. ein halbes Jahr lang. Die nächste Lehrerin, Frau Rottweiler, war für ein bis zwei Jahre da. Sie war

11 Die Kriegs- und Nachkriegsjahre sind hiervon ausgenommen.

12 Später wurde er Schulrat genannt.

eine Scharfe, hat zugeschlagen."

Während des Krieges und in den ersten Jahren danach gab es trotz steigender Schülerzahlen nur eine Klasse für alle acht Jahrgänge. Offensichtlich hatte man Schwierigkeiten, die Lehrerstellen zu besetzen.

Robert Stisi - von 1945 bis 1955 Lehrer in Nußdorf - verteilte oft verschiedene altersgemäße Aufgaben an alle und forderte die älteren Schüler dazu auf, die jüngeren Schüler beim Lösen der Aufgaben zu beaufsichtigen. Er selbst ging derweil nach oben in seine Wohnung und spielte Geige. Wie berichtet wird, soll das zwar mit dem Beaufsichtigen nicht so richtig geklappt haben, aber es wurde nie zu laut, um das Geigenspiel nicht im Schulzimmer zu hören.

Ansonsten ging es jedoch nach wie vor streng zu in der Schule; „Tatze oder Hosenspanner" - also Schläge mit dem Stock auf die Hände oder den Hosenboden -, gehörten zum Repertoire der Erziehung. Um sich eine Tatze einzufangen, genügte damals schon, den i-Punkt beim Schreiben zu vergessen.

In besonderer Erinnerung ist vielen älteren Nußdorfern noch der Lehrer Josef Baumgartner, der in der Nachkriegszeit bis 1955 unterrichtete. Bemerkenswert an ihm war nicht nur sein außergewöhnliches Engagement für die musikalische Erziehung der Kinder, sondern auch, dass er ein echter Nußdorfer war: Er war der Sohn des Bauern Richard Baumgartner, der in Nußdorf eine kleine Landwirtschaft betrieb. Die Lehrerausbildung konnte Richard Baumgartner nicht finanzieren, dafür sprang eine kinderlose Tante ein. Die Nußdorfer waren stolz darauf, dass einer der ihren eine solche Karriere geschafft hatte. Beliebt machte er sich aber auch dadurch, dass er den Kindern kostenlosen Musikunterricht gab - er selbst spielte Geige und Querflöte - und in Nußdorf eine Musikkapelle gründete. Bei den Proben zum Weihnachtskonzert 1955 verstarb er plötzlich.

Ab 1948 gab es in Nußdorf Zuzüge von „Vertriebenen und Sowjetzonenflüchtlingen", aber auch bereits Neuansiedlungen von Bürgern, die gern am schönen Bodensee wohnen wollten. Und mit ihnen kamen viele Kinder.

Das Schulhaus mit nur einem Unterrichtsraum wurde wieder zu klein für inzwischen ca. 60 Schüler. Zunächst behalf man sich - wie früher - mit schichtweisem Unterricht: die Schuljahrgänge 1 - 4 wurden zusammen am Nachmittag und die Schuljahrgänge 5 - 8 am Vormittag unterrichtet und dies von nur jeweils einem Lehrer. Dann wurde im alten Rathaus Zum Stichling ein Raum für die Grundschüler eingerichtet, und zwar im Bürger- und Sitzungsraum, der heutigen Narrenstube. Die Kinder wurden dort im Raum vor dem Bürgermeisterbüro unterrichtet, auch während seiner Dienststunden. Besucher des Bürgermeisters mussten durch die Bankreihen gehen. Eine Übergangslösung.

Erst 1952/1953 wurde ein neues Schulhaus gebaut - neben dem bisherigen, in der Straße Zum Laugele. Das Gebäude verfügte nicht nur über zwei Unterrichtsräume mit dazugehörigen Nebenräumen, sondern auch über ein „Volksbad" im Kellergeschoss mit mehreren Badewannen und einer Gemeinschaftsdusche. Das „Volksbad" wurde von der Nußdorfer Bevölkerung reichlich genutzt, waren doch um diese Zeit die Bäder in den Wohnungen und Häusern des Dorfes noch rar.

Als auch dieses neue Gebäude nicht mehr ausreichte, wurden die Schüler der dritten und vierten Klasse ab 1980 in Überlinger Schulen geschickt. Eingemeindet als Teilort Überlingens war Nußdorf inzwischen von der finanziellen Unterstützung der Stadt abhängig. Diesen Zustand erduldeten die Nußdorfer Eltern fast 25 Jahre. Die weniger Leidensbereiten gründeten den Förderverein Grundschule Nußdorf, um einen Erweiterungsbau durchzusetzen. Der Förderverein erreichte zunächst, dass die Drittklässler ab dem Jahr 2000 provisorisch im Rathaus unterrichtet wurden. Vor allem aber konnte der Überlinger Teilort Nußdorf mit Unterstützung des Fördervereins den Bau neuer Schulräume durchsetzen. Der Förderverein warb außerdem erfolgreich um Unterstützer und Sponsoren, die die Schule mit Computern und Druckern ausstatteten.

Am 1. Februar 2005 konnte in Nußdorf ein Erweiterungsbau der Grundschule mit zwei Mehrzweckräumen und renovierten Sanitäranlagen eingeweiht werden. Nach Angaben des Südkuriers hatte die Stadt mit insgesamt 500.000 Euro den Neubau und die Verbesserung des Altbaus mitfinanziert. Die Dritt- und Viertklässler konnten von nun an wieder in Nußdorf zur Schule gehen. Zudem wurde allen Grundschüler eine feste Kernzeitbetreuung, ein Hort inklusive Mittagessen mit pädagogischer Betreuung, ermöglicht - alles auf Initiative des Fördervereins Grundschule Nußdorf, damals unter Leitung von Christine Kiefer. Die Stadt Überlingen beteiligte sich nicht an diesen Kosten.

Vorführung der Zweitklässler bei der Einschulung im Sommer 2006

Die Nußdorfer Kinder haben heute nicht nur den Luxus einer nahen Grundschule, sondern auch das Privileg eines reformpädagogischen Lernkonzepts. Seit 1995 gab es hier die ersten beiden Lehrerinnen mit einem Montessori-Diplom[13]. Aber es dauerte noch einige Jahre, bis alle Lehrkräfte im Besitz eines Montessori-Diploms waren. Erst dann nämlich durfte sich die staatliche Grundschule das Prädikat „Montessori" anheften. 2011 stimmten Ortschafts- und Gemeinderat gerne dem Antrag zu, in der Grundschule Nußdorf nach dem montessori-pädagogischen Bildungskonzept zu unterrichten. Ab 2012 wurden die sogenannten Familienklassen, d. h. Lerngruppen mit Schülern aller vier Jahrgänge, eingerichtet.

Die kleine, familiäre Dorfschule und die Montessori-Pädagogik haben bei Eltern offensichtlich einen so guten Ruf, dass nicht nur Nußdorfer Kinder hier angemeldet werden, sondern auch viele aus dem näheren Umkreis. Diese Kinder werden aber auch dringend gebraucht, um die kleine Schule „am Leben" zu erhalten. Seit 2009 kommt weniger als die Hälfte der Kinder aus Nußdorf, bei einem Durchschnitt von insgesamt 68 Schülern pro Schuljahr.

Grundschule und der Hort leisten zusammen mit dem Rosa-Wieland-Kinderhaus einen großen Beitrag, die Lebensqualität im Dorf zu erhöhen und Nußdorf für junge Familien attraktiv zu machen.

13 Wer sich über die Prinzipien der Montessori-Pädagogik informieren möchte, findet alles Wissenswerte unter dieser Internet-Adresse: www.montessori.de.

Das Rosa-Wieland-Kinderhaus

Das letzte Haus in der Forelle, wenn man nach Osten in Richtung Birnau geht, ist ein moderner, langer und schmaler einstöckiger Holzbau mit einem flachen, begrünten Dach. Es ist das Rosa-Wieland-Kinderhaus[1], der Nußdorfer Kindergarten.

Die Gemeinde Nußdorf hatte 1961 im Parterre des ehemaligen Wochenendhauses von Konstantin und Rosa Wieland ihren ersten Kindergarten für 18 Kinder eröffnet. Der erste Stock des Wielandhauses diente einige Jahre noch als Wohnung für Lehrerinnen der Nußdorfer Grundschule. 1975, nach der Eingemeindung von Nußdorf nach Überlingen, wurde das Wielandhaus mit einem Flachbau erweitert und Platz für mehr Kinder geschaffen. Diese kamen dann für gut 20 Jahre auch aus Deisendorf, bis dort eine Privatinitiative den Kindergarten „Storchennest" eröffnete.

Da nach dem Abzug der Deisendorfer Platz für Kinder übrig war, wurde 1999 von der Gemeinde Überlingen dem Körperbehinderten Zentrum Oberschwaben (KBZO) angeboten, Kinder mit Handikap aus der Umgebung Überlingens aufzunehmen. Nach anfänglichen Schwierigkeiten und den darauffolgenden Zusagen der Stadt für notwendige Sacheinrichtungen für die KBZO-Kinder konnte die Koexistenz beider Institutionen, städtischer Kindergarten und KBZO, verwirklicht werden. So begann das tägliche Zusammenleben der Kinder des städtischen Kindergartens und der Kinder mit Handikap aus Überlingen und Umgebung.

Offiziell waren die Gruppen zwar getrennt, weil sie unterschiedlichen Institutionen angehörten. Praktisch aber gab es regen Austausch zwischen beiden Bereichen. Und es entwickelte sich ein so gutes kollegiales Verhältnis aller Erzieherinnen und Erzieher, dass bei der Entscheidung für einen Neubau Gemeinde und KBZO auf Bitte der beiden Kindergartenleitungen übereinkamen, einen integrierten, ja inklusiven Kindegarten zu schaffen. Heute kümmern sich - wo es sinnvoll ist - beide Teams gemeinsam um alle Kinder. Es gibt abhängig vom Grad des Handikaps mehr oder minder inkludierte Gruppen. Sehr individuell wird entschieden, ob und wann ein Kind - mit oder ohne Handikap - welche Aufmerksamkeit - benötigt.

Im neuen, 2014 fertig gestellten Kinderhaus, gibt es eine Krippe für zehn

1 Mehr über Rosa Wieland im Kapitel 9 „Menschen in Nußdorf" im Abschnitt „Das Ehepaar Wieland".

Kinder von ein bis drei Jahren, zwei Gruppen mit jeweils 12 „städtischen" Kindern und fünf vom KBZO. Betreut werden sie von Erzieherinnen der Stadt Überlingen sowie von Erzieherinnen und Therapeutinnen des KBZO. Das Haus hat - wahrscheinlich einmalig am Bodensee - direkten Seezugang, der auch gerne genutzt wird.

Im Juli 2016 wurde an Petra Drossel, der Leiterin des Rosa-Wieland-Kinderhauses, in einer kleinen Feier das Dokument überreicht, mit dem unser Kindergarten als das 1000. Kneipp-Kinderhaus in Deutschland zertifiziert wurde. Gekneippt wird nicht nur im Sommer im See und im Gras, sondern auch zu jeder Jahreszeit in einem Kneippbecken im Haus.

Das Rosa-Wieland-Kinderhaus
Foto: Mende

Das Strandbad

Seebadeanstalten, d. h. auf Pfählen gebaute Umkleidekabinen, erreichbar über einen Steg und über eine Treppe in den See, gab es am Bodensee schon seit Mitte des 19. Jahrhunderts, so auch in Überlingen. Sie konnten nur von den Reichen genutzt werden.

Strandbäder, d. h. parkähnliche Anlagen mit Umkleidekabinen auf dem Land, entstanden erst in den zwanziger Jahren des 20. Jahrhunderts. Sie entsprachen dem neuen Lebens- und Körpergefühl, dem Wunsch nach Bewegung in freier Natur. Das Baden am See als Freizeitvergnügen für die breite Bevölkerung setzte voraus, dass diese zunehmend über freie Zeit verfügte. Sicher ist, dass die Nußdorfer, wie alle Seeanrainer auch, den See zur Körperreinigung nutzten - und zwar dort, wo in den dreißiger Jahren Winifred Wagner ein Sommerhaus kaufte.

Ein erster Hinweis auf einen öffentlichen Badeplatz in Nußdorf taucht 1923 auf. Demnach verspricht ein Herr Ade vom Rentamt Salem, der Gemeinde Nußdorf ein Grundstück für einen Badeplatz im Gewann Gackeler[1] abzutreten, das zum Besitz der sogenannten Standesherrschaft Salem gehörte. Das Grundstück östlich des Anwesens Zum Hecht 18 wurde für den Gemeindebadeplatz gepachtet, wobei die Gemeinde das Vorkaufsrecht hatte.

Es muss sich um ein sehr großes Gelände gehandelt haben, das die Nußdorfer 1931 als Argument für die Leistungsfähigkeit der Gemeinde und damit gegen die Eingemeindung mit Überlingen anführten: „Der mit 200 m Strandlage selten schöne Badeplatz, der der Allgemeinheit unentgeltlich zur Verfügung steht […], die einzigartige Lage […] überhaupt der ruhige ländliche Charakter ist Anziehungspunkt für Erholungssuchende", schreibt der Gemeinderat an die Stadt Überlingen. In einem daraufhin bestellten Gutachten wird jedoch recht abfällig über diesen Badeplatz geurteilt: „[…] ein primitives Freibad mit einigen Bänken […] hat nur den Vorteil unentgeltlich zu sein."

Offensichtlich hatte die Gemeinde durchaus vor, weiter in den Badeplatz zu investieren. Inzwischen wollte die Standesherrschaft Salem das Grundstück jedoch an den Privatmann Pfeiffer verkaufen, zu einem Preis, den Nußdorf nicht zahlen konnte. Man musste wohl oder übel auf das Vorkaufsrecht verzichten und nach einem anderen Grundstück Ausschau halten.

1933 wurden zwei Seegrundstücke dort gekauft, wo auch heute noch

1 In einigen Quellen ist von „Gaggeler" oder „Gageler" die Rede.

das Strandbad ist. Das Gelände hatte nur noch 100 Meter Strandlänge, wurde aber besser ausgestattet. Entsprechend den Auflagen des Bezirksamtes errichtete man zuerst zwei Toiletten - „deren Abgänge nicht in den See geleitet werden [sollen]". Auch sorgte man für die „notwendigsten Einrichtungen und Gebrauchsgegenstände für die Errettung Ertrinkender [...]: Boot, Stangen, Rettungsleine, evtl. Rettungsgürtel", baute 1936 Auskleidehallen - eine für die Damen im Osten, eine für die Herren im Westen -, legte einen Rasen an und bepflanzte das Ufer mit Weiden. Ja, man plante sogar einen Sprungturm, der jedoch vorläufig nicht errichtet wurde. Dass sich östlich dieses Geländes der örtliche Müllplatz der Gemeinde befand, störte damals offensichtlich niemanden.

Die Besitzerin des westlich gelegenen Grundstücks, Winifred Wagner, war über diese Entwicklung wenig begeistert. „Ich habe niemals Kenntnis erhalten von der Gemeinde, neben meinem Grundstück einen Badeplatz errichten zu wollen. [...] Der Badebetrieb mit seinen offenen Auskleidehütten [...] [lässt] den Lärm ungemindert bis an mein Haus dringen. [...] Man lagert sich vor oder nach dem Bade längs meines Zaunes und lässt ununterbrochen eine einzige Grammophonplatte stundenlang ablaufen. Trotz des Gemeindeverbots werden immer wieder Zelte auf dem Badeplatz errichtet und bis spät in die Nacht [...] lärmen die Insassen in der rücksichtslosesten Weise", schrieb sie 1937 an den Bürgermeister Beck und forderte den Bau einer Mauer als Lärmschutz.

Eine Lösung, die sowohl die privaten Interessen Winifred Wagners als auch die öffentlichen Interessen der Gemeinde berücksichtigte, war die Planung eines neuen Umkleidehauses parallel zur westlichen Grundstücksgrenze. Frau Wagner erklärte sich unter einer Bedingung bereit, dem Baugesuch stattzugeben: „Während der Badezeit muss ein schwimmkundiger Bademeister zur Stelle sein." Dafür hatte die Gemeinde jedoch kein Geld. Und überhaupt zog sich das Genehmigungsverfahren in die Länge, bis der Kriegsbeginn alle Planungen unterbrach.

In der Nachkriegszeit brachte der öffentliche Badeplatz Probleme ganz anderer Art. Er wurde zunehmend als Zeltplatz genutzt, was nicht nur den Platz für die Badenden einschränkte, sondern auch Tugendwächter auf den Plan rief.

Im Sommer 1949 ging bei den Landratsämtern in Konstanz und Überlingen ein Brief des Kreisschulamtes ein, in dem vehement das unmoralische Treiben auf Bade- und Zeltplätzen am Bodensee, auch in Nußdorf, beklagt wurde: „Junge und alte Paare gaben sich auch bei der Anwesenheit von Kindern hemmungslos und schamlos ihren Neigungen und Trieben hin", hieß es dort. Schon einige Wochen vorher hatte ein Mitarbeiter des Forstamtes Überlingen die Seegemeinden davon in Kenntnis gesetzt, „dass Jugendliche beiderlei Geschlechts gemeinsam zelten und es liegt nahe, sich das übrige zu denken. [...] Der Ruf unserer Heimat und unseres Volkes darf nicht weiter sinken [...]".

Die Gemeinde Nußdorf wurde deshalb in den Folgejahren mehrfach vom Landratsamt aufgefordert, Aufsichtspersonal für den Badeplatz einzustellen. Dazu fehlte der Gemeinde jedoch wieder das Geld. Lieber wollte man das Zelten am Badeplatz verbieten, zumal der Landwirt Denz in Maurach einen privaten Zeltplatz eingerichtet hatte. Das Landratsamt, das hinsichtlich des zunehmenden Tourismus am See an möglichst vielen Übernachtungsmöglichkeiten interessiert war, drängte letztendlich vergeblich auf das Verbot des freien Zeltens. Anscheinend hatte das Landratsamt keine rechtliche Handhabe, auf seinen Forderungen zu bestehen.

Im Jahr 1949 wurde vom Abriss der Umkleidehütten und ihrem Neuaufbau mit vorhandenem Material berichtet. Fünf Jahre später riss man auch diese wieder ab und ersetze sie durch ein neues Gebäude parallel zur Straße, mit Einzelkabinen und Toiletten. Außerdem wurde ein Kiosk errichtet.

Das Strandbad in den fünfziger Jahren

Im Frühsommer 1956 führte der Bodensee Hochwasser, das nicht nur bei zahlreichen Wohngebäuden große Schäden anrichtete, sondern auch das Strandbad verwüstete. Fast zehn Jahre später zerstörte das nächste Hochwasser das gesamte Gelände, der Rasen wurde durch Schlamm und Algen vollständig vernichtet. Die Gebäude standen zehn Zentimeter unter Wasser. Aus hygienischen Gründen war der Badebetrieb auch nach Rückgang des Wassers nicht möglich. Die Wiederherstellung des Standbades kostete die Gemeinde 24.000 DM.

Hochwasser am Strandbad 1965

Ab den sechziger Jahren wurde Eintritt erhoben. Nun konnte auch ein Bademeister finanziert werden. Das Strandbad wurde jedes Jahr zwischen Mitte April und Anfang Mai geöffnet und Mitte September geschlossen.

1995 kam die Stadtverwaltung auf die Idee, das Strandbad zu verpachten; Rudolf Beck, stellvertretender Vorsitzender des Nußdorfer Ausschusses[2], unterstützte diese Idee und schlug zusätzlich den Bau eines Restaurants auf dem Grundstück des Strandbades vor. Errichten sollte dieses Restaurant der künftige Pächter. Nachdem der erste Pächter nach einem Jahr aus privaten Gründen die Pacht aufgeben musste, begann der neue Pächter Peter Eberz mit der Planung. Probleme mit dem Baurechtsamt wegen des Landschaftsschutzes konnten beseitigt werden und 1999 wurde die Fertigstellung des Restaurants gefeiert.

Doch die Freude währte nur kurz: Zwei Monate nach Eröffnung überflutete ein sogenanntes Jahrhunderthochwasser das Strandbad und setzte auch das Restaurant unter Wasser. Vergeblich hatte die Nußdorfer Feuerwehr bei tagelangem Einsatz versucht, mit Sandsäcken und durch Abpumpen ein Eindringen des Wassers in das Restaurant zu verhindern. Das ganze folgende Jahr blieb das Strandbad geschlossen, da auch der Rasen voller Schlamm war, lange nass blieb und auch der Kabinenteil zerstört worden war. Der Ortsvorsteher setzte sich erfolgreich für einen Neubau der Umkleidekabinen und Toiletten ein. Im Jahr 2000 wurde ein neues Gebäude errichtet, diesmal parallel zum

2 Nußdorf wurde 1975 im Zuge der Eingemeindung in Überlingen zu einem Stadtteil, nicht zu einem Teilort mit Ortsverwaltung. Um den Bewohnern der ehemaligen Gemeinde eine gewisse Mitsprache zu ermöglichen, wurde der von den Nußdorfern zu wählende Ausschuss für Angelegenheiten des Stadtteiles Nußdorf (Nußdorfer Ausschuss) eingesetzt. Dessen Vorsitzende waren BM/OB Ebersbach und OB Patzel. Nußdorf hat erst seit 1999 einen Ortschaftsrat mit Ortsvorsteher.

Grundstück der Familie Wagner/Lafferentz.[3] Damit war nicht nur der Jahrzehnte vorher geforderte Lärmschutz (s. o.) realisiert worden, auch die Sicht auf den See von der Straße her war nun wieder frei.

Das Strandbad muss von der wetterbedingten Nutzung durch die Besucher ausgehen - in einem Sommer, wie er es 2002 war, stellte der Badebetrieb ein Verlustgeschäft dar. Aber das Restaurant war von Anfang an ein Erfolg und ist es noch immer. Die seit 2014 tätige neue Pächterin hat die Öffnungszeiten des Restaurants auf die Zeit um Ostern vorgezogen und über die Badesaison hinaus bis Ende November erweitert.

3 Da der auf einem Teil dieses Grundstücks pachtende Surfclub ebenfalls parallel zur Grenze ein Clubhaus bauen wollte, wurde diese Neuplanung genehmigt.

Kapitel 8

Vereine heute und gestern

Die Vereine - Kraftquellen des Dorfes

Als Kraftquellen bezeichnet der Historiker Gerhard Henkel in seinem Buch „Das Dorf" die ländlichen Vereine - eine Bewertung, der wir uns mit Blick auf die Nußdorfer Vereine gerne anschließen. Auch seine weiteren Ausführungen über das Vereinsleben in deutschen Dörfern passen gut zu Nußdorf:

„Vereine prägen das kulturelle und soziale Leben des Dorfes. [... Die Dörfer verdanken] ihre Lebendigkeit und Lebensqualität zum großen Teilen den Vereinen. Die kulturellen und sportlichen Aktivitäten tragen heute wesentlich zur Identifikation der Bevölkerung mit ihrem Dorf bei. Dies ist besonders wichtig, nachdem vielerorts durch die kommunale Gebietsreform das lokalpolitische Selbstwertgefühl beseitigt worden ist."

In Bezug auf die kulturellen Vereine fällt auf: In den Dörfern wird eher aktiv Kultur gestaltet, während in den Städten Kultur eher passiv konsumiert wird. Bemerkenswert ist auch ein anderer Vergleich mit den Städten: Auf dem Land sind die Anzahl der Vereine und die Mitgliederzahlen im Verhältnis zur Bevölkerung wesentlich höher als in der Stadt.

Dabei waren die Städte bei der Gründung von Vereinen den Dörfern zunächst weit voraus. Im Zuge der Französischen Revolution und der folgenden zunehmenden Selbstbestimmung der Bürger war die Gründung von Vereinen seit dem Ende des 18. Jahrhunderts Ausdruck der bürgerlichen Emanzipation. Hier organisierten die Bürger ihre sozialen und kulturellen Interessen selbständig und konnten dabei demokratisches Verhalten auf lokaler Ebene und in kleinen Gruppen erproben.

Im Gegensatz zum übrigen Deutschen Reich, wo der Staat sich das Recht vorbehielt, Vereine aufzulösen, setzte sich in Baden und Württemberg in den frühen 1830er Jahren ein liberales Vereinsrecht durch. Diese Voraussetzungen, aber auch Arbeitsbedingungen, die mehr frei bestimmte Zeit ermöglichten, begünstigten dann auch auf dem Land die Gründungswelle von Vereinen im späten 19. Jahrhundert und Anfang des 20. Jahrhunderts.

In Nußdorf kam diese Welle erst mit Verzögerung an. Hier entstand 1895 als erster Verein der Kriegerverein, später bildeten sich der Consumverein, die Musikgesellschaft Nußdorf, der Gesangverein Frohsinn, der Schützenverein, der Turnverein[1] und die Freiwillige Feuerwehr. Heute sind folgende Vereine ak-

1 Der Turnverein wird nur einmal im Protokollbuch des Kriegervereins erwähnt. Darüber hinaus waren keine Informationen über diesen Verein zu ermitteln. Im zentralen Vereinsregister des Amtsgerichts Freiburg ist der Turnverein nicht nachgewiesen.

tiv: Badische Böllerschützen Nußdorf, Förderverein Dorfgemeinschaft Nußdorf, Förderverein der Grundschule Nußdorf, Freiwillige Feuerwehr, Gesangs- und Musikverein Nußdorf, Narrengesellschaft Schnecken Nußdorf e.V. und Theaterhaufe Nußdorf sowie - zwar aktiv aber kein Verein - der Frauentreff, der die Seniorennachmittage organisiert. Sie alle bringen sich aktiv in das soziale und kulturelle Leben in Nußdorf ein und stellen eine Bereicherung nicht nur für die Alteingesessenen, sondern auch für die vielen Neubürger sowie für die Touristen im Dorf dar.

Seit einigen Jahren klagen fast alle Vereine über Nachwuchs - und das nicht nur in Nußdorf. Das ist bedenklich, denn die aktive Vereinsarbeit hat auch eine politische Dimension. So stellt der Volkskundler Albrecht Lehmann fest: Nicht nur lernt man hier im Verein Verfahren, wie öffentliche Reden, Tagesordnungen, Abstimmungen und Geschäftsordnungsdebatten, die bei der Ausübung von öffentlichen Aufgaben und in der Parteiarbeit von großem Nutzen sind. Auch der Einfluss der Vereine auf kommunalpolitische Entscheidungen ist unbestreitbar. „Der Zusammenhang von Vereinszugehörigkeit, Präsenz auf kommunalen Wahllisten und Wählerverhalten ist jedem aufmerksamen Dorfbewohner bekannt."

Einer der Gründe für den fehlenden Nachwuchs in den Nußdorfer Vereinen ist sicherlich die Nähe zur Stadt Überlingen. Dort gibt es Vereine, wie den Fußballverein, den es in Nußdorf auch einmal gegeben hat. Der Konkurrenzverein in der Stadt war eben einfach attraktiver, als der kleine Dorfverein. Auch gibt es vermutlich mindestens so viele Nußdorfer bei den Hänselen der Überlinger Narrenzunft, wie bei der Nußdorfer Narrengesellschaft „Die Schnecken". Dann ist zu bedenken, dass die Mehrheit der Nußdorfer aus Zugezogenen besteht, deren Bindung an das Dorf einfach schwächer ist als bei den Alteingesessenen. Der Nußdorfer Theaterhaufe wiederum ist eine Bestätigung, dass in Dörfern wie Hödingen oder Nußdorf Kultur im Gegensatz zur Stadt aktiv betrieben wird. Und ebenso positiv ist, dass der relativ neue Verein „Badische Böllerschützen" als Nußdorfer Vereinsgründung einige Überlinger zur aktiven Teilnahme ins Nußdorfer Vereinsleben gelockt hat.

Im Folgenden werden die Vereine chronologisch nach den Gründungsjahren vorgestellt. Als Überschriften haben wir die aktuellen Namen der Vereine verwendet.

Kriegerverein Nußdorf

Manche Wege sind tatsächlich wundersam: Es geschah im Sommer 1992, Rudolf Beck war gerade beim Heu-Abladen vor seiner Scheune, als er von einem eindeutig „Nicht-Nußdorfer" angesprochen wurde. Wadenstrümpfe und Dialekt deuteten auf bayrische Herkunft. „Sind Sie Herr Beck? Schauen Sie sich das Buch an! Können Sie was damit anfangen? Wollen Sie es haben?" Rudolf Beck traute seinen Augen nicht. Der fremde Herr bot ihm das „Protokollbuch des Kriegervereins Nussdorf" an - für 200 DM. Herr Huss, so hieß er, hatte das Protokollbuch auf einem Flohmarkt gefunden.

Wie war es dorthin gelangt? Etwas Licht ins Dunkel geben Briefe, die sich zwischen den Seiten des Protokollbuchs fanden: Ein Brief ist von Josef Schumacher vom Frühjahr 1943, Adressat war Anna Zipf. Er schreibt ihr: „Du kannst jetzt nicht nach Nußdorf kommen." Josef Schumacher war langjähriger Schriftführer im Kriegerverein Nußdorf. Der zweite Brief wurde von Anna Zipf am 18. Juni 1943 an Josef Schumacher in Nußdorf geschrieben. Darin teilte sie ihm mit, dass sie ihren Besuch nach Nußdorf auf Ende Juni verschieben würde, und lässt ihn und seine Frau herzlich grüßen. Diese Hinweise müssen genügen, um über das Weitere zu spekulieren. Vermutlich hat Josef Schumacher, der als Soldat eine Zeitlang in der Münchner Garnison stationiert war, das Protokollbuch mit nach München genommen, in der Hoffnung dort Zeit für Nachträge zu haben. Dazu ist es dann nicht mehr gekommen. Als er wieder an die Front musste, hat er das Protokollbuch vielleicht bei seiner Bekannten Anna Zipf deponiert. Er selber ist im Krieg gefallen. Sie hat das Buch behalten - und bei der Auflösung ihrer Wohnung landete das Protokollbuch dann auf einem Flohmarkt.

Rudolf Beck war sich sofort im Klaren, dass dieses Buch wieder nach Nußdorf kommen musste; aber er bat um Bedenkzeit, um die Finanzierung zu klären. Als sich kein Sponsor im Dorf fand - er hatte u.a. beim Musikverein angefragt -, übernahm Rudolf Beck den Kauf, um es möglicherweise zusammen mit der noch vorhandenen Fahne des Kriegervereins der Öffentlichkeit irgendwie und irgendwo zugänglich zu machen.

Das Protokollbuch ist also seit 1992 wieder in Nußdorf. Die Protokolle beginnen mit der Generalversammlung von Dezember 1895 und verzeichnen 19 Mitglieder - damit war mindestens 1/3 der männlichen Erwachsenen von

Nußdorf im Kriegerverein[1]. Wann der Verein gegründet wurde, wird nicht ganz klar. 1908 beglückwünscht Großherzogs Friedrich II. von Baden zum 25jährigen Bestehen des Vereins. 1925 feiert der Verein sein 30jähriges Vereinsjubiläum.

So oder so waren die Nußdorfer spät dran. In den meisten Gemeinden Deutschlands wurden Kriegervereine schon nach den Koalitionskriegen (1792 - 1815) mit Frankreich gegründet, verstärkt dann nach Kämpfen des Revolutionsjahrs 1848. Hier wurden im Kreis der Ehemaligen Erinnerungen und Geselligkeit gepflegt, hier gedachte man aber auch der gefallenen Kameraden. Es waren die Kriegervereine, die überall in Stadt und Land Gedenksteine zur Erinnerung an gefallene Soldaten aufstellten und dort Gedenkfeierlichkeiten abhielten. Die Vereine unterstützen aber auch finanziell ehemalige „hilfsbedürftiger Kameraden" bzw. deren Familien.

Die Kriegervereine waren zunächst parteiübergreifend, d.h. neutral. Das Militär und alle militärische Attribute hatten in der Bevölkerung ein hohes Ansehen. Davon profitierten dann auch die einzelnen Mitglieder der Kriegervereine, die mit Uniform und Fahne an allen möglichen Gedenk- und Festtagen der Gemeinde teilnahmen.

Was berichtet uns nun das Protokollbuch über die Aktivitäten des Nußdorfer Kriegervereins?

Abgesehen von den jährlichen Generalversammlungen, bei denen der Jahresbericht vorgetragen, der Rechenschaftsbericht des Rechners vorgelegt, die Vorstände gewählt, neue Mitglieder aufgenommen und Beschlüsse über die finanzielle Unterstützung von kranken Kameraden oder deren Familien gefasst wurden, lassen sich die Aktivitäten in drei Gruppen einteilen:

1. Die Teilnahme an Fahnenweihen sowie Enthüllungen von Kriegerdenkmalen benachbarter Kriegervereine, aber auch die Organisation der eigenen Fahnenweihe, die Gestaltung des jährlichen Volkstrauertags sowie die Mitwirkung bei der Beerdigung von Kameraden - „mit Musik und umflorter Fahne";
2. Die Beteiligung an Gedenk- und Feiertagen wie Geburtstage des badischen Großherzogs, an Fronleichnamsprozessionen, an der Neuinvestitur eines Pfarrers in Seefelden, an Patroziniumsfeiern;
3. Die Organisation geselliger Veranstaltungen wie sommerliche Ausflüge ins Umland und vor allem die jährlichen Christbaumfeiern Ende Dezember/Anfang Januar, die jeweils zusammen mit dem Gesangverein Frohsinn mit Lieddarbietungen, Theateraufführungen und einer Verlosung gespendeter Gaben organisiert wurden.

Ein Großereignis war die Einweihung der eigenen Fahne am 30. August 1903, über die sehr ausführlich in der „Gedenkschrift über die Anschaffung

1 1895 hatte Nußdorf 92 männliche Einwohner, vermutlich ca. 60 Erwachsene.

einer Fahne für den Kriegerverein Nußdorf" berichtet wurde. Die Fahnenweihe am 30. August 1903 wurde mit viel Aufwand vorbereitet und einen ganzen Tag lang gefeiert. Sie begann mit einem Gottesdienst zur Kirche in Seefelden, wohin man von Nußdorf aus, begleitet von einer Musikkapelle, marschierte. Danach ging es zur Fortsetzung des Festes zurück zum geschmückten Festplatz am Rathaus in Nußdorf. Dort waren, neben der Dorfbevölkerung, die befreundeten Krieger- und Musikvereine aus umliegenden Ortschaften sowie der Männerchor von Oberuhldingen versammelt. Auch Großherzog Friedrich von Baden war anwesend. Reden wurden gehalten, u.a. vom Vereinsvorstand Johann Klingenstein und vom Bürgermeister Josef Zundel, Lieder wurden vorgetragen, man marschierte durch die Straßen des Dorfes, um dann im Löwen mit weiteren Festreden und Musikdarbietungen das Fest fortzusetzen. Ganze vier enggeschriebene Seiten umfasst der detaillierte Bericht des Protokollanten Zundel.

Das Feiern hatte dann mit Ausbruch des 1. Weltkriegs zunächst einmal ein Ende. Im Protokoll der Versammlung am 30. August 1914 heißt es: „Nachdem der Krieg mit Frankreich u. Rußland u. England am 2. August 1914 ausgebrochen [sic!] mussten die meisten Vereinsmitglieder zu den Fahnen eilen." Bei dieser Versammlung wurde auch beschlossen, den Frauen der Eingezogenen fünf Mark Unterstützung aus der Vereinskasse zukommen zu lassen.

Im Protokoll vom November 1914 wurde das erste Kriegsopfer - Josef Beck, gefallen in Nordfrankreich am 23. Oktober - betrauert. Es wurde beschlossen, dies Jahr keine Weihnachtsfeier zu planen, „da die Lage zu ernst sei und große Feste bei so traurigen Zeiten nicht wohl abgehalten werden sollen." Stattdessen sollte nur ein bescheidener Weihnachtsabend abgehalten werden, bei dem jeder Frau eines Mitglieds drei Mark ausgezahlt werden sollte. Den anwesenden Familienangehörigen sollte Freibier und Vereinskaffee ausgeschenkt werden.

Das nächste Protokoll gab es erst wieder nach Kriegsende, am 21. Dezember 1919. Hier zeigt sich, dass es offensichtlich doch einige Nußdorfer Bürger gab, denen durch die Kriegserfahrungen der Spaß an Kriegervereinsaktivitäten vergangen war. Immerhin waren fünf Vereinsmitglieder „auf dem Feld der Ehre" gefallen. Es wurde über die Auflösung oder das Fortbestehen des Vereins diskutiert. Doch die Mehrheit war für ein Fortbestehen. 16 neue Mit- glieder wurden aufgenommen, weitere kamen in den nächsten Jahren hinzu; 1921 hatte der Verein 37 Mitglieder, u.a. Gustaf Oexle[2], 1929 waren es schon 53.

Anlässlich der besonders zahlreichen Neuzugänge 1921 „gab der Kamerad Zundel einen ausführlichen Aufschluss über den Zweck und über die Bedeutung des Kriegervereins. Zum Schluss wurde noch die Aufforderung an die Krieger gestellt, bei allen Vereinsanlässen Orden und Ehrenzeichen anzu-

2 mehr zu Oexle, s. Artikel „Gustav Robert Oexle" in Kapitel 9

legen." In Nußdorf war - wie im ganzen deutschen Reich - die Begeisterung fürs Militär nicht so schnell tot zu kriegen.

Genauso begeisterten sich die „Krieger" aber auch auch für das jährliche Christbaumfest, das ab 1920 - gemeinsam mit dem Gesangverein Frohsinn - wieder gefeiert und anschließend immer ausführlich beschrieben wurde.

Aufnahmeurkunde.
Herr Josef Beck
wird hiermit als aktives Mitglied in den
Kriegerverein Nußdorf aufgenommen.
Nußdorf, den 4. Januar 1920
Der Vorstand: Der Schriftführer:
Schumacher Zündel

Aufnahmeurkunde für Josef Beck 1920

Zum Programm am 26. Dez. 1922 gehörte „eine erhebende den heutigen Verhältnissen u. wirtschaftlichen Lage angepassten Ansprache, woran anschließend mit einem lebenden Bilde und Gesang ‚Am Heldengrabe' gesungen vom Gesangverein Frohsinn die Aufführungen ihren Anfang nahmen." Dann gab es zwei Theateraufführungen und zum Schluss wurden der geschmückte Christbaum versteigert sowie die gespendeten Gaben verlost.

Manchmal wurden die Spender und ihre Gaben auch aufgelistet, so 1927 u.a.:

„ Frauenholz K.	1 Wetterhäuschen
Zündel Her.	Gesichtsseife
Rechenbach H.	2 Flaschen Wein
Werner Georg	10 Zigarren
Schumacher J.	2 Kaffeetassen mit Untersatz
Rettich	2 Kopftücher
Müller German	4 Paar Kinderschuhe
Fräulein Lang	2 Kaffeetassen und eine Zuckerbüchse
Lehrer Bart	1 Butterdose und Schale
Lehrer Hörner	1 Flasche Malaga
Toilette (sic!)[3] Hans	1 Weihnachtspaket
Zündel Wilhelm	1 Obstschale und ein Schaumlöffel"

Auch die Beschreibungen der Feierlichkeiten für den Volkstrauertag waren jeweils recht ausführlich. So wurde z.B. 1927 berichtet:

„Gedenkfeier für Alle gefallenen Kameraden am 13. März 1927 - Volkstrauertag.

Morgens 8 Uhr versammelten sich die Kameraden im Vereinslokal zum Abmarsch nach der Pfarrkirche Seefelden. Mit umflorter Fahne gingen wir zum Kirchgang wobei sich alle Krieger und Militärvereine sowie andere Vereine der

3 Ein Scherz mit dem richtigen Toleti.

Kirchspielgemeinde teils mit Musik einfanden. Von den Gesangvereinen Nußdorf, Ober und Unteruhldingen wurden mehrere Lieder gesungen. Nach dem Gottesdienst ging es heimwärts beim Kamerad Gruler[4] wurde Frühschoppen eingenommen, wobei wieder über das Problem des Gefallen-Denkmal besprochen wurde, was sich leider so wenig Interesse zeigt.

> ‚Wenn Deutsches Volk du heut zur Totenfeier siehst,
> An Ehrenmalen oder in geweihten Hallen,
> Sei tief des Opfers aller derer dir bewusst
> Die einst für Freiheit und fürs Vaterland gefallen!
> Sie starben alle, alle, Deutsches Volk, für Dich.'
>
> Schriftf. Schumacher

Wie die Protokolle zeigen, war der Kriegerverein im Dorf gut vernetzt - nicht nur mit dem Gesangverein, sondern auch mit dem Turnverein[5]. Die guten Beziehungen wurden nach außen durch das gegenseitige Spendieren einer Schleife für die Fahne zum Ausdruck gebracht. Und als der Schützenverein 1931 wegen der Sicherung seiner Schießanlagen in finanzielle Schwierigkeiten kam, bot man an „80 Mark vorzustrecken".

Deutlich wird aber auch das gute Verhältnis zur Kirche in Seefelden. Hier fanden die Volkstrauerfeierlichkeiten statt, mit passenden Predigten der jeweiligen Pfarrer: „Herr Pfarrer Nagel hielt dem Tag entsprechend Ansprache und Gedenke! (Wer für uns starb, starb nicht vergebens.)" Aber die Krieger beteiligten sich auch aktiv an den kirchlichen Feiertagen, an den Einführungen für neue Pfarrer und an den Gottesdiensten für den Namenspatron.

Aus allen diesen Berichten könnte man schließen, dass in der Nußdorfer Bevölkerung allgemein eine große Begeisterung für den Krieg vorhanden war. Doch dann liest man im Protokoll der Generalversammlung von 1932:

„Vorstand Zundel wies noch einmal auf die Ziele des Vereins insbesondere auf die Kameradschaftlichkeit und die Nächstenliebe für hilfsbedürftige Mitglieder hin. Hauptlehrer Hörner streifte noch kurz die Schrecken eines zukünftigen Krieges mit seinen technischen verheerenden Mitteln, und gedachte der Kriegsbesch. und Kriegshinterb., denen man jetzt in der Zeit der Not noch ihre Unterstützung kürzt, mit dem Mahnruf an alle: Nie wieder Krieg!"

Ein völlig anderer Ton wurde jedoch in den Protokollen ab 1933 angeschlagen. Während bisher in keinem der Protokolle irgendwelche politischen Stellungnahmen zur Sprache kamen, wurde jetzt offen Partei ergriffen. So erfährt man über die 1. Mai-Feierlichkeiten 1933, dass man zum neu erstellten Wagnerplatz marschierte, „um dort die frisch gepflanzte Hitlerlinde einzuwei-

---

4 Das war im Gasthaus zum Löwen.

5 Nur im Protokollbuch des Kriegervereins wurde ein Turnverein erwähnt. Weitere Informationen über einen Nußdorfer Turnverein sind nicht bekannt.

hen." Abends traf man sich im Löwen, um die Rede „des Herrn Reichskanzlers" im Radio anzuhören. Zur „Reichstagswahl und Volksabstimmung am 12. November 1933" marschierten die Vereine geschlossen [...] bis zum Mittag hatten die meisten Wähler ihre Pflicht getan, das Resultat war sehr gut."

Mit derselben Selbstverständlichkeit und kommentarlos werden dann am Kriegerjahrtag am 20. November 1933 schwerwiegende organisatorische Veränderungen fast nebenbei erwähnt:

„Nachher war Frühschoppen im Vereinslokal Löwen verbunden mit Vereinsversammlung, Zwecks Gleichschaltung. Schriftführer Schumacher verlas den Beschluss des Deutschen Kyffhäuserbundes[6] und der Landesführung des bad. Kriegerbundes, das Kamerad und bisheriger 1. Vorstand Karl Zundel als Führer des Kriegervereins Nußdorf ernannt wurde. Laut Führerordnung hat er seinen 2. Führer und den Verwaltungsrat persönlich zu ernennen".

Die Nußdorfer Vereinsmitglieder nahmen offensichtlich widerspruchslos hin, dass sie in ihrem Verein nicht mehr demokratisch abstimmen konnten, sondern dass hier jetzt, wie im ganzen Reich, das Führerprinzip galt. 1934 marschierte man dann mit Begeisterung gemeinsam mit der Hitlerjugend zum Volkstrauergottesdienst nach Seefelden und 1935 war auch der „stattliche Zug NSDAP mit Fahne" beim Marsch zum Volkstrauergottesdienst dabei. Beim anschließenden Freibier im Löwen, spendiert vom NSDAP-Mitglied Paul Heilig, hielt dieser „eine Denkwürdige Rede über den Schandvertrag von Versail [sic!] [...] die haben den Vertrag gebrochen und Deutschland braucht in nicht mer [sic!] zu halten. Deshalb wurde von unserem Führer und Reichskanzler Adolf Hitler am 16. März 1935 das Gesetz herausgegeben zur Allgemeinen Wehrpflicht. Stürmischer Beifall und Sieg Heil dem Führer!"

An dieser begeisterten Neuorientierung des Kriegervereins hatte sicher das Vereinsmitglied Ratsschreiber Gustav Oexle, Gründer der NSDAP Überlingen, seinen nicht unerheblichen Anteil. Auch wenn darüber in den Protokollen nichts erwähnt wird, wird er seine Mitgliedschaft für die politische Agitation genützt haben.

Doch nicht alle Mitglieder des Kriegervereins waren mit dieser eindeutigen politischen Ausrichtung einverstanden. Von 1933 - 1934 traten sieben Mitglieder aus: Georg Hoffmann, Josef Ade, Herrmann Blepp, Albert Deufel, Kurt Frauenholz, Karl Stehle und Josef Bauer.

Die verbleibenden „Krieger" konnten sich 1935 entscheiden, ob sie sich als Kriegerverein dem Kyffhäuserbund anschließen wollten oder ob sie dem SA Landsturm beitreten wollten; ein Teil ging zum SA-Landsturm, wie viele, wur-

6 Der Kyffhäuserbund war der zentrale Soldatenbund. „Auf der Kyffhäusertagung vom 7. Mai 1933 in Berlin bekannte sich der damalige Präsident General der Artillerie Rudolf von Horn mit dem ganzen Kyffhäuserbund zu Adolf Hitler und besiegelte damit das Ende der bis dato selbständigen Landesverbände. Bereits am 21. Mai erfolgten die erste grundlegende Führeranordnung und der Umbau des Bundes unter Aufhebung der bisherigen vollen Selbständigkeit der einzelnen Landesverbände. Die parlamentarische Vereinsführung wurde abgeschafft. An die Stelle des Mehrheitsbeschlusses trat die Führeranordnung." (Wikipedia 2016)

de nicht protokolliert. Mit dem Anschluss an den Kyffhäuserbund bekamen die Verbleibenden Kyffhäusermützen, Armbinden und eine neue Kyffhäuserfahne. Im Frühjahr 1937 meldete der Verein eine „Schützen- Abteilung beim Landesverband" an und bekam ein Kleinkalibergewehr und 500 Patronen; zur Abteilung gehörten 14 Kameraden unter der Schießleitung von Josef Reichle, die fortan auf dem Schießstand des Schützenvereins üben konnten.

Im September 1938 dann eine weitere Organisationsänderung: „Die Krieger Vereine hören auf nur Vereine zu sein, sie werden eine NS Formation", angeblich um Kriegsteilnehmer und neu ausgebildete Soldaten zusammenzufassen. Damit verbunden war jedoch „die Übergabe des Kreisverbandes des seitherigen Kyffhäuserbundes als NS Reichskriegerbund an den Kreisleiter der NSDAP". Der Kreisadjutant versprach, „dass die NSDAP sich künftig auf diese 2000 Männer als NS Formation voll und ganz verlassen könne. Dieses Versprechen bekräftigten die Kameradschaftsführer für ihre Kameradschaften mit dem Sieg Heil auf den Führer."

Die Kameraden in Nußdorf waren also gut vorbereitet, als dann 1939 der Krieg begann. Im Protokoll vom 1. September 1939 ist die Rede vom Kriegsausbruch, als wäre der Krieg wie ein Naturereignis über die Deutschen gekommen. „Kriegskameradschaftsmitglieder mußten sofort zu ihrem Bestimmungsort einrücken." Mehr steht dazu im Protokollbuch nicht.

Es folgten dann bis 1943 nur noch wenige Berichte, z.T. nicht chronologisch, z.T. undatiert. Wie anfangs erwähnt war auch der Schriftführer Josef Schumacher eingezogen worden, hatte dann wohl das Protokollbuch teilweise in seiner Garnison in München weitergeführt. Die letzten Protokolle berichten von Heldengedenktagen unter Beteiligung von NS Kriegerbund, Partei, SA und Jungvolk, über Kreisappelle, bei denen u.a. die Ziele der Kriegsführung erläutert wurden, über Beerdigungen von älteren Kameraden und über die im Krieg gefallenen Kameraden Josef Schmid, Siegfried Schumacher und Heinrich Achenbach.

Damit endeten im April 1943 die Aufzeichnungen. Am 3. März 1943 hatte Adolf Hitler den Kyffhäuserbund auf Reichsebene aufgelöst. Anlass war die verlorene Schlacht von Stalingrad. Das Vermögen wurde der NSDAP übertragen und die weiter bestehenden lokalen Vereine, die in der Endphase des Zweiten Weltkriegs den Grundstock für die Volkssturm-Einheiten bildeten, der Partei unterstellt. Durch Kontrollratsgesetz Nr. 2 (Auflösung und Liquidierung der Naziorganisationen) vom 10. Oktober 1945 wurden alle Organisationen und Einrichtungen, die der nationalsozialistischen Herrschaft gedient haben, „abgeschafft und für ungesetzlich erklärt", so unter anderem auch der NS-Reichskriegerbund.

Anders als in manchen anderen Gemeinden, in denen in den 50er Jahren die Ortsvereine wieder begründet wurden, gab es in Nußdorf keine Neugründung nach dem Krieg.

Landwirtschaftlicher Consumverein Nußdorf

1897 war das Gründungsjahr des Nußdorfer Consumvereins. Mithilfe dieses Vereins konnten die Nußdorfer Bauern preislich günstiger Saatgut, Futtermittel und künstlichen Dünger einkaufen. D.h. der Verein verfolgte das Ziel, die Lebensbedingungen der Bauern zu verbessern.

Über die Aktivitäten des Vereins wurde detailliert Protokoll geführt. Das Protokollbuch ist noch in Nußdorf erhalten. Auf dem Etikett des äußeren Deckblatts steht: „Landw. Consumverein Nußdorf. Protokollbuch". Auf dem oberen Rand des Etiketts erkennt man lila gestempelt „Landw. Ein- und Verkaufsgenossenschaft Nußdorf, Amt Überlingen, eingetr. Genossenschaft m. beschr. Haftung". Die Protokolle beginnen 1897. Im Jahr 1979 wird die letzte Generalversammlung protokolliert, da hieß die Genossenschaft „Raiffeisen-Milchgenossenschaft". Hier wird dokumentiert, wie sich die Nußdorfer Bauern zum wirtschaftlichen Vorteil aller organisierten und zusammenarbeiteten. Es wird aber auch deutlich, dass seit den 70er Jahren die Landwirtschaft immer weniger zur Haupterwerbsquelle der Nußdorfer zählte, dass Nußdorf seitdem kein Bauerndorf mehr war.

Auf den ersten Seiten ist ein handschriftlicher Brief vom 2. April 1897 eingeklebt; der Verband der badischen landwirtschaftl. Consumvereine in Karlsruhe bestätigt dem Nußdorfer Consumverein die Aufnahme in den Landes-Verband.

Vorbild für die Consumvereine in Deutschland war die Gesellschaft der redlichen Pioniere von Rochdale, in der sich 1844 die Weber in Manchester organisiert hatten[1]. Es folgte eine Gründungswelle in fast allen industrialisierten Ländern. Dabei orientierte sich die Genossenschaftsbewegung an den Leitlinien der Rochdaler Genossenschaft:

- Gleiches Stimmrecht: Jedes Mitglied hatte eine Stimme, unabhängig von der Höhe der Einzahlung.
- Jeder konnte der Genossenschaft jederzeit zu den gleichen Bedingungen beitreten wie die bisherigen Mitglieder.
- Rückvergütung: Je mehr ein Mitglied bei der Genossenschaft kaufte, umso größer sollte seine Beteiligung am Überschuss sein.
- Verkauf nur gegen Barzahlung

1 „Konsumgenossenschaft" (Wikipedia 2016)

- Lieferung unverfälschter Ware mit vollem Gewicht
- Politische und religiöse Neutralität

Mit der Aufnahme in den Landesverband wurden gleich die verbindlichen Vereinsstatuten übergeben. Der Landesverband forderte demgemäß, ihm die jeweiligen Bestellungen von Waren in dreifacher Ausführung zuzusenden so wie eine transparente Buchführung zu gewährleisten, und zwar durch ein Kassen- und Warenbuch[2]. D.h., die Bestellungen gingen über den Landesverband, der bei den Lieferfirmen aufgrund seines Bestellvolumens günstig einkaufen konnte. Die Preisreduzierung wurde jedoch nicht vollständig an die Einkäufer vor Ort weitergegeben. Die Mitglieder kauften die Waren zu den jeweiligen Tagespreisen. So entstanden Gewinne, die periodisch nach Anteil der Einkäufe an die lokalen Consumvereine verteilt wurden. Diese konnten den Gewinn für Anschaffungen nutzen oder ihn einem Reservefond zukommen lassen.

Die Kontrolle durch den Landesverband war strikt. Deshalb musste auch ein Protokollbuch geführt werden, „in welches alle wichtigen Beschlüsse einzutragen sind." Die Protokolle der jährlichen Treffen - Generalversammlung genannt - zeigen, dass die Formalien weitgehend eingehalten wurden.

So kann man nachlesen, wer in den Vorstand gewählt wurde, dass die Rechenschaftsberichte angehört und genehmigt wurden - allerdings nicht, was berichtet wurde -, welche neuen Mitglieder aufgenommen wurden sowie wofür der geringe Reingewinn verwendet wurde.

In den ersten Jahren war sich der Protokollant wohl noch unsicher, was er alles protokollieren sollte. Und so listete er - zur Freude der Chronisten - außerdem genau auf, was bestellt wurde. 1898 waren das zum Beispiel: „3 ctr. (Zentner) Chilisalpeter, 15 ctr. Superphosphat, 10 ctr. Kalisuperphosphat, 206 ctr. Gyps, 125 (Pfund) Pferdezahnmais, 120 Pfund Kleesamen und 10 Pfund Eckendorfer Runkelsamen".

Solche Details wurden aber bald nicht mehr erwähnt. Schon 1898 zählte der Consumverein 20 Mitglieder - damit waren ca. 2/3 der Nußdorfer Bauern beteiligt. Die Eintrittsgebühr betrug 1,50 Mark.

Für die Jahre zwischen 1913 und 1921 liegen keine Protokolle vor; während des Krieges und in den wirtschaftlich schwierigen Nachkriegsjahren waren die Bauern in Nußdorf offensichtlich nur mit dem Überleben beschäftigt.

1921 wurde jedoch der bisher „freie und nicht eingetragene Verein" in die „Landw. Ein- und Verkaufsgenossenschaft" umgewandelt - als „eingetragene Genossenschaft mit beschränkter Haftung". Diese neue Organisationsform wirkte belebend: Die Jahresversammlungen wurden tatsächlich wieder jährlich, manchmal zwei Mal im Jahr durchgeführt und protokolliert. Die Organisation wurde aufwändiger: Es gab außer dem Vorstand noch einen Aufsichtsrat. Beide Gremien mussten jährlich berichten und jährlich neu gewählt

2 Ein Nußdorfer Kassen- und Warenbuch lag als Quelle leider nicht zur Verfügung.

werden. Und natürlich gab es einen „Rechner", der ebenfalls berichten und dann entlastet werden musste.

Die neue Landwirtschaftliche Ein- und Verkaufsgenossenschaft war für die Nußdorfer zunehmend attraktiv. Als Genossenschaft war es möglich, geringe Teile des Reingewinns auch an die Mitglieder zu verteilen, was allerdings selten geschah. Meistens wurden damit Rücklagen gebildet und Anschaffungen getätigt.1929 waren alle 28 Landwirte „Genossen".

1935 wurde die Milchgenossenschaft integriert, die schon vorher als Gemeinschaft existiert hatte.[3] Damit konnte man gegenüber der Milchzentrale geschlossen auftreten. Ab Dezember 1939 wurde in Nußdorf die Milch beim Sammler Josef Reichle im Unterdorf[4] in den Abendstunden abgeliefert, von der Molkerei Wielath aus Oberuhldingen abgeholt und zur Milchzentrale nach Radolfzell gebracht. Bei Josef Reichle in der Milchsammelstelle konnten die Nußdorfer, die keine Kühe hatten, ihre Milch kaufen. Die Milchpreise für die Trinkmilch wurde von der Genossenschaft festgelegt. Reichle wurde für seine Dienstleistungen von der Genossenschaft bezahlt.

In den nächsten Jahren stand die Genossenschaft finanziell gut da: 1937 konnte man sich eine Saatreinigungsanlage kaufen. Diese wurde dann an die Genossen verliehen, gegen Gebühr. Die betrug 1938[5] pro Stunde 45 Pfennig. Dem „Bediener" der Anlage wurden 60 Pfennig Stundenlohn bezahlt.

Außerdem konnte die Genossenschaft auch Kredite an ihre Mitglieder vergeben. Über die Höhe der Kredite wurde in den Generalversammlungen jeweils abgestimmt. Zum Beispiel wurde 1938 die Höchstkreditgrenze auf 200 Reichsmark festgesetzt. 1943 wurde die Obsthalle der Obstbauernschaft Radolfzell auf dem Nußdorfer Bahnhofsgelände übernommen.

Ein immer wiederkehrendes Thema in den Protokollen der 30er und 40er Jahre war die Qualität der abgegebenen Milch. Einmal weigerten sich Milchablieferer, von ihrer Milch Fett-Proben abnehmen zu lassen, denn bezahlt wurde nach Fettgehalt; so eine Weigerung zog eine Strafe von zwei Reichsmark in die Genossenschaftskasse nach sich.

Bemerkenswert ist, dass die im ganzen Reich 1933 erfolgte Gleichschaltung der Konsumgenossenschaften durch die Nationalsozialisten bzw. deren Überführung in den Reichsbund der deutschen Verbrauchergenossenschaften GmbH in den Protokollen nie erwähnt wurde. Vom Krieg erfährt man nur dann etwas, wenn ein Rechner, also der Buchhalter, 1941 vorzeitig entlastet werden musste, „anlässlich Einberufung zum Heeresdienst", oder wenn es 1943 hieß: „Anwesend sind 17 Mitglieder, bzw. deren Frauen". Die Männer waren im Krieg.

Erst im Protokoll der Generalversammlung von 1946 erfährt man anläss-

3 Dazu konnten keine Quellen ermittelt werden.

4 dort, wo heute in der Straße Zur Barbe das Haus 12 steht.

5 Für die Jahre davor liegen keine Angaben vor.

lich einer Statutenänderung von einem „Arierparagraphen“ der bisherigen Statuten: Demnach war die Aufnahme in die Genossenschaft nur möglich gewesen, wenn „die blutsmässigen Voraussetzungen“ erfüllt gewesen waren. 1946 wurde dieser Paragraph geändert; Mitglieder konnten nun „alle Personen“ werden, „welche [...] im Besitz der bürgerlichen Ehrenrechte sind und ihren Wohnsitz in Nußdorf haben.“ In den Vorstand konnten nur „solche Personen gewählt werden, die nicht Mitglieder der N.S.D.A.P. waren.“

Auch die Nachkriegsjahre gingen am Verein bzw. der Nußdorfer Genossenschaft spurlos vorbei. Die Verluste bei den Rücklagen durch die Währungsreform wurden zwar erwähnt - die Geschäftsanteile der Genossenschaft wurden auf 10% abgewertet -, die Genossenschaft blieb aber funktionsfähig. 1953 konnte die Genossenschaft sogar die Winterschule (Landwirtschaftsschule) auf Schloss Rauenstein in Form eines dreijährigen zinslosen Darlehens unterstützen.

In den Aufzeichnungen der folgenden Jahrzehnte gibt es außer den üblichen Formalien kaum Bemerkenswertes in den Protokollen zu lesen - mit drei Ausnahmen:

Erstens wurden immer mal wieder Genossenschaftsmitglieder kritisch erwähnt, die zum Teil auch im freien Handel statt bei der Genossenschaft kauften und somit den Umsatz der Genossenschaft minderten. „Nur durch Zusammenhalt sei es möglich, die Waren billiger zu beziehen wie beim Handel“, ermahnte der Verbandsprüter Haas in einer Generalversammlung 1950.

Zweitens scheint die Nußdorfer Genossenschaft alle paar Jahre vom Landesverband gerügt worden zu sein, nicht vorschriftsmäßig zu arbeiten. So tauchen in den Protokollen Absichtserklärungen auf, wie z.B. „Wir werden uns bemühen, in Zukunft mehr Sitzungen abzuhalten.“ oder „In Zukunft werden wir den Rechner strenger überwachen.“ Immerhin weist ein „Hilfskassenbuch“ von 1953 - 1959 detailliert die Einzahlungen für bestellte Waren der Nußdorfer Bauern nach, und alle Eintragungen sind von einem Prüfer mit roten Häkchen als korrekt abgezeichnet worden. Die Einzahlungen schwankten zwischen 2,65 DM und 594,75 DM.

Drittens gab es immer wieder Beschwerden des Milchsammlers Josef Reichle über die Milchlieferungen der Bauern in Nußdorf: 1953 beklagte er sich über die Unpünktlichkeit der Ablieferung“. So wurde schließlich 1953 beschlossen, „dass die Milch von 19.15 - 20 Uhr abgeliefert werden muss, wer später kommt, dem wird bei der Milchgeldauszahlung 20 Pf abgezogen.“ Auch die Sauberkeit der Kannen und die Frische der abgelieferten Milch wurden wiederholt bemängelt sowie ihr mangelhafter Fettgehalt im Vergleich zur Milch anderer Genossenschaften.

Seit 1954 bemühte sich die Genossenschaft um eine Lagerhalle für die Saatreinigungsanlage. 1958 wurde der Erwerb eines Grundstücks für die geplante Lagerhalle beschlossen. Otto Deufel verkaufte der Genossenschaft das

Grundstück Zum Kretzer 27[6] und 1959 wurde mit dem Bau begonnen. In der Lagerhalle sollte neben der Saatreinigungsmaschine auch die inzwischen angeschaffte Ackerwalze untergebracht werden und schließlich wollte man auch die Milchsammelstelle dorthin verlegen. Zur Finanzierung war es notwendig, u.a. das Eigenkapital der Genossenschaft zu erhöhen, mit einem Beitrag von 30,- DM je Genossen. Aber auch staatliche Zuschüsse wurden beantragt und genehmigt.

Die folgenden Jahre waren durch organisatorische Veränderungen und wirtschaftliche Schwächung der Genossenschaft geprägt. Als 1960 die Molkerei Wielath in Oberuhldingen den Betrieb aufgab, trat die Genossenschaft dem Milchwerk Radolfzell bei. In Überlingen war eine neue Zweigstelle in der Alten Nußdorfer Straße 7, gegenüber der Jugendherberge erbaut worden - für die Nußdorfer also gut zu erreichen. 1963 wurde der Name der Genossenschaft geändert. Sie hieß nun „Raiffeisen-Warengenossenschaft Nußdorf bei Überlingen, eingetragener Verein mit beschränkter Haftung".

Folgenreicher waren die Erörterungen eines möglichen Beitritts zur Warengenossenschaft Oberuhldingen seit 1966, bedingt durch Mitgliederschwund. In der für die Zeit von 1964 - 1966 vorliegenden „Milchabgabeliste", in die täglich die gelieferten Milchmengen eingetragen wurden, sind 1964 noch 13 Milchbauern aufgelistet, 1966 nur noch neun. Die letzten neun Milchbauern waren Adolf Schreiber, Otmar Schmid, Hilde Beck, Wilhelm Zündel, Karl Urnau, Franz Nell, Josef Zundel, Dr. Richter (der Besitzer vom Hessenhof und im Hauptberuf u.a. stellv. Aufsichtsratsvorsitzender der Dresdner Bank) und Emil Gom. Immer mehr Bauern gaben die Landwirtschaft auf und verkauften ihr Land. Für die Genossenschaft bedeutete dies Umsatzschwund und drohende Verluste. Angesichts dieser Perspektive war die 1967 vom Registergericht geforderte Umbenennung in Raiffeisen-Milchgenossenschaft nur eine Lappalie. 1969 wurde die Saatgutreinigungsanlage zum Verkauf angeboten. 1971 wurde die Milchsammelstelle wegen abnehmender Milchlieferungen aufgegeben und die Einrichtung verkauft. Immerhin wurde noch ein Düngestreuer angeschafft. Dies war jedoch die letzte Investition.

1976 wurde auf der Generalversammlung - nur sechs von 15 Mitgliedern waren anwesend - zum ersten Mal offen über eine mögliche Auflösung der Genossenschaft diskutiert. Rudolf Beck, damaliger Vorstand, nahm 1977 „mit den Herren der Raiffeisengenossenschaft Oberuhldingen" Besprechungen über eine etwaige Verschmelzung der Genossenschaften auf; in Nußdorf war man inzwischen überwiegend der Meinung, dies wäre die beste Lösung. Die Lagerhalle im Kretzer sollte an interessierte Mitglieder verkauft werden.

1979 fand die letzte Generalversammlung statt. Zwar war noch 1978 ein Reingewinn von „471,93 DM" erreicht worden, aber künftig wären nur noch

6 Das Grundstück lag zwischen Feuerwehr und der Firma Strehl. Es ist später an die Firma Strehl verkauft worden.

Verluste zu erwarten gewesen. Man entschied, dass bei der Verschmelzung mit der Warengenossenschaft Oberuhldingen die vorhandenen Maschinen den Nußdorfer Mitgliedern unentgeltlich zur Verfügung gestellt werden sollten und in Nußdorf verbleiben sollten. Die Lagerhalle mit samt dem Grundstück wurde an die Firma Strehl verkauft, der Erlös unter den wenigen verbliebenen Genossenschaftsmitgliedern verteilt.

Die letzte „Amtshandlung" der Nußdorfer Genossenschaft war die Nominierung des Vorstandsvorsitzenden Rudolf Beck als Aufsichtsratsmitglied für die Oberuhldinger Genossenschaft. Damit endet das Protokollbuch.

Gesang- und Musikverein Nußdorf e.V.

„An Sylvester des Jahres 1910 saßen in Nussdorf im Gasthof zum Löwen 4 Männer & Jünglinge bei gemütlichem Cegospiel[1]. Um die Wende des Jahres 1910-11 hörten solche mit dem Spiel auf & gingen zum Gesang über, bei welchem manches frohe Lied gesungen wurde und kam schließlich durch Anregung unseres Kollegen Karl Kehl, Bürstenbinder in Nussdorf, das Gespräch auf die Musik"[2] .

So beschrieb der Protokollant Emil Knecht, Feilenhauer in Nussdorf, die „Gründung der Musikgesellschaft Nussdorf". Dieser machte dann den Vorschlag, eine Musikkapelle zu gründen, um „die Musik zu pflegen & nebenbei bzw. als Hauptsache bei geselligen Anläßen mitwirken zu können und zur Unterhaltung beitragen zu können."

Dieser Vorschlag stieß sofort auf Zustimmung, denn an Musikbegleitung herrschte in Nußdorf wirklich Mangel. Wie der Lehrer Baumgartner schrieb, musste man bei Tanzveranstaltungen und Hochzeiten Musikanten von außerhalb engagieren. Ansonsten gab es „herumziehende Dudelsackpfeifer, die Drehorgelmänner oder die im Winter von Haus zu Haus blasenden Zizenhau-

1 Cego war ein Kartenspiel.

2 Die Protokolle der ersten Musikkapelle von Januar 1911 bis Januar 1912 sind in das Protokollbuch des Schützenvereins, der 1926 gegründet wurde, auf die Seiten 1 - 20 geklebt worden. Offensichtlich waren Protokollbücher damals nicht billig. Vermutlich hat der Protokollant Emil Knecht, der im Schützenverein gleich zu Anfang zum Schützenmeister gewählt wurde, die ersten Aufzeichnungen der Musikgesellschaft auf diese Weise für die Nachwelt gerettet.

ser Blechmusikanten, die arbeitslos und bettelarm wie sie waren, auf diese kümmerliche Weise ihr karges Brot verdienten."

Unterstützung bekam die Nußdorfer Musikgesellschaft von der Überlinger Stadtmusik, die noch alte Instrumente abgeben konnte, der Musiklehrer „Vater Juppy, ein alter Musikant und Kapellmeister in Überlingen, gab zu billigem Geld die Stunden." Dirigent wurde Josef Klingenstein.

Die fünf Nußdorfer Gründungsmitglieder nahmen ihre Sache sehr ernst und organisierten die Musikgesellschaft Nussdorf gleich vereinsmäßig mit neun Statuten, die Ein- und Austritte, die Verwendung von Einnahmen und die Wahlregularien für die Funktionsträger festlegten: Geschäftsführer, Kassier und Schriftführer wurde Emil Knecht. Aufsichtsräte waren Josef Klingenstein und Karl Zundel. Aber es wurde auch ernsthaft geübt, drei bis vier Mal wöchentlich, und so hatte die Kapelle schon bei der Fasnacht 1911 ihren ersten Auftritt und bekam „kolossalen Beifall".

Das zahlte sich auch aus. 49,50 Reichsmark wurden von den Nußdorfer Bürgern freiwillig gespendet, so dass zusammen mit den Mitgliedsbeiträgen (je 10 RM im Jahr) und den Einnahmen bei einer Tanzveranstaltung schon bald die erste Ratenzahlung für ein neues Instrument, Zubehör und Musikalien finanziert werden konnte. Auch die fünf Mitglieder konnten mit je drei Reichsmark für ihre Einsätze belohnt werden.

In den folgenden Monaten waren die fünf Musikanten viel unterwegs. „Anlässlich Großherzogs Geburtstag begleitete die Musik den Kriegerverein nach Seefelden", aber man spielte auch in Gasthöfen in Überlingen, Wallhausen und Deisendorf. Diese erfolgreichen Anfänge der Musikkapelle fanden ein jähes Ende mit Beginn des 1. Weltkriegs. Die jungen Musikanten wurden als Soldaten eingezogen. Von den Instrumenten ist nur noch eine Trompete von Emil Knecht bei seinem Enkel Gerhard Keller erhalten. Es dauerte dann 50 Jahre, bis in Nußdorf wieder eine Musikkapelle gegründet wurde (s.u.).

Vereinsmäßig gesungen wurde in Nußdorf erst ab 1921[3]. Einige sangesfreudige Männer hatten zum Jahreswechsel 1920 /21 bei der Weihnachtsfeier des Kriegervereins „unter der Leitung des jugendlichen ehemaligen Militärmusikers, Herrn Bertsch, einige vierstimmige Lieder vorgetragen und dem Bürgermeister und einigen Unterstützern des Nußdorfer Vereinslebens in der Neujahrsnacht ein Ständchen gegeben. „Trotz des strengen Verbotes des ‚Entente' wurde das neue Jahr mit einigen friedlichen Gesangsstücken eingeweiht." Über 30 Nußdorfer erschienen zur Gründung des Gesangvereins Frohsinn am 6. Januar 1921. Wie schon die Musiker nahmen auch die Sänger die Vereinsarbeit sehr ernst und verabschiedeten eine Satzung, diesmal sogar mit 26 Paragrafen zu den Pflichten und Rechten der Mitglieder. Dazu gehörte, laut § 11: „Jedes Mitglied, das den Ehebund schließt, soll von dem Verein

3 Der Seebote berichtete am 19.1.1938 von einer Hauptversammlung des „Männerchors 1861". Dies ist die einzige ermittelte Quelle, die auf einen Vorläuferchor hinweist.

durch ein Ständchen geehrt werden" [und, wie im § 25 steht,] „ein Geschenk im Werte von 10 RM [bekommen]. Die Hälfte des Betrages haben die aktiven Sänger aufzubringen, während die zweite Hälfte aus der Vereinskasse entnommen wird."

Vor allem aber nahmen die 25 aktiven Gründungsmitglieder des Gesangvereins das Singen ernst. Schon bei der Fasnachtsfeier 1921 waren sie mit Liedeinlagen dabei. Im Mai 1921 bestritten sie ein eigenes Programm bei einem Familienabend. Und selbstverständlich fehlten sie bei keiner Weihnachtsfeier. Sie präsentierten sich aber nicht nur auf fröhlichen Veranstaltungen, sondern begleiteten auch den Kriegerverein bei Gedächtnisgottesdiensten für Gefallene in der Kirche Seefelden sowie Beerdigungen von prominenten Nußdorfern, wie Bürgermeistern oder Gemeinderatsmitgliedern. Der Gesangverein war bei den Nußdorfern entsprechend beliebt und so konnte er auch 1923 bei einem Wohltätigkeitskonzert zugunsten der Bevölkerung in den von den Franzosen und Belgiern besetzten Ruhrgebieten[4] 11.325 Mark[5] spenden.

Eine beachtliche Leistung war die Aufführung der Oper „Der Freischütz" 1924, mit Paula Deufel als Agathe, Josef Beck als Max und Ludwig Beck als Samiel. Es ist schon beeindruckend, was sich die Nußdorfer zutrauten.

Sicher sind diese Leistungen vor allem auch den Dirigenten zu verdanken, die es offensichtlich verstanden, das musikalische Talent der Nußdorfer Sänger zu entfalten. Zu den Aufgaben der jeweiligen Dirigenten gehörten nicht nur die Auswahl der Lieder und deren Einübung, wobei sie für jede Probe entlohnt wurden (1928 mit je zwei Mark), sondern auch das mühsame handschriftliche Kopieren der Noten für die Sänger; dafür bekam der Dirigent Blepp für das Jahr 1928 10 Mark.

1930 feierte der Gesangverein sein 10jähriges Stiftungsfest[6] mit Fahnenweihe, zu dem 22 Vereine der Region mit insgesamt 600 Sängern ins „Blütendorf" - wie die Lokalzeitung Nußdorf pries - eingeladen worden waren. Man kann sich vorstellen, wie eindrucksvoll es für die Anwesenden war, den Chor dieser 600 Sänger auf dem Festplatz in Nußdorf zu erleben. Der Seebote berichtete ausführlich und enthusiastisch vom Sängerfest in Nußdorf. Die Fahne gibt es noch heute.

Ein aktiver Sänger der ersten Stunde war Gustav Oexle[7]. Er war im Vorstand, hatte manche nützliche organisatorische Idee und bereicherte das

4 „Die Ruhrbesetzung (auch Ruhrkrise, Ruhreinmarsch oder Ruhrinvasion genannt) bezeichnet die Okkupation der bis dahin unbesetzten Teile des Ruhrgebiets durch Besatzungstruppen Frankreichs sowie Belgiens ab Anfang 1923 bis 1925. Die Krise in der Zeit der Weimarer Republik markiert den Höhepunkt des politisch-militärischen Konfliktes um die Erfüllung der alliierten Reparationsforderungen nach dem Ersten Weltkrieg zwischen dem Deutschen Reich und den Siegermächten, besonders Frankreich." (Wikipedia 2016)

5 Die hohe Summe von 11.325 Mark erklärt sich durch die 1923 herrschende Hyperinflation.

6 obwohl der Gesangverein erst 1921 gegründet worden war.

7 mehr zu Oexle, s. Artikel „Gustav Robert Oexle" in Kapitel 9

Umzug durchs Dorf anlässlich der Fahnenweihe des Gesangvereins - mit 14 Ehrenjungfrauen

Repertoire des Vereins auch mit eigenen Beiträgen. Für die Melodie „In 50 Jahren ist alles vorbei" dichtete er 1921:

> „Wenn Deutschland entehrt in Ketten liegt,
> Der Franzmann mit Kaffern uns kultiviert,
> Der Pole uns gar malträtiert;
> S'ist nicht von Dauer, wir zahlens mal!
> Seid einig und treu, wir machen uns frei;
> In 50 Jahren ist alles vorbei!"

Inwieweit es Oexle war, der den Verein zunehmend auf patriotischen Kurs brachte, oder ob das Interesse an vaterländischem Liedgut bei den Nußdorfer Sängern schon vorhanden war, lässt sich heute schwer beurteilen.

Bemerkenswert ist, dass in einem Protokollnachtrag vom Dezember 1933 über folgende Veranstaltung berichtet wurde: „Am Tag, 12. November 1933, der Volksabstimmung und Reichstagswahl, ging der Verein geschlossen nach Seefelden zum Kirchgang und nachher zum Wahllokal."

Auffallend ist auch, dass im Laufe der Jahre bei Weihnachtsfeiern, die gemeinsam mit dem Kriegerverein organisiert wurden, statt Weihnachtslieder immer mehr patriotische Lieder, wie „Kriegers Abschied", „Der gute Kamerad", und „Gotenzug"[8], im Programm des Chores auftauchten.

Doch waren nicht alle patriotisch Gesinnten später zwangsläufig begeisterte Nationalsozialisten. Dies zeigte sich bei der Gleichschaltung des Vereins 1936. Als der Verein, wie alle Vereine damals, seine Autonomie verlor, Mitglied

8 „Gebt Raum, ihr Völker unserm Schritt ..." heißt die erste Zeile des Liedes nach einem Gedicht von Felix Dahn. Den vollständigen Text kann man in der Deutschen Gedichtebibliothek im Internet nachlesen.

im deutschen Sängerbund wurde und entsprechend auch keine Wahlen des Vereinsvorstandes mehr stattfanden, zeigten nicht wenige ihr Missfallen an dieser Entwicklung durch Nichterscheinen bei der Generalversammlung. Nur der „Vereinsführer" durfte gewählt werden, allerdings in einer offenen Wahl, die anschließend vom Kreisführer bestätigt werden musste. Eine knappe Mehrheit verweigerte sich diesem Verfahren und wählte in einer heimlichen Wahl wieder ihren alten Vorsitzenden. Dies wurde von den nationalsozialistisch gesinnten Sängern „nach oben" gemeldet. Letztlich setzten sich diese durch. Auf jeden Fall ist in späteren Protokollen von diesem Konflikt nichts mehr zu lesen.

Das Protokollbuch endet mit dem Bericht über die Feiern zum 1. Mai 1939. Während des Krieges gab es wohl kaum noch männliche Sänger im Dorf, und auch der „Frohsinn" und damit die Lust am gemeinschaftlichen Singen ging wohl zunehmend verloren.

Die erste Versammlung nach dem Krieg, Anfang 1947, begann mit einer traurigen Bestandsaufnahme der Verluste. Neben den in der Heimat verstorbenen Sangesbrüdern gab es sechs Kriegsgefallene und zwei als vermisst Gemeldete zu betrauern. Sieben Kameraden waren noch in der Kriegsgefangenschaft.

Das neue Protokollbuch beginnt am 23. Februar 1947. Gleich zu Beginn zeigte sich die Zerrissenheit des Vereins, die sicher auch die Zerrissenheit der Nußdorfer Bevölkerung damals spiegelte: Die einen wollten einen Neubeginn, und so überschrieb der Schriftführer das Protokoll mit „Neugründungsversammlung des Männergesangsvereins ‚Nußdorf'". Den anderen war die Kontinuität wichtig. Mit rotem Stift wurde der 1. Paragraf der Statuten nachträglich ergänzt:

„Der Verein war nie aufgelöst, es war im [sic!] von der Franz. Besatzungsmacht nur die Ausübung der Tätigkeit untersagt. Eine Neugründung kann demnach nicht stattgefunden haben."

Entsprechend beharrte man auf der Formulierung „Wiedergründungsversammlung". Immerhin wurde der Name „Gesangverein Frohsinn Nußdorf" beibehalten. Aufmerksamkeit verdient ein Zusatz im Paragraf 1, der die Ziele des Gesangvereins „Frohsinn Nußdorf" - „Pflege des gemeinsamen Gesangs und [...] Pflege des Deutschen Liedes" - benennt: „Militärische und politische Betätigung innerhalb des Vereins ist nicht statthaft". Dieses Verbot war vermutlich von der Besatzungsmacht diktiert worden und galt sicher für alle Vereine, die sich wieder neu gründeten.

Unter dem Dirigenten Gebhard Butscher, eine Zeitlang auch unter Hauptlehrer Baumgartner, kam der Gesangverein langsam wieder in Schwung. 1948 wurde zum ersten Mal nach dem Krieg wieder eine Weihnachtsfeier organisiert, „kein großes Programm [...] aber mit Lust und Liebe zu Gehör gebracht." Außer sechs Weihnachtsliedern wurden unter der Leitung von Alfred Deufel zwei kurze Lustspiele dargeboten. Dass „die erste Weihnachtsfeier nach langer Zeit [...] ganz harmonisch" verlief, war offensichtlich nicht selbstverständlich zu der Zeit, sonst hätte es der Schriftführer Bruno Blepp nicht ausdrücklich geschrieben.

Verstärkt durch 14 neue Mitglieder im Januar 1949 entwickelte sich ein aktives Vereinsleben: Man trat bei der Fasnacht auf, machte Ausflüge ins Umland und organisierte die Weihnachtsfeiern, bei denen die „Jungmannschaft" des Vereins auch als Theaterspieler auftrat.

Der 22. Januar 1955 ist ein wichtiges Datum in der Vereinsgeschichte: Bei der Jahreshauptversammlung machte der Vorstand Ernst Sorg den Vorschlag, eine vereinseigene Kapelle zu gründen, „für die musikalische Förderung der hiesigen Jugend und für die kulturelle Weiterentwicklung des Dorfes". Man nahm den Vorschlag begeistert an und fand auch im Dorf Unterstützung. 900 DM wurden für Instrumente gesammelt und 18 Musikanten fanden sich und übten unter der Leitung des Lehrers Baumgartner. Am 22. Oktober 1955 hatte die junge Musikkapelle bei einer Familienfeier ihren ersten privaten Auftritt, am 24. Dezember bei der Beerdigung ihres Dirigenten Baumgartner auf dem Friedhof in Nußdorf ihren ersten öffentlichen Auftritt.

Bei allen dörflichen Festen trat von nun an die Kapelle auf, auch bei Hochzeiten, Beerdigungen und besonderen Gottesdiensten. 1957 organisierte der Verein das erste Strandfest - es war ein rauschendes Fest, dabei wurde bis spät in die Nacht getanzt.

Seit 1955 gab es also einen Gesang- und Musikverein Nußdorf[9], dessen zwei Abteilungen mal gemeinsam, mal getrennt auftraten. Auch bei den Jubiläen wurden die unterschiedlichen Gründungsjahre betont. So veröffentlichte der Verein 1980 eine Chronik „60 Jahre / 25 Jahre Gesang- und Musikverein" und 2005 eine weitere Chronik „50 Jahre Musikkapelle Nußdorf a.B."

Die Vereinsgeschichte der folgenden Jahrzehnte ist eine reine Erfolgsgeschichte. Zu den Weihnachts- und Fasnachtsfeiern kamen Aufführungen in Überlingen und anderen Gemeinden der Region hinzu. Man beteiligte sich musikalisch an den Jubiläen und Wettbewerben in benachbarten Gemeinden und jedes Jahr wurden zum Teil mehrtägige Ausflüge unternommen. Ein Ausflug der besonderen Art ging bei der Seegfrörne im Februar 1963 übers Eis nach Dingelsdorf; dabei gaben 12 Musikanten mitten auf dem See ein Konzert.

Im Jahre 1962 nahm Kapellmeister Oberleitner, Dirigent der Musikkapelle Nußdorf am Attersee in Oberösterreich, Kontakt mit unserem Nußdorf auf. Gebhard Butscher war damals Bürgermeister und auch Dirigent des Männerchores in Nußdorf. Aus dieser Kontaktaufnahme entwickelte sich eine lebendige und unkomplizierte Freundschaft zwischen der Musikkapelle a. A. und dem GMV Nußdorf am Bodensee. Die erste Begegnung fand 1963 in unserem Dorf statt und die Freundschaft wird bis zum heutigen Tage mit gegenseitigen Besuchen und gemeinsamem Musizieren gepflegt.

9 Die Eintragung ins Vereinsregister erfolgte erst 1974.

Konzert des Musikvereins Nußdorf 1963 auf dem Eis des Bodensees

Zu der Organisation der beliebten jährlichen Strandfeste kam ab 1971 das Abbrennen des Funkens durch Mitglieder des Vereins dazu. 1971 erhielt die Musikkapelle auch eine einheitliche Uniform, die man sich mit Einnahmen durch Altpapier- und Schrottsammlungen finanzierte. Die neuen Uniformen wurden bei der Fronleichnamsprozession zur Birnau erstmals getragen.

Drei Tage lang feierte der Verein im Mai 1980 das Doppeljubiläum: das 60-jährige Stiftungsfest des Gesangvereins und das 25-jährige Bestehen der Musikkapelle.

Der Verein hatte damals 28 aktive Sänger, 30 Musiker und 104 passive Mitglieder. Es wurde ein rauschendes Fest - mit Kabarett- und Tanzeinlagen -, an dem sich auch befreundete Kapellen und Gesangvereine der Region aktiv beteiligten.

Besonders engagierte sich der Verein beim Bau bzw. Ausbau des neuen Dorfgemeinschaftshauses. Im Dorfgemeinschaftshaus war im Erdgeschoss ein großer Probenraum für den Musikverein vorgesehen[10] und der geplante große Saal bot beste Möglichkeiten für Veranstaltungen. Hatte man durch die Einnahmen bei den Dorffesten schon finanzielle Unterstützung geleistet, so galt es nun vor allem den Probenraum in Eigenleistung, z.T. auch selbst finanziert, auszubauen. Insgesamt 18.000 DM brachte der Musikverein dafür auf. Allerdings waren die Veranstaltungen im folgenden Jahr derartig gut besucht, dass

10 Bisher hatte man im Keller der Schule geprobt.

Gemeinsames Konzert der Sänger und der Musikanten beim Doppeljubiläum 1980

der Verein durch seine Einnahmen bald wieder ein finanzielles Polster erwirtschaftete. Am 30. Mai 1987 fand im neuen DGH zum ersten Mal ein Tanz in den Mai statt, vom Musikverein organisiert.

Pfingsten 1987 gab es eine weitere Premiere, welche die Emanzipation der Frauen in Nußdorf einen großen Schritt nach vorn brachte: Die Abteilung Gesang trat zum ersten Mal mit einem gemischten Chor auf. Die Männer mussten dem wohl oder übel zustimmen, da mit den vorhandenen Männern kein vierstimmiger Gesang mehr möglich war und es keinen männlichen Nachwuchs gab. Die Aufnahme der Frauen in den Chor brachte diesem immerhin 17 neue Mitglieder, allerdings traten daraufhin 1/3 der Männer aus Protest aus dem Verein aus. Damit waren die Frauen in der Überzahl. Die Musikkapelle, deren Gründungsmitglieder auch ausschließlich männlich gewesen waren, hatte diesen Fortschritt schon in den 70er Jahren mit Erfolg vollzogen.

In den folgenden Jahren wurde die Erfolgsgeschichte des Musikvereins fortgesetzt. Beide Abteilungen organisierten zahlreiche Veranstaltungen über das gesamte Jahr hinweg - und fast immer waren sie gut besucht.

Einen entscheidenden Beitrag zu diesem Erfolg leistete Helmut Butscher. Butscher, der schon seit seinem 10. Lebensjahr die Orgel in der Birnau gespielt hatte (und noch heute spielt), hatte das Dirigentenamt des Chores schon 1973 von seinem Vater übernommen, übernahm von 1974 bis 1992 zusätzlich die Leitung des Orchesters und zeigte dabei seine musikalische Vielseitigkeit. Zu seinen Aufgaben zählte auch die Ausbildung des Nachwuchses, da es zu der Zeit noch keine Musikschule in Überlingen gab. Sowohl dem Chor als auch dem Orchester mutete er dabei anspruchsvolle Musikliteratur zu. So titelte der

Südkurier seinen Bericht über das Adventskonzert von 1988 mit „Klassik - Jazz - Moderne Chorsätze". Nicht nur in Nußdorf waren die Auftritte beliebt, auch die Adventskonzerte in der Birnau sowie die vielen Darbietungen bei Festen in Überlingen und benachbarten Dörfern kamen beim Publikum gut an.

Das anspruchsvolle Programm und die vielen Auftritte brachten den Musikverein allerdings auch bald an seine Grenzen. Viele Proben waren notwendig, und oft musste auf schon Geprobtes zurückgegriffen werden, weil die neuen Stücke nicht genügend geübt worden waren. Manchen Aktiven wurde das offensichtlich zu viel, und so kann man immer wieder die Klagen des Dirigenten über die Probenmoral lesen, die zu Schwächen bei den Aufführungen führten. Bald aber schlugen seine Klagen in Resignation um, denn er sah sich mit abnehmender Freude am Musizieren und unterschiedlichen Vorstellungen der Chor- und Orchestermitglieder konfrontiert. So stellte er bei der Jahreshauptversammlung im Januar 1992 die Frage: Bleibt der Musikverein mit der Möglichkeit für jeden mitzumachen bestehen?" Die Folgen wären unterschiedliches Können und unterschiedliche Bereitschaft zum Üben. „Wird mehr Qualität gewünscht und anspruchsvollere Musik, [...] geht das nicht ohne Probenzwang und Druck. Dies rührt jedoch an das Selbstverständnis des Vereins, der einmal kostenlos die Ausbildung angeboten hat und für jeden, der Freude am Musikzieren empfindet, offen sein wollte." Antwort bekam Helmut Butscher auf seine Fragen nicht; diejenigen, die ihre Unzufriedenheit durch Abwesenheit bei den Proben zum Ausdruck gebracht hatten, waren nicht anwesend.

Und so überrascht es nicht, dass Butscher im Juli 1992, nach einem Konzert am Strand, seinen Musikern eröffnete, dass dies sein letzter Auftritt als Dirigent der Musikabteilung wäre. „Mangelnde Zusammenarbeit und nachlässige Probenbesuche, nicht offen vorgetragene Kritik an seiner Tätigkeit und der Auswahl der Musikstücke" führte er als Begründung an. Man sollte sich nach der Sommerpause um einen anderen Dirigenten kümmern.

Nachfolger als Leiter des Blasorchesters wurde Wendel Bächler. Bächler war Lehrer für Trompete an der Musikschule in Überlingen und bildete dort die meisten Jungmusiker für die Musikabteilung des Musikvereins Nußdorf aus.

Allerdings stimmte Bächler bei den folgenden Jahreshauptversammlungen in die Kritik über die Probenmoral ein. Wegbleiben, Zuspätkommen und Schwatzen während der Proben machten dem Dirigenten das Leben schwer. Triftige Gründe dafür sind den Protokollen nicht zu entnehmen.

Liste der Dirigenten:

Musikgesellschaft / Blasorchester

1910 - 1914	Josef Klingenstein
1954 - 1955	Josef Baumgartner
1956 - 1958	M. Madach
1959	Richter
1959 -1973	Johannes Fuchs
1974 - 1992	Helmut Butscher;
1974 - 2009	Ernst Wilhelm, stellvertr. Dirigent / bei Bedarf Dirigent d. Jugendabteilung
1992 - 2007	Wendel Bächler
2007 - 2009	Mitja Buchner
2009 - 2014	Robert Fitz
2014 ff	Alexander Mahl

Gesangsverein

1921	Hermann Bertsch
1921 - 1925	Hermann Blepp
1926 - 1936	Hauptlehrer Hörner
1936 - 1938	Hermann Blepp
1939	Hauptlehrer Kuppel
1947 - 1948	Gebhard Butscher
1949 - 1950	Josef Baumgartner
1951 - 1972	Gebhard Butscher
1973 ff	Helmut Butscher

Der Chor litt derweil unter fehlendem Nachwuchs. Während man 1992 noch 31 Sänger und Sängerinnen im Chor hatte, waren es 1999 nur noch 25, davon nur 22 aktive. Mehrfach durchgeführte Werbeaktionen blieben ohne Erfolg.

Trotz allem gelingen dem Musikverein immer wieder von der Presse hochgelobte Konzerte, u.a. beim 75-jährigen Jubiläum des Chores 1996. Die Musikabteilung erzielte sogar bei einem Wertungsspiel des Landesmusikfestes in Ehingen 1998, an dem 93 Blasorchester teilnahmen, in der Kategorie Mittelstufe die Bestnote „sehr gut".

Die Musikabteilung blieb also weiter auf Erfolgskurs, bedingt durch Nachwuchsmusiker, die an der Musikschule in Überlingen ausgebildet worden waren. Den Dirigenten Bächler beflügelte dies sogar zu Plänen für eine Konzertreise nach Spanien.

Anders beim Chor. Jugendliche waren nicht mehr zum Singen zu bewegen. Der Chor musste wegen fehlender Sänger sein Repertoire und seine Auftritte einschränken. „Aufgrund dessen wird hauptsächlich einfache Folklore und Volksmusik gesungen", klagte Helmut Butscher. Dies wäre ein Trend, der offensichtlich auch bei anderen Chören der Region festzustellen wäre. Unverdrossen sang der Chor weiter, auch wenn er weiter schrumpfte. Die Presse nannte ihn inzwischen „Vokalensemble" und lobte das nach wie vor anspruchsvolle Programm, das doch auch anspruchsvolle Musikliteratur enthielt, und die Ausführung der Sänger, vor allem bei den Jahreskonzerten in der Vorweihnachtszeit.

2007 verabschiedete sich der Dirigent Wendel Bächler vom Musikverein Nußdorf mit einem grandiosen Konzert, an dem sich auch der inzwischen vierzehnköpfige Chor beteiligte. 16 Jahre hatte Bächler die Blasmusik erfolgreich geleitet und konnte auf 700 Probenabende und 300 Auftritte zurückblicken.

Sein Nachfolger wurde für zwei Jahre Mitja Buchner aus Unter-Uhldingen. Ihm folgte 2009 - 2014 Robert Fitz aus Mimmenhausen. Seit 2014 leitet Alexander Mahl das Blasorchester.

Eine Verabschiedung der besonderen Art galt 2009 dem Gründungsmitglied der Musikabteilung Karlheinz Kretz. Er hatte neun Dirigenten erlebt und wechselte mit 69 Jahren zur Kreisseniorenkapelle. 53 Jahre als aktiver Posaunist lagen hinter ihm; er hatte als junger Autodidakt mit einer Ventilposaune begonnen und war lange auch Vorsitzender des Vereins gewesen.

Inzwischen hat auch das Blasorchester Schwierigkeiten, genügend Nachwuchs zu bekommen und wirbt im Hallo Ü um Zugänge. Die jugendlichen Musiker, die an der Musikschule in Überlingen ausgebildet werden, spielen lieber in der Jugend- und Stadtkapelle Überlingen und der dortigen Guggenmusikgruppe Seegumper. Aber die Nußdorfer Bläser haben noch genügend Volumen, Können und Motivation, um die Dorfbewohner musikalisch durchs Jahr zu begleiten. Höhepunkte sind nach wie vor ihre Beiträge bei der Fasnacht, das Frühjahrskonzert, das Seeuferfest, spontane Hocks am See im Sommer sowie das Jahreskonzert im Dezember.

Der Chor hat sich 2014 zum letzten Mal am Jahreskonzert beteiligt. Die verbliebenen Sänger, fünf Männer und 10 -12 Frauen, singen nur noch zum eigenen Vergnügen und einmal im Jahr bei dem von der Stadt veranstalteten Seniorennachmittag im Dorfgemeinschaftshaus. Dirigiert werden sie noch immer von Helmut Butscher, der somit auf eine 44-jährige Dirigentenzeit zurückblicken kann.

Narrengesellschaft Schnecken Nußdorf e.V.

Eine wahre Kostbarkeit ist das Narrenbuch, das im Tresor der Schneckenzunft in Nußdorf aufbewahrt wird. Über 90 Jahre ist es alt, die hölzernen Buchdeckel sind in weinrotes Leinen gebunden und mit Messingnieten stabilisiert.

Schon diese Aufmachung macht deutlich: Hier ging es um Gewichtiges, auch für künftige Generationen von Narren. Und Gewicht hat das Narrenbuch auch rein physisch: Fast drei Kilo bringt es auf die Waage. Auf dem Einbanddeckel präsentieren sich auf einem Foto stolz die gewählten Narreneltern, der Narrenkutscher und der Narrenschreiber. Dieser schrieb:

„Nussdorfer Narrenbuch […] beschafft und begonnen am schmotzige Dunschtig 1925 von den Narren. […] Dieses Buch soll die Nussdorfer Fasnacht und Narren festhalten, es soll denen die nachdem kommen aufzeigen, dass und wie man in früheren Zeiten in unserem Dorf Fasnet gemacht hot - nur Spaß und Lustigkeit sollen Sinn haben. Für Hass, Neid und Traurigkeit ist es nicht geschaffen."

Titelbild des Narrenbuchs mit Narrenvater Fritz Labsch (mitte), Narrenmutter German Müller (sitzend), Narrenscheiber Ernst Sorg (rechts), Narrenkutscher Johann Müller (links)

Die Fasnacht wurde allerdings schon vorher in Nußdorf gefeiert. In einer mittelalterlichen Chronik wird das Ende der Fasnacht als Termin festgelegt, an dem Nußdorf und einige andere Dörfer an das Kloster Salem eine Strafe wegen Ungehorsams gegenüber der Abtei nach der Fastnacht bezahlen mussten.

Gründungsfoto von 1925 - vor dem Gasthof Zum Löwen

Vom Jahr 1893 berichtete der Überlinger Theodor Lachmann von „Fasching [mit] Tanzunterhaltungen [...] meist mit Aufführungen von Theaterstücken, so in Nußdorf" und 1896 von einer Theateraufführung in Nußdorf „Die Nasenstübler" anlässlich der „Faßnacht". Vermutlich fanden diese Veranstaltungen im Gasthof Löwen statt.

Hauptlehrer Hörner schrieb von einer 11-jährigen kriegsbedingten Pause des Narrentreibens, die 1925 mit der Gründung einer Narrenzunft beendet wurde. Dies geschah auf Initiative von Bürgermeister Beck - „es sei an der Zeit für eine schöne Fasnet." - sowie von Lehrer Baumgartner. Und wie bei anderen Narrenzünften üblich[1] wurde auch in Nußdorf ein Narrenbuch eingeführt. Lehrer Baumgartner hat die ersten Seiten liebevoll und mit Humor illustriert, die Narrenhymne mit Noten aufgeschrieben - „Ein Horig, ein Horig in der Fasnachtszeit, ein Horig, ein Horig sei der Katz geweiht!" - und mit einer Widmung versehen: „Niemand zum Leid, aber jedem zur Freud sei dies Buch geweiht!"

Das Nußdorfer Narrenbuch ist ein wahrer Augenschmaus und verführt deshalb zum Blättern: Da sind die verschiedenen Schreibstile der Narrenscheiber, die Widmung zu Beginn in exakter Druckschrift, dann die Protokolle, bis 1938 in Sütterlin. Sehenswert auch die verschiedenartigen Bilder: eine wunderschöne Tuschezeichnung mit einem stilisierten Narren gleich zu Beginn - vermutlich gemalt vom Lehrer Baumgartner - sowie ab und an gezeichnete Karikaturen. 1935 gab es die ersten Fotos vom Umzug. Die Anzahl der Fotos nahm zu, die Fotos wurden größer und ab 1960 auch farbig. Zu sehen sind

1 In Überlingen wurde schon seit 1863 ein Narrenbuch geführt.

auf den Fotos nicht nur die großen und kleinen Narren beim Umzug am Tag, sondern auch die Tanz- und Theater-Vorführungen am Abend, die liebevollen Wandbemalungen der Zunftstube, die Narrenfahne. Ebenfalls ab den 60er Jahren werden die Berichte durch eingeklebte Programmzettel, ein Blatt mit Noten und Text des Nußdorfer Narrenmarsches sowie Zeitungsausschnitte ergänzt.

Doch beim Durchblättern bleibt es nicht. Das Narrenbuch macht einfach neugierig darin zu lesen. Und beim gründlicheren Lesen bekommt man mehr und mehr Respekt vor den Nußdorfer Narren: Da war der enorme Aufwand, der hinter dem jährlichen Narrentreiben steckte; es waren die spürbare Begeisterung und der zunehmende Ehrgeiz, möglichst alle regional verbreiteten Narrenrituale auch zu übernehmen und sich erfolgreich für die Aufnahme in die Narrenvereinigung Hegau-Bodensee zu qualifizieren - so geschehen 1966.

Der Hauptteil der jährlichen Berichterstattung des jeweiligen Narrenschreibers bestand aus den Protokollen des Narrenrates, den ausführlichen Beschreibungen des Fasnachtsverlaufs sowie aus Versen und Gedichten der Nußdorfer Narren. Wichtig war: Jeder Narr konnte sich handschriftlich mit einem Beitrag im Narrenbuch verewigen, er musste dafür aber auch spenden. Die Gedichte, die Spenden und die vielen jeweiligen Spender - auch Spenden ohne Gedichte waren offensichtlich willkommen - geben ein Zeugnis darüber, wie verbreitet die Freude an der Fasnacht war, zeigen die Lust am Reimen, aber auch die bescheidenen finanziellen Möglichkeiten der Narren in den 20er Jahren. Die Spenden variierten zwischen 50 Pfenning und fünf Reichsmark. Trotzdem kamen im ersten Jahr fast 80 Reichsmark zusammen, und nach Abzug der Ausgaben blieben der Narrenzunft noch 23 Reichsmark.

1926 belegt das Protokoll der Zunftsitzung, wie die Narren begannen, sich zu organisieren: es gab einen Narren-Ausschuss, später Narrenrat genannt, der über alle Narrenangelegenheiten bestimmte; für den „schmotzigen Dunnstig" wurde ein „Hemdglonkerumzug" beschlossen. Und es wurde ein Konto bei der Überlinger Sparkasse eingerichtet. Einnahmequelle war neben den Spenden die Verlosung des Narrenbaums.

Bis in die 50er Jahre hinein wurden die Einkünfte und die Spender vermerkt; später schien die Finanzierung kein Thema mehr für das Narrenbuch gewesen zu sein. Ab 1935 gibt es die ersten kleinen Fotos: die Narreneltern und den Clown auf einer Kutsche. Der Clown wurde in den Berichten des Narrenbuchs „Narren-Zabo" und später auch „Narren-Jakob" genannt. Seine Aufgabe war es, während des Umzugs mit der Spendenbüchse bei den Zuschauern Geld einzutreiben.

Zu den jährlichen Aufgaben der Narrenzunft gehörte die Zusammenkunft des Narrenrates, bei der Narreneltern, d.h. Narrenvater und Narrenmutter[2],

2 Wie bei der schwäbisch-alemannischen Fasnacht üblich wird die Narrenmutter immer durch einen Mann vertreten.

Narrenkutscher, Narrenschreiber und Narren-Zabo bzw. Narren-Jakob gewählt wurden und das Programm festgelegt wurde.

Die frisch gewählten Narreneltern hatten dann die Aufgabe, dieses Programm durch Ausschellen im Dorf bekannt zu geben.[3] Zum Programm gehörten das Aufstellen des Narrenbaums, der Hemdglonkerumzug, der Umzug der Narren durchs Dorf mit den Narreneltern in der Kutsche am Fasnachtsdienstag (später am Fasnachtssonntag), die Tanzabende im Löwen und die Verlosung des Narrenbaums beim sogenannten Kappenabend. 1935 wurde auch eine „Kinderbescherung mit Wurst und Brot" erwähnt - eine Belohnung dafür, dass die Kinder den Umzug mit dem lauten Schlachtruf „Horig, Horig ist die Katz" begleiteten; „Narrensamen" wurden die Kinder genannt.

Während des 2. Weltkrieges war den Nußdorfern dann das Narrentreiben vergangen, zumal die männliche Bevölkerung weitgehend zum Kriegsdienst eingezogen war. Im Narrenbuch heißt es dazu: „Dieser Krieg machte jeglichem Fasnachtstreiben ein Ende."

Über die Fasnacht 1947 berichtete der Narrenschreiber Reichle:

„An eine Fasnacht wird kaum gedacht. Noch liegt der Krieg in den Gemütern der Menschen. Die vielen Opfer und Verluste lassen eine Fasnet noch nicht zu. Nur die allerjüngsten, die Schulkinder, die noch sorgenfrei durchs Leben gehen, [...] organisierten einen kl. Umzug und zogen von Hand einen kleinen Narrenbaum. [...] Danach stiftete der Brezele-Butscher [...] einige Dutzend Brezele."

Bemerkenswert ist, dass die Einnahmen durch die Verlosung des Narrenbaums - immerhin 100 Reichsmark - dem Badischen Hilfswerk zu Gunsten der deutschen Kriegsgefangenen gespendet wurden.

Erst 1948 tagte wieder ein Narrenrat und es gab wieder einen Umzug: „Obwohl es allgemein an vernünftigem Gesüff und Fraß fehlte, war die allgemeine Stimmung sehr gut." Immerhin wurden während der Fasnachtstage an die Kinder insgesamt „770 Brezele" und „120 Brötle mit Hering" verteilt. An Geld für diese Freigiebigkeit hatte es nicht gemangelt. Die Narren verstanden es, die Nußdorfer bei Hausbesuchen zum Eintrag ins Narrenbuch und eine Spende zu überreden und sogar jährlich einen Überschuss zu erwirtschaften.

1950 begann dann eine jeweils ausführliche Bilddokumentation. Die Fotos waren inzwischen größer geworden und alle Abgebildeten sind gut zu erkennen, zumal sie z.T. mit Namen beschriftet wurden.

Berichtet wurde auch, dass der Umzug oft an leeren Häusern vorbeizog, da fast alle Nußdorfer am Umzug teilnahmen. Und es gab „Verkehrshindernisse", die das Umzugstempo beeinträchtigten: „Mostkrüge und Schnapsflaschen, die mußten auf alle Fälle erst beseitigt werden." Der Spaß an der Fasnacht wird deutlich an den ständigen Neuerungen: So wurde z.B. eine Narrenpolizei einberufen und ein Kinderball veranstaltet.

3 Später wurde das Programm auf Handzetteln ausgedruckt und in allen Häusern verteilt.

Die Fasnacht wird im Dorf ausgerufen

Narrenprominenz: (v.l.n.r.) Luise Steidle, Luise Sulger, Josef Reichle (Narrenmutter), Karl Zundel (Narrenvater)

Helmut Butscher als Narr Anfang der 70er Jahre

Narrentreiben in der 1960er Jahren

Doch allmählich wurde das Nußdorfer Narrentreiben so zeitaufwändig für alle aktiven Narren, dass es zeitweilig sehr schwierig wurde, die verschiedenen Posten, besonders die der Narreneltern, zu besetzen. Immer wieder ist in den Protokollen des Narrenrats zu lesen, dass sich niemand für die Aufgabe der Narreneltern finden wollte und damit die Durchführung der Fasnacht ernsthaft auf dem Spiel stand. „Soll die Nußdorfer Fasnet des Johr endgültig uffgebe werde?", protokollierte der Narrenschreiber 1954. Zum Glück fanden sich dann doch wieder engagierte Idealisten - und die Narren konnten sich wieder neue Fasnachtsideen leisten: Der „Narr Josef Baumgartner" schlug 1954 vor, die Nußdorfer Narrenzunft künftig „Nußdorfer Schnecke"[4] zu nennen. Aber es dauerte noch einige Jahre, bevor sich die Befürworter der Schnecken 1964/65 durchsetzen. Eine treibende Rolle spielte damals Karl Knobelspies, seit 1957 Mitglied im Narrenrat, später Narrenvater und Zunftmeister. 1965 wurden die ersten „Schneckenhäser" getragen, 1966 kam eine Schneckenmaske dazu, vom Eigeltinger Masken-Schnitzer Florian Schlosser entworfen. Im selben Jahr gab es noch zwei weitere Neukreationen: den Männerfrühschoppen am Fasnachtsmontag sowie den Nußdorfer Narrenmarsch.

1968 wurde eine Narrenfahne von Schülerinnen unter Leitung der Handarbeitslehrerin Ilse Schmölder angefertigt und der Narrenzunft übergeben. Der Männerfühschoppen wurde durch die Institution Frauenkaffee ergänzt. Das Programm der Frauen war nicht minder unterhaltsam als das der Männer, mit freundlichen Spottreden über Nußdorfer Ereignisse und Persönlichkeiten sowie mit Tanzvorführungen.

1969 konnte das Nußdorfer Narrenbuch - d.h. eine Kopie des Originals - als Ausdruck von Stolz und Selbstbewusstsein der Nußdorfer Schneckenzunft an den Präsidenten der Narrenvereinigung Hegau-Bodensee übergeben werden. Die „Schnecken-Chronik" war in der Nußdorfer Druckerei Werner Hendler von Hand hergestellt worden, verziert mit Beschlägen aus Kartuschen des letzten Krieges. Anlass der Übergabe war die Eröffnung des Fasnachtsmuseums auf Schloss Langenstein.

Und die Premieren rissen nicht ab: 1970 nahmen die Schnecken zum ersten Mal am Überlinger Umzug teil - als „Schneckengarde". 1972 wurde „Karoline Rotz", eine riesige Zunftschnecke, erschaffen. 1974 erhielten die Narren eine eigene Zunftstube im alten Nußdorfer Rathaus, deren Wände sie vom Radolfzeller Kunstmaler Lothar Rohrer phantasievoll bemalen ließen.

Ein Großereignis war 1983 das große Narrentreffen der Narrenvereinigung Hegau-Bodensee in Überlingen, von den Nußdorfer Schnecken organisiert - eine bewundernswerte Leistung für die Narrenzunft eines kleinen Dorfes.

4 Den Namen „Nußdorfer Schnecken" gaben sich die Nußdorfer Narren „in Erinnerung an jene sagenhafte Begebenheit, wonach die Nußdorfer Bürger nach dem Ende des 30-jährigen Krieges, anstatt ihrer in einer Kiste im Wald versteckten Schätze, nunmehr leere Schneckenhäuser fanden."

Das Männerballett beim Schneckensalat 1982 - noch im Gasthof Zum Löwen

Die ausführlichen jährlichen Aufzeichnungen im Narrenbuch enden mit dem Jahr 1979; für das Jubiläumsjahr 2000 liegt eine handschriftliche und reich bebilderte Zusammenfassung der Ereignisse von 1980 bis 1999 vor, verfasst vom Narrenschreiber Rudolf Beck. Maschinenschriftliche Aufzeichnungen hat die Narrenzunft in ihrem Archiv.

Und seit 2000 liegen die Berichte digital bei den jeweiligen Narrenschreibern vor, seit 2006 bei Michael Friederichs. Für jeden zugänglich sind die Ankündigungen und Berichte auf der Internetseite der Narrengesellschaft Schnecken Nußdorf e.V.

Die Schnecken beim Umzug 2007 in Überlingen

In Nußdorf ist damit die Ära des Narrenbuches in dieser Form Geschichte. Doch die aktiven Narren der Schnecken wissen um den Wert dieses Schatzes und hüten ihn in ihrer Zunftstube.

Jedes Jahr wieder sehenswert: Die Aufstellung des Narrenbaums
Foto: Mende

Schützenverein Nußdorf

Am 30. Oktober 1926 trafen sich die Schießlustigen von Nußdorf im Café Achenbach, um einen Verein zu gründen. 16 Männer gehörten zu den Gründungsmitgliedern. Und sie wählten sogleich einen Vorstand: Emil Knecht und Hermann Zündel als Schützenmeister, Johann Beck als Schriftführer und Kassierer, Bernhard Riester und Adolf Löchle als Beisitzer sowie Johann Werner als Vereinsdiener. Anders als die im 18. Jahrhundert vielerorts als Bürgermilizen gegründeten Schützenvereine mit teilweise „nationaldemokratischer Opposition gegenüber der einzelstaatlichen Fürstenherrschaft"[1], ging es den Nußdorfer Schützen bei der Gründung offenbar zunächst nur um Schießen als Sport und ums gemeinsame Feiern.

Der Vorstand bewies von Anfang an das notwendige Organisationstalent: „Verhandlungen zwecks Schießstand mit den Behörden u. Eigentümern" mussten geführt werden, Gewehre und Munition mussten besorgt werden, man benötigte einen Vereinsstempel und Mitgliedskarten. Sehr zufrieden war man, dass der schließlich gefundene Platz für einen Schießstand „in der Nähe einer Schenke" war: Ein Grundstück nördlich vom Gasthof „Löwen", dort wo heute die Straße Zur Schleie verläuft[2]. Das alles wird nicht ganz billig gewesen sein. Einnahmen waren neben den monatlichen Vereinsbeiträgen von 30 Pfennig vor allem die kostenpflichtige Beteiligung am Preisschießen - jeder Schießversuch musste bezahlt werden. 1927 beschloss man zudem, bei der Sparkasse in Überlingen einen Kredit von 400 RM aufzunehmen.

Ausführlich sind in den Jahresberichten die fröhlichen Besäufnisse, aber auch Festivitäten dokumentiert, durch welche ebenfalls Einnahmen erwirtschaftet wurden und die uns Aufschluss geben über die politische Stimmung im Verein: Im März 1927 erfährt man von der Planung einer Theateraufführung an Ostern. Als Spielleiter wurde Hermann Zündel bestimmt.

„Über die Auswahl der Stücke herrschte allgemeine Uneinigkeit zwischen den beiden Vorständen. Der II. Vorstand hatte bereits das Stück ‚Die Waffen nieder' in Arbeit. Das Stück zeigte in sämtlichen Szenen die Greuel eines Krieges und dieses war der Grund, weshalb der Vorstand Knecht mit aller Energie gegen dieses Stück arbeitete."

1 Einen Artikel über Geschichte und Funktion der Schützenvereine findet man bei Wikipedia unter den Stichwörtern „Schützenverein Deutschland".

2 Die Zufahrt zur Bundestraße 31 gab es damals noch nicht.

Man einigte sich dann auf das Stück „Der Schmied von Ruhla“[3]. Bei diesem Stück geht es um den Landgrafen von Thüringen im 10. Jahrhundert, der von einem Schmied überzeugt wird: Dem Leiden der Bauern und Bürger muss „ein Ende mit Schrecken“ bereitet werden, indem die „Zügel der Regierung straff“ gezogen werden. Die Aufführung wurde ein voller Erfolg und brachte - nach Abzug der Kosten für die Kostüme - insgesamt fast 22 Reichsmark ein.

Erst am 17. Juli 1927 war man dann soweit, die Schießfertigkeit zum ersten Mal auch öffentlich zu beweisen, beim Eröffnungsschießen - einem ganztägigen Ereignis. Das Programm bestand abwechselnd aus Schießvorführungen und Tanzeinlagen. „Geschossen wird je 2 Schuß liegend, 2 Schuß stehend, 2 Schuß kniend auf 12er Ringscheiben. Der Einsatz soll 1 M., Wiederholung 50 Pf. [...] betragen.“

Am Preisschießen beteiligten sich auch Schützen der umliegenden Ortschaften. Abordnungen aus Frickingen, Heiligenberg, Owingen, Hohenbodman, Meersburg, Hagnau, Sigmaringen und Radolfzell waren nach Nußdorf gekommen. Am Abend gab es eine feierliche Preisverleihung und der Bezirksmeister Menz spendierte den beiden Vorständen des Nußdorfer Schützenvereins „für ihre geleistete unermüdliche Arbeit je 1 Bier mit Widmung“.

Aus den Jahresberichten der folgenden Jahre erfahren wir von Teilnahme am Preisschießen in benachbarten Gemeinden sowie am Gauschießen, von der Ausrichtung eigener Schießveranstaltungen und den Erfolgen der betei-

Schützenverein 1938
v.l.n.r. 1. Reihe: Sauter Albert, Wilhelm Karl, Blepp Bruno, -nicht bekannt-
v.l.n.r. 2. Reihe: Wilhelm Erwin, Zundel Josef, Schreiber Eduard, Denz Erich, Schreiber Adolf, Burt Erich, Müller Günter
v.l.n.r. 3. Reihe: Reichle Robert, Riede Robert, Hecker Erich, Hagg Willi, Guldin Franz

3 Die Sage kann man in Ludwig Bechsteins „Deutsches Sagenbuch“ von 1853 nachlesen.

ligten Schützen; dazu gehörte auch das Wettschießen um einen Wanderpokal mit den benachbarten Schützenvereinen.

Protokolliert wurden auch die Neuaufnahme von Mitgliedern, der jährliche Schützenball - getanzt wurde sogar zwei Mal mit einer Jazz-Kapelle, aber durchaus auch mit Klavierbegleitung -, die Spenden für Patronen und den Ausbau des Schießstandes, um auch im Winter Saalschießen zu ermöglichen, sowie die vergnüglichen Ausflüge in die Ortschaften des Linzgaus.

Neben den detaillierten Aufzählungen, wer beim Preisschießen jeweils wie viele Ring geschossen hatte und welche Preise vergeben wurden - die Idee des Vereinsvorstands, Rehgeweihe als Preise zu verteilen, „fand nicht den gewünschten Anklang, selbst der Vorstand zog ein Kaffeeservis [sic!] einem guten 6er vor" -, wurden die geselligen Veranstaltungen ausführlich, wenn auch manchmal orthografisch eigenwillig, beschrieben, so wie z.B. ein Familienabend am 13. November 1932: „Punkt 7 nahm die Unterhaltung seinen Anfang in Form einiger Musikkalischer Vorträge, dem das Theaterstück ‚der Wärmstein' folgte sowie verschiedene Kuples und Duetts abwechselnd mit Musikvorträgen."

Ab 1933 wird anhand der Protokolle dann deutlich, dass der Schützenverein Nußdorf ohne Probleme, ja sogar mit Begeisterung auf die Machtergreifung der Nationalsozialisten reagierte. Zwar war die Solidarität mit der SA nicht so groß, dass man ihr beim Vereinsbeitritt im Mai 1933 die gewünschten ermäßigten Beiträge gewährte - „Nach langer zum Teil erregter Debatten wurde der SA beim Eintritt in den Schützenverein keine besondere Vergünstigung gewährt." -, aber schon im Juli bekam das Schützenhaus eine neue „Beflaggung mit den neuen Reichsfarben".

Am 5. November 1933 fand ein Preisschießen statt, dessen Reinertrag (jeder Schießeinsatz musste mit 40 Pfenning, bzw. 20 bei Wiederholung bezahlt werden) der Winternothilfe zukommen sollte. Wer mindestens 30 Ringe traf, bekam eine Hitlernadel, einen „Hitlerthaler" gab es für mind. 40 Ringe und eine Hitlerplakette ab fünf Ringen. „Die Hitlerplakette errang Herrmann Zündel. [...] Unser Vorstand setzte alle Hebel in Bewegung, um eine Plakette zu erringen, aber vergebens."

Während bisher eher beiläufig die politischen Veränderungen erwähnt wurden, gab es am 31. Dezember 1933 eine offizielle Bekanntmachung:

„Durch die Regierungsübernahme unseres Führers Adolf Hitler, ist für die Schützenvereine eine neue Lage geschaffen worden. Der deutsche K.K.[4] Schiessport wird in Zukunft nicht mehr das 5. Rad am Wagen sein, sondern wird eine der ersten Stellen in den deutschen Sportvereinigungen und Verbänden einnehmen. Darum wollen wir unserem Führer danken, nicht durch Worte, sondern vor allem durch Taten, durch treue opferbereite Mitarbeit am

4 K.K. bedeutet „Klein Kaliber"

Wiederaufstieg unseres Vaterlandes. Selbstlos, treu und bescheiden wie unser Führer wollen auch wir im kommenden Jahre unserem grossen Ziel entgegenstreben.

Nussdorf den 21. Dezember 1933. Herrmann Zündel, Schriftführer"

Ohne Murren und ohne Diskussion wurde bei der nächsten Versammlung die neue Vereinsorganisation nach dem Führerprinzip hingenommen: „Nach dem Gesetz bestimmte nun der Vorstand seine Mitarbeiter." D.h., nur der Vorstand, jetzt „Vereinsführer" genannt, wurde gewählt. Der bisherige 1. Vorstand Emil Knecht, inzwischen auch Kreissportführer, blieb im Amt. Da er die bisherigen Vorstandsmitglieder in ihren Ämtern ließ, hatte niemand etwas gegen seine neue Amtsgewalt.

Große Veränderungen zeigten sich auch in Form von Feierlichkeiten; so wurde auf Initiative von Emil Knecht für die 21 Schützenvereine im Kreis Überlingen eine zentrale Fahnenweihe am 23. September 1934 in Nußdorf gefeiert. Das dürfte den Bewohnern des kleinen Nußdorfs gefallen haben:

„Kurz nach 13 Uhr formierte sich ein stattlicher Zug und marschierte unter den Klängen der Markdorfer Stadtmusig [sic!] durch das Dorf zum herrlich gelegenen Festplatz. Mit dem Musikstück ‚die Flamme lodert' und dem Lied des im kameradschaftlicher Weise mitwirkenden Gesangvereins Frohsinn ‚Deutscher Schwur' wurde die eigentliche Feier eingeleitet. [...] Nach der Enthüllung sprach Fräulein Hilda Knecht einen Prolog, anschließend gab der Fähnrich Erwin Wilhelm das Gelöbnis ab, der Fahne immer in Treue verbunden zu sein."

Auf der Fahne stand der Wahlspruch: „Sicheres Auge, ruhige Hand und ein Herz fürs Vaterland." Die anschließenden Reden endeten mit einem „begeistert aufgenommen Sieg Heil auf Führer und Vaterland. Mit dem [...] Horst Wessel-[5] und Saarlied[6] vorgetragen vom Gesangverein schloss der offizielle Teil."

Der Schriftführer Hermann Zündel beendete dann seinen Jahresbericht von 1934 mit dem Aufruf:

„Unsere Arbeit gilt nur dem Wohle des Vaterlandes und so wollen wir auch im Jahre 1935 in gleicher vorbildlicher Weise unsere Arbeit fortsetzen. Dann, aber auch nur dann wird es gelingen, unseren schönen Sport zu einem wahren Volkssport auszubauen, an dem jeder Deutsche Mann teilhaben soll. In diesem Sinne an die Arbeit für unseren Führer und für unser Volk. Heil Hitler"

Die Protokolle der folgenden Jahre sind wieder mehrheitlich unpolitisch;

5 „Die Fahne hoch! Die Reihen fest (dicht/sind) geschlossen! SA marschiert mit ruhig (mutig) festem Schritt [...]" so beginnt das Horst-Wessel-Lied, ab 1929 Kampflied der SA, später Parteihymne der NSDAP. (Wikipedia 2016)

6 Die Quasi Hymne des Saarlands nach dem 1. Weltkrieg. Sie begann mit den Worten: „Deutsch ist die Saar, deutsch immerdar, [...]". Das heutige Saarlandlied beginnt seit 2003: „Ich rühm' dich, du freundliches Land an der Saar." (s. „Saarlandlied" Wikipedia 2016)

begeistert werden die Leistungen beim Preisschießen aufgeführt, aber auch genüsslich das feuchtfröhliche Vergnügen nach dem Schießen beschrieben, „bei dem es nasse Augen und sicher auch nasse Hosen gab." Doch beim Schlussschießen im November 1938 stellte der Vereinsführer nochmals die eigentlichen Ziele des Vereins klar, nachdem der „Schießsport heute in der Wehrertüchtigung des Volkes im Sinne unseres geliebten Führers Adolf Hitlers" diente.

Eigenartigerweise wurde der Kriegsbeginn 1939 mit keinem Wort erwähnt. 1940 wurde berichtet, dass der Vorstand Josef Beck bei der Deutschen Wehrmacht seinen Dienst antreten musste; auch das jährliche Preisschießen für das Winterhilfswerk wurde protokolliert. Auffällig ist, dass die Berichte über die Ergebnisse der Wettbewerbe knapper ausfielen, von Festen liest man gar nichts mehr. Stattdessen hörte man im Café Achenbach am Radio eine Rede des Führers - worüber, das erfährt man nicht. Ansonsten war der Krieg ausgerechnet im Schützenverein nur selten Thema. Die Schützen schossen und organisierten wie gehabt brav das Vereinsleben. Nur einmal wurde unterschwellig etwas Unbehagen an der neuen Ausrichtung des Schützenvereins formuliert, bei einer Versammlung im Juni 1940: „Die neuen Satzungen des Reichsbundes für Leibesübungen wurden verlesen und angenommen, weil sie nicht abgelehnt werden durften". Um welche Satzungen es sich handelte, wurde nicht ausgeführt. Möglicherweise betrafen die neuen Satzungen die Unterstellung der Sportverbände unter die Führung der NSDAP.

In einem der letzten Protokolle vom Dezember 1940 heißt es: „Nur wenige Schützen sind in der Heimat alle anderen stehen im Kampf oder in der Ausbildung gegen unsere Feinde." Für diese Kameraden wurden Weihnachtspäckchen zusammengestellt, mit „Pfeife und Tabak, Backwaren und Äpfel nebst einem von Kamerad Knecht verfassten Weihnachtsbrief".

Rätselhaft ist der vorletzte Eintrag von 1941 im Protokollbuch des Vereins. Unter der Überschrift „Jahresbericht 1941" wurde in einer bisher unbekannten Schrift und ohne namentliche Unterzeichnung in nur wenigen Zeilen berichtet, dass eine Generalversammlung nicht stattfand, da die meisten Kameraden im Krieg waren. „Wir wollen unserem Herrgott danken, daß er von unserem Verein und in unserer Dorfgemeinschaft keine Opfer gefordert". Der Eintrag endet mit dem Satz: „So wollen wir in das Jahr 1941 eintreten mit dem Wunsche aller Schützenkameraden, nach Beendigung dieses Krieges auf unserem schönen Stande unseren Schießsport weiterzupflegen."

Diese Kriegsmüdigkeit war offensichtlich nicht Konsens im Verein. Auf einem losen Beiblatt gibt es einen ausführlicheren „Jahresbericht 1941", in der Schrift des bisherigen Schriftführers Konrad Beck. Auch er dankt mit fast denselben Worten „unserem Schöpfer [...], daß er [...] noch kein Opfer gefordert" hat. Ansonsten berichtete er ausführlich über die Ergebnisse des letzten Übungsschießens, über Reparaturarbeiten am Stand sowie über die Eheschließung zweier Kameraden.

Der allerletzte Eintrag im Buch betrafen den Tod des Schützenkameraden „Cafebesitzer Johann Hund", der allerdings nicht im Krieg gefallen war.

In den letzten Kriegsjahren gab es dann offensichtlich in Nußdorf keine schießtauglichen Männer mehr, die nicht eingezogen waren. Nach dem Krieg wurden die Schützenvereine von den Alliierten verboten; erst 1949, mit der Gründung der Bundesrepublik, wurde das Verbot wieder aufgehoben. Doch in Nußdorf hatte daran wohl niemand mehr Interesse.

Was passierte mit dem Schützenhaus und der Schießanlage? In das Schützenhaus wurde 1945 von den Franzosen eine Zeit lang Frl. Spek einquartiert, da sich die französischen Offiziere in ihrer Villa[7] am See einquartiert hatten. In den 50er Jahren wurde dann das Gelände als Bauland erschlossen und somit Schützenhaus und Schießstand abgerissen.

7 heute Zur Forelle 22

Freiwillige Feuerwehr Überlingen - Abteilung Nußdorf

Am 12. Dezember 1886 brannten beim Schreiner und Landwirt Georg Kütter[1] die „Wohn- und Ökonomiegebäude". Wie der Seebote berichtete, breitete es sich wegen des starken Westwindes auch auf die östlich von Kütter gelegenen Häuser der Landwirte Ludwig Beck und Eduard Zündel aus und zerstörte dort sämtliche Gebäude. Hilfe kam zwar aus den Nachbarorten: Löschmannschaften aus Unter-Uhldingen und Deisendorf rückten an und wurden unterstützt durch die Freiwillige Feuerwehr aus Oberuhldingen und Überlingen. Doch zu viel Zeit war vergangen, bis sie vor Ort waren.

Versuchen wir uns vorzustellen, wie man damals in Nußdorf auf den Ausbruch dieses Feuers reagierte. Nach den - leider spärlichen - Dokumenten im Stadtarchiv Überlingen und den Veröffentlichungen über die Brandbekämpfung in den umliegenden Dörfern zu der Zeit, könnte es so gewesen sein: Als die Familie Georg Kütterer das Feuer nicht selber löschen konnte - immerhin

1 Auf dem Grundstück, auf dem bald darauf die Bahn gebaut wurde, westlich der heute „Zur Barbe" genannten Straße. Auf dem Plan der „Gemarkung Nußdorf" von 1877 ist nachträglich mit Bleistift bei diesem Grundstück vermerkt: „abgebrannt 1886".

dürfte in der Schreinerei und auch in der Scheune jede Menge leicht Brennbares gewesen sein -, wurde ein Sohn zum Lehrer, der ja gleichzeitig auch Messmer war, geschickt, damit er die Kirchenglocken läuten ließ. Außerdem rannte der Junge zum Ortsdiener, damit dieser, unterstützt von seiner Schelle, bekannt gab, wo genau es brannte. Im Prinzip wussten nun alle männlichen Bewohner, was sie zu tun hatten. Sie wussten, welcher Rotte[2] und welchem Rottenführer - das waren jeweils Gemeinderäte - und damit welchen Aufgaben sie zugeteilt waren: Die einen waren für die Herbeischaffung und die Aufstellung der zwei Feuerleitern zuständig, andere für den Einsatz der Feuerlöschspritze mit den handbetriebenen Pumpen und wiederum andere für das Füllen der Wassereimer.[3] Da Nußdorf damals noch keine Wasserleitung hatte, war man vorwiegend auf das Wasser des Sees angewiesen. Es wurde eine Menschenkette mit Eimern gebildet, die das Wasser aus dem See bis zum Löschwasserwagen transportierten. Dabei wurden die Männer sicher auch von Frauen aus dem Dorf unterstützt. Beim Löschwasserwagen wurde das Wasser in seine zwei Holzwannen gekippt. Rechts und links des Wagens standen je zwei Männer, die das gesammelte Wasser mit einem Pumpenschwengel in einen Druckzylinder pumpten, an dem die Schläuche mit den Spritzrohren angebracht waren.[4] Ein zeitaufwändiges Verfahren.

Schnell wurde deshalb klar, dass man alleine mit den Nußdorfer Kräften das Feuer nicht bändigen konnte. Sogenannte Feuerläufer wurden in die umliegenden Dörfer und nach Überlingen geschickt, um Hilfe zu holen. Telefon gab es damals in Nußdorf noch nicht, und auch ein Fahrrad hatte wohl noch niemand im Dorf[5]. Ob jemand ein Pferd besaß, ist auch nicht wahrscheinlich. D.h., es verging viel kostbare Zeit, bis die benachbarten Löschmannschaften und die Freiwillige Feuerwehr aus Überlingen[6] vor Ort waren. Sie konnten wohl nur noch verhindern, dass weitere Häuser vom Feuer verwüstet wurden.

Sicher ist dann im Dorf darüber debattiert worden, inwieweit diese Brandkatastrophe hätte verhindert werden können. War der Einsatz der Hilfskräfte nicht angemessen organisiert gewesen? Waren die Männer nicht ausreichend geschult? War man nicht genügend ausgerüstet?

Was die Organisation und die Ausrüstung betrifft, sind im Bodenseeraum seit dem Mittelalter sogenannte Feuerordnungen bekannt, mit denen die Ausrüstung der jeweiligen Gemeinden zur Bekämpfung von Bränden vorge-

---

2 „Feuerlöschrotte, der Vorläuferorganisation der heutigen Feuerwehren aus dem 19. Jahrhundert. Die Einwohner einer Gemeinde waren in mehrere Löschrotten eingeteilt." (Wikipedia 2017)

3 Leider konnte nicht ermittelt werden, wo diese Geräte gelagert waren und mit wessen/welchen Pferdefuhrwerken sie zur Brandstelle gebracht wurden.

4 Der Pumpenwagen wurde kurz nach dem 2. Weltkrieg zerstört.

5 Noch 1889 würdigte der Seebote den einzigen Fahrradbesitzer in Deisendorf, der als „Eilbote" bei Bränden eingesetzt wurde.

6 Die Überlinger Feuerwehr war nach der „Feuerordnung der Reichsstadt Überlingen" von 1788 zur Löschhilfe in den umliegenden Dörfern verpflichtet.

schrieben wurde.[7] In der näheren Umgebung von Nußdorf kennt man solche Verordnungen für Bambergen, wie Holger Kleinstück im Südkurier berichtete. Für Nußdorf findet sich im Stadtarchiv die „Feuerordnung für die Grafschaft Salem in Nußdorf" von 1804. Aus dem Jahre 1839, inzwischen verwaltete sich Nußdorf selbst, liegt als Protokoll des Gemeinderates ein Verzeichnis aller vorhandenen Brandlöschgerätschaften der Gemeinde Nußdorf vor. Demnach verfügte Nußdorf über eine Feuer Löschspritze, zwei Feuerleitern, zwei „Hoggen"[8] und 33 Wasserkübel.

Ein Protokoll aus dem Jahre 1842 listet die Einteilung der männlichen Bevölkerung im Falle eines Brandes in Mannschaften, Rotten genannt, auf. Demnach gab es drei Rotten, die als Rottenführer jeweils ein Mitglied des Gemeinderates hatten; es waren die Gemeinderäte Baptist Jung, Böhler und Urnau. Die erste Rotte hatte 15 Mitglieder, darunter offensichtlich acht Jugendliche. Sie wurden ohne Vornamen als „Sohn des Georg Ruf" oder „Sohn des Franz Urnau" aufgeführt. Die Rotten zwei und drei hatten jeweils nur acht bzw. neun Mitglieder. Die Teilnahme war für die männlichen Bewohner Nußdorfs verpflichtend.

Alle paar Jahre wurden von nun an in Protokollen des Gemeinderats die vorhandenen Geräte aufgeführt sowie die Einteilung der Bevölkerung in Rotten, dazu z.T. auch deren Aufgaben, z.B. das Tragen der Feuerleiter, Bedienung der Handdruckspritzen, das Herbeischaffen des Schlauchwagens[9] oder - später - die Betätigung der Hydranten sowie die speziellen Zuständigkeiten: wie Spritzmeister, Rottenführer (Obmänner), Feuerläufer/-melder, Führer des Wagens, Schlauchführer, Ankuppelung der Schläuche, Träger der Pechfackeln bzw. Laternen (diese wurden in der Kirche aufbewahrt), Absperrung des Brandplatzes, Sanitäterdienst, Bedienung des Transformatorenhauses sowie Einsetzen der Staufallen (s.u.) im Nußbach.

Doch für Großbrände wie 1886 war man in Nußdorf nicht ausreichend ausgestattet und organisiert. Trotzdem entwickelte sich in Nußdorf zunehmend der Ehrgeiz, wenn irgend möglich die eigenen Brände selbst in den Griff zu bekommen. Aus den 20er Jahren des 20. Jahrhunderts wird in Briefen an die Überlinger Feuerwehr betont, dass die Nußdorfer Löschmannschaft in zwei Fällen - beim Brand des Hauses von August Klingenstein 1926 und beim Feuer in der Werkstatt des Feilenhauers Emil Knecht 1931 - die heranrückende Überlinger Feuerwehr gar nicht benötigt hätte.

Auch mokierte man sich über die Kritik der Überlinger Feuerwehr, dass es

7 Herrmann Keller aus Lippertsreute weiß: „Darin war geregelt, wie viel Feuerpatschen, Leitern, Eimer, Butten, Feuerhaken und Handspritzen vorhanden sein mussten" (zitiert von Holger Kleinstück, s. Quellenverzeichnis).

8 Wahrscheinlich wurden die Feuerhaken so genannt.

9 Als in Nußdorf 1902 eine Wasserversorgung gebaut wurde, wurde durch die Firma Blersch auch ein sogenannter Schlauchwagen geliefert. Er war mit einer Schlauchhaspel ausgestattet, auf der die Schläuche aufgewickelt waren. Zum Zubehör gehörten zwei Standrohre, die Spritzrohre und ein Hydrantenschlüssel.

immer noch keine Staufallen im Nußbach gäbe, um im Brandfall das Wasser besser schöpfen zu können. Staufallen wären bei einem Bach, der die meiste Zeit des Jahres kaum Wasser führte, nicht sehr sinnvoll. Und man hätte doch den See. Immerhin hat man sich diese Kritik dann doch zu Herzen genommen. An zwei Stellen wurden im Bach entsprechende Halterungen aus Beton für die Holzbretter, um den Bach zu stauen, angebracht: Unterhalb der Kirche (heute unterhalb des Blumenladens Fuchs), wo man noch heute das Treppchen sehen kann, das zu den Halterungen führte, und weiter unten, dort, wo der Bach eine Linkskurve macht (kurz vor dem Haus Zur Barbe 10).

1938 war dann das Selbstvertrauen der Nußdorfer groß genug, um eine eigene Feuerwehr zu gründen. Es bedurfte zwar noch „der Anregung von Herrn Kreisfeuerwehrführer Fridolin Messmer und Herrn Landrath Dr. Mayer", aber dann war man doch mit Begeisterung dabei. „Auf den heutigen Abend hatte Herr Bürgermeister Beck [...] alle wehrfähigen Männer der Gemeinde Nußdorf betr. Gründung einer freiwilligen Feuerwehr zu einer Versammlung im Rathaus eingeladen" beginnt das Protokoll am 27. November 1938.

Nachzulesen ist dieses Protokoll in dem ersten der drei Protokollbücher der „Freiwilligen Feuerwehr Nußdorf"[10]. Es meldeten sich gleich bei der Gründungsversammlung 29 Freiwillige und auch ein Wehrführer konnte „mit großer Stimmenmehrheit" gewählt werden: der „allseits beliebte Kamerad Josef Reichle", schreibt er Protokollant Gebhard Zündel ganz begeistert.

Doch die Gründung begann gleich mit einem Eklat. Noch am selben Abend tippte ein anonymer „Pg. im Auftrag mehrerer" eine Denunziation Reichles an den Kreisleiter der NSDAP in die Schreibmaschine[11]:

„Josef Reichle ist aber nicht Pg. und ist auch für das 3. Reich sehr schlecht eingestellt. Er mäckert an allem was von der heutigen Regierung gemacht und angeordnet herum [...] Auch schimpft er über unsren Ortsgruppenleiter, über unseren hohen Pg. Oexle und Pg. Frl. Lang. Gerade diese Woche habe ich wieder von ihm gehört, dass er so ganz empört ist, weil man den Juden einige Fensterscheiben eingeworfen hat. [...] Wir können hier keine grössere Schande erleben, als wenn man uns einen solchen Führer hinstellen würde."

Dieser Brief zeitigte Wirkung: Bei einer außerordentlichen Generalversammlung am 13. März 1939 trat Josef Reichle, der übrigens auch Gemeinderat war, zurück, „zum größten Bedauern aller Kameraden" und trotz des Bemühens des anwesenden Kreisfeuerwehrführers. Ein neuer Führer musste gewählt werden und man entschied sich für Friedrich Keller.

Die folgenden Protokolle bis Ende 1939 thematisieren Übungen, insgesamt 14, aber auch überregionale Aufmärsche, erwähnen jedoch nicht jedoch den Kriegsbeginn. Allerdings werden im November 1939 der acht „Kamera-

10 Seit der Eingemeindung durch Überlingen ab 1975 „Freiwillige Feuerwehr Überlingen, Abteilung Nußdorf."

11 Die Nachkommen des anonymen Schreibers haben eine Abschrift des Briefes Rudolf Beck zur Verfügung gestellt.

den, die im Frontdienst stehen", gedacht. Im Frühjahr 1940 trat eine wesentliche organisatorische Veränderung in Kraft: Aufgrund des neuen Feuerlöschgesetzes „sind die freiw. Feuerwehren keine vereinsmäßigen Formationen mehr, sondern sind jetzt Feuerschutzpolizei, [...] dem Reichsführer SS & Schef [sic!] der deutschen Polizei unterstellt".

Es war für die kleine Gemeinde nicht einfach, sich diese Feuerwehr zu finanziell leisten. 1940 beantragte der Bürgermeister Beck beim Kreisfeuerwehrführer Fridolin Messmer „zur gefälligen Prüfung und Weiterleitung an den Herrn Minister des Inneren Karlsruhe" Beihilfe für Anschaffungs- und Schulungskosten von insgesamt 1.760 RM. Benötigt wurden u.a. Uniformröcke und -hosen für den Wehrführer Keller und den Löschmeister Beck sowie Helme, eine Schiebeleiter, sieben Laternen, sechs Gasmasken und Feuerwehrschläuche.[12]

Für die Jahre 1941 bis 1951 gibt es keine Protokolle. Der bisherige Schriftführer Gebhard Zündel wurde 1941 eingezogen und kehrte nicht aus dem Krieg zurück. Aber auch die meisten anderen Männer mussten an die Front. Und wie in vielen anderen Lebensbereichen und Orten auch, mussten die Frauen die Männer ersetzen. D.h. es gab in Nußdorf während des Krieges eine „Damenfeuerwehr", wie sich die Zeitzeugin Therese Beck 1988 erinnerte. Sie selbst war mit aktiv und sie wusste noch von Frau Zündel und Luise Moritz.

Bemerkenswert ist, dass dieser Einsatz der Frauen in den Protokollbüchern nie nachträglich gewürdigt wurde. Die Erwähnung und damit Würdigung geschah erst durch die Generation derjenigen Männer, die anlässlich des 50jährigen Bestehens der Feuerwehr eine Broschüre veröffentlichten.

Nach Kriegsende dauerte es dann noch ein paar Jahre, bis von den Besatzungsmächten wieder lokale Freiwillige Feuerwehren zugelassen wurden. So wurde in Nußdorf erst 1951 wieder eine freiwillige Feuerwehr aufgestellt, und zwar zwei Gruppen mit insgesamt 19 Männern.

Kommandantenspiegel:

27.11.1938 - 13.03.1939	Josef Reichle
13.03.1939 - 24.03.1940	Friedrich Keller
24.03.1940 - unbekannt	Johann Wenk
unbekannt - 10.03.1951	Emil Dengler
10.03.1951 - 02.10.1967	Friedrich Keller
20.10.1967 - 25.04.1970	Rolf Wiedenhorn
25.04.1970 - 24.03.1973	Wilhelm Hagg
24.03.1973 - 09.10.1975	Rolf Wiedenhorn
09.10.1975 -10.05.2003	Peter Steidle
10.05.2003 - 09.03.2013	Roland Wiedenhorn
seit 09.03.2013	Andreas Schuhmacher

12 Ob die Nußdorfer Feuerwehr einen Zuschuss bekam und wenn ja, wie viel, konnte in den Akten nicht ermittelt werden.

Die nun folgenden Protokolle, die bis heute detailliert geführt werden, sind anschaulich geschriebene Berichte darüber,

- welche Einsätze zu bewältigen waren und welche Erfahrungen man dabei gemacht hatte,
- wer in der Feuerwehr jeweils aktiv war und Ämter innehatte (Schriftführer, Kassenwart, Gerätewart),
- wie viele Proben jährlich durchgeführt wurden (zwischen 10 und 16) und wie hoch jeweils die Beteiligung war,
- welche Lehrgänge und Wettbewerbe besucht wurden,
- welche Ausrüstungen dringend benötigt wurden (Schläuche, Atemschutzmasken, Ölwehrboote, Fahrzeuge, Signalhörner, Piepser, Handfunkgeräte, Mützen und Helme ...),
- wie die Feuerwehr zunehmend moderner wurde (in den 70er Jahren wurde endlich ein Tragkraftspritzenfahrzeug Ford Transit angeschafft als Ersatz für den Spritzenanhänger, der vom Unimog gezogen wurde) und doch immer noch ungenügend ausgerüstet war,
- über den jährlichen Kassenstand und wie dieser durch Glassammlungen, Bewirtungen bei Dorffesten und durch eigene Festveranstaltungen aufgebessert wurde,
- wie sich die Männer durch Fortbildungen und Wettbewerbe ständig weiter qualifizierten - und sich doch oft mangels regelmäßiger Routine technisch nicht genügend fit fühlten,
- und wie sie Geselligkeit untereinander und mit einer Partner-Feuerwehr aus Bad Neuenahr pflegten.

Die Protokolle machen darüber hinaus das grundsätzliche Dilemma einer Freiwilligen Feuerwehr aus, das aus mehreren Aspekten besteht:
Ein Aspekt des Dilemmas ist die finanzielle Ausstattung. Obwohl für eine Gemeinde existenziell, beruhte die Feuerwehr nicht nur auf freiwilligen Dienstleistungen, sondern musste darüber hinaus ständig um Geld für die Ausstattung betteln. Zwar wurden von der Gemeinde immer mal wieder ein Vesper und ein bis zwei Fässer Bier gespendet. Doch erst nach mehrfachen Bitten wurde 1957 ein jährlicher Zuschuss von 80 DM bewilligt.

Die angemessene Ausrüstung der Nußdorfer Feuerwehr war deshalb immer wieder eine Herausforderung. Man war auf Provisorien und den besonderen Einsatz einzelner Kameraden angewiesen. Als 1953 die erste Motorspritze „T.S.8" angeschafft wurde (die Überlinger Feuerwehr hatte bereits 1924 eine Motorspritze), musste als Zugmaschine der Unimog des Maschinisten Schumacher bis in das Jahr 1970 herhalten (s.o.). Schumacher war auch derjenige, der jahrelang die Maschinen der Feuerwehr wartete und einen Platz auf seinem Grundstück für die Garage zur Verfügung stellte.

Die Geldprobleme beeinträchtigten jedoch nicht nur die Einsatzfähigkeit der Feuerwehr im Notfall. Sie erschwerte auch die Teilnahme an regionalen Wettkämpfen. 1965 nahm eine Gruppe der Nußdorfer Feuerwehr erstmals an einem Leistungswettbewerb in Mimmenhausen teil. Dazu musste die neu gegründete Wettkampfgruppe zunächst ausgestattet werden, mit Drillichanzügen und Beilen. Obwohl die Wettkampfgruppe mit ihrem wohl etwas nervös durchgeführten Einsatz nicht zufrieden war, erhielt sie das Leistungsabzeichen in Bronze. Eine Teilnahme 1966 war nicht möglich, da die erforderliche Ausrüstung nicht finanziert werden konnte. Und als die Nußdorfer 1969 eine Einladung zum Feuerwehrball in Meersburg bekamen, folgten nur eine paar Männer dieser Einladung - nur diejenigen, die eine Uniform hatten. Man kann sich die Frustration der anderen gut vorstellen.

Die prekäre Situation der Nußdorfer Feuerwehr zeigte sich auch an der Unterbringung ihrer Fahrzeuge und Geräte. Zunächst war der alte Schlauchwagen im Gebäude des alten Rathauses am Stichling[13] untergestellt. Als das alte Rathaus mehr und mehr mit Wohnungen ausgebaut wurde, stellte die Gemeinde als Ersatz eine Wellblechgarage auf dem Gelände der Gemeindekiesgrube am Döbel[14] zur Verfügung. In den 60er Jahren wurde dieses Grundstück als Bauland verkauft, die Garage wurde abgebrochen und auf dem Grundstück des Maschinisten Franz Schumacher wieder aufgebaut. Diesen Umzug hat der alte Schlauchwagen nicht überstanden. Später wurde das ehemalige Gelände der Raiffeisengenossenschaft bzw. der Milchsammelstelle an der Straße Zum Kretzer) von der Gemeinde für die Feuerwehr angemietet.

Aber die Männer der Feuerwehr in Nußdorf haben sich nie entmutigen lassen und kreativ über Einnahmequellen nachgedacht. 1975 wurde im Löwen der erste Feuerwehrball ausgerichtet. Zudem begann man Altglas zu sammeln und zu verkaufen. Beide Aktionen haben sich gelohnt.

Langfristig hat sich jedoch erst durch die Eingemeindung Nußdorfs zu Überlingen die Situation der Feuerwehr verbessert. Als Abteilung der Überlinger Feuerwehr hatten die Nußdorfer jetzt nicht nur mehr Möglichkeiten, an moderneren Geräten zu üben. In der Folge nahmen wieder mehr Nußdorfer Feuerwehrleute an Leistungswettbewerben in den Nachbardörfern teil und erreichten gute Ergebnisse. Vor allem aber bekam die Nußdorfer Feuerwehr auch höhere Zuschüsse. Deutlich wurde dies, als man 1978 endlich die Einweihung eines neu geschaffenen Feuerwehrhauses im ehemaligen Werkhof der Gemeinde Nußdorf - mit Garage und Versammlungsraum für 35 Personen - feiern konnte.

Und anlässlich der Einweihung des Dorfgemeinschaftshauses 1986 konnte endlich ein größeres Feuerwehrfahrzeug in Betrieb genommen werden, ein TS8 Daimler-Benz. 1988 kam ein Mannschaftstransportwagen Typ VW-Bus dazu.

Ein zweiter Aspekt des grundsätzlichen Dilemmas der Freiwilligen Feuerwehr ist die abnehmende Motivation für eine Mitgliedschaft (heute gibt es

13 ebenerdig, dort, wo die Narrenstube untergebracht war.

14 heute Hausnummer 12 und 14

Feier zum 40-jährigen Jubiläum 1978

nur noch 15 Nußdorfer Feuerwehrleute) und für die aktive Teilnahme der Mitglieder an den Übungen. Und die ist nachvollziehbar: Einerseits muss man sich als Feuerwehrmann durch regelmäßiges diszipliniertes Üben ständig fit halten für die Handhabung neuer technischer Geräte und für anspruchsvolle Brand- oder Katastropheneinsätze. Andererseits gab und gibt es - zum Glück - nur wenige Einsätze, bei denen sich die erworbenen Kompetenzen bewähren konnten. Die Protokolle verzeichnen im Schnitt 12 Einsätze im Jahr, und dabei kaum Brandeinsätze. Zunehmend wurde die Feuerwehr für mehr oder weniger harmlose technische Hilfsarbeiten gerufen: Ölspuren auf der Straße, Verkehrsunfälle, Wasser im Keller, verklemmte Notfalltüren, Wespen, umgestürzte Bäume.

Protokollführer:

1938 - 1941	Gebhard Zündel
1951 - 1969	Willy Hagg
1970 - 1984	Rudolf Beck
1984 - 1995	Uwe Setzer
seit 1995	Jürgen Specker

Desto wichtiger waren und sind für die Moral der Mannschaft offensichtlich die zahlreichen geselligen Veranstaltungen, wie Weihnachtsfeiern, Ausflüge (1985 sogar nach Nizza), Beteiligung an Feuerfesten der Nachbardörfer, Glassammlung und vor allem die seit 1975 veranstalteten Feuerwehrbälle, für die mit großem Aufwand eigene „kulturelle Einlagen" präsentiert wurden. Die

Nußdorfer Feuerwehrbälle waren über die Grenzen Nußdorfs hinaus berühmt; so gab es in manchen Jahren jeweils drei ausverkaufte Aufführungen. Sie fanden zunächst im „Löwen" und später im Dorfgemeinschaftshaus statt. Zu den Höhepunkten dieser Feuerwehrbälle zählte jeweils das sogenannte Feuerwehrballett, das ganz neue Perspektiven auf die Beine der Nußdorfer Männer ermöglichte; Fotos davon wurden in der Presse veröffentlicht und auch im Protokollbuch dokumentiert. 25 Jahre dauerte die Erfolgswelle der „legendären Nußdorfer Feuerwehrbälle", dann stagnierten die Besucherzahlen und die Kosten konnten nicht mehr gedeckt werden. 2001 fand der letzte dieser Bälle statt.

Und doch gab es dann drei große Ereignisse, die den vollen Einsatz der Nußdorfer Feuerwehr notwendig machte: Pfingsten 1999 war man beim Jahrhunderthochwasser drei Tage lang am Nußdorfer Strandbad im Einsatz - mit Pumpen und Sandsäcken.

Ebenfalls 1999, am 26. Dezember, fegte der Jahrhundertsturm Lothar über das Bodenseegebiet und machte das mühevolle Beseitigen zahlloser umgestürzter Bäume notwendig.

Die unvergessliche Katastrophe war jedoch das Flugzeugunglück am 1.7.2002, als ein Tupolew-Passagierflugzeug mit 69 Passagieren - vorwiegend russische Kinder auf den Weg in den Urlaub nach Spanien - sowie 12 Besatzungsmitgliedern an Bord mit einem Frachtflugzeug (eine Boing 757-200) zusammenstieß und westlich von Überlingen abstürzte. So detaillverliebt bisher der Chronist Jürgen Specker das Protokollbuch der Nußdorfer Feuerwehr geschrieben hatte - hier fehlten ihm die Worte. Er schrieb: „Im nachfolgenden läßt der Chronist hier Bilder und Zeitungsberichte sprechen. Nur so viel: Alle Kameraden waren sind sich einig, daß sie so etwas nie mehr miterleben möchten." Schlimm war für alle Feuerwehrmänner, die mehrere Tage ihren schrecklichsten Einsatz durchstehen mussten, die Einsicht, dass sie niemanden retten konnten, dass es nur noch um die Bergung von Flugzeugteilen und vor allem der Opfer ging. „Uns bot sich über zehn Stunden lang ein Bild des Grauens", beschrieb ein Überlinger Feuerwehrmann den Einsatz.

Derartig grausige Erfahrungen, über die die Presse zwar dezent berichtete, die sicher aber in der Bevölkerung anschaulich weitergegeben wurden, waren auf jeden Fall kein Anlass für junge Männer, nun verstärkt der Freiwilligen Feuerwehr beizutreten. Die Protokolle der folgenden Jahre berichten dann wieder über wenige und z.T. unspektakuläre Einsätze, wie z.B. bei Bränden in Überlingen, beim Brand eines Kleidercontainers, bei Verkehrsunfällen auf der B 31, bei Fehlalarm in der Casa Reha oder beim Wasserrohrbruch.

Je undramatischer sich jedoch die Herausforderungen bei den wenigen Einsätzen gestalten, desto dramatischer wird die personelle und technische Situation der Feuerwehr charakterisiert. 2009 schreibt der Chronist: „Abschließend bleibt zu sagen, dass die FW-Abteilung Nußdorf schwierigen Zeiten entgegensieht. Zum einen wird unsere Personaldecke immer dünner, die Kameraden immer älter und sind teilweise nicht mehr voll einsatzfähig. Dazu kommt, dass unser TSF[15] mit seinen 23 Jahren nun recht betagt ist und nicht mehr dem aktuellen Stand der Technik entspricht. Von unserem maroden Feuerwehrgerätehaus ganz zu schweigen."

Ein Jahr später lesen wir: „Offiziell sind wir noch 14 Mann, 4 sind nur bedingt einsatzfähig; 6 sind tagsüber erreichbar [...]. Hier muss etwas geschehen!" Man diskutiert über Maßnahmen zur Nachwuchsförderung - aber ohne Ergebnis. 2011 heißt es „Auch in kameradschaftlichen Belangen war von Hektik nichts zu spüren. [...]. Kein Ausflug", und 2012: „Zwei Einsätze: Brandgeruch im Kindergarten, Katze auf einen Baum. [...]. Einerseits gut, wenn niemand zu Schaden kommt, aber ein wenig Aufregung und Adrenalin tun dem ‚gemeinen Feuerwehrmann' ab und zu gut".

Immerhin wurde 2013 „75 Jahre Feuerwehr Nußdorf" gefeiert, mit einer kleinen Feier, aus „personellen und finanziellen Gründen". Der Protokollant Jürgen Specker, inzwischen auch stellvertretender Kommandant, konnte endlich wieder über eine gelungene Veranstaltung berichten, beim Weißwurstfrühschoppen in der Zunftstube der Nußdorfer Schnecken.

Aber so konnte es nicht weitergehen - und das hatte man endlich nicht nur in Nußdorf erkannt. Die Stadt Überlingen gab eine Feuerwehrbedarfsplanung in Auftrag und die entsprechende Firma erstellte 2015 ein „Sollkonzept". Zusammengefasst enthält es folgende Analyse:

In Nußdorf ist das Gefahrenpotenzial groß. „Es besteht ein Defizit in der Erreichbarkeit [...] Zudem ist die technische Ausstattung der Abt. Nußdorf nicht geeignet, um ein kritisches Brandereignis bewältigen zu können." Das Pflegeheim und das Dorfgemeinschaftshaus, wo viele Veranstaltungen stattfinden, gelten als „Risikoobjekte", die einen besonders schnellen Einsatz nötig machen. Das Feuerwehrhaus erfüllt nicht die entsprechende Deutsche Industrienorm, und stellt somit eine Unfall- und Gesundheitsgefährdung für die Feuerwehrleute dar.

Um die „Schlagkraft der FW im Osten der Stadt Ü. zu stärken" wird vorgeschlagen, mit Deisendorf ein gemeinsames neues Feuerwehrhaus zwischen Alt-Birnau und Rengoldshausen zu bauen, und auch gemeinsam die veraltete technische Ausrüstung incl. einiger Fahrzeuge zu ersetzen.

Wir beschließen diesen Bericht über die Nußdorfer Feuerwehr mit dem Abschlusskommentar des letzten Protokolls von 2015: „Alles, was kommt, ist besser als der jetzige Zustand."

15 Tragkraftspritzenfahrzeug

Fußballverein Grün-Weiß

Ortsbegehung: Der Fußballplatz befand sich im Gewann Egelsee, kurz vor dem Wald Mauerholz. Ausgestattet mit einem Lageplan von Rudolf Beck versuchen wir ihn zu finden. Das ist gar nicht so leicht. Wir brauchen Rudolf selber als Begleitung. Er fährt mit uns vorbei an der Wiese oberhalb der B 31, auf der früher das Böllerschießen am 31. Dezember stattfand, zeigt uns östlich davon den ehemaligen Egelsee - heute nur noch zwei Tümpel - und stoppt dann am Waldrand. Das letzte Flurstück rechts mit der Nummer 373/374, heute im Besitz der Familie Specker, das war der Nußdorfer Fußballplatz. Die leichte Steigung nach Süden hin, dort, wo die B 31 das Flurstück begrenzt, hat man damals offensichtlich hingenommen.

Hier also fanden zwischen 1947 und 1950 die Fußballspiele statt. In Nußdorf erinnert sich heute kaum noch jemand an den Fußballverein Grün-Weiß. Es gibt kein Protokollbuch. Was existiert sind ein Schwarz-Weiß-Foto und zwei grüne Trikots im Hause Friederichs, die Bruno Blepp[1] und seinem Schwager Ludwig Strobel, dem Kopf der Mannschaft, gehörten.

Die feschen Fußballer von Nußdorf

Zum Glück gibt es einen Zeitzeugen mit hervorragendem Gedächtnis: Ernst Beck aus Billafingen, in Nußdorf aufgewachsen, war selber Mitspieler in der Jungmannschaft. Er schrieb uns:

1 Das war der Schwiegervater von Michael Friederichs.

„Der erste Vorstand war Walter Höhns. Im Café Achenbach war für die Spieler der Umkleideraum. Eine Dusche gab es nach den Spielen nicht. Danach ging es zu Fuß oder mit dem Fahrrad zum Waldecksportplatz im Gewann Egelsee. Die Einweihung des Sportplatzes, verbunden mit einem Turnier von 8 Mannschaften wurde zu einem imponierenden Fußballfest. Dieses für Nußdorf wohl einmalige Sportfest fand auch in der Presse seine entsprechende Würdigung. Ich erinnere mich daran, wie zu lesen war: ‚In Nußdorf schlug die Sportbegeisterung über 10 Stunden hohe Wellen.' Im Löwen fand am Abend dieses Tages ein Tanz mit Siegerehrung statt. [...]

Im Gedächtnis sind mir die Namen von folgenden Spielern haften geblieben: Zolg Alfons, Reichle Robert, Wilhelm Karl[2], Blepp Bruno, Kirstein Bruno, Kränkel Kurt, Heptin Otto, Haag Willi, Haag Ferdinand, Haag Eugen, Zündel Karl und ein Flüchtling Kienast. Aus Überlingen spielten für eine Runde die Gebrüder Kuno, Walter und Richard Riedmüller. Diese ‚Brüder' sorgten für große Erfolge und Euphorie, um aber dann nach kurzem sportlichen Gastspiel Frust und Resignation zu hinterlassen.

Ein zweiter Platz [des Nußdorfer Vereins] bei dem Fußballturnier in Sipplingen sorgte noch einmal für ein Glanzlicht. Danach löste sich die Mannschaft wegen mangelnder Spielerzahl auf und das mit so viel Hoffnung und Begeisterung begonnene Unternehmen ‚Sportfreunde Nußdorf' verschwand in der Versenkung. Schade drum.

Bei der Jugendmannschaft war Horst Kränkel der unangefochtene ‚Star', er schaffte es, nach dem Ende der ‚Sportfreunde'[3] in der 1. Überlinger Mannschaft zu spielen."

Soweit die Erinnerungen an die ehemaligen Fußballer von Nußdorf. Es gibt aber auch heute noch Fußballbegeisterte in Nußdorf, wenn auch auf andere Art.

Da sind zum einen die „Bavaria Red's Bodensee", das sind Fans des FC Bayern. Sie haben eine eigene Fahne, eigene Sweatshirts und einen Vorstand: Marvin Strehl und Niklas Kretz.

Der Fanclub hat ca. 50 Mitglieder, alle sichtbar unter 30. Gemeinsam fährt man ungefähr 10 Mal jährlich ins Stadion, die Allianz-Arena in München. Bei auswärtigen Bundesliga-Spielen oder diversen Pokalspielen wurden aber bisher auch Fahrten nach Augsburg, Mainz und Wolfsburg unternommen. „Das Highlight sind natürlich die Internationalen Pokalspiele (Champions-League); für diese Spiele sind wir auch schon nach Manchester (England) oder auch nach Barcelona (Spanien) geflogen", schreibt Niklas Kretz.

Um die Reisekasse aufzubessern, verkaufen die Fans bei den Wahlen im Dorfgemeinschaftshaus selbstgebackenen Kuchen und Kaffee - und tragen

2 Auch Karl Wilhelm wird von einem anderen Zeitzeugen als Kapitän der Mannschaft genannt.

3 In der Erinnerung von Ernst Beck hieß der Verein „Sportfreunde Nußdorf" - andere meinen, er hieß „Grün-Weiß".

Der Fanclub in München: (v.l.n.r.) Tobias Maiwald, Marvin Strehl, Jolanda Grabski, Marie-Joelle Schwer, Ronja Wittleben, Sinja Wittleben, Andreas Straub, Jan Mielke und Niklas Kretz

auf diese Weise durchaus auch zum Gemeinwohl in Nußdorf bei.

Und da sind zum anderen die Nußdorfer Früchtle. Einmal im Jahr werden die Nußdorfer Grundschulkinder - Jungen und Mädchen - von David Buzghluashvili[4] für das stadtübergreifende Früchtletounier trainiert. Am Bolzplatz an der Pfrille kann man zusehen, wie bei Wind und Wetter motivierte und gut angeleitete Kinder mehrere Wochen lang intensiv trainieren.

Die Nußdorfer Früchtle 2016
Foto: Schellinger

4 Mitglied des Fußball-Clubs 09 Überlingen e.V.

Förderverein Dorfgemeinschaft Nußdorf e.V.

Der Förderverein entstand aus der Erkenntnis heraus: „Wenn wir ein Dorfgemeinschaftshaus wollen, können wir Nußdorfer nicht warten, bis die Stadt Überlingen aus ‚Wohlgefallen heraus' endlich baut."

Nußdorf hatte zum Zeitpunkt der Eingemeindung nach Überlingen bereits das Grundstück bei der Schule und Kapelle erworben und verfügte über einen Plan mit Baugenehmigung (Roter Punkt) einschließlich Rücklagen für den Bau einer „Mehrzweckhalle" - sogar mit darunterliegendem Schwimmbad. Doch der damalige Oberbürgermeister Ebersbach von Überlingen sah weder einen Grund noch hatte er die finanziellen Mittel, dies zu verwirklichen.

„Der andauernde städtische Geldmangel in Bezug auf unsere Bitten und Forderungen veranlasste uns Nußdorfer, einen Förderverein zu gründen," so Rudolf Beck. Die treibenden Kräfte waren die Nußdorfer Stadträte Konrad Scheurer und Karlheinz Kretz sowie Rudolf Beck, der stellvertretende Vorsitzende des Ausschusses für die Angelegenheiten des Stadtteils Nußdorf, und natürlich alle Mitglieder des Ausschusses. Der Verein wurde am 27.November 1981 im Gasthaus zum Löwen gegründet. Am 22. Januar 1982 fand die erste Sitzung statt. Vereinszweck war „die Förderung aller Maßnahmen einschließlich der Aufbringung finanzieller Mittel für die Erhaltung, Erstellung und Pflege gemeinnütziger Objekte im Ortsteil Nußdorf in Gemeinschaft mit der Stadtverwaltung Überlingen."[1]

In den Vorstand wurden gewählt:

Vorsitzender	Konrad Scheurer
Stellv. Vorsitzender	Rudolf Beck
Kassier	Monika Schmid
Schriftführer	Wolfgang Luft

Der Verein hatte bald Erfolg, Geld zu beschaffen. 1983 kam es zur Planung des Dorfgemeinschaftshauses, 1985 begann der Bau. Nicht alle Bürger hatten gespendet, dafür andere hohe Beträge. Das Dorffest (heute das Seeuferfest) wurde eingeführt, der Erlös ging an den Förderverein. Wie Beck stolz erzählt: „Wir konnten beim ersten Spatenstich bereits 100.000 DM als Mithilfe

1 Weitere Informationen zum Förderverein findet man auf der offiziellen Webseite von Nußdorf im Internet.

übergeben. Insgesamt konnten wir ca. 200.000 DM beisteuern."

1986 fand dann die Einweihung des Dorfgemeinschaftshauses statt - ein erster großer Erfolg des Fördervereins. Danach versank der Förderverein Dorfgemeinschaftshaus allerdings für knapp 20 Jahre in eine Art Dornröschenschlaf.

Etwa 1998 stand das Anwesen von Otto Deufel, Zum Salm 23, zum Verkauf, da dieser ohne direkte Erben verstorben war. Der Kaufpreis sollte sich auf 500.000 DM belaufen. Rudolf Beck warb bei der Stadt dafür, das Anwesen zu kaufen, um einen Hausbau direkt vor dem Dorfgemeinschaftshaus zu vermeiden. Der Oberbürgermeister lehnte jedoch ab. Inzwischen fiel der Preis und so kauften 2001 ein kolumbianischer Architekt aus Konstanz und seine Frau, ebenfalls Architektin, das Grundstück für nur 165.000 Euro. Sie planten, dort ein Geschäftshaus mit Wohnungen zu errichten. Nach gefährlichen Abbrucharbeiten durch den Bauherrn (beinahe wäre das angebaute Nachbargebäude eingestürzt) und viel „Murks am Bau", schlechter Bauweise und der Unverkäuflichkeit der nur in Grundzügen angedeuteten Geschäftsräume und Wohnungen direkt an der lauten Straße meldete der Bauherr Insolvenz an. Stehen blieb eine Bauruine - ein Schandfleck mitten im Dorf.

Die Bauruine im Dorfzentrum

Die Bauruine wurde so prominent, dass sie in der Fasnet 2003 beim Schneckensalat ordentlich verhackstückt wurde.

Im Zuge der Insolvenz kam 2006 das Grundstück zur Zwangsversteigerung. Zum ersten Versteigerungstermin erschien kein Interessent. Im Ortschaftsrat wuchs die Sorge, dass der Schandfleck weiter in der Dorfmitte bleiben würde. Deshalb schlug der Ortschaftsrat Karl-Heinz Kretz vor, einen Investor für das zentral gelegene Grundstück zu suchen. Dieser Investor sollte dort zwar bauen, aber nicht so ausladend und das DGH verdeckend, wie in den Plänen des Kolumbianers angedacht. Als sich kein Investor fand, wurde Rudolf Beck beim Oberbürgermeister aktiv und bat die Stadt, das Anwesen zu ersteigern. OB Weber bedauerte, ablehnen zu müssen, da die Stadt wie schon 1980 knapp bei Kasse war. Die Mehrheit im Ortschaftsrat war zwar bereit, die Stadtkasse durch eine Spendensammlung für den Kauf des Grundstücks zu unterstützen, der Ortschaftsrat durfte aber als gewähltes kommunales Gremium keine Spendensammlung durchführen.

So schlug die Stunde, den Förderverein Dorfgemeinschaftshaus Nußdorf aus seinem gut zwanzigjährigen Schlaf zu wecken. Konrad Scheurer, der immer noch Vorsitzender war, lud zu einer Mitgliederversammlung ein, auf der in einem Tagesordnungspunkt einstimmig der Förderverein Dorfgemeinschaftshaus Nußdorf in den Förderverein Dorfgemeinschaft Nußdorf umbenannt wurde. Und in einem weiteren Tagesordnungspunkt wurde die Sammlung für den Erwerb des ehemaligen Deufel-Grundstücks eingeläutet. Zwei Ortschaftsrätinnen und drei Ortschaftsräte warben 76.000 Euro Spendengelder ein. Eine von mehreren Nußdorfern durchgeführte Schrottsammlung brachte nochmals 4.000 Euro. Mit diesen 80.000 Euro Startkapital konnte Rudolf Beck die Stadt überzeugen, sich an der Versteigerung zu beteiligen.

Allerdings gab es diesmal noch einen Interessenten; ein Bauträger aus Singen trieb den Preis hoch und erhielt den Zuschlag bei 122.000 Euro. Doch jetzt hatte den Überlinger Oberbürgermeister der Ehrgeiz gepackt. Er redete mit dem Bauträger - mit Erfolg. Die Nußdorfer konnten sich mit knapp 61% der endgültigen Kaufsumme (incl. Gebühren und Grunderwerbssteuer waren das 131.500 Euro) beteiligen.

So konnte endlich der Schandfleck in der Dorfmitte beseitigt werden. Ein kleiner Park wurde angelegt. Für den Brunnen im neuen Park wurden dann wieder vom Förderverein Spenden gesammelt.

Der neue Park mit Schneckenbrunnen in der Dorfmitte

Ein großes Stück Dorfgemeinschaft war gelungen. Der kleine Park wird jedoch seine volle Bedeutung erst erfahren, wenn der starke Durchgangsverkehr nicht mehr ist.

Aber der Förderverein besteht weiter als „Förderverein Dorfgemeinschaft e.V." und unterstützt viele öffentliche Maßnahmen - so die Homepage www.nussdorf-bodensee.de oder die Publikation dieses Nußdorfer Lesebuchs.

Theaterhaufe Nußdorf e.V.

Eigentlich stehe doch alles auf der Homepage vom Theaterhaufe, meint Ursula Mahl, als wir uns zum Interview treffen. Und eigentlich hat sie recht: Erfreulich übersichtlich und ausführlich wird hier viel Wissenswertes berichtet[1]:

- Der Verein Theaterhaufe wurde 1986 von Doris Tessari „zusammen mit 9 spielbegeisterten Frauen und Männern ins Leben gerufen."
- Inzwischen gibt es 17 Mitglieder und zusätzlich viele Helfer.
- Seit der Gründung wurden insgesamt 42 Stücke eingeübt und aufgeführt.
- Zu jedem aufgeführten Stück kann man eine Kurzbeschreibung und ein Foto anklicken.
- Seit 2009 gibt es auch ein Pressearchiv.

Aber natürlich hat Ursula Mahl noch viel mehr zu berichten. Sie neigt nur zur Bescheidenheit und hält sich lieber im Hintergrund, wo sie allerdings Wesentliches leistet - im Vorstand, bei der Beschaffung und Bearbeitung der Stücke, bei der Regie und als Souffleuse.

Seit 20 Jahren ist sie im Vorstand des Vereins. Seit 20 Jahren kümmert sie sich um neue Stücke. Ständig hält sie die Augen auf, um im Fernsehen etwas Passendes zu entdecken. Dazu gehört auch zu prüfen, ob man es mit den vorhandenen Spielern aufführen kann. Dann wird das Textbuch erworben und das Stück umgeschrieben: D.h. es wird in das Nußdorfer Alemannisch übersetzt und an die Lokalitäten von Nußdorf angepasst. So bekommen z.B. erwähnte Gasthäuser Namen der Nußdorfer Gastronomie. Das Repertoire besteht vorwiegend aus Lustspielen, besonders Verwechslungskomödien sind beim Publikum beliebt.

Hat sie das irgendwo gelernt? Nein, Ursula Mahl ist von Beruf Kaufmännische Angestellte. Auch die anderen Mitglieder vom Theaterhaufe sind absolute Laien.

Früher wurde zwei Mal im Jahr ein Stück geprobt und aufgeführt; und sogar ein Kindertheater wurde eine Zeit lang unter der Obhut von Sabine Wuermeling inszeniert. Die Resonanz war immer gut, die Aufführungen waren gut besucht. Doch so viel Aufwand konnte langfristig nicht durchgehalten werden. Und so wurde 1999 nur noch eine Produktion pro Jahr beschlossen.

Wie sieht so ein Theaterjahr für den Theaterhaufe aus? Nach der Jahres-

1 http://www.theaterhaufe-nussdorf.de/index.html

hauptversammlung im März/April, weiß man, wer in diesem Jahr mitspielen kann, und es fällt die Entscheidung für ein Stück. Die Arbeit am Text beginnt. Und ab Anfang August fängt die arbeitsintensive Zeit der Proben an.

Manche Spieler sind schon seit der Gründung dabei, wie Helmut Zundel, Conny Friedrichs, Karin Bollenbacher und Roland Widenhorn. Nachwuchsspieler zu bekommen, ist nicht ganz leicht, und manchmal müssen Gastspieler eingeworben werden. Den Schauspielern macht das Proben viel Spaß, immer gibt es was zu lachen. Die jahrelange Zusammenarbeit hat die Spieler zusammengeschweißt und die vielen Erfolge haben ihnen mehr und mehr Selbstbewusstsein verschafft.

Zwei Mal wöchentlich wird geprobt - an unterschiedlichen Orten: Mal im Probenraum des Musikvereins, mal im Untergeschoss des Dorfgemeinschaftshauses. Regie führt Ursula Mahl. Gleichzeitig werden von Thomas Nagel die Kulissen gebaut. Edda Nagel kümmert sich um Flyer, Pressetexte und Einladungen und organisiert den Vorverkauf. An der Familie Nagel sieht man, dass die Mitarbeit beim Theaterhaufen süchtig machen kann: Sohn Michael Nagel ist als häufiger Mitspieler schon fast ein Junkie, der auch schon seine Ehefrau Sonja zum Mitspielen verführt hat und an seinen Schwiegervater Reiner Gieck das Fotografieren delegiert hat.

Hedwig Hengher (heute Gil-Dominguez) - 1956 als Haushälterin im Theaterstück Ännchen von Tharau

Ganz wichtig dann bei der Aufführung ist die Unterstützung der Nußdorfer Gruppe „Licht und Ton". Mitglieder sind Marcel Specker, Pascal Schröder und Torben Meyer, die, ebenfalls ehrenamtlich, die Vorführungstechnik übernehmen.

Die Aufführungen - vier pro Jahr - finden immer im Dorfgemeinschaftshaus im Oktober statt. Sie sind meist schon vor der Premiere ausverkauft. Die meisten der jeweils 120 Besucher kommen aus dem Umland.

Das Interview ist fast zu Ende; es ist doch erstaunlich, wie viel man von Ursula Mahl erfahren hat, obwohl eigentlich alles auf der Homepage steht. Und noch etwas fällt ihr zum Schluss ein: Früher, in den 50er Jahren, wurde auch schon Theater gespielt in Nußdorf, im alten Löwensaal. Ihr Vater, Bruno Blepp, und ihre Tante Liesl Strobel waren auch schon begeisterte Spieler. Wie schon erwähnt: Theaterspielen macht süchtig und die Sucht überträgt sich in Nußdorf gern auch in den Familien.

Die Vorläufer: Theater wurde in Nußdorf schon vor über 100 Jahren gespielt. Allerdings war man nicht vereinsmäßig organisiert. So gibt es auch keine Protokollbücher, wie bei den anderen Vereinen. Fündig wird man in Theodor Lachmanns Chroniken von Überlingen zwischen 1893 und 1896, in den Protokollbüchern des Kriegervereins, des Schützenvereins und in den Protokollen des Gesangvereins. Hier wurde immer wieder von Theateraufführungen berichtet, die das Publikums begeisterten. Auch der Nußdorfer Lehrer Baumgartner erzählte von einer Theatergruppe, die schon zur Jahrhundertwende bei den Weihnachtsfeiern im Löwen mit „ernsten und heiteren Stücken" für Unterhaltung gesorgt hatte. Langjähriger Theaterleiter war Fritz Beck. Wie die Programme zeigen, handelte es sich meist um kurze Komödien, wie „Familienzwist bei Dannebooms" oder „Das Dreimonatskind".

Zu Ostern 1924 wagte man sich sogar zusammen mit dem Gesangverein Frohsinn an die Aufführung der Oper Freischütz „in 5 Aufzügen", mit Paulina Deufel als Agathe, Tochter des Erbförsters, und Josef Beck als Jägerbursche Max sowie mit dem Männerchor „Frohsinn".

1927 gab es Unstimmigkeiten über die Auswahl bzw. politische Ausrichtung eines Theaterstücks, als man gemeinsam mit dem Schützenverein eine Osterveranstaltung plante: „Über die Auswahl der Stücke herrschte allgemeine Uneinigkeit zwischen den beiden Vorständen[2]. Der II. Vorstand hatte bereits das Stück ‚Die Waffen nieder' in Arbeit. Das Stück zeigte in sämtlichen Szenen die Greuel eines Krieges und dieses war der Grund, weshalb der Vorstand Knecht mit aller Energie gegen dieses Stück arbeitete."

Man einigte sich dann auf das Stück „Der Schmied von Ruhla"[3]. Die Aufführung wurde ein voller Erfolg und brachte dem Schützenverein - nach Abzug der Kosten für die Kostüme - insgesamt 21,70 Reichsmark ein.

Auch nach dem 2. Weltkrieg bekamen einige Nußdorfer bald wieder Lust, Theaterspielen zu spielen. Seit 1948 organisierte der 1947 wieder gegründete Männergesangsvereins Frohsinn erneut Weihnachtsfeiern, bei denen jeweils auch zwei einaktige Stücke unter Leitung von Albert Deufel vorgeführt wurden. Und auch bei den Veranstaltungen des Gesangsvereins zur Fasnacht beteiligte sich eine Gruppe von Theaterbegeisterten mit kleinen Aufführungen.

Hedwig Gil-Domingues, geb. Hengher, die selber als junge Frau mitspielte, erinnert sich, dass Johann Beck in den 50er Jahren die Stücke aussuchte und die Proben leitete. In der Vorweihnachtszeit gab es immer wieder Aufführungen, u.a. 1956 das Stück „Ännchen von Tharau".

2 Es handelt sich um die Vorstände des Schützenvereins.

3 In der Sage geht es um einen milden gütigen Landgrafen in Thüringen, dem ein Schmied die Augen öffnet über das Leiden der Bürger und Bauern unter den Edlen und der daraufhin „ein Ende mit Schrecken machte" und die Zügel der Regierung straff zog. s. Ludwig Bechstein „Deutsches Sagenbuch" 1853, (Wikipedia 2016)

Badische Böllerschützen Nußdorf e.V.

Wer am letzten Tag des Jahres am Nachmittag einen besinnlichen Spaziergang zum Jahresausklang machen möchte, der könnte dabei empfindlich gestört werden. Denn jeweils am 31. Dezember ist das traditionelle Silvesterböllern angesagt.

Will man sich diese Böllerei ansehen bzw. anhören, darf man nicht empfindlich sein, denn es geht hier darum, so laut wie möglich zu böllern.

Als Neubürger oder Tourist fragt man sich: „Wer macht so was und wie?". Und man erfährt: Es gibt in Nußdorf einen Verein mit dem Namen „Badische Böllerschützen Nußdorf"[1], gegründet 1994. Ein junger Verein, der traditionelles Brauchtum pflegt und der nicht nur Nußdorfern offensteht.

„Das Brauchtum des Böllerns wird seit dem 14. Jhdt. ausgeübt. Es beinhaltet das Böllerschießen an kirchlichen sowie weltlichen Festen." steht auf der Homepage.

Gründungsmitglied Hubert Ehing war nicht nur inspiriert von Bayrischen Böllerschützen, er und seine Mittreiter erinnerten sich auch an ihre Großväter, die zusammen mit anderen Böllerschützen schon vor dem Krieg bei Beerdigungen und anderen feierlichen Anlässen geböllert haben. Inzwischen hat der Verein 30 Mitglieder mit 20 aktiven Schützen, darunter auch eine Frau - die Partnerin von Uwe Setzer, Silvia Allgäuer. Die wurde sogar schon Deutsche Meisterin und hat bei den Europameisterschaften den 1. Preis in „Kanonenscharfschießen" erreicht. Dabei ging es nicht nur ums möglichst laute Böllern, sondern ums Treffen.

Silvesterschießen in Nußdorf 2007

1 http://www.boellerverein-nussdorf.de/

Besorgte Mitbürger kann man beruhigen: Nicht jeder kann einfach so rumböllern. Man muss einen eintägigen Lehrgang besuchen und eine Prüfung ablegen. Derartige Lehrgänge finden in Schützenhäusern statt. Die Nußdorfer gehen dafür ins Schützenhaus von Daisendorf bei Meersburg. Die Prüfung wird vom Gewerbeaufsichtsamt abgenommen. Das Böllern ist also eine ernsthafte Angelegenheit.

Noch ernsthatter und leidenschaftlicher betreibt das Böllern Uwe Setzer, Vorstand des Vereins und vor allem Hersteller von Kanonen. Uwe Setzer ist eigentlich Technischer Zeichner, ein Beruf, der auch praktische Fertigkeiten voraussetzt. Aus einem Rohstück aus Stahl wird für so eine Kanone in ca. 100 Stunden das Rohr gebohrt, gedreht, gefräst. Er macht das nicht gewerblich, nur für Vereinsmitglieder.

Die fertigen Stücke werden im Institut für dynamische Materialprüfung der Universität auf ihre Sicherheit geprüft. Es werden aber nur die Rohre geprüft. So konnte es passieren, dass ein Kanonenrohr beim ersten Schuss nach der erfolgreichen Prüfung von der Lafette hüpfte.

Es gibt Handböller (die werden nur mit der Hand gehalten), größere Schaftböller und Standböller, die auf dem Boden stehen, sowie Kanonen. „Alles was Räder hat, ist eine Kanone", erklärt Uwe Setzer.

Einmal im Monat trifft man sich zum Üben im Schützenhaus Altbirnau. Einmal im Jahr nimmt der Verein geschlossen am Wettböllern in Unteressendorf bei Bad Waldsee teil, jeweils am 4. Juniwochenende. 2015 gehörte auch Uwe Setzer zu den Preisträgern. Einen Preis bekommt, wer - in seiner Kategorie - am lautesten geböllert hat.

Wie sieht es mit dem Nachwuchs aus? Erst ab 21 Jahren wird man zugelassen. Der Altersdurchschnitt im Verein liegt bei 50. Jüngere Vereinsmitglieder sind also willkommen.

Die Nußdorfer lieben und ehren ihre Böllerschützen, denn sie sind nicht nur beim Silvesterschießen im Einsatz. Beim „Schmotzige Dunstig" wird der Umzug „angeschossen" und auch das Narrenbaumaufstellen wird von Böllern begleitet. „Angeschossen" wird auch das jährliche Seeuferfest. Und für Beerdigungen und Hochzeiten kann man die Böllerschützen buchen. Manche Nußdorfer mögen sich noch erinnern, dass auch die Einweihung des neuen Dorfbrunnens 2011 durch Böller begleitet wurde.

Die schon erwähnten Großväter der Gründungsmitglieder der Böllerschützen aus Nußdorf hatten sogenannte Friedhofsböller im Gebrauch. Zu Kriegsende hat man diese versteckt - und später wusste niemand mehr wo. In den 90er Jahren wurden sie wiederentdeckt: bei Aufräumungsarbeiten in der Friedhofskapelle. Jetzt sind sie wieder in Gebrauch. Einer der Enkel, Andreas Schumacher, böllert damit auch heute noch.

Förderverein der Grundschule Nußdorf e.V.

Bürgerschaftliches Engagement lohnt sich - dafür ist dieser Förderverein ein gutes Beispiel.

In der Nußdorfer Grundschule gab es seit 1980 nur noch eine 1. und 2. Grundschulklasse. Die vorhandenen Räumlichkeiten waren nicht ausreichend und die Stadt Überlingen wollte nicht in einen Erweiterungsbau investieren. Ab der 3. Klasse mussten die Kinder zur Burgberg-Grundschule.

Abgesehen von diesem misslichen Zustand bestand zudem die Gefahr, dass auch die erste und zweite Klasse in Nußdorf aufgegeben werden könnte. Zu wenig Grundschüler gab es im Dorf, mindestens 16 Schüler hätten jährlich eingeschult werden müssen. Schon jetzt wurden auch Überlinger Schüler hier angemeldet, die vorher den Montessori-Kindergarten auf dem Nußdorfer Schulgelände besucht hatten. Heute besuchen mehr Kinder außerhalb von Nußdorf die Nußdorfer Grundschule. So stellen die Kinder von außerhalb sicher, dass für die Nußdorfer Grundschüler der Grundsatz „kurze Beine, kurze Wege" weiterhin gilt.

Und so lud im Juni 1999 die Elternbeirätin Christine Kiefer zur Gründung eines Fördervereins Grundschule Nußdorf ein. Auch der Ausschuss für Angelegenheiten des Stadtteils Nußdorf selbst forderte im Juli 1996 den Ausbau der Grundschule Nußdorf bis zur 4. Klasse.

Der Verein wurde gegründet mit dem Satzungszweck, die Schule um die dritte und vierte Klasse zu erweitern und alle Belange der Schule zu fördern. Vereinsmitglieder waren Eltern und der Ortsvorsteher Rudolf Beck.

Ein Jahr später wurde der Verein schon wieder aufgelöst und ein neuer Verein gegründet, um den Satzungszweck zu erweitern: Der Verein sollte zusätzlich Träger eines Schulhorts werden, der zunächst im Rathaus untergebracht werden sollte - eine Idee, die vom Ortschaftsrat einstimmig unterstützt wurde.

Der neue Verein konnte nun bei der Stadt und bei dem Landeswohlfahrtsverband Förderanträge stellen, die bewilligt wurden. Außerdem warb er um Sponsoren, mit Erfolg. Diese Mittel, zusammen mit den Hortgebühren der Eltern (derzeit 180,- Euro monatlich), ermöglichten die Einstellung von zwei Erziehern für den Hort - einem Mann und einer Frau -, die Möblierung sowie die Anschaffung von Spiel- und Lernmaterialien.

Und dann ging alles recht schnell: Die Forderung des Ortschaftsrates und des Fördervereins nach einem Ausbau der Grundschule fanden Gehör bei der

Stadt Überlingen. Ab September 2000 wurden wieder Drittklässler in Nußdorf unterrichtet. Oberbürgermeister Weber bezeichnete dies als „wahrhaft historisches Ereignis" und stelle klar, dass „diese Errungenschaft zu einem großen Teil dem Förderverein der Grundschule Nußdorf und seiner Vorsitzenden Christine Kiefer zu verdanken" wäre. Damit war klar, dass ein Schulerweiterungsbau folgen würde.

Provisorischer Platz für die 3. Klasse wurde geschaffen, indem der Ortschaftsrat den Rathaussaal im Erdgeschoss zur Verfügung stellte. Und auch der Hort wurde mit Schulbeginn eröffnet - im bisherigen Büro des Ortsvorstehers konnten die anfänglich sieben Hortkinder ihr Mittagessen[1] einnehmen, der bisherige Sitzungssaal im oberen Stock wurde als Gruppenraum des Hortes eingerichtet.[2]

Als im Jahr darauf dann noch die erste Klasse 4 von Nußdorf dazu kam, musste eine Klasse zusätzlich in den Gruppenraum des Hortes im oberen Stock des Rathauses einziehen, der nur nachmittags als Betreuungsraum für den Hort genutzt wurde.

Der Förderverein hatte damit eine große Aufgabe übernommen: Als Träger des Horts mussten alle Aufgaben der Betriebsführung von den Ehrenamtlichen des Vereins geleistet werden: Personalführung, Finanzverwaltung, Organisation des Mittagessens, Öffentlichkeitsarbeit, Einholen der Elternbeiträge und Akquirierung von Spenden sowie Beschaffung von Möbeln und Spiel- bzw. Lernmaterialien. All das wurde und wird von den jeweiligen Vorsitzenden sowie ihren Schriftführern und Kassenwarts ehrenamtlich gemanagt. Derzeit sind dies Maximilian Lungstrass, die Schulleiterin Uta Heuser sowie Bernd Erz.

Zur Öffentlichkeitsarbeit gehören auch die Tage der offenen Tür, um neue Mitglieder zu bewerben, Hortkinder zu bekommen und Geld zu erwirtschaften. So wird jährlich eine Spielzeugbörse veranstaltet, bei dem Interessenten selbst gebackene Kuchen kaufen, Präsentationen der Kinder anschauen und sich über den Verein und seine Angebote informieren können. 20% des Verkaufserlöses der Anbieter kommen dem Verein zugute.

Im Mai 2006 erhielt der Hort vom Landesjugendamt Stuttgart die Erlaubnis, Kinder bis zu 15 Jahren aufzunehmen. Seitdem kommen Kinder aus verschiedenen Schularten in den Nußdorfer Hort. Das bedeutet allerdings auch einen Mehrbedarf an Personal. Heute beschäftigt der Förderverein für den Hort vier Mitarbeiter, die von 12.30 bis 17.00 Uhr die Kinder betreuen.

Als Förderer der Schule konnte der Verein 2003 den Erfolg verbuchen, dass anlässlich der Verabschiedung der Schulleiterin Inge Ginter und der Begrüßung ihrer Nachfolgerin Uta Stockmann[3], der Bürgermeister Weber den Beginn der Bauarbeiten für die Schulerweiterung im Jahr 2004 ankündigte.

---

1 das vom Altersheim Rengoldshausen geholt wird.

2 Der Ortsvorsteher zog in den umgebauten bisherigen Archivraum des Dorfes.

3 heute Uta Heuser

Der Erweiterungsbau der Grundschule

Am 31. Juli 2004 konnte Richtfest gefeiert werden und das neue Schulgebäude konnte schon ab dem 11.1.2005 genutzt werden. Die Einweihung wurde wegen der Fasnet auf den 14.2.2005 verschoben.

Die neuen Schulräume für vier Klassen[4] wurden feierlich von Pater Bruno und dem evangelischen Pfarrer Michael Ott eingeweiht. Bemerkenswert die Rede des Oberbürgermeisters Weber über das „hervorragende Bürgerengagement": „Es gab kein einseitiges Anspruchsdenken, die Eltern haben sich aktiv eingebracht und mit dem Förderverein Grundschule Nußdorf selbst einen ersten Baustein für die Schulerweiterung geschaffen. [...] Vorzeigequalität habe nicht nur die Tatsache, dass diese Klassen seit vier Jahren provisorisch im Rathaus untergebracht werden konnten, sondern auch, dass es eine feste Kernzeitbetreuung, einen Hort mit Mittagessen und pädagogischer Betreuung gibt [...] und das ohne Kostenbeteiligung der Stadt. [...] Auch ein Engagement des Fördervereins".

Das nächste Förderprojekt war das ehemalige Trafohäuschen hinter der Schule. Statt es abzureißen, wurde es saniert und als Teil des Spielplatzes zum Kletter- und Spielturm umgebaut. Der Förderverein brachte dafür zusammen mit dem Elternbeirat und der großen Spende einer Nußdorfer Familie das erforderliche Geld auf. Auch das Architekturbüro Böhler verzichtete auf Entgelt für Planung und Bauleitung.

Und immer wieder wurden und werden besondere Projekte und Anschaffungen der Schule ermöglicht, z.B. die zeitweise Beschäftigung einer Kunstpädagogin, um mit den Kindern Tonarbeiten herzustellen, längere Zirkusprojekte, die Computerausstattung, die Anschaffung einer Küchenzeile. Wichtig ist auch die Unterstützung von Kindern von sozial schwachen Eltern, damit sie an Ausflügen teilnehmen können.

4 Bei der Gelegenheit wurden auch neue Toiletten sowie ein bisher fehlendes Lehrerzimmer gebaut.

Das umgebaute Trafohäuschen als Spielturm auf dem Schulhof

Seit dem Jahr 2010 ist die Schule auf dem Weg, ihr Montessori-Pädagogisches Profil auszubauen. Der Förderverein der Grundschule Nußdorf ist dabei der wichtigste Unterstützer, hat er doch viele Tausend Euros aufgebracht, um die Schule mit dem dafür notwendigen Montessori-Lernmaterial auszustatten.

Deshalb ist die aufwändigste ständige Aufgabe des Vereins, d.h. seiner jeweiligen Vorsitzenden, immer wieder Geldgeber zu finden. Es ist auch nicht leicht, immer wieder Vorsitzende zu finden. Bisher waren es Christine Kiefer, Werner Lahmann, Uwe Weigele, Anja Kunz, Till Bekker und Maximilian Lungstrass. Ihnen und allen anderen Ehrenamtlichen des Vereins verdanken die Nußdorfer Kinder und Eltern eine Grundschule mit Hort in Wohnnähe.

Bürgerinitiative Nußdorf 1999

Helle Aufregung herrschte im Juli 1999 in Nußdorf: Aus dem Südkurier hatte man von neuen Plänen zum Ausbau der B 31 erfahren: Der Nußbach-Viadukt sollte auf vier Spuren erweitert werden und folglich auch die weitere Straßenführung bis Meersburg. In diesem Zusammenhang sollte auch die Abfahrt Altbirnau gebaut und der Anschluss an den Knoten Nußdorf geschlossen werden.

Einstimmig forderte der Ortschaftsrat in seiner Sitzung im August 1999 die Ausarbeitung einer Variante, die nördlich vom Walddistrikt Gesellenholz und Mauerholz liegen sollte. Unterstützt wurde der Ortschaftsrat von einer umgehend gegründeten Bürgerinitiative Nußdorf 1999 (BIN), die, als Verein registriert, diesen Ausbau direkt am Nußdorfer Wohngebiet verhindern wollte. Das Entsetzen in Nußdorf war so groß, dass der Verein in kurzer Zeit 200 Mitglieder zählen konnte. In einem Protestbrief an den Oberbürgermeister Patzel begründete man den Widerspruch gegen diese Pläne. Waldemar Scheyhing, jahrelanger 1. Vorsitzender des Vereins, erinnert sich noch genau an die Reaktion des Bürgermeisters: „Dann schlagt Ihr etwas vor!“

Die Mitglieder der Bürgerinitiative wurden aktiv, holten Gutachten ein, vertieften sich in die geologischen Gegebenheiten und die Karten des Geländes und präsentierten eine Alternativversion: Die Straßenführung sollte zwischen Nußdorf und Deisendorf durch den Wald gehen, zu jedem Ort ca. 750 m entfernt. Diese Trasse hätte zudem den Vorteil, dass die Brücke über das Nußbachtal dort kürzer und ihre Pfeiler weniger hoch als bisher sein würden.

Um für ihre Variante zu werben, wurden auch Besuche beim Verkehrsministerium in Stuttgart und dem Regierungspräsidium in Tübingen nicht gescheut. Der dortige Planungsleiter war sogar zu einer Ortsbegehung zusammen mit Vertretern der Bürgerinitiative bereit und besuchte eine Sitzung des Ortschaftsrates.

Doch dann regte sich Widerstand gegen den Vorschlag der BIN, und zwar aus verschiedenen Richtungen:

- Der Stadt, inzwischen von Oberbürgermeister Weber regiert, ging es vor allem um eine zeitnahe Realisierung des Anschlusses Birnau; dieser würde zu einer weiter nördlich verlaufenden Straßentrasse nicht passen. Priorisiert wurde eine neue Straße durch die Stadt Überlingen, die vom Nußdorfer Bahnhof zum Altbirnauer Knoten führen und dort in die B 31 münden sollte. Mit der neuen Straße wollte die Stadt andere städtische Verkehrswege entlasten, aber auch den Durchgangsverkehr durch Nußdorf verringern.
- Der weitere Ausbau der Bundesstraße 31 zwischen dem künftigen Knoten Alt-Birnau bei Nußdorf und Uhldingen-Mühlhofen wurde in der Dringlichkeit zurückgestuft.
- Die Deisendorfer befürchteten Lärmbelästigung und eine Minderung der Naherholungsqualität des dorfnahen Waldes und protestierten gegen den Vorschlag der BIN.
- Die Nußdorfer Jäger sorgten sich um das Wild, das durch eine vierspurige Straße mitten durch den Wald empfindlich gestört würde.
- Der Naturschutzbund sah die Waldbiotope im Nußbachtal gefährdet.
- Schließlich legte der Ortsvorsteher von Nußdorf, Rudolf Beck, selbst einen weiteren Entwurf vor, der eine Trassenführung näher an Nußdorf und weiter weg von Deisendorf vorsah. Somit unterstützte er nicht mehr die Pläne der Bürgerinitiative.

Angesichts der entstandenen Uneinigkeit, zog der Leiter des Referates Straßenplanung beim Regierungspräsidium Tübingen 2006 die Bremse in Bezug auf die Trassenverlegung. Bedenken hatte er auch, durch eine Nordtrasse ein wertvolles Naherholungsgebiet für die Stadt Überlingen und damit ein zusammenhängendes Waldgebiet zu zerschneiden. Auch seitens der Stadt Überlingen sah man keinen Handlungsbedarf, sich auf eine Trasse festzulegen oder sich mit verschiedenen Varianten zu befassen und zu diskutieren, und verschob die Entscheidung über eine Verschiebung der B 31 und damit verbundene weitere Machbarkeitsuntersuchungen auf eine nicht konkretisierte Zukunft.

Doch die Bürgerinitiative kämpfte weiter. Sie fokussierte sich jedoch jetzt auf die Schadstoff- und Lärmbelästigung der Nußdorfer durch die B 31. Ergebnisse einer entsprechenden Untersuchung, die die Bürgerinitiative in Auftrag gegeben hatte, präsentierten sie im März 2008 dem Oberbürgermeister Weber.

Die Bürgerinitiative drängte auf Lärmschutzmaßnahmen und Maßnahmen gegen Feinstaub. „Wir gehen davon aus, dass eine Neutrassierung die nächsten 20 Jahre nicht realistisch ist", wurde Scheyhing im Südkurier zitiert. Deshalb arbeitete die Bürgerinitiative vordringlich auf Lärmschutzmaßnahmen hin, „und zwar auf eine Lösung, die für Nußdorf auch akzeptabel ist."

Doch schließlich gaben die Aktiven der Bürgerinitiative auf. Sie sahen keine Unterstützung bei der Stadt Überlingen. Sie hatten viel Geld und Planungszeit investiert, sahen aber bei der Stadt nur das Interesse, mit dem Knoten Altbirnau den Innenstadtverkehr zu entlasten. Auch von den Nußdorfern, vor allem vom Ortschaftsrat, fühlte man sich nicht genügend unterstützt.

Enttäuscht, ja verbittert, wurde 2015 die Auflösung des Vereins beschlossen. Zu dem Zeitpunkt hatte der Verein noch 178 Mitglieder.

Inzwischen ist die östliche Umgehung Überlingens, die kurz vor dem Bahnhof Nußdorf nach Norden Richtung B 31 (Altbirnau) führt, fertiggestellt. Der Anschluss an die B 31 soll bis 2021 erfolgen. Erst nach der Fertigstellung dieses Anschlusses wird eine Lärmschutzwand zwischen der Nußbachtalbrücke und dem Anschluss B31/Nußdorf gebaut werden. Die Ortsdurchfahrt durch Nußdorf wird für Autos mit mehr als 3,5 t - Ausnahme die Busse der Seelinie - gesperrt werden. So werden ab dann deutlich weniger Autos durch den dann verkehrsberuhigten Salm fahren. Mit der Lärmschutzwand und dem verkehrsberuhigten Salm wird Nußdorf, auch dank der Bürgerinitiative, deutlich an Lebensqualität gewinnen.

Frauentreff Nußdorf – kein Verein, aber vereinte Aktivität

Begonnen hatte alles mit Elfriede Wehrle[1]. Sie hatte im Frühjahr 1977 die Idee, zusammen mit anderen Nußdorfer Frauen, u.a. Maria Kandler und Luise Stotz, Basteleien und Handarbeiten für den Verkauf anzufertigen. Mit dem Erlös wollte man helfen, wo es Not tat.

Das karitative Anliegen beeindruckte den damaligen Prior der Birnau, Pater Beda Feser, der dann entsprechend großzügig spendete. So konnte der „Bastel- und Handarbeitskreis Nußdorf" Wolle, Stoff und Bastelmaterial kaufen und mit seiner Arbeit beginnen. Wichtig war, dass man gemeinsam, in geselliger Runde, strickte, schneiderte und bastelte; dafür traf man sich alle zwei Wochen im Rathaus. Der erste Basar im Rathausaal im Herbst 1977 war ein voller Erfolg, brachte 2.500 DM Einnahmen - als Spende für die Sozialstation Überlingen - und neue Mitarbeiterinnen.

Damit hatte eine Erfolgsgeschichte von über 30 Jahren begonnen. Mit den Einnahmen konnte 1981 und 1983 nicht nur der Bau des Dorfgemeinschaftshauses unterstützt werden - man konnte dem Förderverein Dorfgemeinschaftshaus 5.000 DM übergeben -, sondern es konnten auch Spenden an Kinderheime, Waisenhäuser und sogar an Mutter Theresa in Indien überwiesen werden. Bald organisierten die Frauen des Handarbeitskreises außerdem Weihnachtsfeiern und Schiffsausflüge für Senioren, wobei sie die Betreuung und Bewirtung übernahmen.

1999 bildete sich eine weitere Frauengruppe, die sich „Frauentreff" nannte und die gut mit den Handarbeitsfrauen harmonierte. Gemeinsam entstand die Idee, die Frauenaktivitäten in Nußdorf neu zu bündeln.

Diese neue Gruppe gehörte seit 2003 der KDF (Katholische Frauengemeinschaft Deutschlands) an. Ab 2007 schloss man sich dem Altenwerk der Erzdiözese Freiburg an, weil diese Organisation eine bezahlbare Haftpflichtversicherung anbieten konnte. Die von der Pfarrgemeinde Deisendorf-Nußdorf unterstützte Gruppe[2] blieb aber weiterhin überkonfessionell.

---

1 Korrekterweise muss erwähnt werden, dass es Vorläufer gab. In den Gemeindeprotokollen wird 1929 ein „Frauenverein" erwähnt, über den es aber keine weiteren Dokumente gibt. Der Seebote berichtet am 20.1.1933: „Gründung eines Jungfrauenvereins durch Frl. Hilda Knecht, um „ein freundschaftliches und geselliges Verhältnis unter den Mitgliedern zu erzielen und weiterhin die Kenntnisse in Nähen und Sticken zu vertiefen." Auch über diesen Verein konnten keine weiteren Informationen ermittelt werden.

2 So sind die Tische und Stühle im kleinen Saal des DGH (ehemalige K&T), wo auch der Ortschaftsrat tagt, eine Leihgabe der Birnau.

Die Frauen des Frauentreffs: Vordere Reihe (v.l.n.r.): Irene Luft, Alfred Haag, Uschi Mahl, Anita Körsgen, Renate Haag, Helga Zorn, Bärbel Hettich-Schulz. Hintere Reihe (v.l.n.r): Andrea Schröder, Wolfgang Luft, Anne Walser, Helga Seifarth, Christine Griep, Käthe Kehrle, Monika Würwich

Eine neue Ära der Aktivitäten begann 2005 unter der Leitung von Helga Seifarth. Sie hatte das ehrgeizige Ziel, mit dem Frauentreff in Nußdorf regelmäßig Kultur für Senioren anzubieten. Anstelle der Handarbeitsbasare wurde der „Nachmittagstreff 60+" gegründet: Seit März 2005 gibt es jeden ersten Donnerstag im Monat eine Nachmittagsveranstaltung für Senioren, zu der über 50 Teilnehmer ins Dorfgemeinschaftshaus kommen.

Das Programm kann sich sehen lassen: Bisher gab es Vorträge zu den verschiedensten Bereichen wie Medizin, Naturschutz, Religion, Heimatkunde, Biologie. Fachleute referierten über Themen, die für Senioren relevant sind, wie Sicherheit im Haus, Elektrofahrzeuge und auch über juristische Sachverhalte, wie z.B. Testament, Vorsorgevollmacht, usw. Reiseberichte mit Fotos wurden präsentiert, es gab Lesungen, Kabarett, Puppenspiele und Musikdarbietungen. Eine besondere Attraktion sind die Ausflüge, die zweimal im Jahr mit dem Bus unternommen werden.

Zusätzlich treffen sich monatlich ca. 10 Senioren zum Singen - unter der Leitung von Roswitha Domitra, mit dem Akkordeon begleitet von Arthur Wehrle.

Arthur Wehrle begleitet die singe den Senioren mit dem Akkordeor

Die Seniorennachmittage werden von einer Gruppe von ca. 18 Frauen und Männern vorbereitet. Die Ideen kommen meist von Helga Seifarth; sie macht das Jahresprogramm und moderiert die einzelnen Veranstaltungen. Ihre Vertretung ist Renate Haag aus Überlingen.

Die Kerngruppe (etwa zehn Frauen) trifft sich wöchentlich, um die Seniorennachmittage vorzubereiten, aber auch der Geselligkeit wegen. Bei der Durchführung sind nicht nur Frauen beteiligt, die Kuchen backen, die Tische thematisch passend dekorieren und Kaffee ausschenken. Auch vier Männer sind dabei und helfen beim Auf- und Abbau der Tische und Stühle im DGH.

Die Veranstaltungen werden durch freiwillige Spenden der Besucher und durch eine jährliche Zuwendung von 600 Euro von der Pfarrgemeinde Birnau finanziert.

Der „Nachmittagstreff 60+" hat sich in den inzwischen 12 Jahren seiner Existenz zu einer Nußdorfer überörtlichen Institution entwickelt. Die Senioren kommen nicht nur aus Nußdorf, sondern auch aus Deisendorf und Überlingen.

Kapitel 9

Menschen in Nußdorf

Einleitung

Nußdorf hatte am 15. Dezember 2016 insgesamt 1.740 Einwohner. Davon waren 921 weiblich und 819 männlich. Bei den 75 Ausländern war die Verteilung der Geschlechter nahezu gleich, nämlich 38 Frauen und 37 Männer. Mit diesem Ausländeranteil von rund 4,3 Prozent liegt Nußdorf deutlich unter dem Durchschnitt von 10,5 Prozent in der Bundesrepublik. Gute 200 der Nußdorferinnen und Nußdorfer haben ihren Hauptwohnsitz an anderen Orten und zahlen daher Zweitwohnungssteuer.

Das Durchschnittsalter liegt in Nußdorf bei 54 Jahren. Die Bewohner des Teilorts Nußdorf liegen damit ungefähr sechs Jahre über dem Altersdurchschnitt der Kernstadt Überlingens, obwohl es dort mehrere große Seniorenheime gibt.

Es gibt sicher sehr viele Menschen in Nußdorf, die interessant für die Darstellung in einer Nußdorfer Chronik gewesen wären. Jedoch hätte das für das Chronikteam eine nicht zu bewältigende Aufgabe dargestellt. Deshalb wurde in den folgenden 16 Artikeln über Nußdorferinnen und Nußdorfer geschrieben, die in der Zeit vom 14. bis zum 20. Jahrhundert lebten bzw. leben und mehr oder minder nach dem Zufallsprinzip ausgewählt wurden. Einige sind zwar prominent, andere jedoch überhaupt nicht. Für die Reihenfolge war das Geburtsjahr der jeweiligen Person entscheidend.

Hans von Nußdorf (ca. 1425 - 1503)

Es kam immer wieder vor, dass nicht adelige Menschen im Mittelalter aus der Masse der vielen hörigen Bauern und aus dem Kreis der recht wenigen Handwerker wie aus dem Nichts auftauchten und Hervorragendes vollbrachten. Über ihre Herkunft ist selten etwas bekannt. Bei Adeligen besteht immerhin noch eine gewisse Chance, dass es schriftliche Quellen über deren Herkunft gibt. Außerdem hatten Adelige spätestens seit dem 11. Jahrhundert Familiennamen, um Erbansprüche wahrnehmen zu können. Ein Prinzip, dem später auch die Patrizier und Stadtbürger folgten. Die restliche Bevölkerung hatte eigentlich nur den Taufnamen. Dazu konnte dann zur Unterscheidung der zahlreichen Menschen mit dem gleichen Namen in einem Dorf noch ein Hausname, eine Berufsbezeichnung - daher die vielen Müllers und Schmieds -, der Herkunftsort oder eine sonstige Besonderheit des Thomas, Hans oder Peters kommen. Dieser Name konnte sich im Laufe des Lebens des Namensträgers ändern, z. B. nach einem Hauswechsel, wenn ein neues Lehen angetreten wurde oder nach einem Ortswechsel, z. B. Beispiel von Urnau nach Nußdorf. Im letzten Fall wurde dann aus dem Herkunftsort Urnau der Name. Schriftliche Vermerke, wie unser Einwohnermelderegister, wurden erst Ende des 15. Jahrhunderts in Kirchenbüchern[1] zu Taufen, möglicherweise Eheschließungen oder Todesfällen für die Einwohner einer Kirchengemeinde eingetragen.

Von 1450 - 1456 arbeitete ein Hans von Konstanz als Werkmeister in Basel. In einer dreibändigen Finanzgeschichte von Basel im späten Mittelalter wird erwähnt, dass 1458 ein Meister Hans von Konstanz „für seine Bautätigkeit ein Geldgeschenk" erhalten habe. Der „Parlier Hanns" erhielt 1468 statt Lohn freie Wohnung in der Spiegelgasse, der heutigen Baseler Augustinergasse, für nach Festpreis (Verding) ausgeführte Bauarbeiten. 1472 stieß der Münsterbaumeister Vincenz Ensinger, der auch Vincenz von Konstanz genannt wurde, die Berufung von diesem Hans ans Münster an. Der Name „von Konstanz" war kein Nachname, geschweige denn ein Adelsname im modernen Sinn, sondern verwies bei Bauleuten häufig auf die letzte erwähnenswerte Baustelle als eine Referenz für das jeweilige Individuum. Da es jetzt zwei „von Konstanz" auf der Münsterbaustelle gab, änderte vermutlich der zweite seinen Namen in „von Nußdorf". Deswegen wurde 1475 einem „Johanni Nussdorf lapicide", also einem Hans Nussdorf, dem Steinmetz, die Miete für ein

1 Das erste deutsche Kirchenbuch ist aus dem Jahr 1490 und stammt aus Basel.

Haus in der Baseler Spiegelgasse, wo bisher Hans von Konstanz gewohnt hat, erlassen. Also kann man daraus schließen, dass Hans von Konstanz und Hans von Nußdorf identisch sind.

Warum aber soll dieser Hans gerade aus Nußdorf am Bodensee gestammt haben, wenn es mindestens elf Dörfer mit dem Namen Nußdorf/Nussdorf in Deutschland und Österreich gibt, die alle auch schon vor dem 15. Jahrhundert urkundlich erwähnt worden waren? Drei dieser Dörfer liegen relativ nahe bei Basel, nämlich Nußdorf am Bodensee (144 km, 29 Std. Gehzeit), Nußdorf bei Landau (209 km, 42 Std.) und Nußdorf bei Eberdingen (225 km, 45 Std.).[2] So wurde mit der geographischen Nähe von Basel und Nußdorf am Bodensee die Vermutung im historischen Lexikon der Schweiz begründet, dass Hans aus „N. am Bodensee" stammt. Auch kann natürlich wegen seines möglichen vorherigen Namens „von Konstanz" auf eine Herkunft vom Bodensee geschlossen werden. Es gibt noch einen, zwar indirekten, aber überzeugenden Bezug zum Bodensee. Vincenz Ensinger[3], von dem die Empfehlung kam, den „Parlier Hanns" ans Baseler Münster zu berufen, war die meiste Zeit zwischen 1453 bis 1489 als Werkmeister am Konstanzer Münster beschäftigt. In Basel leistete er nur temporäre Arbeiten. Hans und Vincenz waren also vermutlich schon vor Basel in Konstanz miteinander bekannt gewesen.

Büste von Hans von Nußdorf am Basler Münster, der vom Martinsturm auf den benachbarten Georgsturm blickt.

Dieser Hans von Nußdorf spielte in Basel eine so wesentliche Rolle, dass man ihn 2003, 500 Jahre nach seinem Tod, in einer Festschrift mit dem Titel „Mit gantzem Fliss, Der Werkmeister Hans Nussdorf" in Basel ehrte.

Wie schon erwähnt, hatte er seine Karriere um 1450 als Hans von Konstanz in Basel begonnen. Es ist unbekannt, wo er den Beruf Steinmetz gelernt hat. Er hatte aber ziemlich sicher in Konstanz, woher er mit dem Namen auch seine persönliche Referenz verbunden hatte, nicht nur als solcher gearbeitet, sondern wohl

2 In den Klammern stehen Kilometer und Zeit, die man zu Fuß vom jeweiligen Nußdorf nach Basel braucht.

3 „* nach 1420 Bern, † nach 1495 […], Steinmetzlehre bei seinem Vater in Bern. In Vertretung seines Vaters leitete Ensinger 1448 - 1453 die Münsterbauhütte in Bern. 1453 - 1489 war er Werkmeister am Münster von Konstanz. Bis 1493 ist er als Bürger dieser Stadt nachweisbar." Historisches Lexikon der Schweiz, 2008.

auch schon seinen Meister gemacht. Die Lehrzeit eines Steinmetzes dauerte fünf bis sechs Jahre. Darauf folgte eine mehrjährige Wanderzeit als Geselle. Der Meister- oder Kunstknecht brauchte dann noch einmal zwei Jahre, bis er Meister werden konnte. Deswegen kann angenommen werden, dass er bei seinem Erscheinen 1450 in Basel deutlich älter war als zwanzig Jahre. Steinmetze arbeiteten für unterschiedliche Bauhütten, die unterschiedliche Anstellungsbedingungen boten. Deshalb hatten die Steinmetze 1459 einen überregionalen Hüttenbund, ähnlich einer heutigen Gewerkschaft, gegründet, dem auch Hans angehörte. Es gab Konflikte dieses Hüttenbundes mit den Bauzünften.

1455/56 wurde er städtischer Werkmeister, seit dem 14. Jahrhundert eine Stellung auf Lebenszeit. Dies bedeutete nicht eine feste Anstellung im heutigen Sinn, sondern nur die Berechtigung, im Auftrag der Stadt zu arbeiten. Seine Arbeiten führte er mit mehreren Gesellen und einem Lehrling durch. Er hatte ein festes Jahreseinkommen, brauchte keine Miete zu bezahlen, erhielt jährlich in Naturalien ca. 600 Liter Wein und ca. 550 Liter Getreide. Sein Arbeitsplatz war das Baseler Münster, quasi ein Neubau, da der vorige Bau, ein spätromanisches Gebäude, beim Erdbeben von 1356 total zerstört worden war. Auch wenn der Wiederaufbau des diesmal gotischen Gebäudes schnell begonnen worden war, so dass dort 1431 - 1448 das Baseler Konzil tagen konnte, war es zu Zeiten des Hans von Nußdorf noch immer nicht fertiggestellt. Die Fertigstellung wurde ihm 1479 nach der Entlassung von Vincenz Ensinger übertragen. Erst in diesem Jahr wurde er als Mitglied der Spinnwetternzunft, der Zunft der Baseler Bauleute, zünftig. Er blieb aber weiterhin Mitglied des Hüttenbunds der Steinmetze. Ja, er war dort sogar so geachtet, dass die Straßburger Steinmetzbruderschaft, der südwestdeutsche Zweig des Hüttenbundes, 1497 eine „Tagung in Basel abhielt, und zwar, wie es ausdrücklich heißt, „des berühmten Werkmeisters wegen", womit Hans von Nußdorf, der Erbauer des Martinsturms, gemeint war.

21 Jahre nach Übernahme des Amtes als Münsterbaumeister war es dann soweit. Das Baseler Münster war nach dem Bau des rechten Turms, des Martinsturms, 1500 fertiggestellt worden. Mit der Errichtung des Turms hatte man 1488 begonnen. Eine Büste von Hans von Nußdorf ist hoch oben im Turm auf der Innenseite angebracht, von wo aus er auf den schon länger fertigen Georgsturm blickt.

Er hinterließ weitere Spuren seines Schaffens nicht nur im Münster. Schon 1480 beteiligte er sich an den Arbeiten an der Leonhardskirche.

Hans von Nußdorf war nicht nur ein guter Baumeister, sondern auch streitlustig. So wird von einem Erbstreit mit seinem Bruder Peter von Nußdorf berichtet. Es gelang ihm auch dank einer Intrige, den bisherigen Baumeister Hans Niesenberger aus dem Bau der Leonhardskirche zu verdrängen. Den Prozess wegen Beleidigung, in dem sich Niesenberger zu wehren versuchte,

Basler Münster, Westfassade; der rechte Turm ist der von Hans von Nußdorf erbaute Martinsturm.
Quelle: Taxiarchos228 (Own work) [FAL] (Wikimedia Commons 2017)

konnte Hans von Nußdorf nur dank massiver Einmischung des Domkapitels vermeiden.

Hans von Nußdorf starb 1503. Er hinterließ zwei Söhne, Hans und Friedrich, und die Witwe Elys. Das Drittel seines Nachlasses, das seine Witwe erhalten hatte, nämlich ein Bett, zwei Tröge mit Wäsche und Kleidung des Ehepaares sowie Zinngeschirr, lässt auf einen gewissen Wohlstand schließen. Mit Hans und Friedrich verlieren sich die Spuren der Familie von Nußdorf in der Schweiz.

Das Ehepaar Wieland

In der Festschrift zum dreißigjährigen Jubiläum des Nußdorfer Kindergartens findet Rudolf Beck, stellvertretender Vorsitzender des Ausschusses für Angelegenheiten des Stadtteils Nußdorf[1] sehr warmherzige Worte für eine „Tante Wieland", die anlässlich dieses Jubiläums am 27. Juni 1993 zur Namenspatronin des Kindergartens gemacht wurde.

Rosa Wieland, geb. Schneider, wurde 1877 in Memmingen, im bayerischen Schwaben, geboren. „Die Eltern", so schreibt Beate Filipp, 1993 Leiterin des Kindergartens in oben erwähnter Festschrift, „hatten ein großes Baugeschäft". Von Rosa Schneider ist sehr wenig bekannt, bis sie mit 68 Jahren als Rosa Wieland eine sehr wichtige Aufgabe bei uns in Nußdorf übernahm.

Ganz anders ist es bei ihrem Mann Konstantin, ebenfalls 1877 geboren, der ein recht bewegtes Leben hatte. Nach dem Studium der Rechtswissenschaften war er für wenige Jahre als Rechtsanwalt in seiner Geburtsstadt Ravensburg tätig. 1904 gab er den Anwaltsberuf auf, schloss sich seinem Bruder Franz Sales an und besuchte das Priesterseminar in Dillingen. Schon zwei Jahre später wurde er zum Priester geweiht, war während der nächsten vier Jahre Kaplan in Neu-Ulm und hatte einen Benefiziat[2] in Lauingen, beides Städte im bayerischen Schwaben. Es ist anzunehmen, dass er in dieser Zeit die bayerische Lehrerin Rosa Schneider kennenlernte. Er war ein sehr kämpferischer Reformist innerhalb der katholischen Kirche, weshalb ihm 1910 der Benefiziat in Lauingen genommen wurde. Er wurde freier Publizist, eine Art theologischer Privatgelehrter, der sich einige Jahre in Streit- und Kampfschriften für eine Modernisierung der katholischen Kirche und die Unabhängigkeit der deutschen Katholiken von Rom einsetzte. Ein Titel aus dieser Zeit passt überhaupt nicht in diesen Themenkreis, nämlich „Das sechste Gebot und die Ehe. Ein offenes Wort an Eheleute, Eltern, Erzieher, Aerzte und Geistliche". Vermutlich hat diese Schrift etwas mit seiner Bekanntschaft mit der Lehrerin Rosa Schneider zu tun. Nach drei Jahren als Publizist ließ er sich in Ulm erneut als Rechtsanwalt

1 Nußdorf war 1993 nur ein Ortsteil von Überlingen. Ein Teilort mit einer Ortsverfassung wurde er erst 1999.

2 „Benefiziat (auch lat. Benefizium) ist ein ehemaliger Amtstitel der römisch-katholischen Kirche für einen Kleriker, der seinen Unterhalt vom Ertrag einer Pfründe erhielt. Dabei handelt es sich bis heute um ein von der zuständigen kirchlichen Autorität vergebenes Rechtsinstitut auf Pfarreiebene, das aus Kirchenamt und nutzungsfähiger Vermögensmasse besteht. [...] Der Inhaber des Titels hatte in der Regel ein vom Pfarrhof bzw. Pfarrhaus unabhängiges Wohnhaus, das so genannte Benefiziatenhaus." (Wikipedia 2014)

nieder. 1916 heirateten Rosa Schneider und Konstantin Wieland. Beide waren mit 39 Jahren auch für damalige Verhältnisse kein junges Paar. Einige Jahre nach der Eheschließung wurde Konstantin Wieland Amtsrichter in Ulm. Er war Mitglied des Stadtrats und führte weiterhin ein sehr bewegtes Leben. „Die Laufbahn des streitlustigen Stadtpolitikers war begleitet von Prozessen und Disziplinarverfahren. Daneben kämpfte er als Redner gegen kirchliche Strukturen und bischöfliche Maßnahmen, insbesondere gegen die Ohrenbeichte", so das Biographisch-Bibliographische Kirchenlexikon.

Vielleicht war dieses sehr aktive Leben Grund dafür, dass sich das Ehepaar Wieland 1929 - 1931 auf dem Grundstück mit der Nummer 315-1 an der Landstraße (heute Zum Hecht) in Nußdorf mit Unterstützung der Memminger Eltern von Rosa ein Ferien- und Wochenendhaus baute, um dort Frieden und Ruhe zu finden. Damals hatten sie nur drei bis vier Nachbarn im Osten ihres Anwesens. Dort lag damals auch die Nußdorfer Badeanstalt. Der Garten der Wielands reichte nicht bis zum See. Zwischen Gartenzaun und Seeufer war der Uferweg, eine Verlängerung des heutigen Weges Zum Gropper. Dieser Uferweg führte bis auf die Höhe der heutigen Gärtnerei Fuchs.

Das Ehepaar Wieland verbrachte viele freie Tage in Nußdorf. Sie kamen immer mit der Eisenbahn. Frau Rosa Wieland - es ist nicht bekannt, ob sie zu dieser Zeit noch als Lehrerin tätig war - weilte wahrscheinlich manches Mal auch alleine dort, wie im August 1937, als Freunde ihres Mannes ihn mit dem Auto nach Nußdorf bringen wollten. Konstantin Wieland starb auf dieser Fahrt bei einem Autounfall bei Bad Wurzach. In seinem Testament hatte er gewünscht, dass seine Frau das Haus in Nußdorf „für einen wohltätigen Zweck vermachen sollte".

Rosa Wieland

Rosa Wieland blieb nach dem Unfalltod ihres Mannes in Nußdorf und hatte dort eine Haushaltshilfe, Vroni aus Memmingen, die 1949 den Vorsteher des Nußdorfer Bahnhofs heiratete.

Nach dem Einmarsch der Franzosen gab es 1945 in Nußdorf keine Lehrer für den Abc-Schützenjahrgang 1939, vermutlich waren die Lehrer entweder gefallen, in Gefangenschaft oder aber mit einem Berufsverbot wegen Beziehungen zur NSDAP oder ihren Organisationen belegt. Auf Bitten des von den Franzosen eingesetzten kommissarischen Bürgermeisters Josef Beck machte Rosa Wieland aus ihrem Wohn- ein Klassenzimmer. Zu ihren Schülern gehörten: Rudolf Beck, Helmut Butscher, Helga Fiege, Karlheinz Kretz, Brigitte Mayer, Herbert Ruther, Rita Schmid, Katharina Schmidt-Dumont (heute Werner), Herbert Sorg, Bärbel Steidle, Inge Sulger, Kunibert Weber und Willi Zündel. Später kam noch Walburga Liebold dazu. Nach dem Unterricht las Rosa Wieland den Kindern häufig Geschichten aus dem Alten Testament vor. Darauf freuten sich die Kinder jeden Tag, obwohl so ihre Schulzeit verlängert wurde. Ältere Jahrgänge wurden in dieser Zeit auch von ihr unterrichtet, u.a. Joachim Achenbach, Berthold Bertsche, Roland Fehrmann, Fritz Sauter und Josef Urnau.[3] Sie unterrichtete die Nußdorfer Kinder bis zum Herbst 1945. Ihr Nachfolger als Lehrer, Herr Stisi, bekam so ein gutes Dutzend von Erstklässlern, die alle schon lesen und schreiben konnten. Die Erstklässler bekamen noch für einige Zeit Religionsunterricht von Rosa Wieland.

Konstantin Wieland wollte das Haus in Nußdorf gemeinnützigen Zwecken vermachen. Und Rosa Wieland war sich sicher, dem Wunsche ihres Mannes am besten zu entsprechen, wenn sie ihr Haus der Gemeinde Nußdorf als Kindergarten vererben würde. Als sie 1957 starb, gingen Haus und Grundstück in das Eigentum der Gemeinde Nußdorf über, die dort 1961 mit 18 Kindern diesen Kindergarten eröffnete.

Das Haus Wieland nach dem Umbau zum Kindergarten, ca. 1962

3 Diese Namenslisten stellten Rudolf Beck und Karlheinz Kretz, zwei von Wielands Abc-Schützen, zusammen.

Ihre Klugheit bewies Rosa Wieland mit einer Klausel in ihrem Testament. Dort hatte sie nämlich festgelegt, dass, sollte die Gemeinde den sehr wertvollen Seegrund verkaufen, der Erlös ihren nächsten Erben und nicht der Gemeinde zugutekommen sollte. So haben die Nußdorfer Kinder hier einen Kindergarten in Traumlage, wahrscheinlich einmalig am Bodensee, wenn nicht sogar im Alpenraum. Rosa Wieland war aber nicht nur klug und wohltätig, sie war auch praktisch veranlagt. Ihr Haus hatte einen Balkon mit einer kunstgeschmiedeten Balustrade. Da dies für einen Kindergarten ein unnötiger Luxus ist, vermachte sie die Balustrade der Birnau. Sie begrenzt heute den Platz vor der Basilika. Auf der Balustrade sind zwei Details von Bedeutung: der Ulmer Spatz[4], der an den langjährigen Hauptwohnsitz des Ehepaars Wieland erinnert, und der Memminger Mond[5] zur Erinnerung an Rosa Wielands Geburtsort.

4 „Der Ulmer Spatz ist ein Wahrzeichen Ulms. Der Sage nach sollen die Ulmer beim Bau des Münsters einen besonders großen Balken angekarrt haben. Sie schafften es aber nicht, ihn durch das Stadttor zu bringen. Als sie kurz davor waren, das Tor einzureißen, sahen sie einen Spatz, der einen Zweig im Schnabel trug, um diesen in sein Nest einzubauen. Und dieser Spatz flog mit dem Zweig längs durch das Tor. Da ging dann wohl auch den Ulmern ein Licht auf, und sie legten den Balken der Länge nach auf ihren Karren und nicht quer, wie bisher. Diese Sage ist nicht vor dem zweiten Viertel des 19. Jahrhunderts nachweisbar." (Wikipedia 2014)

5 „Gingen einstmals in klarer Vollmondnacht ein paar Memminger aus dem Goldenen Löwen heimwärts. Auf einmal sahen sie, wie sich der Mond, hierorts Mau genannt, in einem der großen Zuber spiegelte, die unter den Dachtraufen der Häuser zu Feuerlöschzwecken standen. Da kam einem plötzlich der geniale Gedanke, den Mond doch gleich herauszufischen, damit die Stadt zu beliebiger Zeit über sein Licht verfügen könne. Schnell war der Stadtfischer geholt, der rückte mit Netzen aller Art und seinen Knechten an und begann sein Werk. Von den Fenstern ringsum schauten die aufgeschreckten Bürger herunter, was sich da unten abspielte, und selbst aus den Nebengassen kamen sie hergelaufen, aber […]." Die Geschichte endet hier. (Wikipedia 2014)

Julius Weismann

Julius Weismann verbrachte die letzten zehn Jahre seines Lebens in Nußdorf, wo er auch seine letzte Ruhe auf dem Friedhof fand. Er hinterließ ein umfangreiches musikalisches Werk von 13 Bühnenmusiken, darunter sechs Opern, 320 Vokalwerke mit allein 260 Liedern, 45 Klavierstücke (Solo oder Duo), 39 Stücke für Kammermusik und 36 Orchesterwerke (Sinfonien, Ouvertüren, Rondos für Soloinstrumente usw.). Trotz dieses umfangreichen Werks ist er heute ein nahezu unbekannter Komponist.

Er wurde 1879 in Freiburg geboren. Das kränkelnde Kind erfuhr seine Bildung zu Hause vom Vater, einem Professor für Zoologie, und von Privatlehrern. Seine Musikalität machte sich so früh bemerkbar, dass er schon mit elf Jahren in Kompositionslehre unterrichtet wurde. Von 1899 - 1903 studierte er Komposition in Berlin und München. In Berlin störte ihn die „musikalisch-überhebliche, akademisch verbrämte - und verbrahmste - Atmosphäre". In München, so stellte er fest, war der Einfluss auf ein frühes Schaffen durch den „Obergott Richard Wagner" für eine Weile unüberwindbar. An einem Einfluss von Wagners Epigonen auf sein Schaffen aber zweifelte er.

1902 heiratete er die Konzertsängerin Anna Hecker. Er startete 1904 als freischaffender Komponist in München. „1906 kehrte er nach Freiburg zurück und wirkte außerdem als Pianist und Dirigent". Das Klavierspielen und das Dirigieren dienten dem jungen Komponisten wohl zur Bestreitung seines Lebensunterhalts.

Im Ersten Weltkrieg war er Krankenpfleger und kümmerte sich um die Vermisstenfürsorge. Die dem Krieg folgende Inflation fraß das Familienvermögen auf. Das Komponieren musste von nun an auch dem Broterwerb dienen. Weismann hatte Erfolg. So wurden zwischen 1923 und 1930 fünf seiner Opern aufgeführt. Man ernannte ihn zum Mitglied der Preußischen Akademie der Künste, die ihm 1930 den Beethovenpreis verlieh. Auf einem Gruppenfoto anlässlich des 59. Tonkünstlerfestes des Allgemeinen Deutschen Musikvereins 1929 kann man ihn u. a. mit Richard Strauss und Arnold Schönberg sehen. „1930 gründete Weismann zusammen mit Erich Doflein das Freiburger Musikseminar." Dieses bildete 1946 die Gründungsbasis der Freiburger Musikhochschule.

Nach der Machtergreifung 1933 durch die Nazis wurde er 1934 zu einem der Ehrenvorsitzenden des Arbeitskreises nationalsozialistischer Komponisten. 1935 beauftragten ihn die Nazis, eine neue Bühnenmusik zu Shakespeares

Theaterstück „Ein Sommernachtstraum" zu schreiben. Dieses Stück sollte Mendelsohns Komposition ersetzen, was aber misslang. Auch Carl Orff hatte dies 1939 versucht, konnte aber auf einen früheren Versuch von 1917 verweisen und so den Vorwurf des Antisemitismus von sich weisen. 1936 erhielt Weismann den Professorentitel, der ihm wohl nach 1945 aberkannt wurde. 1950 wurde er vom Land Baden erneut zum Professor ernannt.

Die zwanziger und dreißiger Jahre waren sehr erfolgreich für Weismann. Die Rezeption seines Werkes begann sich aber ab 1939 abzuschwächen. Er begann wieder zu kränkeln und zog sich 1941 nach Nußdorf zurück, wo er zum Freundeskreis der Familie Lafferentz/Wagner gehörte. Die Originalpartitur der Wagner-Oper Parsifal wurde 1945 von seiner Tochter und Wieland Wagner eine Zeit lang in einem „unbenutzten Kamin" des Weismann'schen Hauses (heute Zum Hecht 28) verborgen. Wieland, der Bruder von Verena Lafferentz, war zu einem guten Freund der Weismanns geworden.

Julius Weismann (rechts) mit Wieland Wagner

1946 besuchte Weismann Freiburg und war zutiefst erschüttert über die Zerstörungen seiner Heimatstadt. Zurück in Nußdorf begann er sein letztes großes Werk „Der Wächterruf" für Chor, Soli und Orchester und vollendete es 1949. Uraufgeführt wurde „Der Wächterruf" 1950 in Duisburg und im selben Jahr vom Süddeutschen Rundfunk Stuttgart im Radio ausgestrahlt. In diesem Jahr starb Julius Weismann wenige Tage vor seinem 72. Geburtstag in Singen/Hohentwiel.

Auch wenn ihm der Versuch, die Musik des jüdischen Komponisten Mendelsohn zu Shakespeares Sommernachtstraum zu verdrängen, übelgenommen worden ist, wurde er nie als Nazikünstler abqualifiziert. So wurde seine Oper „Die pfiffige Magd" 1953 in Magdeburg in der DDR aufgeführt.

Seine erste Oper „Schwanenweiß" wurde 1923 in Duisburg uraufgeführt. Daraus entwickelte sich eine enge, lang andauernde Beziehung zu Duisburg. Vier weitere seiner Opern kamen dort noch zur Aufführung. Mehrere Sinfonien, ein Klavier- und ein Violinkonzert und, wie schon erwähnt, sein letztes großes Werk „Der Wächterruf" erlebten ihre Premieren in Duisburg. Dort wurde 1954, u. a. auf Anregung Wieland Wagners, das Julius-Weismann-Archiv gegründet. Im Duisburger Stadtarchiv finden sich alle musikalischen Werke von Julius Weismann, wie auch Skizzenbücher, Tagebücher, Aufsätze, Rezessionen, Konzertprogramme und Theaterzettel.

Basilius Guldin und sein Sohn Josef

Basilius Guldin war Ortsdiener in Nußdorf, von der Bevölkerung „Ortsbolizei“ genannt. Für dieses Amt hatte er sich 1935 zusammen mit Georg Buchstor beworben. Bürgermeister Beck schrieb also an das Bezirksamt: „Die beiden Bewerber sind nüchtern und strebsam.“ Über Basilius Guldin schrieb er außerdem, dass er 48 Jahre alt wäre, als „Wegwart, Totengräber und Kassenbote des Badenwerkes“ arbeiten würde und vier Kinder hätte. Man entschied sich für Guldin. Er wurde mit den „erforderlichen Ausrüstungsgegenständen“ ausgestattet und schwor den Diensteid. Seine Ausrüstung bestand aus der Dienstkleidung, „dem badischen Polizeisäbel und nach Bedarf aus dem Gummiknüppel und der Pistole 08“.

Zu seinen Aufgaben gehörten u. a. die Reinhaltung der Straßen, die Haltung eines Bocks für die Nußdorfer Ziegen und das Amt des Ausrufers. Besonders Felddiebe wurden von ihm dingfest gemacht. Die Uniform unterstützte dabei seine Autorität, und entsprechend verhielt er sich zu gegebenem Anlass auch: *„Wenn einer Kirschen geklaut hat, hat er gebrüllt, war wie ein Dorfpolizist“*, erzählt sein Sohn. Auch Rudolf Beck erinnert sich: Kinder und Heranwachsende hatten Respekt, wenn der leicht hinkende[1] *„Gulde“* mit seinem grauen Mischlingshund Peter des Weges kam und schimpfte: *„Du Nixtnutz, du Nixtnutziger“*.[2]

Ausgestattet mit einer „Schelle“ verkündigte er den Dorfbewohnern Neuigkeiten der Gemeindeverwaltung, Todesfälle, günstige Fleischangebote bei Notschlachtungen und - während des Krieges - Aufrufe zur Verdunkelung. Zeitzeugen erinnern sich noch, wie sie als Kinder, den Rhythmus der Glocke nachahmend, riefen: *„De Gulde kummt, de Gulde kummt! Verdunkelung! Verdunkelung!“*.

Bis in die 1960er Jahre verbreitete Basilius Guldin amtliche Bekanntmachungen an bestimmten Stellen des Dorfes mittels *„Ausschellen“*. Die Ausläutglocke gab es schon seit 1853 - und sie existiert noch heute. Sie dient dem Narrenpolizisten, um bei der Fasnacht für Ordnung zu sorgen.

Basilius Guldin, mit seinen Eltern aus Oberstenweiler stammend, hatte zunächst beim Gleisbau gearbeitet, bevor er Ortsdiener geworden war. Zum Le-

1 Basilius Guldin war kriegsversehrt.

2 Sein Nachfolger Karl Hengher trug dann nur noch eine Polizeimütze; Guldins „Jagdruf“ bei der Verfolgung von Obstdieben war auch *„Du Weidag, du rote!“* - der schwäbische Ausdruck für „Du (hinterlistiger) Saukerl“.

Basilius Guldin mit Mutter und Schwester während des Ersten Weltkrieges

bensunterhalt trugen auch seine 10 - 12 Ziegen und ein Bock bei, für die es im Haus einen Stall gab. *„Mein Vater war a Geisenbauer, hat Milch und Butter selber gemacht. Der kommissarische Bürgermeister Mayer war magenkrank, hat jeden Tag 1 Liter Ziegenmilch gekauft."* Neben dem Stall lebte im Haus - auf einer Fläche von insgesamt 45 Quadratmetern - die Familie Guldin mit vier Kindern. Die Kinder mussten ertragen, dass ihnen der Gestank des Ziegenbocks immer anhing und sie deshalb gehänselt wurden.

Basilius Guldin aber hatte Selbstbewusstsein und Schlagfertigkeit. Als er von Hans Posse, wohnhaft am See (heute Zur Forelle 32) einen Brief erhielt, unterzeichnet mit *„Staatssekretär a. D. Dr. Hans Posse"*, unterzeichnete Guldin seine Antwort mit *„Versenkungsrat Basilius Guldin"*.

Sein Sohn Josef musste seinem kriegsverletzten Vater schon früh bei der Arbeit als Totengräber helfen bzw. diesen ersetzen. Vom Vater hatte er das Selbstbewusstsein und die Schlagfertigkeit geerbt und berichtet gern von so manchen Situationen, in denen er sich Respekt verschaffte.

Josef Guldin, 1933 in Nußdorf geboren, kann sich noch gut an die Kriegs- und Nachkriegszeit erinnern. Es sind die Erinnerungen eines Kindes, das die Ereignisse, ohne sie zu werten, registrierte.

Im Krieg war er Mitglied der Hitlerjugend. *„Unter der Jugend war die Begeisterung für Hitler groß, [...] ich könnt heute noch Hitlerlieder singe, darf ich aber nicht."* Begeistert hat *„die Uniform, der Drill"*. Aber er berichtet auch: *„Die SS-ler haben die Kirchenglocken heruntergeschmissen und eingeschmolzen, zu Kanonenkugeln"*.

Ein Bruder Josef Guldins war bei der Totenkopfkompanie; er kam in russische Gefangenschaft und wurde wegen einer Verwundung am Fuß erschossen; da war er gerade 24 Jahre alt.

Josef Guldin ging während des Krieges in die Dorfschule, in der die 30 - 35 Schüler aller acht Klassen zusammen unterrichtet wurden. Dort ging es streng zu. *„Jeden Tag gab es in der Schul Tatze oder Hosenspanner; daheim durfte man nichts sagen, sonst hätt's noch mal gegeben."* Donnerstags gab es einen Schülergottesdienst in der Kapelle. Dort ging es ebenfalls streng zu: Der Pfarrer aus Seefelden hatte die Kinder immer in die Backen gekniffen.

Die Besatzungszeit nach Kriegsende stellte für den jungen Guldin, da war er ca.13 Jahre alt, keine bedrohliche Zeit dar. Eingeprägt haben sich ihm überwiegend harmlose Anekdoten mit französischen Soldaten.

„Als Franzosen kamen, im April 45, habe ich meine Hitlerjugend-Uniform auf dem Friedhof in der Hecke versteckt; als ich sie holen wollte, nach ¼ bis ½ Jahr, waren nur noch Fetzen da, den Rest hatten die Mäuse gefressen. Die französischen Soldaten kamen abends um 7 Uhr zu uns; wir hatten die Fensterläden geschlossen; sie haben das Haus durchsucht. Ich habe einem Soldaten Äpfel gebracht. Die Marokkaner unter den Soldaten haben alles geklaut. Als im Haus ein französischer Soldat einquartiert wurde, wurde nicht mehr geklaut. Der Franzose war 40 Jahre alt, war netter Mann, blieb 1 ½ Jahre."

Über sein Leben als Erwachsener berichtet Josef Guldin eher sparsam. Nach achtjähriger Schulzeit hatte er zunächst hier und da gearbeitet, engagierte sich auch ein halbes Jahr bei der Nußdorfer Feuerwehr und bekam schließlich eine Lehrstelle als Maurer bei Friedrich Beck in Nußdorf. Dabei musste er mit der *„Schnappkarre Material im Dorf herumziehen"*. Das wird ihm nicht gefallen haben, wurden diese einachsigen Karren mit zwei Rädern üblicherweise von Ochsen oder Pferden gezogen.

„Heute würde ich 'nen anderen Beruf lernen; Zimmermann, tu gern mit Holz arbeiten."

Er beendete seine Ausbildung als Polier, konnte sich sein erstes Motorrad leisten - eine 250er BMW - und fuhr damit zum Tanzen nach Bermatingen, wo er seine spätere Frau Berta Obser kennenlernte. Gerade als das Paar Heiratspläne schmiedete, kam ein verlockendes Angebot. Die Firma Züblin

Im Mai 2017 feierten Josef Guldin und seine Frau Berta ihre Diamantene Hochzeit
Foto: Ferdinand Schreiber

suchte Fachkräfte für den Bau eines Staudamms in Südafrika. Dieses Angebot war aber an die Bedingung geknüpft, erst nach zwei Jahren erstmalig Heimaturlaub zu bekommen. Der junge Josef Guldin war hin und her gerissen. Sollte er sich zwei Jahre von seiner Braut trennen? Er entschied sich zum Bleiben, um 1957 seine Berta zu heiraten. Beide ließen sich 1961 im elterlichen Haus in Nußdorf - heute Zur Pfrille 26 - nieder. *„War dann Maurerpolier in Überlingen, hab manchmal 10, 15, 20 Leute unter mir gehabt."*

Das Paar bekam drei Kinder und Josef Guldin musste das kleine Häuschen Stück für Stück ausbauen, erst weitere Zimmer für seine Familie, dann eine Ferienwohnung für Touristen.

Als Maurerpolier scheute Josef Guldin keine Anstrengungen. Mit 60 Jahren hatte er seinen Körper schließlich derart strapaziert, dass er als Polier verrentet wurde. Doch ohne Arbeit war er noch lange nicht. Weitere Jahre war er - zusammen mit seiner Frau - unterwegs, um in Privathäusern in Nußdorf und Deisendorf Strom abzulesen, erst für die Badenwerke, später für die Stadtwerke Überlingen. In Nußdorf ist das Ehepaar Guldin deshalb gut bekannt. Viele Jahre lang haben beide zunächst monatlich, später alle zwei Monate bei den Nußdorfern geklingelt und sich nicht selten auch mit misstrauischen Hausbesitzern oder deren Hunden auseinandersetzen müssen.

Bis vor kurzem konnte man Josef Guldin in der Klosterkirche Birnau noch im Männerchor singen hören, dem er seit fast 30 Jahren angehörte. Heute kann man Josef Guldin häufig zusammen mit seiner Frau bei Sonnenschein in seinem wunderschönen Garten sitzen sehen.

Ein Gerechter unter den Völkern

Eckehardt Dietrich, ehemaliger Polizist und Referatsleiter für den Verfassungsschutz im rheinland-pfälzischen Innenministerium, veröffentlichte 2015 unter dem Pseudonym Maximilian Harding das Buch „Übrig blieben Scherben". Er beschreibt in diesem Buch den Werdegang eines Nazi-Funktionärs, der sich von der Ideologie des Nationalsozialismus getrennt hatte und anschließend als Zöllner an Schleusungen von Juden über den See, mithilfe des Klosters Hegne, in die Schweiz, beteiligt war. Diese Erzählung von Schleusungen von Juden über den See wurde von an sich sehr kompetenter Seite im Südkurier angezweifelt, weil noch nie etwas über derartige Rettungsaktionen über den Bodensee bekannt geworden wäre.

Bei den Recherchen zu diesem Buch hat im Jahr 2010 die Enkelin eines schon vor längerer Zeit verstorbenen Nußdorfers berichtet, in ihrer Familie wäre erzählt worden, dass ihr Großvater Anfang der 50er Jahre einen Brief mit einem 100 Dollarschein aus den USA erhalten habe. Diesen Brief hätte eine in den USA lebende Österreicherin geschrieben, und zwar im Auftrag einer jüdischen Dame, die von ihr gepflegt worden wäre. Sie wäre von dieser Dame, als sie im Sterben lag, gebeten worden, sich mit einem Brief bei einem Nußdorfer Fischer zu bedanken. Der hätte sie nämlich nachts in seinem Boot, unter Fischernetzen verborgen, über den See in die Schweiz gebracht. Als Zeichen ihres Dankes sollte sie zu dem Brief 100 US-Dollar legen. 100 Dollar waren damals gut zwei Monate Bruttolohn eines Facharbeiters.

Der Großvater, eben jener Fischer, lehnte die Nazis ab und war 1935 (lt. Leumundszeugnis vom 9. Mai 1939) wegen kommunistischer Betätigung zu acht Monaten Gefängnis, und zwar im KZ Kislau, bestraft worden. Als einer der Armen im Dorf war er eine Last für die Gemeindekasse, weil man ihm das große Fischerpatent entzogen hatte. Er konnte deswegen nicht seinem Beruf nachgehen. Sein Antrag, ihn wieder auf den See hinauszulassen, wurde sowohl vom Bürgermeister Beck als auch vom NS-Ortsgruppenleiter unterstützt. Sie begründeten diese Unterstützung damit, dass er sich in letzter Zeit nichts hätte zu Schulden kommen lassen und es die Gemeindekasse entlasten würde, wenn man ihn wieder fischen ließe.

Er hat aber nicht nur gefischt, sondern auch Zigaretten aus der Schweiz geschmuggelt. Es mag riskant gewesen sein, Juden aus Deutschland mit Netzen bedeckt in die Schweiz zu schmuggeln. Die Wahrscheinlichkeit allerdings, dass der deutsche Zoll ein Fischerboot in Richtung Schweiz kontrollierte, war geringer als in der Gegenrichtung. Der Fischer, so seine Enkelin, hätte damals, als der Brief aus den USA kam, erzählt, dass diese jüdische Dame kein Einzelfall gewesen wäre, sondern dass er mehrere Juden in seinem Boot in die Schweiz geschmuggelt hätte. Er hat sich sehr wahrscheinlich für diesen Dienst bezahlen lassen und war sich wohl nach seiner Haft im KZ 1935 ganz sicher des hohen Risikos bewusst, das er mit seinem Menschenschmuggel einging.

Leider hat die Enkelin diesen Brief nicht mehr finden können. Schade, sonst hätte man zumindest einen Nußdorfer nachgewiesenermaßen zu den Gerechten unter den Völkern[1] rechnen können, bei doch überdurchschnittlich vielen Mitgliedern der NSDAP in Nußdorf.

Für den Wahrheitsgehalt dieser Geschichte spricht, dass es keinen Sinn gemacht hätte, so etwas zu erfinden; schon deswegen nicht, weil Anfang der 50er Jahre bis in die 60er Jahre Deutsche, die Juden gerettet hatten, von ihren Mitbürgern deswegen oft direkt angefeindet wurden. So hat das auch Berthold Beitz[2], der selber Juden in Polen gerettet hatte, erfahren müssen.

Den eingangs erwähnten Zweifeln über Rettungsaktionen von Juden über den Bodensee wurde mit einem Leserbrief, in dem die Geschichte des Nußdorfer Fischers geschildert wurde, widersprochen. Dieser Leserbrief im Südkurier führte zu einer gewissen Unruhe in Nußdorf und in anderen am See gelegenen Dörfern, weil man zwar nicht vergessen, aber nicht darüber geredet hatte, dass es mehr als einen Fischer gegeben hat, der Juden über den See in die Schweizer Sicherheit geschmuggelt hatte.

1 „Gerechter unter den Völkern (hebräisch םלועה תומוא דיסח Chassid Umot ha-Olam) ist ein in Israel nach der Staatsgründung 1948 eingeführter Ehrentitel für nichtjüdische Einzelpersonen, die unter nationalsozialistischer Herrschaft während des Zweiten Weltkriegs ihr Leben einsetzten, um Juden vor der Ermordung zu retten." (Wikipedia 2017)

2 Deutscher Manager, der im 2. Weltkrieg mehreren hundert Juden in Galizien das Leben rettete und nach dem Krieg den Krupp-Konzern als Generalbevollmächtigter leitete.

Gustav Robert Oexle

Walter Hutter[1]

Gustav Robert Oexle kam am 2. Oktober 1889 in Sipplingen, Bezirksamt Überlingen, als Sohn des Tagelöhners Bernhard Oexle und dessen Ehefrau Josefine, geborene Widenhorn, zur Welt. Er wuchs in ärmlichsten Verhältnissen in Sipplingen auf und musste sich schon in seiner Schulzeit (1896 - 1904) als „Dienstbube" verdingen. Nach Abschluss der Volksschule arbeitete Oexle - zu diesem Zeitpunkt bereits Vollwaise - in Volkertshausen im Hegau in einer Textilfabrik. Nach der Musterung in Stockach 1909 wurde er zur Marine eingezogen. Sein frühester Wunsch, „einmal dem Kaiser dienen zu dürfen," ging in Erfüllung.

Am 4. Oktober 1909 trat Oexle seinen Dienst in der Marinekaserne Wilhelmshaven an und diente drei Jahre auf den kaiserlichen Schiffen Nassau und Augsburg. Danach verpflichtete er sich weiter bei der Marine und kam 1913 für zwei Jahre auf den kleinen Kreuzer Leipzig, der in Ostasien in Tsingtau stationiert war, wo er seinen Dienst als Rollenschreiber und Geschützführer verrichtete.[2] Überrascht durch den Kriegsausbruch plante das Kreuzergeschwader Graf Spee, zu dem auch die Leipzig gehörte, über den Atlantik in die Heimat durchzubrechen und am 8. Dezember 1914 die britischen Falklandinseln anzugreifen. Dort wurde das Kreuzergeschwader durch die Überlegenheit der englischen Flotte fast vollständig vernichtet. Auf der Leipzig waren 350 Tote zu beklagen. 18 Mann, darunter G. R. Oexle, wurden gerettet.[3]

Oexle kam vom Dezember 1914 bis 1916 in britische Gefangenschaft und wurde von 1916 - 1917 in der Schweiz interniert, wo er als deutscher Internierungsortsleiter fungierte.[4] 1917 kehrte er nach Wilhelmshaven zurück und wurde wegen seiner Kriegsverletzung und einer Behinderung von 50% im Personalbüro der 2. Marinedivision angestellt.

Am Ende des Krieges wurde der Oberbootsmannsmaat „angesichts des

1 Dieser Text wurde von Walter Hutter für das vorliegende Lesebuch über Nußdorf verfasst. Hutter ist u. a. Autor eines ausführlichen Beitrags über Oexle im Buch Täter, Helfer, Trittbrettfahrer. NS-Belastete aus dem Bodenseeraum, Hrsg. v. Walter Proske. Gerstetten, 2016.

2 Zwischen dem 15.4.1913 und dem 5.6.1913 schrieb Oexle ein Reisetagebuch.

3 Oexle schilderte die Schlacht in der Bodensee-Rundschau (BR) vom 4.11.1936. Dort nannte er die Zahl von 18 Überlebenden.

4 Zur Schweizer Internierungspraxis: Die Schweiz nahm im 1. Weltkrieg ab Anfang 1916 Kriegsgefangene verschiedener Nationen auf, die in mehreren Lagern in Luftkurorten ihre Verletzungen auskurierten.

politischen Zerfalls" zu „vaterländischen" Vorträgen abkommandiert. Solche Vorträge hielt er auch in seiner früheren Heimat am See. Dort wurde die Familie Lang in Nußdorf auf ihn aufmerksam und lud ihn zu einem Vortrag ein. Die Langs waren begeistert und hielten den Kontakt zu Oexle aufrecht.

Im März 1919 nahm Oexle an den Kämpfen der Freikorps in Wilhelmshaven gegen die „Rote Garde" teil, die die Kasernen der Marineinfanterie besetzt hatten. Von November 1918 bis zum 1. März 1920 wurde Oexle Vorstand der Hauptregistratur des Seemännischen Personalamts der Marinestation Nordsee. Er nutzte diese Zeit auch, um sich an der Militäranwärterschule für den mittleren Zoll-, Eisenbahn- und Verwaltungsdienst ausbilden zu lassen, und legte 1920 die Abschlussprüfung ab. Am 1.3.1920 schied Oexle aus dem Marinedienst aus. Nach dem Löhnungsbuch erhielt er ab dem 1.4.1919 21 Mark Dienstalterszulage und 15 Mark Seefahrtszulage. Dazu kam eine kleine Kriegsbehindertenrente.

Oexle ist durch den Krieg und seinen Dienst in der Marine stark geprägt worden. Dies zeigt auch sein Engagement in den Freikorpskämpfen in Wilhelmshaven. Die neu gegründete Republik lehnte er wie viele andere Marinesoldaten ab. Deswegen ist es wenig überraschend, dass wir ihn in der Weimarer Republik weiterhin als aktiven Antidemokraten in einer weiteren Freikorpsorganisation wiederfinden.

Er kehrte 1921 an den Bodensee zurück. In Nußdorf fand er Aufnahme bei der Familie Lang. Diese war 1913 aus Esslingen an den Bodensee gekommen und hatte dort ein größeres, alleinstehendes Anwesen[5] erworben. Max Lang, württembergischer Finanzrat, starb 1916, sein Sohn, Dr. Ernst Lang, fiel bereits im September 1914 bei den Kämpfen in den Vogesen. Margarete Lang, ihre Mutter Eugenie und die Hausangestellte Marie Rauscher, seit 1912 im Dienste der Familie, betrieben im Haus eine Pension für Feriengäste.

Die Familie Lang verschaffte Gustav Robert Oexle eine Anstellung als Verwaltungsassistent beim Bezirksamt Überlingen, aus der er wegen seiner rechtsextremen Aktivitäten als Feldjäger der Organisation Damm aber 1922 entlassen wurde. Die von Leutnant a.D. Erich Damm gegründete Freikorpstruppe war eine Nachfolgeorganisation der 1921 verbotenen Organisation Escherich. Damm arbeitete mit seiner Organisation unter verschiedenen Decknamen weiter.

Oexle, seit 1922 wahlberechtigter Nußdorfer Bürger, machte aus dem Hause Lang mit Wissen und Zustimmung der Familie eine Zentrale der Organisation Damm im oberbadischen Gebiet. Zeitweise wohnte hier auch Erich Damm. Im Hause wurden Waffen und Munition des Freikorps versteckt; die Pension diente auch als Ort der „[…] Sicherstellung der geheimen Nachrichten- und Postübermittlung". Diese konspirative Tätigkeit stärkte das Zusammengehörigkeitsgefühl, so dass Eugenie Lang beschloss, Gustav Oexle „[…]

5 heute das Anwesen Zum Döbel 8

Gustav Robert Oexle

Fräulein Margarete Lang

testamentarisch als ihren anerkannten Pflegesohn zum Nacherben" zu bestimmen.

Oexle erhielt eine neue Chance, als im Dezember 1922 die Ratsschreiberstelle in Nußdorf frei wurde. Am 12. Dezember 1922 wurde er vor der Gemeinde durch Landrat Levinger als neuer Verwaltungsratsschreiber verpflichtet. Dies überrascht, weil er ja gerade aus dem Staatsdienst entlassen worden war. Da es keinen weiteren Bewerber auf die Stelle gab, erhielt Oexle den Zuschlag. Auch die Kriegsverletzung und sein Status als Kriegsheld des Ersten Weltkrieges dürften dabei eine Rolle gespielt haben.

Auch als Ratsschreiber operierte er wieder jenseits der Legalität. Oexles frühe Sympathien für die Hitlerbewegung zeigt folgender Vorfall: Nach dem Marsch auf die Feldherrnhalle 1923 wurden neben Hitler zahlreiche Anhänger verhaftet, andere konnten sich der Verhaftung entziehen. Oexle wollte die Flüchtigen unterstützen und ließ ihnen 80 Reichsmark Staatsgelder aus der Ortskasse der Gemeinde Nußdorf zukommen. Er wurde dafür zu zwei Monaten und zehn Tagen Gefängnis verurteilt, die auf dem Gnadenwege erlassen wurden. Die Angelegenheit wurde in aller Stille geregelt. Die Affäre kostete ihn auch nicht sein Amt, das er bis 1933 ungehindert weiterführte.

Mit der Auflösung der Organisation Damm im Jahr 1929 und der Abgabe der Waffen an die Reichswehr begann Oexle, schon vor Eintritt in die NSDAP, Vorträge für die Partei in ganz Süddeutschland zu halten. Die Pension Lang, bisher Unterschlupf für die Damm-Leute, wurde zur Anlaufstelle für „verfolgte" Parteigenossen und arbeitslose SA-Männer aus dem ganzen Reich. Dies führte zu mehreren Hausdurchsuchungen; Nußdorf erhielt bald den zweifelhaften Namen „Nazidorf".[6]

Am 1.5.1930 gründeten G. R. Oexle (Mitgliedsnummer 245740), Margarete Lang, Heinrich Achenbach und Johann Hund im Café Achenbach die erste

6 Margarete Lang betrachtete den Namen Nazidorf als „Ehre".

Ortsgruppe der NSDAP im Bezirk Überlingen. Der Nußdorfer Gründung folgten weitere Ortsgruppen im Herbst 1930 in Meersburg, Markdorf, Mimmenhausen, Mühlhofen und Oberuhldingen. An der Gründung dieser und weiterer Ortsgruppen war Oexle mittelbar und unmittelbar beteiligt.

Mit der Gründung der Ortsgruppe Überlingen im September 1930 war Oexle seit 1930 Ortsgruppenleiter von Überlingen und Kreisleiter des Bezirkes in einem. Margarete Lang baute in der Zwischenzeit den Frauenorden, später NS-Frauenschaft (NSF)[7], der Partei im Kreis auf. 1931 gab Oexle die Überlinger Ortsgruppe an Alfons Hafen ab, die Pension Lang indes blieb bis 1933 Geschäftsstelle der Ortsgruppenleitung und der Kreisleitung. Von 1930 bis 1933 hatten Oexle und die Familie Lang ihr ganzes Vermögen von über 5.000 RM in den Aufbau der Partei gesteckt. Nach der Machtergreifung wurde die traditionsreiche „Löwenzunft" in Überlingen zum neuen Quartier von Kreis-und Ortsgruppenleitung.

Nach der Gleichschaltung stieg Oexle in der Partei als Mann der ersten Stunde schnell auf. Er wurde Mitglied des Kreistags in Konstanz, dem er als Angehöriger des Rechnungsprüfungsausschusses und von 1934 - 1937 als Stellvertreter des Kreisvorsitzenden angehörte. Im April 1933 zog er als Landtagsabgeordneter in den Badischen Landtag ein, wo er bis zu dessen Auflösung als Schriftführer der 2. Kammer fungierte.

Im Sommer 1933 wurde er auf Vorschlag der Gauleitung zur Organisation des ersten Reichsparteitages nach Nürnberg abberufen. Robert Ley, seit Dezember 1932 Reichsorganisationsleiter der NSDAP, war mit der Organisation der Reichsparteitage beauftragt. Im Oktober 1933 installierte er sechs Reichsgebietsinspekteure, darunter auch Oexle. Seit dem 15.10.1933 befand er sich in Diensten der Reichsleitung der Partei und war Gebietsinspekteur für das Gebiet I (Bayern/Württemberg und Baden). Ihm waren damit auch die Gauinspekteure unterstellt.

Im Frühjahr 1934 wurden die sechs Gebietsinspekteure dem Führerstellvertreter Rudolf Heß und seinem Stab unterstellt. Von nun an nannten sie sich Beauftragte der Parteileitung. Am 4. September 1934 rückte Oexle für den verstorbenen Stuttgarter Abgeordneten Otto Maier für den Wahlkreis 31, Württemberg, in den Reichstag nach und gehörte diesem bis zu seinem Tod am 25.4.1945 an. Im Frühjahr 1936 war der Auftrag der sechs Beauftragten der Parteileitung erloschen. Der einzige, der weiterhin im Dienste der Partei verblieb, war Oexle als Sonderbeauftragter der Parteileitung.

Nach Heß' Englandflug 1941 wurde am 12. Mai 1941 Martin Bormann von Hitler zum Leiter der Parteikanzlei ernannt. Er war nun Oexles oberster Vorgesetzter und übernahm ihn als Sonderbeauftragter der Parteikanzlei in

7 „Die NS-Frauenschaft (kurz NSF) war die Frauenorganisation der Nationalsozialistischen Deutschen Arbeiterpartei (NSDAP). Sie entstand im Oktober 1931 als Zusammenschluss mehrerer nationaler und nationalsozialistischer Frauenverbände, wie dem bereits 1926 entstandenen Deutschen Frauenorden (DFO)." (Wikipedia 2016)

seine Dienste. Seit dem 1.1.1942 war er in dieser Funktion mit fester Besoldung angestellt.

Der amerikanische Historiker Dietrich Orlow beschreibt Oexles Rolle als Sonderbeauftragter der Parteikanzlei zutreffend: „Er war dazu ermächtigt, alle Klagen, die von jedem Gau im Reich ausgingen, zu untersuchen und auch reichsweit Gauinspekteurstagungen einzuberufen. In Wirklichkeit wurden die Gauinspekteure ihm damit unterstellt." Umso verwunderlicher ist der Vorschlag des Untersuchungsausschusses für die politische Säuberung in Konstanz vom 6. August 1949, „Oexle in die Gruppe der Minderbelasteten einzureihen mit der Begründung", man könne seine „Stellungen innerhalb der Partei, nach Rang und Daten, [...] im Einzelnen nicht mehr" feststellen. Seine Überzeugung als nationalsozialistischer Karrierist spiegelte sich auch in seiner Teilnahme als Zuschauer im Katzenbergerprozess[8] wider. Um an diesem Prozess teilnehmen zu können, hatte er sogar sein geliebtes Nußdorf für die Dauer des Prozesses verlassen.

Oexle war nicht ständig in München, sondern arbeitete als Sonderbeauftragter der Parteileitung und später der Parteikanzlei vorwiegend von Nußdorf aus. Er hatte ein Diensttelefon, einen eigenen Briefkopf der Partei, einen Dienstwagen und zeitweise einen eigenen Adjutanten. Sein Büro war somit eine Art Außenstelle der Parteikanzlei und wurde auch jährlich im Nationalsozialistischen Jahrbuch als Dienststelle geführt.

Oexle war Nußdorf in verschiedenster Hinsicht dankbar. Einmal, dass er hier eine Anstellung als Ratsschreiber fand und dass er von Bürgermeister Beck stets unterstützt wurde, zum anderen, dass er in der Gemeinde große Wertschätzung erfuhr. Oexle fühlte sich in Nußdorf heimisch. Er erwarb günstiges Seevorland und errichtete auf diesem Streuwiesengrundstück eine Badehütte, in die er sich gerne zurückzog. Sein Grundstück von 7 Ar und 27 m^2 wurde bereits 1934 wegen der Wertzuwachssteuer auf den Verkehrswert von 1.000 RM geschätzt.

Als „echter Nußdorfer" widersetzte er sich sowohl 1932 gegen Dr. Emerichs Eingemeindungsversuche seitens der Stadt Überlingen[9], wie auch 1940 gegen die seines Parteifreundes Dr. Spreng. Oexle versäumte es auch nicht, den Nußdorfer Parteigenossen und Bürgern seine Wertschätzung zu zeigen, indem er bei Parteiveranstaltungen, Volksweihnachtsfeiern und ähnlichen Gelegenheiten zu ihnen stieß, auch zu einem Zeitpunkt, wo er schon große Karriere in der Partei gemacht hatte und zu den prominenten Nußdorfer Bürgern zählte. Selbst in seinem 1944 verfassten Testament bedachte Oexle seine Heimatgemeinde und vermachte ihr den kleinen Platz am See mit der Auflage, einen Ruheplatz mit Bank zu errichten, der den Namen Gustav Oexle Platz

8 Leo Katzenberger (1873 - 1942) wurde in einem Schauprozess am 13./14. März 1942 in Nürnberg wegen „Rassenschande" zum Tode verurteilt.

9 Siehe auch Kapitel 15, Die Nazizeit in Nußdorf

erhalten sollte[10]. Der Rest seines vererbten Geldes sollte zur Instandhaltung dieses öffentlichen Platzes am See verwendet werden.

Gretel Lang war für Oexle weit mehr als nur eine Schwester. Sie, die 12 Jahre älter war als er, war „die Frau an seiner Seite", die ihre eigene Karriere in der Kreisleitung Überlingen als Kreisfrauenschaftsleiterin und Leiterin der Nationalsozialistischen Volkswohlfahrt (NSV) selbständig aufbaute. Sie begleitete ihn auch auf seinen Dienstfahrten nach München und kam so auch in den „Genuss", den Führer und andere Parteigrößen zu treffen. Für Oexle war die Familie Lang wie die Partei Ersatz für die früh verlorene eigene Familie. Diese Familie war eine eingeschworene Gemeinschaft, in die Oexle als gleichberechtigter Pflegebruder auch in das Erbe der Mutter einbezogen wurde.

Als Gretel Lang am 28. April 1944 bei einem Unfall in der Nähe von Immenstaad, der vom damaligen Überlinger Kreisleiter Bäckert durch überhöhte Geschwindigkeit und vorherigen Alkoholgenuss verursacht wurde, verstarb, brach für Oexle eine Welt zusammen, zumal die Kreisleitung im Verbund mit der Gauleitung versuchte, den Vorgang als tragisches Geschick herunterzuspielen. In handgeschriebenen Notizen Oexles nach diesem Unfall kann man erkennen, was Gretel Lang ihm zu Lebzeiten bedeutet hatte: „Gretel Lang war mir 24 Jahre lang Lebenskamerad und als Mensch für mich alles auf der Welt." In den Notizen betont er ihre Jugendlichkeit, ihre heitere Fröhlichkeit und Weisheit und verabschiedet sich von ihr mit den Worten: „Gott segne dich, liebe gute Gretel für alles was du mir warst - balde komme auch ich - heißen Gruß und Kuss. Dein Gustav."

Nach Gretel Langs Tod fällt auf, dass Oexle, bisher ein eifriger Besucher der Veranstaltungen der Überlinger Parteigenossen, diese nun mied.

Am 25.4.1945, abends gegen 17.00 Uhr, etwa zur selben Zeit als die französischen Streitkräfte in Überlingen einmarschierten, erschoss sich G. R. Oexle im Garten der Pension Lang mit seiner Dienstwaffe. Ob dies aus Furcht vor den Konsequenzen seines eigenen Handelns als Parteifunktionär passierte, oder ob er sich ein Deutschland ohne den Führer nicht vorstellen konnte, bleibt offen. Vielleicht spielte auch der Schmerz über den Verlust der geliebten Margarete Lang eine gewisse Rolle.

10 Die heutige Liebesinsel

Familie Stenger

Am 18. April 1979 erschien in der kanadischen Tageszeitung „The Canadian Statesman" ein Nachruf auf den Landwirt Rudolf Stenger. Die Zeitung berichtete:

„Rudolf Karl Stenger, seit 40 Jahren ein gut bekannter und anerkannter Bürger von Enniskillen, ist in seinem 87. Lebensjahr gestorben. Er wurde als Sohn des Professors Karl Stenger und dessen Frau Henriette Bleichröder in Dresden geboren und machte seine Ausbildung in Dresden, München und Italien. Als Farmer ging er vor 15 Jahren in den Ruhestand. Er war Mitglied der Vereinigten Kirche. Er hatte am 1. Weltkrieg teilgenommen. Er hinterlässt seine Frau Erna, seinen Sohn Frank in Enneskillen und seine Töchter Cordula Herbst, wohnhaft in Hettlingen, Schweiz, sowie seine Tochter Judith Weeden, wohnhaft in Fairbanks, Alaska."[1]

Was im Nachruf unerwähnt blieb: Rudolf Stenger musste 1939 als rassistisch verfolgter sog. Halbjude mit seiner Frau und den drei Kindern von Nußdorf, wo sie seit 1930 lebten, nach Kanada auswandern.

In Nußdorf erinnern sich noch einige Menschen an die Familie Stenger. In Überlingen wohnt die Tochter des ehemaligen Hausmädchens Hermine, verheiratete Nell[2]; Ernst Beck[3] weiß von einer Judith Stenger in der Schule und Hans Allgeier hat mit der jüngsten Tochter im Garten der Familie Stenger gespielt.

Es war nicht ganz einfach, den Kontakt zu Rudolf Stengers Kindern herzustellen; doch mit bibliothekarischer Hilfe in Kanada konnte die E-Mail-Adresse der jüngsten Tochter, Judith Weeden in Salt Spring Island, British Columbia, ermittelt werden. Judith Weeden zeigte sich sehr auskunftsfreudig und übermittelte außerdem Fragen zur Nußdorfer Zeit der Familie an die Geschwister. Und schon bald kam ein handgeschriebener Brief vom ältesten Sohn Frank aus Enniskillen, Ontario. Kurz darauf schickte er sogar den ersten Teil seiner unver-

1 Das englische Original aus "The Canadian Statesman": „Rudolf Karl Stenger, a well known and respected citizen of Enniskillen since 40 years [...] passed away in his 87th year. Son of Professor Franz Stenger and Henriette Bleichroeder, he was born in Dresden and educated in Dresden, Munich, and Italy. [...] A farmer, he retired 15 years ago. He was a member of the United Church. He served in the First World War. Surviving are his wife Erna, son Frank, of Enniskillen, daughters Cordula (Mrs. F.Herbst), Hettlingen, Switzerland and Judith (Mrs. R.Weeden, Fairbanks, Alaska and eight grandchildren."

2 Ihr Ehemann Ernst Nell fiel leider sehr bald im Krieg.

3 Ehemaliger Nußdorfer, heute Landwirt in Billafingen

öffentlichten Memoiren,[4] in denen er seine Jugendzeit in Nußdorf ausführlich beschrieben hatte.

Ein besonderes Glück war es jedoch, von Judith Weeden die Telefonnummer ihrer älteren Schwester Cordula Herbst zu erfahren. Cordula Herbst, die mit 90 Jahren in einem Altersheim in der Nähe von Winterthur lebt, war bereit zu einem Interview und verlieh auch gerne eine Kopie der Erinnerungen ihres Vaters in deutscher Sprache. Sie hatte ihren Vater in den sechzigerer Jahren des letzten Jahrhunderts gebeten, seine Erinnerungen in Tagebuchform aufzuschreiben. Diese wurden dann von ihr zusammengestellt und, durch Fotos ergänzt, gedruckt.

Was hatte die Familie Stenger nach Nußdorf geführt? Und wer waren diese Stengers?

Rudolf Stenger wurde 1892 in Dresden geboren. Seine Mutter entstammte der berühmten und vermögenden jüdischen Berliner Bankiersfamilie von Bleichröder[5] aus Berlin. Sein Vater, Franz Stenger, war Professor für Elektrotechnik. Er hatte gerade die Leitung der Physikalisch-Technischen Reichsanstalt, gegründet von Hermann von Helmholtz, in Berlin übernommen, als er 1892, erst 33 Jahre alt, an Typhus verstarb. Seine Familie, die ihre Vorfahren bis ins 15. Jahrhundert verfolgen konnte, stammte aus Erfurt; die Vorfahren waren entweder Landwirte oder protestantische Theologen.

Nach dem frühen Tod des Vaters übersiedelte Rudolf Stengers Mutter mit ihren beiden Söhnen nach Italien, wo diese später in Florenz Abitur machten. Rudolf Stenger war in keinerlei religiöser Tradition erzogen worden und demnach nur im Sinne der Nazi-Ideologie Halbjude. Er war sehr gebildet, beherrschte mehrere Sprachen und war mit vielen Künstlern und Intellektuellen im In- und Ausland befreundet und bekannt. Nach seinen Erlebnissen als Soldat im Ersten Weltkrieg sowie nach einem kurzen Architekturstudium war er überzeugt, dass ihm nur die Landwirtschaft ein erfülltes Leben ermöglichen würde. Während eines zweijährigen Praktikums auf einem Gut in Pommern erwarb er landwirtschaftliche Fertigkeiten und seine wohlhabende Mutter kaufte ihm 1920 ein Lehngut in Eggersdorf bei Berlin.

Seine Ehefrau Erna, Tochter des erfolgreichen Käsefabrikanten Wunderlich aus Ostpreußen, begeisterte sich trotz vielseitiger anderer Begabungen ebenfalls für die Landwirtschaft. Entsprechend absolvierte sie die Landfrauenschule Arvedshof bei Leipzig. 1924 gründeten beide ihre Familie in Eggersdorf, wo die Kinder Frank (1925) und Cordula (1927) zur Welt kamen.

Leider hatten die Stengers mit der Landwirtschaft keinen Erfolg. In den

4 Diese Memoiren in englischer Sprache schrieb Frank Stenger in den Jahren 1997 - 2000. Eine CD-Version hat Frank Stenger dem Jüdischen Museum in Berlin übergeben.

5 Sein Großonkel, Gerson Bleichröder, war - laut Wikipedia - mit seiner Bank „maßgeblich an der Finanzierung der Monarchie und des Reiches beteiligt, [...] galt [...] als der reichste Mann Preußens [...] und als einer der engsten Berater Bismarcks". Er war „assimilierter Jude" und wurde als „zweiter ungetaufter Jude in Preußen 1872 in den Adelsstand erhoben". (Wikipedia 2017)

ersten Jahren machte die Inflation Schwierigkeiten. Dann erwies sich der sandige Boden als nicht sehr fruchtbar. Und schließlich brachten Auseinandersetzungen mit zahlreichen kriminellen und gewalttätigen Landarbeitern einerseits und endlose Streitereien mit dem Finanzamt andererseits die Familie zum Aufgeben.

Ermutigt durch befreundete Landwirte, die sich eine neue Existenz im Süden Deutschlands aufbauen wollten, verkauften die Stengers ihren Hof und zogen 1930 nach Nußdorf. Die Menschen am Bodensee wären zweifellos insgesamt etwas entspannter, toleranter und demokratischer als die Menschen im Norden,[6] schrieb Frank in seinen Erinnerungen. Zu dieser Einschätzung trug auch die Freundschaft der Familie zu Franz Hahn, dem Bruder des Gründers der Schule Schloss Salem, Kurt Hahn, bei. Man fand 1930 ein Haus mit großem Garten nahe am See[7], sogar mit einem kleinen Strandgrundstück. Nußdorf war als Zwischenstation gedacht, um von hier aus einen nahe gelegenen Hof zu suchen. 1932 wurde Judith geboren.

Das Haus der Familie Stenger in Nußdorf

Durch die Beziehungen zu Kurt Hahn war es Rudolf Stenger möglich, einige Jahre als Lehrer in Salem bzw. auf Schloss Hohenfels zu unterrichten. Rudolf Stenger und seine Frau bemühten sich außerdem um Einnahmen durch die Vermietung von Gästezimmern an Urlauber und vor allem aber durch die Aufnahme ausländischer Schüler aus Salem, die bei ihnen während der Schulferien einige Wochen Deutsch lernen konnten.

Die Kinder verbrachten in Nußdorf eine paradiesische Zeit, an die es viele Erinnerungen gibt: Ausflüge zu Burgen, Ruinen, Kirchen, zur Mainau und zur Reichenau, Spaziergänge zur Birnau, „Kaffee + Kuchen" im Pilgerhof, Bootsfahrten mit dem eigenen, meist defekten Motorboot, Schwimmvergnügungen im See, Skiferien im Vorarlberg. Der Strand war ein Eldorado, auch wenn der Ball öfter ins benachbarte Seegrundstück des Herrn Oexle flog. Sie spielten mit vielen Nußdorfer Kindern, die auch zu ihnen in den Garten kamen. In Erinnerung sind noch die Namen von Hans Allgeier, Hedwig Brodmann, Marga

6 „The Bodensee-people as a whole were certainly more easy-going, tolerant and more democratic than people in the north."

7 Es ist das heutige Grundstück Zur Forelle 23.

Beck, Johanna Schmid - „my first playmate ‚love affair'", erinnerte sich Frank Stenger später. Zur Fasnacht zogen sie mit den anderen Kindern von Hof zu Hof und erhielten selbstgebackenes Brot und Most.

Milch holten die Kinder bei der Frau des Bürgermeisters Josef Beck in der Nachbarschaft. Und wie alle Kinder gingen auch sie in die Dorfschule, wo Lehrer Hörner noch mit dem Stecken strafte. Die älteren Geschwister - Frank und Cordula - besuchten später die Salemer Schule in Spetzgart. Frank Stenger beschreibt besonders eine Lehrerin, Fräulein Köppen, mit ihrer speziellen Variante, den Hitlergruß zu interpretieren: Sie streckte ihre Hand vorschriftsmäßig aus, setzte die Bewegung jedoch dann fort, um ein Fenster oder eine Wand anzutippen.[8] Darüber hinaus erinnert sich Frank mit Liebe und Respekt an seine exzellenten Lehrer, „the cream oft he crop", wie den Lehrer Altrogge[9], und auch an einzelne Schüler, insbesondere aber an zwei „very nice little love affairs" - eine mit Hilde Brücher[10].

Als jedoch jüdische Schüler die Salemer Schule verlassen mussten, nahm Vater Rudolf Stenger aus Solidarität auch seine beiden älteren Kinder von dieser Schule und schickte sie ins Überlinger Gymnasium. Bemerkenswert ist, dass beide dort keinerlei Diskriminierung ausgesetzt waren, obwohl die Hälfte der Schüler bereits in der Hitlerjugend und der Direktor NSDAP-Mitglied waren.

Die Kinder der Familie Stenger, v. l. n. r. Cordula, Judith, Frank

8 „ [...] she strechted out her hand allright but then poceeded to a tap on the window or the wall with her outstrechted hand. "

9 Altrogge wurde nach dem Krieg der erste Rektor der Schule Schloß Salem.

10 Hildegard Hamm-Brücher wurde in Deutschland später bekannt als FDP-Politikerin und Staatsministerin im Auswärtigen Amt. Da ihre Großmutter Jüdin war, musste sie Salem nach nur einem Jahr verlassen.

Sie wurden auch nicht, wie die Cordulas jüdische Mitschülerinnen, Margot Levi und Maja Kluge, nach den November-Pogromen 1938 von der Schule verwiesen. Cordula erinnert sich noch, dass ihr Vater daraufhin beide Mädchen ca. sechs bis neun Monate in Nußdorf unterrichtete, bis sie mit ihren Eltern Deutschland verlassen konnten. „Sie mussten ihre Fahrräder immer in der Hecke verstecken, damit niemand im Dorf etwas davon mitbekam."

Die Kinder wussten, dass es für die „Eltern eine ungewisse Zeit war. Die Eltern haben uns das erklärt. Die Eltern waren sehr vorsichtig. Wir sind nie in der Hitlerjugend gewesen." Sonntags, wenn sich die Hitlerjugend im Dorf traf, machten Stengers Familienausflüge. Die Kinder wussten aus Gesprächen des Hausmädchens Hermine mit der Mutter, wer im Dorf gefährlich war. So waren die Eltern Stenger sehr wohl im Bilde über die „importanten Nachbarn", u. a. über den „Obersturmbannführer - oder wie immer sein Titel lautete - Oexle, von dem im Dorf jeder wusste, dass er ein uneheliches Kind war, [...] der so was wie die rechte Hand von Rudolf Hess war - so wenigstens ging das Gerücht um. Er war überall unbeliebt, im Dorf aber gefürchtet. [...] die Einwohner von Nussdorf haben nach dem Zusammenbruch, zum Zeichen ihrer Abneigung oft Steine statt Blumen auf sein Grab gelegt" - so die Erinnerungen von Rudolf Stenger. Sein Sohn berichtete: "Mutti erzählte mir von der Gefahr, dass das neue Nazi-Regime antisemitische Gesetze herausbringen würde, die viele unserer Freunde und Verwandten und sogar uns betreffen würden."[11]

Bald wurde klar, dass man die Toleranz gegenüber einem sogenannten Halbjuden überschätzt hatte, dass die Hoffnungen, sich hier mit einem landwirtschaftlichen Betrieb niederzulassen, nicht verwirklicht werden konnten. Zwar fand Rudolf Stenger 1936 einen geeigneten Hof in der Nähe von Markdorf, den Winkelhof. Die Besitzer, das jüdische Ehepaar Ehrlich, wollten nach Israel auswandern. Doch die Kaufgenehmigung wurde nicht erteilt. Im Schreiben des Landratsamts Überlingen vom 10. März 1937[12] hieß es: „Der Genehmigung zum Ankauf des Winkelhofes in Unterwiggingen[13] (Besitzer Herr und Frau Julius Ehrlich) durch Herrn Rudolf Stenger in Nussdorf steht ein erhebliches öffentliches Interesse entgegen, da einerseits wesentliche staats- und rassepolitische Gesichtspunkte verletzt werden und zum andern durch das Rechtsgeschäft eine Erbhofbildung zerschlagen wird. Der Käufer ist jüdischer Mischling ersten Grades (seine Mutter war Volljüdin). Er besitzt somit nicht die blutmäßigen Voraussetzungen, die an einen Bewirtschafter deutschen Grund und Bodens zu stellen sind. Die Kosten des Verfahrens fallen dem Käufer zur Last. Gezeichnet Maier, Landrat."

Besonders eindrücklich schildert Rudolf Stenger seine Erfahrungen mit

11 „Mutti [...] told me that the new Nazi regime threatened to bring in severe anti-semitic laws, which would affect many of our friends, relations and even us."

12 Dieses Schreiben wird von Rudolf Stenger in seinen Erinnerungen wörtlich zitiert.

13 Gemeint ist wohl Untersiggingen im Deggenhauser Tal.

der Gestapo, von der die die Familie drei Mal aufgesucht wurde:

„Das erste Mal kamen sie in meiner Abwesenheit und Erna musste stundenlang den hohen Besuch ‚empfangen'. Sie kamen zu zweit, der eine legte seinen Revolver auf den Tisch zwischen Mutti und sich. Es war Gestapoprinzip, niemals verlautbaren zu lassen, aus welchen Gründen sie kämen, um das ‚Opfer' im Unklaren zu lassen. Sie blieben stundenlang." Bei diesem Besuch wurden u. a. zwei Bücher beschlagnahmt: Tolstois „Krieg und Frieden" sowie ein harmloser amerikanischer Liebesroman.

Die eigenen, zunehmend beängstigenden Erfahrungen, die vielen erschreckenden Erzählungen von Freunden und Verwandten über Diskriminierungen und Verfolgungen durch Nazi-Funktionäre sowie die Berichte der Auslandspresse[14] ließen die Familie Stenger ihre Bemühungen um eine Auswanderung intensivieren. Dabei gab es zwei große Probleme zu lösen: Es musste ein Land gefunden werden, das bereit war, die Familie einwandern zu lassen. Und es mussten so viel Geld und Wertgegenstände wie möglich in die benachbarte Schweiz geschmuggelt werden, um die Auswanderung sowie den Kauf eines landwirtschaftlichen Betriebes im Ausland finanzieren zu können. Beim Schmuggeln entwickelte Rudolf Stenger nach Aussagen seines Sohnes viel Kreativität - musste aber auch Pannen und somit große Verluste erleben. Rudolf Stenger schrieb: „Wir benutzten unsere häufigen Besuche in Kreuzlingen nicht nur zum Lesen der im Café ausgelegten Schweizer Zeitungen (sie über die Grenze mitzunehmen traute man sich nicht) [...], sondern auch, um Geld oder Schmuck rüber zu schmuggeln für uns und für Verwandte. Es war uns nicht sehr wohl dabei, denn es dauerte nicht mehr lange und auf Devisenschmuggel stand die Todesstrafe."

Bei diesen Aktionen wurde er von vielen Menschen unterstützt. Ihm kam zugute, dass er und seine Frau gute Beziehungen zu vielen Verwandten und Freunden im In- und Ausland pflegten und schon immer in Not geratenen Menschen sehr großherzig geholfen hatten. Eines von vielen Beispielen soll hier erwähnt werden: Als in Salem das Scharlachfieber ausbrach und die Schule unter Quarantäne gestellt wurde, nahm die Familie Stenger gerade in Deutschland angekommene amerikanische Schüler bei sich auf. Es waren die Familien dieser Schüler, die Stengers dann bei den Auswanderungsplänen berieten, ihre Kontakte zu kanadischen Ministern nutzten, die Familie bei der Einreise mit kanadischen Quäker-Familien zusammenbrachten, die sie aufnahmen und ihnen bei der Suche nach einem Bauernhof halfen.

Die kanadische Regierung war interessiert an Einwanderern, die sich als Landwirte niederlassen wollten; Voraussetzung war neben guten Englischkenntnissen das Vorweisen von mindestens 3.000 Dollar bei der kanadischen Einwanderungsbehörde in London. Es liest sich abenteuerlich, auf welchem Weg und mit wessen Hilfe Rudolf Stenger diese Summe schließlich nach Eng-

14 Rudolf Stenger nutzte jede Gelegenheit, um in der benachbarten Schweiz Zeitungen zu lesen.

land schaffte. Erst danach konnte Familie Stenger die Auswanderung bei den deutschen Behörden beantragen.

Eine Vielzahl von Auflagen musste erfüllt werden. Hier nur ein Beispiel: „Als eine der letzten Amtshandlungen vor unserer Ausreise musste ich einem Grenzzollbeamten all meine Steuerpapiere vorlegen; z. B. wurden die Einkommenssteuererklärungen der letzten zehn Jahre alle einzeln durchgenommen, und man kann sich vorstellen, dass mir keineswegs wohl dabei war. Da erschien als rettender Engel oder als ‚Deus ex machina' die Kreisfrauenschaftsführerin, Frl. Lang, [...] in unserem Haus, um sich über einen eventuellen Ankauf unseres Grundstückes zu besprechen. Kaum sah der Zöllner die ‚Gewaltige' in unserem Haus, war er wie verwandelt, Freundlichkeit selbst, stellte keine weiteren Fragen und verließ uns kurz darauf."

Das Haus in Nußdorf wurde also verkauft und geräumt, der Hausrat wurde verpackt und einem Spediteur übergeben; wieder traten Zöllner in Aktion, die zu allen Gegenständen - in dreifacher Ausführung in Listen aufgeführt - ihre Genehmigung geben mussten. Das Mitnehmen von Wertgegenständen, wie goldene Uhren, Schmuck, Silberbesteck etc., war verboten. Bemerkenswert war eine kleine Episode kurz vor Abfahrt am Überlinger Bahnhof. Der Direktor Müller des Überlinger Gymnasiums, ein von den Kindern gefürchtetes Parteimitglied der ersten Stunde, kam zum Bahnhof, um sich von der ganzen Familie zu verabschieden und ihr Glück zu wünschen. Viele Jahre später erfuhren die Stengers, dass Müller seinen Einfluss genutzt hatte, um die schlimmsten Exzesse der SS bei der Übernahme der Salemer Schule in den letzten Kriegstagen zu verhindern. Auch soll Müller es geschafft haben, einen oppositionellen Lehrer aus dem Konzentrationslager zu holen und unauffällig an seiner Schule zu beschäftigen.

„Am 16. August 1939, wenige Tage vor Ausbruch des Zweiten Weltkriegs, verließ unsere kleine Familie Hamburg, Haus und Heimat, in einem kleinen englischen Dampfer. Bestimmung Grimsby[15] - auf der Suche nach einem Lebenshafen in Kanada."

Was ist aus den Stengers in Kanada geworden? Für die ganze Familie bedeuteten die ersten Jahre große Armut und sehr harte körperliche Arbeit. Es zeigte sich, dass die bisher erlernten und erprobten landwirtschaftlichen Kompetenzen eher zur Verwaltung eines Bauernhofes mit Hilfskräften geeignet waren. Das Melken einer Kuh oder das Pflügen mit einem Pferd mussten sie sich erst von hilfsbereiten Nachbarn zeigen lassen. Die jüngste Tochter Judith erinnert sich noch an den ersten schneereichen kalten Winter, in dem es nur Kartoffeln zu essen gab.

Es beeindruckt, wenn Rudolf Stenger mit 74 Jahren schrieb: „Keiner von uns möchte die Erfahrung missen, einmal in diesem irdischen Leben ganz von unten, ganz von vorne anfangen zu müssen unter denkbar schwierigen und

15 Hafenstadt in der Humbermündung, Mittelengland

Die Familie Stenger in Kanada

primitiven Verhältnissen, in einem uns ganz unbekannten Land, [...] mit nur geringem Betriebskapital und noch weniger Erfahrung - ganz auf eigene Kraft und Ausdauer angewiesen. Nur durch den hingebenden Einsatz aller Familienmitglieder gelang es uns Fuß zu fassen."

Familie Stenger hat mit Erfolg Fuß gefasst: Frank hat es mit der Züchtung ertragreicher Jersey-Rinder in Kanadas „Hall of Fame of Agriculture"[16] gebracht.

Nußdorf ist der Familie Stenger trotz allem in guter Erinnerung geblieben. Im April 1966 besuchte das Ehepaar Stenger während einer Deutschlandreise auch Nußdorf; sie übernachteten im Strandbadhotel und besuchten ihr ehemaliges Hausmädchen Hermine. „Nussdorf ist kaum wiederzuerkennen; die alten Einwohner sind ganz überfremdet. Wir hörten viel sächsisch, aber auch berlinerisch. [...] Besuchten Sorgs und Allgeiers [...]; Hansi ist ein Koloss, hat aber eine nette Frau, Schwester von Hermines Schwiegersohn. [...] Besuchten auch Frau Dicknöther[17], die sich sehr freute, und Frau Altbürgermeisterin Beck[18], die einmal übers andermal ausrief: 'Ja, we hätt das denkt, eher hätt ich den Tod erwartet, als Stengers noch einmal wiedersehen!'"

16 s. Canadian Agricultural Hall of Fame:
Frank Stenger: www.cahfa.com/en-us/inductees/frank-stenger

17 Inhaberin des Lebensmittelladens

18 Witwe des Bürgermeisters Josef Beck (1922 - 1943)

Ernst Fischer

Ernst Fischer

Der Komponist Ernst Fischer wurde am 10. April 1900 in Magdeburg geboren. Von 1916 bis 1922 war er Schüler an den Konservatorien in Frankfurt und Berlin. Er komponierte gehobene Unterhaltungsmusik, Operetten, Filmmusik und Chansons. Der internationale Durchbruch gelang ihm 1936 mit der Suite „Südlich der Alpen".

In den fünfziger Jahren kauften er und seine Frau das Einfamilienhaus Zum Weller 4 von einem Herrn Böhm, einem Feinkosthändler aus Stuttgart. Das Ehepaar lebte dort zurückgezogen, pflegte aber den Kontakt zu Fred Raymond[1] aus Überlingen.

Da es damals in Nußdorf keine Müllabfuhr gab, leerte Wilfried Gut den Mülleimer der Familie Fischer, und zwar im Gewann Gesellenholz. Er bekam dafür von der Hausangestellten Hilde Zundel jedes Mal eine Mark.

1963, als die Straße (B 31) gebaut wurde, verkauften Fischers das Haus in Nußdorf und zogen in den Tessin. Ernst Fischer verstarb am 10. Juli 1975 in Locarno. Er wurde auf dem Friedhof in Ronco, Ascona begraben.

1 „Fred Raymond (* 20. April 1900 in Wien als Friedrich Raimund Vesely; † 10. Januar 1954 in Überlingen) war ein österreichischer Komponist." Komponierte u.a. „Ich hab mein Herz in Heidelberg verloren", „Es geht alles vorüber, es geht alles vorbei" (Wikipedia 2017)

Karl und Hans Allgeier

„Abends sind wir im Sommer nach fünf Uhr los. Man brauchte für Vorbereitung und Anfahrt zwei Stunden, bevor die Netze, z. B. in Fischbach, ausgelegt wurden. Die Netze hingen von 1 - 15/16 Meter tief. Ein Netz war 100 Meter lang und 7 Meter hoch.

Im Sommer morgens halb vier (im Herbst eine Stunde später) ging's los, um die Netze hochzuholen und die Fische herauszuholen und auszunehmen. Das dauerte so zwei - drei Stunden."

Wenn Hans Allgeier und sein Vater Karl ihre Netze abends sehr weit entfernt von Nußdorf ausgeworfen hatten, lohnte die Heimfahrt nicht; dann wurde im Boot übernachtet. Dort gab es eine kleine Kajüte, in der man zwischen Netzen und Benzinkanistern auf alten Matratzen so halbwegs schlafen konnte.

Vor 1957 hatte man den ganzen Tag mit Baumwollnetzen auf dem See gefischt. Dabei wurden die Netze im Kreis in den See gelassen, um sie später mit den Fischen zusammen zu ziehen. Diese Netze mussten später an Land getrocknet werden. Deshalb brauchten Fischer große Grundstücke. Die Baumwollnetze trockneten im Winter wegen der Kälte nicht, also wurde weniger oder gar nicht gefischt. Ersatzweise arbeitete Hans Allgeier als Waldarbeiter - damals noch ohne Motorsäge! Erst mit Aufkommen der Nylonnetze Mitte der sechziger Jahre war das Trocknen der Netze unnötig und es konnte auch im Winter gefischt werden.

Der Fang wurde an die Badische Fischerei-Genossenschaft in Staad verkauft, d. h. in Unteruhldingen abgeliefert, von dort abgeholt und nach Staad gebracht. Es wurde sehr genau kontrolliert, dass kein Fisch in den privaten Verkauf ging, was für die Kunden billiger war, als bei der Genossenschaft zu kaufen. Hans Allgeier hat eine Zeit lang den Gasthof Jehle mit Fisch beliefert; das wurde ihm später untersagt. Für den Eigenbedarf wurde Fisch in einer Tonne am See selbst geräuchert.

Karl Allgeier, geb. 1903, stammte von Maurach, wo heute der Zeltplatz ist. Dort stand *„ein kleines Baurehaus, bisschen baufällig, musste abgerissen werden, Giebel war schief."* Der junge Karl sah keine Möglichkeit, wie er hier Geld verdienen könnte. Mit 21 Jahren beschloss er, sein Glück in Amerika zu suchen und machte sich auf nach Hamburg. Im Auswanderungsmuseum Ballinstadt Hamburg konnten seine Enkel später nachlesen, dass er fünf Tage in einer Hamburger Auswandererherberge gewohnt hatte, bevor er 1924 mit dem Dampfer Amerika von Bremen nach New York fuhr. Dort hat er sieben

Jahre lang sein Geld in einer Großbäckerei verdient. Er konnte kein Englisch, aber *„Wenn Du Hunger und Durst hast, kannst glei reden"*.

Nach seiner Rückkehr 1931 heiratete er Maria Häussler, eine Nußdorfer Bauerstochter; sie brachte ein Seegrundstück mit in die Ehe. Karl Allgeier kaufte von seinen ersparten Dollars - er konnte sie günstig umtauschen - vom Löwenbesitzer Steidle noch angrenzendes Land dazu und baute ein Haus. Mit Maria Häussler hat er dann drei Kinder bekommen: Johannes (Hans) 1933, Berthold 1936 und Gerhard 1943.

Karl Allgeier gehörte zu den wenigen Nußdorfern, die nicht in die NSDAP eintraten. Als der Lehrer Kuppel, *„en ganz Brauner"*, die Schüler hinterlistig fragte: *„Wo habt ihr das Hitlerbild hängen?"* antwortete der Sohn Hans arglos, bei ihm zuhause gäbe es keins. Seitdem wurden seine Noten schlechter. Seine Eltern besaßen sogar den Mut, das Ehepaar Stenger in der Nacht vom 9. auf den 10. November 1938[1] in ihrem Haus zu verstecken. Rudolf Stengers Mutter war Jüdin, was ihn im Rassenwahn der Nazis zu einem sogenannten Halbjuden machte. Stengers waren Allgeiers Nachbarn, sie bewohnten ein Holzhaus auf dem Grundstück, wo heute das Haus Zur Forelle 23 steht. Der junge Hans Allgeier kam oft zum Spielen mit der gleichaltrigen Judith hierher.

Im Zweiten Weltkrieg war Karl Allgeier als Soldat in Russland. Nach dem Krieg kam er in russische Gefangenschaft und musste bis 1947 im Ural Asbest abbauen. Das hat ihn gesundheitlich ruiniert, er kam mit Asbest in der Lunge schwerkrank nach Hause. Sich davon nie wieder ganz erholend verstarb er 1966 nach vielen Krankenhausaufenthalten. Oft sagte er, hätte er den Zweiten Weltkrieg vorausgeahnt, wäre er nicht aus Amerika zurückgekommen.

Für seinen Sohn Hans bedeutete der kranke Vater, dass er als Ältester schon früh bei der Fischerei mitarbeiten musste. Er machte in Überlingen eine dreijährige Ausbildung zum Fischerei-Gesellen und legte im Fischerei-Forschungsinstitut in Langenargen die Prüfung als Geselle ab. Seit 1949 fuhr er mit dem Vater nun hauptberuflich zum Fischen.

Der Fischer Hans Allgeier und seine Frau Irmgard
Foto: Familie Allgeier

1 „Die Novemberpogrome 1938 in der Nacht vom 9. auf den 10. November 1938 - auch (Reichs-) Kristallnacht oder Reichspogromnacht genannt - waren vom nationalsozialistischen Regime organisierte und gelenkte Gewaltmaßnahmen gegen Juden im gesamten Deutschen Reich." (Wikipedia 2017)

Doch von der Fischerei allein konnte man nicht leben. Hans war inzwischen mit Irmgard aus Aufkirch verheiratet und hatte mit ihr zwei Kinder bekommen. So arbeitete er ab 1962 nebenbei ab sieben Uhr morgens als Fahrer bei der städtischen Müllentsorgung. Auch Feriengäste trugen zum Einkommen bei; manche Nußdorfer erinnern sich noch an den prominenten Schlagersänger Ralf Bendix[2], der mehrfach bei Allgeiers Urlaub machte.

Schwierig waren die sechziger Jahre, als der See derartig voller Algen war, dass die Haldenfischerei (s. u.) nur im Winter möglich war. Bei Kälte konnten sich die Algen nicht so stark ausbreiten.

Hans Allgeier berichtet gern von seinem Beruf und als zugereister Laie kann man viel von ihm lernen: über die Haldenfischerei, d. h. bis zu 25 Meter Wassertiefe (im privaten Pachtgebiet des Markgrafen von Baden), bei der man Barsche, Rotaugen, Hechte, Schleien und Aale fangen kann, und über die Hochseefischerei im tiefen See (in staatlichen Gewässern), wo es Felchen, Forellen und Hechte gibt.

Erst 2011 hat Hans Allgeier seine Fischerei-Pacht aufgegeben - als letzter Fischer von Nußdorf.

Diamantene Hochzeit mit Pater Bruno, März 2017
Foto: Brigitte Böhm

2 Ralf Bendix war promovierter Jurist und Volkswirt, ist aber vor allem als Schlagersänger bekannt geworden, vor allem durch seinen Song „Babysitter Buggy".

Hilda Keller

Als das Chronikteam 2010 mit der Arbeit an diesem Buch begann, war Hilda Keller die älteste Bürgerin von Nußdorf. Sie feierte am 3. September 2011 ihren 100. Geburtstag und war auch in den letzten Jahren ihres langen Lebens eine hellwache Person geblieben. Ihr Gedächtnis funktionierte hervorragend. Auf dem Foto[1] von der Verabschiedung des Lehrers Bart im Jahre 1924 konnte sie 2010, also 86 Jahre später, von den 81 abgebildeten Personen 76 namentlich identifizieren. Über zwei Kinder der fünf Personen, die sie nicht identifizieren konnte, konnte sie immerhin berichten, dass dies zwei Tiroler Kinder[2] gewesen wären, deren Namen sie vergessen hätte, weil diese Kinder häufig nur für eine Saison in Nußdorf gewesen wären.

Hilda Keller mit 99 Jahren

Trotz ihres hohen Alters erinnerte sie sich auch an viele andere Einzelheiten aus ihrer Vergangenheit.

Hilda Knecht wurde am 3.9.1911 im Klingensteinhaus - wo heute das Hotel am Seeuferpark steht - geboren. Ihre Mutter Ida, eine geborene Beck, war mit 39 Jahren keine junge Mutter mehr. Ihr Vater, der Feilenhauer Emil Knecht, war acht Jahre jünger als Ida. Geheiratet hatten die beiden 1904. Hilda hatte drei Geschwister: Eugen, Klara und Luise. Ida Knecht arbeitete als Handarbeitslehrerin und nähte in den Häusern. Der Vater hatte seine Feilenhauerei in der Straße parallel zur Bahn. Heute heißt sie Zum Salm. Das Gebäude mit der Hausnummer 1 war

1 s. Kapitel 7: Leben in Nußdorf, Die Schule

2 „Als Schwabenkinder oder Hütekinder wurden die Bergbauernkinder aus Vorarlberg, Tirol, der Schweiz und Liechtenstein bezeichnet, die von Beginn der Neuzeit bis ins frühe 20. Jahrhundert aus Armut alljährlich im Frühjahr durch die Alpen zu den ‚Kindermärkten' hauptsächlich nach Oberschwaben zogen. […] dort [wurden sie] als Arbeitskräfte für eine Saison im Wesentlichen an Bauern in ländlich geprägten Regionen Württembergs (Oberschwaben und Schwäbische Alb), teilweise auch Badens und Bayerns vermittelt." (Wikipedia 2016)

sein Wohnhaus; es steht noch[3], genauso wie sein Werkstatthaus daneben (Zum Salm 5)[4].

Der Vater hatte das erste Auto am Platz. Die Schwester Luise besuchte in Friedrichshafen die Handelsschule. Die Schwester Klara war erst in Stockach im Haushalt tätig und dann bei Familie Lafferentz.

Hilda war daheim und kochte später im Hessenhof. Wie die meisten, wahrscheinlich sogar alle Bewohner Nußdorfs, hatte die Familie eine kleine Landwirtschaft. Gemüse und Obst kamen aus dem eigenen Garten. Die Familie Knecht hielt sich eine Sau, die geschlachtet wurde. Ansonsten fuhr man in die Stadt zum Metzger. In der Waschküche war ein Zuber als Bademöglichkeit.

Die hundertjährige Hilda Keller hatte nicht vergessen, dass jedes Jahr an Bartholomä (24. August) drei heilige Seelen-Messen für eine Nußdorfer Bürgerin gelesen wurden. Diese hatte dafür dem Dorf Wald vermacht. Das Besondere war, dass diese Messen von drei Pfarrern gelesen werden mussten. Dafür wurde die Kapelle eigens geschmückt. Nach jeder Messe tranken die Pfarrer noch gemeinsam Kaffee. An Pfingstmontagen veranstaltete der Messmer mit den Kindern des Dorfes eine Prozession. Das Geld spendete Metzger Heinrich Beck aus dem Karpfen. Jedes Kind bekam 20 Pfennige. Pfarrkirche war Seefelden, wohin man inzwischen mit dem Zug fahren konnte. Sie meinte wohl den Bahnhof von Unteruhldingen.

Hilda Keller erinnerte sich auch an die Wiedereröffnung der Birnau 1921: Emil Gruler, der Wirt vom Löwen, holte in Salem die Marienstatue mit der Kutsche ab. Ab dem Salvatorkreuz[5] haben die Patres sie dann getragen. In der Kirche waren damals noch keine Bänke.

Die Eheschliessung von Hilda mit Friedrich Keller war 1939. Sie hatten vier Kinder. Der Ehemann war Soldat und kehrte 1947 aus der Gefangenschaft zurück. Er übernahm den Kolonialwarenladen seines Vaters, der von 1955 bis 1969 von Hilda betrieben wurde. Friedrich Keller war bei der Gründung des Nußdorfer Musikvereins nach dem Krieg dabei.

Hilda Keller starb mit 101 Jahren in ihrem Haus, der ehemaligen Feilenhauerei.

---

3 Im Parterre befindet sich heute der Friseursalon Filiz.

4 Dort zog später der Raumausstatter Adler ein.

5 Auf dem Prälatenweg oberhalb des Oberhofs

Verena Lafferentz

Als wir 2011 das Interview für dieses Portrait mit Verena Lafferentz führten, war sie 91 Jahre alt, lebte allein, fuhr mit ihrem Auto noch selbst zu Wagner-Kongressen und beantwortete Anfragen zu ihrem Großvater Richard Wagner und ihrem Urgroßvater Franz Liszt. Sie empfing uns mit Freundlichkeit, Bescheidenheit und selbstverständlicher Souveränität. Wir fühlten uns gleich wohl bei ihr. Bereitwillig gab sie Auskunft über ihre Familie und erzählte vor allem gerne von ihrem tüchtigen Mann Bodo Lafferentz und den ersten Jahren nach Kriegsende. Wenn wir aber etwas über sie selbst und ihr Leben in Nußdorf erfahren wollten, mussten wir immer wieder nachfragen. Dabei hatte sie so viel zu erzählen.

Verena Lafferentz wurde 1920 in Bayreuth geboren, als viertes Kind von Siegfried und Winifred Wagner[1]. Mit ihren Geschwistern wuchs sie im Siegfried-Wagner-Haus und im Haus Wahnfried[2] auf. Die Ferien verbrachte die Familie gern am Bodensee, meistens im Wilden Mann in Meersburg, damals noch ein kleines Hotel mit neun Betten. *„Da wir sehr frei erzogen waren, waren wir auch zu viert eine wilde Bande. Mein Vater fand, das kann man den anderen Gästen nicht zumuten."* Deshalb bemühte er sich um ein Sommerhaus am Bodensee. Erst nach dem Tode des Vaters im Jahr 1930, wurde Winifred Wagner von einem Makler ein bezahlbares Ferienhaus in Nußdorf angeboten. Das war zunächst nur ein kleines, einfaches ehemaliges Fischerhaus - auf einem Stein im Haus steht die Jahreszahl 1804 - *„mit drei Zimmern und einer Küche, dann war noch ein Lokus dabei, und da gab es eine Klappe, da konnte man in den Keller hinuntergehen."* Immerhin gehörten zum Haus ein riesiges Grundstück und ein kleiner Hafen.

Winifred Wagner kaufte das Haus einem Sinologen ab[3], der 1929 nach China ausgewandert war, erweiterte es um drei Zimmer und einen Giebel und ließ aus der Garage eine Küche bauen. Hier verbrachte die Familie alle Ferienzeiten. Während der Abwesenheiten der Familie betreute der benachbarte Fischer Toleti mit seiner Frau Haus und Garten.

„Wir [...] waren [...] mit den Dorfkindern zusammen, die kamen hierher

1 Winifred, Ehefrau von Siegfried Wagner, wurde 1897 in England geboren und starb 1980 in Überlingen.

2 Im Winter war das Haus Wahnfried nicht zu heizen.

3 An den Namen kann sich Frau Lafferentz nicht mehr erinnern, auch nicht an den Namen des Engländers, der das Haus vorher besessen hatte.

zum Spielen und meine Mutter war auch sehr großzügig, und wer mittags [...] da war, wurde zum Essen mit hingesetzt. [...] Dann waren [da] der Sigi Lauterwasser und der Werner Gürtner, das war ein Bildhauer. Der hat auch meine Mutter porträtiert.

Mein Bruder Wieland hat als Kind sehr viel fotografiert und ist damals, um Abzüge zu kriegen, zum Alexander Lauterwasser, dem Vater von Sigi Lauterwasser, gegangen und ist dann auch in die Dunkelkammer. Von daher ist die Freundschaft. [...] Wir sind viel gesegelt mit Sigi Lauterwasser und Werner Gürtner[4].

Sigi Lauterwasser hat dann auch die Fotos in Bayreuth gemacht. [...] Wie Fremde haben [die Nußdorfer] uns nicht behandelt, die haben uns schon anerkannt. Aber unter den Kindern war es natürlich viel leichter."

An den Strand vor dem Haus bzw. in den kleinen Hafen *„sind die Nußdorfer [früher] immer am Wochenende [gekommen] und haben sich gewaschen im See, auch die Haare. [...] Um nun irgendeinen Ausgleich zu schaffen für die Nußdorfer, hat meine Mutter den Siegfried-Wagner-Platz*[5] *bauen lassen und den Nußdorfern geschenkt, da haben sie schön sitzen und baden können."*

Auf das Gerücht angesprochen, Hitler hätte Winifred Wagner in Nußdorf besucht, widersprach Verena Lafferentz dezidiert. Nußdorf wäre für ihre Mutter ein Ort des Rückzugs und der Ruhe gewesen. Sie wird in ihrem Widerspruch auch von neueren Forschungen bestätigt.[6]

Die junge Verena, die im Krieg als Krankenschwester arbeitete, lernte in Bayreuth Bodo Lafferentz[7] kennen, der im Rahmen der Organisation Kraft durch Freude im Krieg die Bayreuther Festspiele organisierte. Sie heirateten 1943 und bekamen 1944 ihre erste Tochter Amelie. Am 2. Februar 1944 brachte Winifred Wagner ihre Kinder Siegfried und Verena, die Schwiegertochter und die Enkel nach Nußdorf. *„Meine Mutter wollte uns aus Bayreuth weghaben, weil sie Angst vor Angriffen hatte. In Nußdorf musste man eng zusammenrücken, denn ein gutes Drittel des Hauses hatte meine Mutter freiwillig für Einquartierung zur Verfügung gestellt, für eine Familie Becker aus Köln. Bis 1958 ist sie geblieben."*

---

4 Der Bildhauer Werner Gürtner (1907 - 1991) ist in Überlingen aufgewachsen und hat u. a. Winifred Wagners Kinder portraitiert. Von ihm sind in Überlingen heute noch viele Skulpturen zu sehen, so der Dohlenbrunnen am Pflummernplatz.

5 Den Platz am heutigen Nußdorfer Landungssteg hat sie der Familie des Fischers Toleti, deren Erbe die Familie Ritsche ist, abgekauft.

6 Harald Sandner, Verfasser eines vierbändigen Hitler-Itinerars, teilte dem Chronik-Team in einer E-Mail mit, dass Hitler im Juli 1932 einmal durch Überlingen gefahren sei. Er habe auch vor 1933 öfter einen alten Kriegskameraden in Lindau besucht. Von einem Besuch bei Winifred Wagner in Nußdorf zwischen 1930 und 1933 sei nichts bekannt, auch nicht nach der Machtergreifung 1933, obwohl seine Aufenthaltsorte und Reisen seit diesem Jahr noch dichter dokumentiert seien als vorher.

7 „Bodo Lafferentz (*1897, †1975), promovierter Politologe, Funktionär der nationalsozialistischen Organisation Kraft durch Freude." (Wikipedia 2017)

Verena Lafferentz bekam in Nußdorf dann noch vier weitere Kinder - Manfred, Winifred, Wieland und Verena. Die Schwierigkeiten, diese Kinder irgendwie satt zu bekommen, sind ihr noch heute sehr präsent, aber auch die Hilfsbereitschaft einiger Mitmenschen. Von der Lehrersfrau Baumgartner bekam sie ab und zu Äpfel, Pfarrer Schwab brachte, um den totkranken Manfred zu retten, Reismehl aus der Schweiz.

Verena Lafferentz 2011

Sehr anschaulich beschrieb sie die Besatzung durch die französische Armee: Wie sie aus Angst vor den heranrückenden französischen, marokkanischen und algerischen Soldaten vergeblich versucht hatten, mit den Kindern und kostbaren Manuskripten (u. a. der Parsifal-Partitur und dem Briefwechsel zwischen Liszt und Wagner) per Boot über den See zu Freunden in die Schweiz zu fliehen. Die Schweizer Grenzpolizei schickte sie zurück. Sie erinnerte sich an die *„über 40 marokkanischen Soldaten im Garten und z. T. im Haus"* und an die glücklich abgewendete Beschlagnahme des Hauses: *„Kam eines Tages ein französischer Offizier, ungeheuer höflich, er wollte das Haus beschlagnahmen für den General de Lattre. Er hat sich sehr höflich mit uns unterhalten. Dann hat er gesagt: Das Haus hat doch Cosima Wagner von Hitler geschenkt bekommen. Daraufhin hat mein Mann gesagt: Sie meinen sicher Winifred, und das stimmt auch nicht. Cosima und Winifred verwechselt zu haben, hat ihn so beschämt, dass er das Haus sofort verließ, ohne es zu beschlagnahmen."*

Das Schicksal der kostbaren Manuskripte hat Verena Lafferentz schon einmal für die 1986 veröffentlichte Broschüre Dorfgemeinschaftshaus Nußdorf beschrieben: das Verstecken der Manuskripte, zunächst an verschiedenen Stellen im Garten und am Haus, schließlich wasserfest, in einem unbenutzten Kamin beim Komponisten Prof. Julius Weismann.

Während ihr Bruder Wieland mit Frau und Kindern 1949 wieder nach Bayreuth ging, blieb die Familie Lafferentz in Nußdorf.[8]

„Wir hatten es hier ja gut. Die Kinder sind wie Kraut und Rüben hier aufgewachsen, waren glücklich. Damals war das Gymnasium in Überlingen das beste in Baden-Württemberg. Sind auch anständig ausgebildet worden.

8 Bodo Lafferentz, der nach mehreren kurzen Internierungen 1949 als „minderbelastet" entnazifiziert worden war, gründete in Nußdorf einen kleinen Betrieb für Schwingfeuergeräte und Heizmotoren. Er starb 1975 in Nußdorf.

[…] Ich habe immer sehr zurückgezogen gelebt. Gut, ich war bei allen Dorffesten natürlich dabei, das ist klar; und ich kenne auch die meisten Menschen, jedenfalls die älteren […] aber wirkliche Freundschaften habe ich eigentlich nicht gehabt. Gut, mit Frau Baumgartner, das war eine sehr große und tiefe Freundschaft."

Als ihre Kinder erwachsen und aus dem Haus waren, konnte sich Verena Lafferentz dem Vermächtnis Richard Wagners widmen, das ihr sehr am Herzen lag. Sie wurde von zahlreichen Musikautoren, Historikern, Journalisten, Musikern und deren Angehörigen angeschrieben und sogar aufgesucht und hat deren Anfragen nicht nur mithilfe ihrer Bibliothek, sondern vor allem mit Hilfe ihres hervorragenden Gedächtnisses, was Bayreuther Festspiele, Personen, Personalien und dergleichen betrifft, gewissenhaft und ernsthaft beantwortet. Sie besuchte zahlreiche Veranstaltungen der Richard-Wagner-Verbände (RWV) und ist Ehrenmitglied in den RWV Minden, Berlin-Brandenburg, Bonn-Siegburg, Leipzig, Frankfurt, Regensburg, Würzburg, Koblenz und Bayreuth sowie im RWV International. Anlässlich des 200.Geburtstag Richard Wagners war sie 2013 Ehrengast des Internationalen Richard-Wagner-Kongresses. An ihrem 95. Geburtstag, am 2. Dezember 2015, wurde sie vom RWV Leipzig als „stiller Star" gewürdigt:

„Sie war nie die Laute in der Familie Wagner. Wo andere sich vor die Kameras drängten, trat sie eher einen Schritt zurück. Leise, bescheiden und trotzdem wagnerstolz, so war die jüngste und als letzte noch lebende Enkelin Richard Wagners immer im Dienst der Sache. Die Familie in der Nachfolge Richard Wagners und die Richard-Wagner-Verbände, mittelbar ein Werk Ihres Großvaters, standen für sie immer im Zentrum des Geschehens. […] Ihr ging es um die Bewahrung des Gedankens und des kulturellen Erbes. Ansprüche in der Erbfolge hat sie nie geltend gemacht."

Ein „stiller Star", das ist Verena Lafferentz auch für die Nußdorfer.

Herbert Höss

Erdmute Höss[1]

Herbert Höss kam in den frühen neunziger Jahren nach Nußdorf. Er wurde am 24. April 1924 in der Pfalz geboren. Seine Kindheit, seine Jugend und einen Großteil seines Lebens verbrachte er in Heidelberg. Nach dem Notabitur wurde er als Flakhelfer, Soldat und schließlich Kriegsberichterstatter bei der Luftwaffe eingezogen. Er floh aus amerikanischer Kriegsgefangenschaft, absolvierte eine Lehre in der Bäckerei seines Vaters, bis er Pädagogik und Psychologie studieren konnte. Nach dem Studium wurde er Volksschullehrer, Sonderschulrektor und dann Professor der Sonderpädagogik an der Pädagogischen Hochschule Heidelberg.

Herbert Höss

Aus dieser Zeit stammen zahlreiche Publikationen und der erste badisch-württembergische Bildungsplan für Kinder mit einer geistigen Behinderung. Ehrenamtlich engagierte er sich mit großem Eifer über viele Jahre hinweg für eine bessere Lebensqualität behinderter Menschen, war Mitbegründer und Vorstandsmitglied der Lebenshilfe Heidelberg, begeisterter Förderer und Ausstellungsorganisator von Bildern und Skulpturen geistig behinderter Künstler; nach seiner Pensionierung war er Mitbegründer und Präsident der Gesellschaft Erwachsenenbildung und Behinderung.

Nach dem Umzug nach Überlingen-Nußdorf wurde er Mitbegründer und Vorstandsmitglied der Bürgerinitiative Nußdorf 1999, wo er sich jahrelang für eine seeferne Trasse der B 31 einsetzte - ein Ziel übrigens, für das sich schon sein Schwiegervater Mussgay nach dem Krieg stark gemacht hatte.

Fast 89jährig starb Herbert Höss am 8. Juli 2011 in Heidelberg. Ein Leben lang hat er seine physische und psychische Belastbarkeit sowie seine Durchsetzungskraft, die gepaart war mit großer Begeisterungsfähigkeit und einem

1 Dieser Text wurde von Erdmute Höss, der Witwe von Herbet Höss, verfasst und uns freundlicherweise zur Veröffentlichung in diesem Buch überlassen.

fröhlichen kurpfälzischen Naturell, dazu genutzt, ausstehenden und als sinnvoll erkannten sozialen Belangen so gut wie immer möglich zum Durchbruch zu verhelfen. Dieses unermüdliche Engagement hat ihm nicht nur manche Fehde, sondern auch zahlreiche Ehrungen eingebracht, wie die Ehrenpräsidentschaft der Gesellschaft Erwachsenenbildung und Behinderung, das Bundesverdienstkreuz am Bande und die goldene Ehrennadel der Bundesvereinigung Lebenshilfe.

Martin Walser

Der Schriftsteller Martin Walser ist ein prominenter Bürger von Nußdorf. Er lebt in der Straße Zum Hecht. Im Folgenden wird über den Nußdorfer Bürger, aber nahezu nichts über den Literaten Walser erzählt, es sei denn, sein literarisches Schaffen hat Berührungspunkte mit seinem Leben in Nußdorf.

Der Bürger Walser hat, als 2007 für den Erwerb des Deufel-Grundstücks in der Dorfmitte gesammelt wurde, den Kauf mit einer großzügigen Spende unterstützt. So hat er einen wesentlichen Beitrag dafür geleistet, dass aus einem Schandfleck in der Dorfmitte der kleine Park vor dem Dorfgemeinschaftshaus entstehen konnte. Im selben Jahr feierten Oberbürgermeister Weber, der Ortschaftsrat und die Kapelle des Gesang- und Musikvereins Nußdorf mit ihm am 23. März 2007, dem Vorabend zu seinem 80. Geburtstag.

Der Ortschaftsrat schenkte ihm Nußdorfer Produkte in einem Henkelkorb, einer „Zonne" (Henkelkorb auf Bodenseealemannisch). Er freute sich aufrichtig über die auf Heu aus der Beck'schen Tenne gebetteten Äpfel, über Honig, Saft, Eier, Schnäpse, hausgemachte Marmeladen, ein ausgeblasenes Gänseei mit seinem Porträt und Weihrauch, das Mitbringsel einer Nußdorferin aus dem Oman. Bei dieser Gelegenheit erzählte er, dass er schon seit 1968 und sehr gern in Nußdorf lebe. Einmal aber habe er sich geärgert. Als er sein schönes mit Schindeln verkleidetes Haus vergrößern wollte, habe er dem Überlinger Bauausschuss gestatten müssen, durch eine Ausstangung[1] festzu-

1 Für eine Ausstangung werden im Bauwesen zwei Stangen durch eine weitere in vorher festgelegter Höhe verbunden. Diese werden dann auf einer Baustelle aufgestellt, um visuell durch die Verbindungstange feststellen zu können, ob das geplante neue Gebäude bzw. dessen Aufstockung zur Höhe der Nachbarhäuser passt.

stellen, ob sich die Höhe seines Firsts nach dem Umbau mit der Firsthöhe der Nachbarhäuser gemäß § 34 Bundesbaugesetz *„in die Eigenart der näheren Umgebung einfügt"*. Der bürokratische Vorgang an sich und wohl auch das Wort „Ausstangung" hätten ihm überhaupt nicht gepasst.

Am 31. Mai 2011 trafen sich Rudolf Beck, Karlheinz Kretz und ein Protokollführer für ein Interview mit ihm und seiner Frau Käthe. Kretz hatte als Walsers Elektriker das Interview arrangiert. Man saß auf seiner zum See hin gelegenen Veranda und schaute auf die sieben Eichen seines Gartens. Frau Walser servierte ein Vesper. Die Sprache des Interviews war meist Bodenseealemannisch und ist im folgenden Text in den wörtlichen Zitaten (kursiv) in ein süddeutsches Hochdeutsch übersetzt worden.

Martin Walser ist Jahrgang 1927 und stammt aus Wasserburg, dem bayerischen Zipfel des Bodensees, wo aber auch Bodenseealemannisch gesprochen wird. Seine Kindheit und Jugend haben ihn an den Bodensee gebunden.

Er war schon während seines Studiums in Tübingen (Literaturwissenschaft, Geschichte und Philosophie) literarisch tätig. 1950 heiratete er, noch Student, eine geborene Katharina Neuner-Jehle, mit der er vier Töchter (Franziska, Johanna, Alissa und Theresia) hat. Die beiden jüngsten, Alissa und Theresia gingen in Nußdorf auf die Grundschule. Ihre Lehrer waren Frl. Haag und Konrad Scheurer.

Die Familie kehrte 1957 aus Tübingen zurück an den Bodensee, und zwar in ein Haus des Schwiegervaters in der Zeppelinstraße in Friedrichshafen. Dort an der B 31 war es sehr laut. *„Wir haben sehr bald gesagt, da müssen wir natürlich weg."* Auch galt, *„wenn man schon in dieser Gegend ist, dann möchte man möglichst nah am See" sein. Das war für einen „jüngeren Autoren ohne festes Einkommen [...] nicht so leicht."* Das mit dem „jüngeren Autoren ohne festes Einkommen" ist ein bisschen kokett. Walser war damals schon recht erfolgreich. Seine erste Ehrung war 1955 der Preis der Gruppe 47[2] gewesen, ein Preis, mit dem u. a. auch die späteren Nobelpreisträger Heinrich Böll und Günter Grass geehrt worden sind. Nun, der jüngere Autor hat sich ein Haus in Lindau gekauft, *„aber nicht am See"*. Dann wurde ein Haus in Immenstaad gekauft *„300 Meter vom See, das war mir immer noch zu weit"*. Auch dieses

2 „Als Gruppe 47 werden die Teilnehmer an den deutschsprachigen Schriftstellertreffen bezeichnet, zu denen Hans Werner Richter von 1947 bis 1967 einlud. Die Treffen dienten der gegenseitigen Kritik der vorgelesenen Texte und der Förderung junger, noch unbekannter Autoren. Der in demokratischer Abstimmung ermittelte Preis der Gruppe 47 erwies sich für viele Ausgezeichnete als Beginn ihrer literarischen Karriere. Die Gruppe 47 besaß keine Organisationsform, keine feste Mitgliederliste und kein literarisches Programm, wurde aber stark durch Richters Einladungspraxis geprägt." (Wikipedia 2017)
„In ihrer Anfangszeit bot die Gruppe 47 jungen Schriftstellern eine Plattform zur Erneuerung der deutschen Literatur nach dem Zweiten Weltkrieg. Später avancierte sie zu einer einflussreichen Institution im Kulturbetrieb der Bundesrepublik Deutschland, an deren Tagungen bedeutende zeitgenössische Autoren und Literaturkritiker teilnahmen. Der kulturelle und politische Einfluss der Gruppe 47 wurde Gegenstand zahlreicher Debatten. Auch nach dem Ende ihrer Tagungen 1967 blieben ehemalige Teilnehmer der Gruppe richtungsweisend für die Entwicklung der deutschsprachigen Literatur." (Wikipedia 2017)

Haus wurde „*mit geringem Gewinn*" wieder veräußert. Als man dann in Langenargen „*einen Seeplatz*" gefunden hatte, musste man bei der Zeitungslektüre feststellen, „*dass es wegen Kolibakterien Badeverbot [1967] gab. Der See war dort eine Kloake. Da haben wir sofort das Grundstück wieder verkauft.*

Dann haben wir dieses Haus (in Nußdorf) 1967 angeschaut. Es lag erstens am See und hatte zweitens genau vier Kinderzimmer. [...] das Haus war aber stark renovierungsbedürftig, zum Beispiel Wasser im Keller, deshalb wurde der Preis für den Maler (der Vorbesitzer) stark reduziert und so war es für uns finanzierbar.

Als wir es angeschaut haben, hat es ein Herr Maas oder Haas bewohnt, der hat's [...] gleich schlechtgemacht. Der wollte als Mieter drinbleiben. Aber wenn man so lang gesucht hat, zehn Jahre, ich hatte so viel Erfahrung, dass ich in den Keller ging und war sicher, dass das Wasser im Keller zu machen ist. [...] Man hat uns [...] erklärt, der Bauleiter des Hauses habe nicht aufgepasst und den Keller einen halben Meter tiefer gegraben als nötig und keine Grundierung eingebaut. Ich habe dann das Haus renovieren lassen, habe durch die Firma Kretz eine Wasserpumpe einbauen lassen von der Firma Allweier. Die hat 25 Jahre gehalten.

Zuerst haben wir dahinten eine Grube gehabt, die Fäkalien sind in den See gegangen. Wir haben damals 110 Säcke Algen herausgetragen, in den Wald gebracht. Dann kamen zwei große Erleichterungen:

1. Die Ringleitung für Abwasser; dass diese drei Staaten (Deutschland, Österreich, Schweiz) diese Ringleitung gebaut haben, das ist für mich die größte politische Leistung gewesen, die ich erlebt habe.

2. Die Durchfahrtsperrung durch Maurach, so dass die Straße [Zum Hecht] keine Durchgangsstraße mehr war. Seitdem zahle ich Kirchensteuer wirklich gern.

Ich war dagegen, dass der Seegrund privat ist. Ich habe auch in Konstanz einen Artikel in der Zeitung geschrieben gegen privaten Besitz am See. Mich hat das gestört, dass die Leute alle hinten vorbeilaufen. Die Leute, die hier wohnen, die sind nie am Strand, die sitzen immer auf ihren Terrassen. Ich bin also zum damaligen Bürgermeister. Ich habe gesagt, da könnte man doch einen Weg machen.[3] *Butscher [der Bürgermeister] hat gesagt: ‚Sie kommen zu spät, die entsprechende Abstimmung hat es hier schon gegeben. Man hat mehrheitlich dagegen gestimmt. Von 600 waren 400 dagegen.' Ich habe [...] böse Briefe gekriegt. Ich kann Ihnen gar nicht sagen, was die mir alles in den Briefkasten geworfen hatten. Man hat sogar Eigentümerversammlungen abgehalten*", wie man ihn, Walser, wieder loswerden könne. „*Mich hat das gestört und da habe ich das Haus sofort wieder zum Verkauf angeboten. Meine*

3 Diesen Weg, den Nußdorfer Seeuferweg, hat es tatsächlich bis auf die Höhe der Gärtnerei Fuchs gegeben. Er wurde 1933 auf Bitten der neuen Hausbesitzer vom Nußdorfer Gemeinderat aufgehoben. Der kleine, von der Forelle abgehende Weg Zum Gropper, ist der Rest dieses Wegs.

Frau war dagegen." Ein Generalkonsul von Griechenland habe viele Interessenten durchgeführt, das sei die schlimmste Erfahrung in seinem Leben gewesen. Da aus dem Verkauf nichts wurde, blieben die Walsers, auch *„weil wir unsere Zinsen an Wüstenrot gezahlt haben, und zwar, wir haben damals gleich Zimmer vermietet, natürlich, [...] haben dann auch Leute gehabt, die zehn Jahre hier gewohnt haben, und wo Kinder heut noch [uns besuchen] das war eine schwere Zeit [...] ohne das hätten wir das auch nicht machen können."*

Die Feststellung, er sei ja nun schon 43 Jahre hier, obwohl es doch Leute gäbe, die das Klima nicht vertrügen, ließen ihn zwar seinen Kopf schütteln, aber zugeben, dass es Abwerbungsversuche gegeben habe.

„Mit dem Klima; manche Leute, die nicht hier daheim sind, schwätzen oft furchtbare Sachen über das Klima. Einer, der mich mal interviewt [hat,] hat dann geschrieben: Man sollte Herrn Walser raten, dort weg zu ziehen, so lange er noch im Kommen ist, weil das Klima zu warm ist.

Aber es hatte schon Versuchungen gegeben, auch aus politischen Gründen. Alle Schriftsteller, die was sein wollten, hatte es nach Berlin gezogen. Dort war auch Willi Brandt. Wir waren sehr befreundet mit Uwe Johnson[4], der hat unbedingt wollen, dass wir nach Berlin ziehen. Der hat uns schon immer besucht in Friedrichshafen. Der hat immer die Montagsausgabe vom Tagespiegel geschickt mit den Immobilienanzeigen. Da hat's Villen gegeben in Nikolassee [...] wir haben manchmal gedenkt, ja, ja wir schau'n uns das mal an, aber es war unvorstellbar für uns. Johnson hat mal in Friedrichshafen gesagt: ‚Du musst hier weg, dass Deine Kinder nicht diese Sprache lernen.'" Johnson hat wohl nicht gewusst, wie sehr sein Freund Walser das Bodenseealemannisch als seine erste Sprache liebt.

Die Familie Walser lebte aber nicht ständig in Nußdorf.

„Jedes zweite Jahr war ich Gastprofessor in den USA, da sind die Kinder, nach der hiesigen Meinung, dort geschädigt worden. Die Jüngste hat mit der Mengenlehre angefangen, da sind wir in die Walddorfschule, damals war das nur eine Baracke, und da war Theres bis zum Schluss, da haben wir noch miterlebt die Einweihung von dem grandiosen Neubau. Theres ist heute nicht mehr so glücklich, dass sie Waldorfschülerin war; sie sagt manchmal, dass sie dort keine Orthographie gelernt hat. Sie ist jetzt Schriftstellerin, schreibt Manuskripte. Sie hat das überlebt.

Wir waren anthroposophisch nicht interessiert. Aber man musste damals beim Neubau mitarbeiten. Ich habe bei den Klos mitgearbeitet. Die Elternversammlungen an der Waldorfschule waren verglichen mit anderen Elternversammlungen, sehr gut, praktizierte Demokratie.

Das Naturata, von einem ungarischen Architekten, ist wunderbar und als Einkaufszentrum toll, wir sind doch unheimlich privilegiert. Ich sage oft, wir leben in einer privilegierten Provinz.

4 Uwe Johnson, deutscher Schriftsteller 1934 - 1984

Unser Haupt-Nußdorfer war für uns immer der Herr Fuchs [Johann], aus der Gärtnerei[5] *gegenüber, Herr Fuchs und seine Frau. Meine Frau kommt ja mehr in den Ort als ich, aber für mich ist die Haupterfahrung der Herr Fuchs."*

Sieht er Unterschiede zwischen Nußdorf Ende der sechziger Jahre und heute?

„Der Löwe[6]*, der fehlt schon. Der Löwe ist unsere Lebenszeit. Woanders überall Glas, kaum mehr ein Ofen. Auch die alten Höfe sind nicht ersetzbar. Wenn man da die Straße entlangkommt, ob Sie heute noch zu einem Nußdorf-Zentrum kommen? Unvergesslich bleibt für mich der Willi [Zündel], das ist unersetzlich, dem seine Gegenwart, und der Herr Fuchs."*

Martin Walser im Schneegestöber am See bei seinem Haus
Foto: Maurice Haas (13 Photo)

Mit dem wiederbelebten Bahnhof ist die Familie Walser sehr zufrieden. Zur heute noch immer nicht gebauten Funkantenne gesteht Walser: *„Da sind wir opportunistisch. Wo kommt die Antenne nun hin? [...] Wir haben andere Erfahrungen gemacht. Wir haben 18 Jahr lang unten das Arbeitszimmer gehabt und da habe ich immer schon gemerkt, dass die Funkverbindung schlecht ist. Deshalb haben wir eine neue Antenne bekommen. Eine Nachbarin fühlte sich beeinträchtigt, weil ihre Sicht auf Birken gestört wäre. Lasst mich mit der Antenne in Ruhe!"*

Da er während der Gebietsreform Anfang der siebziger Jahre in den USA war, hatte er an der Nußdorfer Bürgerbefragung zur

5 Die Gärtnerei Fuchs lag bis zu ihrem Umzug 1999 zum heutigen Standort in Uhldingen gegenüber dem Haus Walser.

6 Gasthof in Nußdorf, Anfang der achtziger Jahre aufgegeben

Eingemeindung nach Überlingen nicht teilgenommen. Aber „*ich war auch dafür, dass es selbständig blieb.*"

Walser weiß nicht, wie viele Romane er in Nußdorf geschrieben hat. Er schätzt deren Zahl zwischen 15 und 20. Er will nichts dazu sagen, ob Nußdorf ihn literarisch inspiriert hat. Aber er habe „*drei Bände Tagebücher [...], Bd. 2 und 3 spielen in Nußdorf. Das ist meine tägliche Existenz. Aber ich habe ein Buch geschrieben, Heimatlob und einen Aufsatz, wo ich Bodensee-Erfahrungen geschrieben habe, da kommt nicht Nußdorf selber vor, aber der See; das habe ich gemacht [...] als ich das Heimatlob geschrieben habe, da war ein Maler, der Aquarelle hatte, und mich gebeten [hatte], dazu Texte zu schreiben. Der Verleger, Herr Gessler, total konservativ, zur Besprechung, der hat gefragt, haben Sie einen Titel? Ja, Heimatlob. Da hat er gefragt: Herr Walser, machen Sie keine Witze, damals war man ein halber Nazi, wenn man das Wort Heimat verwendet hat. [...] Da ist alles von mir vom See drin. Konkrete Momentaufnahmen sind in den Tagebüchern und auch in den Romanen.*"

Der erste Text in Heimatlob beginnt mit Nußdorf, ohne es ausdrücklich zu erwähnen: „Als ich mit dem Rad am See entlang [von Nußdorf] in die Stadt hineinfuhr, bemerkte ich deutlich, dass der Weg im ganzen doch ein wenig ansteigt. Mir begegneten zwei Mädchen auf einem Rad. Eine trat bequem in die Pedale und lenkte, die andere stand mit überkreuzten Armen, aufrecht und gelassen und barfuß auf dem Gepäckständer." Diese Mädchen, Schwestern, waren Nußdorferinnen und sehr stolz auf ihre Radartistik. Eine der beiden war eine Klassenkameradin von Therese, die jüngste von Walsers Töchtern. Sein Nußdorfer Garten taucht immer wieder mal in Heimatlob auf: „Zurückgelehnt meist schaue ich den warmen stürmischen Tagen zu, die im Sommer über den See ziehen. Ich schaue dem Wetter zu. Eine Stunde lang. Sieben Eichen stehen dem Wetter bzw. mir zur Verfügung. Vom See her laufen die Winde durch die Blätter". Konkrete Personen aus Nußdorf sind nicht in seine Romane eingeflossen, weil „*die Landschaft, die ist wichtiger als Personen. Personen weniger. In Heimatlob spielt die Gegend eine Rolle.*"

2011, als das Interview stattfand, erzählte Walser, dass er noch jeden Tag im See schwimmen gehe. Die Wassertemperatur müsse mindestens bei 15 Grad liegen. Dann würde er „*über das Strandbad hinaus*" schwimmen, gut 700 Meter hin und zurück. Er hat ein Boot und „*natürlich habe ich schon alle möglichen Seglerprüfungen gehabt, vom Dritten Reich, bei der Marine-HJ. Aber ich bin kein begnadeter Segler. Die Handwerklichkeit beim Segeln hat mich immer überfordert, auch die Pflege im Winter. Wir sind gesegelt, so gut es gegangen ist, nicht zur Freude der Familie, und dann haben wir noch ein Ruderboot. Dann sind wir umgestiegen aufs Surfen. Ich habe ein Surfbrett gekauft, so dick, und da hat man immer kleinere und wendigere gekauft, das letzte war so wendig, dass ich gar nicht mehr drauf kann. Jetzt ist das Surfbrett für die Enkel.*" Geangelt hat er nur früher, als Bub.

Das Projekt, eine Nußdorfer Chronik zu schreiben, gefällt ihm: *„Ich finde diese historischen Bemühungen ungeheuer. Zum Beispiel in Wasserburg, da haben zwei Historiker ganz genau erforscht und aufgeschrieben, total vertrauenswürdig, was passiert ist zur Hexenverfolgung: Das war grauenhaft und wenn Du das liest mit den Namen, die es heut noch gibt. Das ist ein unglaublich tolles Werk, der Gemeinde ihre Vergangenheit zu schaffen."*

Nußdorfer Veranstaltungen besucht er nicht, *„das gibt es auch in Wasserburg, die Musikvereine, diese Sachen gehören für mich zu Wasserburg. Wasserburg spielt da die ursprüngliche Rolle. Wo Wasserburg 1200 Jahre alt geworden ist, habe ich ein Gedicht in Alemannischer Mundart gemacht. Ursprünglich komme ich von da. Den Ursprung kann man nicht verpflanzen."* Er erklärt es so in „Heimatlob": „Wir haben uns vom Dorfplatz und vom Marktplatz und von der Straße, die uns verband, weggewendet. [...] Aber diese heilende Natur hinterlässt in zehn Jahren nicht so viel Erinnerung wie ein Nachmittag an jener dörflichen Straße. Die Bäume heißen nicht Herr Gierer. Die Wolken sind nicht Frau Ott." Aber *„wir sind ja geehrt worden im DGH Nußdorf, das war sehr schön. Aber ich kenn die Leut' nicht, wie in Wasserburg, da bin ich halt daheim. [... aber] wir sind froh, dass wir hergefunden haben."*

Konrad Scheurer

Konrad Scheurer wurde 1933 in Sasbach/Ortenau geboren. Nach dem Abitur studierte er Pädagogik in Freiburg mit dem Ziel, Volksschullehrer zu werden. Er schloss sein Studium 1955 erfolgreich ab und sollte im Kreisschulamt in Baden-Baden als Landesbeamter vereidigt werden. Er fiel der dort ebenfalls anwesenden Junglehrerin Hildegard Feist auf, weil er wegen Busproblemen - damals hatte ein junger Lehrer noch kein Auto - zu spät gekommen war. Als diese am Abend nach Achern kam, wurde sie am Bahnhof vom ins Kreisschulamt zu spät Gekommenen angesprochen. Von diesem Moment an waren sie praktisch ein Paar.

Scheurer bekam 1955 seine erste Stelle in Rotenfels (Landkreis Rastatt). Hildegard Feist arbeitete innerhalb eines Jahres in drei Schulen als Lehrerin, bis sie es schaffte, auch nach Rotenfels versetzt zu werden. 1956 heirateten die beiden. Er wurde politisch in der CDU tätig und 1959 in den Rotenfelser

Gemeinderat gewählt.

Das Lehrerehepaar Hildegard und Konrad Scheurer zog im Frühjahr 1966 nach Nußdorf am Bodensee, einem Ziel seiner Träume. Konrad Scheurer war der festen Überzeugung, dass der, der am Bodensee wohnt, auch dort segeln muss, weshalb man von Rotenfels nach Nußdorf mit einem Bootsanhänger, aber ohne Boot, umzog. Auf diesem Anhänger wurde das erste Boot auf dem Grundstück des Rosa-Wieland-Kindergartens abgestellt. Die nächsten zwei Boote lagen in Uhldingen. Nach Fertigstellung des Überlinger Osthafens hatten die Scheurers ihren Liegeplatz dort. Sie verbrachten viele Ferien mit ihrem Boot auf dem See. Er nahm an einer Rundum[1] teil. Sie segelten aber nicht nur auf dem Bodensee, sondern auch im Mittelmeer, auf der Ostsee und in der Karibik.

Während er zunächst Schulleiter in Nußdorf war, unterrichtete sie in Überlingen. Sie wohnten in der Lehrerwohnung direkt unter dem Dach des Nußdorfer Rathauses mit einem schönen Blick auf das Dorf und über den See. Dann qualifizierte er sich in der Akademie Weingarten zum Realschullehrer und wechselte 1970 zur Realschule Überlingen, die er als Rektor bis zu seiner Pensionierung ein knappes Jahrzehnt leitete. Maria Haag wurde seine Nachfolgerin in der Leitung der Nußdorfer Schule und Hildegard Scheurer wurde von Überlingen nach Nußdorf versetzt.

Seine Freude am Gestalten beschränkte sich nicht nur auf die Schule und die Kommunalpolitik. Er baute für sich und seine Frau am Eck Felchen/Zander von 1956 bis 1959 ein Haus, und davon, wie er immer stolz betonte, den größten Teil in Eigenarbeit. Im schönen, nicht hinter einer Hecke versteckten Garten, liegen drei Dackelhündinnen - Daschka, Lady und Binja - begraben, Begleiter vieler Spaziergänge und der meisten Reisen des Ehepaars, auch bei Flugreisen auf die Balearen.

In Nußdorf befasste sich Konrad Scheurer wie schon in Rotenfels mit der Kommunalpolitik. Er war Nußdorfer Gemeinderat von 1971 bis 1975. Nach der Vereinigung mit Überlingen wurde er in den Überlinger Gemeinderat gewählt, dem er als Stadtrat bis 1994 angehörte. In dieser Zeit setzte er sich für das Wohl der Stadt während wechselnder Sitzungsperioden im Ältestenausschuss, im Finanzausschuss und im Ausschuss für Jugend, Schule und Sport ein. Für mehrere Jahre war er als Fraktionsvorsitzender Chef der CDU-Gemeinderatsfraktion. Stadträte repräsentieren nicht nur ihre Mitbürgerinnen und Mitbürger im Gemeinderat, dem Hauptorgan der Stadtverwaltung, sondern überwachen auch städtische Kooperationen, Projekte und Unternehmen. So war er auch im Aufsichtsrat der Stadtwerke, Verwaltungsrat im Zweckverband, im gemeinsamen Ausschuss der Verwaltungsgemeinschaft Owingen, Sipplingen und Überlingen und im Bauausschuss Realschulerweiterung.

1 Regatta von Lindau nach Überlingen und zurück, Start immer am ersten Freitag im Juni um 19:00 Uhr.

Da ihm nach der Vereinigung mit Überlingen 1975 das Wohl von Nußdorf weiter am Herzen lag, war er für 19 Jahre auch Mitglied des Ausschusses für Angelegenheiten des Stadtteiles Nußdorf. Scheurer schob durch die Gründung des „Fördervereins Dorfgemeinschaftshaus Nußdorf e. V." den Bau dieser zentralen Begegnungsstätte des Dorfes erfolgreich mit an. Nach einem der Feste, auf denen fleißig Geld für den Bau gesammelt wurde, ergab es sich, dass er als letzter nach Putzen und Aufräumen des Festortes das Licht ausmachen und über 30.000 Mark nach Hause mitnehmen musste. Die Filialen der Sparkasse und der Volksbank boten in Nußdorf keinen Nachttresor an. Das von den Vereinen gesammelte Geld ermöglichte zu einem wesentlichen Teil den Bau des Dorfgemeinschaftshauses, das dann im September 1986 eingeweiht und eröffnet werden konnte.

Am 29.11.1989 erhielt er die Ehrenmedaille des Gemeindetages für mehr als zwanzig Jahre kommunalpolitischen Wirkens.

Rektor Konrad Scheurer geht in Pension, 1998

Als der Ortschaftsrat 2008 einen Träger für die Geldsammlung zum Erwerb des zu einem Schandfleck gewordenen ehemaligen Deufel-Grundstücks am Salm suchte, weckten er und Rudolf Beck den ruhenden Förderverein wieder auf, tauften ihn in „Förderverein Dorfgemeinschaft Nußdorf e. V." um und sammelten mit anderen Nußdorferinnen und Nußdorfern über 80.000 Euro, die der Stadt zum letztlich erfolgreichen Ankauf des Grundstücks gespendet wurden.

Konrad Scheurer starb am 3. April 2012. Bei seiner Beerdigung ehrten ihn viele Bürgerinnen und Bürger aus Stadt und Dorf für seinen Einsatz in Überlingen und in Nußdorf.

Hans-Michael Friederichs

„Der mit sinnere bleede Schnorre isch bei uns denn au ebbes worre", so begrüßten die Nußdorfer Narren 1978 ihren neuen Narrenpolizisten. Der neue *„Narrenbolle"* durfte mit seiner Schelle nicht nur den Weg freimachen für den Umzug durchs Dorf, auf die Handtasche der Narrenmutter aufpassen und für Ruhe sorgen, wenn jemand eine Rede halten wollte, sondern er durfte auch gleich den Männerfrühschoppen moderieren. Michael Friederichs war in seinem Element.

Friederichs war seit der Kindheit von der Fasnacht begeistert. 1953 in Überlingen-Goldbach geboren, wurde er schon als Dreijähriger von seinen älteren Brüdern zu den Überlinger Umzügen mitgenommen; dem Sechsjährigen schenkte der Vater eine Karbatsche und er durfte bei der *„Ranzengarde"* mitlaufen, als Jugendlicher dann *„isch er Hänsele gange"*. Aber auch als Musikant beteiligte er sich an den Umzügen, mit elf Jahren als Mitglied der Jugendstadtkapelle - weil er so groß war, durfte er die Tuba spielen - und als 16jähriger schon in der Stadtkapelle.

Seinen ersten Nahkontakt mit Nußdorf hatte er ab 1968 als Lehrling bei Karlheinz Kretz, dem Elektrikermeister. Intensiver wurde dieser Kontakt, als er 1977 die Nußdorferin Cornelia Blepp heiratete. Dafür zog er nach Nußdorf, was sich auch beruflich lohnte. Denn inzwischen hatte sich Michael Friederichs nicht nur musikalisch weitergebildet. Er hatte die Abendrealschule, das Technische Gymnasium und die Fachhochschule in Konstanz absolviert und konnte als Diplom-Ingenieur (FH) bei der Firma Bodenseewerk Gerätetechnik GmbH arbeiten.

Zehn Jahre machte er für die Nußdorfer den Narrenpolizisten. Er wäre es gern geblieben. Aber bei den Narren kamen neue Sitten auf, die ein Michael Friederichs aus Prinzip nicht akzeptieren konnte: In den bisher traditionell rein männlichen Narrenrat wurden per neuer Satzung Frauen aufgenommen. Friederichs blieb stur und gab seinen Sitz als Narrenpolizist im Narrenrat auf.

Glücklicherweise ist er aber *„Stückleschreiber"* und Narrenredner geblieben. Seine erste Rede verfasste er sogar in Reimform. Auch für den „Frauenkaffee" schrieb er.

Sein größter Erfolg war das Stück „Bill Clinton in Nußdorf" in den Neunzigern, in dem er auch die Hauptrolle spielte. Auf die Idee war er ausgerechnet in Abu Dhabi gekommen, wo er anlässlich einer Dienstreise zwei Mal auf seine Ähnlichkeit mit dem amerikanischen Präsidenten angesprochen wurde. In dem

Theaterstück profilierten sich die Nußdorfer mit umsichtigen Vorbereitungen des Präsidentenbesuchs: Übernachtungsmöglichkeiten und Geschenke wurden organisiert. Die damals beliebte Band „Spice-Girls" trat auf, *„beleibte Damen"* tanzten. Und schließlich war Bill Clinton da, begleitet von seiner Hillary (Annemarie Kandler) und einem Bodygard (Uwe Schröder), dem Oberbürgermeister Patzel (Günter Mayer) und dem Protokollchef „Dr. Korrektle" (Michael Walser). Clinton hatte sich durchs Dorf führen lassen, hatte 15.000 Liter Apfelmost bestellt und schließlich wurden Geschenke ausgetauscht - ein Bild von Nußdorf für Bill Clinton gegen einen Indianerschmuck für den Ortsvorsteher Rudolf Beck (Jürgen Specker). Das Nußdorfer Publikum im Dorfgemeinschaftshaus war begeistert.

Leider ist dem Narren Friederichs dann das Lachen erst einmal vergangen. Als Folge eines Unfalls im September 1999 kann er sich als Querschnittsgelähmter nur noch mit dem Rollstuhl bewegen.

Aber ein Michael Friederichs bleibt auch in dieser Situation aktiv und kreativ. Seit 2006 ist er Narrenbuchschreiber. Seine Aufzeichnungen der jährlichen Geschehnisse der Nußdorfer Fasnacht schreibt er am Computer und bereichert sie mit liebevollen Zeichnungen.

Narrenchronist Michael Friederichs – Selbstporträt

Außerdem arbeitet er an einem „neuen" Narrenbuch, *„Nußdorfer Fasnet in Wort und Bild"*. Dafür hat er die Berichte des Narrenbuchs seit 1925 zusammengefasst, die größtenteils fehlenden Jahre 1971 bis 2006 nachgeschrieben und mit einerseits selbst gemalten andererseits von Nußdorfer Künstlerinnen geschaffenen Bildern ergänzt. Sehr informativ sind auch die als „Anhänge" zusammengestellten Listen: Nußdorfer Narrenämter, aktive Nußdorfer Narren, verstorbene Narren (mit Todesdatum), verschwundene Nußdorfer Bräuche, Mitwirkende beim Frauenkaffee und beim „Männerfriehschoppe" von 1966 bis 2006 sowie für Nußdorfer Neubürger noch eine „Übersetzungshilfe" der Narren-Fachsprache.

Und wenn er Lust hat und es ihn reizt, das Dorfgeschehen aufs spitze Korn zu nehmen, schreibt er hin und wieder eine Rede für den Männerfrühschoppen. Seit 2015 nimmt er dabei gerne den Ortsvorsteher Dietram Hoffmann aufs Korn.

Franz-Josef Zündel

Dass es Pferdeflüsterer gibt, ist längst bekannt. Aber einen Kuhflüsterer, den haben wir erst hier in Nußdorf kennengelernt. Man muss ihn gesehen haben, wie er - von seiner Herde umringt - leise und beruhigend auf den mächtigen Bullen einredet. Eben hat dieser noch unruhig den Kopf gesenkt. Jetzt blickt er Franz-Josef in die Augen, bewegungslos, bis auf den Fliegen verscheuchenden Schwanz, und lauscht seinen Worten. Ja, der sei heute nur unruhig, weil vor zwei Tagen der Tierarzt da war und bei der Herde Blut abgenommen hätte.

Franz-Josef Zündel kennt seine Tiere und kennt sich als gelernter Landwirt auch grundsätzlich aus mit der Viehwirtschaft. Franz-Josef - unter seinem Vornamen ist er in Nußdorf bekannt und so wollen wir ihn hier auch nennen - wurde 1959 geboren und wuchs in der Bauernfamilie Zündel am Laugele mit zwei Schwestern auf. Nach der Schule machte er zunächst eine Lehre als Schmied bei der Firma Abt in Oberuhldingen. Dort verbrachte er auch seine ersten Berufsjahre. Doch dann, als die Schließung der Firma absehbar wurde, entschloss er sich zu einer Ausbildung zum Landwirt. Noch während der letzten Jahre als Schmied besuchte er ab 1990 die Abendschule mit dem Ziel, die Landwirtschaft seiner Eltern zu übernehmen.

Das tat er dann 1992 auch, allerdings versorgte er die übernommenen Kühe - seine Eltern hatten Badisches Fleckvieh - nur in seiner Freizeit. Hauptberuflich begann er 1993 als Betreuer der Affen am Affenberg zu arbeiten, wo er bis heute angestellt ist. Das muss man Touristen und Neubürgern erklären, die sich wundern, warum dieser „Mitternachtsbauer" spät abends, oft noch im Dunkeln, mit seinem Traktor unterwegs ist. Dann bringt er seinen Tieren Wasser und Futter oder schaut nach einer Kuh, die kurz vorm Kalben ist. Die Viehwirtschaft als Nebenerwerb bedeutet aber auch, dass die Kühe nicht für die Milcherzeugung, sondern nur als Fleischvieh gehalten werden.

Als die Heinz Sielmann Stiftung 2008 die Betreuung der Streuobstwiesen auf der Konstantinhalde übernahm, auf der Franz-Josef seine Kühe u. a. weiden lässt, wurde er auf eine andere Rinderrasse - die Hinterwälder - aufmerksam gemacht. Diese Rasse, vom Aussterben bedroht, passt in das Konzept der Stiftung, zu dem die Bewahrung der Artenvielfalt und die schonende Beweidung gehören. Die Hinterwälder sollen von den Keltenrindern abstammen, sind kleiner und leichter als die ansonsten bei uns verbreiteten Rinder und verursachen dadurch weniger Schäden auf den Weiden. Robust und anspruchslos wie sie sind, können sie auch bei Minusgraden auf der Weide bleiben; sie fressen auch saure oder holzige Gräser sowie Gehölz.

Franz-Josef Zündel bei seinen Kühen. Müssen die Weiden gewechselt oder Kälber eingefangen werden, hilft ihm seine Verwandte Angela Fuchs.

Franz-Josef schätzt die Genügsamkeit dieser Rasse, doch beim Verkauf bringt das geringere Gewicht weniger Einnahmen und macht so die Herde zu einem Verlustgeschäft. Deshalb entschloss er sich vor zwei Jahren, mit dem Bullen einer anderen, ebenfalls robusten Rasse aus der Auvergne, für mehr Gewicht beim Nachwuchs seiner Herde zu sorgen. Seitdem kann man auf der Weide einen prächtigen Aubrac-Bullen bewundern: Er bringt der Herde nicht nur gewichtigere Kälber, von ihm bekommen sie auch die dunklere Färbung.

Am 19. April 2017 kam die Franz-Josefs Herde, insbesondere ein kleines Stierkalb, in die Schlagzeilen des Südkuriers. Beim Wechseln der Weide verlor das vierwöchige Kalb seine Mutter aus den Augen, geriet in Panik, sauste durch die Nußdorfer Straßen hinunter zum Strandweg, weiter zum Osthafen und ins Wasser. Franz-Josef und mit ihm zahlreiche Zuschauer mussten mit ansehen, wie das panische Tier immer weiter den See hinausschwamm - 100 Meter weit, bis es die Wasserschutzpolizei einfangen konnte. Der kleine Stier hat dieses Abenteuer gut überstanden. Jetzt hat er als einziger der Herde nicht nur eine Nummer, sondern sogar zwei Namen. Franz-Josef nannte ihn nach der Rettung spontan Seemann, der Südkurier gab ihm den Namen Neptun.

Franz-Josef genießt den Umgang mit seinen ca. 45 Tieren. Auch nach seinem Rentenantritt wird er sich weiter um seine Herde kümmern und so weiterhin für die Erhaltung des dörflichen Charakters Nußdorfs sorgen - als letzter Bauer in Nußdorf.

Kapitel 10

Infrastruktur

Die Schifffahrt

Zwar wurde Nußdorf mit dem Slogan „Das Dorf zwischen Wasser und Wald" beworben und in Werbeprospekten war es sogar das „Fischer- und Bauerndorf". Das Interesse der Nußdorfer am See beschränkte sich jedoch nur auf das Wasser, das man zum täglichen Leben brauchte. An Schiffbarkeit waren die Nußdorfer Bauern nicht interessiert.

Es finden sich heute noch auf der Gemarkung Nußdorf Reste der mittelalterlichen Bodenseeschifffahrt. In Untermaurach[1] kann man im See die Reste der Hafenanlage von Schloss Maurach sehen. Der eigentliche Hafen, von dem aus das Kloster Salem einen regen Handel trieb, lag wenige hundert Meter westlich vom Schloss im heutigen Nußdorfer Ortsteil Untermaurach. Von dort aus verschiffte Salem seine Produkte wie Getreide nach Lindau und importierte Salz. Das Salz wurde auf Fuhrwerken von Salzburg[2] bis Bregenz geschafft, wo es auf Lädinen[3] verladen und nach Maurach gesegelt wurde.

Reste der Mauracher Hafenbegrenzung vor der Pension Seefrieden

1 Untermaurach wurde in der ersten Hälfte des 19. Jahrhunderts aus der Gemarkung Maurach der Gemarkung Nußdorf zugeschlagen. Der weitaus größere Teil der Gemarkung Maurach kam Unteruhldingen zugute.

2 Salem konnte zeitweise im Erzbistum Salzburg eigenes Salz produzieren und verkaufen. Aus dieser Zeit stammen die lange andauernden Handelsbeziehungen.

3 „Eine Lädine oder Ledine ist ein historischer Lastensegler, der als Schiffstyp zwischen dem 14. und dem 20. Jahrhundert für die Dauer von etwa 500 Jahren in der Bodenseeschifffahrt gebräuchlich war." (Wikipedia 2017)

Das Haus Baden setzte, nachdem Maurach nach 1802 im Zusammenhang mit der Übernahme von Salem zur Markgrafschaft Baden gekommen war, den Handel über den Mauracher Hafen fort. Dort soll sogar das erste Bodenseedampfschiff „Wilhelm" angelegt haben. Der rege Handel war schon zu Salems Zeiten rückläufig gewesen, u.a. deshalb, weil die bisherigen Abnehmer von Getreide durch Verbesserung in der Landwirtschaft selber angefangen hatten, Getreide zu produzieren. Als der Hafen Maurach nicht mehr genutzt wurde, versandete er und die hölzernen Hafenmauern verfielen. Ihre Reste sind heute noch in Untermaurach zu sehen.

1854/55 hätte sich Nußdorf beinahe zum Kohlehafen der Bodenseeschifffahrt entwickelt, als der Überlinger Ullersberger im Nußbachtal auf Kohle gestoßen war. Eine Untersuchung ergab, dass der Brennwert der Kohle ausreichend war, um als Brennstoff für Dampf zu dienen. Doch die Kohlenflöße waren so schmal, dass sich deren Abbau niemals gerechnet hätte.

Erst ab 1933 begann man sich in Nußdorf mit einem Anschluss an die gut 100 Jahre alte motorisierte Bodenseeschifffahrt zu beschäftigen. Mitte der dreißiger Jahre wurde ein Steg für die Kleinschifffahrt an der Stelle gebaut, wo der heutige Landungssteg steht. Dort konnten aber die großen Dreideck-Motorschiffe Baden (Baujahr 1935) und Karlsruhe (Baujahr 1937) nicht anlegen.

Erst nach dem Krieg wurde in der ersten Hälfte der fünfziger Jahre ein Landungssteg in der heutigen Form nach Abriss des alten gebaut. Dies geschah auf Initiative des Nußdorfer Motorbootunternehmers Hermann Zündel, der den alten Steg für sein Schiff MS Pirat für ungeeignet hielt.

Im Zuge der Renovierung dieses Stegs wurden im Jahre 1991 die darunter und nahebei liegenden Pfahlbaufelder durch Kiesaufschüttungen geschützt. Schon der alte Steg führte direkt durch fünf unterschiedliche Kulturschichten aus der Pfahlbauzeit.

Motorschiff Pirat, einziges Nußdorfer Schifffahrtsunternehmen in den fünfziger Jahren

MS Gunzo am Nußdorfer Landungssteg

Auch an diesem Steg können nur kleine Motorschiffe entweder an der Ost- oder an der Westseite anlegen. Diese Einschränkung ist zwar nicht schön, kann aber hingenommen werden, da es Umsteigemöglichkeiten auf größere Schiffe in Überlingen, Uhldingen, Meersburg, Konstanz und auf der Mainau gibt. Problematisch aber ist, dass der Steg um 20 Meter zu kurz ist. Bei niedrigem Wasserstand können nämlich selbst die kleinen Motorschiffe nicht mehr anlegen. Dies kann im Frühjahr passieren, wenn der normalerweise niedrige Wasserstand im Winter besonders stark gesunken ist. Auch in besonders trockenen Sommern kann sich der See so weit zurückziehen, dass ein Anlegen nicht mehr möglich ist. In solchen Fällen bietet sich den Nußdorfern und ihren Gästen der drei Kilometer entfernte Landungsplatz in Überlingen an.

Wirklich bedenklich ist, dass Schiffe, die üblicherweise auf der Westseite anlegen, über ein noch nicht erforschtes Pfahlbaufeld fahren und mit ihren Schrauben den Grund aufwirbeln. Die Nußdorfer und die Unterwasserarchäologen in Hemmenhofen sind sich daher einig, dass hier noch etwas zu tun ist.

Bahnhof Nußdorf

Wer heute vom Nußdorfer Bahnhof aus in die nahe oder weite Welt reisen will, erlebt zwar einen Bahnhof ohne Personal, aber mit einigem Komfort: Er ist bequem von Nußdorf aus zu Fuß, per Rad und mit dem Auto erreichbar. Die Bushaltestelle befindet sich direkt vor dem Bahnhof. Der Parkplatz erlaubt kostenloses Parken ohne Zeitbeschränkung und das Fahrrad kann in regengeschützten Fahrradständern deponiert werden. Die Fahrkarten sind am Automaten zu lösen, was meistens funktioniert. Die Informationen über Verspätungen kommen über die digitale Anzeige oder per Lautsprecher aus dem Off. Verspätungen sind nicht selten und vorwiegend der eingleisigen Bodenseegürtelbahn geschuldet. Aufkommenden Ärger darüber sollte man als Nußdorfer aber vielleicht mit der Erinnerung an die Zeit dämpfen, als an dieser Haltestelle kein Zug mehr hielt und es sogar Pläne für den Abriss des Bahnhofsgebäudes gab. Das ist noch gar nicht so lange her: 1982 bis 2001.[1]

Bahnhofsgebäude 1981

Doch zunächst zum Anfang, zum Bau der Gleise am Bodensee und der Eröffnung des Nußdorfer Bahnhofs.

Schon 1864 bemühten sich die Gemeinderäte der Orte zwischen Radolfzell und Immenstaad, d. h. explizit auch Nußdorf, in einem Brief an die Hohe zweite Kammer der Ständeversammlung des Landes Baden um den Bau der Eisenbahnverbindung von Radolfzell nach Lindau. Interessant ist die Begründung: Als erstes Argument wurde ein militärstrategisches angeführt: „[…] bei Invasion des Feindes von Westen her, könnten

1 Als Quellen für diesen Beitrag dienten ein Artikel von Thomas Zehender, 1982 anlässlich der Stilllegung des Bahnhofs verfasst, ein Artikel des Südkuriers von 2001, anlässlich der Wiedereröffnung veröffentlicht, sowie eine Broschüre, die der Nußdorfer Ortsvorsteher Rudolf Beck ebenfalls bei der Wiedereröffnung des Bahnhofs verfasst hatte - u. a. mithilfe der beiden erstgenannten Quellen.

auf diesem Weg umgehend Truppen von Osten her transportiert werden." Tatsächlich hatten die Gemeinden jedoch wirtschaftliche Interessen, d. h. die Eisenbahn sollte den Orten am nördlichen Ufer des Bodensees wirtschaftlichen Aufschwung bringen. Für jeden Ort wird deshalb genau aufgeführt, welcher Wirtschaftsbereich - in den Bereichen Landwirtschaft und/oder Industrie - davon profitieren würde. Dabei wird auch Nußdorf mit seiner Viehzucht genannt. „Um wie viel größer würde die Ausfuhr sein, wenn diese Produkte mittelst Eisenbahn versandt werden könnten." Für Nußdorf hat diesen Brief[2] Bürgermeister Reichle unterzeichnet.

Der Bau der Großherzoglich Badischen Staatseisenbahn (BadStB) im Nußdorfer Bereich begann in den letzten Jahren des 19. Jahrhunderts. Sie war Teil der sogenannten Bodenseegürtelbahn. Die Strecke von Überlingen nach Friedrichshafen wurde 1901[3] dem Verkehr übergeben und Nußdorf hatte seinen eigenen Bahnhof.

Obwohl der Bau vielen Nußdorfern Arbeit verschaffte, gab es für viele auch gravierende Nachteile. Fast brutal wurde das Dorf in zwei Teile getrennt, einige Grundstücke mit Häusern mussten 1897/98 enteignet werden. Die Eigentümer, es waren der Großvater von Ernst Beck, dessen Gebäude am Weihnachtsfest 1895 abgebrannt waren, sowie die Bauern Zündel und Wilhelm, wurden allerdings angemessen entschädigt. Sie bekamen andere Grundstücke in der Nähe des Rathauses im Dorf zugewiesen. Als die Bahn dann in Betrieb war, bedeuteten die damaligen Dampfloks starke Lärm- und Rußbelästigungen für die Bewohner der naheliegenden Häuser.

Aber nun konnten Touristen direkt in Nußdorf aussteigen. Der Mühlhofener Fabrikant Spek hatte diese Touristen im Blick, als er um 1900 oberhalb des Bahnhofs die sogenannte Spek'sche Villa als Bahnhofshotel baute - mit einer Gaststätte im Untergeschoss und Gästezimmern im Obergeschoss.[4]

Einen Touristenboom erlebte der Bahnhof dann im Dritten Reich, als die KdF[5]-Touristen hier von ihren Gastfamilien mit einem Handwagen fürs Gepäck abgeholt wurden. In den fünfziger und sechziger Jahren hielten hier sogar Fernzüge, die Touropa-Touristen nach Nußdorf brachten. Touropa hatte dafür extra Haltebefehle eingeholt. Auch für Jugendliche, die zur nahegelegenen Jugendherberge wollten, war der Nußdorfer Bahnhof ideal.

Die wesentlichste Rolle spielte der Nußdorfer Bahnhof jedoch für den Güterverkehr. Schon vor dem Zweiten Weltkrieg hatten hier ein Landespro-

---

2 einzusehen im Stadtarchiv Überlingen

3 Laut einer anderen Quelle (s'brennt. Eine Stadt und ihre Feuerwehr 1853 - 2003) fuhr der erste Zug von Überlingen nach Friedrichshafen am 1. Oktober 1905.

4 Als sich das Hotel nicht mehr rentierte, vermietete er die Gastzimmer als Wohnungen. Die Bahnhofsgaststätte blieb auch nur ein Jahr im Betrieb.

5 „Die Nationalsozialistische Gemeinschaft Kraft durch Freude (KdF) war eine politische Organisation mit der Aufgabe, die Freizeit der deutschen Bevölkerung zu gestalten, zu überwachen und gleichzuschalten." (Wikipedia 2017).

duktehändler sowie der Consum-Verein, d. h. die Landwirtschaftliche Ein- und Verkaufsgenossenschaft Nußdorf, ihre Lagerschuppen. Über den Nußdorfer Bahnhof versandte der Großbauer vom Hessenhof, Leopold Schnackenberger, von 1902 bis 1905[6] seine vielfältigen Obst- und Gemüseprodukte in Fässern, Körben und Kisten bis weit ins Deutsche Reich hinein - nach Dresden, Berlin, Hamburg, Leipzig, Görlitz, Flensburg, ja sogar bis nach Genf und Paris. Der Obst- und Kartoffelgroßhändler Josef Beck, Vater von Rudolf Beck, hatte in den dreißiger Jahren einen ähnlich weit verstreuten Kundenkreis. Er verschickte seine Waren gar waggonweise. Seine Aufzeichnungen belegen z. B. einen Waggon Falläpfel, der von der Marmeladenfabrik Zentis in Aachen bestellt worden war.

Nach dem Krieg errichteten am Bahnhof weitere Firmen ihre Lagerschuppen mit Gleisanschluss: ein Papiergroßhändler, ein Möbelhersteller und eine Gießerei. Die in den Kramer-Werken hergestellten Traktoren wurden von hier zu Hunderten sogar bis nach Österreich und Frankreich transportiert.

Baumaschinen der Firma Kramer bei der Verladung an der Rampe des Nußdorfer Bahnhofs

Öl und Kohle wurden für den Brennstoffgroßhändler Bommer angeliefert; die Kohle musste in Nußdorf dann mühsam aus den offenen Waggons heraus geschaufelt werden, bevor eine Kranentladeeinrichtung aufgestellt wurde. Und selbst Brennöfen für Ziegeleien in Australien wurden von hier verschickt. Zuletzt wurde auch noch Bimskies entladen, um damit auf dem Gelände des heutigen Einkaufszentrums Bommer Hohlblockbausteine zu fertigen.

Rudolf Beck schrieb:

„Auf einer Bahnwaage konnten beladene abgehende Waggons versandfertig gemacht werden, um noch am selben Tag oder am nächsten frühen Morgen vom Rangierzug mit Dampflok übernommen zu werden. Um die beladenen Waggons von den Lagerschuppen zur Waage zu bringen, wurden sie mit einem riesigen Hebeleisen, angesetzt zwischen Schiene und Rad, ins Rollen gebracht und mittels eines Radschuhs an der Waage gebremst. Für oftmals anwesende Kinder - das Bahngelände war auch ein immer interessanter Abenteuerspielplatz - war es jeweils ein Erlebnis, diese kurze Strecke im Bremsstand des Waggons mitfahren zu dürfen. Die Bahnwaage hatte aber auch noch wei-

6 Aus dieser Zeit liegen seine detaillierten Aufzeichnungen vor.

tere Funktionen zu erfüllen. So konnten Landwirte Heu- und Strohwagen und anderes Gut wiegen lassen. Sogar Großvieh wurde gewogen. Schließlich gab es einen bahnamtlichen Wiegeschein, der von Käufern und Verkäufern gleichermaßen anerkannt wurde.

Zwei bis drei Bahnbedienstete waren immer beschäftigt mit Fahrdienstaufsicht, Fahrkartenverkauf, Versandabfertigung und dem Ein- und Ausladen von Stückgut. Da gab es auch den ‚Weichenschmierer und Laternenanzünder' für die Ein- und Ausfahrtsignalanlagen. Im Winter mussten außerdem die Weichen von Eis und Schnee freigehalten werden. Wollte man Gästen mit Koffern beim Ein- und Aussteigen behilflich sein, musste man eine Bahnsteigkarte lösen, für 20 Pfennig, denn für Nichtfahrgäste war das Bahnhofsgelände hermetisch mit Zäunen abgegrenzt.

Im längst abgebrochenen Nebengebäude östlich des Hauptgebäudes befand sich die ‚Bahnhofslandwirtschaft': Der Brennholzschuppen, der Hühner-, Hasen- und Ziegenstall. Die Ziegen wurden spöttischerweise Bahnwärter- oder Bahndammkühe genannt. Neben dem Ziegenstall befand sich ein Plumpsklo und vor dem Gebäude war ein wunderschöner, gusseiserner Pumpbrunnen mit einem kleinen Schild: Kein Trinkwasser."

Die Kinder des Bahnhofsvorstehers Ottmar Sterk

Der letzte Bahnhofsvorsteher, Ottmar Sterk, erinnerte sich 1982: „Der erste Rangierzug kam schon morgens um fünf an. Vor 20 Jahren stiegen morgens bis zu 120 Personen in Nußdorf aus, die beim Bodenseewerk und beim Kramer gearbeitet haben."

Besonders lebendig muss es am Bahnhof zugegangen sein, wenn die Schafhirten von der Alp ihre Schafe im Spätsommer in Bahnwaggons zu den wärmeren Bodenseeweiden transportierten oder wenn ein Zirkus kam und seine Tiere in Nußdorf auslud.

Aber der Nußdorfer Bahnhof hatte auch noch ein ganz anderes Gesicht. Er war nämlich für den letzten Bahnhofsvorsteher mehr als ein Arbeitsplatz. Dieser wohnte im Obergeschoss des Bahnhofs und hatte das Bedürfnis, den Bahnhof zu verschönern - mit selbstbepflanzten Blumentrögen auf dem Bahnsteig. Außerdem baute er in seiner „Eisenbahnerlandwirtschaft" - auf einem Grundstück unterhalb der Bahngleise - für den Eigenbedarf Gemüse an und hatte sogar 22 Obstbäume am Bahndamm gepflanzt. Laut Rudolf Beck „war die ganze Umgebung inklusive des Bahndamms eine wunderschöne gepflegte Anlage, auch mit Blumen."

Doch die Bahn hielt damals nicht viel von Bahnhofsromantik. Laut Südkurier gab es 1970 Pläne der Bahn, das hübsche Bahnhofsgebäude abzureißen und „durch einen zweckdienlichen Neubau, der einen Dienstraum für den Fahrdienstleiter, einen kleinen Warteraum und einen Lagerraum vor[sah]" zu ersetzen. Eine Renovierung des alten Gebäudes wurde als nicht lohnenswert erachtet. Zum Glück wurden diese Pläne nicht verwirklicht.

Ende der achtziger Jahre veränderte sich die Nutzung des Bahnhofs: Die Betriebe hatten expandiert und sowohl An- als auch Auslieferungen erfolgten zunehmend über Lastwagen. Damit hatte der Bahnhof Nußdorf nicht mehr genügend Stückgutverkehr. Außerdem kamen die Arbeitnehmer der großen Betriebe zunehmend mit dem eigenen Auto. Der Bahn dienten diese Entwicklungen als Rechtfertigung, die Haltestelle Nußdorf anlässlich notwendiger Rationalisierungsmaßnahmen zu schließen.

Rudolf Beck schrieb: „Am 31. Mai 1982 wurde der Nußdorfer Bahnhof geschlossen und ein Jahr später zum Kauf angeboten. Damit hielten auch keine Züge mehr in Nußdorf. Der Bahnhof fiel zunächst in einen Dornröschenschlaf. Gleise wurden demontiert bis auf das Durchgangsgleis. Das Gebäude gammelte still vor sich hin, bis es von der Stadt Überlingen im Jahre 1983 erworben wurde, um nach geringen Umbauten im Innern nunmehr als Jugendhaus Rampe zu dienen. Der Allgemeinzustand wurde dadurch allerdings nicht besser. Dennoch war der Ankauf durch die Stadt auch aus heutiger Sicht ein Glücksfall. Dadurch konnte das Gebäude jüngst zumindest äußerlich durch die Stadt und mitarbeitende Jugendliche renoviert werden."

Eine Haltestelle wurde der Nußdorfer Bahnhof jedoch erst wieder, als im Zuge der Neueröffnung des Bahnhofs am Zentralen Omnibusbahnhof (ZOB) der Bahnhof Überlingen-Ost geschlossen wurde. Aus städteplanerischer Sicht gab es nun wieder Sinn, die Züge auch ohne Güterverkehr hier halten zu lassen. Die Neueröffnung 2001 wurde mit einem großen Fest gewürdigt. Mehrere 100 Menschen, so viele hatte der Reporter vom Südkurier beim Festakt gesichtet, lauschten den Reden der Prominenz - das waren der Leiter des Bahnhofsmanagements der DB Station & Service AG in Friedrichshafen, Dieter Gaßner, der Oberbürgermeister von Überlingen, Volkmar Weber, sowie der

Ortsvorsteher Rudolf Beck und Oberbürgermeister Volkmar Weber bei der Neueröffnung des Bahnhofs 2001

Nußdorfer Ortsvorsteher Rudolf Beck. Der Musikverein Nußdorf gab den feierlichen Rahmen.

Wenn man heute mal wieder etwas länger am Nußdorfer Bahnhof auf seinen Zug warten sollte, kann man sich freuen, dass dort immer noch das ursprüngliche Bahnhofshäuschen steht - und Blumen gibt es auch wieder, nicht in Kübeln, aber in Beeten.

Die Post

Ja, in mancher Hinsicht ist es früher besser gewesen. Nicht nur, dass es schon ab 1905 eine sogenannte Poststelle für die ca. 200 Einwohner von Nußdorf gab. Diesen wurden auch zwei Mal täglich die Post zugestellt. Derartig verwöhnt klagten die Bürger 1926 „dass die Post nur einmal täglich, und zwar sehr spät zugestellt wird; sonntags finde überhaupt keine Postzustellung statt. Früher sei die Postzustellung zweimal täglich und auch sonntags erfolgt." Dafür konnten sich jetzt all diejenigen freuen, denen die Sonntagsruhe heilig war - vor allem die Postmitarbeiter. Entsprechend wurde den Nußdorfern geantwortet: „Die Zustellung an Sonntagen [...] ist aufgehoben. An eine Wiedereinführung kann aus finanziellen Gründen nicht gedacht werden. Es liegt übrigens auch in der Richtung der neuzeitlichen Entwicklung, die Sonntagsruhe nach Möglichkeit zu fördern."

Die alten Nußdorfer erinnern sich noch an den Briefträger aus Überlingen, Herrn Hini. Er hatte nur noch einen Arm und fuhr mit einem speziellen Fahrrad die Post aus. Das Fahrrad hatte hinten ein großes und vorne ein kleines Rad für den großen Gepäckträger. Dort war Platz für die große Tasche mit der Post. Am Lenker hing, wie Zeitzeugen berichten, ein seltsamer Gegenstand: Ein kleines in Papier gewickeltes „keulenartiges Instrument" als Waffe für etwaige Überfälle. Immerhin war der Briefbote auch gleichzeitig Geldbote. Praktisch war: Man konnte bei Herrn Hini auch Briefmarken kaufen und Postsendungen aufgeben.

Was die Kundenbedürfnisse betraf: Nach dem Zweiten Weltkrieg siegte dann wieder der Servicegedanke: Nußdorf bekam im Sommer 1945 zunächst eine öffentliche Fernsprechzelle[1] an der Straße Zur Barbe 2. Das war ein Fortschritt. Bisher war das Telefon in den Privaträumen der Familie installiert, die jeweils in ihrem Haus die Poststelle betrieb. Immer wieder war es zu Klagen wegen mangelnder Diskretion gekommen. Außerdem wurde die 1946 eingerichtete „Poststelle I" 1952 zur „Poststelle II" mit täglichen Öffnungszeiten, also auch sonntags von 11 bis 12 Uhr, aufgewertet.

Im Dorf erinnert man sich noch an die Poststelle im Obergeschoss des gemeindeeigenen Hauses der Familie Ruther, Zur Barbe 2. Als die Familie Ruther 1953 in der Straße Zum Hecht 2 ein eigenes Haus baute, nahm sie die Poststelle mit und betrieb sie bis 1970.

1 Telefonisch war Nußdorf schon seit 1906 erreichbar.

Die Poststelle im Haus der Familie Ruther, Zum Hecht 2

Die Post mietete ab 1970 Räume im gegenüber gelegenen Haus der Familie Gumberger-Knepple, Zum Hecht 3, wo die Poststelle II mit verschiedenen Postbeamtinnen bis 1998 residierte.[2] Der Ortsvorsteher Rudolf Beck verabschiedete 1998 die letzte Postangestellte Renate Guggelbeger. Das Nußdorfer Postamt wurde geschlossen.

In den folgenden Jahren wurde viel herumexperimentiert: Die Poststelle wanderte von einem Standort zum anderen - von einer Garage im Döbel in ein Wohnhaus im Hecht, von dort in die Tourist-Information im Dorfgemeinschaftshaus und schließlich ins Haus Butscher am Salm. Und auch die Namen änderten sich: mal hieß die Poststelle „Agentur", dann „Postfiliale". Die Betreiberinnen, u. a. Mechthild Knapp und Helga Sebecke, wurden zeitweise auf Minijobbasis und z. T. nach Umsatz vergütet. Um finanziell über die Runden zu kommen, versuchten beide, die Postdienstleistungen mit anderen Angeboten zu kombinieren: Schreibwaren, Malbedarf, Geschenkartikel, Büroservice, Telekom-Shop. Letztlich hat sich der Aufwand nicht ausgezahlt, vor allem nach Einrichtung einer zweiten Postfiliale im Einkaufszentrum. Die Postfiliale im Ortskern wurde 2008 endgültig aufgegeben.

Geblieben ist die Postfiliale im Einkaufszentrum. Auch dessen Pächter macht sein Geschäft nicht allein mit dem oft aufwändigen Abwiegen und Frankieren der Päckchen und Pakete, sondern mit Zeitschriften, Süß- und Tabakwaren.

2 Im Nachbarhaus gab es in den achtziger Jahren die Kneipe Posthörnle.

Bundesstraße 31

Vor dem Bau der heutigen B31-Trasse war die Hauptverkehrsstraße von Nußdorf die Landstraße von Uhldingen nach Überlingen. Heute sind das die Straßen Zum Hecht, Zum Laugele, Zum Karpfen und die Überlinger Alte Nußdorfer Straße. Außerdem gab es noch eine Straßenverbindung von Nußdorf nach Salem. Deren erstes Stück ging entlang der Pfrille vom Hecht bis zum Friedhof, von dort weiter über die Zufahrtsstraße zur B 31 (L 195 c) in den Weller und danach in den Wirtschaftsweg, der unter der B 31 Richtung Milchenberg führt. Dann verlief sie nördlich entlang dem Milchenberg und wendete sich hinter dem Milchenberg nach Nordosten durch den Wald bis zum Prälatenweg, dem direkten Weg von Maurach nach Salem.

Dies waren über Jahrhunderte die Wege von Nußdorf in die Welt. Die erste Änderung kam 1901 mit Fertigstellung der Bodenseegürtelbahn zwischen Radolfzell und Friedrichshafen und der Errichtung des Bahnhofs Nußdorf. Bei den Straßen dauerte es nochmal 33 Jahre bis zu einer Veränderung der Fernstraßenverbindung. 1934 wurde mit der Reichstraße 31 eine Verbindung zwischen Breisach und Lindau geschaffen. Dafür wurde im ersten Schritt in unserem Raum einfach die vorhandene Landstraße zwischen Meersburg, Uhldingen und Nußdorf zur R 31 erklärt. Bis zur Renovierung von Schloss Maurach 1985 - 1992 führte die Reichsstraße bzw. die spätere Bundesstraße 31 durch zwei Tore und über den Hof von Maurach. Der Investor, der die Renovierung finanzierte, hatte dann darauf bestanden, die Durchgangsstraße für immer zu schließen.

Schon 1938/39 wurde die Höhenstraße Uhldingen - Sipplingen bis zum Abzweig Nußdorf fertiggestellt. Der Krieg beendete die Bauarbeiten an dieser Höhenstraße, auch wenn damals schon eine Brücke über den Weg Richtung Milchenberg fertig gestellt worden war. Man konnte bis zur Anschlussstelle Nußdorf fahren und wurde dann hinunter auf der L 195 c nach Nußdorf in die heutige Straße Zum Salm geführt. Von dort ging es geradeaus weiter nach Überlingen. Da der Weg durch den Hof von Maurach offen blieb, konnte man Nußdorf über zwei Straßen von Osten her anfahren. Beim Gasthof Löwen vereinigten sich beide Straßen. Der Salm musste in den sechziger Jahren wegen erhöhten Verkehrsaufkommens verbreitert werden, wogegen sich der Nußdorfer Gemeinderat vergeblich gewehrt hatte. Ende der sechziger Jahre wurde begonnen, das fehlende Stück der Höhenstraße Sipplingen - Uhldingen zwischen Nußdorf und Sipplingen fertigzustellen. Gegen die Trasse im Hinterhof Nußdorfs wehrten sich betroffene Bürger vergeblich. In einem Urteil des Verwaltungsgerichts verloren sie ihre Klage kostenpflichtig. Im ersten Schritt der Fertigstellung der Höhenstraße wurde die seit 1939 bestehende Brücke über den Weg Richtung Milchenberg abgerissen und neu gebaut. Dann wurden 1968 die Straße bis zum Nußbachtal, die Nußbachtalbrücke und die B 31 bis hinunter nach Sipplingen fertiggestellt und dem Verkehr übergeben.

Der Nußbachviadukt von Westen aus

Die nördlich an Nußdorf vorbeiführende B 31 ist letztlich Nußdorfs Lebensader, spätestens, seit 1982 der Bahnhof Nußdorf geschlossen wurde. Seit seiner Wiedereröffnung 2001 dient dieser nur noch dem Personenverkehr.

Der Verkehr auf der B 31 vom Anschluss Nußdorf bis nach Sipplingen ist laut. Dies macht sich besonders im Winter bemerkbar, wenn das Laub auf den Bäumen als Lärmdämpfung fehlt. Besonders stört das Geräusch jedes einzelnen Fahrzeugs, das auf die Nußbachtalbrücke fährt bzw. diese wieder verlässt.

Der Lieferverkehr von und nach Nußdorf führt über den B31-Anschluss Nußdorf, im Nordosten über der Konstantinhalde gelegen. Für das Dorf bedeutet das einen starken Durchgangsverkehr, auch weil der Anschluss Nußdorf gerne von aus Osten kommenden nach Überlingen fahrenden bzw. von Überlingen nach Osten fahrenden Pkws und Lkws genommen wird. Dieser Durchgangsverkehr war einer der Gründe, dass Nußdorf das Prädikat Erholungsort im Jahr 2008 nicht erhalten hat. Die Nußdorfer hoffen, dass sich der Durchgangsverkehr 2021 nach der Fertigstellung einer neuen Anschlussstelle westlich vom Nußbachtal deutlich verringern wird. Vor dem zu erwartendem stärkeren Lärm auf der B 31 zwischen der alten Nußdorfer Anschlussstelle und dem Westende der Nußbachtalbrücke soll eine neue Lärmschutzmauer schützen.

Wasserversorgung

Um es gleich vorweg zu nehmen: Die Kommunale Nußdorfer Wasserversorgung ging als zentrale Einrichtung der Gemeinde am 5. Juni 1903 in Betrieb und kostete sie 31.724 Mark. So berichtete es der Nußdorfer Hauptlehrer G. A. Eckert in seiner Veröffentlichung „Entstehung und Beschreibung der Wasserleitung in Nuszdorf bei Überlingen/Bodensee."[1]

Natürlich hatte Nußdorf nie wirkliche Wassernot; alle Häuser waren - nach einem mit einer Feder gezeichneten Grundriss von Nußdorf aus dem Jahr 1713[2] - nahe am See oder am Nußbach gelegen. So konnte das Vieh immer mit Wasser versorgt werden. Auch hatten alle Häuser eigene kleine Brunnen, allerdings von geringer Tiefe, mit der Folge, dass die Wasserqualität wahrscheinlich nicht besonders gut war. Hauptlehrer Eckert beschreibt dies in amüsanter Art in seiner Broschüre: „Gesundheits- und geschmackshalber ist es auch gerade nicht angenehm, wenn gewisse, zur Benützung kommende Pumpbrunnen zu ihrer Speisung Extrakte aus Güllen- und Senkgruben so nebenbei beziehen." Aber auch die Herbeischaffung des Wassers sei mühsam gewesen. Der Bau einer zentralen Wasserversorgung war also mehr als sinnvoll.

Der Inbetriebnahme 1903 vorausgegangen war, beginnend im Jahre 1896, der Versuch des Gymnasialprofessors Hermann Sevin[3], durch private Finanzierung eine Wasserversorgung zu bauen. Er scheiterte an den Kosten. Dennoch bekam er 18 Unterschriften von den insgesamt 30 Bürgern[4] Nußdorfs. Aber er hätte die Unterstützung von allen für die Finanzierung gebraucht und musste daher seine Idee aufgeben.

Doch seine Initiative blieb nicht folgenlos. Als der Geheime Regierungsrat Gross von diesem Vorhaben erfuhr, veranlasste er „unter Beihilfe des damaligen Bürgermeisters Böhler eine private, freiwillige Bürgerversammlung im [...] Gasthaus zum Löwen in Nussdorf." Der „für das Wohl der Bürgerschaft sehr eingenommene, diensteifrige Staatsbeamte" schaffte es, den Nußdorfer Gemeinderat zu einem Gemeindebeschluss zu bewegen - mit Erfolg. Am

1 Ohne Jahresangabe, wahrscheinlich 1903

2 wohl die älteste schriftliche Überlieferung zum Thema Wasserversorgung

3 G. A. Eckert erwähnt einen Professor Dr. Sevin; nach Angaben der Deutschen Biographie gab es 1841 - 1906 einen Pfarrer und Gymnasialprofessor Hermann Sevin. Die Überlinger Leopold-Sophien-Bibliothek hat fünf historische Titel eines Hermann Sevin im Bestand, alle zwischen 1890 und 1906 veröffentlicht. Es ist zu vermuten, dass es sich um dieselbe Person handelt.

4 Nicht alle Einwohner von Nußdorf hatten den Status eines Bürgers.

17. Juni 1900 wurde von der Nußdorfer Gemeinde mit 15 von 27 Stimmen beschlossen, die entsprechenden finanziellen Mittel zur Erkundung entsprechender Quellen zu bewilligen. Doch es war nicht nur Gross, der sich in Nußdorf für eine zentrale Wasserleitung einsetzte. „Der Erfolg ist zum größten Teil dem energischen und zielbewussten Bemühen des Herrn Bürgermeisters Zundel zu verdanken.“ Zu den Bemühungen zählte vor allem auch die Aussicht, dass die Kosten nicht allein an den Nußdorfern hängen bleiben würden.

Dann ging es wohl zügig voran, was aus dem Datum der Inbetriebnahme - 1903 - ersichtlich ist. Lehrer Eckert beschreibt in seinem Büchlein sehr detailliert die Untersuchungen der geeigneten Quellen, die Vergabe der Bauarbeiten und Materiallieferungen und schließlich die baulichen Maßnahmen. Seine Darlegungen schließen mit einer ausführlichen Auflistung der Kosten und deren Tilgung. Seine Begeisterung für dieses gelungene Projekt hat Eckert dann noch in einem Gedicht zum Ausdruck gebracht, das mit dem 26. Vers wie folgt endet:

„So walte mächt'ge Einigkeit
Für's Gute bis in Ewigkeit,
Und bringe köstlich gute Frucht,
Sowie des Wasserwerkes Wucht!“

Die damals erstellte Quellfassung liegt auf der Überlinger Gemarkung am Mühlbachweg und Riedmühlenkanal und ist immer noch erkennbar.[5] Das kleine Gebäude der ersten Quellfassung mit einem Becken von 55 Kubikmetern für die Reservehaltung steht heute noch und sollte nicht verfallen.

Das alte Wasserhaus im Wald

5 heute nicht mehr vorhanden, aber das Kanalbett ist noch zu sehen

Das Quellwasser selbst kam vom Gelände des heutigen Sportzentrums Altbirnau, bezeichnet als Gewann Wachholderbühl. Dieses Gebiet war leicht hügelig, so dass sich dort Niederschlagswasser sammeln konnte. Die gesamte Wasserversorgung kam ohne Pumpen aus, weil sich die Quellfassung auf einer Höhe von ca. 430 Meter befindet, während die Bebauung am See auf ca. 400 Metern liegt. Die Quelle hatte eine Schüttung von 0,7 Sekundenlitern.

Interessanterweise finden sich im Bauplan der Großherzoglichen Kulturinspektion von Januar 1901 drei öffentliche Brunnen als Viehtränke mit folgenden Standorten:

- im Hinterdorf, etwa zwischen den heutigen Anwesen Zum Kretzer 10 und 12,
- im Unterdorf Zur Barbe 8 und
- im Karpfen zwischen den Grundstücken Nr. 4 und 6, d. h. etwa 20 Meter westlich des jetzigen Standorts oberhalb der Kirche, gegenüber dem Blumenladen Fuchs.

Nur der Brunnen im Karpfen ist gebaut worden. Die Wasserleitung wurde zum Teil über das Hofgut Hessenhof geführt. Bis ca. 1950 war die Wasserversorgung ausreichend. Als nach 1950 eine massive Neubautätigkeit begann, mussten neue Leitungen verlegt und nach einer stärkeren Quelle gesucht werden. Auf Empfehlung des Geologischen Landesamtes wurde gegenüber dem Grundstück Zum Karpfen 6 mit Erfolg gegraben. In den folgenden Jahren bezogen die Nußdorfer ihr Wasser aus dieser Quelle. Das Pumpenhäuschen mitsamt der Pumpe steht noch.

Als ab ca. 1965 mit dem Bau der B 31 begonnen und der Nußbach-Viadukt gebaut wurde, hat diese zweite Quelle in der Schüttung nachgelassen und war wohl verschmutzt. Die Nußdorfer mussten ihr Wasser deshalb abkochen. Möglicherweise wurden bei Herstellung der Brückenpfeiler die Wasserwege beschädigt. Wieder musste nach einer neuen Wasserversorgung gesucht werden.

Parallel zu dieser ersten Nachkriegswasserversorgung am Karpfen wurde oberhalb der B 31 auf dem wahrscheinlich höchsten Punkt Nußdorfs, dem Hügel Wiegelhalde, ein Hochbehälter mit einem Reservoir von 250 Kubikmetern Fassungsvermögen gebaut. Komplettiert wurde er mit einer entsprechenden Druckleitung von der Quelle am Karpfen.

Damit sollte das tagsüber geförderte, aber nicht vollständig verbrauchte Wasser zusammen mit der Nachtförderung gespeichert werden. Nußdorf hatte nun also genügend Wasser, doch mit der Qualität war man nicht zufrieden: Es hatte einen hohen Härtegrad, sprich Kalkanteil.

Demzufolge war wieder Wassersuche angesagt. Die Gemeindeväter - Gemeinderat und Bürgermeister Butscher - entschieden sich sowohl gegen einen Anschluss an die Überlinger Wasserversorgung als auch gegen einen

Der Hochbehälter im Bau Anfang der fünfziger Jahre

Anschluss an die Sipplinger Bodenseewasserversorgung.[6] Sie beschlossen, auf eigener Gemarkung nach Wasser zu suchen und es zu erschließen. Durch Einschalten des Geologischen Landesamtes Karlsruhe wurde an verschiedenen Stellen in Nußdorf probegebohrt. Und mitten im Dorf, am Hecht, rechts vor der Bahnunterführung, stieß man schließlich in ca. 70 Metern Tiefe auf sehr weiches Quellwasser mit einer Schüttung von sieben Sekundenlitern.

Diese Menge reicht auch heute noch aus, Nußdorf sicher mit wertvollem Wasser zu versorgen. Aus Sicht von Experten der Sipplinger Fernwasserversorgung stellt die Nußdorfer Wasserversorgung eine Besonderheit in zweifacher Hinsicht dar: Zum einen konnte sich Nußdorf als Teilort seine eigenständige Wasserversorgung bewahren; zum andern übertrifft die Qualität des Nußdorfer Wassers sogar die viel gerühmte Qualität des Bodenseewassers. Und so ist es keine Seltenheit, wenn heute an den drei vorhandenen Brunnen[7] von Nichtnußdorfern Wasser in Kanister abgefüllt wird.

6 Deisendorf wurde vor einigen Jahren zum Teil an die Sipplinger Bodenseewasserversorgung angeschlossen, um das stark eisenhaltige Wasser Deisendorfs zu „verdünnen".

7 Die Brunnen befinden sich im Park vor dem DGH, hinter der Kirche sowie am Geschäfts- und Ärztehaus Zum Hecht 1.

Abwasser

Die Entwicklung Nußdorfs von einem kleinen Bauerndorf zum größten Überlinger Teilort mit heute rund 1.700 Einwohnern ging naturgemäß einher mit erhöhtem Konsum und einem Anwachsen der „Dinge", die entsorgt werden müssen: Abwasser und Abfall. Der ehemalige Ortsvorsteher Rudolf Beck, Jahrgang 1939, erinnert sich noch gut an die Entwicklungen in den letzten Jahrzehnten:

Die Entsorgung des Abwassers erfolgte zunächst direkt dort, wo es auch anfiel: bei den einzelnen Häusern. Es waren die Zeiten der Plumpsklos ohne Wasserspülung bis nach dem Zweiten Weltkrieg. Da sich die Abwassermenge in Grenzen hielt, hatte dies eine Zeitlang auch gut funktioniert. Das Abwasser wurde in Gruben gesammelt, die von Zeit zu Zeit geleert werden mussten. Dies übernahmen die Bauern zunächst selbst, die Kloake wurde ausgeschöpft und aufs Feld gebracht.

Ab ca. 1960 kam der Landwirt Franz Schumacher ins Geschäft. Der Vater von Siegfried Schumacher, dessen Familie noch heute im Haus Zum Salm 8 lebt, hatte in Eigeninitiative einen Traktor gebaut und ein Fuhrgeschäft angefangen. Er übernahm nun die Entleerung der Abortgruben gegen Gebühr. Zum Auspumpen benutzte er ein Vakuumfass, das vom Traktor aus angetrieben wurde und die Abwässer ansaugte.

Im Zuge der Entwicklung des ersten Neubaugebiets von Nußdorf, bestehend aus den Straßen Zum Felchen, Zum Saibling, Zum Zander, Zum Döbel, Zum Brachsen, Zum Weller und Zur Schleie, wurde 1950 unter dem damaligen Bürgermeister Josef Beck in der Straße Zum Alet eine Drei-Kammer-Kläranlage, eine sogenannte „Absetzanlage", gebaut. Die in der Karte als „Faulgrube" bezeichnete Anlage befand sich dort, wo heute der Kinderspielplatz ist. Vorher stand hier ein Flüchtlingsbehelfsheim auf gemeindeeigenem Grund. Es wurde um 1948/50 abgerissen, weil es nicht mehr gebraucht wurde.

Die Abwasserkanäle im Neubaugebiet entstanden nach und nach mit dem Bau der Häuser und flossen in einem großen Kanal zusammen. Wie man in der Karte sehen kann, verlief dieser (rot) von der Straße Zum Felchen kommend durch die Straße Zur Schleie unter der jetzigen Auffahrt zur B 31 hindurch, durch die Straße Zum Alet in die Kläranlage. Der Kanal ist heute noch intakt und dient als Zuleitung zum Hauptkanal zur heutigen Kläranlage nach Seefelden.

Die Nußdorfer Kläranlage funktionierte gut. Der Überlauf verlief unter

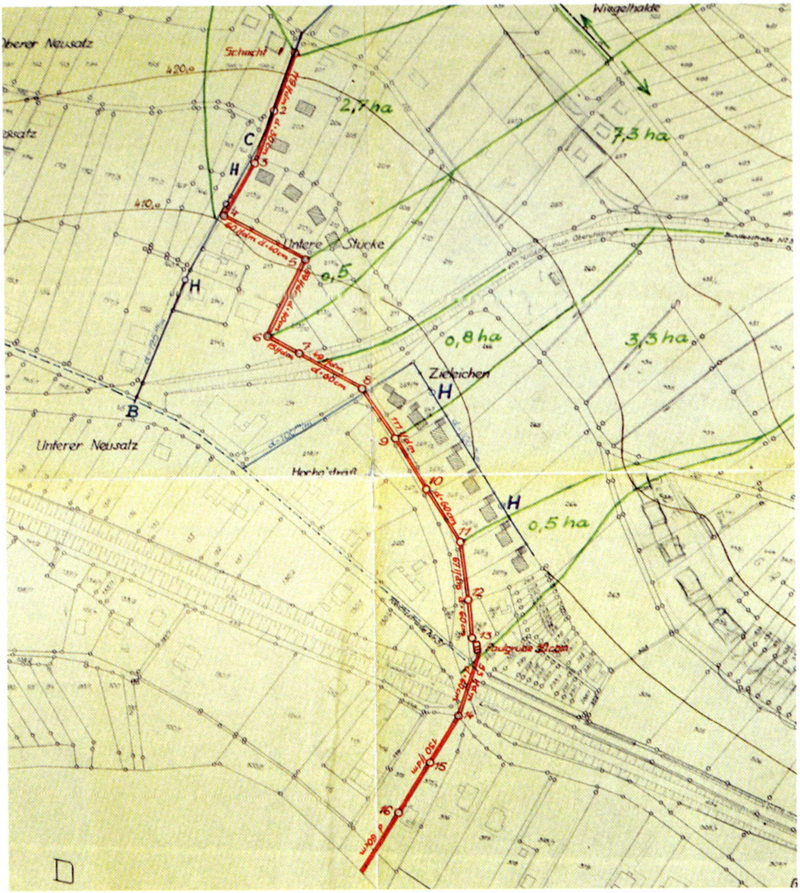

Verbesserung der Wasserversorgung (blau) und Kanalisation (rot), Ausschnitt aus einem Plan von 1952

der Straße Zum Hecht und mündete neben dem heutigen Kindergarten in den See (Zwischen Kindergarten und Haus Allgeier). Als Folge dieser „Düngung" gab es damals viele Fische im See. Die Fische haben vom Pflanzenreichtum gelebt, der durch die Phosphateintragung aufrechterhalten wurde.

Die Häuser unten im Dorf hatten zu der Zeit noch weiterhin Abortgruben, die ausgepumpt wurden. Ein Überlauf ging in den See. Hier gab es zunächst keinen dringenden Bedarf für eine Kläranlage.

Ende der sechziger Jahre jedoch war der Bodensee wegen zu großer Nährstoffzufuhr kurz vor dem Umkippen. Im Zuge der Bodenseeringkanalisation, parallel zur Gemeindereform um 1974, wurde daher der Anschluss des Nußdorfer Kanalsystems an den Hauptkanal zum modernen Klärwerk Seefelden vorgenommen.

Beim Strandbad wurde eine große Pumpstation gebaut. Daraufhin konnte der bereits vorhandene Kanal vom Neubaugebiet kommend direkt in den Hauptkanal geleitet werden. Die Kläranlage in Nußdorf wurde aufgehoben und der Spielplatz erstellt.

Die heutige Straße Zum Alet war ein Feuchtgebiet. Es ging ein Graben hindurch, der das Wasser auffing, welches von oberhalb des Friedhofs kam. Hier entstanden die Neubauten der Baugesellschaft „Neue Heimat" für Flüchtlinge. Die Straße Zum Alet wurde nun ausgebaut und die Rohre für den Abwasserkanal parallel zum Wassergraben verlegt. Die Abwässer fließen zunächst in Richtung Strandbad zur Pumpstation und werden von dort in gegenläufigen Rohren an der Bahnlinie entlang Richtung Seefelden gepumpt.

Auch die Abwässer aus Owingen, Bambergen und Deisendorf wurden in die Nußdorfer Pumpstation geführt, über einen Kanal beginnend im Auenbachtal von Owingen, entlang des Riedbachs in Deisendorf, parallel zum Nußbach durch den Wald und weiter entlang der Straßen Zum Döbel und Zur Barbe.

Kanalbauarbeiten in der Straße Zum Saibling, Ecke Zum Felchen

Das Pumphaus auf dem Strandbadparkplatz mit seinen drei übermannshohen Pumpen hat auch heute noch seine zentrale Funktion: Alle Abwässer werden von dort in den Hauptkanal Richtung Seefelden gepumpt und zwar bis ungefähr auf die Höhe des Hauses Nr. 36 in der Straße Zum Hecht, danach reicht das natürliche Gefälle bis zur Kläranlage Seefelden.

Es gibt in diesem Bereich insgesamt vier Abwasser-Leitungen: Eine Leitung, die aus der Straße Zum Alet kommt, führt in Richtung Strandbad, zwei Druckleitungen, die in Richtung Seefelden verlaufen, davon eine offizielle und eine Reserveleitung, sowie eine weitere Leitung, deren Entstehung einer näheren Erklärung bedarf:

Die seeseits gelegenen Häuser in der Straße Zum Hecht hätten aufgrund ihrer tiefen Lage ihre Untergeschosse nicht entwässern können, wenn sie direkt an den Hauptkanal angeschlossen worden wären. Das Abwasser hätte von jedem Haus einzeln hoch zum Kanal gepumpt werden müssen. Die Gemeinde Nußdorf löste dies durch eine relativ kostspielige Aktion: 1971 wurde eine zusätzliche Leitung durch die Gärten der seeseitigen Grundstücke gelegt (etwa ab Campingplatz Denz/Köhne), in der man die Abwässer zurück in Richtung Pumpstation am Strandbad leitete. Im Garten vom Haus Klemm, Hausnr. 66, wurde eine kleine Pumpstation errichtet, um das Abwasser zunächst hochzupumpen, damit es dann bis zum Strandbad fließen konnte. Es gibt daher heute in der Straße Zum Hecht zwei Leitungen, jeweils in gegenläufiger Richtung. Dies war mit ca. 200.000 DM eine recht hohe, aber sicher sinnvolle Investition, die sich bis heute bewährt hat.

Wem es an dieser Stelle schwerfällt, bei den vielen Rohren die Übersicht zu behalten, der sei mit der folgenden Anekdote getröstet, die Rudolf Beck aus der damaligen Zeit erzählt:

„Als die zwei Häuser oberhalb vom Verkehrsübungsplatz gebaut wurden, schloss man diese einfach an das nächstbeste Rohr an. Man erwischte dabei die Reserveleitung, die gerade nicht in Betrieb war. Beim ersten großen Regenwetter ging die Leitung in Betrieb und die Sch… wurde in den Keller gepumpt. Die Feuerwehr berichtete von einer ‚schönen Sauerei'."

Um 1974, als Nußdorf an den Hauptkanal angeschlossen wurde, hat man gleichzeitig das ganze Dorf kanalmäßig saniert. Vieles war bereits verrohrt und musste nicht mehr neu verlegt werden. Es brauchte aber etwa eine Zeit von drei Jahren, bis alles mitsamt Hauptkanal voll funktioniert hat.

Ab diesem Zeitpunkt konnte das komplette Nußdorfer Abwasser in die moderne Kläranlage Seefelden geleitet werden. Ein sichtbarer Nebeneffekt hiervon war, dass der See „sauberer" wurde. Der Pflanzenreichtum ging zurück und damit auch der Bestand an Fischen.

Müllentsorgung

Rudolf Beck erinnert sich aus seiner Kindheit: *„Müll gab es damals nicht viel. Außer der Landwirtschaft gab es nur wenige Häuser. Die Landwirte verfütterten Essensreste an die Tiere, den Grünabfall aus den Gärten warf man zum Teil auf die Misthaufen oder auf den Kompost zur Verrottung. Jedes Stückchen Holz wurde verheizt. Der Müll beschränkte sich auf zerbrochenes Geschirr, alte Schuhe - sofern man sie nicht verbrannt hat - und Konservendosen."*

Mit dem Aufkommen von Plastik wuchsen dann die Müllberge. Nach und nach entstanden auch immer mehr Häuser ohne Landwirtschaft und damit ohne die Möglichkeit, selbst Lebensmittel zu produzieren und anfallenden Abfall sinnvoll zu verwerten.

Schon vor dem Zweiten Weltkrieg entstand in Nußdorf der erste Müllplatz: Er lag am See, auf dem östlichen Gelände des jetzigen Strandbades. Der damalige Badeplatz war nur halb so groß wie heute das Strandbad. Das übrige Gelände war mit Schilf bewachsen. Es wurde Stück für Stück runtergedrückt und der Müll dort abgelagert. Heute verwundert die Idee, einen Müllplatz direkt am See zu errichten. Vermutlich gab es aber keine andere Nutzung für das Schilfgelände. Es war wohl auch kein „gefährlicher Müll".

Als das Strandbad erweitert werden sollte, vermutlich um 1960, war dann ein neuer Müllplatz nötig. Dieser entstand im Wald, in der Verlängerung der Straße Zum Döbel, hinter dem Nußbach-Viadukt und der heutigen Abwasserreinigungsanlage auf der linken Seite - dort, wo die Straße leicht ansteigt und der Bach etwas zurücktritt. Der Platz war nicht besonders groß und erreichte bald seine Kapazitätsgrenze.

So entstand der dritte Nußdorfer Müllplatz im Gesellholz (Gebiet Kolbenerget) oberhalb der B 31. Auch hier trat nun das Fuhrunternehmen Schumacher in Erscheinung, das bereits für das Auspumpen der Abortgruben zuständig war. Im Auftrag der Gemeinde

Alter Mülleimer von Rudolf Beck

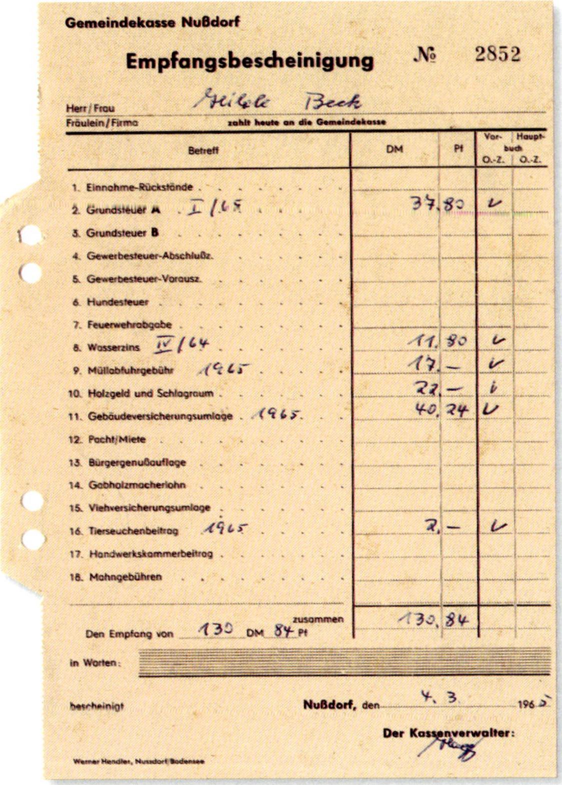
Gemeindekasse Nußdorf

Empfangsbescheinigung № 2852

Herr/Frau Fräulein/Firma Hilde Beck zahlt heute an die Gemeindekasse

Betreff	DM	Pf	Vorbuch O.-Z.	Hauptbuch O.-Z.
1. Einnahme-Rückstände				
2. Grundsteuer A I/65	37	80	✓	
3. Grundsteuer B				
4. Gewerbesteuer-Abschlußz.				
5. Gewerbesteuer-Vorausz.				
6. Hundesteuer				
7. Feuerwehrabgabe				
8. Wasserzins IV/64	11	80	✓	
9. Müllabfuhrgebühr 1965	17	–	✓	
10. Holzgeld und Schlagraum	22	–	✓	
11. Gebäudeversicherungsumlage 1965	40	24	✓	
12. Pacht/Miete				
13. Bürgergenußauflage				
14. Gabholzmacherlohn				
15. Viehversicherungsumlage				
16. Tierseuchenbeitrag 1965	2	–	✓	
17. Handwerkskammerbeitrag				
18. Mahngebühren				
zusammen	130	84		

Den Empfang von 130 DM 84 Pf

in Worten:

bescheinigt Nußdorf, den 4. 3. 1965

Der Kassenverwalter:

Werner Hendler, Nussdorf Bodensee

Die Müllabfuhrgebühr als Teil der kommunalen Abgaben 1965

holte Franz Schumacher einmal monatlich den Müll im offenen Anhänger bei den Häusern ab und fuhr ihn zum Müllplatz. Es gab Blech-Mülleimer mit Aufsatzdeckeln. Im Garten von Rudolf Beck findet sich noch ein Exemplar mit der Original-Müllmarke von 1965.

Ca. 1974 wurde im Rahmen der Gemeindereform auch der dritte und letzte Müllplatz in Nußdorf geschlossen und mit Erde abgedeckt. Es wurden damals Bohrungen gemacht und auch das Wasser untersucht um sicherzugehen, dass keine giftigen Stoffe enthalten waren.

Heute liegt die Verantwortung für die Müllentsorgung beim Bodenseekreis und nicht mehr bei den Gemeinden. Unter dem Leitbild „Vermeidung - Verwertung - Beseitigung" betreibt das Abfallwirtschaftsamt ein komplexes Hol- und Bringsystem für alle Abfälle. Mülltrennung wird dabei großgeschrieben. Über ein Netz von 23 Wertstoffhöfen erfolgt die Sammlung verwertbarer Abfälle. Eines der drei großen Müllentsorgungszentren des Bodenseekreises ist Überlingen-Füllenwaid.

Teil 2

Nußdorfs Vergangenheit

Kapitel 11

Nußdorfs früheste Vergangenheit

Über die geologische Vergangenheit, die Braunkohle und die Eiszeit in Nußdorf

Da sich die Geologie (Wissenschaft von der Erde und ihrer Geschichte) mit sehr großen Zeiträumen befasst, folgt ein stark vereinfachter, rückwärts gezählter Überblick über die Epochen der Erdgeschichte[1]:

bis heute verstrichene Zeit in Jahren	erdgeschichtliches Ereignis
190.000	Homo sapiens
2.000.000	Homo habilis
7.000.000	„Vormenschen"
40.000.000	Affen
200.000.000	Säuger
360.000.000	Landwirbeltiere
425.000.000	Knochenfische
470.000.000	Vorfahren der Fische, Amphibien, Echsen, Vögel und Säugetiere
600.000.000	Tiere mit zweiseitiger Körpergestalt
1.500.000.000	Vorfahren der mehrzelligen Pflanzen, Pilze und Tiere
2.400.000.000	Algen
3.800.000.000	Einzeller
4.570.000.000	Geburt der Erde

Die Landschaft, in der Nußdorf liegt, wurde an der Oberfläche des Rheingletschers in der Würmeiszeit, die vor ca. 10.000 Jahren endete, geschaffen. Den Feinschliff aber, so wie sich Nußdorf und seine Gemarkung heute darbieten, haben Menschen in gut 5.000 Jahren geschaffen. Somit gehört „das Bodenseegebiet [...] zu den jüngsten Landschaften Süddeutschlands".

Da die Erde aber rd. 4,5 Milliarden Jahre alt ist, wollen wir zumindest einen kurzen Blick auf die Entwicklung der letzten halben Milliarde Jahre unter Nußdorf werfen. Dabei sollten wir uns bewusst sein, dass das Stückchen Erde,

1 Quelle: Wikipedia 2017

auf dem Nußdorf liegt, dank der Kontinentaldrift[2] im Laufe der vergangenen 500 Millionen Jahre aus tropischen und subtropischen Breiten in kältere Zonen gewandert ist.

Weiter als eine halbe Milliarde Jahre zurückzugehen, lohnt im Falle Nußdorfs nicht, da es auf einem kristallinen Grundgebirge ruht, das bis zu einer Milliarde Jahre alte Gneise enthält. Man würde darauf treffen, könnte man 1.800 bis 2.000 Meter in die Tiefe bohren. Dieses Grundgebirge wölbt sich nordwestlich von uns als Schwarzwald auf. Darauf liegt Muschelkalk, Ablagerungen eines tropischen Meeres, in dem sich u.a. Ichthyosaurier[3] getummelt haben. Die nächste Schicht besteht aus Keuper, den „festländischen Ablagerungen" einer Sumpflandschaft. Darüber liegt eine recht dicke Schicht mit den Kalk- und Mergelablagerungen aus 45 Millionen Jahren Jurameer, der Hochzeit der Dinosaurier. Da „Nußdorf" damals auf dem Meeresgrund lag und diese Schicht daher aus Meeresablagerungen besteht, tummelte sich bei uns kein Tyrannosaurus Rex. Der trieb sich auf einer nahegelegenen Halbinsel herum, und zwar in der Gegend der Schweizer Kantone Jura, Bern, Basel, Aargau und Zürich. In und um „Nußdorf" schwammen Meeresdinosaurier.

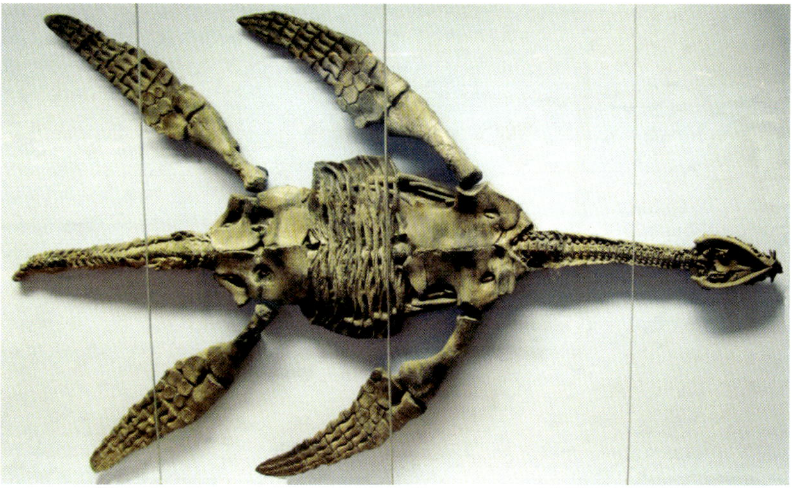

Plesiosaurier-Skelett, im Museum am Löwentor (Stuttgart)
Quelle: Ra'ike (Own work) [CC BY-SA 3.0] (Wikimedia Commons 2017)
„Die Plesiosaurier (griechisch πλησίος plēsíos ‚nahe, fast'; σαύρα saúra ‚Eidechse': Fast-Echsen) sind eine Gruppe von ausgestorbenen Reptilien, die von der späten Obertrias bis zum Ende der Kreide im Meer gelebt haben und gleichzeitig mit den Dinosauriern ausgestorben sind." (Wikipedia 2017)

2 „Die Theorie der Kontinentaldrift, auch Kontinentalverschiebung genannt, beschreibt die langsame Bewegung, Aufspaltung und Vereinigung von Kontinenten." (Wikipedia 2017)

3 „Die Ichthyosaurier (Ichthyopterygia) sind eine Gruppe ausgestorbener Reptilien aus dem Mesozoikum (Erdmittelalter). Sie waren vollständig an das Leben im Wasser angepasst und lebten ausschließlich im Meer. Insgesamt wurden etwa achtzig Arten beschrieben. Sie lebten über einen Zeitraum von über 150 Millionen Jahren, starben vor 93 Millionen Jahren zu Beginn der Oberen Kreide wieder aus, lange vor dem Aussterben der Dinosaurier." (Wikipedia 2017)

Alle diese Gesteinsschichten fallen nach Südosten ab, weil sich während der auf den Jura folgenden Kreide- und Tertiärzeit die Alpen formten. Nach dem Verschwinden der jurassischen Meere folgten 60 Millionen Jahre Festland.

Vor ca. 30 Millionen Jahren - in der Mitte des Tertiärs - wurde vor den sich auftürmenden Alpen „zwischen Genfer See und dem Wiener Becken" das Molassebecken der Voralpen gebildet. In vier Schüben aus dem Norden (Schwäbische Alb) und dem Süden (Alpen) füllte sich das Gebiet mit der Molasse[4], einer weichen Gesteinsmischung aus Kies, Ton, Mergel[5] und Sand. Beim ersten Schub war das Gebiet mit dem Mittelmeer verbunden, weshalb diese Molasseschicht (Sandstein, Ton, Mergel) Untere Meeresmolasse genannt wird. Zu dieser Zeit war „Nußdorf" noch auf dem Festland, sozusagen am Strand des Mittelmeers. Deshalb würde man bei einer Bohrung in Nußdorf nicht auf die Untere Meeresmolasse treffen.

Als diese Verbindung mit dem Meer nach einer Hebung abbrach, wurde aus dem Meer ein Gebiet mit Süßwasserseen und -sümpfen, das mit der sog. Unteren Süßwassermolasse (Sandstein, Mergel) aufgefüllt wurde. Danach brach erneut das Meer ein, das sog. Burdigalmeer, ein jungtertiäres Meer zwischen Alpen und Schwäbischer Alb, in dem Sandstein, Glaukonit[6], Tonmergel und Muschelkalk zur Oberen Meeresmolasse gemischt wurden. Aus dieser Zeit stammen z.B. in Lippertsreute gefundene Haifischzähne. Als vor ca. 17 Millionen Jahren das Meer, wieder durch eine Hebung, in ein Gebiet mit Süßwasserseen verwandelt wurde, bildete sich direkt unter uns die Obere Süßwassermolasse (Sandstein, Mergel).

Alle drei Molasseschichten hinterließen Zeugnisse in der Umgebung von Nußdorf. So findet man Sandstein und Mergel der Unteren Süßwassermolasse zwischen Nesselwangen und Sipplingen, Sandstein mit Glaukonit der Oberen Meeresmolasse in den Molassewänden zwischen Sipplingen und Überlingen sowie Sandstein und Mergel aus der Oberen Süßwassermolasse in den Felsen der Meersburger Oberstadt. Die Obere Meeresmolasse bildete den Untergrund für unser Nußdorf.

In beiden Perioden der Süßwassermolasse wuchsen in den Sümpfen Sumpfpflanzen und in den Randzonen Bäume. „Dieser Bewuchs versank, wurde mit Sand und Ton abgedeckt, abgedichtet. So kamen [bei uns] die zahlreichen Braunkohlelager [...] zustande." Obwohl diese Vorkommen klein waren, versuchte man an zehn Standorten zwischen Worblingen, Immenstaad, Meßkirch und dem Wolfsberg (CH), die Braunkohle auszubeuten.

4 Molasse: Das Wort entstammt dem französischen Adjektiv molasse = schlaff, weichlich. Als Molasse wurde ursprünglich von Schweizer Geologen der den Alpen vorgelagerte Abtragungsschutt (weicher Sandstein und Mergel) aus der Zeit vor 35 - 10 Millionen Jahren bezeichnet.

5 Mergel: Sedimentgestein aus Ton und Kalk, aus schlammigem Material entstanden.

6 „Glaukonit ist ein sehr häufig vorkommendes Mineral aus der Mineralklasse der ‚Silikate und Germanate'. [...] Glaukonit entwickelt fast ausschließlich plattige oder massige bis erdige Mineral-Aggregate von grüner Farbe, die auch ins Gelbliche oder Bläuliche spielen kann." (Wikipedia 2014)

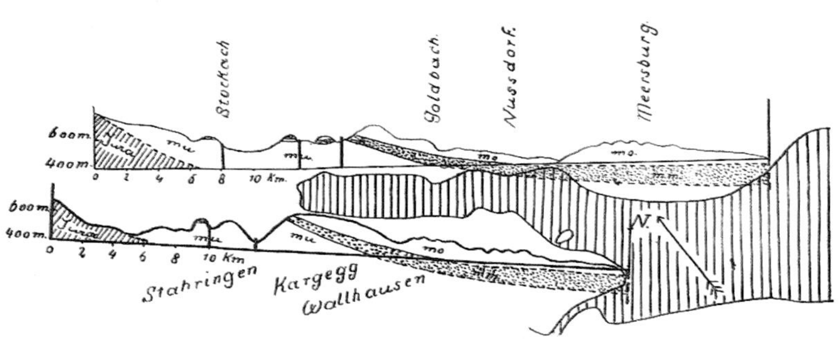

Einsinken der Meeresmolasse (punktiert) an beiden Ufern des Bodensees;
mo = obere Molasse, mu = untere Molasse
Quelle: Schmidle, Wilhelm: Die geologische Geschichte des Überlinger Sees, 1936

Ca. 400 Meter nördlich der Brücke am Karpfen hatte der Nußbach bei einem Hochwasser im Winter 1854/55 einige Braunkohleschichten freigelegt. Der Bach hatte einige Kohlestücke losgerissen, die Franz Xaver Ullersberger[7] aus Überlingen bei einem Spaziergang gefunden hatte. Beim Nachgraben an der Fundstelle stieß er auf ein Kohlenflöz mit Pech- und Blätterkohle. Proben sandte er „an die Direktion für Forste, Berg- und Hüttenwerke" in Karlsruhe. Seine eigenen Tests ergaben, dass die Pechkohle gut brannte, die Blätterkohle etwas schlechter. Deswegen fuhr er mit der Erkundigung des Kohlevorkommens im Nußbachtal mit Grabungen und Bohrungen fort. Er konnte zwar feststellen, dass sich ein Kohlelager „beiderseits des Nußbaches von Osten nach Westen auf 100 Fuß (ca. 30 Meter) Länge erstreckte", dass es aber nur sieben Zoll (weniger als 20 Zentimeter) dick war.

Ullersberger dachte sehr unternehmerisch und sah die Nußdorfer Kohle schon als Energiebasis für das Dampfmaschinenzeitalter, insbesondere für die Bodenseedampfschifffahrt wegen der Nähe des Fundorts zum Seeufer. Deswegen bat er die Direktion in Karlsruhe um eine gründliche Untersuchung vor Ort, wofür ihm die Mittel fehlten. Diese Untersuchung ergab, dass die Flöze zu dünn und zu weit zerstreut waren, was einen professionellen Abbau, egal ob im Stollen- oder Tagebau, verhinderte. Die Qualität der Kohle wäre gut gewesen, wie ein vergleichendes Gutachten der Lindauer Dampfschifffahrtsgesellschaft ergeben hatte. Die Nußdorfer Kohle lag in derselben Qualitätsklasse wie die Kohle aus Hohenpeißenberg in Oberbayern, die immerhin bis 1971 abgebaut wurde. Wegen der geringen Menge gab Ullersberger im Dezember 1856 sein Unterfangen, in Nußdorf Kohle abzubauen, dann doch auf.

Mit dem Ende des Tertiärs vor ca. zwei Millionen Jahren endete eine Periode von gut 60 Millionen Jahren, die zwar Klimaschwankungen kannte, die aber lange nicht so extrem waren wie in der folgenden Erdperiode, dem Quartär. Aus diesen zwei Millionen Jahren sind im Alpenraum mindestens sieben Eiszeiten, die Biber-, Donau-, Günz-, Haslach-, Mindel-, Riß- und Würmeiszeit, bekannt.

7 Ullersberger, Franz Xaver (1805-1885), Überlinger Apotheker, gewähltes Mitglied der Badischen Ständeversammlung

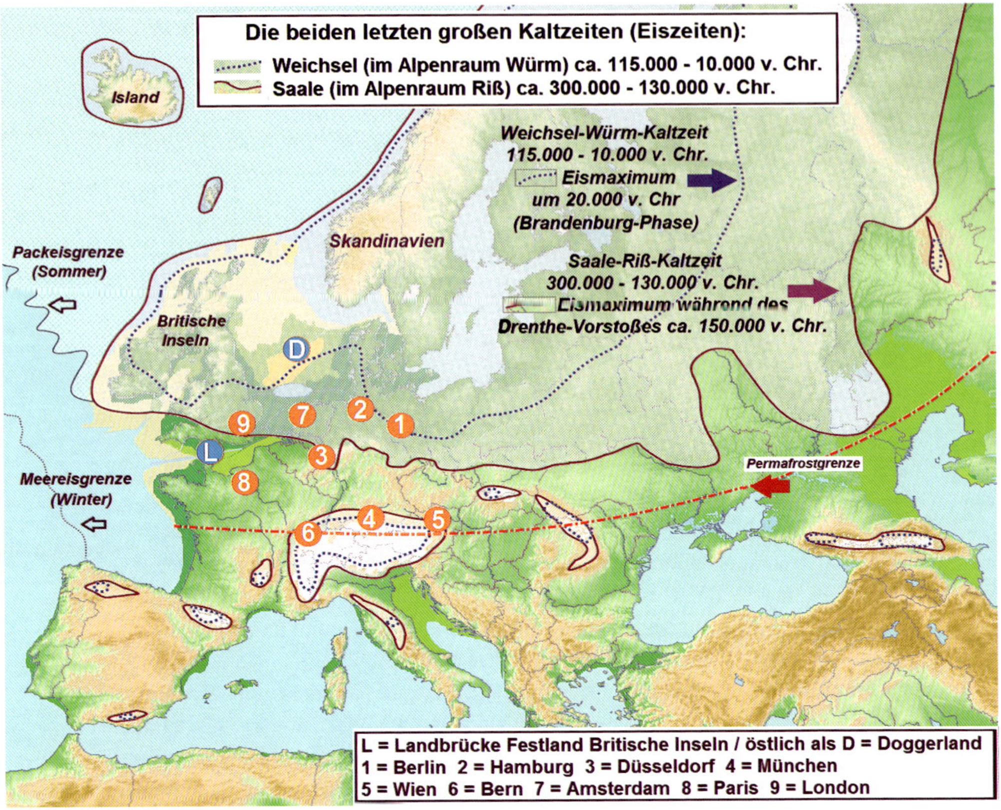

Die Riß- und Würmeiszeit in Europa
Quelle: Juschki [CC BY-SA 4.0] (Wikimedia Commons 2017)

Während der Zwischeneis-/Warmzeiten entsprach das Klima in etwa dem heutigen, wohingegen es in den Eiszeiten im Schnitt um 12 Grad Celsius kälter als heute war. In den eisfreien Gegenden herrschte ein Klima, das dem heutigen in der Steppe der nördlichen Mongolei entspricht, also kalt und sehr trocken.

Die Landschaft um Nußdorf ist, wie schon erwähnt, das Ergebnis der Formung durch die Gletscher mehrerer Eiszeiten, aber insbesondere der letzten, der Würmeiszeit. Diese hatte die Drumlins[8] geschaffen, die kleinen Höhenrücken in den Wäldern hinter Nußdorf.

Der Rheingletscher hatte schon während der Vorgänger der Würmeiszeit begonnen, die Wanne des Bodensees aus der Molasse zu hobeln. Die Ausrichtung des Bodensees von Südost nach Nordwest erklärt sich daraus, dass der Alpenrhein, „der ursprünglich nach Norden hin zur Donau" verlief, vor rd. zwei Millionen Jahren nach Westen durchgebrochen ist. Vor ca. 25.000 Jahren drang das Eis der Würmeiszeit von den Alpen innerhalb von 4.000 Jahren bis

8 Drumlins (von irisch droimnín ['drim′n′iːn′] ‚kleiner Rücken', ‚Höhenrücken') sind längliche Hügel von tropfenförmigem Grundriss, deren Längsachse in der Eisbewegungsrichtung eines (eiszeitlichen) Gletschers liegt." (Wikipedia 2017)

Die maximale Ausdehnung des würmzeitlichen Bodensee-Vorlandgletschers
Quelle: W. J. Wagner: Grünbachs „Österreichs 120 Paradiese"

Schaffhausen im Westen und Bad Schussenried im Norden vor. Auf „Nußdorf" lag in diesen Jahren ein Eispanzer von über 1.100 Metern.[9] Dann begann sich das Eis langsam zurückzuziehen.

Während der Eisschmelze bildeten sich viele Seen im Hinterland nördlich von Nußdorf, die alle Richtung Bodensee abflossen, so auch der Linzgausee im Becken zwischen Frickingen und Bermatingen mit einem Seespiegel auf 490 Metern über dem Meer. Dieser See leerte sich durch eine Rinne südlich von Lippertsreute (in etwa die Trasse der Lippertsreuter Straße) und durch eine weitere Rinne von Mimmenhausen nach Nußdorf. Diese letzte Abflussrinne endete in einem Delta im Bodensee. Im Westteil dieses Deltas liegt Nußdorf.

Der Überlinger See war durch einen Gletscher, der den Obersee ausfüllte, vom Untersee getrennt. Sein Wasserspiegel lag 50 Meter über dem heutigen und 20 Meter über dem damaligen Wasserspiegel des Untersees, für Nußdorf etwas unterhalb der heutigen Straße Zum Weller. Es gab also noch keinen einheitlichen Bodensee. Der Untersee und der Überlinger See wurden etwa vor

9 Die Höhe des Eispanzers kann man aus der Höhe der eisfrei gebliebenen Alpengipfel und der Fließgeschwindigkeit des Gletschereises errechnen.

15.000 Jahren eisfrei. Das Eis schmolz rasch, so dass nur 1.000 Jahre später der ganze Bodensee und das Rheintal bis Feldkirch eisfrei waren.

Der österreichische Geologe Robert Sieger untersuchte im Sommer und Herbst 1891 bei einem Rundgang um den Bodensee dessen nacheiszeitliche Uferlinien und stellte u.a. fest, dass die Ablagerungen „Sande und Schotter von verschiedenem Korn [sind], die sich wesentlich aus alpinem Gestein zusammensetzen [...]. Im Norden des Sees herrschen in den Ablagerungen des öfteren Sandstein und Kalkstein vor." Er fand Uferbildungen ca. 30 Meter über dem heutigen Wasserspiegel des Bodensees über dem linken und 33 Meter über dem rechten Ufer des Nußbaches.

Der Wasserspiegel des Sees sank in den folgenden Jahren mit leichten Schwankungen - zur Zeit der Pfahlbauten lag er ca. drei Meter tiefer - auf den heutigen Wert von 395 Metern über dem Meer. Das eisfreie Gebiet nördlich der alpinen und südlich des nordischen Eises war eine baumlose Steppe, in die nach dem Rückzug des Eises Latsche, Birke, Kiefer, danach Haselnuss, Eiche, Erle, Ulme, Fichte, Tanne und zu guter Letzt die Buche einwanderten.

Neandertaler und der altsteinzeitliche[10] Homo sapiens[11], der moderne Mensch, jagten schon vor 40.000 Jahren in unserer Gegend. Funde von Werkzeugen, aber auch Pfeilspitzen aus Feuerstein zeugen davon. Dass es auch menschliches Leben während der Eiszeit in eisfreien Gebieten gab, bezeugen Schnitzereien in Höhlen auf der Schwäbischen Alb. In einer Höhle bei Engen wurden Werkzeuge und Schmuck aus der Übergangsperiode von Altsteinzeit zur Mittelsteinzeit[12] vor 15.000 Jahren gefunden, als der Überlinger See wieder eisfrei war. Diese Menschen waren Jäger und hatten noch nicht begonnen, die nacheiszeitliche Landschaft zu formen. Die Formung der Landschaft durch den Menschen begann in Europa erst 6000 vor Christus in der Jungsteinzeit mit

10 „Die Altsteinzeit - fachsprachlich Paläolithikum, von griech. **παλαιός** (palaios) „alt" und **λίθος** (líthos) „Stein" - war die erste und längste Periode der Urgeschichte und bezeichnet in Europa und Asien jeweils den ältesten Abschnitt der Steinzeit. Der Terminus bezieht sich auf die dominierende Überlieferung von Steinwerkzeugen, während Werkzeuge aus Knochen und Holz vergleichsweise selten gefunden werden. In Afrika wird der Begriff Early Stone Age verwendet. Auf dem amerikanischen Kontinent und in Australien ist diese Gliederung nicht üblich. Die systematische Herstellung von Steinwerkzeugen war ein entscheidender Schritt in der Hominisation. Sowohl die frühen Vertreter der Gattung Homo als auch ihre Nachfahren, die Neandertaler und Cro-Magnon-Menschen, lebten als Jäger und Sammler." (Wikipedia 2017)

11 Untersuchungen des Erbgutes in Neandertalerknochen und der heutigen Menschen haben ergeben, dass sich Neandertaler und homo sapiens vermischt haben. In unserem Erbgut finden sich 1,7 - 2,1 % Anteile des Erbguts der Neandertaler.

12 Die nur für das nacheiszeitliche Europa definierte Mittelsteinzeit oder das Mesolithikum (altgr. **μέσος** mésos „Mitte" und **λίθος** líthos „Stein") begann mit der Wiederbewaldung Mitteleuropas etwa um 9600 v. Chr. Sie führte [...] zu einer veränderten Lebensweise. Dazu gehören die Jagd auf Standwild, zunehmende Fischerei (die bereits für eiszeitliche Rentierjäger belegt ist), der Bau von Booten und die Herstellung von Geräten aus Rothirschgeweih. Das Ende der Mittelsteinzeit wird mit dem Übergang zur produzierenden Wirtschaftsweise [...] definiert und erfolgte regional unterschiedlich: im südlichen Mitteleuropa mit der [...] ab etwa 5800 bzw. 5500 v. Chr. Längere Zeit existierten jedoch noch steinzeitliche Parallelgesellschaften." (Wikipedia 2016)

der Einführung des Ackerbaus durch Bauern, die nach Abschmelzen der Gletscher vom Schwarzen Meer die Donau aufwärts zu uns kamen. Ob sie direkt aus Kleinasien (Südtürkei, Nordsyrien und Irak) vom „fruchtbaren Halbmond" oder dem Osten des heutigen Rumäniens und Bulgariens kamen, ist (noch) nicht bekannt.

Nördlich von Georgien hatte eine relativ große Menschengruppe Schutz vor dem Eis gefunden. Diese Menschen, die der sog. Jamnaja-Kultur angehörten, wanderten vor ca. 5.000 Jahren nach Europa und brachten „das Wissen über die Bearbeitung neuer Metalle oder auch darüber, wie man sich um große Viehherden kümmert", in unsere Gegend.

Die Pfahlbauten vor Nußdorf

Die ersten Menschen, die nach der Würmeiszeit bei uns auftauchten, waren Jäger und Sammler. Doch lud diese vom Eis geschaffene Landschaft auch ein sesshafteres Volk ein, das zwar noch Nahrung sammelte, diese aber auch anbaute und Vorräte für den Winter hortete.

Schon im 6. Jahrtausend v. Chr. waren die Menschen bei uns Bauern mit Ackerbau und Viehzucht.[1] Die Landwirtschaft hatten Einwanderer aus dem Nahen Osten nach dem Rückzug der Gletscher in unseren Breiten eingeführt. Ursprünglich stammte die unsere europäische Kultur bestimmende Landwirtschaft aus dem sogenannten goldenen Dreieck, dem Norden des heutigen Iraks, Syriens und dem Süden der Türkei. Die ersten Siedler nördlich der Alpen, die der Kultur der Schnurkeramiker angehörten, „konzentrierten sich auf die fruchtbaren Lößgebiete". Erst ab 4300 vor Christus entwickelten sich dort Pfahlbausiedlungen. Die Seen am Rande der Alpen boten den Menschen mit dem Wasser, den Fischen und dem fruchtbaren Land am Ufer hervorragende

1 Kürzlich wurden in Haspelmoor bei Fürstenfeldbruck Klingen und Speerspitzen aus der Steinzeit gefunden, die darauf schließen lassen, dass das Land zwischen Donau und Alpen schon vor gut 11.000 Jahren besiedelt war. Interessant ist dabei, dass das Material für diese Klingen aus dem Baltikum und dem Pariser Becken stammt. Das bedeutet, dass es schon damals eine Art Fernhandel gab, bei einer Bevölkerungsdichte von einem Menschen pro Quadratkilometer. Für die Fläche von Baden-Württemberg wären das gut 7.000 Einwohner gewesen, in etwa so viele wie die Einwohner von Langenargen heute.

Lebensbedingungen. Anfänglich, in der Jungsteinzeit[2], bestanden die Siedlungen aus fünf bis zehn Häusern, in denen weniger als 50 Menschen wohnten. In der Bronzezeit[3] wohnten mehrere hundert Menschen in bis zu 50 Häusern. „Neben kleinen, offenen Siedlungen gab es stark befestigte Dorfanlagen." Trotz zahlreicher Funde, wie Werkzeuge aus Stein, Knochen oder Holz, Reste von Booten oder Kleidung aus aufgeweichter Rinde, ja „erste Produkte aus Metall", ist wenig bekannt über diese kulturell und sozial organisierten Menschen. Es wird aber vermutet, dass es sich spätestens bei den Siedlern in der Bronzezeit um die Vorfahren der La-Tène-Kultur[4] und damit der Kelten gehandelt haben könnte.

Die Standorte an den Seeufern wurden häufig mehrfach besiedelt, weswegen sich Ablagerungen „wie die Schichten einer Torte" finden, so auch vor Nußdorf, und zwar Schichtungen innerhalb einer Periode, aber auch aus unterschiedlichen Perioden. Prähistorische Zeitabschnitte werden immer nach dem ersten Fundort benannt. Die Funde vor dem Landungssteg stammen aus

Blick in die Pfahlbausiedlung Hornstaad an der Spitze der Halbinsel Höri am Bodensee, um 3910 v. Chr.; so ähnlich wird die vor dem Nußdorfer Landungssteg gelegene Siedlung von 3919 ausgesehen haben.
Quelle: © Landesamt für Denkmalpflege Baden-Württemberg, A. Kalkowski; s. http://pfahlbauten2016.de/de/bildmaterial.html

2 „Die Jungsteinzeit (oder das Neolithikum […] ca. 12000-2000 v. Chr. in Kleinasien, Ägypten, Europa) ist eine Epoche der Menschheitsgeschichte, deren Beginn mit dem Übergang von Jäger- und Sammlerkulturen zu sesshaften Bauern mit domestizierten Tieren und Pflanzen definiert ist." (Wikipedia 2014)

3 „Die Bronzezeit ist die Periode in der Geschichte der Menschheit, in der Metallgegenstände vorherrschend aus Bronze hergestellt wurden. Diese Epoche umfasst in Mitteleuropa etwa den Zeitraum von 2200 bis 800 v. Chr." (Wikipedia 2014)

4 „Die Bezeichnung Latènekultur (hat) die archäologischen Hinterlassenschaften der Kelten zum Inhalt. Namengebender Fundplatz war La Tène am Neuenburgersee in der Schweiz." (Wikipedia 2014)

der Hornstaader[5] Kultur.

Andere Funde verweisen auf die Pfyner[6] Kultur, die ab 3870 v. Chr. auf Hornstaad folgte. Der Bau in den flachen Ufergebieten, die immer wieder überschwemmt wurden bzw. über viele Jahrhunderte blieben, war Grund zur Errichtung der Häuser auf Pfählen. Dabei bot diese Bauform ideale Bedingungen für die Erhaltung vielfältiger Überreste in 120 archäologischen Fundstätten allein in Südwestdeutschland. Allerdings wurden immer wieder Reste aus der etwas jüngeren Vergangenheit, in unserem Fall aus der Bronzezeit, durch Wellengang weggewaschen. Die älteren Überreste aus der Jungsteinzeit ruhten größtenteils unversehrt unter der Seeoberfläche. Zu Zerstörungen durch Anwohner bis ins 19. Jahrhundert kam es nur bei den Überresten, die nahe am Ufer in der Höhe zwischen 395 m und 400 m Meereshöhe lagen.

Der Entdecker der Pfahlbauten am Bodensee war ein Kaspar Löhrle (1799 - 1878) aus Wangen am Untersee, der als Zwölfjähriger zwischen Pfahlbaustümpfen Artefakte sammelte.

1862 zog der Überlinger Franz Xaver Ullersberger während eines Winterspaziergangs auf der Suche nach Pfahlbauresten bei Niedrigwasser vor Nußdorf, westlich der Liebesinsel vor dem heutigen Strandbad und nahe dem heutigen Landungssteg, die richtige Schlussfolgerung, dass die dunkelbraunen bis schwarzen Holzstumpen auf dem Haldengrund Reste von Pfahlbauten sein müssten. Solche Felder nennt der Archäologe Stationen. Eine weitere dritte Nußdorfer Station findet sich „im Vorfeld des verhältnismäßig steilen Uferabschnitts der" Konstantinhalde. Auch diese Pfahlbausiedlung wurde schon Ende des 19. Jahrhunderts entdeckt.

Zu dieser Zeit wurde Archäologie als eine historische Wissenschaft verstanden, die sich damit befasste, in sonnigen bis heißen Gegenden wie Griechenland oder Ägypten der Erde die Überreste vergangener Hochkulturen zu entreißen. Entreißen im wahren Sinne des Wortes: Einerseits wurde damals bei den Grabungen noch viel zerstört, was wissenschaftlich eigentlich relevant war, andererseits packte man die Zeugnisse der glorreichen griechischen bzw. ägyptischen oder sumerischen Vergangenheit in Kisten und transportierte sie nach London ins Britische Museum, nach Paris in den Louvre oder nach Berlin auf die Museumsinsel. Die Griechen, Türken oder Ägypter wurden nicht um Erlaubnis gefragt. Datiert wurden die archäologischen Funde nach kunstgeschichtlichen Stilmerkmalen, wie Verzierungen an Keramiken. Einer der bekanntesten Stile in der prähistorischen Forschung ist die Schnurkeramik.

Es existierten anfänglich im Großherzogtum Baden keine Gesetze, die ähnliche Raubzüge wie in Griechenland oder Ägypten verhinderten. Gleichzeitig aber gab es in Nord- und Mitteleuropa sehr wohl Kenner, die schon früh den Wert auch der Funde in unseren Breiten erkannten. Deshalb fanden

5 Ortsteil von Gaienhofen auf der Höri

6 Ort im Kanton Thurgau

sich Menschen, die im Uferbereich des Bodensees Reste von Keramiken oder Bronzegefäßen zu Tage förderten, um sie zu verkaufen. So geschah es auch in Nußdorf. Es wurde wild gegraben und leider auch viel zerstört. Auch Ullersberger ließ bei Niedrigwasser graben und fand dort recht gut erhaltene Artefakte aus Stein, Knochen, Zähnen und Holz, aber auch Kieselbeile und Feuersteinklingen. Die gute Erhaltung war dem Letten[7], der den Seegrund vor Nußdorf bedeckt, zu verdanken. So war auch Ullersberger zu einer beachtlichen Sammlung gekommen, die er später an die Sammlung vaterländischer Altertümer in Stuttgart verkaufte. Das wertvollste Stück war ein Jadeitbeil[8]. Da bei diesen ersten Grabungen keine Bronzegeräte gefunden wurden, kam man zu dem Fehlschluss, dass die Nußdorfer Station schon vor der Bronzezeit verlassen worden war.

Um das Zerstörungswerk dieser wilden Grabungen zu beenden, wurden in Karlsruhe Verbote erlassen. Auf diese Verbote wurde so wenig gehört, dass 1905 der Leiter des Überlinger Bezirksamtes (Landrat) alle Bürgermeister des Bezirks anschrieb und diese aufforderte, die illegalen Grabungen zu unterbinden. Sehr zu Herzen hat man sich aber diese Aufforderung in Nußdorf nicht genommen. Acht Jahre später beschwerte sich ein Sommergast beim Ministerium für Kultus und Unterricht, dass seit zwei Jahren an einem Pfahlbau illegal gegraben würde und der Gräber, ein Überlinger, Bronzefunde an einen Überlinger Goldhändler weiterverkauft hätte. Der Überlinger Gräber wurde vom Bezirksamt Überlingen (Landratsamt) aufgefordert, seine Grabung sofort zu beenden, „die von ihm vertieften Stellen im Seevorlande wieder einzufüllen und die durchwühlte Vorlandfläche ordnungsgemäss zu verebnen". Weitere Grabungen wurden ihm mit einer Strafandrohung von 150 Mark untersagt. Der Überlinger Landrat Levinger ließ Josef Zundel, den Nußdorfer Bürgermeister, vorladen und machte diesem schwere Vorwürfe, dass vor seiner Nase zwei Jahre lang illegal gegraben worden wäre.

Weitere Funde aus den wilden Grabungen finden sich „hauptsächlich im Rosgartenmuseum in Konstanz", wo sie leider aus Platzgründen nicht ausgestellt sind. Einzelne Scherben aus Nußdorf kamen 1867 sogar bis in das Britische Museum in London.

Von 1980 bis 2010 konnte man in Nußdorf im Winter bei Niedrigwasser zwei Männer beobachten, die, gekleidet in hohen Gummistiefeln und wasserundurchlässigen Fischerhosen, nach Überbleibseln der Menschen in den Pfahlbauten suchen. Diese beiden, die Brüder Huhn aus Überlingen, suchten ganz legal. Sie ordneten ihre Funde wie Pfeilspitzen, Steinäxte, Angelutensi-

7 „Letten (auch Lett oder Lätt) ist ein oft schluffiger bis sandiger Ton mit geringer Beimengung von Kalk. Das Sediment ist von grauer Farbe, andere Färbungen sind jedoch möglich. Das Wort ist eine Bezeichnung für schwach verfestigte Schiefertone aus dem späten Paläozoikum und dem Mesozoikum, für die entsprechenden Lockergesteine aus dem Känozoikum wird seine Verwendung nicht empfohlen." (Wikipedia 2014)

8 „Jadeit ist ein eher selten vorkommendes Mineral. Als monomineralisches (überwiegend aus Jadeit bestehendes) Gestein ist es unter dem Namen Jade bekannt." (Wikipedia 2014)

lien, Scherben usw. präzise den Fundorten zu. Einer der Brüder rutschte bei diesem Suchen im Winter 2008 so unglücklich aus, dass er zwar dank der Gummistiefel und wasserundurchlässigen Fischerhosen auf dem Rücken im kalten Wasser mehr schwebte als schwamm, sich aber nicht mehr aufrichten konnte. Glücklicherweise konnte Ernst Nell, vor dessen Grundstück dies Unglück passierte, den Verunglückten wieder auf beide Beine stellen. In der ersten Jahreshälfte 2014 haben die Brüder Huhn das Ergebnis jahrzehntelangen Sammelns der Arbeitsstelle für Feuchtboden- und Unterwasserarchäologie in Hemmenhofen übergeben.

Erst Anfang der 80er Jahre des vergangenen Jahrhunderts begann eine gründliche und professionelle Erforschung der Pfahlbaustationen vor Nußdorf, obwohl der Überlinger Arzt Theodor Lachmann[9], der Schwiegersohn von Ullersberger, 1901 meinte, dass „einzelne Stationen heute bereits ausgebeutet [sind] und [...] nicht mehr durchsucht [werden], so namentlich Nußdorf, welches brach und öde liegt".

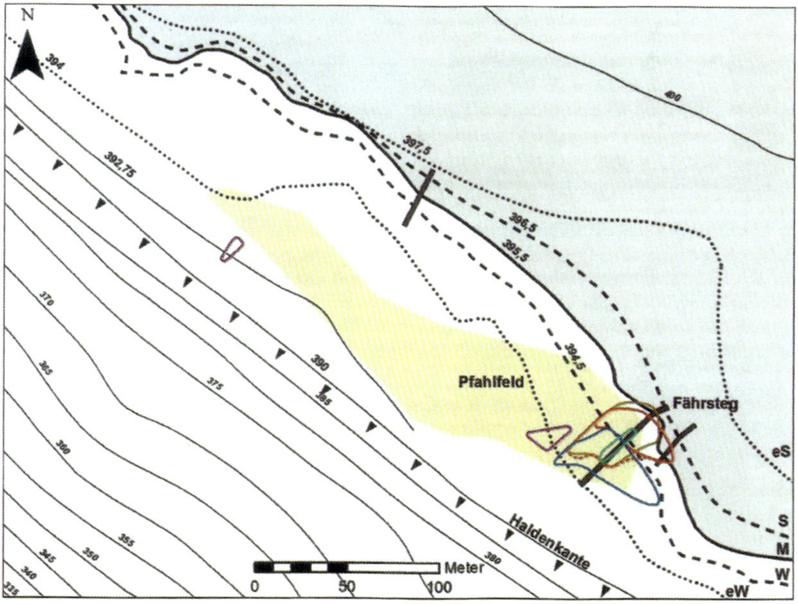

Pfahlfeld und Kulturschichten des Siedlungsareals „Seehalde" am Ufer vor Nußdorf (zwischen Kretzer 4 und Forelle 6) mit eingetragenen Höhenlinien und Seepegeln.
eS: extremes Sommerhochwasser; S: mittleres Sommerhochwasser; M: Mittleres Mittelwasser; W: mittleres Winterniederwasser; eW: extremes Winterniederwasser
Quelle: Gleich, Philipp: Die Pfahlbausiedlungen von Nußdorf-Seehalde

1983 wurde dann nicht mehr auf Niedrigwasser, wie zurzeit Ullersbergers, gewartet, um Grabungen durchzuführen, sondern es wurden Taucharchäo-

9 Theodor Lachmann (1835 - 1918), Medizinalrat in Überlingen, Mitbegründer und Konservator des Städtischen Museums Überlingen

logen eingesetzt. Diese Methode erwies sich effektiver und kostengünstiger, als der Einsatz eines mobilen Schwimmkastens „mit Glasboden als reflexfreies Guckfenster in die Tiefe“ von einem Boot aus, insbesondere, wenn man sich auf „Sondagen[10] und übersichtsmäßige Forschungen“ beschränkt. Die Methoden der Datierung hatten durch die Dendrochronologie[11] die Genauigkeit bis auf ein Jahr verschärft. Reste von Pfählen vor dem Landungssteg konnten so auf 3919 v. Chr. datiert werden.

Beispiel für die Überlappungsmethode (crossdating)

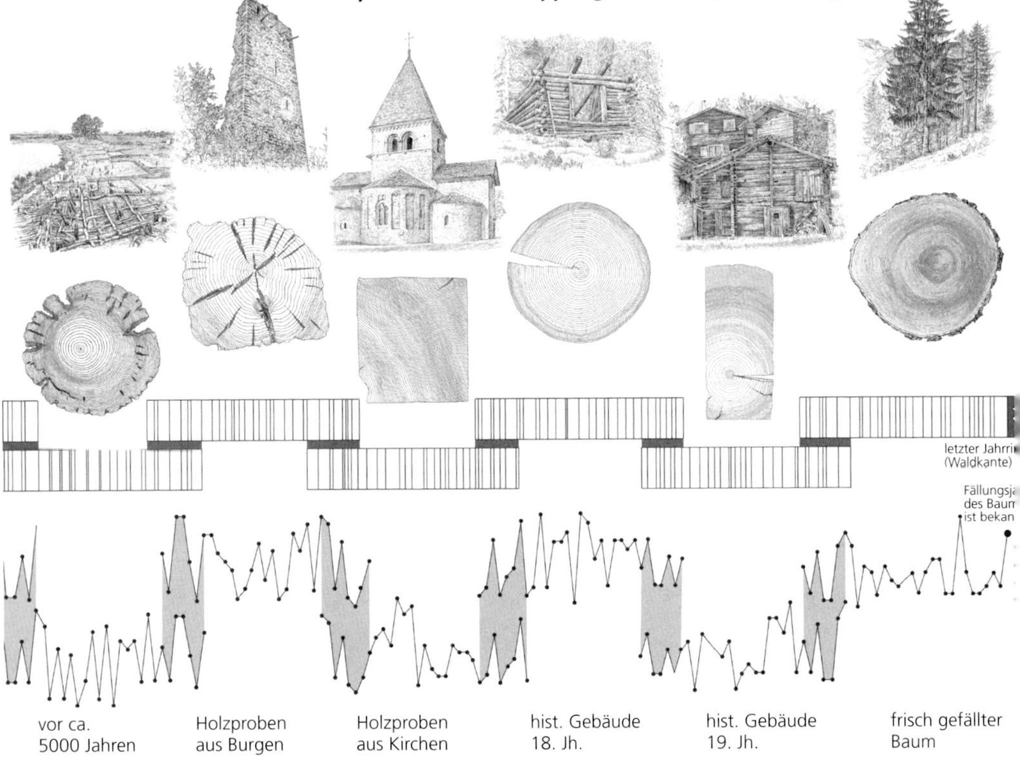

Mit der Überlappungsmethode (crossdating) werden n der Dendrochronologie Lücken in der zeitlich aufsteigenden Folge von Holzproben kompensiert.
Quelle: Eidgenössische Forschungsanstalt WSL, Birmensdorf (Schweiz)

---

10 „Die Sondage (dt. Probeschnitt oder Grabungssondage) ist ein archäologisches Verfahren zur Abklärung von (archäologisch interessanten) Schichtfolgen [...]. Dabei werden verteilt über die Fläche [...] etwa 1 m^2 große Probegrabungen möglichst bis auf den „gewachsenen Boden“ herunter geführt. Deutlich erkennbare Schichten [...] ermöglichen einen ersten Überblick und dabei gemachte Einzelfunde lassen sich in günstigen Fällen einer bestimmten Schicht zuordnen.“ (Wikipedia 2014)

11 „Die Dendrochronologie (von griech. dendron ‚Baum‘, chronos ‚Zeit‘, logos ‚Lehre‘ also ‚Lehre vom Baumalter‘) ist eine Datierungsmethode der Geowissenschaft, der Archäologie, der Kunstwissenschaft und der Dendroökologie, bei der die Jahresringe von Bäumen anhand ihrer unterschiedlichen Breite einer bestimmten, bekannten Wachstumszeit zugeordnet werden.“ (Wikipedia 2014)

Nußdorf-Seehalde. Sondage 1982. Schnitt 1, KS2. Verschiedene Aufnahmen des vollständigen Beilfundes. Links oben: in situ. Rechts: nach der Blockbergung. Links unten: Detail des Schäftungsbereichs. Quelle: Gleich, Philipp

Dank dieser Methode konnte belegt werden, dass alle Funde am Bodensee aus dem Zeitraum 4000 bis 2000 v. Chr. stammten. Vor dem Nußdorfer Landungssteg (Seehalde) wurden „vier Kulturschichten angetroffen [...], die sich teilweise in ihrer Lage überschneiden". Dort wurde ein unversehrtes Steinbeil „mit dem Holzschaft und dem verbindenden Geweihzwischenfutter" aus der Hornstaader Kultur gefunden. Das bedeutet, dass die Seehalde von Nußdorf schon um 3900 v. Chr. und nicht wie bisher bekannt ab 3100 v.Chr. besiedelt war.

Über der Hornstaader liegt eine Schicht der Horgener[12] Kultur. Schichten aus der frühen Bronzezeit sind im Laufe der Jahrtausende weggespült worden. Zu diesem Schluss ist man gekommen, weil Keramiken und Werkzeuge aus der Bronzezeit gefunden wurden.

Zu ähnlichen Ergebnissen wie vor dem Landungssteg kam man auch bei Tauchuntersuchungen vor dem Strandbad. Dort hat die Erosion relativ viel Oberflächenmaterial freigelegt.

Ab 2000 wurden die Pfahlbaufelder und deren Reste präzise mit Unter-

12 „Mit Horgener Kultur bezeichnet man eine jungsteinzeitliche Kultur zwischen 3400 und 2800 v. Chr. auf dem Gebiet der Westschweiz und des südlichen Baden-Württembergs, die durch Feuchtbodensiedlungen und Pfahlbauten gekennzeichnet ist. Die Horgener Kultur folgt [...] [am] Bodensee auf die Pfyner Kultur [...] Die Kultur wurde nach dem Ort Horgen-Scheller am Zürichsee benannt, wo im Jahr 1923 bei Bauarbeiten Funde zu Tage traten." (Wikipedia 2014)

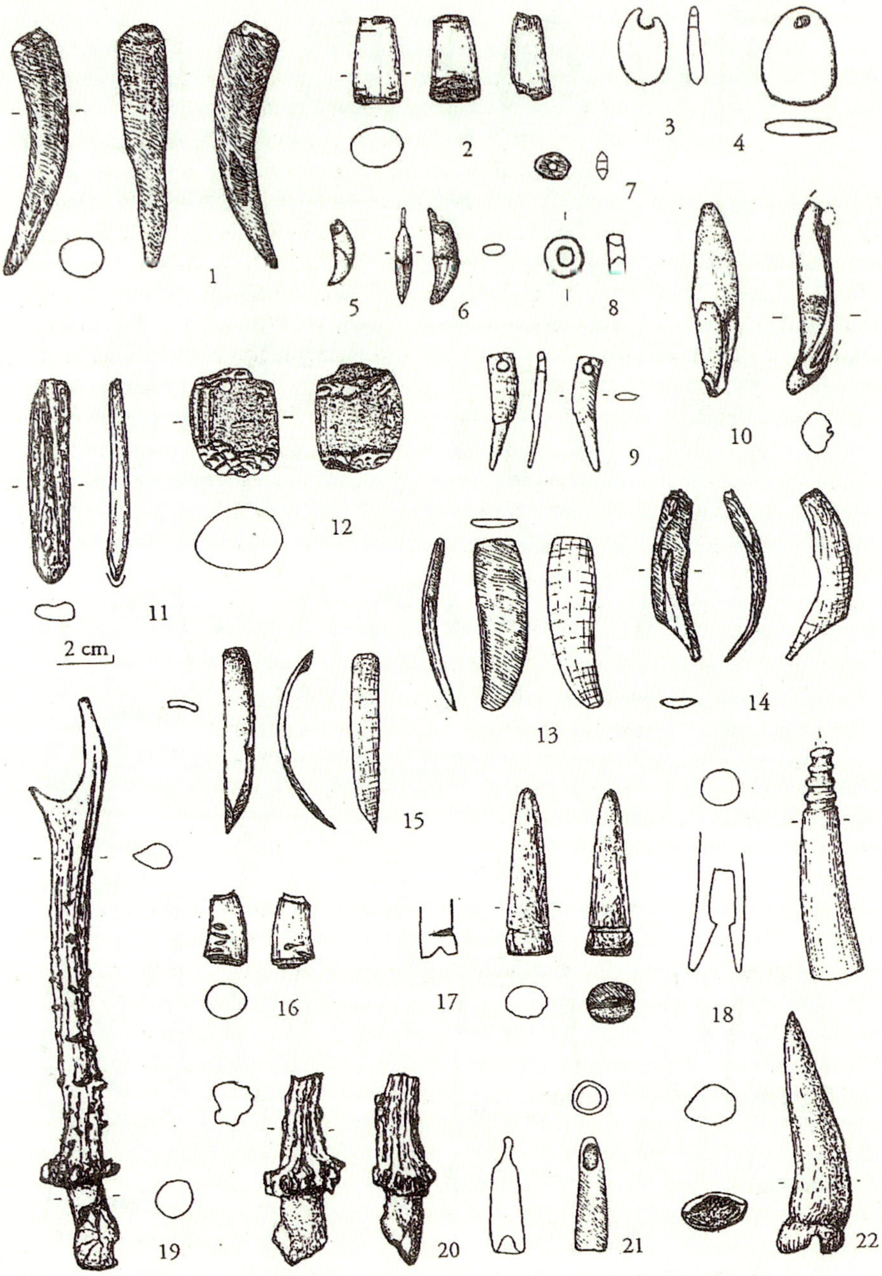

Nußdorf-Strandbad. Neufunde, Schicht 4: 1, 2, 11, 16 - 18, 21, 22 wahrscheinlich Hirschgeweih; 19, 20 Rehgeweih; 13 - 15 Eberzahnlamellen; 3, 4, Steinschmuck; 5, 6 Zahnanhänger, 7 durchbohrter Schlehenkern; 9 durchbohrte Eberzahnlamelle; 10 durchbohrter Bärenzahn
Zeichnung: Köninger, Schlichtherle

stützung von GPS, wie es auch die Navigationssysteme in den Autos nutzen, kartiert. Funde der Brüder Huhn belegen, dass sich die heute bekannte Station vor dem Landungssteg noch weiter nach Osten erstreckt hat.

Der Archäologe Joachim Köninger stellt dazu fest, die „Verlagerung der abgesammelten Funde dorthin aus dem/n weiter westlich gelegenen Siedlungsareal durch Wellenschlag ist auszuschließen", die Siedlung war demnach deutlich größer, als man aus den Pfahlresten schließen kann.

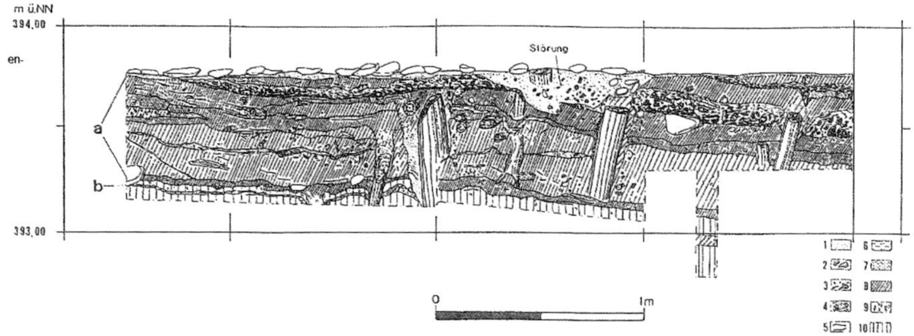

Das Fundmaterial an der Horgener Siedlung vor Nußdorf, Nußdorf-Strandbad. Ostprofil des 1993 und 1994 gegrabenen Sondierschnittes im Horgener Schichtpaket - Schicht 4 (a) und der darunterliegenden verspülten Kulturschicht (b). 1 Sand, 2 Steine, 3 Holzkohlen, Brandschicht, 4 Feuchtholz, 5 Rinden, 6 Lehm unverziegelt, 7 Lehm verziegelt, 8 Detritus, 9 Schnecken und Mollusken, 10 Seekreide
Quelle: Köninger, Joachim

Botanische Untersuchungen von Sondagen im Pfahlfeld vor dem Nußdorfer Landungssteg und in der Pfahlbaubucht vor Sipplingen, wo man besonders fündig war, verhalfen zu Erkenntnissen über die Landwirtschaft der Pfahlbaubewohner. Untersucht wurden Proben aus der Horgener und Pfyner Kultur, sie umfassten also den Zeitraum zwischen 3900 bis 3400 v. Chr. Innerhalb dieses halben Jahrtausends gab es dank einer Klimaveränderung eine Kälteperiode, deren Auswirkungen u.a. daran erkennbar waren, dass mehr Sammelfrüchte wie Haselnüsse und Wildfleisch gegessen wurden. Die Haselnüsse wiederum lassen darauf schließen, dass es schon genug offenes, gerodetes Land gab.

Welche Pflanzen wurden angebaut bzw. gesammelt? Die wichtigste Rolle in der Ernährung der Pfahlbaubewohner hat in Nußdorf wie auch an anderen Stationen der Nackt- oder Hartweizen gespielt. Die ältesten Funde von Nacktweizen stammen aus der Zeit 7800 v. Chr. Es wurde aber auch Einkorn angebaut, eine ältere Weizenart als der Nacktweizen, und die Gerste, eine Getreideart, die schon 15000 v. Chr. als Nahrungsmittel diente. Emmer, eine Weizenart, die schon 10000 v. Chr. im Nahen Osten und dann hauptsächlich im Römischen Reich angebaut wurde, war in der Pfyner, im Gegensatz zur Horgener Periode, am Nordufer des Bodensees eher selten.

Aus den Funden konnte geschlossen werden, dass Gerste und Weizen getrennt gelagert wurden. Der Gerstenvorrat bestand aus gedroschenen

A Rauweizen, B Nacktweizen, C polnischer Weizen, D Dinkel
Quelle: Amédée Masclef [Public domain], via Wikimedia Commons

Körnern. Weizen hingegen wurde „in ihren Ähren bzw. Ährengabeln gelagert". Zur Faser- und Ölgewinnung wurde Flachs (Lein, linum usitatissimum) angebaut. Gesammelt wurden Himbeeren und Brombeeren. „Die am stärksten gesammelte Frucht" war aber die Walderdbeere. Als kalorienreiche Zusatznahrung wurden auch, aber nicht gerade intensiv, Haselnüsse gesammelt und gelagert. Das Vieh, wahrscheinlich nur Ziegen, wurde auf Waldweiden getrieben bzw. mit Laub gefüttert.

Das Siedeln in Pfahlbauten endete nach 1000 und 800 v. Chr. in unseren Breiten. Grund dafür mag ein andauernd höherer Wasserstand gewesen sein. Es ist aber sehr wahrscheinlich, dass die Gegend um das heutige Nußdorf weiter besiedelt blieb. Die Pfahlbaubewohner wussten die an Land bestehenden Vorteile des fruchtbaren Bodens ebenso zu nutzen und zu schätzen wie den Fischreichtum im See. Von den wahrscheinlichen Nachfolgern der Pfahlbaubewohner, den Kelten, ist wesentlich mehr bekannt. Leider aber wurde deren Hinterlassenschaft im Laufe der Jahrhunderte nicht so gut konserviert wie im Letten im See.

Kapitel 12

Das Dorf vor der Namensgebung

Die Kelten

Das Ende der Pfahlbausiedlungen fiel in die späte Bronzezeit. Ihr folgte in Mitteleuropa um das Jahr 800 v. Chr. die Eisenzeit. Dies war nur gut 400 Jahre nach Beginn der Eisenzeit im Gebiet des heutigen Anatoliens und der Levante[1].

Heute herrscht in der Wissenschaft Einigkeit darüber, dass während der Eisenzeit die Bewohner eines großen Teils von Mitteleuropa Kelten waren. Ihr Ursprung lag in einem recht großen Gebiet, das sich von Westen nach Osten,

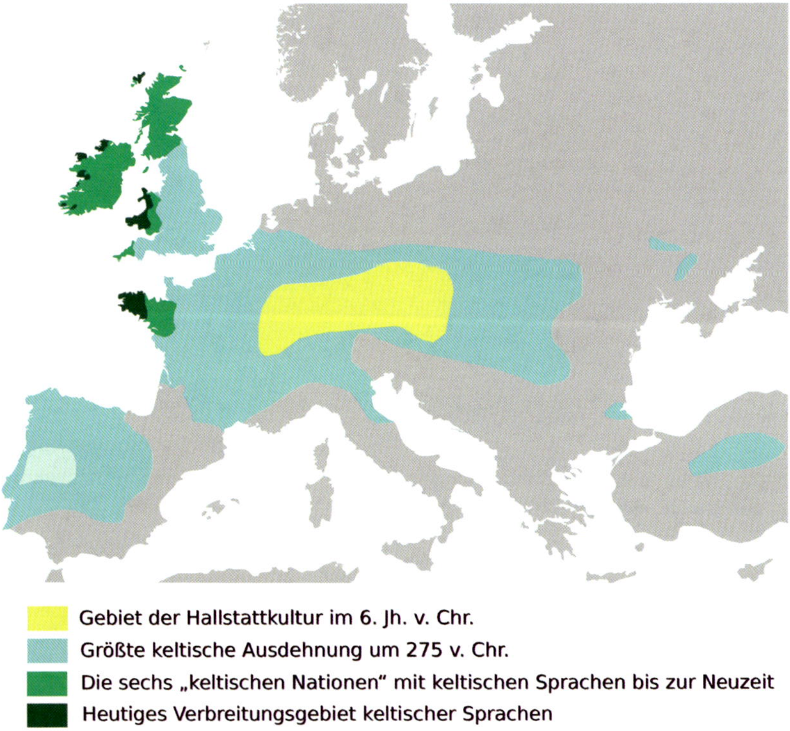

Kelten in Europa
Quelle: Wikimedia Commons 2017

1 „Als Levante (ital. für „Sonnenaufgang“, steht allegorisch für den „Osten“ und das „Morgenland“) bezeichnet man im weiteren Sinne die Länder am östlichen Mittelmeer, folglich alle Länder, die östlich von Italien liegen, besonders die griechische Halbinsel und die griechischen Inseln in der Ägäis, die mediterranen Küstengebiete der Türkei, Zypern, den Libanon, Palästina, das historische Syrien und Ägypten.“ (Wikipedia 2015)

vom Rhein bis zum Westteil Tschechiens/Österreichs und von Süden nach Norden vom Nordkamm der Alpen bis nördlich der Mainlinie erstreckte. Im Laufe der Zeit erweiterten die Kelten ihr Kernland um große Teile Spaniens, Frankreichs, Belgiens, Ungarns, der Schweiz, Norditaliens und Sloweniens.

Eine keltische Gruppe hat es sogar bis nach Kleinasien geschafft - sie wurden dort Galater genannt. Die Kelten waren eine Hochkultur, die keine Schrift entwickelt hatte. Alle kulturellen Errungenschaften wurden nur mündlich weitergegeben. Wenn sie mit Völkern zusammentrafen, die der Schrift kundig waren, nahmen sie diese aber an. Gemeinsam waren den Kelten Sprache, Religion, Siedlungsformen und eine hohe Kompetenz in der Metallbearbeitung, deren Kenntnisse ebenfalls nur mündlich überliefert wurden.

Da es für unsere Gegend keine aussagekräftigen schriftlichen Belege zu dieser Periode gibt, behilft sich die Wissenschaft in der Einteilung dieser Zeit - ähnlich der Ära der Pfahlbauten - mit den geographischen Ortsangaben, an denen erste Funde einer Kultur gemacht wurden.

Die erste Hälfte der mitteleuropäischen Eisenzeit ist die Hallstattzeit (800 - 450 v. Chr.), benannt nach einem Ort im Salzkammergut. 1874 fand man dort ein für diese Zeit typisches Gräberfeld. Der entscheidende Unterschied zu Gräbern vorhergegangener Perioden waren die sehr reichlichen Grabbeigaben. Die Hallstattkultur erstreckte sich über das keltische Kerngebiet. „Großgräber-Anlagen [lassen] auf vorher unbekannte Höhensiedlungen" schließen. Die Forschung spricht sogar von Fürstensitzen, „die von einer [möglichen und nur regionalen] Zentralisierung der Macht künden." Auch wenn dies „als Anfang der Urbanisierung nördlich der Alpen" gesehen wird, hat man für die Zeit „nach 500 vor Christus" bisher weder direkt am „Bodensee [...] Fürstensitze" gefunden noch im gesamten Gebiet. Allerdings liegt nur rund 50 Kilometer nördlich von Nußdorf im Landkreis Sigmaringen hoch über der Donau die Heuneburg. Dieser strategisch sicher gelegene Platz war zwar schon zwischen 1600 und 1100 v. Chr. besiedelt, erfuhr aber nach 600 v. Chr. in der Hallstattzeit seine Blüte. Dort lebten bis zu 5.000 Einwohner.

In der auf die Hallstattzeit folgenden Latènezeit (450 v. Chr. - Jahr Null, benannt nach dem Ort La Tène am Neuchâteler See) gab es Siedlungsformen, die in Julius Caesars „Vom Gallischen Krieg" „oppida"[2] genannt wurden. Ein solches, gar doppeltes oppidum, liegt recht nahe am Bodensee „an einer Schleife des Hochrheins südlich von Schaffhausen", Altenburg auf der deutschen und Rheinau „auf der Schweizer Seite". Aus den dortigen Funden kann auf einen wichtigen Handelsplatz geschlossen werden, sogar mit eigenen Münzen.

2 Oppidum, Plural oppida Befestigung, Verschanzung, fester Platz, als Stadt, eher kleinere Landstadt (PONS). Mit dem Begriff „oppidum" wurde im 13. Jahrhundert das Dorf Owingen bezeichnet, das knapp vier Kilometer nordwestlich von Nußdorf liegt. Der Autor des 13. Jahrhunderts hat wohl so wie Caesar „oppidum" für einen mit Wall und Graben umgebenen Ort verwendet.

Die Handelsbeziehungen der Kelten reichten weit in den Mittelmeerraum bis Ägypten und ins Baltikum hinein. Dies bestätigen Funde in keltischen Siedlungen. Von der Kunstfertigkeit der Kelten zeugen zahlreiche Ausstellungsstücke in vielen Museen. Die Menschen dieser großen Volksgruppe trieben über tausende Kilometer hinweg erfolgreichen Handel. Sie waren Spitzenhandwerker, insbesondere bei der Metallverarbeitung, bauten für damalige Verhältnisse große, von Mauern umgebene Städte. Trotzdem hatten sie es, wie die Griechen, nicht geschafft, ein einheitliches Reich zu bilden. Sie waren lediglich in Stämmen organisiert. Wikipedia listet 146 solcher Stämme, „der durch die antiken Autoren, die archäologischen Funde und die neuzeitliche [Keltenforschung] namentlich bekannten Stammesgruppen der Kelten", auf. Die keltischen Stämme am Bodensee waren am Südufer die aus Cäsars Gallischen Krieg bekannten Helvetier, am Nordufer die Vindeliker[3] und im Osten die Brigantier (daher der Ortsname Bregenz). Ob die damals im heutigen Nußdorf siedelnden Bauern,Helvetier oder Vindeliker waren, ist unbekannt. Aber es waren ganz sicher Kelten. Davon zeugen keltische Grabhügel nahe Nußdorf, in Hödingen, Stetten und Salem.

3 Kommt vom keltischen Wort „vindos" = weiß, schön, glücklich

Die Römer

Die Römer kamen in den letzten Jahrzehnten v. Chr. in unser Gebiet. Seit dieser Zeit lag der Bodenseeraum im Herrschaftsbereich einer die Schrift beherrschenden Kultur. Es war das Ende der prähistorischen Zeit ohne schriftliches Zeugnis am Bodensee. Zeugen menschlicher Vergangenheit waren nun nicht nur Funde mehr oder minder erhaltene Artefakte[1], sondern auch schriftliche Quellen.

Einerseits heißt das, wir können nun mehr über unsere Vergangenheit erfahren. Andererseits heißt es aber auch, dass wir diese Quellen sehr kritisch betrachten müssen. Denn diese schriftlichen Zeugnisse wurden von Personen verfasst, die häufig das, wovon sie berichteten, nicht selber erfahren oder gesehen, sondern nur gehört oder gelesen hatten. Verfasser derartiger Quellen vertraten auch gerne ihr eigenes Interesse, um sich beispielsweise für die Rechtmäßigkeit ihrer Taten zu rechtfertigen. Typisch dafür war z. B. Caesar mit seinem Buch „De Bello Gallico" (Vom gallischen Krieg). Aus diesem Bericht ist übrigens nichts über den Bodensee zu erfahren, obwohl das ihn umgebende Land den seit 58 v. Chr. mit Rom verbündeten Helvetiern gehörte.

Erwähnenswert ist, dass Caesar schon 58 v. Chr. in einer großen Schlacht in der Gegend des heutigen Colmar den germanischen Stamm der Sueben geschlagen hat. Deren Heer setzte sich nicht nur aus Stammesangehörigen, sondern auch aus Gruppen anderer germanischer Stämme zusammen. Es galt als Ehre, zu den Sueben gezählt zu werden. Nach der Niederlage zogen sich die Sueben mit ihren Verbündeten über den Rhein zurück. Ein Teil des suebischen Heeres siedelte sich dann in der Gegend des heutigen Ladenburgs an. Auf einer spätrömischen Karte taucht dieses Gebiet mit dem Namen „Suevia" als Nachbar eines gewissen „Alemannia" auf. Während der Zeit des Römischen Reiches wurden die Sueben und Alemannen jedoch immer als unterschiedliche Stämme angesehen.

Erst unter Augustus verschoben die Römer die Grenze ihres Reiches bis über die Donau hinaus. Dabei kam es zu heftigen Kämpfen mit den Vindelikern, ja zu einer für die Römer siegreichen Seeschlacht bei der Mainau. Aus der Zeit der endgültigen Eroberung der von den Vindelikern bewohnten Gegend nördlich des Bodensees stammt eine der ersten Beschreibungen des Sees. Der

1 „Artefakt (Archäologie), ein durch menschliche Einwirkung erzeugter oder veränderter Gegenstand." (Wikipedia 2015)

griechische Historiker Strabo, der bis 23 n. Chr. lebte, schrieb: „[Es] finden sich Quellen sowohl der Donau als auch des Rheins (nahe dem Herkynischen Wald[2]) und zwischen den beiden ein See, und die aus dem Rhein sich ergießenden Sümpfe. Der Umfang des Sees beträgt über 111 km, die Überfahrt aber nahe an 37 km. [...] Auch liegt er südlicher als die Quellen der Donau, so dass ein aus [dem helvetischen] Gallien zum Herkynischen Wald Reisender zuerst über den See, sodann über die Donau setzen muss."

Der Bodensee gehörte damals zur römischen Provinz Rätien mit der Verwaltungshauptstadt Augsburg und wurde vom römischen Gelehrten Plinius der Ältere „Lacus Raetiae Brigantinus" (der brigantinische See Rätiens) genannt. Den Namen „Lacus Brigantinus" (Bregenzer See) sollte der See für gut acht Jahrhunderte beibehalten und das wohl weniger wegen des keltischen Volksstammes. Vielmehr bezog man sich auf die von den Römern 15 v. Chr. gebaute Stadt Brigantium (Bregenz), der Nachfolgerin einer aus der Zeit 500 v. Chr. stammenden Stadt. Der Bodenseeraum war Teil des Imperium Romanum, des Römischen Reiches geworden. Archäologische Funde aus dieser Zeit widersprechen dem Bericht von Ptolemäus[3], „dass in diesem Gebiet eine ‚Helvetier-Einöde' geherrscht habe". So lassen Konstanzer Funde darauf schließen, dass es dort schon zwischen 200 v. Chr. und 100 n. Chr. eine bedeutende Siedlung gab.

Die äußeren Lebensumstände der ansässigen keltischen Bevölkerung veränderten sich, die Region wurde romanisiert. Es gab wenig Einwanderung aus dem seit längerem zu Rom gehörenden südlichen Gallien (Gallia Cisalpina) oder gar aus dem schon lange römischen Italien. Wenn diese Einwanderer nicht in den römischen Städten Rätiens lebten, gründeten sie Gutshöfe, die sie mit Sklaven bewirtschafteten.

Die Überreste eines römischen Gutshofs hatte der schon bei den Pfahlbauten aktive Überlinger Franz Xaver Ullersberger 1881 bei Bambergen gefunden und ausgegraben. Solche Gutshöfe wurden nach der Eroberung durch die Alemannen von diesen zwar übernommen, verfielen aber bald, da die neuen Besitzer zu einer effektiven Bewirtschaftung nicht in der Lage waren.

Zu den wenigen dauerhaften „Einwanderern" gehörte die Weintraube, auch wenn es bei uns schon Reben gegeben hatte. Weiterhin waren es die von den Römern aus Persien eingeführte Kirsche und natürlich der Walnussbaum. „Die Eroberung durch die Römer war effizient und erfolgreich. Die einheimische [keltische] Bevölkerung übernahm rasch zahlreiche Techniken und neue Bräuche. So zeugen [...] [viele Artefakte] aus den römischen Siedlungen der

2 Römische Sammelbezeichnung für die deutschen Mittelgebirge

3 „Claudius Ptolemäus (griechisch **Κλαύδιος Πτολεμαῖος** Klaúdios Ptolemaíos, lateinisch Claudius Ptolomaeus; * um 100, möglicherweise in Ptolemais Hermeiou, Ägypten; † nach 160, vermutlich in Alexandria) war ein griechischer Mathematiker, Geograf, Astronom, Astrologe, Musiktheoretiker und Philosoph. Insbesondere seine drei Werke zur Astronomie, Geografie und Astrologie galten in Europa bis in die Frühe Neuzeit als wichtige umfangreiche Datensammlungen und wissenschaftliche Standardwerke." (Wikipedia 2015)

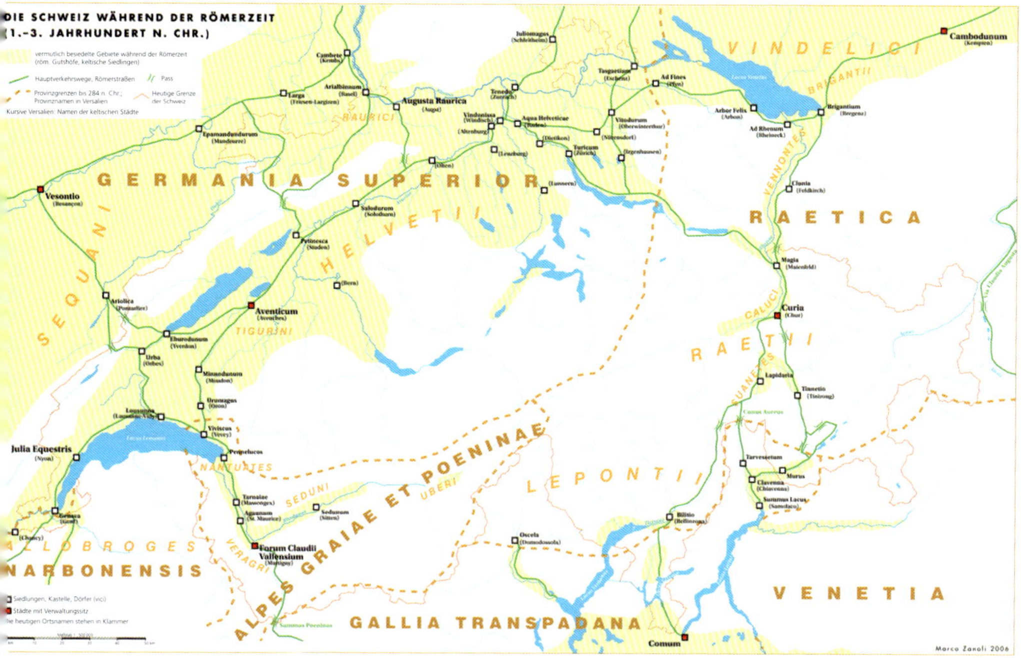

Die meisten der hier aufgeführten Stämme zu Zeiten der Römer in unserer Gegend waren Kelten bzw. Rätier. Die Bewohner der Provinz Germania Superior waren Kelten und versprengte Sueben. Quelle: Marco Zanoli (Wikimedia Commons 2017)

Bodenseeregion, dass keltische Traditionen weiterlebten und zu gallo-römischen Sitten und Bräuchen verschmolzen".

Das römische Militär war einer der Katalysatoren, die aus der keltischen eine gallo-römische Bevölkerung machte. Römische Legionäre bekamen nach 16-jähriger Dienstzeit ein kleines Gut zugewiesen, oft in der Gegend, in der sie zuletzt Dienst taten. Dies machte sie zu wahrscheinlich willkommenen Eheanwärtern unverheirateter Bauerntöchter. Die einheimischen jungen Kelten konnten sich wiederum römischen Hilfstruppen anschließen. Dabei wurde darauf geachtet, dass die in Kohorten (ca. 500 Mann) zusammengeschlossenen Truppen aus Männern derselben Stämme bestanden. Auch die Truppenanführer gehörten zum jeweiligen Stamm der von ihnen geführten Soldaten. Im Jahr 212 n. Chr. wurden dann alle Bewohner des Römischen Reiches zu römischen Bürgern. Sowohl die Oberschicht und die Verwaltung als auch die in den Hilfstruppen dienenden Männer sprachen Latein. Das einfache Volk nutzte stark mit Latein vermischte keltische Dialekte, um sich mit der Obrigkeit und dem pensionierten Legionär aus der Nachbarschaft verständigen zu können. In Frankreich, Spanien und Portugal entwickelte die gallo-römische Bevölkerung aus diesem sprachlichen Mischmasch ihre heutigen Sprachen. Im süddeutschen Sprachraum passte sich die gallo-römische Bevölkerung der Sprache ihrer alemannischen oder fränkischen Herren an.

Wie wohnten eigentlich die keltischen (vindelikischen), später kelto-romanischen Bauern, die wahrscheinlich seit der Aufgabe der Pfahlbauten am Nordufer des Überlinger Sees und am Südufer eines Baches, des späteren Nußbachs, siedelten?

Seit ihrem Auszug aus den Pfahlbauten lebten die Bauern im südlichen, gallo-romanischen Bereich - vom französischen Jura bis zum ehemaligen Großherzogtum Baden - in recht ähnlichen Häusern, wie 1898 in der Einleitung einer Schweizer Studie zum Vergleich von Schweizer Bauernhäusern mit badischen festgestellt wurde.

Bis weit in die Neuzeit im 17. Jahrhundert - vor Nußdorfs Zerstörung im Dreißigjährigen Krieg - änderte sich wenig am Wohnstandard der Nußdorfer Bauern. Man lebte in fensterlosen einstöckigen und von innen nicht verputzten Fachwerkhäusern, die meist nur in Stall und Wohnraum unterteilt waren. In der Mitte des Wohnraums befand sich eine Feuerstelle, auf der gekocht wurde. Auf einen Kamin an der Feuerstelle wurde in den sogenannten Rauchhäusern sogar bis ins 19. Jahrhundert verzichtet, „da ein gut ziehender Schornstein naturgemäß den entsprechenden Nachzug von kalter Frischluft verstärkt hätte", so Architekten, die sich heute mit Fachwerkhausrenovierungen befassen. Der Rauch zog entweder durch Spalten und Ritzen des Daches oder durch ein dort absichtlich belassenes Loch, dem Eulenloch, ab. In einem solchen Raum hielt sich die ganze Familie zum Essen und Schlafen auf. Wasser holten sich die Nußdorfer aus dem See oder aus dem Nußbach. Deshalb hatte man nach der Pfahlbauperiode vermutlich auch an diesen Stellen gesiedelt. Die Baumaterialen Holz und Lehm bedeuten, dass nahezu keine für Archäologen verwertbare Überreste blieben, wenn ein Haus - warum auch immer - zusammenfiel bzw. abgerissen wurde.

Kapitel 13

Das Dorf nach der Namensgebung

Die Alemannen

Das Dorf - dort wo heute Nußdorf liegt - mit wenigen Häusern, eher ein Weiler, wurde im Laufe des Niedergangs des Römischen Reiches samt seiner gallo-römischen Bevölkerung alemannisch. Was heißt das?

Wahrscheinlich sind nur wenige der Menschen, die dort siedelten, von den erobernden Alemannen umgebracht oder auch nur enteignet worden. Darüber wäre in einer auf Schrift basierenden Kultur berichtet worden, da zumindest einige der gallo-römischen Bewohner der größeren römischen Siedlungen lesen und schreiben konnten. Diese Fähigkeit wurde übrigens von den germanischen Eroberern sehr wohl genutzt. Die Eroberten hatten aber nicht nur ihre Freiheit als römische Bürger verloren, sondern wurden auch mehr oder minder rechtlos. Der Teil der gallo-römischen Bevölkerung, der enteignet worden war, gehörte als Sklaven alemannischen Herren. Die anderen Bauern, egal ob alemannisch oder gallo-römisch, blieben zwar frei, mussten aber an den alemannischen, grundbesitzenden Adel Abgaben leisten. So wurden schon sehr früh ab dem 4. Jahrhundert n. Chr. die Grundlagen für die mittelalterliche Hörigkeit geschaffen, die einerseits „im Ergebnis auf eine Erneuerung der antiken Sklaverei hinauslief" und andererseits für die Bauern in Nußdorf bis in die 30er Jahre des 19. Jahrhunderts dauern sollte.

Wer waren die alemannischen Herren und sind die mittelalterlichen Nußdorfer Nachfahren der Alemannen oder der Kelten?

So verwirrend die Bestimmung der Völkerscharen während der sogenannten Völkerwanderung ist, so verwirrend ist die Geschichte der Auflösung des (West-) Römischen Reiches. Die Bezeichnungen für die Stämme und Volksgruppen außerhalb des Römischen Reiches sind vage bis ungenau. So haben die Römer alle „barbarischen" Völker/Stämme/Gruppen nördlich der Donau als Germanen bezeichnet, obwohl diese Zuordnung höchstens auf Stämme in den nördlichen Niederlanden, Niedersachsen, Schleswig-Holstein und Skandinavien zutraf. Die Völker südlich dieser Gebiete waren zum größten Teil Kelten bzw. Mischungen aus Germanen und Kelten.

Wie wenig antike Geschichtsschreiber und Militärs von der Zugehörigkeit der Stämme zu den Volksgruppen wussten, zeigt u.a. das Beispiel der Teutonen, die mal zu den Kelten, mal zu den Germanen gezählt wurden. Für Tacitus[1]

1 „Publius Cornelius Tacitus (* um 58 n. Chr.; † um 120) war ein bedeutender römischer Historiker und Senator." (Wikipedia 2015)

lag nördlich der Alpen und westlich der Rheins Germania, ein Land der Germanen, das zwar nie existiert hatte, was aber gerne von den deutschen Historikern in der 2. Hälfte des 19. und der 1. Hälfte des 20. Jahrhunderts als Realität in historischen Atlanten übernommen worden ist. Die Namen, die den Stämmen von den Römern gegeben wurden, waren häufig entweder ein Verweis auf den Herkunftsort, wie bei den Goten und Kimbern, oder eine Aussage, für was sich ein solcher Haufen von Menschen hielt.

Sehr typisch ist das für die Alemannen, deren Name keine Herkunftsbezeichnung war, sondern man kann das Wort „getrost für ‚alle Männer' gleichsetzen". Sie gehörten germanischen Stämmen an, die von der Wissenschaft unter dem Begriff Elbgermanen zusammengefasst wurden. Auch die Sueben gehörten zu diesen Elbgermanen, weshalb sich möglicherweise ein größerer Teil der Alemannen diesen zugehörig fühlte.

Der Zerfall des Römischen Reiches war ein schleichender Prozess, der sich in Mitteleuropa über mehrere Jahrhunderte vom 3. bis zum 6. Jahrhundert hinzog. Das Römische Reich spaltete sich in Ostrom mit der Hauptstadt Konstantinopel und Westrom mit der Hauptstadt Rom. Ostrom hielt sich als „zweites Rom" bis in die Mitte des 15. Jahrhunderts. Die dort vorherrschenden Griechen bezeichneten sich sogar mit dem griechischen Wort für Römer als „Ῥωμαῖοι (Romaioi)". Germanische Stämme oder Haufen wie die Goten, Wandalen oder Alemannen eroberten weströmische Gebiete und errichteten meist kurzlebige Herrschaften. Sie wurden manchmal von den Römern für eine Zwischenperiode vertrieben oder von anderen Volksgruppen aus gerade eroberten Gebieten herausgedrückt oder, wie die Alemannen, von den Franken als Gewinn in das bisherige Herrschaftsgebiet eingegliedert. Man kann annehmen, dass sich zwar ein Teil der gallo-römischen Oberschicht nach Italien zurückgezogen hatte, aber eben nur ein Teil, schon weil es in Italien in diesen Jahrhunderten des Umbruchs auch recht unruhig zuging. Der Teil, der nicht floh, war froh, den immer stärker wachsenden Steuerdruck der spätrömischen Verwaltung losgeworden zu sein, und paktierte mit den Eroberern.

Allerdings ist es sicher, dass ein kriegerischer Haufen als Alemannen im ausgehenden 3. und 5. Jahrhundert das Gebiet zwischen Donau und Bodensee sowie weitere Gebiete Süddeutschlands und der Schweiz besetzte. Deshalb wurde diese Gegend in der Zeit auch Alemannia genannt. Dies war keine Bezeichnung eines geschlossenen Herrschaftsgebiets, geschweige denn Staats, sondern bedeutete nur, dass dieses Gebiet von Alemannen erobert worden war.

Eine dieser Gruppen übernahm übrigens den Namen einer keltisch-vindelikischen Untergruppe, bzw. Flusslandschaft, nordwestlich des Bodensees, nämlich die Lentier oder Lentensier. Daraus wurde unser Linzgau.

Kartographische Darstellung des römischen Straßennetzes; am oberen Rand der linken Hälfte liegt Alemannien, darunter der Schwarzwald oder die Schwäbische Alb und unter dem Wald der vom Rhein durchflossene Bodensee, damals der Bregenzer See.

Die Franken

Da sich kein geschlossenes alemannisches Herrschaftsgebiet mit einem alemannischen „König" entwickelte, sondern mehrere „Fürstentümer" mit unterschiedlichen Namen, war es ein leichtes Spiel für die Franken, sich um 530 die Alemannen untertan zu machen.

Nahezu parallel zur Übernahme der alemannischen Herrschaften durch die Franken setzte sich das Christentum in der ersten Hälfte des 6. Jahrhunderts in unserer Gegend endgültig durch. Es gab dort schon früher Christen. Ein prominentes Beispiel ist die heilige Verena. Sie war eine Ägypterin, Ende des 3. Jahrhunderts geboren, die mit einer römischen Legion, bestehend aus ägyptischen Soldaten, über Mailand und Solothurn auf einer Rheininsel bei Zurzach landete.

Trotzdem kann davon ausgegangen werden, dass der Großteil der gallorömischen Bevölkerung zu Zeiten Verenas keine Christen war. Obwohl das Christentum durch den römischen Kaiser Theodosius seit Ende des 4. Jahrhunderts die offizielle Staatsreligion im Römischen Reich geworden war, hatte es gedauert, bis diese Religion auch im ländlichen Raum Fuß fassen konnte. Nicht umsonst nannten die Römer die Heiden „pagani" (Dorfleute). Zwar waren viele Franken seit Chlodwig[1] Christen, allerdings ohne großen missionarischen Ehrgeiz der fränkischen Oberschicht. Die Alemannen waren noch keine Christen.

Das Christentum wuchs im Bodensee nicht aus den ehemaligen römischen Städten, wie Bregenz oder Konstanz, sondern wurde von irischen, missionierenden Mönchen, wie Columban und seinem Schüler Gallus, gebracht. Columban übrigens soll von Bregenz an einen Ort gezogen sein, „der zwar dem Columban nicht gefiel, doch beschloss [er] zu bleiben, um dem benachbarten Volk den Glauben zu bringen. Dort wohnten Schwaben („Suaevi")". Nachdem mit den von ihnen gegründeten Klöstern dem Christentum eine feste Basis geschaffen worden war, wurde Anfang des 7. Jahrhunderts, 610 oder 620, das Bistum Konstanz gegründet. Zu dieser Diözese gehörte Nußdorf bis zu ihrer Auflösung 1821. Zum Bistum Freiburg als Nachfolger von Konstanz gehört Nußdorf noch heute.

Was war das für eine Gesellschaft am Nordufer des Bodensees, als sich

1 Chlodwig I. war ein fränkischer König aus der Dynastie der Merowinger (siehe Fußnote 2). Er regierte von 481 - 511.

mit der Herrschaft der Merowinger[2] eine Nachfolge des Römischen Reiches in großen Teilen von Frankreich, Belgien, den Niederlanden ohne Friesland, Westdeutschland und der Schweiz etablierte?

Da es nicht genügend fränkische Adelige gab, denen die eroberten Gebiete anvertraut werden konnten, wurden nur wenige einheimische, alemannische Adelige enteignet. Die fränkischen Oberherren überließen ihnen die Ländereien und Anwesen als Eigentum, über das sie frei verfügen konnten. Damit war der Adel zwar dem fränkischen König untertan, aber hatte als Grundbesitzer eine „hervorragende Stellung auch im Gemüte der Untergebenen [befestigt]".

Die Untergebenen waren entweder alemannische oder keltische Bauern, die ihre Anwesen als Teil des Grundbesitzes eines Adeligen bewirtschafteten. Da den Alemannen „das betriebswirtschaftliche Verständnis dafür [fehlte], die großen [römischen Gutshöfe] fortzusetzen", wurden „die römischen Latifundien[3] [...] schon vor der Merowingerzeit durch kleinflächiges Bauernland mit gemeinsamer Nutzung [Allmende]" ersetzt. Die Bauern waren entweder von den Alemannen versklavte gallo-römische Landarbeiter oder Alemannen, bzw. Kelten.

Der Erfolg der Franken bedeutete für den Bodenseeraum eine Stabilisierung der politischen Verhältnisse. Für Nußdorf und viele andere Dörfer bedeutete dies auch, dass sie „germanische" Namen bekamen. „Als spätmerowingisch, also ab dem siebten Jahrhundert, gelten die Namensendungen für Ortschaften und Siedlungen,-statt', -weil', ‚-hausen', [...] ‚-dorf', ‚-stetten', ‚-bach', ‚-hofen', ‚-felden', und ‚-beuren'".

Haselnüsse waren schon in den Pfahlbauzeiten Nahrungsmittel. Die Walnuss gab es, als Nußdorf seinen Namen bekam, auch schon ca. sechshundert Jahre, weshalb wohl nie geklärt werden wird, ob die namensgebende Nuss in Nußdorf eine Haselnuss oder eine Walnuss war. Der Nußdorfer Gemeinderat, der sich Ende des 19. Jahrhunderts für den Walnussbaum im Nußdorfer Wappen entschied, hat sich ganz sicherlich für den Baum mit der prächtigen Krone gegenüber dem recht unscheinbaren Haselnussstrauch entschieden.

Die Namensgebung klärt wohl, dass im 7. Jahrhundert wahrscheinlich Alemannisch in unserer Gegend gesprochen wurde, ein germanischer Dialekt und eine der Vorstufen zum Althochdeutschen. Dieses Alemannisch von damals hatte mit dem heutigen Dialekt Bodenseealemannisch so wenig gemeinsam, wie die westgermanischen Vorstufen des Althochdeutschen mit dem modernen Hochdeutsch. Es überrascht auch nicht, dass die am Bodensee le-

2 „Die Merowinger waren das älteste Königsgeschlecht der Franken vom frühen 5. Jahrhundert bis 751. Sie wurden vom Geschlecht der Karolinger verdrängt. Nach ihnen wird die historische Epoche des Übergangs von der Spätantike zum Frühmittelalter im gallisch-germanischen Raum Merowingerzeit genannt." (Wikipedia 2015)

3 „Als Latifundium (Mehrzahl Latifundien) wurde im Römischen Reich ein ausgedehntes Landgut oder Großgrundbesitz bezeichnet, dessen Größe 500 ha überstieg." (Wikipedia 2015)

benden Kelten, nachdem sie die Sprache der Römer mehr oder minder gut angenommen hatten, genauso flexibel waren, das Alemannische anzunehmen. Ihr im Laufe der Römerzeit angenommenes bisschen Latein ging in der neuen Sprache nicht total unter.[4]

Alles in allem aber begannen sich um 650 die Nußdorfer Konturen auszuprägen, ein Bauerndorf mit einer christlichen, gemischt alemannisch-keltischen Bevölkerung, die Alemannisch, eingestreut mit keltischen und lateinischen Wörtern, sprach. Dieses Dorf gehörte einem oder mehreren alemannischen oder fränkischen Adeligen. Es lebte von Ackerbau und Viehzucht, wobei Ackerbau schon damals auch Weinanbau einschließen konnte.

Nußdorf hatte sich nach ca. 400 Jahren Römerherrschaft und 300 Jahren Wirren der sogenannten Völkerwanderung zu einem Dorf im Reich der Franken entwickelt. Damit gehörte es wieder, wie unter den Römern, zu einer größeren Einheit, die weit über die Stammesbeziehungen hinausging, nämlich zu dem Reich der Franken. Es blieb aber, was die bekannte Quellenlage betrifft, eines von vielen tausend Dörfern, die, trotz ihrer Unbedeutsamkeit in der Geschichtsschreibung, über Jahrhunderte hinweg Lebensmittelpunkt für tausende von Menschen waren und sich bis heute zu einem blühenden Gemeinwesen entwickelt haben.

Die Herrschaft der fränkischen Merowinger war im Laufe des 8. Jahrhunderts durch die ebenfalls fränkischen Karolinger abgelöst worden. Deren bedeutendster Vertreter war Karl der Große (747 oder 748 bis 814).

Dieser schuf wesentliche Grundlagen für knapp 1.000 Jahre Mittelalter und darüber hinaus. So sehen Deutschland und Frankreich noch heute in ihm den Schöpfer ihrer Nationen. Er erweiterte das Reich der Franken so beträchtlich, dass es in der Größe durch eroberte Länder, bzw. tributpflichtige Fürstentümer in etwa mit dem vor Jahrhunderten untergegangen Westrom gleichzog. Dies war ihm sehr wohl bewusst, weswegen die Annahme der Kaiserkrone im Jahre 800 nicht nur ein Nachgeben gegenüber einer freundlichen Geste des Papstes, sondern ein von Karl kalkulierter politischer Schritt war. Ostrom sah in ihm auch nicht den Konkurrenten, sondern einen ebenbürtigen Partner auf Augenhöhe. Der römische Kaisertitel und das fränkische (germanische) Königtum Karls des Großen sind, auch wenn das fränkische Reich schon unter Karls Enkeln zerbrach, die Anfänge des späteren Heiligen Römischen Reiches Deutscher Nation, das sich erst 1806 auflöste.

4 Zum Beispiel ist „Farren" das südwestdeutsche Wort für Stier, das lt. dem Grimm'schen Deutschen Wörterbuch vom griechischen Wort „ταῦρος" (tauros), bzw. lateinischen Wort „taurus" durch Lautverschiebungen abgeleitet wird. Im Grimm'schen Wörterbuch wird ausdrücklich betont, dass „Farren" nicht vom gotischen „stiurs", von dem das hochdeutsche Wort Stier abstammt, hergeleitet wird. Auch das Wort für die süddeutsche Nationalkrankheit „Alefanz" hat einen lateinischen Ursprung nämlich „fallacia", lt. Pons, dem lateinisch-deutschem Wörterbuch Täuschung, Trug, Betrug, Verstellung, Intrige. Es wird im Grimm'schen Deutschen Wörterbuch als „ein merkwürdiges, bisher unverstandenes, in hohes alterthum zurückweichendes wort" beschrieben.

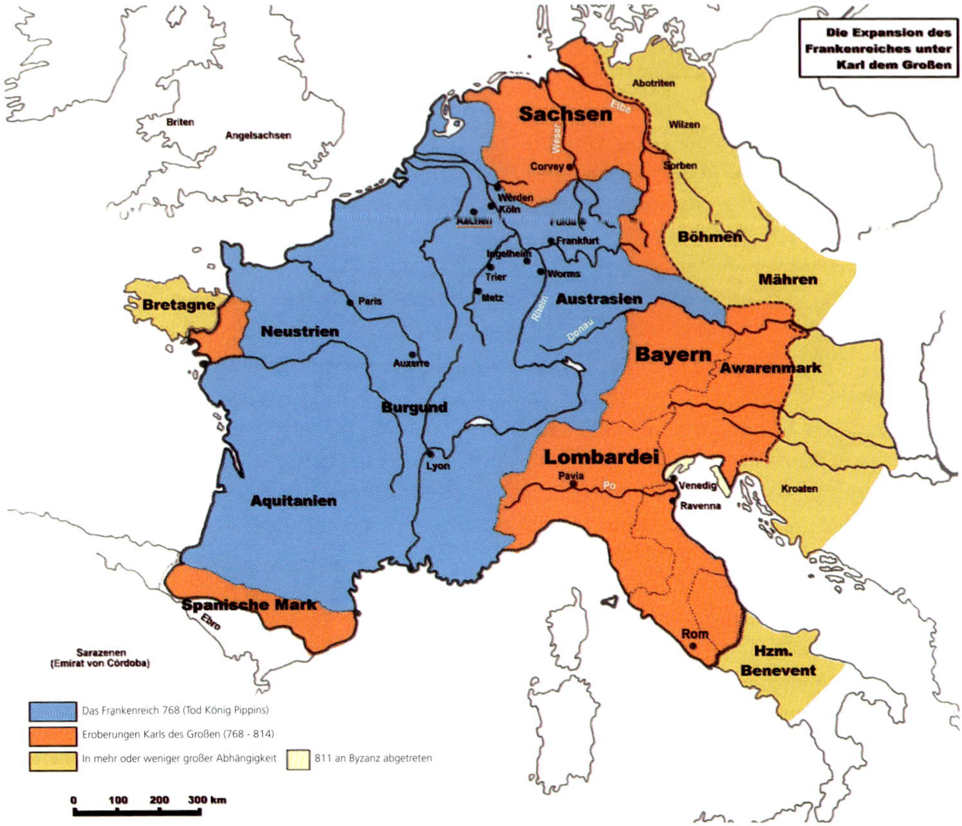

Quelle: wolpinger mit marginalen Änderungen von tsui (GNU Free Documentation License)

In dessen und seiner Nachfolger Zeit fielen noch weitere Entscheidungen, die sich z. T. bis heute auswirken. Das die Oberherrschaft der Merowinger entlastende alemannische Herzogtum und regional herrschende alemannische Adelshäuser wurden „durch eine Aufteilung in Grafschaften unter Kontrolle des fränkischen Hofes" nach dem sog. Cannstatter Blutgericht 746 ersetzt. Diesen Grafschaften, Gaue[5] genannt, standen loyale, fränkische Adelige vor.

Nußdorf gehörte zum Linzgau, „zu dem die Insel Mainau gehörte, [und der] bis zum Unterlauf der Schussen" reichte. Die Westgrenze liegt westlich von Überlingen. Gegenüber, auf der anderen Seeseite, lag der Gau Untersee - nicht der heutige südwestliche Teil des Bodensees, sondern die Halbinsel zwischen Überlinger See und Untersee -, eigentlich „keine Grafschaft, sondern Fiskalgut mit der Reichenau, wohl dem ganzen Bodanrück und mit der Kö-

5 „Gau war die Bezeichnung für eine landschaftlich geschlossene und von naturräumlichen Grenzen bestimmte politische Siedlungsgemeinschaft der Germanen. Das Wort diente als allgemeine Bezeichnung von Regionen als Landschaft oder Verwaltungseinheit." (Wikipedia 2015)

nigs- und karolingischen Kaiserpfalz[6] Bodman". Für eine gewisse Zeit war so aus Bodman ein imperialer Stützpunkt geworden, der dann dem ehemaligen Bregenzer See nach einigen Lautverschiebungen seinen Namen „Bodensee" gab. Die Namen der Gaue stammten entweder von Volksgruppen, wie den Lentensiern im Linzgau, oder von Familien, wie die Huosi in Oberbayern, oder von einer Landschaft, wie der Gau Untersee.

Die Gaue waren in Territorien zusammengefasst, wie Bayern, Burgund oder Schwaben, das den territorialen Begriff Alemannien eigentlich für immer ersetzt hatte. So hatte der 879 verstorbene Reichenauer Abt Walahfrid Strabo gemeint, dass Alemannen und Schwaben eh derselbe Volksstamm seien. Dort herrschten Herzöge, die direkt dem König unterstanden. Stammesnamen, wie Schwaben usw., galten nicht mehr für germanische Stämme, sondern dienten eben nur noch der territorialen Bezeichnung, wo häufig einer der genannten Stämme gehaust haben mag.

Im Jahre 770 oder 773 erschien Überlingen, der große Nachbar Nußdorfs, zum ersten Mal auf der Bühne der Geschichte. Hier ist nicht der Ort, sich an der Debatte zu beteiligen, ob es der 9. August 770 oder 773 war, an dem ein Graf Robert dem Kloster St. Gallen im „Gemeinwesen Überlingen, im zweiten Jahr der Regierung Karls als König der Franken am fünften Tag vor den Iden des August" ein Dorf vermacht hatte. Auch wenn zwischen dem Landungsplatz in Überlingen und der Kapelle in Nußdorf nur rund drei Kilometer liegen, sollten beide Ansiedlungen bis zum Jahre 1857 getrennte Wege gehen, auf denen man sich allerdings gelegentlich traf.

In dieser klaren und sich nahe unveränderbaren Welt lebten die Nußdorfer unter wechselnden Grundherren, bis sich im 12. Jahrhundert aus dem gerade gegründeten Kloster Salem in der Nachbarschaft der einzige Grundherr für rund 700 Jahre entwickelte. Drei der Vorgänger von Salem als Grundherren von Nußdorf waren die Pfalzgrafen von Tübingen, die Schweizer Adelsfamilie Vaz und zu guter Letzt Eigilwardo von Nußdorf, dem wir die ersten schriftlichen Erwähnungen von Nußdorf verdanken. Die Vazer waren Freiherren in „grafengleicher Stellung" aus der Nordschweiz, die im Linzgau mit reichen Besitztümern, wie der Pfarrei Seefelden und auch mit Höfen in Nußdorf, gesegnet waren. Die Pfalzgrafen von Tübingen, die mit diesem Titel 1146 von dem Stauferkönig Konrad III. geehrt worden waren, waren durch Erbschaft in Nußdorf Grundherren geworden. Ein einziger Adeliger nannte sich „von Nußdorf", nämlich ein gewisser Eigilwardo, mehr über ihn im folgenden Abschnitt über die Gründung des Klosters Salem.

6 „Unter einer Pfalz […] verstand man im Früh- und Hochmittelalter entstandene (Wohn-)Stützpunkte für den reisenden König (seltener auch für einen Bischof als Territorialherrn, der dem König gegenüber in Gastungspflicht stand). Der Begriff entstand in Anlehnung an den Palatin, einer der sieben Hügel Roms, auf dem in weiten Teilen der römischen Kaiserzeit der Augustus residierte." (Wikipedia 2015)

Karte von Salem 1765, links im äußersten Südwesten Nußdorf, östlich davon die neue Birnau

Kapitel 14

Salem und Nußdorf im Mittelalter

Salemitani" (Kurze Geschichte des salemischen Klosters) von ca. 1215 eines gemeinsam: Sie beginnen die Geschichte von Salem 1134. In diesem Jahr fragte Guntram von Adelsreute im elsässischen Kloster Lützel nach, ob die dort ansässigen Zisterzienser bereit wären, bei der Gründung eines Zisterzienserklosters die Mutterrolle zu übernehmen. Guntram war ein oberschwäbischer Edelfreier[1], dem in Adelsreute vier Lehenshöfe gehörten.

Kapelle in Adelsreute, wahrscheinlich die Kapelle der Salemer Grangie (Gutshof, der zu einem Zisterzienserkloster gehörte) aus dem 13. Jahrhundert
Foto: Andreas Praefcke, Oktober 2009

Diese Höfe gibt es noch. Adelsreute ist heute ein Wohnbezirk von Taldorf, dem flächenmäßig größten Ortsteil der Stadt Ravensburg, wobei in Adelsreute heute, so wie wohl auch damals, deutlich weniger als 100 Einwohner leben. Es gehörte von 1810 bis zum 1. Januar 1969 als badische Exklave zum Landkreis Überlingen, was die Adelsreuter aber ebenso wenig zu Ur-Badenern macht wie die Nußdorfer.

Von Guntrams Wohnsitz gibt es keine Überreste. Er war kein ganz kleiner Adeliger aus dem Hinterland des Bodensees. Sein Besitztum ging über Adelsreute hinaus. So besaß er ca. 20 Kilometer westlich von Adelsreute das Dorf Salmannsweiler mit zwölf Höfen und einer den Heiligen Verena und Cyriak[2] geweihten Kapelle mit immerhin acht Altären. Vermutlich war diese Kapelle sogar eine Pfarrkirche.

Und eben dieses Salmannsweiler bot Guntram, der keinen männlichen Erben hatte, dem Zisterzienserorden als Ort für ein neu zu gründendes Kloster an. Wahrscheinlich waren Salmannsweiler, Adelsreute und noch einige weitere Güter, die dazu noch recht weit auseinanderlagen und ca. 200 Hektar umfassten, etwas wenig „Mitgift" für ein neu zu gründendes Kloster. Deshalb lud Guntram zwischen 1134 und 1138 nach Leustetten zu einem Treffen ein, nachdem ihm Kloster Lützel signalisiert hatte, dass das mit dem neuen Kloster

1 „Als edelfrei (Edelfreie oder Edelinge) wurden zunächst diejenigen germanischen Adeligen bezeichnet, die sich von den anderen Freien durch die Zahlung des dreifachen Wergeldes unterschieden. Aus den Edelfreien entwickelte sich im Laufe des 12. Jahrhunderts im Heiligen Römischen Reich der Hohe Adel im Gegensatz zum in seinen Ursprüngen meist unfreien Dienstadel, den sogenannten Ministerialen." (Wikipedia 2015)

2 „Cyriacus (griech. Kyriakos, auch Cyriak, Cyriakus; † um 303 in Rom durch Enthauptung) ist ein Märtyrer aus der Zeit der Christenverfolgung in Rom." (Wikipedia 2015)

klappen könnte. Dort wurde jeder der Gäste gebeten, die Gründung des neuen Klosters durch eine Dotation[3] von Land und dazu gehörigen Dörfern zu bestätigen und so zu unterstützen. Der Gastgeber von Rang war Graf Heinrich von Heiligenberg. Es waren noch 27 Edelfreie aus der Umgebung anwesend: Nämlich Heinrichs „Bruder Konrad, Luitpold von Meersburg, Albert von Seefelden und dessen Sohn gleichen Namens, Hermann von Markdorf, Rupert von Otterswang, Luitpold von Deggenhausen, Heinrich von Boshasl, Albert von Frickingen samt Sohn Burkhard, **‚Eigilwardo de Nuzdorf'**, Hugo von Ittendorf, Luitfried von Bonndorf, Ulrich und Burkhard von Bonkhofen, Burkhard von Oberrieden, Hartmann und Heinrich von Mimmenhausen, Werner und Rupert von Bonndorf, Alwin und Heinrich von Mennwangen, Werner von Burg bei Oberhomberg, Eberhard von Pfärrenbach, Gottfried von Rohrdorf, Rudolf, Graf von Pfullendorf, Gerold von Baufnang."

1137 zog dann der Abt Frowein mit 12 Mönchen aus Lützel in das Dorf Salmannsweiler, das Guntram als Ort für das Kloster den Lützeler Zisterziensern angeboten hatte. Das Kloster begann Realität zu werden.

Und so sprach es sich dann vermutlich in höheren Kreisen herum, dass aus Guntrams Anfrage in Lützel etwas geworden war. Es kam zu einem erneuten Dotationstreffen mit weit größeren Namen, wahrscheinlich 1142 in Konstanz. Bei diesem Treffen war Friedrich II. Herzog von Schwaben der Gastgeber. Anwesend war sein Sohn Friedrich[4], der spätere Kaiser Friedrich Barbarossa, über 30 Grafen, u. a. Friedrich Graf von Zollern, Ludwig Graf von Württemberg, der Pfalzgraf von Tübingen, drei badische Grafen und Werner Graf von Habsburg. Außerdem werden in Anschluss an die Liste der Grafen noch die Edelfreien Mangold von Rohrdorf, Lambert von Hausen,

Kaiser Friedrich Barbarossa

3 „Dotation (von lateinisch dotatus „reichlich ausgestattet" oder dotalis „zur Mitgift gehörig") bedeutet im Allgemeinen eine Ausstattung mit Einkünften und Gütern [...] einer kirchlichen Anstalt [...]." (Wikipedia 2015)

4 Friedrich wird neben seinem Vater, Herzog Friedrich II. von Schwaben, als Zeuge für das Kloster Salem genannt (Konstanz, 19. März 1142). Regesta Imperii

Hugo von Ittendorf und wiederum **Eigilwardo von Nußdorf** erwähnt. Man hatte von denen wohl angenommen, dass sie ein weiteres Scherflein beitragen könnten. Diese Annahme traf sicher auf Eigilwardo zu, der dann auch einige Höfe in Nußdorf dem Kloster und schon 1140 Teile des heute zu Deisendorf gehörenden Scheinbuchs spendete.

Leider ist sonst nicht viel von Eigilwardo bekannt. Als Sohn von Friedrich von Wildenstein war er wohl ein Edelfreier. Er war entweder in der Gründungsphase des Klosters Salem schon recht alt oder hatte einen Verwandten, vermutlich den Vater gleichen Namens. Ein Egilwart[5] von Nussdorf war nämlich am 6. April 1092 in Beuron einer von sieben Zeugen, als ein gewisser Hesso von der Burg die drei Dörfer Hauchlingen, Nehren und Gönningen[6] eintauschte, so heißt es in einer „abschriftlich überlieferte[n] Quelle [...] aus der frühen Neuzeit" über die Gründung des Benediktinerklosters St. Georgen.

Diese Episode sagt uns: Nußdorf war im Mittelalter fest in das Herzogtum Schwaben eingebunden. Die gut hundert Jahre alte Aussage aus dem 19. Jahrhundert, dass ein Nußdorfer ca. 1134 bei einem Ereignis im Zusammenhang mit der Gründung von Salem beteiligt war und dass dies ca. 1215 schriftlich dokumentiert worden war, muss nun auf 1092 korrigiert werden. Deswegen heißt auch dieses Lesebuch nicht mehr „Nußdorf im 875. Jahr" sondern „Nußdorf im 925. Jahr".[7]

Das neue Kloster nannte sich 1140, nach der Bestätigung durch Papst Innozenz II., Salem[8]. Der Name Salmannsweiler blieb aber dem Kloster bis über die Säkularisation 1802 hinaus erhalten. Xaver Staiger titelte noch 1865 seine „topographisch-historisch" ausführliche Beschreibung „Salem oder Salmannsweiler", und das acht Jahre, nachdem das Bezirksamt Salem vom Bezirksamt (Landratsamt) Überlingen übernommen worden war.

Papst Innozenz II., erster von links

Die beiden Adelstreffen zur Dotation von Salem zeigen, wie wichtig es für den oberschwäbischen Adel war, das Kloster gut auszustatten. Es zeigt sich aber auch hier, dass das Kloster Wert darauf legte, seine Erwerbungen durch „Dritte bestätigen und rechtlich absichern zu lassen". In der Frühphase (1134 - 1138) von Salem kamen zu Sal-

5 Die Rechtschreibregeln haben die mittelalterlichen Schreiber sehr locker gehandhabt.

6 Heute in den Landkreisen Tübingen und Reutlingen gelegen.

7 Die Jahreszahl 1092 ist der Arbeit von Michael Buhlmann zu verdanken, der auf seiner Homepage in modernes Deutsch editierte mittelalterliche Quellen u. a. auch über die Gründung des Klosters St. Georgen veröffentlicht. Diese sind für Recherchen im Internet aufbereitet worden.

8 „Salem ist ein Ortsname, der an einigen Stellen im Alten Testament der Bibel als Sitz des Königs Melchisedek erscheint. Gewöhnlich wird er als Name der Stadt Jerusalem interpretiert." (Wikipedia 2015)

mannsweiler und Adelsreute u. a. noch die Ortschaften Behweiler, Tepfenhard, Walpertsweier, Höfe in Nußdorf und die heute verschwundenen Orte Bosinweiler, Wittenweiler, Wartberg und Haselbach dazu. Die Heiligenberger gaben dem Kloster Forst, Mendlishausen, Schwandorf und Banzenreute. Durch den Erwerb von Maurach wurden schon sehr früh der Zugang von Salem an den Bodensee und damit freiere Verkehrsverbindungen erschlossen.

1228 verlor Nußdorf wahrscheinlich seine letzten Bande mit Tübingen, als Rudolf II.[9] von Tübingen ein Gut in Nußdorf an Salem vermachte. Vermutlich gehörte spätestens von diesem Moment an ganz Nußdorf zu Salem.

9 Schon damals hatte ein Rudolf in Nußdorf was zu sagen!

Die Bewohner des Klosters Salem

Die Klosterverfassung war dreigliedrig angelegt: An der Spitze stand der Abt. Dann kamen die Mönche und die Konversen[1]. Das Kloster musste aus mindestens einem Abt und zwölf Mönchen bestehen. „Wenn ein Zisterzienserkloster [...] eine Neugründung vornehmen wollte, musste es aus seinem eigenen Konvent den Abt und die zwölf notwendigen Mönche entsenden." Deshalb musste das Mutterkloster „mindestens 60 Mönche besitzen".

1 „Ein Konverse war im Kloster ein Laienbruder, der in das Kloster eintrat, keine Weihen empfing und vorwiegend körperliche Arbeiten verrichtete. Konversen arbeiteten als Klosterhandwerker, aber auch in der Landwirtschaft und im Garten. Neben einfachen Tätigkeiten übten Konversen im Mittelalter allerdings auch anspruchsvolle Tätigkeiten als Kaufleute und Verwalter von Stadthöfen und Grangien aus. Sie unterschieden sich von den nicht zu Priestern geweihten Mönchen dadurch, dass sie durch die festen Gebetszeiten des Klosters nicht von ihren Tätigkeiten unterbrochen werden mussten." (Wikipedia 2015)

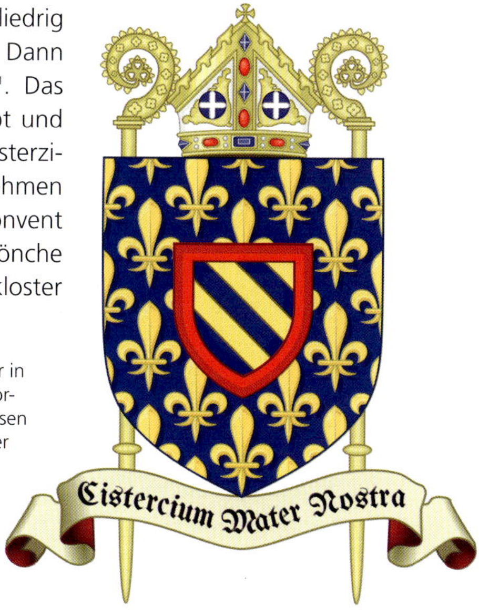

Wappen der Zisterzienser
Quelle: Tom Lemmens, 2010

Dieses Minimum hatte Salem schon weniger als 100 Jahre nach seiner Gründung erreicht, als es 1227 das Tochterkloster Wettingen gründete. Im Regelfall wurde diese Minimalzahl beträchtlich übertroffen. Als Abt Ulrich von Seelfingen 1311 starb, „gehörten zum Salemer Kloster 130 Mönche und [...] 180 Konverse". Im Vergleich gehörten zum Benediktinerkloster St. Gallen, ebenfalls eine „Reichsabtei, im Jahre 1329 nur fünf Mönche". Die Zahl der Mönche blieb bis ins 17. Jahrhundert immer über, selten knapp unter dem Minimum von 60 Mönchen, wohingegen die Zahl der Konversen abnahm. 1656, nach dem Dreißigjährigen Krieg, gab es nur noch 18 Mönche in Salem. Das Kloster erholte sich bis 1802, dem Jahr der Säkularisation, und beherbergte dann 61 Mönche und 17 Konverse.

Fiktive Portraits der Äbte Wilhelm Schraik (1373 - 1395), Jodok I. Senner (1395 - 1417) und Petrus I. Ochsner (1417 - 1441) von rechts nach links

Salem war eine geistliche Wahlmonarchie[2]. Der jeweilige Abt war quasi der Monarch. Sein politisches Oberhaupt war der Kaiser. Seine weltliche Macht war durch das Schwert im Abtwappen repräsentiert.
Die Abtei lag kirchenrechtlich zwar im Gebiet der Diözese Konstanz, wurde aber schon 1178 durch Papst Alexander III. zur Konsistorialabtei[3] erhoben und unterstand so direkt dem Papst und nicht dem Bischof von Konstanz, obwohl die Pfarrei Seefelden auf Salemer Grund zu dessen Diözese gehörte.

Gewählt wurde der Abt vom Konvent, d. h. von allen Mönchen des Klosters. Bei der Abtwahl war der Vorsitzende des Konvents traditionell der Abt des Mutterklosters Lützel. War dieser verhindert, wurde er von ei-

2 „Wahlmonarchie bezeichnet eine Monarchie, deren Herrscher nicht durch Erbfolge, sondern durch eine Wahl bestimmt werden." (Wikipedia 2016)

3 Als Konsistorium bezeichnet man in der römisch-katholischen Kirche die Vollversammlung der Kardinäle, d. h. Salem unterstand letztlich dem Vatikan.

nem Abt benachbarter Zisterzienserklöster vertreten. Die Salemer Äbte stammten zwar häufig aus dem Hochadel oder dem wohlhabenden Bürgertum. Ungewöhnlich im Vergleich zu anderen Klöstern aber war, dass auch Äbte gewählt wurden, die aus der bäuerischen Nachbarschaft stammten, nämlich drei aus Mimmenhausen, drei aus Neufrach, je einer aus Grasbeuren, Meersburg, Konstanz und Abt Stefan I. Jung (Abt von 1698 - 1725), dessen Vater ein Zimmermann aus Nußdorf war. Stefan Jung wurde zwar in Koblenz[4] geboren, wohin es seine Eltern wegen der Unruhen und Gefahren des Dreißigjährigen Krieges verschlagen hatte. Sein Vater war aber immerhin so erfolgreich, dass er seinen Sohn Stefan Theologie studieren lassen konnte.

Eine Familie Jung stellte von Anfang bis Ende des 19. Jahrhunderts Wirte in der Schankwirtschaft, die der Vorläufer des Nußdorfer Gasthofs zum Löwen war.

Der einzelne Mönch war „zu striktem Gehorsam, zu Keuschheit und persönlicher Armut" verpflichtet. Die Mönche in Salem, ob zum Priester geweiht oder nicht, folgten einem strengen liturgischen Tagesrhythmus, der bei einem Tagesbeginn zwischen ein 1:00 und 2:00 Uhr morgens, von 5:00 morgens bis 7:45 Uhr und dann ab 14:30 bis 18:00 Uhr weltliche Tätigkeiten zuließ. Dies widersprach eigentlich der zisterziensischen Anforderung an Mönche, dass diese körperlich für ihren Lebensunterhalt zu arbeiten hatten. Wenn überhaupt, stand ihnen dafür „der weitere Bereich der ummauerten Klosteranlage samt Obst- und Gemüsegärten [östlich und nördlich vom Hauptkomplex der Klosteranlage einschließlich Münster ...] für mönchische Handarbeiten" zur Verfügung. Hatten sie dennoch die Chance, einmal ordentlich mit anfassen zu können, wurde dies natürlich berichtet. So wurde unter Abt Ulrich von Seelfingen (1282 - 1311) das Chorgebet unterbrochen, damit nahezu der gesamte Konvent „zur ersten und zweiten Heuernte", zur Getreideernte und Weinlese die Klostermauern verlassen konnte.

Der liturgische Tagesablauf stand zwar körperlicher Arbeit entgegen, eine Unterbrechung durch geistige Arbeit wie „individuelles Studium, Unterrichtserteilung, Schreibarbeiten" wurde aber immer toleriert. Der Konvent traf sich zwar regelmäßig im Kapitel[5], hatte jedoch außer bei der Abtwahl und dem Verkauf bzw. Erwerb von Klostergütern kein Mitspracherecht.

Obwohl dem Konvent nicht zugehörig, hatten die Konversen eine tragende Rolle in der Klosterverfassung. In den frühesten Statuten des zisterziensischen Generalkapitels von ca. 1115 wurde festgelegt, dass einerseits die „Mönche [...] von ihrer Hände Arbeit, von Ackerbau und Viehzucht leben" müssten. Andererseits aber wurde festgestellt, dass Klöster wie Salem „nah

4 Wahrscheinlich Koblenz, eine Einwohnergemeinde im Bezirk Zurzach des Schweizer Kantons Aargau. Sie liegt an der Mündung der Aare in den Hochrhein, unmittelbar an der Grenze zu Deutschland.

5 „Der Kapitelsaal - kurz das Kapitel, manchmal auch Kapitelhaus - ist die Versammlungsstätte einer klösterlichen Gemeinschaft." (Wikipedia 2015)

oder ferner vom Kloster Höfe besitzen, die von Konversen beaufsichtigt und verwaltet werden". Damit waren den Konversen „Aufsichts- und Leitungsfunktionen" in der klösterlichen Landwirtschaft zugewiesen worden. Und wie man weiß, ist auch bei solchen Funktionen in der Landwirtschaft Handarbeit nicht ausgeschlossen. Da die Konversen funktionsbedingt vom ritualen Tagesrhythmus des Klosters ausgeschlossen waren, lebten sie im Kloster getrennt von den Mönchen. Sie „hatten ihr eigenes Dormitorium (klösterlicher Schlafraum) und Refektorium (klösterlicher Speisesaal). Es kann angenommen werden, dass die Mehrheit der Konversen handfeste Arbeit als Pflüger, Viehhüter, Melker, Schmied oder Waldarbeiter für die Klöster leistete. Sie waren aber auch spezialisierte Handwerker wie „Schuster, Schneider, Weber, Kürschner, Stellenmacher und Zimmerleute".

Eine äußerst wichtige Rolle in Salem spielte der „Pfister". Ursprünglich der Bäcker, war sein Verantwortungsbereich über die Versorgung mit Brot hinausgewachsen. Er kümmerte sich um das „gesamte Verpflegungswesen nebst der Vorratswirtschaft für das Kloster".

Weitere hervorragende Rollen neben dem Pfister nahmen die Kaufleute ein, die sich schon sehr früh nicht nur mit Ein- und Verkauf befassten, sondern die Abtei auch im Außenbereich rechtlich vertraten. Sie wurden deswegen gerne „zu Schiedsverhandlungen [...] herangezogen".

Konverse, die im Kloster als Bauhandwerker tätig waren - „Salem verfügte bereits im 13. Jahrhundert über eine eigene Bauhütte" - konnten ebenfalls in Leitungsfunktionen wie Werk- oder Baumeister aufsteigen. Vielleicht hat Hans von Nußdorfs Karriere in Salem begonnen. Da im Kloster neben den Konversen „auch spezialisierte Handwerker tätig und wohnhaft waren". Die Herberge für die Pilger nach (Alt)-Birnau, der heutige Nußdorfer Hessenhof, wurde von einem Konversen geführt.

Politik und Recht in Salem

Politisch unterstellte sich das Kloster „dem Schutz des Reiches bzw. des Reichsoberhauptes“. So vermied Salem letztlich erfolgreich „Herrschaftsansprüche regionaler Dynasten“, wie die der Heiligenberger, und „behauptete [... endgültig 1364] die unbestrittene Stellung als Reichsabtei“.

Salem unterstand als geistlicher Reichsstand direkt dem deutschen König und war Herrscher der „sogenannten unterbergischen oder (der) Herrschaft unter den Bergen“. Weitere Salemer Herrschaften waren „Mönchhöf im Hegau, Stetten am kalten Markt, Ostrach, Schemmerberg an der Riß, Ehingen und Unterelchingen an der Donau“. Als Reichsstand gehörte Salem dem Reichstag an und hatte seine Quote am Römermonat[1], einer Art Reichssteuer seit dem 16. Jahrhundert, an den sogenannten Kammerzieler, den jährlichen Beitrag zum Reichskammergericht, sowie eine stehende Truppe, deren Kaserne und Depot in Mimmenhausen war. Außerdem finanzierte Salem zusammen mit den anderen Reichsständen des konstanzischen Reichsviertels das Zucht- und Arbeitshaus in Ravensburg. All diese Lasten musste die salemische Landschaft[2] tragen, die dabei kein Mitspracherecht hatte. Verwaltet wurden die Finanzen von einem Kassier im „Steuerhaus“ in Salem.

Der Abt regierte mit Hilfe eines weltlichen Kanzlers, von Beamten und Dienern. Die Regierungstätigkeit umfasste die „Verwaltung aller Herrschaften [wobei wir uns hier im Zusammenhang mit Nußdorf auf die ‚Herrschaft‘ unter den Bergen, das Gebiet zwischen Seefelden und Oberstenweiler sowie Nußdorf und Urnau beschränken], [und die] Ausübung des Richteramts, der Reichs- und Kreispolitik“. Der Kanzler und sein Stab befassten sich mit der „Gesandtschaft im schwäbischen Kreis, [...] sonstigen politischen Angelegenheiten, [...] Gerichtssachen, mit denen sich das Kloster in zweiter Instanz zu befassen hatte, ferner das Hofrichteramt in erster Instanz [...] und die Ausfer-

1 „Ursprünglich leitete sich der Römermonat von der Pflicht der Reichsstände zur Heeresfolge bei der Romfahrt bzw. von der Bezahlung der Truppen für diese ab. Entsprechend der ideellen Vorstellung von der Kaiserkrönung durch den Papst war es dem Souverän daher möglich, eine Verpflichtung seiner Gefolgsleute bzw. Vasallen daraus zu konstruieren. [...] Als Gesamtsumme eines Römermonats veranschlagte man üblicherweise 128.000 Gulden. Die tatsächlich aufgebrachte Summe unterschritt diesen Betrag für gewöhnlich (sicherlich auch in Salem), doch hatte man als Ausgangszahl die aufzubringende Armeestärke von 4.000 Reitern je 12 Gulden und 20.000 Kämpfern zu Fuß zugrunde gelegt, was die besagte Endsumme von 128.000 Gulden ergab.“ (Wikipedia 2015)

2 Politisch, rechtlicher Raum

tigung und Verkündigung der landesherrlichen Erlasse." Außerdem gehörten zur Kanzlei „das Forstamt, [...] das Lehenamt für Erb-[3] und Schupflehen[4], eine Schulrenovations- und Armenkommission, eine Waisenpflege." Bemerkenswert ist, dass die gesamte Finanzverwaltung, das Burs- oder Rentamt, nicht dem weltlichen Kanzler, sondern einem Pater unterstand.

1802, als das Haus Baden eine Inventur des übernommenen Klosterbesitzes veranlasste, lebten in allen Salemer Gebieten ca. 8.500 Menschen, von denen sich die meisten als Ackerbauern und einige wenige, u. a. die Nußdorfer, als Weinbauern ernährten.

Zum Oberamt Salmannsweiler (Salem) mit ca. 3.800 Einwohnern gehörten das Kloster Salem, Adelsreute, Bermatingen, Buggensegel, Gebhardsweiler, Grasbeuren, Leutkirch, Mimmenhausen, Mittelstenweiler, Mühlhofen, Neufrach, **Nußdorf,** Oberstenweiler, Oberuhldingen[5] mit Seefelden, Owingen-Pfaffenhofen, Schwandorf, Stephansfeld, Tepfenhard, Tüfingen mit Baufnang, Unterstenweiler, Urnau und Weildorf. „Ferner lagen in diesem Amte die freiadligen[6] Schlösser Kirchberg und Maurach und die Wallfahrtskirche Neubirnau mit dem Oberhof."

Zum Oberamt gehörten sieben Kirchspiele mit den Pfarrorten Bermatingen, Leutkirch, Mimmenhausen, Owingen-Pfaffenhofen, Seefelden, Urnau und Weildorf. Allerdings besaß das Kloster das Kirchenpatronat nicht für Owingen, hier lag es bei der Deutschordens-Kommende[7] Mainau, und auch nicht für Seefelden, wo das Patronat beim Domkapitel Konstanz lag. Weder Protestanten noch Juden durften sich im ausschließlich katholischen Oberamt niederlassen.

Die erste Instanz der hohen und niederen Gerichtsbarkeit[8] und der Forstgerichtsbarkeit lag beim Oberamt. Das Gericht setzte sich zusammen aus der Verwaltungsebene direkt unter dem Kanzler. Die zweite Instanz war der sogenannte Verhörrath, „dem einige Patres und weltliche Räte angehörten und in welchem dem Kanzler als dem Vortragenden und dem Pater Großkeller als dem Vorsitzenden ein besonderes Gewicht zukam". Bei Kapitalverbrechen wurde die Untersuchung durch die erste Instanz durchgeführt, das Urteil aber vom Verhörrath gefällt. Dieser übte auch die notariellen Funktionen bei Verkäufen, insbesondere von Grundstücken aus.

3 Erblehen ist ein Lehen, das direkt an Mann oder Frau vererbt wird.

4 Lehen, das nur auf Lebenszeit verliehen wird.

5 Unteruhldingen gehörte zu Heiligenberg.

6 Weitgehend von Steuern befreit

7 „Eine Kommende (Betonung auf der zweiten Silbe; von lat. commendare anvertrauen, empfehlen), auch Komturei, ist ursprünglich ein Begriff aus dem Kirchenrecht und bezeichnete die Übertragung der Einkünfte eines Kirchen- oder Klostervermögens auf eine dritte Person unter Befreiung von den Amtspflichten. In späterer Zeit wurden die Niederlassungen der Ritterorden als Kommende [...] bezeichnet." (Wikipedia 2015)

8 Die hohe Gerichtsbarkeit bestrafte „blutig" schwerste Vergehen wie Mord oder Raub, während die niedere Gerichtsbarkeit sich mit geringen Delikten befasste.

Kleinere Streitigkeiten um Weide- oder Wegerechte wurden gerne in Schiedsgerichtsverfahren entschieden. Die Schiedsrichter waren geachtete Persönlichkeiten aus dem Umland. Die Grenze zwischen Deisendorf und Nußdorf, eigentlich die Grenze zwischen den Territorien Überlingen und Salem, war im 15. Jahrhundert ungefähr in der Gegend der Mauchenhardtwiese[9]. Und weil der Grenzverlauf nur ungefähr feststand, gab es Meinungsverschiedenheiten, wer wo sein Vieh weiden konnte (Tratt[10]) und wie das Vieh dorthin kam (Trieb). Diese Auseinandersetzung zog sich über beinahe 120 Jahre hin. Am Anfang entschied Ulrich Herr, der Amann von Dingelsdorf, am 19. November 1458 noch zugunsten der Deisendorfer. Im Folgejahr 1459 kam es zu zwei weiteren Schiedssprüchen. Die Schiedsrichter waren Hans Ritter, ein Stockacher Bürger, und Claus Besserer, ein Überlinger Bürger. Erst 1573 wurde endgültig in einem Spruchbrief zwischen Deisendorf und Nußdorf „über Wunn[11], Weid, Trieb und Tratt" entschieden.

9 In der Mitte zwischen Nußdorf und Deisendorf

10 Brachland, auf dem Vieh weiden konnte.

11 Viehtränke

Wirtschaft und Gesellschaft in Salem

Eigentlich widersprach die Dotation der vielen Dörfer an das Kloster einem wesentlichen Prinzip der Zisterzienser. Diese sollten nämlich „ihren Lebensunterhalt durch eigene körperliche Arbeit in der Landwirtschaft, durch Ackerbau und Viehzucht (und nicht durch Abgaben von z. B. hörigen Bauern) erlangen [...]. Zur Bewirtschaftung ihrer Äcker, Wiesen und Weinberge sollten sie Höfe anlegen, die von ... [Laienbrüdern] bearbeitet [...] wurden." Diese Höfe, Musterhöfe für die zisterziensische Lebensart, wurden Grangien[1] genannt. Also beruhte die stark agrarisch geprägte Wirtschaft Salems von Anfang an einerseits auf der eigentlich von den Zisterziensern abgelehnten Grundherrschaft, andererseits auf „einem auf Grangien konzentrierten Eigen-

1 Der Begriff Grangie wird hergeleitet vom la. granum = Korn. Demnach ist unter Grangie zunächst der Getreidespeicher zu verstehen, das großräumige Vorratsgebäude oder auch die Großscheune. (vgl. Wikipedia 2017)

bau". Maurach im Osten von Nußdorf, heute teilweise auf der Gemarkung Nußdorfs und der von Uhldingen-Mühlhofen gelegen, war die Grangie, die Nußdorf am nächsten lag. Man widmete sich dort einerseits dem Weinbau und war andererseits Salems Bodenseehafen.

Die Abtei errang zwar nie Autarkie, konnte aber all ihren Bedarf „aus der eigenen Wirtschaft finanzieren". Die Grangien und die leibeigenen Bauern produzierten so viel Getreide, dass das Kloster 1489 „über mindestens 1.000 Tonnen [...] verfügte". Diese Produktionsüberschüsse wurden hauptsächlich in den Reichsstädten Lindau, Ravensburg und Überlingen vermarktet. Auch Vieh gab es im Überfluss, so dass es außerhalb der Grenzen der Abtei verkauft werden konnte. Den Reichtum an Vieh illustrieren allein diese Zahlen aus dem Jahr 1489: „vom Wirtschaftshof der Abtei 148 Rinder (davon 26 Milchkühe) sowie 42 Spannpferde und 33 Fohlen."

Wichtiger als der Viehhandel aber war der Weinbau. Am Nordufer des Überlinger Sees wurde nahezu durchgehend von Sipplingen bis kurz vor Buchhorn (Friedrichshafen) Wein angebaut. Und Nußdorf lag mittendrin. Aber auch im Hinterland wuchs Wein, nicht so geschlossen, wie am Seeufer, dafür aber auf einer gut dreimal so großen Fläche wie der Uferstreifen. Salem produzierte bis zu 3.000 Hektoliter Wein im Jahr. Der Markt für den Seewein war „das gesamte rebarme Oberschwaben", also der Osten von Augsburg, über Landsberg am Lech bis Rottenburg in Oberbayern. Im Norden verlief die Grenze nahezu entlang der Donau von Lauingen über Ulm, Zwiefalten bis Sigmaringen und im Süden von Wangen über Kempten bis Rottenbuch. Diese Grenzen waren nicht ganz zufällig, sondern wurden von der meist doch besseren Konkurrenz der Neckar- und Frankenweine bestimmt. Das Kloster ließ sich übrigens wegen der besseren Qualität Wein für den Eigenbedarf aus Esslingen bringen, wo Salem einen Stadthof besaß.

Der Salemer Pfleghof in Konstanz, 1863
Quelle: Wikipedia

Die Exportüberschüsse ermöglichten Salem, die Waren, die es nicht selbst herstellen konnte, einzukaufen. Das waren Textilien, Metalle, Metallwaren, Salz und Salzwasserfische. Heringe und Stockfisch waren trotz der einheimischen Bodenseefische ein wichtiger Bestandteil der klösterlichen Fastengerichte. Abgewickelt wurden die Ein- und Verkäufe entweder von reisenden Salemer Händlern, Konversen oder in extra eingerichteten „Handelsagenturen", den Stadthöfen. Solche Stadthöfe, auch Pfleghöfe genannt, unterhielt Salem in Reichsstädten wie Konstanz, Überlingen, Ravensburg, Lindau, Esslingen oder auch Pfullendorf.

Dank dieser Art zu wirtschaften, wurde Salem so wohlhabend, dass Kaspar Oexle, der letzte Abt von Salem, das Haus Baden vergeblich zu überreden versuchte, die Abtei den Zisterziensern zu lassen. Diese würden dafür jährlich 100.000 Gulden, also gut 1,3 Millionen Euro bar zahlen. Leider ist auf Grund der schwachen Quellenlage nicht klar, woher dieser Reichtum kam. Die Reichsabtei Salem allerdings pflegte gerne zu jammern und um Unterstützung zu bitten.

Anders war die Lage der Salemer Untertanen, also auch der Nußdorfer. Diese klagten laut und deutlich „über drückende Lasten, mangelnden Entwicklungsspielraum und vor allem über blanke Not." Es kann aber auch an den Untertanen liegen, dass diese, was das Jammern betrifft, sich ihrer Herrschaft anpassten. Aus der Zeit vor den Bauernkriegen (zweite Hälfte des 15. Jahrhunderts) gibt es einen Erlass der Siedlerrichter[2], bei einem Festmahl wie einer Hochzeit, nicht „mehr als zehn Schüsseln auftragen zu lassen", sich also auf maximal zehn Gänge zu beschränken. Dieser Erlass lässt auf eine gewisse Wohlhabenheit schließen.

Die Abtei, genauer gesagt ihre Bewohner, achteten von Anfang an auf eine Arrondierung des klösterlichen Besitzes. Sie kümmerten sich sehr sorgfältig um die Nutzung ihres Besitzes und dabei auch um „das Verhältnis zu den eigenen, der Grundherrschaft hörigen Leuten". Die Höfe der Bauern wurden in Salem jedes Jahr am Walburgistag[3] frei und neu vergeben. Andere Grundherren taten dies auch an diesem Tag, nur Salem hielt sich strikter an dies Recht, auch wenn aus guten praktischen Gründen Bauerngüter selten jährlich wechselten. Salem übte so Druck auf die „jeweils nur für ein Jahr abgesicherten Untertanen" aus.

Weiteren Druck übte das Kloster auf die Bevölkerung aus, indem es sich strenger im Vergleich zu anderen Herrschaften gegen die sogenannte Ungenossame, „worunter Heiraten zwischen eigenen Leuten und solchen aus anderer Untertanenschaft zu verstehen [waren]", stellte. Ein Grund für diese harte Haltung war vermutlich die erfolgreiche Errichtung einer echten Territorialherr-

---

2 Siedlergerichte, vom Grundherren, also der Abtei eingerichtete Schiedsgerichte, die so unabhängig waren, dass sie „nicht die herrschaftliche Seite vertreten, sondern für die bäuerlichen Untertanen tätig waren".

3 Der 1. Mai, da Walburga am 1. Mai 870 heiliggesprochen wurde.

schaft nach der endgültigen Erlangung der Reichsunmittelbarkeit 1354. Um die Leibeigenschaft[4] aller ihrer Untertanen durchzusetzen, „wurden die Salemer Untertanen eidlich verpflichtet, sich dem Gotteshaus [= die Abtei] nicht zu entfremden". Es war ihnen also untersagt, ohne Erlaubnis durch das Kloster außerhalb dessen Territoriums zu leben. Für die Abtei bedeutete diese Abhängigkeit im Todesfall des Hörigen ein „gesteigertes Erbrecht" auf „Pflug und Pfluggeschirr, Sattel und Karren, Harnisch, Waffen". Dies missfiel den Salemer Hörigen so sehr, dass es um 1468 zu Unruhen kam. Diese konnten zwischen 1473 und 1486 dank Vermittlung der Reichsstadt Überlingen und den für die Rechte der Bauern argumentierenden Siedelrichtern zugunsten der Salemer Untertanen geklärt werden. Das Lehen änderte sich vom Leiblehen (auf Lebenszeit) zum Erblehen. Allerdings behielt die Abtei den Walburgistag bei, so „dass Höfe und Hufen[5] alle Jahre [theoretisch hätten] ledig" werden können.

Das bei weitem meiste Land, das die Salemer Untertanen bearbeiteten, war Lehen. Die meisten Höfe waren ursprünglich Schupflehen[6]. In Salem wurden diese nach dem Tod des Bauern an dessen ältesten Sohn verliehen. Bei Erblehen und sonstigem Eigentum bestimmte der Vater den Erben. Das Kloster achtete darauf, dass normalerweise der Älteste den Hof übernahm und die Geschwister ausbezahlt wurden. Das Kloster sorgte also einerseits dafür, dass die jüngeren Geschwister ihren Pflichtteil erhielten, andererseits passte es auf, dass eine Realteilung ausgeschlossen wurde, um „die Aufteilung der Höfe zu verhindern". Dass versucht wurde, den Pflichtteil auszuzahlen, zeigt, dass Geld bei den Bauern vorhanden gewesen sein muss. Was übrigens für Nußdorf, wo

4 Leibeigenschaft oder Hörigkeit bezeichneten in den meisten Gebieten Deutschlands die Abhängigkeit der Bauern und der für die Landwirtschaft notwendigen Handwerker von ihrem Grundherrn. Ursprünglich aus germanischem Recht stammend, waren Hörige vom Wehrdienst befreit, den der Grundherr übernahm. Die Leibeigenen waren in ihrer Lebensweise völlig abhängig vom Grundherrn. Sie konnten ihren Lebensunterhalt nicht auf eigenem Grund gestalten, sondern nur auf dem des Herrn. Die Bindung an den Grund verhinderte die Freizügigkeit und auch die freie Gattenwahl. Sie konnten zwar mit dem Grund, den sie bearbeiteten, veräußert werden, aber nicht wie Sklaven als Individuen. So unterschieden sie sich von Sklaven, da diese noch nicht einmal an den Grund gebunden waren, den sie bearbeiteten. Hörige konnten sich freikaufen. Ein legaler Weg in die Freiheit, außer der Flucht in eine Reichsstadt („Stadtluft macht frei"), war gerade für die Leibeigenen offen, die nicht „eigene" Höfe bewirtschafteten, sondern am Hofe des Grundherrn in „engster persönlicher Abhängigkeit" zu diesem lebten und arbeiteten. Diese konnten auf Grund „nicht gemessener Dienstleistungen" als sogenannte Ministeriale freigelassen werden und sogar in den niedrigen Adel aufsteigen. Einen ähnlichen Weg in die Freiheit konnten Handwerker beschreiten, die ihren Lebensunterhalt nicht als Bauern, sondern als handwerkliche Dienstleister erzielten und deswegen auch keine Abgaben auf landwirtschaftliche Güter erbringen mussten. Von solchen Handwerkern stammten vermutlich die Vorfahren des Steinmetzes und Baumeisters Hans von Nußdorf und ganz sicher die Nußdorfer Eltern des Salemer Abtes Stefan I. Jung.

5 „Die Hufe, in Süddeutschland Hube genannt, bezeichnet sowohl die Hofstelle, das Eigentumsrecht und die Nutzungsrechte an der Allmende, die einem Mitglied der bäuerlichen Gemeinde zustanden, als auch die von ihm bewirtschaftete Fläche. Daher ist sie auch ein (regional sehr unterschiedlich großes) Flächenmaß." (Wikipedia 2015)

6 Ein Schupflehen war im Lehnswesen besonders Oberdeutschlands ein Lehen, das nur auf Lebenszeiten verliehen wurde und aus dessen Besitz die Erben nach dem Tode des Lehnsmannes gleichsam „geschupft" (oberdeutsch für „geschubst"/„gestoßen") wurden.

Wein angebaut wurde, nicht weiter verwunderlich ist.

Ein gutes Beispiel für die direkte Einflussnahme des Klosters in die Landwirtschaft eines Dorfes illustriert die Bewilligung der Umwandlung der Allmende[7] von Nußdorf in Weingärten im Jahr 1620, die in einer Urkunde des Abtes Thomas I. von Wunn (1615 - 1647) dokumentiert ist. Die Felder, Weiden und die Brache auf den Nußdorfer Fluren Oberer Neusatz, Mittlerer Neusatz und Moosgeige[8] sollten in 76 Weingärten zu je eineinhalb Hofstatt[9] umgewandelt werden. Das war ein gutes Geschäft für das Kloster. Der Abt forderte nämlich von den Nußdorfern nach fünf Jahren - also wenn die Reben trugen - drei Achtel des Weins als Bodenzins für das Kloster und auch noch den Zehnten. Man muss annehmen, dass die Nußdorfer trotz dieser hohen Abgaben von fast 50 Prozent aus der Änderung der Allmende in Weingärten mit Profit rechneten. Dass eben diese Umwandlung von Allgemeingut des Dorfes in Weingärten für Dorfbewohner vielleicht nicht ganz richtig gewesen sein mag, wurde indirekt anerkannt. Es wurde nämlich festgelegt, dass der Inhaber beim Verkauf eines solchen Weingartens diesen zuerst seinen Mitbürgern anbieten müsse, dann dem Kloster und im dritten Schritt erst anderen Bewohnern aus dem Gebiet von Salem.

Die Salemer Untertanen mussten zusätzlich zu den Leistungen für den Grundherrn auch an den Staat Salem Abgaben leisten. Dies waren Haus-, Grund- und Heuzinsen, Gülten (Pacht), Einzugs-, Abzugs- und Manumissionsgebühren (für die Entlassung aus der Leibeigenschaft), Todfall- und Ohmgeld (Verbrauchssteuer auf alkoholische Getränke). Außerdem belegte Salem gewisse Güter mit Akzisen (Verbrauchssteuer) und Pfundzoll (Umsatzsteuer auf Frachten). Dazu erhob Salem an seinen Grenzen Zölle. Diese Abgaben entsprachen damals dem, was in den meisten süddeutschen Klein- und Mittelstaaten üblich war - es waren zwar hohe, aber keine außerordentlichen Lasten für die Bevölkerung.

Ein Gemeinwesen, wie das Oberamt mit 3.800 Einwohnern mit Priestern, Mönchen, Soldaten, einigen wenigen Beamten und sehr vielen Bauern, die Acker-, Weinbau und Viehzucht betrieben, benötigte natürlich auch Handwerker, die in zwei Zünfte, die leichten und die schweren Handwerker, unterteilt waren. Zu den leichten gehörten u. a. Sattler, Färber, Hafner, Schuster, Schneider, Metzger und Seifensieder, zu den schweren Schlosser, Schmiede, Maurer, Zimmerleute, Wagner und Küfer. Die wenigen Spitzenkräfte unter den Sale-

7 „Die Allmende ist jener Teil des Gemeindevermögens, der nicht unmittelbar im Interesse der ganzen Gemeinde zur Bestreitung derer Ausgaben verwandt wird, sondern an dem alle Gemeindemitglieder das Recht zur Nutzung haben. Die Allmende besteht meist aus unbeweglichem Gut wie Wegen, dem Wald, Gewässern zur Löschwasserversorgung oder Weideland wie der Gemeindewiese, […] auf der jeder Berechtigte eine nach einem vereinbarten Schlüssel vorgegebene Anzahl von Nutztieren weiden lassen kann." (Wikipedia 2015)

8 Aufgegebener Flurname, die „Moosgeige" umfasste in etwa das flache Gelände um die Grundel

9 Hofstatt ca. 8 Meter x 28 Meter, also pro Weingarten 224 Quadratmeter

mer Handwerkern waren sicherlich die Steinmetze, Maler und Stuckateure, die für Arbeiten an den Klostergebäuden und der Birnau zuständig waren. Für die medizinische Versorgung gab es einen Physikus (Amtsarzt) und ein paar „Chyrurgen", wohl knochenflickende Bader.

Die Entwicklung Salems von Konrad III. bis zur Reformation

Konrad III. 1138 - 1152, König im römisch-deutschen Reich

Zwei Jahre nach der Bestätigung durch Papst Innozenz II. stellte 1142 der deutsche König Konrad III. in Konstanz „die Salemer Stiftung in Konstanz und ihre Unterstellung [...] unter königlichen Schutz". Spätestens damit begann die Existenz des kleinen Staates, zu dem Nußdorf 660 Jahre gehören sollte.

In den Auseinandersetzungen zwischen den staufischen und welfischen Fürstenhäusern standen die Salemer seit Konrad III. fest auf Seiten der Staufer, selbst als Papst Innozenz III. den Welfen Otto von Braunschweig gegen den Staufer Philipp von Schwaben als deutschen König bestätigte. Diese Parteinahme für die Staufer zahlte sich für Salem durch die Gewährung von Schutzbriefen aus.

Trotz der Unterstützung für die Staufer gegen den Heiligen Stuhl schaffte es Salem, seine engen Beziehungen zum Heiligen Stuhl in Rom zu halten. Da Salem eine einseitige Parteinahme zwischen Kirche und Reich vermied, konnte es beiden im Mittelalter konkurrierenden Mächten dienen und davon profitieren.

In der Übergangszeit vom 12. zum 13. Jahrhundert wurde die Nußdorfer Kapelle in der heutigen Form erbaut. Das Fundament, auf dem sie errichtet wurde, ist vermutlich ca. 200 Jahre älter.

Zwischen 1211 und 1213 verkaufte Walter von Vaz[1] den Zehnten der Pfarrei Seefelden an Salem. Seefelden blieb aber weiterhin beim Bistum Konstanz, gehörte geistlich also nicht zur Abtei und wurde bald darauf die Pfarrei von Nußdorf.

Die Abtei rundete in der ersten Hälfte des 13. Jahrhunderts ihren Besitz auf der Alb, im Hegau und auf der Baar ab. Die ersten Stadthöfe wurden in dieser Zeit in Villingen (1208), Konstanz (ca. 1209), Überlingen (1211), Ulm (1222), Esslingen (vor 1229) und Pfullendorf (1239) errichtet. In dieser Zeit gründete Salem Tochterklöster, sowohl für Mönche als auch für Nonnen. Dass Salem es sich leisten konnte, acht Frauenklöster zu gründen, zeigt, dass die Abtei personell knapp 100 Jahre nach der Gründung sehr gut ausgestattet war. Mussten doch diese Klöster vom Vaterkloster auch seelsorgerisch von ein bis zwei Priesterbrüdern betreut werden.

Während der Unruhen im Interregnum[2] „ließ [der Abt Ullrich II.] den ganzen Klosterkomplex mit einer hohen Mauer umgeben und befestigte sie mit zahlreichen Basteien. Dann ließ er einen tiefen, breiten Graben ziehen, der auf der Ostseite mit Wasser gefüllt war, darin schwammen viele, gute Fische".

Dem Abt Konrad von Enslingen (1311 - 1337) fehlte die Geschicklichkeit seiner Vorgänger während der Auseinandersetzungen zwischen Päpsten und Staufern, für Salem das Beste von beiden Seiten herauszuholen. Er wurde deshalb im Zusammenhang mit den Thronstreitigkeiten zwischen Ludwig dem Bayern und dessen Gegenkönig Friedrich dem Schönen von Habsburg durch Papst Benedikt XII. auf den Bischofsstuhl von Gurk in Kärnten wegbefördert.

Diese Jahre bedeuteten wirtschaftliche und politische Rückschläge für die bis dahin so erfolgreiche Abtei. Sie erholte sich aber wieder und erreichte um 1350 ihre größte räumliche Ausdehnung. Ihr Ansehen wuchs, als Abt Wilhelm Schraik vom Papst 1384 für sich und seine Nachfolger das Recht erhielt, „gleich einem Bischof Mitra, Stab und Ring zu tragen". Von da an saß bei Reichstagen der Abt von Salem „mit seinen schwäbischen Kollegen [...] auf der sog. Prälatenbank".

Überlingen und Salem schlossen 1361 einen Vertrag, in dem sich die Abtei verpflichtete, keine Mühle in Nußdorf zu bauen. Dieser Vertrag bedeutete für die Nußdorfer Untertanen von Salem eine feste Bindung an das Kloster. Es blieb ihnen nämlich nichts anderes übrig, als ihr Getreide zur nächsten Sale-

1 Adeliger aus der heutigen Nordschweiz

2 „Interregnum (lateinisch für ‚Zwischenregierung' [...]) bezeichnet eine Übergangsregierung oder den Zeitraum, in dem eine solche herrscht; insbesondere in Wahlmonarchien die Zeit zwischen dem Abdanken oder Ableben eines Regenten und der Amtsaufnahme seines Nachfolgers." (Wikipedia 2015) In der Geschichte des Heiligen Römischen Reiches Deutscher Nation ist das die Zeit zwischen der Absetzung von Friedrich II. 1245 und der Thronbesteigung von Rudolf von Habsburg 1273.

mer Mühle, vermutlich in Mühlhofen, zu bringen, anstatt in einer Mühle am Nußbach mahlen zu lassen. So wussten die Salemer Herren immer genau über den Ertrag der Nußdorfer Getreideernte Bescheid. Spätestens nach Abschluss dieses Vertrages konnte Überlingen den Mühlbachkanal als Ableitung des Riedbaches bauen. So sicherte sich Überlingen über Jahrhunderte hinweg das Wasser für den Betrieb seiner fünf Mühlen.

Am 11. März 1461 gewährte Abt Ludwig Oschwall den Nußdorfern das Recht, den bei Nußdorf liegenden Wald zu nutzen. Über 550 Jahre lang durften sich die Nußdorfer, allerdings nur für den Eigengebrauch, Brennholz holen - dazu zählte auch der Abfall von Bauholz - aus dem ca. 90 Hektar großen Wald, der heute zum großen Teil immer noch Gemeindeeigentum - inzwischen von Überlingen - ist. Das Recht auf das Holz hatte aber nur der Nußdorfer, der „Leibeigner des Gotteshauses" war. Wer nur in Nußdorf wohnte, konnte sich das Recht auf Bürgerholz jedoch durch einen Eid, dem Kloster „wie die Eigenleute" zu dienen, erwerben. Dieser Eid musste vom Siedelgericht[3] in Salem bestätigt werden. Das Recht auf Bürgerholz war nicht an eine Person, sondern an das Lehen, also den jeweiligen Grund und Boden gebunden. Es konnte also nur vererbt werden, wenn der Erbe das Lehen des Erblassers übernehmen konnte.

Am 26. April 1470, dem Donnerstag nach Ostern, stiftete Adelheid Schneider „zur Ehre Gottes und zum Trost ihres verstorbenen Mannes, der Seelen ihrer Vorfahren und Nachkommen der Kapelle in Nußdorf [...] 2 Hofstätte Reben zu Aspach, 2 ½ Hofstätt Reben anstoßend auf die Mühle[4] zu Nußdorf und ihr Haus mit Hofstättenreuthe unten im Dorf." Für diese Stiftung wollte Adelheid Schneider, dass wöchentlich eine Messe gelesen werde, „ein Licht in einer Ampel brennen solle; außerdem soll es brennen alle Samstage, an allen Marienfesten, Apostelfesten und bestimmten Feiertagen abends. Dazu sollen sie jedes Jahr auf Montag nach Mariä Himmelfahrt eine ewige Jahrzeit[5] mit einer gesungenen und einer gesprochenen Gotzgezierde[6] halten. Besorgen die Pfleger dies nicht, so sollen ihre und ihres Mannes Verwandte/Freunde sie dazu nötigen. Die Dorfbewohner sollen sich dazu fleißig einstellen."

Das Kloster versuchte, in der zweiten Hälfte des 15. Jahrhunderts alle nichtadeligen Bewohner des Salemer Territoriums zu Hörigen zu machen (siehe das Recht auf Bürgerholz). Diese wehrten sich noch 1471 - letztlich vergeblich - dagegen. Ihre rechtlichen Fürsprecher fanden sich unter den Siedelrichtern. Einer davon war ein Ruf Grieb aus Nußdorf.

Anfang des 16. Jahrhunderts war man in Salem daran gewöhnt, dass der Abt ein Mitglied des Reichsregiments war. Dies fand man nicht mehr weiter

3 Niedere dörfliche Gerichtsbarkeit

4 Es hat also doch noch eine Mühle in Nußdorf gegeben.

5 Todestag eines Gläubigen

6 Totenwache

erwähnenswert. Viel wesentlicher schien den Schreibern der Salemer Annalen „die Nachricht, daß Abt Johannes II. [1494 - 1510] der Gemeinde Hagnau die Erlaubnis erteilt habe, auf der Lanzenhauser Wiese eine Schießanlage für den Schützenverein zu errichten."

Über Abt Jodokus II. Necker aus Überlingen (1510 - 1529) wurde zwar nicht berichtet, dass er 1521 am Reichstag zu Worms teilgenommen hatte, zu dem auch Martin Luther erschienen und anschließend geächtet worden war. Es war aber wert zu berichten, dass Jodokus wohl am Rande des Reichstags beim Papst hatte durchsetzen können, dass im Schwefelbad Rotenbühl[7] wegen Andrangs, der „nicht mehr bewältigt werden konnte", auch sonn- und feiertags gebadet werden darf. So „niederprior" wurde von den unbekannten Verfassern der Salemer Annalen der Beginn der Reformation gesehen.

Abt Johannes II. Scharpfer

Die älteste Darstellung von Salem aus dem Jahr 1536

7 Vermutlich zwischen Pfullendorf und Ostrach

Reformation, Bauernkriege, Dreißigjähriger Krieg und Wiederaufbau

Dr. Johannes Eck, der Gegenspieler von Martin Luther

Schon in den Anfängen der Reformation gehorchte man ab 1523 der Anordnung aus Citeaux, der Urmutter aller Zisterzienserklöster, wegen dort herrschender lutherischer Häresie keine Studenten mehr nach Heidelberg zu senden. Den Mönch Amandus Schäfer, der aus seinem Elsässer Kloster wegen der dort erfolgreichen Reformation hatte fliehen müssen, wählten die Salemer 1529 zum Abt. Schäfer war ein guter „Freund des Luther-Kontrahenten Dr. Johannes Eck", wodurch Salems Katholizität noch weiter gefestigt wurde.

Die Standpunkte der Reformation und insbesondere Luthers Schrift von 1520 „Von der Freiheit eines Christenmenschen", in dem er feststellte, dass „Ein Christenmensch [...] ein Herr über alle Dinge und niemandem untertan sei", waren ein wesentlicher Baustein für den ideologischen Hintergrund und die Bildung der drei oberschwäbischen Bauernhaufen (Allgäuer, Baltringer und Bodensee) und die Formulierung der Zwölf Artikel[1] von Memmingen. Zwischen diesen drei Haufen, jeweils einige tausend Mann stark, lag die Abtei Salem. Dennoch war die Herrschaft unter den Bergen, zu der auch Nußdorf gehörte, von diesen kriegerischen Unruhen nicht betroffen.

Als Folge der Reformation wurden 50 Zisterzienserklöster von insgesamt 109 im Deutschen Reich aufgelöst. Für die Reichsabtei wirkte sich der Niedergang der Zisterzienser in Deutschland aber positiv aus. Salem gewann nämlich

1 Die Zwölf Artikel forderten freie Pfarrerwahl (1), die Abschaffung des Kleinzehnten, kirchliche oder gemeinnützige Verwendung der Großzehnten (2), die Aufhebung der Leibeigenschaft (3), die freie Jagd und Fischerei (4), die Rückgabe der Wälder (5), die Reduzierung der Frondienste (6), die Einhaltung bestehender Besitzbedingungen (7), die Neufestsetzung der Abgaben an den Grundherren (8), feste statt willkürlicher Strafen (9), Rückgabe der Allmenden (10), (und die) Abschaffung des Todfalls (11). Der zwölfte Artikel nimmt den Gedanken der Präambel wieder auf und erklärt die grundsätzliche Bereitschaft, auf alle Forderungen zu verzichten, die dem Wort Gottes nicht gemäß sind. (vgl. Wikipedia, 2015)

Anfang des 17. Jahrhunderts in der Person des Abtes Thomas Wunn als Präses den Vorsitz der gerade gegründeten Oberdeutschen Kongregation der Zisterzienser.

Eine Vorahnung der kommenden Schrecken des Dreißigjährigen Krieges erfuhr unsere Region während des Schmalkaldischen Krieges[2]. Durchziehende Truppen, Söldner sowohl der kaiserlichen als auch der katholischen Kriegspartei, erpressten Schutzgelder und erzwangen Verpflegung und Unterkunft. Die Abtei verschuldete sich so sehr, dass sie ganze Dörfer und Zehntpfründen unter Wert verkaufen musste. Trotzdem leistete es sich Abt Thomas I. Wunn, die über Jahrhunderte gewachsene Anlage des Klosters in ein schlossähnliches Anwesen umzubauen. Aber auch die Nußdorfer zeigten sich sehr großzügig. Nach einer Erweiterung der Kapelle St. Kosmas und St. Damian 1592 wurden 1597 ihre Innenwände mit den schönen, seit Mitte der dreißiger Jahre des 20. Jahrhunderts wieder sichtbaren Fresken geschmückt. Viele Spender wurden auf kleinen Fähnchen an den einzelnen Bildern genannt. Lesbar sind heute nur noch die Namen Steek, Urnau, Nothelfer, Stadelhofer und Scheffler. Damals zählte Nußdorf 162 Einwohner.

Der Linzgau wurde anfänglich vom kriegerischen Geschehen des Dreißigjährigen Krieges[3] (1618 - 1648), wie Schlachten oder Belagerungen, verschont. Das heißt aber nicht, dass der Krieg keine Auswirkungen auf den Linzgau hatte. Alle durchziehenden Truppen, egal welcher Couleur, verursachten immense Kosten, weil sie vom Land lebten. Die Abtei führte darüber minutiös Buch. Im Jahr 1619 verursachten der Durchzug von 1.000 Wallensteinischen Kürassieren Kosten von 2.279 Gulden bzw. 49.000 Euro. In Pfullendorf machten 9.000 Mann zu Fuß und 2.000 Kürassiere für vier Tage Quartier. Lebensmittel und Futter wurden von den unfreiwilligen Gastgebern bereitgestellt. Die Dörfer bezahlten die ungebetenen Gäste für manierliches Betragen. So ging das Jahr für Jahr, bis um 1630 der wirkliche Krieg in den Linzgau kam.

Der Salemer Zisterzienser Sebastian Bürster begann 1630 seine „Beschreibung des Schwedischen Krieges" und der Überlinger Patrizier Johann Heinrich von Pflummern seine Kriegstagebücher 1633. Der richtige, grausame Krieg kam 1632 in unsere Region, als die Schweden von Ulm kommend in

2 „Der Schmalkaldische Krieg wurde von 1546 bis 1547 von Kaiser Karl V. gegen den Schmalkaldischen Bund, ein Bündnis protestantischer Landesfürsten und Städte unter der Führung von Kursachsen und Hessen, geführt. Dabei versuchte der Kaiser, im Heiligen Römischen Reich den Protestantismus zurückzudrängen und gegenüber den Reichsständen die kaiserliche Macht zu stärken. [...] Anfang 1547 leistete im Süden des Reiches allein die Reichsstadt Konstanz noch Widerstand. Der Kaiser konnte sie erst im Oktober 1548 militärisch unterwerfen und bestrafte sie mit dem Verlust der Reichsfreiheit." (Wikipedia 2016)

3 „Der Dreißigjährige Krieg von 1618 bis 1648 war ein Konflikt um die Hegemonie (Vorherrschaft) im Heiligen Römischen Reich Deutscher Nation und in Europa und zugleich ein Religionskrieg. In ihm entluden sich auf europäischer Ebene der habsburgisch-französische Gegensatz und auf Reichsebene derjenige zwischen Kaiser und Katholischer Liga einerseits und Protestantischer Union andererseits. Gemeinsam mit ihren jeweiligen Verbündeten im Reich trugen die habsburgischen Mächte Österreich und Spanien ihre dynastischen Interessenkonflikte mit Frankreich, den Niederlanden, Dänemark und Schweden aus." (Wikipedia 2016)

Oberschwaben einfielen. „In den Jahren 1632 - 1647 wurde Salem mehrfach geplündert und als Truppenunterkunft benutzt. Die durchziehenden Truppen erpressten Schutzgelder, drangsalierten oder ermordeten die Bevölkerung, plünderten ihre Häuser und steckten sie in Brand. Im Frühjahr 1634 ließ der schwedische Feldmarschall Horn das Kloster plündern; im August desselben Jahres zerstörten Soldaten Teile des Münsters und stahlen einige Kirchenglocken. Mehrfach musste der Abt mit den verbliebenen Patres nach Konstanz fliehen", so werden in Wikipedia diese Jahre zusammengefasst.

1633 stahlen Reiter, wahrscheinlich vom Hohentwiel (s. u.), Kühe, Kälber, Heu und Stroh. 1634 versuchte Horn, Überlingen zu erobern, scheiterte jedoch dabei. „Aus Ärger über seinen Misserfolg ließ er die Dörfer Sipplingen, Nesselwangen, Frickingen, Altheim und Walldorf in Flammen aufgehen". Nachdem sich die Schweden zurückgezogen hatten, kamen kaiserliche, dann bayerische, französische und wieder bayerische Truppen. Egal ob feindlich (die Franzosen) oder verbündet (die Kaiserlichen und Bayern), es waren Söldner, die von dem Land lebten, durch das sie zogen.

Eine dauernde Bedrohung war ein Konrad Widerhold, der auf dem Hohentwiel als Kommandant saß. Von dort kamen Banden „von acht bis zehn Mann [... die] durch das Land [zogen] und raubten und plünderten, wessen sie habhaft werden konnten". Mit List und Tücke war es diesem räuberischen Kriegsherrn am 30. Januar 1643 sogar gelungen, Überlingen mit mehreren Banden zu erobern. Danach wurde die Stadt von Franzosen besetzt.

Im November 1643 begann eine kaiserliche Armee nach einer schweren Niederlage der Franzosen bei Tuttlingen, Überlingen einzuschließen. Die Franzosen übergaben im Mai 1644 die Stadt Überlingen und zogen mit freiem Abzug von dannen. Bevor der eigentliche Belagerungsring um Überlingen geschlossen wurde, setzten die Kaiserlichen 1.500 Bauern aus der Umgebung zu Schanzarbeiten ein. Es darf angenommen werden, dass dabei auch Nußdorfer waren. Schlimmer allerdings war für unser Dorf, dass es Weihnachten 1643 von den Franzosen vor Schließung des Belagerungsringes um Überlingen dem Erdboden gleichgemacht worden war. Die Kapelle und eine Tenne blieben als einzig erhaltene Gebäude zurück. Wahrscheinlich wurden bei der Zerstörung Nußdorfs die Flügel des Altars abgerissen und vernichtet. Heute noch zeugen die Scharniere davon, dass der Altar einst Flügel hatte. Der Schaden durch die Zerstörung von Nußdorf belief sich laut Salemer Akten auf 12.376 Gulden, umgerechnet ca. 266.000 Euro.

Insgesamt kamen die Mönche besser davon als die bäuerliche Bevölkerung. Sie fanden hauptsächlich in Konstanz, wohl auch in Überlingen und anderen Städten, Zuflucht. Dort hatte Salem Stadthöfe. Diese Zufluchten waren aber der bäuerlichen Bevölkerung verwehrt.

Einigen wenigen aus dieser nicht so privilegierten Gruppe gelang es, in friedlichere Gegenden zu fliehen. Einer von ihnen, der Nußdorfer Zimmermann Johann Jakob Jung, schaffte es um 1640 bis nach Koblenz[4] in die dort neutrale Schweiz, wo die Aare in den Rhein mündet. Dort wurde 1664 sein Sohn Stefan, der spätere Abt von Salem geboren.

Diejenigen, die hingegen im Linzgau blieben, mussten Schweres ertragen. Es ging damals so zu, wie heute (2017) in Teilen des Iraks, in Syrien oder in Libyen. So berichtete von Pflummern um 1633 von Salmannsweiler Bürgern, darunter auch Nußdorfer, die bei der Arbeit in den Reben von Schweden oder deren Verbündeten nach Pfullendorf entführt worden waren. Sie hätten sich angeblich beim Feind aufgehalten und zu den Waffen gegriffen. Die Gefangenen wurden ausgeraubt und wieder nach Hause geschickt. Dem Abt von Salem wurde mitgeteilt, er solle seine Leute von Überlingen fernhalten. Im widrigen Fall würden sie mit Feuer und Schwert bestraft werden. 1638 werden von den erwähnten Hohentwieler Banden Pferde aus der Birnau und Vieh aus Nußdorf geraubt und wieder Bewohner des Dorfes entführt. Zwei von den Hohentwielern gefangenen Nußdorfern gelang die Flucht.

Bürster berichtete von einer besonders ruchlosen Tat in Nußdorf. Ein Schweizer und seine hochschwangere Frau wollten in einem Boot von Nußdorf nach Konstanz übersetzen. Sie wurden von fünf Überlingern gestoppt, die den Schweizer ermordeten. Eigentlich hätte dieser mit gültigen Papieren beweisen können, dass mit ihm und seiner Frau alles in Ordnung sei. Seine Frau wurde, obwohl sie um ihr Leben flehte, in den Bodensee geworfen. Als sie nicht unterging, erschoss man sie.

Das Ergebnis dieser Plünderungen und Zerstörungen war, dass 1644 nur noch 14 Nußdorfer Männer gezählt wurden, mit Frauen und Kindern wohl weniger als 50 Menschen. Dazu gehörte die heute noch in Nußdorf ansässige Familie Urnau.

Gegen die Söldnerhaufen wehrten sich die Menschen, wenn sie konnten, wie es Theodor Lachmann in seinen „Sagen und Bräuche am Überlinger See" im Kapitel „Ortsneckereien" schilderte:

„Die Nußdorfer bezeichnet man kurzweg mit ‚Schnecken'. Dieser Spitzname rührt von folgender Begebenheit her: An der alten Straße nach Salem[5] befand sich bei der sogenannten ‚Bettelbuche', die ein beliebter Lagerplatz des fahrenden Volkes war, ein Hügel. In den Franzosenkriegen (während des

4 Meistens wird als Geburtsort von Stefan Jung Koblenz in der Pfalz, wo die Mosel in den Rhein mündet, angegeben. Es ist hier die Frage zu stellen, warum ein Nußdorfer Zimmermann durch das vom Krieg verwüstete Deutschland über 400 Kilometer wandern sollte, wenn Koblenz in der Schweiz weniger als 100 Kilometer von Nußdorf entfernt ist und man dorthin durch neutrales und vom Krieg nahezu nicht berührtes Land gelangen konnte? Für Koblenz in der Pfalz könnte sprechen, dass Stefan Jung in Köln, Mainz und Wien studiert haben soll. Nach dem Studium soll ihn ein Kapuziner in Überlingen, während Jung bei Verwandten in Nußdorf war, beeinflusst haben, sich in Salem den Zisterziensern anzuschließen, wo er erst zum Priester geweiht worden ist.

5 Heute ist das die Verlängerung der Straße Zum Saibling, die Richtung Norden parallel zur Landesstraße unter der B 31 hindurch Richtung Wald führt und nördlich von der Birnau auf den Prälatenweg trifft.

Dreißigjährigen Krieges um 1644) lagerten hier auch einmal französische Soldaten, die jedoch plötzlich von den Nußdorfern überfallen, niedergemacht und daselbst begraben wurden. Bald nachher (vermutlich nach dem Abzug der Franzosen nach der Belagerung durch die Kaiserlichen im Frühling 1644) aber zogen die Nußdorfer mit Kreuz und Fahnen nach der Begräbnisstätte, um die Erschlagenen und deren Schätze wieder auszugraben, fanden jedoch nur einen Haufen leerer Schneckenhäuschen, die von dem fahrenden Volk dort verscharrt worden waren". Wahrscheinlich waren die Diebe kein fahrendes Volk, sondern vom Krieg entwurzelte Menschen, deren Heimat so wie die der Nußdorfer zerstört war.

Bauern erschlagen mit Äxten einen Soldaten.

1648, nach dem Abschluss des Westfälischen Friedens, hatte die Bevölkerung in unserer Gegend um mehr als ein Drittel abgenommen, am wenigsten wegen kriegerischer Aktionen in Schlachten. Die meisten militärischen Haufen waren keine Riesenheere und lagen oft unter 10.000 Mann. Das kaiserliche Heer, das Überlingen 1644 von den Franzosen befreite, bestand aus 4.000 Mann. Die verteidigenden Franzosen hatten sogar nur 1.300 Mann. Die meisten Menschen - heute würde man sie Zivilbevölkerung nennen - waren bei Plünderungen ihrer Siedlungen, durch Verhungern und Seuchen umgekommen. Folglich verwahrloste nach dem Krieg viel Ackerland, da einfach die Menschen zur Bearbeitung fehlten. Der nördliche Bodenseeraum war so heruntergekommen, dass man dort unter einer Wolfsplage litt. Deshalb hatten Salem, Überlingen, „Konstanz, Heiligenberg und andere Orte" eine große Jagdgesellschaft aufgestellt. „Von 120 Mann hatte Salem 25 Jäger" gestellt.

Nußdorf hatte wahrscheinlich im Verhältnis zu anderen Dörfern Dank seiner Nachbarschaft zur Birnau etwas Glück. Da die Abtei die Profit bringenden

Pilger für den Wiederaufbau im Territorium der Reichsabtei dringend brauchte, wurde die Birnau schon 1655 wieder aufgebaut. Und um die Pilger ordentlich bewirten zu können, war nur ein Jahr später, nämlich 1656, das Nußdorfer Wirtshaus Zum Karpfen (heute Zum Karpfen 20) wieder hergestellt worden. Auch wenn die marodierenden Soldaten viele Rebstöcke zerstört hatten, war Nußdorf mit 56 Prozent erhaltenen Rebstöcken gegenüber der Vorkriegszeit noch einigermaßen davongekommen. Als Unterstützung für die Neupflanzung von 38 Rebgärten, als Ausgleich für Schäden „durch vergangene und unfriedliche Kriege und verderbliche Zeiten", halbierte Abt Thomas Schwab (1647 - 1664) den Bodenzins von sechs Quart auf drei Quart Wein. Und die Schussenrieder bauten ihren ebenfalls zerstörten Nußdorfer Pfleghof (heute das alte Rathaus Zum Stichling 16) mit Torkel, Weinkeller und Dienst- bzw. Gästewohnungen, der der Versorgung des Klosters mit Wein diente, schon zwischen 1655 und 1658 ebenfalls wieder auf.

In einem Verzeichnis aller Häuser von Nußdorf aus dem Jahr 1803 werden auch sieben Doppelhäuser erwähnt. Diese sieben Doppelhäuser sind aller Wahrscheinlichkeit nach die ersten Häuser, die die Abtei für die 14 überlebenden Nußdorfer Männer und ihre Familie hat errichten lassen. Nußdorf erholte sich langsam. 1803 hatte Nußdorf 33 Häuser. Daraus kann gefolgert werden, dass die Abtei zu den 14 überlebenden weitere 19 Familien in Nußdorf angesiedelt hatte.

Am 20. Juni 1676 kaufte ein gewisser Georg Beck[6] von den Kirchenpflegern in Nußdorf ein Haus mit Hofstatt und Garten. Daraus kann geschlossen werden, dass damals schon der allgemeine Wiederaufbau von Nußdorf lief, vielleicht sogar schon abgeschlossen war.

Die neuen Häuser waren deutlich komfortabler als die schon erwähnten Rauchhäuser. Im 17. Jahrhundert waren die sogenannten Seldnerhäuser aufgekommen. Seldner waren Bauern, die wie die Nußdorfer von einem Grundherrn abhängig waren. Ein Seldnerhaus ist ein kleiner sogenannter Einhof in Fachwerkbauweise, ein „giebelseitig erschlossener Vielzweckbau, der Wohnung und Wirtschaft in einem Bau zusammenfasst. Die verschiedenen Funktionsbereiche werden von einer quer zum Giebel verlaufenden Querwand getrennt. Eine Haushälfte beherbergt die Wohnräume, die andere Stall und Speicher.". Der Rauch zog nicht mehr durch das Eulenloch, sondern durch einen Kamin ab.

1697, 49 Jahre nach dem Dreißigjährigen Krieg, den die Abtei einigermaßen heil überstanden hatte, „platzte ein schadhafter und zu dem überheizter Ofen in der klösterlichen Wachstube, und infolge einer Verkettung

6 Für welche Nußdorfer Becks dieser Georg ein Vorfahre war, ist nicht bekannt. Der Name Beck stammt in den meisten Fällen nicht von Bäcker ab. Bäcker gab es höchstens in den Städten, nicht aber bei den über 80 Prozent Dorfbewohnern. Die buken ihr Brot selbst, und zwar meist in Gemeinschaftsöfen. Der recht häufige Name Beck kann auch von Bach abgeleitet werden.

von Ungeschick und unglücklichen Umständen stand alsbald die Mehrzahl der Klosterbauten in Brand. Lediglich das Münster blieb nahezu unversehrt, dazu auch der Kreuzgang und der [...] errichtete lange Bauder, [der] heute noch das Hofareal" begrenzt. Den wohl schwersten Verlust bereitete das Feuer mit der Vernichtung der Bibliothek des Abtes. Dort hatten sich auch, anstatt im feuerfesten Gewölbe, wo sich das Archiv befand, die originalen Akten des Konstanzer Konzils befunden. Diese soll Kaiser Sigismund aus Dankbarkeit „für seinen längeren Aufenthalt im Salmannsweiler Hof während des Konstanzer Konzils der Abtei [...] überlassen haben".

Kloster Salem im Feuersturm 1697
Quelle: Wikipedia

Das „Bild der schmerzhaften Mutter Gottes an der Säule vor der Sakristei [soll] den Pater Stephan Jung, Küchenmeister, [der spätere Abt Stephan] als er [...] vor [dem Bild] kniete, angesprochen und ihm das drohende schwere Unglück geoffenbart [...] ja sogar Tränen [... vergossen haben], wie zur Zeit des Schwedenkrieges":

Abt Emanuel Sulger hatte schon vor dem Brand mit grundlegenden Planungen für einen Neubau begonnen. Sein Nachfolger Stephan I. Jung (1698 - 1725), der, wie schon erwähnt, in Nußdorf und nicht in Koblenz zur Welt gekommen wäre, wenn der Dreißigjährige Krieg nicht stattgefunden hätte, stellte bis 1705 den Neubau nahezu fertig. Der „Nußdorfer" Abt wurde ob dieser Leistung der dritte „Gründer von Salem genannt". Von seinem Vater, dem Zimmermann, hat er wohl die Lust zu bauen geerbt. Zwischen 1708 und 1715 ließ er östlich der Abtei den Baumeister Beer, der auch den Neubau der Abtei bewerkstelligte, „jenseits der Aach eine Kapelle nach der Gestalt der Kirche San Stefano di Ritondo in Rom" bauen. Um diese Kapelle entstand eine „Siedlung des Klostergesindes und sonstiger salemischer Untertanen", der heutige Salemer Teilort Stephansfeld.

Abt Stephan I. Jung

Abt Anselm II., Erbauer der neuen Wallfahrtskirche Birnau

Aber nicht genug damit, auch Schloss Maurach ließ er ab 1722 total umbauen. Dessen Fertigstellung als „Sommersitz und Erfrischungsort für die Oberen [...] des Konvents unmittelbar am See" hat er nicht mehr erlebt.

In einer Urkunde vom Oktober 1738 wurde die Neueinteilung von Nußdorfs Landwirtschaft beschrieben. Das Kloster machte detaillierte Vorgaben. Kirschen und andere Steinobstbäume waren nur an Hängen erlaubt, wo sie Schatten für das Vieh spendeten. Ebenes Land war Acker- oder Rebland. Dem Abt Konstantin Miller (1725 - 1745) hatten die Nußdorfer aus dieser von Salem angestoßenen Aktion, den gerne Rebhalde, aber offiziell Konstantinhalde genannten Hang östlich von Nußdorf zu verdanken. Dort war bis in die zwanziger Jahre des 20. Jahrhunderts das größte Nußdorfer Weinbaugebiet. Beendet wurde der Anbau von Wein dann durch die Reblaus. In jener Urkunde wurden auch die folgenden Namen von Nußdorfer Einwohnern erwähnt: Beck, Claußner, Federer, Haan, Jung, Kreyßmann, Mayer, Schilling, Schilple, Senft, Sulger, Urnau, Vogler, Wagenshauser, Walther.

Mitte des 18. Jahrhunderts verlegten Nachfolger vom Abt Stephan Jung die Wallfahrt von Altbirnau, über Nußdorf gelegen, nach Neubirnau ca. 1,3 Kilometer östlich von Nußdorf.[7]

7 Mehr dazu in Kapitel 3: Die Nachbarn von Nußdorf

1749, ein Jahr vor Einweihung der neuen Wallfahrtskirche Birnau oberhalb Maurachs, gründete Abt Anselm II. Schwab eine „Ordentliche Waisenkassa", die dann im Zuge der Säkularisation in die „Großherzoglich Markgräflich Badische Waisenkasse" überging. Diese „Ordentliche Waisenkassa" war die Stammmutter der ersten deutschen Sparkasse, die im Laufe des 19. Jahrhunderts mit der Waisenkasse Heiligenberg fusionierte.

Kapitel 15

Salem und Nußdorf werden badisch

Aus der Reichsabtei wird eine badische Markgrafschaft

Der Niedergang der Abtei begann um 1795, als „französische Revolutionstruppen an den Bodensee kamen". Es kam zwar zu Plünderungen und Brandschatzungen, das Schlimmste wurde aber durch Abstandszahlungen an die durchziehende Soldateska, wie schon in den Bauernkriegen, verhindert.

Salem war als Reichsabtei noch 1797/98 „mit einer eigenen Gesandtschaft vertreten", als ein Frieden zwischen Reich und Frankreich gesucht wurde. Diese Stellung änderte sich schlagartig, als das Heilige Römische Reich Deutscher Nation Anfang des 19. Jahrhunderts aufgelöst wurde.

Das Heilige Römische Reich Deutscher Nation war seit dem 13. Jahrhundert in Kreise aufgeteilt. Die Reichsprälatur Salem und die Reichstadt Überlingen gehörten zum Schwäbischen Reichskreis und innerhalb dieses Kreises dem Konstanzischen Viertel an, wohingegen die Markgrafschaften Baden-Baden und Baden-Durlach zum Badischen Viertel gehörten.

Die dem Bodensee nächst gelegenen Gebiete des badischen Viertels waren das Fürstentum Fürstenberg und die Reichsstadt Rottweil. Das nächste „echte" badische Gebiet lag im äußersten Südwesten des Schwäbischen Reichskreises, ca. 70 Kilometer Luftlinie vom Bodensee entfernt.

Dieser Fleckerlteppich wurde 1802 - 1803 durch einen Teppich mit größeren Flecken, d. h. Herrschaftsgebieten, ersetzt. Der Grund dafür lag in den vergeblichen Versuchen der etablierten europäischen Mächte, in mehreren Koalitionskriegen die Verbreitung revolutionärer Ideen nach der Französischen Revolution von 1789 und die Expansion Frankreichs zu beenden. In Folge des zweiten Koalitionskriegs (1799 - 1802) wurde im Frieden von Luneville 1801 das gesamte linke Rheinufer an Frankreich abgetreten, was auch für Baden Gebietsverluste bedeutete.

Die Reichshauptdeputation, ein nur für diesen Zweck gegründeter Ausschuss des „immerwährenden Reichstags" in Regensburg (1683 - 1806), überließ 1802 im sogenannten Reichsdeputationshauptschluss das gesamte Oberamt Salmannsweiler mit der Abtei Salem und die Reichsstadt Überlingen und deren Territorium dem protestantischen markgräflichen Haus Baden[1]. Der letzte Salemer Abt, Caspar Oexle, übergab das Reichspriorat Salem ohne

1 Insgesamt hatte Baden durch den Reichsdeputationshauptschluss deutlich mehr gewonnen, als es linksrheinisch verloren hatte.

Widerstand an seine neuen Besitzer. „Die ‚Herrschaft unter den Bergen' wurde mit dem Gebiet des Klosters Petershausen [am Konstanzer Seeufer] zur Grafschaft Salem vereinigt und den Markgrafen von Baden [...] überlassen". Nach einigen weiteren Erwerbungen war von 1816 bis 1975 das badische Ufer des „schwäbischen Meers" in etwa so lang wie das Schweizer Ufer. Die neuen Herren von Salem, Friedrich und Ludwig, Söhne des Markgrafen Karl Friedrich aus erster Ehe, hoben die Mönchsgemeinde nicht auf, verboten aber die Aufnahme von Novizen. Anfang 1803 wurde ein Vertrag zwischen den Markgrafen Friedrich und Ludwig geschlossen, in dem detailliert die Rechte und Pflichten für das weiterbestehende Kloster festgelegt wurden. So wurden beispielsweise dem Reichsprälaten ein Deputat von 8.000 Gulden (ca. 107.000 Euro) und das Futter für sechs Pferde, für die verbliebenen Patres und Fratres 600 (ca. 7.860 Euro) bzw. 400 (ca. 5.240 Euro) Gulden pro Jahr festgelegt. Ursachen dieser Großzügigkeit bestanden einerseits in der Hoffnung der Brüder, das Kloster würde sie in der Verwaltung der neuen Besitzungen unterstützen, andererseits war der Gewinn für die beiden beträchtlich. Bei der Übernahme betrugen die durchschnittlichen jährlichen Einnahmen des an Baden gehenden Anteils von Salem 56.559 Gulden (ca. 741.000 Euro). der Waldbesitz in der unterbergischen Herrschaft hatte eine Fläche von über 1.800 Hektar. Es gab Kapitalbriefe im Wert von 590.000 Gulden (ca. 7.727.000 Euro). „Die Lebensmittel-, Futter- und Geldvorräte sowie die Außenstände machten 281.000 Gulden [ca. 3.680.000 Euro] aus". Die Bibliothek mit ihren 50.000 Bänden, „ein Münzkabinett, naturwissenschaftliche Sammlungen und die Gerätschaften in den Klosterwerkstätten [wurden] alles in allem auf 67.500 Gulden [ca. 884.000 Euro] geschätzt". Auch wenn die neuen Besitzer zu Recht sehr zufrieden mit ihrem Erwerb waren, betrachteten sie aber die Eigentumsverhältnisse ihrer neuen Untertanen kritisch. Diese waren nämlich zum allergrößten Teil Leibeigene mit sehr wenig Eigenbesitz. Das bedeutete, dass die Lehensnehmer, egal ob Erb- oder Schupflehen[2], so wenig unternehmerisch waren, wie die Handwerker, denen das Kloster „kaum einen Verdienst ließ".

Denkmal Caspar Oexles, der letzte Abt von Salem
Foto: Andreas Praefcke, 2014

Das Kloster selbst löste sich trotz der günstigen Bedingungen, die

2 „Ein Schupflehen war im Lehnswesen besonders Oberdeutschlands ein Lehen, das nur auf Lebenszeiten verliehen wurde und aus dessen Besitz die Erben nach dem Tode des Lehnsmannes gleichsam „geschupft" (oberdeutsch für ‚geschubst'/ ‚gestoßen,) wurden." (Wikipedia 2017)

das Haus Baden für die weitere Existenz bis zum Ableben der Mönche garantiert hatte, sehr schnell auf. Wegen Unruhen innerhalb der Gemeinschaft der Mönche gegen die Aufrechterhaltung der strengen Regeln der Zisterzienser durch Abt Caspar Oexle änderten die Markgrafen den im Dezember geschlossenen Vertag mit dem Kloster dahingehend, dass sie die Abhängigkeit der Patres vom Kloster aufhoben. Ihnen wurde nämlich auch nach Verlassen des Klosters jeweils eine vorläufige Pension von 500 Gulden (ca. 6.550 Euro) und ein einmaliges „Umkleidungsgeld" von 400 Gulden (ca. 5.240 Euro) zugesagt. So wurden sie ermutigt, das Kloster zu verlassen.

Dieser Prozess zog sich über 1803 und den größeren Teil des Jahres 1804 hin, bis das Kloster am 23. November 1804 endgültig von den Markgrafen aufgelöst wurde. Diese Auflösung war, so würde man heute sagen, sozialverträglich. Abt Caspar erhielt eine jährliche Pension von 7.000 Gulden (ca. 91.674 Euro), das Futter für sechs Pferde und Wohnrecht auf Schloss Kirchberg. Und die vorläufige Pension der Patres wurde in eine reguläre zu 600 Gulden (ca. 7.865 Euro) und 400 Gulden (ca. 5.240 Euro) Umkleidungsgeld umgewandelt. Vier der Patres zogen sich in die Birnau zurück. Oexle versuchte vergeblich, nach dem Zusammenbruch der napoleonischen Herrschaft im Jahr 1813, die klösterliche Gemeinschaft in Baden wiederherzustellen.

Wie aus den Seeschwaben in Nußdorf langsam Badener wurden

Die weltliche Geschichte der unterbergischen Herrschaft[1] ging seit 1802 einen eigenen Weg. Ein erster Zwischenschritt war die Kurwürde[2] für Markgraf Carl Friedrich in Karlsruhe, die am 1. Dezember 1802 rechtswirksam wurde. Ein weiterer wichtiger Zwischenschritt: Aus dem Kloster wurde ein Schloss des Hauses Baden. Die Prinzen hatten bis 1806 noch einige Rechte, die auf Reichsrecht fußten. In Folge der Niederlage Österreichs im dritten Koalitionskrieg

1 So wurde bis 1802 das Salmannsweiler Oberamt genannt, vgl. Karte von Salem in Kapitel 14, „Reformation, Bauernkriege, Dreißigjähriger Krieg und Wiederaufbau".

2 Ein Kurfürst gehörte zur begrenzten Zahl jener Reichsfürsten des Heiligen Römischen Reiches, die das Kurfürstenkollegium bildeten und denen seit dem 13. Jahrhundert das alleinige Recht zur Wahl des römisch-deutschen Königs zustand. (vgl. Wikipedia 2017)

1805, in dem Baden, Bayern und Württemberg mit Napoleon verbündet gewesen waren, wurden diese Rechte mit der sich daraus ergebenden Auflösung des Heiligen Römischen Reiches Deutscher Nation überflüssig. Mit dem Rheinischen Bund wurde die Grafschaft, das ehemalige Reichspriorat Salem, endgültig aus dem Verband mit dem Reich gelöst und ging im souveränen Großherzogtum Baden auf.

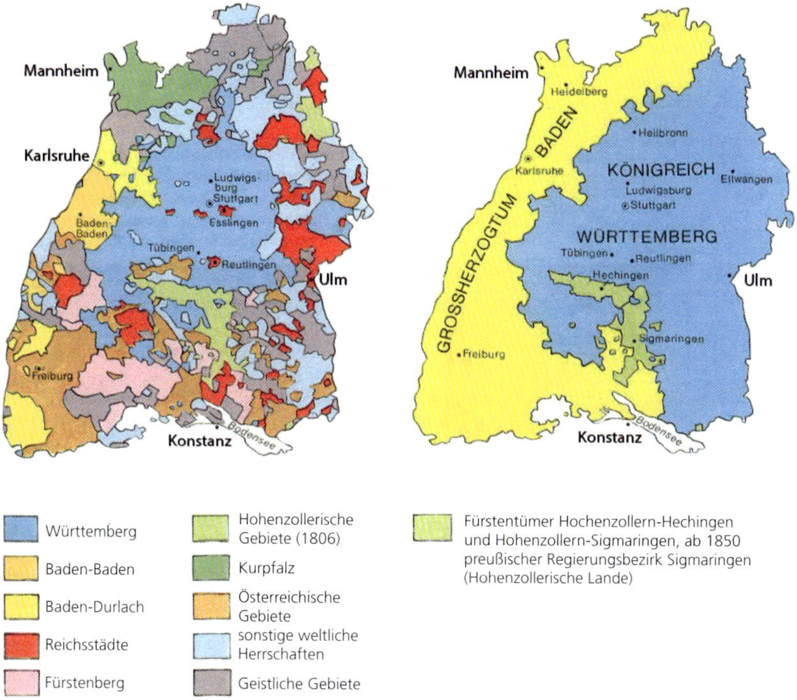

Die Gebiete von Baden und Württemberg 1789 und 1806 vor und nach dem Reichsdeputationshauptschluss
Quelle: Karten nach Bauer et alii: Unser Land Baden-Württemberg; Theiss-Verlag 1986

Es mag sehr einfach klingen, aber die Integration der vielen badischen Erwerbungen im Großherzogtum war sehr aufwändig. Es galt nämlich zwischen Bodensee und Franken, Gebiete unterschiedlichster Art in Kultur, Rechts-, Finanzwesen sowie Konfession zu einem neuen Staat zu formen. Bei uns am See gab es beispielsweise die ehemalige freie, „irgendwie" republikanische Reichsstadt Überlingen, bewohnt von ca. 2.600 Seelen, von denen keine leibeigen war. Überlingen grenzte im Osten an das Oberamt „Unter den Bergen" der ehemals souveränen Reichsabtei Salem.

Aus diesem salemischen Oberamt wurde das badische Bezirksamt Salem, ein Teil des Konstanzer Seekreises im neuen Großherzogtum. In diesem Amt waren im Gegensatz zu Überlingen die meisten der 3.500 Bewohner Leibeigene. Zur Bewältigung der ungeheuren Aufgabe festzustellen, was das Haus

Baden erworben hatte, wurde ein Katalog mit 84 Fragen entwickelt, gedruckt und zur schriftlichen Beantwortung an jeden „Ortsvorstand in den neuen Territorien" verteilt. Ein Beispiel für eine solche Antwort ist das Urbar von Nußdorf von 1803, in dem alle 36 Häuser, die dazu gehörigen Grundstücke und die zu erwartenden Einnahmen beschrieben worden waren.

Die gut einhundert Seeschwaben, die am 4. Dezember 1802 in 33 Häusern in Nußdorf lebten, waren an diesem Tag noch keine wirklichen Badener geworden. Im Gegenteil, das Nordufer des Bodensees wird sogar noch 1813 von einem badischen Archivar das schwäbische Ufer genannt, wo u. a. „Nußdorf (und) die Stadt Überlingen" liegen.

Die Nußdorfer blieben erst einmal Hörige unter einer neuen Grundherrschaft. Die badischen Grafen mussten sehr bald feststellen, dass es „im klösterlichen Bereich fast kein Eigentum" gab. Da die meisten Lehen Schupf- und keine Erblehen waren, bedeuteten diese keine finanzielle Sicherheit für die Bauern, weil sie das Schupflehen nicht beleihen konnten. „Daraus ergab sich zwangsläufig, dass die Lehensbauern" praktisch keine Eigeninitiative zur Verbesserung ihrer wirtschaftlichen Situation entwickelten. „Ähnlich ging es den Handwerkern, denen wenig Entfaltungsmöglichkeit blieb, und die sich [deshalb] nicht gerade des besten Rufes erfreuten." Zur Verbesserung der wirtschaftlichen Situation verkaufte das Haus Salem u. a. nach Abbruch des gerade fünfzig Jahre alten Glockenturms des Klosters das „Kupfer, Blei und Eisen, [...] der Glocken [usw. mit einem Nettogewinn] von 33.000 Gulden". Auch wurden Immobilien wie 1806 „das Steinhaus in Überlingen, 1808 [... der] Salmansweiler Hof in Konstanz und 1811 [... der] Frauenberg bei Bodman" verkauft.

Nicht nur in der Wirtschaft änderte sich vieles, sondern auch „mit der stattlichen Entwicklung des jungen Großherzogtums Baden". Gegenüber 1771, als Baden-Durlach und Baden-Baden „wiedervereinigt wurden", hatte sich die Fläche von Baden vervierfacht, die Bevölkerung sogar versechsfacht. So mussten zwischen 1808 und 1815 zwanzig Organisationsedikte erlassen werden, in denen u. a. die Leibeigenschaft und alle damit verbundenen Dienste, wie Fuhr- und Spanndienste, aufgehoben wurden. Diese Edikte mündeten in der ständischen Verfassung von 1818, der ersten in Deutschland, nur drei Jahre, nachdem dies in der Bundesakte für alle 38 Staaten des Deutschen Bundes bestimmt worden war.

Im für damalige Zeiten liberalen und aufgeklärten Großherzogtum Baden wurden mit dieser Verfassung alle Bürger[3] mit nahezu gleichen Rechten ausgestattet. Dabei war allerdings der Adel gegenüber den Nichtadeligen schon in

3 „Bürger" wurde jeder Nichtadelige genannt, unabhängig davon, ob er „echter Bürger" einer Stadt war oder ein höriger Bauer. So ähnlich verhielt es sich mit der „Gemeinde". Geschlossene Siedlungen/Dörfer wie Nußdorf wurden Gemeinde genannt, auch wenn alle Bewohner hörige Bauern waren, deren direkte Obrigkeit ein vom Grundherrn eingesetzter Vogt war, der nicht einmal im Dorf ansässig sein musste.

der Bundesakte privilegiert geblieben, beispielsweise durch Freizügigkeit innerhalb der Bundesstaaten, einen privilegierten Gerichtsstand und die Befreiung von der Militärpflicht. Der Adel in Baden war der „Stand der staatsrechtlich Bevorrechtigten".

Sowohl der Reichs- als auch der Landadel musste für das Wahlrecht für die erste Kammer des Landtags Besitz aus den Zeiten vor 1806 nachweisen können.

Nicht alle nichtadeligen Badener waren Bürger. So waren die Juden noch ausgeschlossen. Bürger konnte nur derjenige sein, der einer der drei christlichen Konfessionen (Katholiken, Lutheraner und Reformierte) angehörte. Aufgehoben war allerdings die in Folge des Augsburger Religionsfriedens von 1555 festgesetzte Regel „cuius regio eius religio" (der Territorialherr bestimmt die Konfession seiner Untertanen). Die nichtadeligen badischen Bürger mit nachgewiesenem Besitz, bzw. die nichtadeligen Inhaber eines öffentlichen Amts, die das 25. Lebensjahr vollendet hatten, besaßen aktives und passives Wahlrecht für die Wahl von Wahlmännern, aus deren Reihen wiederum die zweite Kammer des Landtags besetzt wurde.

In dieser Verfassung wurde zwar einerseits die Aufhebung der Leibeigenschaft, der damit verbundenen Dienstpflichten usw. bestätigt, andererseits aber für die bisherigen Grundherren der Verlust durch einen angemessenen Abkaufsfuß[4] reguliert.

Der Abkaufsfuß war die Summe verschiedener Formeln, mit denen der Wert des Verlustes der Grundherren durch die Aufhebung der Leibeigenschaft und allen damit verbundenen Pflichten der hörigen Bauern wie Fuhr- und Spanndienste oder Fronarbeiten berechnet wurde und der vom jeweiligen ehemaligen Leibeigenen auch zu begleichen war. Er wurde 1820 in mehreren Gesetzen festgeschrieben. Die Bedingungen des Abkaufsfußes waren zwar hart für die Bauern, aber rechtens. In der Französischen Revolution war 1789 das Eigentumsrecht in der Erklärung der Menschen- und Bürgerrechte so definiert worden: „Da das Eigentum ein unverletzliches und heiliges Recht ist, kann es niemandem entzogen werden, es sei denn, dass dies die gesetzlich festgelegte öffentliche Notwendigkeit offensichtlich fordert, und dass eine gerechte und vorherige Entschädigung geleistet wird."

Der Abkaufsfuß war nichts anderes als die gerechte Entschädigung dafür, dass dem Adel Eigentum entzogen wurde. Also mussten die Bauern die ehemaligen adeligen Grundherren für alle ihnen in Zukunft entgehenden Pachtzinsen mindestens für neun und maximal für 18 Jahre entschädigen, unabhängig davon, ob diese mit Geld oder Naturalien beglichen worden sind. Je höher der zu zahlende Betrag war, desto größer war der Faktor, der mit diesem Betrag multipliziert wurde. Zum Beispiel musste eine Grundschuld von

4 Maßeinheit für den Wert des Verlusts, den die Grundherren durch die Aufhebung der Leibeigenschaft erlitten; auf den Abkaufsfuß wird schon eindrücklich in der Bundesakte verwiesen.

zehn Kreuzern durch den Faktor neun mit 90 Kreuzern oder 1,5 Gulden = 75 Euro beglichen werden. Die Begleichung einer Grundschuld von einem Gulden und zehn Kreuzern betrug wegen des Faktors 15 17,5 Gulden = 207,50 Euro. Die Schuld konnte auch in jährlichen Raten mit 5% jährlichen Zinsen abgelöst werden. Die Mindestrate lag bei zehn Gulden, also 130 Euro.

Da auch die von den Hörigen zu leistenden Frondienste als Eigentum der Grundherren betrachtet wurden, musste für diesen Verlust Entschädigung geleistet werden.

Unter Frondiensten, die abgelöst werden sollten, verstand man:

- alle Arbeiten an Gebäuden, die nicht staatlichen (badischen) oder kirchlichen Zwecken dienten. Das waren Zehntscheuern, Kelter, Speicher, Keller, die Wohnungen der Domanial- und Rentbeamten jeder Klasse, die Forsthäuser, die landwirtschaftlichen und Gewerbegebäude, die Schlösser und Wohnungen der Fronberechtigten;
- „Frohnden zum Naturalien-Transport bey Einführung des Zehnten, bey Verbringung der Naturalien auf den Speicher oder in den Keller oder sonstige Magazine, bey Verführung auf die Märckte und andere Orte, wohin sie zur Verwerthung gebracht werden; Beyführung der Besoldungsnaturalien für alle [...] Diener [...] endlich für die geistlichen Diener" und wer kraft seiner Stellung ein Anrecht auf Naturalien hatte;
- die Bearbeitung von Äckern, Wiesen und Weinbergen, „Ernte, Heumachen, [...] an Bächen und Gräben" im Besitz der Grundherren, sowie Waldarbeit und Herstellung von Waldwegen;
- die „Jagdfrohnden - zum Treiben, zum Transport des Wiltsprets, und zur Unterhaltung der Wildzäune";
- und die „Familienfrohnden zu häuslichen Arbeiten, [... also] Holzmachen, Beyfuhr häuslicher Bedürfnisse, Botenläufe etc.".

All diese Tätigkeiten wurden ähnlich wie Naturalien bei den Pachtzinsen entsprechend der regional üblichen Löhne gepreist, um den Wert der Befreiung von der entsprechen Fron bestimmen zu können. Auch hier belief sich die Entschädigung für eine Fron auf die Arbeit von bis zu zehn Jahren. Bei Ratenzahlung wurden wieder 5 Prozent Zinsen fällig, wobei die Mindestrate hier sogar bei 50 Gulden = 650 Euro lag.

In den Gemeinden des ehemaligen Stifts Salem, Urnau, Tepfenhard, Grasbeuren, Oberstenweiler, Neufrach, Mittelstenweiler, Weildorf, Bermatingen, Buggensegel, Mühlhofen, Mimmenhausen, Nußdorf, Oberuhldingen, Owingen, Tüfingen und Stefansfeld, wurden zwischen 1821 und 1840 alle Abgaben an das Stift aufgehoben.

Die Nußdorfer Bauern hatten also eine gewaltige Schuldenlast abzutragen, bis sie über das Land, das sie bearbeiteten, und ihre Arbeitskraft frei verfügen konnten. Nicht alle Bauern in Deutschland schafften dies. Ihr Land ging dann an den vorigen Grundherren zurück, Schicksalsschläge, über die in Nußdorf nicht berichtet wurde. Solche ehemaligen Bauern wurden zu Taglöhnern und Bürgern zweiter Klasse ohne Wahlrecht. Viele der über 30 Millionen Menschen, die zwischen 1816 und 1925 aus den Dörfern in die Industriezentren Deutschlands und als Auswanderer nach Übersee zogen, waren größtenteils solche ehemaligen Bauern oder Landarbeiter.

Es gab zwar Nußdorfer, die ausgewandert, bzw. in Deutschland zu Industriearbeitern geworden sind. Sie hinterließen aber praktisch keine Lücken, weil immer wieder neue Bürger zuzogen. Deshalb gibt es heute auch nur ein Haus von den 36 Häusern des Urbars, das, ohne eine Lücke hinterlassen zu haben, verschwunden ist.

So wurden die Nußdorfer nicht nur zu freien Bürgern von Baden, sondern während der ersten Hälfte des 19. Jahrhunderts auch zu freien Bauern, die auf ihrer eigenen Scholle leben konnten. Sie entwickelten sich, wie ihre Nachbarn, die ehemaligen Reichsstädter in Überlingen, zu überzeugten Badenern und sind es bis heute geblieben, obwohl sie seit 1972 zum südwürttembergischen Regierungspräsidium Tübingen gehören.

Nußdorf beim Amt Salem

Die heute (Juni 2016) bekannte Quellenlage zu Nußdorf in der ersten Hälfte des 19. Jahrhunderts ist dürftig. Es mag sicherlich einige Dokumente zum Bezirksamt Salem geben, in denen Nußdorf erwähnt wird. Nur sind diese noch nicht für historische Arbeiten aufbereitet, wie aus dem Generallandesarchiv Karlsruhe, dem Landesarchiv Freiburg und dem Archiv des Bodenseekreises zu erfahren war. Deshalb mussten wir uns, wie häufig schon in dieser Chronik, darauf beschränken, Momentaufnahmen dieser Periode aus der Geschichte Nußdorfs zu beschreiben.

In den Jahren zwischen 1802 und 1857, als in Baden mit der Aufhebung des Zehnten die Bauernbefreiung begann, dem Land eine Verfassung gegeben wurde, in einer Gemeindeordnung Prinzipien der kommunalen Selbstverwaltung festgelegt wurden und die Nußdorfer Bauern am Ende freie Bauern waren, festigte sich der Kern unseres heutigen Nußdorfs.

„Nußdorf, ein Dorf am Bodensee an der Landstraße von Ueberlingen nach Salem und Meersburg, ein Filial der Pfarrey Seefelden im Bezirksamte Salem. Der Ort hat eine Kirche, Schule, 35 Häuser, 117 Seelen, und nährt sich von Acker- und Weinbau, Obst und Viehzucht. Nicht weit davon steht am Ufer des Sees ein Fischerhaus [wahrscheinlich Untermaurach]", so das „Historisch-statistisch-topographische Lexicon von dem Großherzogthum Baden [...] Zweyter Band" von 1814. Der Eintrag in diesem Lexikon ist einer der wenigen schriftlichen Erwähnungen unseres Dorfes in der ersten Hälfte des 19. Jahrhunderts.

Nußdorf war Anfang des 19. Jahrhunderts ein reines Bauerndorf. Aber kein typisches, Ackerbau und Viehzucht treibendes Dorf, sondern ein Weindorf, wie uns das Urbar erzählt. Der größere Anteil des registrierten Landes bestand nämlich aus Weingärten. Den Erlös aus den meisten Weingärten erhielt der Grundherr, also bis 1802 die Abtei, danach das Haus Baden. Es gab aber auch Weingärten im Eigentum von Bauern, wie z. B. die 1620 aus der Allmende umgewandelten Weingärten.

Der Rest des Landes diente zwar Ackerbau und Viehzucht, vermutlich aber nur zur Deckung des Eigenbedarfs. Dank des Weinbaus und der eigenen Weingärten kann man davon ausgehen, dass die Nußdorfer im Vergleich zu nicht Weinbau treibenden Bauern so wohlhabend waren, dass sie die an sich harten Bedingungen des Abkaufsfußes ertragen und, wie schon erwähnt, erfolgreich ihr Land in den ersten Jahrzehnten des 19. Jahrhunderts erwerben konnten.

Generell kann vermutet werden, dass in Nußdorf privat bei den Bauern mehr Geld vorhanden war als üblich. So auch beim Dorf, das streng genommen erst nach Inkrafttreten der badischen Gemeindeordnung 1831 eine echte politische Gemeinde wurde. Nußdorf erwarb nämlich gut 90 Hektar Wald vom Markgrafen. Die Gemeinde garantierte so den Erhalt des Bürgerholzes[1] bis ins 21. Jahrhundert. In den Bestimmungen über den Abkaufsfuß war nämlich auch geregelt, was eine Gemeinde zu begleichen hatte, wenn sie vom ehemaligen Grundherren Land erwerben wollte. Alle Bürger des Dorfes bürgten in solch einem Fall gegenüber dem Gläubiger, so wohl auch die Nußdorfer, als das Dorf den Wald erwarb. Das Recht auf Bürgerholz blieb wie im Mittelalter an das Haus gebunden und durfte nur zusammen damit vererbt werden. Für Neubürger, die sich bis Ende des 19. Jahrhunderts/Anfang des 20. Jahrhunderts in das Recht auf Bürgerholz einkaufen konnten, galten dieselben Regeln.

Das bei den Nußdorfern vermutete Geld half diesen wahrscheinlich über die Jahre 1816/17 hinweg. 1816 war der Sommer so kalt, dass auf der Alb im Juli der letzte Schnee und Ende August der erste Schnee des kommenden Winters fiel. Der Grund für diesen extremen Temperatursturz war die Aschenwolke des Vulkans Tambora auf der indonesischen Insel Sumbawa. Dieser Vulkan war im April 1815 mit der Kraft von 170.000 Hiroshimabomben ausgebrochen. Der Ausbruch war so gewaltig, dass sich die ursprüngliche Höhe des Berges

1 Privileg der alteingesessenen Bürger, sich mit einer bestimmten Menge Bau- und/oder Brennholz zu versorgen.

von 4.000 auf 2.500 Meter reduzierte. 30 - 50 Kubikkilometer Asche verteilten sich ungleichmäßig über die Nordhalbkugel. In Europa waren Frankreich, die Schweiz und der deutsche Südwesten am stärksten betroffen, wie eine Karte der anormalen Temperaturverteilung für 1816 illustriert.

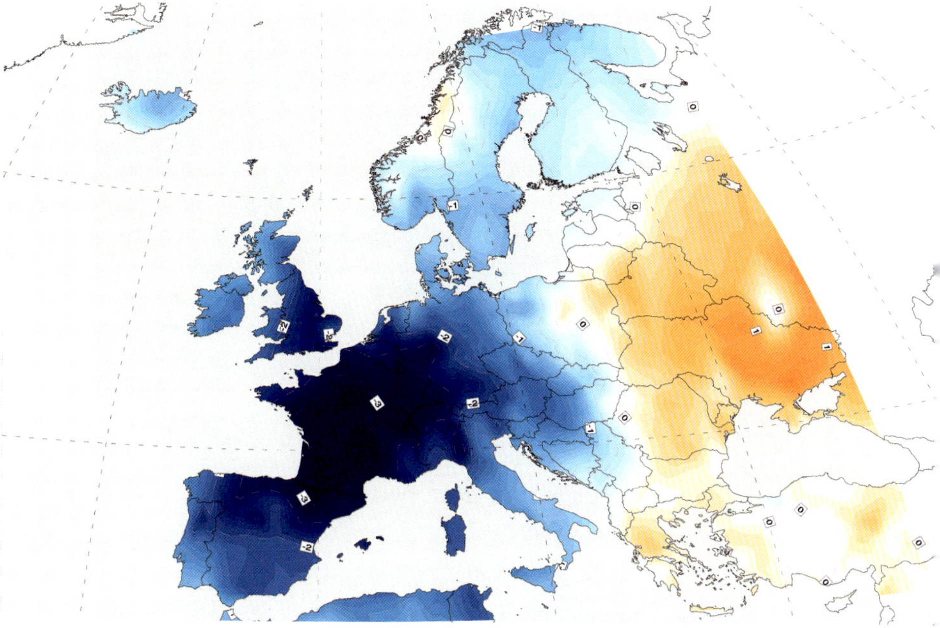

Die Wolke des Tambora hat nicht die gesamte Erde verdunkelt. In Europa waren besonders Nordspanien, fast ganz Frankreich, die Schweiz und Südwestdeutschland betroffen. Am Bodensee war 1816 die Temperatur im Jahresmittel von 9 bis 10° C auf 6 bis 7° C gesunken.
Quelle: By Giorgiogp2 (Own work)

Die Kälte bedeutete einen Ausfall der Ernte, was in den betroffenen Regionen zu fürchterlichen Hungersnöten führte. So waren Schweizer Mütter gezwungen, ihre Kinder mit einer Suppe aus Gras und Salz zu füttern. Zur Kälte im Jahr 1816 kam extremes Hochwasser. Der Seespiegel lag 70 Zentimeter höher als beim Hochwasser von 1999. Seit 1816 wurden die Pegelstände in Konstanz geführt, wo die halbe Marktstätte unter Wasser stand. In Nußdorf reichte das Wasser bis zum Rand der Straße Zum Kretzer, bzw. da, wo heute das Strandbad ist, beinahe bis zum Bahndamm. Trotz der um 3° C verringerten Jahresdurchschnittstemperatur war der Winter 1816/17 nicht so kalt, dass der See zufrieren konnte. Die Ernte 1817 war trotz des Hochwassers beinahe normal und wurde in den betroffenen Gebieten gefeiert, wie dies das Bild vom Erntedankfest in Überlingen 1817 zeigt.

Bevor Baden eine Gemeindeordnung erhielt, wurden Dörfer wie Nußdorf von einem von der Obrigkeit eingesetzten Vogt verwaltet. Ein solcher war der Tüfinger Peter Gremelsbacher, der 1819 als Vogt für Nußdorf und Tüfingen zuständig war.

Empfang der ersten Erntewagen 1817 in Überlingen, Gouache von Johann Sebastian Dir

Die Verfassung von 1818 war widersprüchlich zu den bisherigen, durch die Obrigkeit bestimmten Gemeindeordnungen der verschiedenen Grundherrschaften, aus denen sich das Großherzogtum zusammensetzte. Erst zum 31.12.1831 trat die badische Gemeindeordnung in Kraft. Die Gemeinden wurden nicht mehr von der Obrigkeit gelenkt. Sie verwalteten sich selbst, aber unter staatlicher Aufsicht. Nur die Männer waren wahlberechtigt, Almosenempfänger und Juden nicht.

Wie heute leitete der Bürgermeister die Gemeindeverwaltung und hatte den Vorsitz bei Gemeinderatssitzungen. Er hatte auch die Zuständigkeit über den Vollzug von Gesetzen und die Aufsicht über die Gemeindefinanzen. Der Gemeinderat entschied über Gemeindeangelegenheiten. Ein Bürgerausschuss musste bei wichtigen Finanzangelegenheiten als eine Art zweite Kammer mitbestimmen. Die Gemeindeversammlung bildete das Schiedsgericht bei Zwistigkeiten zwischen Gemeinderat und -ausschuss.

Es ist unsicher, ob man schon zur Zeit der Gemeindewerdung von Nußdorf die Fischnamen aus dem Urbar von 1802 aufgab und wann die 33 Häuser Nummern bekamen und dies in einer Systematik, die zu erklären den Rahmen dieses Buches sprengen würde. Ab den achtziger Jahren des 19. Jahrhunderts waren die Nummern der neuen Häuser einfach eine Weiterzählung in der Reihenfolge ihres Baujahres, was Ortsfremden die Suche nach Häusern sehr erschwerte.

Die selbstständige Gemeinde Nußdorf zeigte ihre Selbstständigkeit. Sie kaufte 1833 dem Markgrafen, dem bisherigen Grundherren und Nachfolger der Reichsabtei Salem, die ehemalige Schussenrieder Zehntscheuer ab und machte daraus ihr Rathaus . Aus dieser Zeit wird wohl das folgende, leider inzwischen gelöschte Graffiti stammen:

„Es war eben in diesem Jahr (1802)
Als Salem badisch war.
Wenn dies nicht geschehen wär,
Hätt Abt Öchsle das 8. Jahr regiert."

Und die ehemalige Schussenrieder Zehntscheuer blieb, obwohl direkt an der Grenze zu Überlingen gelegen, für 121 Jahre das politische Zentrum von Nußdorf.

Das bisherige Rathaus, das ehemalige Messnerhaus und heutige Haus Zum Salm 23, wurde in die Nußdorfer Schule umgewandelt.

Ein weiteres Zeugnis für die selbstständige Gemeinde Nußdorf ist 1835 ein Bericht im „Repetitorium über die Verhandlungen der ersten und zweiten Kammer der Ständeversammlung des Großherzogthums Baden". Da wird von einem Bürgermeister und Gemeinderat in Nußdorf, Amtsbezirk Salem, berichtet.

Die Gleichheit vor dem Gesetz war in Baden in der ersten Hälfte des 19. Jahrhunderts keine leere Formel. So klagte Nußdorf 1833 zusammen mit 21 anderen Gemeinden vor der zweiten Kammer der Ständeversammlung, vertreten durch den Abgeordneten Rindeschwinder, in einer Petition „über einen mitten in civilisirten Ländern fortbestehenden Zustand von Rechtlosigkeit", nämlich Wildschäden. Damit dies nicht als direkter Angriff auf das adelige Jagdprivileg verstanden werden konnte, schoben die Gemeinden vom Amt Salem die Schuld hierbei nicht auf den Markgrafen, sondern bezeichneten die Wildschäden als „Ergebniß einer kläglichen Dienstbeflissenheit von Subalternen". So vorsichtig war man dann gegenüber dem Adel schon. Es wurde nicht nur um Änderung des Jagdrechts gebeten - man hatte dies mit mittelalterlichen Zuständen verglichen -, sondern auch um Gesetze, die solche Schäden bereits im Vorfeld verhindern würden.

1833 wird berichtet, dass im Oberverrechnungsbezirk Salem „an die fleißigsten Rebleute, welche die vorgeschriebenen Erziehungsarbeiten und den Bau der Rebberge am vollkommensten ausführen alljährlich angemessen Prämien vertheilt werden sollen". Zu diesen 14 prämierten Rebleuten gehörte Andreas Hamm aus Nußdorf.

In diese Periode fällt auch die Umwandlung der von Abt Anselm 1749 gegründeten Waisenkasse in eine „echte" Sparkasse. Diese Waisenkasse wurde sehr bald von Bürgern Salems (noch zu Zeiten der Reichsabtei) als "Sparkasse" genutzt, da der Zins und die sichere Aufbewahrung des Geldes geschätzt wurden. Schon ab 1810 hatten die reinen Geldgeschäfte überhandgenommen.

Deshalb drängte ab 1820 die markgräfliche Domänenverwaltung auf eine Trennung, die dann auch zwischen 1838 und 1842 vollzogen wurde. Man hielt aber den Ursprung der Waisenkasse aufrecht.

In den Statuten von 1863 wurde als Zweck der Anstalt an zweiter Stelle die Anlage, Verwaltung und Verzinsung der Gelder von „Waisen und der nach dem Gesetze gleichgestellten Personen" bestimmt. Noch im 20. Jahrhundert sprach man von der „Spar-, Waisen- und Leihkasse Salem". Diese Sparkasse war über einhundert Jahre die Bank für die Nußdorfer. Zur Abwicklung von Geldgeschäften mussten sich die Nußdorfer nach Salem begeben. Erst 1962 wurde eine Nußdorfer Filiale im Haus der Familie Schumacher nördlich der Bahnlinie am Eck Barbe/Salm eröffnet. Diese Filiale der Sparkasse Salem blieb aber nur bis 1970. Im Zuge einer Bereinigung der Sparkassenbezirke kam die Nußdorfer Filiale zum Bezirk der Sparkasse Überlingen.

Schon 1849 wurden die Gemarkungen von Nußdorf und zehn weiterer Gemeinden, u.a. auch von Salem, dem Forstbezirk Überlingen zugeteilt.

Aus der Zeit von 1831 - 1857 sind nur zwei Nußdorfer Bürgermeister namentlich bekannt. 1848 wurde Bürgermeister Blaßer von Konrad Urnau abgelöst. Bei einer von Urnau durchgeführten Volkszählung wurden „177 Seelen, darunter 33 Bürger und eine Bürgerswitwe" gezählt.

1857, als das Bezirksamt Salem aufgelöst wurde und Nußdorf zum Bezirk Überlingen kam, gab es dort 34 Familien bzw. 182 katholische Einwohner.

Kapitel 16

Überlingen und Nußdorf

Das Gemeindedorf im Großherzogtum Baden 1857 - 1918

Am 1. August 1857 wurde das Bezirksamt Salem aufgelöst und in den Bezirk Überlingen eingegliedert. So kam Nußdorf nach vielen Jahrhunderten zwar geographischer, nicht aber politischer Nähe zum Bezirk Überlingen.

Das muss erst einmal recht praktisch für die Nußdorfer gewesen sein, denn der Weg nach Salem war mehr als doppelt so lang wie nach Überlingen, und es kann davon ausgegangen werden, dass solche Wege zu Fuß zurückgelegt wurden. Außerdem hatte die Stadt Überlingen, wenn man denn schon wegen eines Behördengangs dorthin musste, sicherlich ein deutlich besseres Angebot zum Einkaufen aber auch zum Verkauf der eigenen Produkte als Salem. Wobei natürlich das Ein- und Verkaufen in Überlingen spätestens seit 1802, als Nußdorf und die Stadt mit dem Markgrafen eine gemeinsame Obrigkeit hatten, intensiver wurde als in den vorausgegangenen Jahrhunderten.

Außer den Angelegenheiten mit den Behörden änderte sich wenig im Leben der Nußdorfer; übrigens auch im Tod nicht. Denn der Seefelder Friedhof blieb für die nächsten 80 Jahre weiterhin die letzte Ruhestätte der Nußdorfer. Und die Seefelder Kirche wurde bis 1945 von den Deisendorfern und Nußdorfern als Pfarrkirche genutzt. Am längsten wurde die Bindung an die Sparkasse Salem bis in die zweite Hälfte des 20. Jahrhunderts beibehalten, obwohl es seit 1836 auch in Überlingen eine Sparkasse gab.

Da das Großherzogtum Baden als aufgeklärter Staat alles über seine Untertanen wissen wollte, gab es alle paar Jahre statistische Erhebungen, die uns über Nußdorf erzählen. So gab es z. B. bei einer langsam wachsenden Bevölkerung bis nach 1880 immer noch nur 33 Häuser, so um die dreißig Landwirte, wie im Urbar von 1803 verzeichnet ist, einen Lehrer und einen Gastwirt. Nußdorf blieb in der zweiten Hälfte des 19. Jahrhunderts ein reines Bauerndorf und war ganz sicher kein Fischerdorf. Das Handwerk war schwach vertreten und zeigte keine kontinuierliche Entwicklung. Mal gab es einen Zimmermann, dann einen Küfer oder einen Schmied. Vermutlich waren das jüngere Söhne, die den Hof nicht erbten. Bemerkenswert ist, dass diese Handwerksbetriebe aus der nächsten oder übernächsten Statistik wieder verschwanden, also nicht vererbt wurden.

Auch wenn die Einwohnerzahl zwischen 1814 und 1864 von 117 auf 204 angewachsen war, wurde Nußdorf praktisch nicht größer. Die Statistiken sprechen in dieser Zeit weiterhin nur von 33 Häusern in Nußdorf und zweien in Maurach. Dann fällt die Einwohnerzahl 1880 auf 172 Einwohner, eigentlich sogar auf 171, da zum ersten Mal in der Einwohnerstatistik auch ein Evangelischer auftaucht, also ganz sicher ein Zuzügler. Auch bei der Volkszählung im Jahr 1895 bleibt die Einwohnerzahl mit 185 Katholiken und fünf Evangelischen deutlich unter den 204 von 1864. Erklärt werden kann dieser Rückgang der Einwohnerzahl mit der durch die Industrialisierung beginnenden Binnenmigration und auch der Emigration nach Amerika. Bei der Volkszählung von 1895 hatte Nußdorf übrigens schon 35 Häuser, da war das 1878 gebaute Schulhaus - das heutige Rathaus - schon dazugekommen.

1854/55 entdeckte der Überlinger Franz Xaver Ullersberger während eines Spaziergangs Teile von kleinen Braunkohleflözen im Nußbachtal in der Gegend des Hessenhofes. Versuche, diese abzubauen und die Kohle als Brennmaterial für die Dampfschifffahrt zu nutzen, scheiterten wegen fehlender Wirtschaftlichkeit.[1]

Kurz vor Weihnachten 1858 musste der Gemeinderat wegen Zahlungsunfähigkeit des Stiftungsrats des Kapellenfonds für notwendige Renovierungsarbeiten an der Nußdorfer Kapelle einspringen.

Um 1860 entschied der Nußdorfer Gemeinderat, die Höhe des Einkaufsgeldes für das Bürgerrecht für Badener auf 27 Gulden 12 Kreuzer (ca. 450 Euro), für andere auf 54 Gulden und 24 Kreuzer (ca. 900 Euro) festzulegen. Neubürger konnten sich für 198 Gulden auch in den sogenannten Bürgernutzen einkaufen. Damit erwarben sie sich das Recht, vier Morgen (1.440 Quadratmeter) Wiese, Acker- und Rebland zu bearbeiten. Dazu kamen noch drei Klafter (knapp 12 Ster) Holz. Dass das nicht gerade ein Schnäppchen war, zeigt der Vergleich mit dem Jahreseinkommen des Lehrers. Der bekam rund 230 Gulden (ca. 1.650 Euro) für den Unterricht von rund 30 Schülern. Außerdem durfte er für die Dienstleistung als Messner zwei Morgen Äcker und Wiesen (720 Quadratmeter) nutzen. Zum Heizen musste er sich mit zwei Klaftern (knapp acht Ster) Holz begnügen. Die 350 Maß (525 Liter) Messnerwein, auf die er auch noch ein Recht hatte, zeigen, dass es in Nußdorf genug eigenen Wein gab.

Der Überlinger Medizinalrat Theodor Lachmann, der sich intensiv mit dem Geschehen und der Vergangenheit seiner Heimatstadt und der Umgebung befasste, berichtete, dass sein Schwiegervater Franz Xaver Ullersberger bei einem Winterspaziergang 1862 bei Niedrigwasser vor Nußdorf, wo heute der Landungssteg ist, Reste von Pfahlbausiedlungen fand.[2] Ullersberger war bei von den Behörden geduldeten Grabungen so erfolgreich, dass er seine Funde an Museen in Stuttgart und Karlsruhe verkaufen konnte.

1 s. auch Kapitel 11: Nußdorfs früheste Vergangenheit, Über die geologische Vergangenheit, die Braunkohle und die Eiszeit in Nußdorf

2 s. Kapitel 11: Nußdorfs früheste Vergangenheit, Die Pfahlbauten

Dem Krieg von 1870/71 fielen sechs Nußdorfer zum Opfer, immerhin fast drei Prozent der Bevölkerung.

In den 1890er Jahren begann in Nußdorf der Villenbau, und zwar vermutlich mit der Errichtung des noch heute bestehenden Gebäudes „Zum Döbel 8". Bewohnt wurde diese Villa um die Jahrhundertwende von zwei russischen Damen.

Das Wappen des Großherzogtums Baden im Deutschen Reich von 1871 - 1918

Um 1890 kam es zu einer sehr grundlegenden Änderung in Nußdorf. Das bisherige Gasthaus „Zum Karpfen" wurde an einen Friedrich Sarg aus Darmstadt[3] verkauft, der den Wirtshausbetrieb aufgab und sich ganz der Landwirtschaft widmete.

1893 konnte Lachmann von „Fasching [...] Tanzunterhaltungen [...] meist mit Aufführungen von Theaterstücken, so in Nußdorf" und 1896 von einer Theateraufführung in Nußdorf „Die Nasenstübler" anlässlich der „Faßnacht" berichten. Vermutlich fanden diese Veranstaltungen schon im neuen Gasthof, dem Löwen, statt.

Im Dezember 1886 brannten drei benachbarte Bauernhäuser ab. Das erste Haus des Landwirts und Schreiners Kütter, das abbrannte, stand ungefähr da, wo heute ein Teil des Lagers der Strehl GmbH im Kretzer und der Bahndamm sind. Funkenflug hatte auch die östlichen Nachbarn, den Landwirt Zündel (in etwa dort, wo heute das Blumenhaus Fuchs steht) und den Landwirt Beck getroffen und deren Häuser vernichtet. Das Haus Kütter wurde wahrscheinlich wegen des Baus der Eisenbahn nicht wieder aufgebaut. Das neue Haus Zündel ist das Bauernhaus gegenüber dem Dorfgemeinschaftshaus. Der Landwirt Beck bekam ein Grundstück zum Wiederaufbau südöstlich der Kirche; sein Anwesen wurde Anfang dieses Jahrhunderts abgerissen.

Der Villenbau und der Zuzug eines Nichtbadeners in den heutigen Hessenhof waren erste Symptome einer Änderung der Nußdorfer Gesellschaft in Richtung des heutigen Nußdorfs. Das 20. Jahrhundert hat Nußdorf so verändert wie nie zuvor in den rund 5.000 Jahren, in denen hier Menschen siedelten.

Eine Volkszählung im Dezember 1900 ergab:

244 Einwohner, davon 149 männlich, 135 weiblich, 9 evangelisch, 235 katholisch, 34 Häuser in Nußdorf, zwei in Maurach, 49 Haushaltungen und

3 s. Kapitel 2: Prominente Gebäude und die Häuser von 1802, Der Hessenhof

ein Gasthof. Eine weitere Änderung der gesellschaftlichen Struktur war, dass es mehr Haushalte als Häuser gab. Daraus kann geschlossen werden, dass mindestens 13 Haushalte nicht von der Landwirtschaft lebten.

Der Bau der Eisenbahnlinie und der die Bahn parallel begleitenden Straße zerschnitt das Dorf brutal in zwei Hälften. Es gab von da an nur noch vier Zugänge zum See. Der erste ist die Bahnunterführung der Landstraße Uhldingen-Überlingen, heute Zum Hecht. Der zweite ist die Bahnunterführung vom Karpfen zur Barbe. Der dritte ist die Fußgängerunterführung gegenüber dem Stichling. Bis zum Bau der Bahn hatte der Weg, der heute die Straße Zum Stichling ist, von der ehemaligen Schussenrieder Zehntscheuer, dem damaligen Nußdorfer Rathaus, bis hinunter zur Seestraße, dem heutigen Kretzer geführt. Der vierte Zugang existiert zwar noch als vielen inzwischen unbekannte Unterführung zwischen dem Einkaufszentrum und dem Bahnhof. Er führt aber nicht mehr zum See, sondern endet in einem Privatgrundstück auf der Nordseite des Strandwegs. Durch diese Unterführung wurde Kies aus der Kiesgrube[4] auf Loren zum See für den Weitertransport auf Schiffen gebracht.

Eine wesentliche Veränderung war auch, dass die Straße Zum Salm, die parallel zur Bahn gebaut wurde, als Verlängerung des Hechts das Laugele und den Karpfen als Straße nach Überlingen ablöste. Sie wurde so nicht nur zur neuen Landstraße von Nußdorf nach Überlingen, sondern auch zur Quasihauptstraße von Nußdorf.

Die Nußdorfer haben wegen der Nähe zum See und zum Nußbach nie wirklich unter Wassermangel gelitten. Für die Trinkwasserversorgung mit Grundwasser hatten dazu noch alle Häuser eigene Brunnen. Die Wasserqualität dieser Brunnen hätte aber sehr wahrscheinlich nicht die heutigen Qualitätsstandards erfüllt. So kam es schon im ausgehenden 19. Jahrhundert zu Klagen wegen Verunreinigung des Wassers. Deshalb begann man 1896 mit dem Bau einer zentralen Wasserversorgung. Die Quelle fand man auf der westlichen Seite des Nußbachs, einige hundert Meter nördlich der B31-Brücke. Dort steht auch noch das damals gebaute Quellenhäuschen. Von dort wurde das Wasser seit 1903 über den Hessenhof ins Dorf an seine Abnehmer geleitet, erfüllte bis Ende der 1960er Jahre die Hygienebedürfnisse und stillte den Durst des Dorfes.[5]

Die Raubgrabungen in den Pfahlbaufeldern nahmen überhand. Das Großherzogliche Badische Bezirksamt Überlingen musste deshalb 1903 die Bürgermeisterämter der Gemeinden am See daran erinnern, dass Grabungen nach Pfahlbauten genehmigungspflichtig seien. Das Bürgermeisteramt Nußdorf wurde direkt aufgefordert „die Grabungen unverzüglich einzustellen" und „die Uferanstösser zu informieren", dass sie sich strafbar machen. „Neugrabungen seien anzuzeigen."

4 Auf dem Gelände des heutigen Einkaufszentrums befand sich bis in die fünfziger Jahre eine Kiesgrube.

5 s. Kapitel 10: Infrastruktur, Wasserversorgung

Auch wenn die Verantwortung für Versorgung und Verteilung des elektrischen Stroms im Dorf bei der Gemeinde lag, war das Bezirksamt die Stelle, die alle Bemühungen um eine Stromversorgung bündelte. Es gab Privatinitiativen wie die eines Nußdorfers, der beantragt hatte, im Nußbach eine Turbine zur Stromerzeugung zu betreiben. Die Wassermenge des Baches reichte aber dazu nicht aus.

Eine andere sehr individuelle Privatinitiative war es, eigenen Strom mit Dieselgeneratoren zu erzeugen. Im Bezirk Überlingen wurden 1911 elf solcher Generatoren mit drei und einer mit vier PS gezählt, in Nußdorf jedoch nur einer. Fünf Anbieter (Laufenburg, OEW, AEG, Kraftwerke und die Firma Wilhelm Reisser in Stuttgart) bewarben sich als Stromversorger des Bezirks Überlingen. Die Elektrifizierung des Bezirks wurde 1915 unterbrochen und zog sich bis nach dem Ersten Weltkrieg hin. Nicht aber in Nußdorf, dort wurden 1911 immerhin schon 40 Anschlüsse in 43 Haushalten gezählt.

Im Nußdorfer Rathaus wurden 1833 nach dem Umzug vom Messnerhaus in die ehemalige Schussenrieder Zehntscheuer mittelalterliche Siegel ohne dazugehörige Urkunden verwahrt, die für die Gemeinde Nußdorf weder Bedeutung noch Wert hatten. Nach Anfrage des Leiters des Bezirksamtes Levinger[6] wurden diese Zeugnisse darüber, dass es schon vor 1831 eine Verwaltung des Dorfes gegeben hat, nach einstimmigem Beschluss des Gemeinderats 1911 nach Karlsruhe in das General-Landesarchiv gegeben, wo sie wahrscheinlich noch heute ruhen.

Die Mahnung des Bezirksamtes von 1903, Grabungen amtlicherseits genehmigen zu lassen, hat anscheinend wenig genutzt. Zehn Jahre später nämlich beschwerte sich ein H. Gropengießer - als Sommergast auch ein Zeichen für die sich ändernde Zeit in Nußdorf - beim Ministerium für Kultus und Unterricht. Ein gewisser Felix Hamm aus Überlingen grabe seit zwei Jahren an einem Pfahlbau in Nußdorf und habe „recht wertvolle Bronzesachen, die er letzthin gefunden [...], an den Überlinger Goldarbeiter Kohler, der zugleich mit Pfahlbaualtertümern handelt, verkauft [...]. Der Nussdorfer Pfahlbau ist durch den Hamm... völlig zerstört..." Felix Hamm wurde das weitere Graben mit einer Strafandrohung von 150 Mark untersagt. Außerdem wurde „Hamm die Auflage [gemacht], die von ihm vertieften Stellen im Seevorlande wieder einzufüllen und die durchwühlte Vorlandfläche ordnungsgemäss zu verebnen." Der Landrat hat außerdem Bürgermeister Zundel, der 1910 wiedergewählt worden war, ins Bezirksamt bestellt und diesem vorgeworfen, dass er seine Amtspflicht als Bürgermeister verletzte, wenn er über zwei Jahre die illegalen Grabungen des Hamm ignorierte.

Während des Ersten Weltkriegs gab es bei der Volkszählung leichte Verschiebungen: Nußdorf hatte 207 Einwohner, davon 96 männlich, 111 weiblich, 40 Haushaltungen, einen Gasthof, sieben aktive Militärpersonen und

6 Herrmann Levinger, Bezirksamtmann (Landrat) von Überlingen 1908 - 1930

vier Kriegsgefangene.

Aus dem Krieg sind elf Nußdorfer Männer nicht heimgekehrt: Eugen Beck, Josef Beck, Dr. Hans Lang, Stephan Müller, Josef Nell, Wilhelm Reichle, Hugo Schreiber, Friedrich Sopp, Leopold Wenk, Max Wenk, Friedrich Zündel.

Nußdorf in der Weimarer Republik

Nach dem ersten Weltkrieg erhielten die Frauen in Deutschland das aktive und passive Wahlrecht. Im Land Baden, dem ehemaligen Großherzogtum, haben Frauen dann bei der Landtagswahl am 5. Januar 1919 zum ersten Mal in Deutschland gewählt. Es war Helene Weber, die Frau von Max Weber, die am 12. Januar 1919 in einem deutschen Parlament - im Karlsruher Ständehaus - bei der konstituierenden Sitzung das Wort ergriffen hat. Die Nußdorfer Kommunalpolitik blieb allerdings männlich.

Eine weitere grundlegende Änderung war die Ausdehnung des allgemeinen Wahlrechts im Reich und in den Ländern auch auf die Gemeinden. Aktives Wahlrecht hatte in den Gemeindewahlen nun auch jede Frau und jeder Mann ab zwanzig und passives ab 25 Jahren[1]. Das bedeutete, dass man sich, um in der Gemeinde Nußdorf wahlberechtigt zu sein, nicht mehr einkaufen musste. Gleichzeitig konnte man sich aber auch nicht mehr in das seit 1461 bestehende Recht auf das Bürgerholz einkaufen. Dieses blieb von da an auf die bisherigen Rechtsinhaber beschränkt.

Josef Zundel wurde am 15. Juni 1919 mit 89 von 90 Stimmen als Bürgermeister wiedergewählt. Die Wahlbeteiligung scheint erstaunlich niedrig gewesen zu sein, betrachtet man die Ergebnisse einer Volkszählung vom Oktober 1919. Nußdorf zählte damals 265 Einwohner, die in 49 Häusern wohnten. Wahrscheinlich war aber über die Hälfte der Einwohner nicht wahlberechtigt, weil sie jünger als 20 Jahre waren. Dies bestätigt auch die Wahl von Josef Zundels Nachfolger, als der 1922 starb. Josef Beck, der bisherige Ratsschreiber, wurde im Oktober 1922 von 83 Bürgern gewählt. Beteiligt hatten sich 101 Bürger von 128 Wahlberechtigten. Beck wird 22 Jahre lang als Bürgermeister die Geschicke Nußdorfs lenken.

1 Volljährig wurde man im Deutschen Reich seit 1875 mit 21. In der Bundesrepublik galt das bis 1975, als die Volljährigkeit auf 18 festgelegt wurde. In der DDR war das schon 1950 der Fall.

Das Leben in Nußdorf hatte sich nach dem langen Krieg erstaunlich schnell normalisiert. Es hatte sich so normalisiert, dass der Lehrer Barth schon 1921 die Nußdorfer einlud, „unverzüglich närrisch zu werden". Auch Bürgermeister Beck soll schon Anfang 1923 geäußert haben, dass es vier Jahre nach dem Krieg an der Zeit sei, mal wieder eine schöne Fasnacht in Nußdorf zu feiern. Richtig ging es aber erst 1925 nach Ende der Inflation mit der Fastnacht weiter.

Im Jahr 1923 bekam Nußdorf einen hauptberuflichen Gemeindeschreiber, Gustav Robert Oexle[2], der bei der Witwe Lang und ihrer Tochter Margarete im Haus mit der heutigen Adresse Zum Döbel 8 wohnte. Oexle war vorher im Bezirksamt Überlingen beschäftigt gewesen, wo man ihm einerseits wegen rechtsextremer Ansichten gekündigt hatte, andererseits aber akzeptierte, dass er im Nachbardorf Gemeindeschreiber wurde.

Dass die Inflation auch in Nußdorf angekommen war, zeigte sich an folgendem Beschluss des Gemeinderats: Der Farrenhaltungsvertrag[3] mit dem Bauern Deufel war am 30.4.1923 abgelaufen. Die bisherige jährliche Vergütung betrug dank der Inflation schon 6.000 M. Dem Farrenhalter Deufel wurde am 6.1.23 rückwirkend ein Teuerungszuschlag von 44.000 M gewährt. Bei den Einnahmen der Gemeinde ignorierte man noch die Inflation. Der Lehrer Barth musste laut Gemeinderatsbeschluss vom 14.1.23 für seinen Garten weiterhin nur 40 M Pacht bezahlen. Die Auswirkungen der Inflation wurden dramatischer, ein Teuerungszuschlag von 44.000 M wurde bald als lächerlich niedrig betrachtet. Im August konnte die Gemeinde Rechnungen, die sich zusammen auf 5.000.000 M beliefen, nicht begleichen. Deswegen ermächtigte der Gemeinderat den Bürgermeister, zehn Ster Papierholz schlagen zu lassen. Die Holzarbeiter wurden im September mit 2.500.000 M für einen Ster entlohnt. Die Gemeinde musste den Holzarbeitern fünfmal mehr zahlen, als die abzutragenden Schulden betrugen. Kurz vor Ende der Inflation waren die obigen Beträge alle nicht einmal mehr Peanuts. Deufel, der Farrenhalter, verlangte z. B. von der Gemeinde für die Farrenhaltung in den Monaten September und Oktober 1923 2.576.000.000.000 (zwei Billionen 576 Milliarden M), was nach Einführung der Rentenmark[4] am 15. November 1923 genau zwei Mark und 76 Pfennige gewesen wären.

Dass sich Nußdorf 1923 einen Stier hielt, lässt vermuten, dass sich in den Jahren kurz vor, während und kurz nach dem Ersten Weltkrieg eine grundlegende Änderung der Landwirtschaft vollzogen hatte. Nußdorf war über viele Jahrhunderte ein Weindorf und hat nicht schlecht davon gelebt. Man war sogar Anfang des 17. Jahrhunderts bereit gewesen, die Allmende, die u. a. auch als Viehweide diente, in Weingärten umzuwandeln. Der Weinbau war auch

2 Mehr zu G. R. Oexle im Artikel „Gustav Robert Oexle" im Kapitel 9 „Menschen in Nußdorf"

3 Farren: altes Wort für Stier, abgeleitet vom lateinischen „taurus"

4 Umrechnungskurs: 1 Rentenmark entspricht ca. 3,20 Euro.

der Grund, dass für den klassischen Ackerbau mit Viehzucht in Nußdorf wenig Platz war. Dort, wo heute die Häuser von Nußdorf-Nord stehen, wurde bis einschließlich der Konstantinhalde, die auch Rebhalde heißt, Wein angebaut. Nahezu alle Rebstöcke in den Nußdorfer Weingärten wurden ab 1913 mit Ankunft der Reblaus im Bodenseeraum innerhalb weniger Jahre völlig zerstört. Immerhin haben, laut einer Statistik von 1925, noch 29 von ehemals 33 Landwirten den Umstieg vom Weinbau auf Ackerbau und Viehzucht geschafft.

Zusätzlich zu Ackerbau und Viehzucht entwickelte sich im Bodenseeraum der auch heute noch existierende Obstanbau. Gerade in Nußdorf-Nord und auf der Konstantinhalde luden die aufgegebenen Weingärten zum Anbau von Obst ein. Die dortigen Streuobstwiesen[5], die auch als Viehweide, bzw. Mähwiese genutzt wurden, waren sehr bald typisch für Dörfer wie Nußdorf. Wahrscheinlich waren wohl auch die Nußdorfer dem Irrtum verfallen, Obstbedeute weniger Arbeit als Weinanbau.

Aber nicht nur die Landwirtschaft hatte sich in Nußdorf grundlegend verändert. Nach dem Ersten Weltkrieg, spätestens seit 1925, hatte sich die Erwerbsstruktur von Nußdorf dramatisch gewandelt. Von 64 Haushaltungen lebten 35 nicht mehr von der Landwirtschaft. Der größere Teil der arbeitenden Nußdorfer Bevölkerung waren Arbeiter in einer Gießerei, Fischer, Autohändler, Handlungsreisender, Monteur, Feilenhauer, Kiesgrubenarbeiter, Holzarbeiter - der meiste Wald war in Gemeindehand -, Bürstenmacher und - als erste weibliche Arbeitnehmerin, die es wert war, in die Statistik aufgenommen zu werden - eine Pfarrmitarbeiterin.

Anfang der zwanziger Jahre gab es noch kein für die Armen zuständiges Sozialamt im Bezirksamt Überlingen wie heute im Landratsamt. Aber trotzdem gab es Arme und um die kümmerte sich die Gemeinde. Beispiele hierfür finden sich in den Protokollen des Gemeinderats zwischen 1919 und 1945:

- Eine Mutter mit Kindern wurde von der Gemeinde finanziell unterstützt, weil sich der Ehemann, trotz Ermahnung durch den Gemeinderat, nicht um seine Familie kümmerte.
- Die Forderung der „Armenanstalt Wespach" an die Gemeinde um einen Zuschuss für einen dort untergebrachten Nußdorfer Kleinrentner wurde abgelehnt.
- Einem im Überlinger Gefängnis einsitzenden Nußdorfer, der von dort aus eine Privatanklage anstrengte, wurde zur „Führung der Klage im Armenwege [...] ein Armenzeugnis ausgestellt".
- Man war streng: Als sich ein Fischer erwerbslos meldete, entschied der Gemeinderat, er sei deswegen noch nicht bedürftig. Man zeigte jedoch

5 „Streuobstbau ist eine Form des Obstbaus, bei dem mit umweltverträglichen Bewirtschaftungsmethoden Obst auf hochstämmigen Baumformen erzeugt wird. Die Bäume stehen im Gegensatz zu niederstämmigen Plantagenobstanlagen häufig „verstreut" in der Landschaft. Streuobstbeständen gemeinsam ist die regelmäßige Nutzung sowohl der Hochstamm-Obstbäume (Obernutzung) als auch der Flächen unter den Bäumen (Unternutzung)." //www.nabu.de/natur-und-landschaft/landnutzung/streuobst/streuobstwissen/streuobstbau.html

Mitgefühl und unterstützte seine Frau mit 50 M bei ihrer Entbindung in Überlingen.

- Hilfe wurde auch in Naturalien gewährt. Die Frau eines straffällig gewordenen Nußdorfers erhielt wöchentlich zwei Liter Milch und zwei Laib Brot und im Februar 1924 einen Ster „Armenholz".
- Unterstützung in Naturalien leistete auch der Frauenverein, als einem als arm anerkannten Nußdorfer finanzielle Hilfe versagt wurde, da dieser seine Arbeit aufgegeben habe und das Geld eh vertrinken würde.
- Die Übernahme der Kosten für den vierwöchigen Aufenthalt im Krankenhaus wegen einer Blinddarmoperation eines bedürftigen Nußdorfers wurden an den Fürsorgeverband weitergereicht.
- Zur Beschwerde wegen der Ablehnung von Unterstützung für einen armen Nußdorfer Bürger vermerkte das Gemeinderatsprotokoll: „Die Beschwerdeschrift strotzt vor Übertreibungen und Lügen. Er will leichte Arbeit verrichten."
- „Fördern und fordern" galt wohl auch damals schon. So wurde die Übernahme einer Arztrechnung für ein uneheliches Kind abgelehnt, weil seine Mutter nur am Sonntag als Kellnerin arbeitete.
- Ein Sozialrentner[6] erhielt Unterstützung für die Begleichung der Krankenhauskosten seiner Frau.
- Ab 1930, als sich die Weltwirtschaftskrise[7] auch in Nußdorf auswirkte, stiegen die Anforderungen an die Gemeinde, die aber klaglos ihren sozialen Verpflichtungen nachkam.

Im Jahr 1926 stellte man bei Renovierungsarbeiten in der Kapelle fest, dass sich unter der wahrscheinlich im 18. Jahrhundert geweißelten Wand Fresken befanden. Der Gemeinderat entschied, diese durch den Überlinger Maler Mezger freilegen und restaurieren zu lassen. Man rechnete mit Kosten bis zu 3.500 Mark.

In den zwanziger Jahren begann in Nußdorf eine Entwicklung, die es heute mit zum teuersten Wohngebiet Überlingens machte. Am See lagen sechs Bauernhäuser, die ihre schöne Seite der Straße und die weniger schöne mit Abort (Plumpsklo) und Misthaufen dem See zuwendeten, und ein kleines Holzhaus, wahrscheinlich ein Fischerhaus aus dem Jahr 1803. Östlich davon bis nach Untermaurach herrschte anstatt Strand als Übergang zwischen Land und See ein mehr oder minder dichter Schilfgürtel vor. Im auf dem Land liegenden Schilfgürtel wuchsen und stehen zum Teil heute noch Weiden und Eichen. Un-

6 Umgangssprachlich für einen Rentner, der nur Rente aus der Sozialversicherung empfängt.

7 „Die Weltwirtschaftskrise zum Ende der 1920er und im Verlauf der 1930er Jahre begann mit dem New Yorker Börsencrash im Oktober 1929. Zu den wichtigsten Merkmalen der Krise zählten ein starker Rückgang der Industrieproduktion, des Welthandels, der internationalen Finanzströme, eine Deflationsspirale, Schuldendeflation, Bankenkrisen, die Zahlungsunfähigkeit vieler Unternehmen und massenhafte Arbeitslosigkeit, die soziales Elend und politische Krisen verursachte". (Wikipedia 2017)

terbrochen wurde dieser Schilfgürtel beim Gewann Gackeler (beim Haus Zum Hecht 32), wo seit 1923 der erste Badeplatz Überlingens lag.

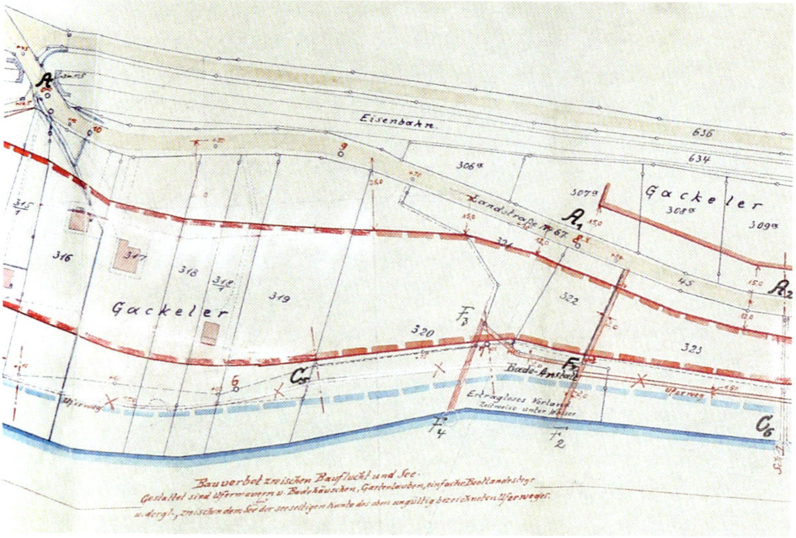

Gewann Gackeler (Ausschnitt aus einem Plan von 1932), Bildmitte unten der Badeplatz
Quelle: Stadtarchiv Überlingen

Landwärts schlossen sich an das Schilf saure Wiesen an, wertloses Land für Bauern, die Ackerbau und Viehzucht trieben. Entlang des Schilfgürtels zog sich vom Westende des heutigen Groppers bis zur Höhe des Hauses Zum Hecht 54 der Uferweg. Als der Verschönerungsverein Überlingen im April 1926 bei Bürgermeister Beck wegen einer Verlängerung bis kurz unterhalb der Birnau (heutige Pension Seefrieden) anfragte, vertröstete dieser in eine ungewisse Zukunft. Gewiss wurde die Zukunft allerdings schon im September 1926, als die Grundstückseigentümer „die Duldung eines Strandweges" ablehnten. Die ersten sauren Wiesen am See waren schon verkauft worden. Die Nußdorfer Landwirte waren froh, so einfach zu Geld zu kommen, mit dem man wertvolles Ackerland kaufen konnte. In einem Lageplan der Gemeinde Nußdorf vom Gebiet zwischen Eisenbahn und See sind 1932 schon vier Häuser am See eingezeichnet. Das erste ist das Haus Wieland, wo heute das Rosa-Wieland-Kinderhaus steht, die nächsten Häuser sind die heutigen Anwesen zum Hecht 18, 20 und 24. Der Uferweg ist auf diesem Plan zwar eingezeichnet, er ist aber ab dem westlichen Nachbargrundstück vom Kindergarten bis zu seinem östlichen Ende als aufgehoben gekennzeichnet. Übrig geblieben vom Uferweg ist nur noch der recht kurze Weg Zum Gropper. Das Bad am Gackeler wird im o. g. Lageplan schon als das alte Bad bezeichnet, wohingegen das Strandbad, da wo es heute liegt, schon 1932 eingezeichnet worden war. Der Ratsschreiber Oexle begann ab dem Jahr 1930 Seevorland zu pachten, ja sogar zu kaufen, mit der Absicht, dort Streuwiesen anzulegen.

1930 erwarb Winifred, die Witwe Siegfried Wagners, Sohn des Komponisten Richard Wagners, ein ehemaliges kleines Fischerhaus direkt am See. Aus diesem kleinen Häuschen, das wahrscheinlich 1803 vom Markgrafen in Salem als Unterkunft für einen angestellten Fischer errichtet worden war, wuchs im Laufe der Jahre das heutige Anwesen Zur Forelle 10.

Im selben Jahr einigten sich die Nußdorfer auf einen Platz für einen Friedhof[8]. 1931 begannen nach der Genehmigung durch den Bezirksarzt die Arbeiten nach Entwürfen des Überlinger Architekten Mezger. Durchgeführt wurden die Arbeiten von arbeitslosen Nußdorfern unter der Regie des Zimmerers Schmon aus Hödingen und des Maurermeisters Friedrich Beck. Von Mezger stammte nicht nur der gärtnerische Entwurf, sondern auch die noch heute existierende kleine Kapelle. Sie war zu klein für eine Messe und diente eigentlich nur als Gedenkstätte für Gefallene des Ersten Weltkrieges. Nach Fertigstellung des Friedhofs wurde eine Friedhofsordnung entworfen und vom Gemeinderat genehmigt, wie auch der Vertrag mit dem Totengräber Basilius Guldin. Dieser sollte auf Stundenbasis das Wegenetz einrichten. Der Bau der Kapelle scheiterte beinahe wegen Geldmangels - Auswirkungen der Weltwirtschaftskrise. Trotzdem genehmigte der Nußdorfer Gemeinderat am 1.10.1931 dann doch für das Aufrichtfest der Friedhofskapelle im „Kaffee Achenbach ein Nachtessen und ein Liter Wein oder drei Flaschen Bier". Eingeweiht wurden die Kapelle und die Gedenktafel für die Gefallenen des Ersten Weltkrieges mit Ansprachen von Bürgermeister Beck, Pfarrer Walter (Seefelden) und Karl Zundel, dem Vorsitzenden des Kriegervereins. Gefeiert wurde dann im Löwen.

Schon Ende 1923 begannen erste Erwägungen zur Eingemeindung von Nußdorf in Überlingen. Landrat Levinger berichtete in seinem amtlichen Tagebuch, dass er anlässlich einer Ortsbereisung[9] in Nußdorf beim Gemeinderat vorgefühlt habe, was man darüber in Nußdorf denke. Die Nußdorfer äußerten Bedenken „hauptsächlich wegen des Gemeindewalds und dem daraus bezogenen Bürgerholz, [...das] aber [...] nur 30 Häusern zugute kommt und die Zahl der nichtgenussberechtigten Bürger [...] wächst und [...] in absehbarer Zeit die Mehrheit im Bürgerausschuss erringen" werde. Das sei kein unüberwindbares Problem, „da es ja möglich ist, die Genussberechtigten im Genuss ihrer Recht zu belassen." Es solle jedoch abgewartet werden, „bis die z. Zt. unklaren wirtschaftlichen Verhältnisse der Stadt Überlingen nach Fertigstellung des Speicherkraftwerks geklärt sind. Nehmen diese eine günstige Wendung, [...] wird in Nußdorf gewiss auch Stimmung für einen Anschluss an Überlingen vorhanden sein." Als Levinger bei einer Ortsbereisung 1926 das Thema Eingemeindung nach Überlingen nochmals ansprach, war die Ablehnung

8 Der bisherige Friedhof war für viele Jahrhunderte in Seefelden gewesen.

9 „Früher war es üblich, daß die Beamten des Bezirksamts, die der Gemeinde vorgesetzte Behörde, regelmäßig sogenannte 'Ortsbereisungen' durchführten. Dabei wurde die Gemeindeverwaltung kontrolliert und die allgemeinen Zustände in wirtschaftlicher und polizeilicher Hinsicht begutachtet." http://www.heudorf.info/index.php?option=com_content&task=view&id=18&Itemid=33

deutlicher. So musste Levinger festhalten, „man fürchte die hohe Umlage der Stadt Überlingen mit 65 Pfennig gegen die verhältnismäßig niedere Nußdorfer Umlage von 35 Pfennig. Auch hält der Waldbesitz die Gemeinde von diesem Schritt ab." Auch 1929 musste Levinger[10] im Tagebuch von einer Ortsbereisung berichten, dass sich Nußdorf weiterhin gegen eine Eingemeindung stellte.

Wirklich gefährlich für die Nußdorfer Unabhängigkeit wurde es 1931. Der Seebote berichtete im September 1931, dass eine Sparkommission „in Hinblick auf die badische Haushaltsnotverordnung [...] bei sieben Millionen Mark Defizit im badischen Staatshaushalt" für das Ministerium des Inneren „mehr wie bisher die Zusammenlegung gleichartiger benachbarter kleiner Gemeinden zu einer Gemeinde [anstrebe]. Die qualitative Hebung der Gemeindeverwaltung wird als eine wesentliche Voraussetzung der Entlastung der Bezirksämter bezeichnet". Am 12.10. entschied das Innenministerium, dass für alle Gemeinden „mit weniger als 500 Einwohnern geprüft werden [solle], sie entweder untereinander oder mit einer größeren Gemeinde zu vereinigen." Da Nußdorf 292 Einwohner zählte und sehr nahe bei Überlingen mit deutlich über 5.000 Einwohnern lag, war klar, dass geprüft werden würde, Nußdorf nach Überlingen einzugemeinden. Nußdorf war empört. Diese Empörung drückte sich im Sitzungsprotokoll vom 15.10.1931 aus: „Große Entrüstung über die Brechung des hl. Rechtes der Selbstverwaltung. Es soll jedes Mittel versucht werden, diesen staatlichen Diebstahl hintanzuhalten". Dem gegenüber stand der einstimmige Beschluss des Überlinger Gemeinderates, das Bezirksamt am 22.10. schriftlich zu bitten, „entschieden [für die Vereinigung von Nußdorf mit Überlingen einzutreten, da diese] auch für Nußdorf [eine] keineswegs nachteilige Angelegenheit" sei.

Nußdorf war da ganz anderer Meinung. Nach einer Bürgerversammlung um „10 ½ Uhr" am Sonntag, den 25.10.1931 unterschrieben alle Wahlberechtigten „eine öffentliche Anrufung an das Bad. Staatsministerium, den Bad. Landtag, den Herren Landeskommissär[11], das Bad. Bezirksamt". Entworfen hatte diese Erklärung vermutlich Ratsschreiber Oexle. Stilistisch herrscht hier derselbe Schwulst vor wie in einer von Oexle geschilderten Reise vor dem ersten Weltkrieg. Eingangs wird die von Generation auf Generation vererbte und übertragene Selbstständigkeit und Selbstverwaltung beschworen. Aus der Gemeindeordnung des Großherzogtums Baden von 1831 werden „alt verbriefte, heilige Rechte, die keine Macht der Erde legal aufheben kann und darf" hergeleitet. Dann verweist die Anrufung darauf, wie „im Schweisse harter Arbeit unter schwersten, aber freiwillig gebrachten Geldopfern [...] Wege und Plätze, Aufforstungen, Wohnungen, eine modernste Schule, Wasserleitung, elektr. Licht, neuzeitlichster Friedhof mit Leichenraum und Kriegsgefallener

10 Levinger ging 1930 in den Ruhestand, sein Nachfolger wurde Kurt Sander.

11 „Die Landeskommissäre waren von 1864 bis 1945 Beamte der Mittelstufe im Großherzogtum Baden bzw. in der Republik Baden." (Wikipedia 2017) Sie entsprachen in etwa den heutigen Regierungsbezirken.

Ehrung, öffentlicher Badeplatz und Strandweg[12] nebst vielen sonstigen kulturellen Einrichtungen geschaffen [wurden]". Es wird hervorgehoben, dass man in Nußdorf so sparsam wirtschafte, dass die Entlohnung für das Personal in der Gemeinde „von der Hebamme bis zum Bürgermeister nicht höher ist, als die Gesamtaufwendungen für einen Überlinger Feldhüter". Dem Überlinger Bürgermeister Dr. Emerich wird unterstellt, dass dieser die Eingemeindung „seit Jahren [wegen] persönlichen Ehrgeizes und Vorteilsnahme [...] betreibt [...] im Gegensatz vieler gerecht denkender Überlinger Bürger". Die Nußdorfer wollten nicht glauben, „dass das Hohe Staatsministerium, sowie die anderen Bad. Behörden unseren Notschrei auf unser gemeindliches Selbstbestimmungsrecht verlachen, und einzig und allein des einseitigen geldlichen Vorteils einer seit Jahren sprichwörtlich nicht vorteilhaft geleiteten Stadt UEBERLINGEN wegen, die jahrtausendalten heiligen Rechte der vorbildlichen Selbstverwaltung NUSSDORFS aufheben wird." Deswegen erklären „der Gemeinderat, der Bürgerausschuss sowie sämtliche in der Wählerliste eingetragenen 175 wahlberechtigten Einwohner von Nussdorf, dass sie nie und nimmer ihr Einverständnis zu einer Zusammenlegung - Eingemeindung mit UEBERLINGEN geben, und dass sie einer zwangsweisen Eingemeindung jeden gesetzlich möglichen, schärfsten Widerstand entgegenstellen werden und sich niemals als Stadtrat oder Bürgerausschussmitglied von Ueberlingen aufstellen lassen."

Unterschrieben haben: Josef Beck, Bürgermeister, die Gemeinderäte Otto Häusler, Karl Schmid, Stefan Deufel, Johann Wenk, Josef Reichle, Karl Zundel, der 26-köpfige Bürgerausschuss und der Rest der 175 wahlberechtigten Nußdorfer.

Dem widersprach Bürgermeister Dr. Emerich in einem Brief an das Landratsamt, in dem er von sich nur in der dritten Person schrieb: „Der Bürgermeister [hat)] es für anständig gehalten, zunächst mit dem Herrn Bürgermeister Beck von Nussdorf zu sprechen, wie er bzw. die Gemeinde sich zu der Frage stellt, und ob sich gegebenenfalls eine Vereinbarung erzielen lasse. Nach Rücksprache des Bürgermeisters Beck mit seinem Gemeindeschreiber Öxle hat dieser, als nationalsozialistischer Agitator bekannt, sofort Alles im Ort gegen die Eingemeindung mobil gemacht." Emerich unterstellte Oexle, dieser habe Angst, seinen Ratsschreiberposten in Nußdorf zu verlieren. Diesen Posten habe jener erhalten, obwohl er „auf dem Bezirksamt Überlingen wegen Unregelmäßigkeiten ausscheiden musste."[13] Allerdings hatte Oexle den Überlinger Bürgermeister sehr scharf angegriffen. Er hatte auf einer nationalsozialistischen Versammlung im September 1931 gedroht, Emerichs Bürgermeistergehalt so zu kürzen, dass dem die Lust am Bürgermeisteramt

12 Der war schon fünf Jahre vorher nicht mehr von den anliegenden Grundeigentümern geduldet worden.

13 Diese Behauptung Emerichs war falsch. Oexle war wegen nationalistischer Agitation aus dem Bezirksamt ausgeschieden. Wenn echte Unregelmäßigkeiten vorgelegen hätten, hätte Oexle niemals den Ratsschreiberposten in Nußdorf bekommen.

vergehen würde. Emerich verwies auch darauf, dass Oexle am 20. Oktober erklärt habe, dass er eher Emerich als Überlinger Bürgermeister absetzten lassen würde, als dass Nußdorf eingemeindet würde.[14] Emerich verzichtete ausdrücklich auf den persönlichen Vorteil, dass sein Bürgermeistergehalt durch Überschreiten der Einwohnergrenze von 6.000, was bei der Eingemeindung von Nußdorf der Fall wäre, steigen würde. Er betonte die soliden Finanzen Überlingens und versuchte die Bürger Nußdorfs mit Vorteilen beim Krankenhausbesuch, bzw. die Nußdorfer Landwirte mit Privilegien beim Verkauf an den Spital zu locken. Auch verwies er darauf, dass Überlingen und Nußdorf immer stärker zusammenwachsen würden, wodurch sich die Bevölkerung Nußdorfs immer mehr der Stadt angleichen würde. Das Bürgerholz wollte Emerich den derzeitigen Genießern lassen.[15] Er erinnerte auch daran, dass sich der Überlinger Gemeinderat „**einstimmig** [Hervorhebung Dr. Emerich] zugunsten einer Eingemeindung von Nußdorf in Überlingen ausgesprochen" habe, ganz im Gegensatz zu der 1928 durchgeführten Eingemeindung von Andelshofen, die gegen den Willen beider Gemeinden durchgeführt worden sei.

Das Staatsministerium erinnerte am 25.11.1931 daran, dass man eigentlich nur prüfen wolle, bei welchen der Gemeinden mit weniger als 500 Einwohnern eine Auflösung sinnvoll sei. In einem Gutachten über eine mögliche Vereinigung von Überlingen mit Nußdorf wurde festgestellt, dass „Nußdorf [...] zwar eine kleine Gemarkung [hat, ...] aber nicht leistungsschwach und gut imstande [ist] seine Aufgaben zu erfüllen. [...] Vonseiten der Gemeinde Nußdorf, mit Rücksicht auf ihre finanziellen Verhältnisse wäre daher eine Vereinigung mit Überlingen nicht in Betracht zu ziehen.

Anders liegt die Sache vom Standpunkt der Stadt Überlingen aus betrachtet. Überlingen kann sich nur nach Osten ausdehnen. [...] Für die Zukunft von Überlingen als Fremden- und Kurort ist eine möglichst weite Ausdehnung am See entlang von großer Bedeutung. [...] Die Vereinigung wird der Gemeinde Nußdorf besonderen Vorteil vorerst nicht bringen, ist nicht erforderlich. Dagegen [ist es] von Überlingen aus besehen eine Politik auf weite Sicht und liegt im Anbetracht der Stadt."

Auf eine ähnliche für die weitere Unabhängigkeit Nußdorfs günstige Betrachtung verwies ein Antrag des Haushaltsausschusses des Badischen Landtags: „Die Staatsorgane [sind] anzuweisen, dass bei Eingriffen in das Selbstverwaltungsrecht der Gemeinden gemäß § 24 Abs. 1 der Gemeindeordnung auf die wirtschaftliche Leistungsfähigkeit der Gemeinden Rücksicht genommen wird."

Trotz dieser günstigen Ausgangslage für Nußdorf entschied der Gemeinderat am 7.4.1932, eine Nußdorfer Abordnung wegen der geplanten geheimen Abstimmung im Landtag über die Eingemeindung von Nußdorf nach

14 Bürgermeister Emerich wurde nach der Machtergreifung Hitlers von den Nazis aus dem Amt gedrängt und starb kurz darauf an gebrochenem Herzen.

15 Das hat Bürgermeister Ebersbach 44 Jahre später, als Nußdorf dann doch nach Überlingen eingemeindet wurde, auch so gehandhabt.

Überlingen in die Landeshauptstadt Karlsruhe zu schicken. Bürgermeister Beck berichtete, dass man in Karlsruhe „bei den verschiedenen Behörden u. beim Innenministerium wie den N.S. und Zentr. Abgeordneten"[16] antichambriert habe. Die Auslagen der Nußdorfer Delegation von 200 M „wurden [vom Gemeinderat] genehmigt und zur Zahlung angewiesen".

Von der Landtagsdebatte über die Vereinigung von Gemeinden berichtet der Seebote am 23.4.1932 ausführlich:

Der Abgeordnete Schmidt-Bretten (NSDAP) hatte beantragt, im Artikel 28 den Satz, dass die betroffenen Gemeinden vor der Vereinigung zu hören seien, dahingehend zu ersetzen, dass „sich die Mehrzahl der wahlberechtigten Einwohner beider Gemeinden [bezogen ausdrücklich auf Überlingen und Nußdorf] dafür ausgesprochen hat." Der Abgeordnete Nußbaum (SPD Berichterstatter aus dem Haushaltsausschuss) empfahl die Ablehnung dieses Antrags, da dadurch die Vereinigung von kleineren Gemeinden erheblich erschwert werde. Außerdem erinnerte er daran, „daß eine Zusammenlegung von Gemeinden gegen den Willen der Beteiligten nur in Fällen beabsichtigt ist, in denen die Vereinigung im Interesse der beteiligten Gemeinden dringend geboten ist." Nochmals auf Überlingen und Nußdorf eingehend, stellte Nußbaum fest, dass einerseits Überlingen gute wirtschaftliche Gründe (z. B. Nußdorfer Waldbesitz) habe, die Vereinigung mit Nußdorf voranzutreiben. Andererseits beweist „die Zahl der Unterschriften [...] zur Genüge, daß in Nußdorf keine Gegenliebe gegenüber Überlingen besteht. Eingehend sind auch die Ausführungen der Gemeinde Nußdorf gewesen, die sie zur Stützung ihrer Argumente vorbringt. [... Der Innenminister hat] mit Rücksicht auf die vorliegenden Eingaben [...] einstweilen davon abgesehen, beim Staatsministerium einen Antrag auf Anordnung nach Artikel 28 der Haushaltsordnung [zwangsweise Vereinigung der beiden Gemeinden] zu stellen". Nußdorf war es also gelungen, das badische Innenministerium und die demokratischen Landtagsabgeordneten davon zu überzeugen, dass mit der Eingemeindung von Nußdorf nach Überlingen nicht der gewünschte Spareffekt erzielt werden konnte.

Der Grund für die Einsparungen lag in der Weltwirtschaftskrise, die sich auch bis zum Bodensee auswirkte. So stieg zwischen dem 15.1.1932 bis zum 16.2.1932 die Zahl der Arbeitslosen am Bodensee von 4.125 auf 5.037, die Zahl der unterstützten Kurzarbeiter sank im selben Zeitraum von 3.279 auf 2.566. Weil das ganze Jahr durch gefischt wurde, sank der Ertrag für die Fischer am Bodensee - diese gehörten eh zu den Armen in den Dörfern am See - um ein Drittel. Die Gehälter der Gemeindebediensteten wurden um fünf Prozent gekürzt. Mit der Kürzung der Dienststunden von Bürgermeistern in Gemeinden in der Größe von Nußdorf auf 2,5 Stunden wurde auch die jährli-

16 Dass man sich auch an Landtagsabgeordnete der Nazis wandte, beweist Oexles Einfluss. Die Fraktion der NSDAP hatte nämlich nur sechs von 88 Abgeordneten. Robert Wagner, der spätere NS-Gauleiter, passte sich dem parlamentarischen System nicht an, sondern nutzte seine seltene Anwesenheit im Landtag nur für Angriffe auf die Demokratie.

che Besoldung von 2.400 RM entsprechend gekürzt.

Trotzdem lebte man in Nußdorf in den Jahren 1930 - 1933 wie in einem ganz normalen Dorf, das von der Unruhe in der Welt kaum betroffen war. Bürgermeister Beck wurde im Oktober 1931 mit 120 Stimmen wiedergewählt und man hatte noch Geld, um dies im Löwen zu feiern.

Am Allefanz fehlte es aber auch nicht. Das Gemeinderatsprotokoll vom 5.11.1931 berichtet: „Der bisherige Pächter [der Grundstücke Obere Stücke] Karl Wilhelm hat das Grundstück durch wahlloses Pflügen beschädigt. Er wird aufgefordert, das Grundstück in den früheren Zustand zu versetzen oder nach allg. üblicher Art umzupflügen". Bei der Vorladung Karl Wilhelms wegen der Oberen Stücke, beleidigte dieser den gesamten Gemeinderat und die gesamte Gemeinde derart, dass beschlossen wurde, eine Beleidigungsklage einzureichen. Am 29.12.1931 beruhigte sich die ganze Sache laut Gemeinderatsprotokoll: Zur „Strafsache K. Wilhelm wegen Beleidigung des Gde Rates [... wird die] Rücknahme der Beleidigung u. [...] Übernahme einer Buße von 10 M an das 'Rote Kreuz' [...zur] Kenntnis genommen."

Auch die „große" Politik strahlte bis nach Nußdorf aus. Bei der Reichspräsidentenwahl am 10.4.1932 gingen in Nußdorf 185 von 196 Wahlberechtigten zur Wahl. Bei diesem zweiten Wahlgang entfielen auf Hitler 130, auf Hindenburg 50 und auf Thälmann zwei Stimmen. Betrachtet man das Wahlergebnis der 51 Gemeinden des Bezirks Überlingen, dann gingen 16.227 von 19.184 zur Wahl. Hindenburg kam auf 10.579, Hitler auf 4.047 und Thälmann auf 699 Stimmen. Bei der Reichstagswahl vom 31.7.1932, bei der die NSDAP mit 230 Stimmen stärkste Partei wurde, aber mit 38 Prozent der Mandate noch keine Regierung bilden konnte, erhielten in Nußdorf die NSDAP 132, das Zentrum 30, die SPD neun, die DSP acht, die KPD sechs und die DVP zwei Stimmen. Die Nazis lagen auch in Ahausen, Bambergen, Beuren, Bonndorf, Daisendorf, Deggenhausen, Deisendorf, Frickingen, Grasbeuren, Hohenbodman, Kluftern, Mühlhofen, Nesselwangen, Oberstenweiler, Oberuhldingen, Salem, Taisersdorf, Tüfingen und Unteruhldingen vorne. Im überwiegend katholischen Bezirk Überlingen blieb trotz lokaler Gewinne der NSDAP das Zentrum noch die stärkste Partei, erst recht bei der Wahl am 6.11.1932, als die Nazis selbst in Nußdorf zwar stärkste Partei blieben, aber gegenüber der Juliwahl deutlich Stimmen an das Zentrum verloren.

Warum war die NSDAP in Nußdorf so erfolgreich, obwohl es genauso katholisch war, wie alle Gemeinden im Bezirk Überlingen, wo die NSDAP auch bei den Wahlen 1932 nur auf dem zweiten Platz hinter dem Zentrum landete? Eine Erklärung liegt sicher in der Person des Ratsschreibers Oexle, der nach Hitlers Machtergreifung eine beachtliche Karriere in der Parteihierarchie, aber auch als Reichstagsabgeordneter schaffen würde. Oexle war seit 1922 der Macher hinter Bürgermeister Beck. Das wurde wohl vom Dorf nicht nur akzeptiert, sondern auch geschätzt. Und man tolerierte auch, dass Oexle weiterhin Seevorland kaufte. Ja, man verzieh ihm sogar eine Baustrafe, obwohl er auf einer am Ufer gelegenen Streuobstwiese illegal eine Badehütte gebaut hatte. Wahrscheinlich fühlte man sich auch irgendwie geehrt, dass Oexle mit Gregor Strasser[17] den Reichsleiter der NSDAP überreden konnte, in Nußdorf im September 1932 ein Grundstück zu kaufen.

Obwohl der Strandweg in der Anrufung an „das Bad. Staatsministerium, den Bad. Landtag, den Herren Landeskommissär" vom 25.10.1931 als besonders hervorzuhebende Leistung der Nußdorfer Gemeindeverwaltung erwähnt worden war, wurde er schon am 1.12.1932 endgültig im Baufluchtenplan der Gemeinde Nußdorf ausgeixt.

17 „Gregor Strasser [...] (* 31. Mai 1892 in Geisenfeld; † 30. Juni 1934 in Berlin) war ein deutscher Politiker der NSDAP. [Er wurde] 1934 im Rahmen des ‚Röhm-Putsches' der Ausschaltung vermeintlicher oder tatsächlicher Gegenspieler Hitlers ermordet." (Wikipedia 2017)

Die Nazizeit in Nußdorf 1933 - 1945

Das Jahr 1933 fing eigentlich ganz normal an. In den Protokollen der Gemeinde Nußdorf vom 1.4.1930 bis zum 16.3.1935 kann nachgelesen werden, dass sich die Gemeinde am 5.1.1933 unentgeltlich 67 Quadratmeter aus dem Grund von Hans Toleti, wo heute die Pension Ritsche steht, für einen Aussichtspunkt am See herausschneiden konnte. Das war der erste Schritt zum heutigen Landungsplatz, der auch Siegfried-Wagner-Platz[1] genannt wird. Auch habe man die Entscheidung gefällt, das Markgräfliche Rentamt zu informieren, dass man auf den Badeplatz am Gaggeler nicht verzichten könne. Des Weiteren habe man auch noch das Amtsgericht Donaueschingen „bezüglich eines Spekulationskaufes" am Gaggeler unterrichtet. Landrat Sander (Nachfolger von Levinger) habe versprochen, Nußdorf dabei zu unterstützen, dass das Land Baden auf Bezahlung für den Müllabladeplatz neben dem Badeplatz Rohren, wo heute das Strandbad liegt, verzichtet.

Der Seebote berichtete am 20.1.1933, Fräulein Hilda Knecht, später verheiratete Keller[2], habe einen Jungfrauenverein gegründet, „um ein freundschaftliches und geselliges Verhältnis unter den Mitgliedern zu erzielen und

1 Siegfried Wagner war der Sohn von Richard Wagner und Ehemann von Winifred.

2 s. auch Kapitel 9: Menschen in Nußdorf, Hilda Keller

weiterhin die Kenntnisse im Nähen und Sticken zu vertiefen." Ins Café Achenbach hätten der Gesangs- und der Kriegerverein eingeladen, um der Theatergesellschaft „Anerkennung für die geleistete Mühe und Arbeit" auszusprechen. „Der [...] Abend brachte allen Teilnehmern unterhaltungsreiche Stunden, wobei sich der bekannte Humorist E. Wilhelm besonders auszeichnete."

Am Montag, den 30.1.1933, wurde Adolf Hitler vom Reichspräsidenten Hindenburg zum Reichskanzler ernannt. Dieses Ereignis, zu dem Hitler im Frack und mit Zylinder erschienen war, war in der Nazipropaganda der Beginn der „Machtergreifung".

Der Seebote berichtete am Mittwoch, den 1.2.1933, von der am Sonntag, den 29.1.1933, abgehaltenen Generalversammlung des Gesangvereins Frohsinn. Dort wäre der bisherige Vorstand mit dem 1. Vorstand Hermann Blepp, 2. Vorstand Friedrich Beck, Schriftführer J. G. Werner und Klassiker Josef Beck bestätigt worden. „Es wurde [...] beschlossen, [... zur] Feier des 50. Todesstoss [sic!][3] des großen Komponisten Richard Wagner einige Wagnerchöre [einzuüben], die dann der Frau Winifried Wagner, die in unserem schönen Gartendorf ein Landhaus besitzt, anläßlich vorgetragen werden sollen."

Als am Sonntag, den 5. März 1933, ein neuer Reichstag gewählt wurde, gewann zwar die NSDAP, erhielt aber mit 43,9 Prozent nicht die absolute Mehrheit. Trotzdem begann da die Diktatur der Nazis.

Am 9.3.1933 traf sich der Gemeinderat und fällte folgende Entscheidung (Auszug aus dem Protokoll):

„Geschehen Nußdorf, den 9. März 1933, 6 Uhr abends

Anwesend:

Der gesamte Gemeinderat (Bgm Beck, Häusler, Schmid, Reichle, Deufel, Zundel, Wenk) ist anwesend.

Ratsschreiber Oexle ist als Kreisleiter zur Flaggenhissung in Überlingen [...]

Tagesordnung.

1. Antrag der Ortsgruppe und des Kreisleiters der N.S.D.A.P., dem Herrn Reichskanzler Adolf Hitler das Ehrenbürgerrecht zu verleihen.
2. Desgl. dem Gauleiter Robert Wagner in Karlsruhe.

Zu 1.: Reichs- u. Volkskanzler Adolf Hitler wird als Gründer, Künder und Sieger der Nationalen Revolution einstimmig zum Ehrenbürger ernannt.

Zu 2.: Der Gauleiter Robert Wagner wird als bad. Gauleiter der N.S.D.A.P. in Dankbarkeit um die Erhaltung der gemeindlichen Selbständigkeit Nußdorf gegen den Zugriff des schwarz roten Stadtoberhauptes Dr. Emmerich der Stadt Überlingen zum Ehrenbürger ernannt.

3 Gemeint ist wohl Todestag.

3. Die Urkunden sollen von Admiral a. D. Andreas Fischer gefertigt bzw. entworfen werden.
4. Dem Reichskanzler und Gauleiter sollen Telegramme gesandt werden [...].

(gez. Schmid stellvertr. Ratschr.)

Geschehen Nußdorf, den 9. März 1933 ¾ 7 Uhr abends".

Im Gemeinderat - Oexle war inzwischen zurück aus Überlingen - ging es routinemäßig weiter. Bürgermeister Beck wurde beauftragt, einen Wohnungstausch für einen der Dorfarmen mit Übergangslösungen zu organisieren. Dem Gemeinderat Schmid wurde als Ersatz für gelieferte Pfähle ein Fichtenstamm zugestanden.

„Da Salem den bisherigen Badeplatz (Gackeler) an Herrn Pfeiffer Stockach verkaufen will, die Gde Nussdorf aber das Vorkaufsrecht hat, soll die Gde das Stück kaufen [...].

(gez.) Oexle

Die Begründung für Hitlers Ehrenbürgerschaft ist letztlich nationalistisches Blabla, entsprach aber den Normen der badischen Gemeindeordnung. Die Begründung für die Ehrenbürgerschaft für Gauleiter Wagner sind „fake news", wie man heute sagen würde. Wagners Einsatz war nämlich nicht der wirkliche Grund gewesen, dass Nußdorf nicht nach Überlingen eingemeindet wurde. Vielmehr war das Landesinnenministerium in Karlsruhe der berechtigten Meinung, eine Eingemeindung Nußdorfs würde keine Einsparungen bringen, da die Dorfgemeinde finanziell gut dastand. Wagner war als Abgeordneter des Badischen Landtags einerseits ein notorischer Schwänzer von Landtagssitzungen. Andererseits führte sich dieser Feind der Demokratie bei seinen seltenen Aufenthalten im Landtag so auf, dass ihn das Landtagspräsidium immer wieder von dort verweisen musste.

Der antragsstellende Kreisleiter und Ortsgruppenleiter der NSDAP war Gustav Robert Oexle. Gemäß der badischen Gemeindeordnung war er weder als Parteifunktionär (Kreisleiter der NSDAP) noch als Gemeindebeamter (Ratsschreiber von Nußdorf) berechtigt, einen solchen Antrag an den Gemeinderat zu stellen. Damit waren letztlich sowohl Antrag als auch Beschluss illegal. Weder Hitler noch Wagner waren demnach auf rechtmäßige Weise Ehrenbürger geworden. Gemeinderat und Bürgermeister von Nußdorf waren sich wohl eines Gesetzesbruchs nicht bewusst gewesen. Man hatte ganz einfach dem langjährigen Ratsschreiber vertraut. Dessen Vorgehensweise wiederum charakterisierte sein nicht existierendes Rechtsbewusstsein. Oexle hatte sich so als überzeugter Nationalsozialist und Anhänger des Führerprinzips ausgewiesen.

Nußdorf gehörte zu den gut 5.000 Gemeinden im Deutschen Reich, die Hitler zu ihrem Ehrenbürger gemacht hatten. Hätte Nußdorf diese Entscheidung nicht zurücknehmen müssen, da nach der Niederlage 1945 jedem hätte klar sein müssen, wie verbrecherisch die Naziherrschaft gewesen war? Eigentlich schon, nur was hätte es gebracht? Mit dieser Frage hat man sich seit 1945 in vielen Gemeinden befasst, die in einer ähnlichen Lage wie Nußdorf waren oder noch sind.

Eine einfache juristisch begründete Antwort lautet: Hitler und Wagner sind tot. Ein Toter hat keine Bürgerrechte mehr wie z. B. das Wahlrecht, die Freizügigkeit, also erst recht nicht die Rechte und die Privilegien eines Ehrenbürgers. Der Tod hätte demnach gemäß dieser Auffassung die Ehrenbürgerschaft von Nußdorf als Persönlichkeitsrecht für beide beendet. Im Falle Wagner ist das sogar zusätzlich rechtlich begründet worden. Er wurde noch 1945 von den Franzosen als Kriegsverbrecher verurteilt und hingerichtet. In einem Erlass der Militärregierung war festgelegt worden, dass Personen, die wegen Naziverbrechen verurteilt worden waren, damit alle Ehrenrechte verloren hatten. Dies trifft allerdings nicht auf Hitler zu, der sich wenige Tage vor Kriegsende selbst gerichtet hatte. Für Hitler bleibt also nur die oben beschriebene Lösung, dass der Tod alle Bürgerrechte löscht.

Soweit zu einer juristischen Antwort, es bleibt aber noch eine moralische Frage offen, ob sich nicht der Gemeinderat nach dem Krieg und dem Ende der Naziherrschaft von der einstimmigen Entscheidung am 9. März 1933 hätte distanzieren müssen, z. B. durch Aufhebung der Ehrenbürgerschaft? Sigmar Gabriel hat diese Frage bezüglich seiner Heimatstadt Goslar verneint. Er sagte dazu 2013 laut Spiegel online: „Man versucht sich da, von etwas reinzuwaschen, von dem man sich nicht reinwaschen kann."

Seit Erteilung der Ehrenbürgerschaft für Hitler und Wagner schien das normale Leben in Nußdorf weiter zu gehen. So fällte der Gemeinderat am 23. März, dem Tag des Ermächtigungsgesetzes[4], die Entscheidung, zwei Seegrundstücke für den neuen Ortsbadeplatz zu kaufen, weil Nußdorf das Vorverkaufsrecht für den bisherigen Badeplatz am Gaggeler nicht ausüben konnte, da einerseits „die Sparkasse Salem der Gde. kein Geld zum Kauf des Badeplatzes leiht und der Landrat Sander die Staatsgenehmigung versagt". Nur zwei Tage später stimmte der Gemeinderat dem Kauf zweier Seegrundstücke und einer Vorauszahlung an den Vorbesitzer zu. Außerdem wurden „für Schule und Rathaus 2 Hakenkreuzfahnen und 2 schwarzweißrote Fahnen [...] bei der N.S. Frauenschaft" bestellt.

Diese Mischung aus alltäglichen Gemeindeangelegenheiten und Anforderungen des NS-Regimes blieb hinfort bestehen. Im Gemeinderatsprotokoll vom 7.4.1933 wurde festgehalten, bei der Gemeinderatswahl am 2.4.1933 wären alle Gemeinderäte wiedergewählt worden. Und es wurde „von dem

4 Mit dem Ermächtigungsgesetz vom 23. März 1933 wurde die „rechtliche Hauptgrundlage der nationalsozialistischen Diktatur (geschaffen), weil damit das die elementare Grundlage des materiellen Verfassungsstaates bildende Prinzip der Gewaltenteilung durchbrochen wurde." (Wikipedia 2017)

Dankschreiben Adolf Hitlers (für die Ehrenbürgerschaft) [...] dankbar Kenntnis genommen".

Am 27.4.1933 entschied sich der Gemeinderat für den Kauf des Seegeländes vor dem Aussichtspunkt neben Toleti und für die Vermessung einer Landungsstelle. Ein Antrag für die Erstellung einer Rundelmauer und eines Landungsstegs wurden zur Genehmigung an das Bezirksamt geleitet.

Der Wind wurde schärfer. Knapp vier Wochen nach der Wahl des neuen Gemeinderates verzeichnete das Gemeinderatsprotokoll am 4.5.1933: „Nach dem Gleichstellungsgesetz der Gden müssen Gde Räte Schmid, Wenk, Deufel und Reichle aus dem Gde Rat scheiden. Der Bgstr. sagte den Scheidenden für ihre beste Arbeit für die Gemeinde den besten Dank aus u. erhofft ihre weitere Unterstützung zum Besten der Gde Nussdorf." Eine Begründung für das Ausscheiden wurde im Protokoll nicht erwähnt; wahrscheinlich waren sie keine Mitglieder der NSDAP. Am 11.5.1933 wurden die Nachrücker begrüßt: „Bgstr. eröffnet mit Willkommen an die neuen Gde Räte (Häusler, Zundel, Blepp, Beck) und erhofft treue u. freudige Arbeit für die ganze Gemeinde." Die Gemeinderäte Blepp und Beck wurden aufgefordert, Strandbadehütten zu entwerfen - man ging also gleich zu praktischen Fragen über.

Am 16.6.1933 hatte Nußdorf 306 Einwohner, davon 166 männliche, 140 weibliche, 28 Landwirte, zwei Fischer, 18 Arbeiter, acht Knechte, sieben Handwerker, Unternehmer, Angestellte, zehn Rentner und Pensionäre, zwei Wirte, einen Hauptlehrer und einen Arzt.

Im letzten von Oexle unterzeichnetem Gemeinderatsprotokoll vom 14.9.1933 - danach stellte ihn der Bürgermeister für seine Parteiarbeit frei - wurde berichtet, dass Friedrich Zündel nicht in der Heil- und Pflegeanstalt Emmendingen, sondern im Armenhaus Wespach untergebracht werden sollte. Der Unterhalt sollte mit seiner Waisenrente und einem Vermögen von 2.000 Mark beglichen werden.

Oexle blieb nicht nur weiter in Nußdorf wohnen, sein Name taucht bei allen möglichen Grundstückgeschäften - insbesondere in Seenähe - auf. Einige Male auch in Verbindung mit dem Namen Stenger, obwohl Rudolf Stenger als Sohn einer jüdischen Mutter im Nazijargon „Halbjude" war.[5]

Der Gemeinderat begann im Februar 1934, mit „Herrn Kunstmaler Metzger" über die Renovierung der Fresken in der Kapelle zu verhandeln. Metzger bewies mit dem Angebot „Löhne wie 1927" Geschäftssinn.

Im Protokoll des Gemeinderats wird Oexle im April 1934 für seine Arbeit als Ratsschreiber gelobt. Die „Prüfung des Ratsschreiberdienstes von Oexle" ergab, dass dieser, „jetzt Gebietsinspektor", seine Aufgaben „in glänzender Weise" erfüllt habe.

Trotz der Bestrebungen des NS-Staates auf Einführung des Führerprinzips

5 s. auch Kapitel 9: Menschen in Nußdorf, Familie Stenger

bis auf die Vereinsebene[6] hielt sich der Staat aus Details der Gemeindepolitik heraus.

Für die Beschaffung einer Dienstmütze für den dörflichen Polizeidiener wurde nur die Hälfte von 5,40 RM von der Gemeinde übernommen.

Zwei arbeitslosen und entsprechend bedürftigen Nußdorfern blieb die Unterbringung in einem Arbeitshaus erspart, weil die Gemeinde die Kosten dafür nicht übernehmen wollte. Der Wunsch eines der beiden, wieder zur Fischerei zugelassen zu werden, nachdem ihm die Lizenz wegen lästerlicher Bemerkungen über die Nazis entzogen worden war, wurde an das Bezirksamt weitergeleitet.

Beim Lesen der Gemeinderatsprotokolle erfährt der Leser ganz nebenbei, wie früh schon die Kriegsvorbereitungen selbst im kleinen Nußdorf begonnen haben. Der neue Protokollführer Herrmann Blepp, der Nachfolger von Oexle, vermerkte Ende Februar 1935, dass die Abhaltung eines Luftschutzkurses um eine Woche verschoben worden sei.

Auch damals wurde schon geböllert. Der Gemeinderat beschloss nämlich im April 1935, den Böller durch eine Salutkanone abzulösen. Diese sollte für einen Preis zwischen 180 bis 320 RM gekauft werden.

Die Finanzierung für die Renovierung der Kapelle teilte sich folgendermaßen auf:

- 3.000 RM Gemeinde Nußdorf durch Holzverkauf,
- 1.500 RM staatlicher Zuschuss sowie
- 3.800 RM erzbischöfliches Bauamt Freiburg.

Am 28. August wurde Basilius Guldin für die Besetzung „des Polizeidienerdienstes" vorgeschlagen. Knapp einen Monat später wurde er vom Gemeinderat zum Dienst verpflichtet und im Oktober sein Dienstbeginn zum 1. November festgelegt. Am 19.11. wurde im Protokollbuch festgehalten, dass die Uniform von Basilius Guldin vom Schneidermeister Kuttner aus Neufrach für 145,50 Mark (vermutlich maßgeschneidert) einschl. Mütze für 5,50 Mark gefertigt worden sei. Das Jahreseinkommen sei auf 228 Mark - monatlich also 19 Mark - festgelegt worden. Dazu gebe es zwar geringe Zulagen, die der Gemeinderat aber nicht wert fand zu detaillieren.

Im Januar 1936 nahm der Gemeinderat zur Kenntnis, dass sich die Kosten der Kapellenrenovierung durch den Konservator um 770 auf 1.683 RM reduzieren würden. Man erwartete eine baldige Ausführung der Arbeiten.

Das Protokoll berichtet von einer Gemeinderatssitzung am 1. Februar: „Bevor zur Tagesordnung übergegangen werden konnte, provozierte der Gemeinderat Knecht den Bürgermeister und verließ mit ‚Heil Hitler' die Gemeinderatssitzung, nachdem er dem Bürgermeister unehrenhafte Handlungen vorgeworfen hatte. Bürgermeister Beck erklärte, es sei ihm gleich, wenn Knecht

6 s. auch Kapitel 8: Vereine heute und gestern

ginge und fragte, ob noch mehr gehen wollten. Auch wenn Toleti Knecht Recht gab, wurde trotz dieser Auseinandersetzung mit der Tagesordnung begonnen.

Die Gesamtkosten der Kapellenkosten und die Gesamteinnahmen durch den Holzerlös von 342,70 M wurden nochmals bekannt gegeben u. der Protest des Gemeinderats Knecht samt die Anschuldigungen [sic!] des Gemeinderats Toleti wurden vom Bürgerm. als ungerecht zurückgewiesen und in Zukunft eine friedl. Zusammenarbeit erwartet."

Der Gemeinderat stimmte im Juni 1936 der Anschaffung einer Uhr für die Kapelle zum Preis von 1.350 M zu.

Einen Tag vor Silvester 1936 fand im ganzen Bezirk Überlingen eine Verdunkelungsübung statt. Zur Überprüfung, ob sich auch jeder daran hielt, erfolgten Kontrollfahrten durch den verdunkelten Amtsbezirk.

Nach Ostern 1937 stand im Seeboten die etwas rätselhafte Meldung, dass der Geschäftsreisende Reinhard Aurich beim Kieslandesteg[7] in den Tod gegangen sei, man seine Leiche aber nicht gefunden habe.

Mitte April nahm das Straßenbauamt Überlingen Markierungen für die Höhenstraße Sipplingen - Uhldingen vor. Damit war die Trasse der heutigen B 31 festgelegt worden. Mit dem Bau der Straße wurde dann Mitte Januar 1938 begonnen. Es herrschte Erleichterung, dass somit das Mauracher Tor umgangen werden könnte. Die Freude war verfrüht, obwohl die Höhenstraße bis zum Abzweig Nußdorf fertig- und auch in den Dienst gestellt wurde.

Am Vorabend von Heilige Drei Könige erinnerte 1938 der Seebote an den Brauch, dass Dienstboten an diesem Tag ihre Arbeitsstelle wechseln konnten. Dazu packten sie ihr Hab und Gut in ein Bündel, weshalb der hohe Feiertag auch „Bündelestag" genannt wurde.

Am 1.3.1938, dem Fastnachtsdienstag, stieg „Hauptamtsleiter Pg. Oexle" beim Überlinger Männerfrühschoppen im Ochsen in die Bütt. Zwei Tage später fand im Löwen in Nußdorf die erste Reichskolonialverbundversammlung statt. 57 Nußdorfer versprachen bei dieser Gelegenheit, den Führer in seinem Kampf um die Wiedererlangung der Kolonien zu unterstützen. Die Beflaggung der Straßen in Nußdorf war angesagt, als Gauleiter Wagner zu Besuch kam. Bei der Reichstagswahl am 10.4.1938 stimmten von 254 Stimmberechtigten 252 mit ja und zwei mit nein. Mit anderen Worten, bei einer Wahlbeteiligung von 100 Prozent stimmten 99,3 Prozent für die NSDAP und 0,7 Prozent dagegen. Kann daraus gefolgert werden, dass nahezu alle Nußdorfer überzeugte Nazis waren?

Wenn man heute mit Nußdorfern spricht, die damals Kinder bzw. am Ende des Krieges junge Erwachsene waren, dann hört man immer wieder die Aussage, „Nußdorf war ein braunes Dorf", aber nicht „alle Nußdorfer waren Nazis". Gemeint ist damit wohl, dass die meisten Nußdorfer Mitläufer wa-

7 s. Kapitel 6: Firmenporträts, Kiesgrube Bommer

ren. Wenn man kommunalpolitisch aktiv sein wollte, musste man Mitglied der NSDAP sein, wie Josef Beck[8], der im Mai 1933 einer derjenigen war, die für die ausgeschiedenen Nicht-NSDAP-Mitglieder in den Gemeinderat nachrückten, selbst aber 1939 aus der NSDAP austrat. Nach dem Zweiten Weltkrieg war er zweimal Bürgermeister von Nußdorf, aber dazu später.

Die „braunen Nußdorfer" tickten übrigens nicht unbedingt so, wie es die Partei wollte. Das zeigte sich im November 1938 bei Gründung der freiwilligen Feuerwehr. Zum ersten Wehrführer wurde nämlich Josef Reichle gewählt, der kein NSDAP-Mitglied war und laut einer Denunziation am Abend seiner Wahl nicht nur über die Partei, den Ortsgruppenleiter, Oexle und Frl. Lang meckerte, sondern sogar darüber schimpfte, dass den Juden während der „Reichskristallnacht" die Fenster eingeworfen worden waren. Es dauerte dann aber immerhin dreieinhalb Monate, bis Reichle im März 1939 „zum größten Bedauern aller Kameraden" zurücktrat, obwohl sich sogar der Kreisfeuerwehrleiter für ihn eingesetzt hatte.

Diese Episode, aber auch, dass Nußdorf „der Familie Stenger trotz allem in guter Erinnerung geblieben" ist, zeigt, dass die meisten der „braunen" Nußdorfer keine fanatischen Nazis, sondern eher pragmatische Mitläufer, ja einfache Opportunisten waren. Eine Haltung übrigens, die typisch für die Mehrheit der Bevölkerung in diktatorisch regierten Staaten ist und sich leider stabilisierend auf die Diktatoren auswirkt. Es gab Ausnahmen, wie den Fischer Karl Allgeier, der in der Nacht vom 9. zum 10. November 1938, als Synagogen brannten und jüdische Geschäfte geplündert wurden, die Familie Stenger auf dem Speicher seines Hauses in Obhut nahm.

Im Mai 1938 zählte Nußdorf 381 Einwohner, davon 188 männliche und 193 weibliche. Sie lebten in 99 Haushalten. Es gab immerhin noch 30 Landwirte. Im Überlinger Gewann Mühlbach wurde eine Silberfuchsfarm errichtet, die heutige sogenannte Fuchsfarm.

Am 29.11.1938 wurde die Freiwillige Feuerwehr Nußdorf mit einer Mannschaft von 25 Männern gegründet. Josef Reichle wurde zum ersten Wehrführer gewählt und blieb es nur für knapp fünf Monate (s. oben).

Das Jahr 1938 war für das NSDAP-Regime außenpolitisch sehr erfolgreich. Österreich und die von einer deutschsprachigen Bevölkerung besiedelten Grenzgebiete der Tschechoslowakei waren dem Deutschen Reich angeschlossen und in Volksabstimmungen von den Deutschen mit überwältigender Mehrheit angenommen worden. Diese Erfolge wurden letztlich auch im Einverständnis mit den Weltkriegsgegnern Großbritannien und Frankreich erzielt. Dieses Einverständnis schmolz dahin, als sich Hitler im Frühjahr 1939 den tschechischen Rest mit der Hauptstadt Prag einverleibte. Großbritannien und Frankreich begannen sich auf einen Krieg mit Deutschland vorzubereiten. Die

8 Vater von Rudolf Beck, nicht zu verwechseln mit dem langjährigen Bürgermeister Josef Beck. Der Bürgermeister hieß im Dorf „Beck alt", der Gemeinderat „Beck jung" oder auch der „Becke Sepp".

Kriegsvorbereitungen waren allerdings in Deutschland schon sehr viel fortgeschrittener als auf den britischen Inseln und in Frankreich.

In Nußdorf gab es jedoch noch andere Themen:

- Anfang Januar 1939 kamen 30 Silberfüchse in die fertiggestellte Farm über dem Mühlbach. Es entstand das noch heute bestehende Blockhaus.
- Der Seebote berichtete im Februar, dass es ab dem 1. April einen Sturmwarndienst geben werde.
- In einem Erlass des Reichsinnenministeriums wurde verfügt, dass das „Zigeunervolk" von der Landstraße zu verschwinden habe. In unserer Gegend gab es praktisch weder Sinti, noch Roma. Diese Verfügung betraf hier eher die Jenischen[9].
- Am 27. März ermahnte Hauptlehrer Kuppel bei der Schulentlassungsfeier die sechs Jungen und zwei Mädchen, „treu zu Führer und Vaterland zu stehen".
- Anfang April wurde der Seebote nach neunzig Jahren eingestellt. Sein Nachfolger war die Deutsche Bodenseezeitung. Über Nußdorf und Umgebung wurde in der Rubrik Linzgau-Bote-Heimat-Chronik berichtet.
- Die Arbeiten an der Höhenstraße Oberuhldingen - Sipplingen wurden mit dem Beginn des Baus der Brücke über den Wirtschaftsweg Richtung Milchenberg (Fortsetzung der Straße Zum Weller) im Juni fortgesetzt. Die Arbeiten wurden kurz hinter dieser Brücke wegen des Zweten Weltkriegs eingestellt und erst knapp dreißig Jahre später wieder-aufgenommen.

Am 1. September 1939 begann der Zweite Weltkrieg mit dem Überfall des Deutschen Reiches auf das Nachbarland Polen. Die ersten Auswirkungen, abgesehen davon, dass wahrscheinlich die ersten Nußdorfer schon dank der Mobilmachung[10] im Einsatz waren, zeigten sich Anfang Oktober an der Einführung von Lebensmittelkarten für Brot, Fleisch, Fett, Butter und weitere Lebensmittel. Außerdem konnte man ab dem 1. November Kleidung und Schuhe nur noch über Bezugsscheine kaufen. Die Milchsammelstelle wurde nach einem Provisorium in der Waschküche der Schule seit Kriegsbeginn am 4. Dezember bei Josef Reichle (heutiges Anwesen Zur Barbe 12) eingerichtet.

Auch die Einführung der Sommerzeit zum 1. April 1940 war eine Folge der Kriegswirtschaft. Man glaubte damals, auf diese Weise Strom sparen zu können. Im Unterschied zu heute ist von dadurch verursachten Störungen bei den Kühen nichts berichtet geworden.

Wegen dem „Ernst der Zeit" wurden Tanzveranstaltungen nicht mehr genehmigt.

9 Fahrendes Volk mit eigener an das Deutsche angelehnten Sprache; nicht identisch mit Sinti und Roma.

10 „Mobilmachung bedeutet die Vorbereitung der Streitkräfte eines Staates auf den Einsatz, meist für einen Angriffs- oder Verteidigungskrieg." (Wikipedia 2017)

Die ersten Erfolge der eingerückten Nußdorfer Soldaten wurden in der Presse gemeldet: Drei Nußdorfer wurden zu Unteroffizieren befördert, ein weiterer 1941 sogar zum Leutnant.

Es wurden auch schon die ersten Gefallenen gemeldet, deren Anzahl bald die Erfolgsmeldungen überwog. Nachdem die neun angemeldeten Nußdorfer Pkw's erfasst worden waren, mussten fünf davon abgegeben werden. Trotzdem nahm das Dorfleben weiter seinen normalen Lauf. Am 2. Juli 1941 wurde Bürgermeister Beck für vierzig Jahre im Dienst der Gemeinde Nußdorf gewürdigt und entsprechend gefeiert.

Gebhard Butscher, der so schwer verwundet worden war, dass er nicht mehr kriegsverwendungsfähig war, konnte am 20.9.1941 seine Bäckerei wiedereröffnen. Heute befindet sich dort das Mehrfamilienhaus Zum Hecht 9.

Die Jahre 1942 und 1943 brachten aus dem Krieg ähnliche Nachrichten wie in den Vorjahren, d. h. Auszeichnungen und Todesmeldungen.

Am 27. März 1943 starb Karl Beck an den Folgen einer Kriegsverwundung. Dies muss seinen Vater, Bürgermeister Josef Beck, so tief getroffen haben, dass er den Gemeinderat um Entlassung aus seinem Amt bat. Dieser Bitte wurde vom Gemeinderat stattgegeben. Beck wurde am 2. Juni offiziell als Bürgermeister entlassen. Zum Abschied erhielt er 200 M aus der Gemeindekasse. Die Geschäfte des Bürgermeisters wurden ab dem 2. August von dem Schriftsteller Karl Anton Mayer, einem Angestellten der Überlinger NSDAP-Kreisgeschäftsstelle, als Staatskommissar übernommen. Für die Nußdorfer war er der Bürgermeister und nicht ein Staatskommissar. Mayer sollte sich seines Titels Bürgermeister knapp zwei Jahre später als würdig erweisen.

Dass das Dorfleben weiterging, illustriert die Entscheidung des Gemeinderates, den Farren (Dorfbullen) nach dem Ableben des vom Gemeinderat ernannten Farrenhalters Karl Wilhelm vorläufig im Hessenhof unterzubringen.

Das Nationalsozialistische Kampfblatt für das deutsche Bodenseegebiet - Nachfolger der Bodenseezeitung - berichtete Ende September von einem Gestellungsaufruf zur Erfassung des Jahrgangs 1927 zur Ableistung der Jugenddienstpflicht in Wehrertüchtigungslagern der Hitlerjugend. Einer dieser 16-jährigen war wohl der damalige Wasserburger Martin Walser.

Am 10.10.1943 gab es eine Personenbestandsaufnahme: Gegenüber der Volkszählung von 1938 hatte Nußdorf 1943 nun 79 Einwohner mehr. Allerdings waren davon 21 nur Interimsbürger. Sie waren aus Großstädten evakuiert bzw. ausgebombt worden. Eingezogen zum Kriegsdienst waren 51 von 202 Männern. Von den 24 Landwirten waren nur drei eingezogen. Für sie gab es als Ersatz drei „Fremdarbeiter".

Im Januar 1944 entschied der Gemeinderat, 400-Quadratmeter-Grundstücke zu kaufen, auf denen Behelfsheime - wahrscheinlich Baracken - für Neunußdorfer, nämlich ausgebombte Familien, errichtet werden sollten.

Gretel Lang, die Leiterin der Kreisfrauenschaft und Oexles Pflegeschwester, starb am 28. April 1944 bei einem Autounfall. Verursacher war NS-Kreisleiter Bäckert, der unter Alkoholgenuss zu schnell gefahren war.

Als im Juni 1944 der Bau des Goldbacher Stollens begann, kam eine Außenstelle des KZ Dachau in die unmittelbare Nachbarschaft von Nußdorf. Ein Zeitzeuge berichtete, in der Kiesgrube seien Hütten gewesen, deren Bewohner bewacht worden seien. Er habe auch Schießen von dort gehört. Ihm sei erzählt worden, man habe dort einen Toten gesehen. Bestätigt wird dieser Zeitzeuge durch ein Verfahrenseinstellungsschreiben der Staatsanwaltschaft Konstanz vom 8.10.1960. In diesem Schreiben wird nach der Anzeige eines Bürgers von Ludwigshafen am See vom November 1959 festgestellt, „man rede in der Gegend davon, dass im KZ-Lager in Überlingen Häftlinge als Jagdtreiber eingesetzt und erschossen wurden". Die Staatsanwaltschaft fand heraus, dass es drei Lager für die Häftlinge gab, „die beim Stollenbau für ein Rüstungswerk bei Goldbach eingesetzt wurden." Das erste war bei Aufkirch, das zweite „in einer Kiesgrube beim Bahnhof Nussdorf" und das dritte bei Hohenlinden (nördlich der Straße nach Nesselwangen) für Holzarbeiten im Spitalwald. Ein weiterer Zeuge „habe in dem Lager bei Nussdorf beobachtet, dass dort kein Wasser war und in diesem Lager zwei Häftlinge erschossen wurden. In einem Fall sei mit den Insassen Sport getrieben[11] und diese schikaniert worden, bis ein Häftling aus Verzweiflung einen Stock ergriff und auf einen Wachmann einschlug, worauf er mit der Pistole erschossen wurde. [...] [Ein dritter Zeuge] glaubt, einen Schuss gehört zu haben und hat gesehen, dass ein Mann anschließend mit Stroh zugedeckt wurde".

Bei ihren Recherchen fand die Staatsanwaltschaft auch heraus, dass sich nach dem Krieg die französische Besatzungsbehörde mit diesem Fall befasst hatte. Zwei Überlinger wurden demnach vom Hohen Tribunal in Rastatt[12] „als Zeugen gegen einen holländischen Wachmann Harry van de Veer[13] vernommen". Dieser Holländer soll zum Tode verurteilt und erschossen worden sein. Weil die Unterlagen zu diesem Fall bei der Besatzungsbehörde geblieben wären, so nicht im Zugriff der deutschen Staatsanwaltschaft gewesen wären und kein weiterer Täter als der vermutlich hingerichtete Holländer ermittelt werden konnte, stellte die Staatsanwaltschaft in Konstanz das Verfahren ein.

Es kamen aber nicht nur Bombenopfer und Evakuierte nach Nußdorf, sondern nach der Landung der Alliierten in der Normandie auch Flamen. Diese waren entweder Angehörige der rund 10.000 flämischen Freiwilligen, die in der Legion „Flandern" bzw. direkt in der Waffen-SS dienten, oder Angehörige des „Vlaams Nationaal Verbond" (Flämischer Nationalverband VNV). Beide mit

11 Die Häftlinge, die Schwerstarbeit beim Stollenbau leisteten, haben kaum Sport im Lager getrieben. Es hat sich eher um eine Form des Strafexerzierens gehandelt.

12 „Die französische Militärverwaltung (Gouvernement militaire français) richtete am 2. März 1946 in Rastatt ein Tribunal général ein, das auf Grund seiner Statuten zugleich als erstinstanzliches Gericht, Berufungsgericht, Kassationshof und Internationaler Gerichtshof für den gesamten Bereich der französischen Besatzungszone fungierte." (Wikipedia 2017)

13 Aller Wahrscheinlichkeit nach ein niederländischer Kollaborateur, der im Dienste der deutschen Besatzer stand.

Deutschland kollaborierende Gruppen standen einerseits in schärfster Konkurrenz zueinander, hatten aber andererseits guten Grund zu befürchten, bei einem Sieg der Alliierten von der belgischen Justiz oder sogar vom Zorn des belgischen Volkes zur Rechenschaft gezogen zu werden. Von ihren Gastfamilien in Nußdorf wird erzählt, dass sie viel und gerne flämische Volkslieder sangen. Einige dieser Flamen, die die Rechenschaft von Volk und Justiz einigermaßen heil überstanden hatten, kamen in den fünfziger Jahren wieder nach Nußdorf. Ihre Sangesfreude hatte die Nachkriegszeit überlebt, wie Nußdorfer Gastgeber berichteten.

Im Jahr 1944 wurden mehr Landwirte als bisher eingezogen. Deshalb kamen auch mehr „Fremdarbeiter" nach Nußdorf. So arbeitete beispielsweise der Holländer Adrianus Maartens ab 1944 bei der Familie Josef Beck (nicht der Bürgermeister). Josef Beck konnte den damals 17-jährigen Holländer noch einarbeiten, bevor er wieder zum Kriegsdienst eingezogen wurde.

Vor dem Pferd „Fritz" Adrianus Maartens, auf dem Pferd von rechts nach links Günter Hund, Rudolf und Karl Beck, 1944

Adrianus verweigerte nach Kriegsende im Mai 1945 die Heimkehr solange, bis Josef Beck im Herbst 1945 nach Hause zurückkehrte. Er und die Familie Beck blieben nach dem Krieg Freunde. 1960 besuchte er die Becks mit seiner Frau und vier Kindern. Rudolf Beck ist immer noch in Kontakt mit Christian Maartens, einem der Söhne von Adrianus.

Am 10.12.1944 tagte der Nußdorfer Gemeinderat vorerst das letzte Mal bis zum Februar 1947.

Ab Anfang 1945 kamen zu den Evakuierten, Ausgebombten und Flamen die ersten Flüchtlinge aus dem europäischen Osten.

Als am 25. April französische Truppen in Überlingen einmarschierten, erschoss sich Gustav Robert Oexle auf dem Grab seiner Pflegeschwester Gretel Lang.

Karl Anton Mayer bewies in den letzten Tagen des Krieges, Ende April 1945, dass der „von oben" in das Bürgermeisteramt eingesetzte Staatskommissar der richtige Mann im Amt des Bürgermeisters von Nußdorf war. SS-Männer hatten die Eisenbahnunterführungen in den heutigen Straßen Zur Barbe und Zum Hecht verbarrikadiert. Dadurch war der Weitermarsch für motorisierte Truppen in Richtung Uhldingen durch den Bahndamm versperrt. Der Kommandant der französischen Truppen forderte den Bürgermeister auf, die Barrikaden wegzuräumen, anderenfalls würde die Straße durch Artilleriefeuer geräumt werden. Mayer gehorchte, weil er Nußdorf vor Schaden durch Artilleriebeschuss schützen wollte. Als die Franzosen dann bei ihrem Vormarsch Richtung Uhldingen kurz vor Untermaurach von der SS aus dem Birnauer Wald beschossen wurden, zogen sie sich Richtung Überlingen hinter Nußdorf zurück. Kommandeure der Westalliierten waren in den letzten Tagen vor Kriegsende sehr vorsichtig, wenn es um Risiken für das Leben ihrer Mannschaft ging. Die SS verhaftete Mayer nach ihrer Rückkehr nach Nußdorf, brachte ihn in ihr Gefechtsquartier im Wald und erklärte ihm, dass er wegen Vaterlandsverrats erschossen werden sollte. Als dies in Nußdorf bekannt wurde, ging eine Abordnung Nußdorfer Bürger in das Quartier der SS und bat um das Leben ihres Bürgermeisters. Die SS-Leute müssen sehr erschöpft gewesen sein, weil sie den Bitten der Nußdorfer unter der Bedingung nachgaben, dass die Nußdorfer sie mit Lebensmittel versorgten. Dies taten die Nußdorfer, obwohl die Versorgungslage damals sehr schlecht war, und retteten so das Leben ihres Bürgermeisters. Die Räumung der Barrikaden durch Mayer war mutig gewesen. Anderen Deutschen, die in jenen Tagen ähnliches geleistet hatten, wurde nach Gegenstößen durch deutsche Truppen kurzer Prozess durch Erschießen oder Erhängen gemacht. Dieses barbarische Abschlachten der eigenen Landsleute war allgemein bekannt; man darf annehmen auch bei Karl Anton Mayer.

Karl Anton Mayer wurde in einer 1946 angelegten Kartei, in der alle Nußdorfer Männer und ihre Zugehörigkeit zur NSDAP, SA, SS und Rang in der Wehrmacht erfasst waren, als einer von drei Nußdorfer Anti-Nazis gekennzeichnet. Außerdem war dort vermerkt worden, dass er 1945 aus der NSDAP ausgestoßen worden sei.

Nach dem erneuten Einmarsch der Franzosen in Nußdorf war das Ende der Nazizeit gekommen. Der Zweite Weltkrieg kostete dreißig Nußdorfer Männern das Leben: Josef Beck, Karl Beck, Kaspar Beckers, Ernst Brodmann, Erich Burth, Erich Denz, Leopold Denz, Bruno Ebner, Franz Guldin, Friedrich Leidiger, German Müller, Karl Müller, Ernst Nell, Max Reck, Ludwig Ruf, Gebhard Schmid, Josef Schmid, Karl Schmid, Eduard Schreiber, Franz Schreiber, Otto Urnau, Friedrich Wenk, Ernst Wilhelm, Erwin Wilhelm, Hansgeorg von Wilcke, Gebhard Zündel, Josef Zündel.

Von 1945 bis zur Eingemeindung 1975

Die wesentlichen Quellen für diesen und den folgenden Artikel sind Presseberichte von 1945 bis 2009. Von 1947 bis 1975 konnte nur auf die Protokolle der öffentlichen Sitzungen des Nußdorfer Gemeinderats zugegriffen werden. Gleiches gilt sowohl für die Protokolle des Ausschusses für Angelegenheiten des Ortsteils Nußdorf (Nußdorfer Ausschuss) von 1975 bis 1999 als auch von 1999 bis 2009 für die Protokolle des Nußdorfer Ortschaftsrats. Die Protokolle der nichtöffentlichen Sitzungen waren für die Einsichtnahme zeitlich unbegrenzt gesperrt. Diese Sperrung wurde erst 2016 auf dreißig Jahre eingeschränkt, als die Recherchen für dieses Lesebuch nahezu abgeschlossen waren.

Nach der bedingungslosen Kapitulation des Deutschen Reiches am 8., bzw. 9. Mai 1945 wurde Deutschland in vier Besatzungszonen, die amerikanische, britische, französische und sowjetische Zone eingeteilt. Nußdorf gehörte zu dem Teil Badens, der der französischen Zone zugeschlagen worden war.

In der Zeit nach der Kapitulation gab es praktisch keine zivile Obrigkeit mehr in Deutschland. Es regierte das Militär der Besatzungsmächte, das letztlich mit dieser Aufgabe überfordert war. Soldaten sind keine zivilen Verwalter. Deshalb führten die Alliierten mit der Einsetzung von Bürgermeistern und Landräten auf der kommunalen Ebene schon 1945 die erste Ebene für eine zivile Ordnung ein. In Nußdorf wurde am 1.6.1945 Josef Freyburger, vermutlich ein Elsässer, als Bürgermeister eingesetzt. Er war französischer Staatsbürger. Freyburger hatte keinerlei Erfahrung in kommunaler Verwaltung. Deshalb musste am 22.8.1945 der Überlinger Landrat Franz Illner seine Nichteignung feststellen. Als Nachfolger Freyburgers wurde am 11.10.1945 der Landwirt, Obst- und Kartoffelhändler Josef Beck (Vater von Rudolf Beck), der im Haus 3 an der Seestraße (heute Zum Kretzer 6) wohnte, eingesetzt. Da es in Nußdorf im Herbst keine Lehrer mehr gab, weil diese entweder gefallen, in Gefangenschaft oder wegen Verwicklungen mit der NSDAP und anderen Nazi-Organisationen interniert waren, konnte Beck die französischen Autoritäten überzeugen, eine Interimsschule im Haus Rosa Wieland, einer ehemaligen Lehrerin einzurichten.

Beck durfte bei den Bürgermeisterwahlen am 15.9.1946 nicht antreten, weil ihm vorgeworfen wurde, „er sei vom 1.1.1939 bis 1.9.1940 Parteianwärter gewesen, aber wegen politischer Unzuverlässigkeit nicht aufgenommen worden." Beck wurde angekreidet, „dass er Verbindung mit der NSDAP gesucht hat." Der am 15.9. gewählte Gemeinderat (Wilhelm Bodmann, Georg

Buchstor, Leopold Denz, Wilhelm Deufel, Josef Reichle, Otmar Schmid) wählte am 25.9.1946 Leopold Denz zum Bürgermeister von Nußdorf. Zur ersten richtigen Gemeinderatssitzung traf sich der Gemeinderat jedoch erst am 23.2.1947.

Es fehlte aber nicht nur die zivile Obrigkeit. Von im Jahr 1943 gezählten 202 Männern waren 1945 30 gefallen oder vermisst und 80 in Kriegsgefangenschaft. Von den 60 Mitgliedern der NSDAP war nur noch ein schwer Belasteter im Lager in Goldbach interniert. Kurz nach Kriegsende fehlten fast 120 Männer. Auch wenn die, die in englischen und französischen Lagern saßen, bald entlassen wurden, fehlten 1946 immer noch 45 Kriegsgefangene, die in den USA oder Russland waren. Gleichzeitig war die Einwohnerzahl Nußdorfs ab 1943 durch ausgebombte Stadtbewohner, häufig mit Kindern, und ab Ende 1944 durch Flüchtlinge gewachsen. Und die Anzahl der letzten Gruppe stieg in den Jahren 1946/47 weiter an.

Es begann an Wohnraum zu fehlen. In Nußdorf mussten zwischen März und Mai 70 Flüchtlinge untergebracht werden. Dies gelang mit gutem Willen in zwei Sälen des Gasthauses Löwen. Die Wirtsküche diente als Küche für Gemeinschaftsverpflegung. In dem Haus (heute Zum Döbel 8), in dem Gustav Oexle und Fräulein Lang gelebt hatten, konnten drei Zimmer freigemacht werden. Dort fand auch der Gottesdienst der durch die Flüchtlinge gewachsenen evangelischen Gemeinde statt. Bürgermeister Denz hatte auf Anregung von Landrat Illner entschieden, dass auch alle Zugewanderten in den Nutzen des Bürgerholzes[1] kommen sollten.

Die Bewohnerin eines größeren Hauses nahe am See konnte es nicht ertragen, in ihren Mauern zusammen mit Flüchtlingen zu leben, die dort zwangseingewiesen worden waren. Sie ließ den ersten Neubau in Nußdorf nach dem Krieg (heute Zur Forelle 28) entstehen. Dort konnte sie ungestört von fremden Menschen leben.

Die Flüchtlinge integrierten sich größtenteils voll in Nußdorf. Das war nicht so selbstverständlich, weil beide Seiten kulturelle Schocks erfuhren. Der eine Schock war die Sprache, westpreußisch und bodenseealemannisch sind halt sehr weit auseinanderliegende Dialekte. Auch waren viele Flüchtlinge evangelisch, die für katholische Bräuche - wie die Fasnet - ebenso wenig Verständnis aufbrachten, wie die katholischen Nußdorfer für die evangelischen Bräuche. Trotzdem kam man sich näher, wofür u. a. die ehelichen Verbindungen zwischen Katholiken und Evangelischen zeugen.

Es gab noch weiteren Zuwachs in Nußdorf, nicht ganz so zahlreich wie den der Flüchtlinge und ganz bestimmt deutlich weniger erwünscht. Die Wohnungsnot wurde zusätzlich verschärft durch französische Soldaten aus Marokko, die Quartier in Nußdorf bezogen hatten. Einige dieser Soldaten waren

1 „Bürgernutzen [auch Bürgerholz genannt] ist ein [kommunales] Vermögen mit Nutzungsrecht durch die Bürger." (Wikipedia 2017)

junge, feurige Männer, die beim vorherrschenden Männermangel auch Erfolge bei Nußdorfer Frauen hatten. Die Früchte dieser Erfolge wurden häufig abgetrieben. Die wenigen Kinder von Frauen, die die Abtreibung verweigerten, hatten meist leider keine unbeschwerte Kindheit und Jugend. Der Schmerz und die Verbitterung dieser Mitbürger dauern bis heute.

Die Bevölkerung von Nußdorf änderte sich nach 1945 dahingehend, dass aus dem Dorf mit überwiegend bäuerlicher Bevölkerung ein Dorf mit gesellschaftlich deutlich stärker gemischter Bevölkerung wurde. Es gab jetzt weniger Bauern, dafür mehr Handwerker und abhängig Beschäftigte wie Arbeiter, Angestellte, Beamte und Rentner. Nußdorf wuchs von höchstens 400 Einwohnern im Jahr 1947 in den nächsten siebzig Jahren auf mehr als 1.700.

Bei der Wahl für den südbadischen Landtag am 20.5.1947 gaben laut Südkurier von 265 Wählern nur 113 ihre Stimme ab. Die CDU bekam 50, die DP (Vorgänger der FDP) 39, die SPD 25 und die KP vier Stimmen.

Im August 1947, so der Südkurier, trafen jede Woche neue Ostflüchtlinge über Dänemark ein. Wegen der Bombenschäden konnten die Städte in den Jahren direkt nach dem Krieg im Verhältnis weniger Menschen aufnehmen als der ländliche Raum. Später ging die Anzahl der Flüchtlinge auf dem Land mit dem Wiederaufbau der Städte zurück. In den Nachkriegsjahren aber sah sich der Gemeinderat von Nußdorf gezwungen, Zuzüge, die nicht durch Flucht bedingt waren, nur noch über einen Wohnungstausch zu gewähren. Der Gemeinderat musste sich wegen der Wohnungsnot immer wieder detailliert mit der Belegung freien Wohnraums und der Optimierung der Belegung vorhandenen Wohnraums befassen.

1947 herrschte noch keine große Lust auf die Fasnet. Es gab nur einen Kinderumzug, zu dem Gebhard Butscher Brezeln spendierte. Aber 1948 begann die Narretei in Nußdorf wieder ihr Haupt zu heben. Es gab einen richtigen Umzug, auch wenn man „fehlende Speis und Trank" beklagte. Für die Kinder aber reichte es wieder. Zu den Brezeln gab es auch noch Heringsbrötchen.[2]

Die Franzosen hatten das Pferd von Josef Beck, der in der Seestraße sein Anwesen hatte, requiriert. Er brauchte ein Pferd für seine Landwirtschaft, um sich und seine Familie durchzubringen, da Obst- und Kartoffelhandel daniederlagen. Beck wusste vom Hörensagen, dass es im Norden Deutschlands noch Pferde auch für deutsche Bauern gab. Er ist mit dem Zug nach Schleswig-Holstein gefahren. Dort oben im Norden hat ihm ein Bauer eine trächtige Stute verkauft. Es ist nicht bekannt, mit welcher Währung das Tier bezahlt wurde, kaum mit Reichsmark, wahrscheinlich mit Schnaps, weil Beck erzählte, dass eine Fünfliterflasche nicht ganz dicht gewesen sei und sein Gepäck mit Schnaps getränkt habe. Ohne Schnaps und ohne Pferd fuhr er wieder zurück nach Nußdorf. Er hatte sich auf seinen norddeutschen Geschäftspartner verlassen können, der die Stute per Reichsbahn nach Kempten schickte. So blieb das

2 Die Bauern Nußdorfs hatten Weizen für das Mehl der Brezeln und Brötchen gespendet.

Tier in Bizonesien[3], also im britischen und amerikanischen Besatzungsgebiet, wo man es mit den Zonengrenzen nicht so streng nahm wie die Franzosen oder gar die Russen. Ein Deisendorfer Neffe von Josef Beck holte die Stute in Kempten ab. Er ritt auf ihr den ganzen Weg bis Nußdorf, immer nur nachts, um nicht den Behörden aufzufallen. Irgendwo im Allgäu überquerte er im Schutze der Dunkelheit die Grenze der französischen Zone und erreichte wenige Nächte später Nußdorf. Dort gebar die Stute einen Hengst, der mit 18 Monaten nach Hohenbodman verkauft wurde.

Die Stute Fuchs

Die Stute, die wegen ihrer Farbe Fuchs genannt wurde, wurde 1957 an den Bruder des Metzgers Zugmantel in Überlingen verkauft, dem sie in einer kleinen Landwirtschaft diente.

Mit dem „Gesetz zur Neuordnung des Geldwesens", umgangssprachlich die Währungsreform[4] genannt, am 20. Juni 1948 setzte sich die Normalisierung des Lebens weiter fort.

Wie normal das Leben geworden war, illustriert die Entscheidung des Gemeinderats im September, nicht nur eine zweite Lehrkraft für die Schule einzustellen, sondern auch, dass für diese Lehrkraft ein zweites Klassenzimmer bereit zu stellen sei. Der einzige Schulraum war damals das heutige Ratszimmer im Rathaus. So reagierte der Gemeinderat auf die Entscheidung der westlichen Besatzungszonen, den Schuljahreswechsel im kommenden Jahr 1949 wieder auf Ostern zu verlegen.

Am 22. Juni 1948 wurde Altbürgermeister Josef Beck beerdigt. Er hatte Nußdorf über vierzig Jahre als Gemeinderat und Bürgermeister gedient.

Ein weiteres Zeichen für die Normalität war die Anfechtung einer Änderung in der Liste der „Bürgerpartei" durch die konkurrierende „Mehrheitsliste der Bürger und Bauern, Handwerker und Kopfarbeiter" und die Forderung der „Mehrheitsliste" nach entsprechender Repräsentation im Gemeindewahlausschuss. Adressiert waren die Anfechtung und die Forderung an den Landrat mit Kopie an die französische Militärregierung. Der Landrat lehnte die Anfechtung auf Basis einer Antwort von Bürgermeister Denz ab und forderte die Auf-

3 Spöttische Bezeichnung für die amerikanische und britische Besatzungszone

4 Die Währungsreform von 1948 trat am 20. Juni 1948 in der Trizone, den drei westlichen Besatzungszonen Deutschlands, in Kraft. Ab 21. Juni 1948 war dort die Deutsche Mark („DM", auch „D-Mark") alleiniges gesetzliches Zahlungsmittel.

nahme von Vertretern der „Mehrheitsliste" in den Gemeindewahlausschuss, da „bei der gegenwärtigen Zusammensetzung der Vorwurf der Parteilichkeit berechtigt sei".

Bei der Gemeinderatswahl am 14.11.1948 wurden von der Bürgerpartei Josef Beck, Bürgermeister Leopold Denz, Karl Kretz und von der Mehrheitspartei Gebhard Butscher, Walter Hohns und Alfons Zolg gewählt. Josef Beck wurde im Dezember zum Bürgermeister gewählt. Für ihn rückte Josef Häusler in den Gemeinderat nach.

Die Schatten der Vergangenheit kehrten zurück, als Viktor Levi, ein ehemaliger jüdischer Bürger Überlingens, Kompensation für den von den Nazis Ende 1938 erzwungenen Verkauf eines Waldstücks im Nußdorfer Wald einklagte. Die Levis hatten in Überlingen in der heutigen Münsterstr. 12, wo heute die Metzgerei Müller und der Bäcker Diener ihre Läden haben, ein Bekleidungsgeschäft. Vier Stolpersteine erinnern dort an die Familie Levi. Viktor Levi wurde nach dem Pogrom im November 1938 nach Dachau verschleppt, glücklicherweise nur für eine kurze Zeit dort eingesperrt und wenige Tage nach seiner Freilassung gezwungen, sein Hab und Gut in Überlingen und ein kleines Waldstück in Nußdorf an die dortige Gemeinde zu verkaufen. Es gelang der Familie Levi, aus Deutschland rechtzeitig über England in die USA auszuwandern. Anfang 1949 forderte Viktor Levi vor der Restitutionskammer des Landgerichts Freiburg einen fairen Preis. Das Gericht entschied, dass Nußdorf ihm 570,00 DM[5] zu zahlen und die Gerichtskosten in Höhe von 95,00 DM zu übernehmen habe.

Andere Schatten der Vergangenheit waren Anfragen der Spruchkammern über die NSDAP-Vergangenheit lebender, ja sogar toter Nußdorfer Bürger. Zu Gustav Oexle stellte der Gemeinderat lakonisch fest, man könne keine genaue Antwort geben, „da keine Unterlagen vorliegen".

Am 23.5.1949 trat das Grundgesetz in Kraft. Bei der Bundestagswahl im Jahr 1949 wurde in Nußdorf bei 320 Wahlberechtigten die CDU mit 87 Stimmen stärkste Partei, gefolgt von FDP und SPD mit jeweils 37, der „Sammlung zur Tat" (SzT) mit 18 und der KPD mit zwei Stimmen.

Nach der Währungsreform wurden so viele neue Häuser gebaut, dass 1950 neue Wasserleitungen verlegt werden mussten. Es wurde sogar eine neue Quelle im Dorf gegenüber dem Haus Zum Karpfen 6 erschlossen. Damals wurde auch der Hochbehälter oberhalb der später gebauten B 31 auf der Wiegelhalde gebaut, der heute noch im Dienst ist.

Über den Amtseintritt von Fräulein Else Achenbach am 3.1.1950 als Ratsschreiberin erzählten 14 Jahre später die Badischen Bodenseenachrichten: „Und wenn schon die Salemer keine Frauen in ihren Mauern beschäftigt haben wollten, so waren die Nußdorfer völlig anderer Meinung. Sie machten Nägel mit Köpfen und leisteten sich ab 1950 einen weiblichen Ratsschreiber:

5 Immerhin der Monatslohn eines Arbeiters

Elisabeth Achenbach." Sie hatte viel Freude an ihrer Arbeit, auch wenn sie feststellte, dass ihre Mitbürger gelegentlich meinten: „[...] auf dem Rathaus befindet sich für manche Leute die geistige Müllabfuhr".

Bei der Volksbefragung für einen Südweststaat waren in Nußdorf im September 1950 von 322 Stimmberechtigten 164 (78,1 Prozent) für den Südweststaat und mit 46 (21,9 Prozent) nicht einmal ein Viertel für die Erhaltung der alten Länder. Soweit zur Treue der Nußdorfer zu Südbaden.

Im Jahr 1951 entschied der Gemeinderat, dass das bisherige Schulhaus (das heutige Rathaus im Laugele) mit nur einem Klassenzimmer zu klein sei und entschloss sich für einen Neubau gegenüber dem bisherigen Schulhaus. Im Jahr 1951 ging es dabei erst einmal um die Planung. Eine erfolgreiche Beantragung von Förderzuschüssen würde dann nur noch von der folgenden Genehmigung durch das Landratsamt abhängig sein.

Die jährlichen Personalkosten der Gemeindeverwaltung lagen damals, das Bürgermeistergehalt nicht eingerechnet, bei 5.223 DM. Das war die Entlohnung für die Ratsschreiberin, den Kassenverwalter, einen Grundbuchhilfsbeamten, den Gemeindediener, den Bauaufseher, den Fleischbeschauer, die Schuldienerin, den Feldhüter, den Messner und Organisten, den Farrenwächter, den Brunnenmeister, die Lohnanteile für den Förster und den Waldmeister (beide vermutlich zusammen mit dem Spital). Die Aufwandsentschädigung des Bürgermeisters lag pro Jahr etwas über 1.200 DM[6].

Für den 7.7.1951 wurde ein Seenachtsfest im Strandbad geplant. Im Gemeinderatsprotokoll wurde festgehalten, „die Feuerwehr übernimmt den Betrieb [vermutlich Vertrieb] der Festabzeichen u. die Abbrennung des bengalischen Feuers. Der Gemeinderat beteiligt sich am Verkauf der Abzeichen".

Das Richtfest für das Doppelhaus mit Geschäftsräumen der Familien Butscher und Kretz fand im September 1951 statt. Das Doppelhaus mit den heutigen Nummern Zum Salm 12 und 14 bildet heute immer noch die Quasi-Dorfmitte.

Die auf die Volksbefragung im September 1950 folgende Volksabstimmung Anfang September 1951 bestätigte in etwa das Ergebnis der Befragung. In Nußdorf stimmten 77,5 Prozent für die Errichtung eines Südweststaates. Nur 22,5 Prozent wollten Südbaden mit der Hauptstadt Freiburg erhalten.

Im Januar 1952 illustrierte der Gemeinderat, dass es mit der Integration von Katholiken und Evangelischen noch nicht so weit her war. Er lehnte die Bitte des Überlinger evangelischen Pfarrers Dürr ab, den beheizbaren Schulsaal (heutiger Rathaussaal) für den evangelischen Gottesdient zur Verfügung zu stellen. Die Begründung, die Katholiken hätten ihre Messe in der damals ungeheizten Kapelle zu feiern, zeugt einerseits von einem gewissen Maß an Ale-

6 Die Annahme beruht auf einem Gemeinderatsprotokoll vom Mai 1952, als die monatliche Bürgermeister-Aufwandsentschädigung auf 120 DM festgelegt wurde.

fanz[7]. Andererseits hatte die katholische Kirchengemeinde den Evangelischen die Kapelle schon seit 1950 zur Verfügung gestellt, was für die Toleranz der Nußdorfer Katholiken sprach.

Der Südkurier berichtete im Februar 1952 vom närrischen Frauenkaffee in Nußdorf. Ob der Frauenkaffee die Ursache des wenige Tage später wahrgenommenen Erdbebens war, hat die Zeitung nicht bestätigt.

Von einem weiteren Fall von Alefanz im Jahr 1952 kann aus dem Gemeinderat berichtet werden. Nachdem am 3. Mai die Aufwandsentschädigung von 120 DM für den Bürgermeister genehmigt worden war, kam es zu einem großen Krach bei der Haushaltsplanung. Bürgermeister Beck wollte den Bürgern zwei Ster[8] Brennholz zugestehen, der Gemeinderat nur einen. Es kam zu keiner Abstimmung. Bürgermeister Beck beantragte mit sofortiger Wirkung Urlaub für sich „und verließ [...] nachts um 1 Uhr das Rathaus." Die Intervention des Landrats am 14.5. schien Beck nicht zu kümmern. Er verlängerte nämlich seinen Urlaub bis zum 10.6. So nahm er an den folgenden Gemeinderatssitzungen (8.5., 10.5. 14.5., 21.5., 28.5., 6.6.) nicht teil. Den Vorsitz im Gemeinderat hatte in dieser Zeit Karl Kretz, Becks Stellvertreter.[9]

Mitten im Schuljahr 1952/53 wurde die neue Schule an die Kinder und ihre Lehrer übergeben. Sie hatte 121.789,99 DM gekostet. Im Untergeschoss der Schule gab es ein Bad mit drei Wannenbadkabinen und einer Gemeinschaftsdusche. Dieses Volksbad in der Schule stand der Einwohnerschaft an Samstagen von 8 - 13 Uhr zur Verfügung. Die Nußdorfer Schule war der erste Schulneubau im Landkreis Überlingen nach dem Krieg.

Am 10. März 1954 beschloss der Gemeinderat, dem wilden Zelten am Strand, damals Badeplatz genannt, ein Ende zu bereiten und dort eine Freibadanlage mit Kabinen, WC und Kiosk zu errichten.[10]

Als am 26. April 1954 Bürgermeister Josef Beck mit knapp 54 Jahren starb, wurde Karl Anton Mayer, der als kommissarischer Bürgermeister von 1943 bis 1945 der Vorgänger von Beck war - nach dem kurzen Intermezzo von Josef Freyburger, am 30.4.1954 als Nachfolger gewählt und am 16.6. in das Amt eingeführt.

Die Sommerpause von 1954 wurde einerseits genutzt, die Verwaltung vom alten Rathaus[11] in das ehemalige Schulhaus umzuziehen. Andererseits schuf man in den ehemaligen Räumen der Verwaltung im alten Rathaus

7 Die Bedeutung von Alefanz ist breit angelegt. Sie umfasst „Trotz" „so nicht", „jetzt erst recht", „da könnt ja jeder kommen" usw. Deshalb haben sich die Brüder Grimm im Deutschen Wörterbuch darauf beschränkt: „alfanz, m. fallacia, nequitia, nugae, cavillatio, oft aber auch persönlich nequam, nugator, früher alefanz alifanz alafanz, ein merkwürdiges, bisher unverstandnes, in hohes alterthum zurückweichendes wort."

8 Holzmaß für einen Kubikmeter

9 Bemerkenswert an dieser Episode sind die Tatsachen, dass der Gemeinderat am 3. Mai noch um ein Uhr nachts tagte und zwischen 3.5.und 6.6. sechs Gemeinderatssitzungen stattfanden.

10 s. Kapitel 7: Leben in Nußdorf, Das Strandbad

11 s. Kapitel 2: Prominente Gebäude, Das alte Rathaus 2

Wohnräume für Flüchtlinge.

Nußdorf wurde im Jahr 1955 moderner, aber auch dadurch ein bisschen mehr auf Einnahmen fokussiert. So wurden Wasserzähler, die Kurtaxe und eine gebührenpflichtige Müllabfuhr eingeführt. Und im Dezember wurde in einer öffentlichen Gemeinderatssitzung entschieden, die bisherigen Straßen - in Anlehnung an die früheren Hausnamen - durch Fischnamen zu ersetzen. Aus der Hauptstraße wurde so die Straße Zum Salm und aus der Seestraße die Straße Zum Kretzer.

Durch das Vermächtnis von Rosa Wieland kam Nußdorf im Februar 1956 in den Besitz ihres Hauses und Grundstücks am See zur alleinigen Nutzung als Kindergarten.

1957, ein Jahr später, wurde die Liebesinsel zum Gemeindebesitz von Nußdorf als ein Vermächtnis von Gustav Robert Oexle, dem langjährigen Nußdorfer Gemeindeschreiber und späteren Leiter des Büros des Stellvertreters des Führers.

Die Nußdorfer Bauern sträubten sich noch 1958 gegen die neue Zeit. Die Umstellung der Farrenhaltung[12] auf künstliche Befruchtung wurde abgelehnt. Der alte Farren wurde für 2,34 DM pro Kilogramm an die Metzgerei Jehle verkauft, kein schlechter Preis bei einem Gewicht von über 1.000 Kilogramm. Einen neuen Farren kauften Bürgermeister Mayer, die Gemeinderäte Gebhard Butscher, Ludwig Beck und der Farrenhalter Karl Wilhelm. Ein Jahr später zeigte sich in Nußdorf ein erstes Zeichen über die im Abstieg begriffene Landwirtschaft. Frau Guldin, Witwe des ehemaligen Ortsdieners, gab die Ziegenbockhaltung auf, weil es inzwischen zu wenig Ziegen im Dorf gab.

24 Jahre nach der Abhaltung eines Luftschutzkurses und 14 Jahre nach Ende des Zweiten Weltkrieges nahm der Gemeinderat im Juni 1959 ein Rundschreiben des Kreisluftschutzverbandes Überlingen zur Kenntnis. Es herrschte der kalte Krieg zwischen Ost und West.

Die Gemeinderäte Butscher, Sorg und Schmid nahmen an einer Besprechung über die Hochstraße - die Verlängerung der B 31 von der Abzweigung Nußdorf bis Sipplingen - teil. Bürgermeister Mayer verwies in einer Stellungnahme darauf, dass der geplante B 31-Verlauf eine Ausdehnung Nussdorfs nach Norden verhindere und das Dorf durch den Bau der Bahnlinie schon genügend geschädigt worden sei.

Die Hödinger Firma Schmon verlängerte im Juni 1960, gemäß einem im Februar gefassten Gemeinderatsbeschluss, den Landungssteg um 25 Meter auf die heutige Länge.

Der Widerstand gegen die geplante Trasse direkt oberhalb Nußdorfs nahm im Laufe des Jahres 1961 zu. Im Gemeinderat wurde eine weiter nördlich verlaufende Trasse diskutiert, die östlich des KZ-Friedhofs nahe der Birnau abzweigen sollte. Man war so verärgert über den bisherigen Planungsverlauf,

12 Südwestdeutscher Begriff für Bullen- bzw. Stierhaltung

Der neue verlängerte Landungssteg

dass Gebhard Butscher meinte feststellen zu müssen, man habe die Nordtrasse absichtlich nicht richtig gestaltet. Im Auftrag der Gemeinde, des Verkehrsamts, direkt und indirekt betroffener Grundstücksbesitzer erstellte Rechtsanwalt Dauth vier Einsprüche gegen die Fortführung der B 31 ab der heutigen Abzweigung Nußdorf.

Im November 1961 zählte Nußdorf nur noch 13 Landwirte: Josef Zundel, Emil Gom, Adolf Schreiber, Hilde Beck, Josef Reichle, Otmar Schmid, Ernst Beck, Franz Nell, Karl Urnau, Karl Wilhelm, Rudolf Mangold, Albert Deufel und Wilhelm Zündel. Im Gemeinderat riet man deshalb vom Kauf eines neuen Farren ab und empfahl für die Zukunft die künstliche Besamung für die Nußdorfer Kühe, obwohl die Gemeinden per Gesetz eigentlich noch zur Haltung eines Vatertieres verpflichtet waren.

Anfang 1962 musste Karl Anton Mayer krankheitsbedingt das Amt als Bürgermeister aufgeben. Sein Nachfolger wurde Gebhard Butscher.

Im Dezember kam es vor dem Verwaltungsgericht Freiburg zur mündlichen Verhandlung über die Klage von 51 Nußdorfer Bürgern gegen den geplanten Verlauf der B 31 im Norden der Gemeinde. Der Gemeinderat beschloss Anfang Januar 1963, für ein Gutachten zur Verlegung der B31-Trasse nach Norden 3.000 DM bereitzustellen. Dieses Gutachten half nichts. Am 18.1.1963, nur elf Tage nach dem Gemeinderatsbeschluss, lehnte das Verwaltungsgericht den Nußdorfer Einspruch ab. Die Kläger mussten die Verfahrenskosten tragen.

Da sich kein Landwirt mehr bereitfand, die Farrenhaltung zu übernehmen, beschloss der Gemeinderat, die künstliche Besamung einzuführen und einen Kostenanteil von 12 DM an die Besamungsstation und 9 DM pro Tier zu übernehmen. Leider war dem Gemeinderatsprotokoll die Höhe der Kosten für den Besitzer der zu besamenden Kuh nicht zu entnehmen.

Der Rechenschaftsbericht für das Jahr 1963 zeigt, wie aktiv der Gemeinderat damals war. Es gab 20 öffentliche, 26 nichtöffentliche Sitzungen, drei Sondersitzungen, vier Ortsbegehungen sowie zwei Fahrten nach Stuttgart und Freiburg in Sachen B 31. Außerdem wurden 37 Baugesuche diskutiert und entschieden.

Die Bezirkssparkasse Salem spendete der Gemeinde Nußdorf zehn DM für die Fasnet. Der Protokollführer konnte es sich nicht verkneifen, hinter die Summe „(kein Schreibfehler)" zu setzen. Seine Erwartungen waren wohl mindestens um den Faktor zehn höher gewesen.

Im April wurde der letzte Farren der Gemeinde verkauft. Der langjährige Farrenhalter Karl Wilhelm erhielt zum Dank für seine Arbeit eine Prämie in Höhe von 50 DM.

Der Forderung des Gemeinderats nach einer Fußgängerampel an der Kreuzung Salm/Karpfen wurde nicht stattgegeben.

Das Hochwasser im Juni 1965 gehört zu den höchsten der am Pegel Konstanz gemessenen Hochwasser. Die Hochwasserschäden in Nußdorf:

Uferbeschädigungen	2.000 DM
Strandbad	24.000 DM
Zeltplätze	5.000 DM
Wohngebäude	20.000 DM
Betriebsschäden Hotels, Bootsvermietungen usw.	27.000 DM
Summe	83.000 DM

Bedenkt man, dass der Gesamthaushalt Nußdorfs 1964 bei 386.000 DM lag, wird bewusst, wie schwer das Dorf von diesem Hochwasser getroffen worden ist.

Der Beginn der Arbeiten an der B 31 unmittelbar hinter Nußdorf hatte direkte Folgen für die Wasserversorgung. Das Wasser der Nußdorf versorgenden Quelle wurde (wahrscheinlich durch die Tiefenbohrung für die Pfeiler des Nußbach-Viadukts) so verschmutzt, dass es vor Gebrauch abgekocht werden musste. Eine neue Quelle wurde westlich der Bahnunterführung an der Straße Zum Hecht erschlossen. Von dort kommt auch heute noch unser Wasser.[13]

Karlheinz Kretz, Sohn des langjährigen Gemeinderats, wurde im November 1965 selbst Mitglied des Gemeinderats. So begann ein vierundvierzig Jahre dauernder Dienst für sein Dorf.

Im Jahr 1966 wurde weiter am Nußbach-Viadukt gearbeitet. Der Gemeinderat legte mit dem Beschluss über den Verlauf des Brachsens und der Pfrille den heute noch gültigen Bebauungsplan fest. In diesem erschien auch schon der Verlauf der Straße Zur Grundel, deren Name wurde aber erst in den achtziger Jahren festgelegt.

13 Mehr dazu in Kapitel 10: Infrastruktur, Wasserversorgung

Luftaufnahme von Nußdorf; die Aufnahme wurde vor Juli 1968, als die Friedhofserweiterung abgeschlossen wurde, gemacht.

Am Ende des Jahres meldete das Gemeinderatsprotokoll, dass mit einem Landesgesetz bestimmt worden wäre, dass der Bürgernutzen mit dem Tod des jeweiligen Nutzers auslaufen werde. Der Bürgernutzen war in Nußdorf seit 1461 in Kraft gewesen.

Die Erweiterungsarbeiten am Nordteil des Friedhofs wurden Mitte Juli 1968 abgeschlossen. Gleichzeitig wurde die Ruhezeit von 40 auf 35 Jahre reduziert. Heute gelten wieder die 40 Jahre.

Rudolf Beck, Sohn des Josef Beck, der nach dem Krieg bis 1954 Bürgermeister war, begann seinen Dienst als Gemeinderat für das Dorf Nußdorf am 14.11.1968. Er sollte seinen Freund Karlheinz Kretz 2009, am Ende seiner Amtszeit, um zwei Jahre länger im Dienste der Politik für Nußdorf übertreffen.

Am 6.9.1969 gewann Reinhard Ebersbach (SPD) mit weniger als 40 Stimmen Vorsprung die Überlinger Bürgermeisterwahl gegen den Amtsinhaber Wilhelm Schelle (CDU). Ebersbach fiel damit zwangsläufig die wichtigste Rolle bei der Eingemeindung Nußdorfs nach Überlingen zu.

Bei der Volksabstimmung am 7. Juni 1970 stimmte sowohl in Überlingen als auch in Nußdorf die große Mehrheit für das Land Baden-Württemberg.

Anfang der siebziger Jahre kam es in der Bundesrepublik zu Gebietsreformen, d. h. Landkreise und Gemeinden wurden zusammengelegt. Man erhoffte sich in den zusammengelegten Verwaltungen mehr Kompetenz und eine bessere Verwendung öffentlicher Mittel auf der kommunalen Ebene. Auch in Nußdorf befasste man sich mit solchen Überlegungen. So beschloss der Nußdorfer Gemeinderat einstimmig, dass „der derzeitige Kreis Überlingen einschl. der Raumschaft Pfullendorf [...] zusammen mit dem Kreis Tettnang einen Bodenseekreis bilden [sollte]. Kreissitz sollte Überlingen werden, da die entsprechenden Verwaltungsbauten bereits vorhanden sind." Der Nußdorfer Gemeinderat lehnte damit Friedrichshafen als künftige Kreisstadt ab und dachte immer noch in den Kategorien der Grenzen des Landes Baden.

Trotz der sich abzeichnenden möglichen Eingemeindung in Überlingen und des wachsenden schwäbischen Einflusses mit einer Kreisstadt Friedrichshafen blieb immer noch Raum für Scherze. Ein Überlinger Bürger wandte sich an seine Nußdorfer Nachbargemeinde mit folgendem Antrag: „Gemäß dem Gleichheitsgrundsatz (Nichtbeachtung der absoluten Bedürfnisfrage) stelle ich den Antrag, in Nußdorf, in einem dafür geeigneten und gesundheitspolizeilich abgenommenen Gebäude unter Einhaltung des späteren Erbrechts, ein Saison-Eros-Center nach dem Vorbild des Arabella-Hauses in Konstanz zum Saisonbeginn des Jahres 1972 eröffnen und führen zu dürfen." Bürgermeister Butscher bestätigte nicht nur den Eingang des Antrags und fragte zurück, in welchem Gebäude das Eros-Center untergebracht werden solle. Er erwies sich auch als kommunalpolitisch gut ausgebildet. Er erinnerte nämlich daran, dass Eros-Center „erst in Gemeinden mit 20.000 Einwohner[n] zulässig" seien. Deshalb bot er an, man werde, sobald die Gemeinde Nußdorf 20.000 Einwohner habe, auf den Antrag zurückkommen. Im Übrigen habe er den Antrag an das Landratsamt Überlingen weitergeleitet.

In der Diskussion über die von Nußdorf befürchtete Eingliederung in Überlingen entschied der Gemeinderat am 23.3.1973, die Bürger Nußdorfs am 13.4.1973 zu befragen. Die Antwort Nußdorfs war eindeutig: 98 Prozent stimmten gegen die Eingliederung.

Trotz dieses Votums haben Nußdorf und Überlingen gemeinsam die Eingliederung des Dorfes in die ehemalige Reichsstadt durchgezogen, auch wenn Einwendungen von Nußdorfer Seite bestehen bleiben sollten.

Im Oktober 1974 schloss der Gemeinderat mit der Narrengesellschaft Die Schnecken einen Mietvertrag über die Nutzung der ehemaligen Verwaltungsräume im alten Rathaus. Hier richteten die Narren ihre Zunftstube ein.

Auf der letzten Gemeinderatssitzung Nußdorfs gab Gebhard Butscher das Ergebnis von drei Besprechungen des Gemeinderates mit Vertretern der Stadt bekannt.

Die bestehenden Satzungen der Gemeinde Nußdorf würden bis 1.1.1977 in Kraft bleiben, soweit sie nicht schon durch die Eingliederungsvereinbarung aufgehoben seien. Gemeinderat Scheurer bestand auf einem Zusatzprotokoll, in dem die Gründe dargelegt werden sollten, warum eine freiwillige Eingliederung nicht in Frage gekommen sei.

Der Gemeinderat stimmte dem Entwurf des Zusatzprotokolls einstimmig zu. Dann stimmte der Gemeinderat der Vereinbarung über die Rechtsfolgen zu.

Rudolf Beck gab nach der Abstimmung folgende Erklärung ab: Er stimme der Vereinbarung zu, aber nicht aus freiem Willen, sondern aus der Überzeugung, dass diese Vereinbarung besser sei als ein Zwangsvertrag. Er hoffe, dass die Nachfahren den Gemeinderat, der dieser Vereinbarung zugestimmt habe, nicht verdammen würden. Er hoffe ferner, die Stadt Überlingen werde den Vertrag erfüllen und nicht durch die Hintertür aussteigen.

Gebhard Butscher sagte über seine Arbeit als Bürgermeister: „Als Bäckermeister muss ich Teig kneten. Mitunter muss ich als Bürgermeister auch mal einen Bürger kneten. Und wie in der Bäckerstube, so gibt es eben auch in der Gemeinde schöne, durchgebackene, rösche, weiche und harte Produkte", die verdaut werden müssten. „Jedenfalls bin ich mit dem Großteil der Nußdorfer zufrieden, ebenso mit meinen acht Gemeinderäten, die aus drei bürgerlichen freien Wählergruppen kommen. Die Zusammenarbeit [war] sehr gut."

Die Bürgermeister Gebhard Butscher (Nußdorf) und Reinhard Ebersbach (Überlingen) unterzeichneten am 11.12.1974 den Eingemeindungsvertrag.
In diesem Eingemeindungsvertrag wurde u. a. geregelt:

1. Name: Überlingen, Stadtteil Nußdorf
2. Rechtsnachfolge: „Die Stadt Überlingen tritt als Gesamtsrechtsnachfolgerin in alle Rechte und Pflichten der Gemeinde ein".
3. Alle Nußdorfer werden zu Bürgern der Stadt Überlingen, auch die, die noch nicht das Bürgerrecht der Gemeinde Nußdorf erworben hatten.

4. Nußdorf erhält über die unechte Teilortswahl[14] das Recht, zwei Sitze im Gemeinderat von Überlingen zu besetzen. Zwei Gemeinderäte des ehemaligen Gemeinderats von Nußdorf werden bis zur nächsten Kommunalwahl dem Überlinger Gemeinderat angehören.
5. Die Hauptsatzung der Stadt Überlingen soll dahingehend verändert werden, „daß ein neuer beratender Ausschuss für die Angelegenheiten des Stadtteils Nußdorf eingesetzt und mit zehn Einwohnern aus dem Stadtteil Nußdorf besetzt wird."
6. In einer Wahl werden in einer Vorschlagsliste die zehn Einwohner mit den meisten Stimmen dem Gemeinderat von Überlingen vorgeschlagen, der diese dann als Ausschussmitglieder benennt. Der Vorsitz wird von Bürgermeister Reinhard Ebersbach geführt, der bei Stimmengleichheit die entscheidende Stimme hat.

In einem Zusatzprotokoll wurde festgehalten, dass sich Nußdorf nicht freiwillig in Überlingen eingegliedert habe, da

1. es alle Voraussetzungen erfülle, die für eine Selbstständigkeit, bzw. für eine Verwaltungsgemeinschaft mit Überlingen sprächen und
2. sich in einer Bürgerbefragung über 98 Prozent für die Einhaltung der Eigenständigkeit ausgesprochen hätten.
3. Keine Einigung sei bei den Themen Ortschaftsverfassung und Entwässerungssatzung für Nußdorf erzielt worden.

Am 31. Dezember 1974, null Uhr, war das Ende der unabhängigen Gemeinde Nußdorf gekommen, eine eigentlich kurze Periode in der über tausendjährigen Geschichte Nußdorfs, wenn man bedenkt, dass das Dorf zwischen 600 und 800 n. Chr. seinen Namen erhalten hatte und dort Reste einer Pfahlbausiedlung von 3919 v. Chr. im See vor dem Landungssteg zu finden sind.

14 Durch die unechte Teilortswahl (UTW) wird festgelegt, dass ein Teilort oder auch ein Wohnbezirk sicher im Gemeinderat repräsentiert ist, auch wenn die Stimmen des Teilorts nicht ausreichen, einen Sitz im Gemeinderat zu gewinnen. Die Repräsentation im Gemeinderat gewinnen die Kandidaten aus dem Teilort mit den meisten Stimmen. Die Teilortswahl heißt unecht, weil die Kandidaten des Teilorts/Wohnbezirks von allen Wählern der Gemeinde gewählt werden können.

Nußdorf als Ortsteil und Teilort Überlingens bis 2009

Nußdorf hatte zwar mit der Eingemeindung in Überlingen seine Unabhängigkeit verloren, war aber gleichzeitig Teil eines größeren Ganzen, nämlich einer Stadt, geworden. Nußdorf bekam als Stadtteil im Gegensatz zu den anderen eingemeindeten Dörfern Bambergen, Bonndorf, Deisendorf, Hödingen, Lippertsreute und Nesselwangen keine Ortsverwaltung mit Ortschaftsrat und Ortsvorsteher. Die vorherrschende Meinung in Überlingen war, Nußdorf liege so nahe an Überlingen, dass es ein Stadtteil wäre, wie der schon 1888 eingegliederte Burgberg. Im Gegensatz zum Burgberg aber hatte Nußdorf eine beratende Stimme im Überlinger Gemeinderat, und zwar im Ausschuss für Angelegenheiten des Stadtteils Nußdorf, im Folgenden einfach Ausschuss genannt. Bei der Kommunalwahl am 20. April 1975 wurden folgende Personen in den Ausschuss gewählt: Konrad Scheurer, Karlheinz Kretz, Rudolf Beck, Maria Josefa Beck - die erste Frau, die in ein kommunales Gremium in Nußdorf seit Einführung des Frauenwahlrechts 1919 gewählt wurde[1] -, Helmut Butscher, August Klingenstein, Peter Steidle, Ernst Sorg, Karl-Heinz Hofele und Wilfried Köhne. Vorsitzender des Ausschusses war qua Amt Bürgermeister Reinhard Ebersbach, sein Stellvertreter Rudolf Beck. Klingenstein trat zum Bedauern der anderen Ausschussmitglieder noch im Juni 1975 zurück. Gert Kurowski rückte für ihn nach.

Zusätzlich zum Ausschuss hatte Nußdorf gemeinsam mit den anderen eingemeindeten Dörfern ein Privileg - die unechte Teilortwahl. So konnten Karlheinz Kretz (bis 2004) und Konrad Scheurer (bis 1999) für viele Jahre als Stadträte das Schicksal von ganz Überlingen mitbestimmen, Scheurer sogar als Vorsitzender der CDU-Fraktion im Gemeinderat.

Schon im ersten Jahr nach der Eingemeindung wurde der Kindergarten mit einem Flachbau erweitert. Das bedeutete Platz für mehr Kinder. Diese kamen für mehr als zwanzig Jahre aus Deisendorf, bis dort der eigene Kindergarten, das Storchennest, eröffnet wurde.

Unabhängig voneinander hatten 1976 Karlheinz Kretz und Herrmann Zündel vorgeschlagen, die von der Gemeinde Nußdorf veranstalteten Altennachmittage wieder einzuführen. Aus dieser Anregung ist der jährlich statt-

1 Seit damals waren immer Nußdorferinnen im Ausschuss, bzw. ab 1999 im Ortschaftsrat vertreten.

findende Seniorennachmittag der Stadt Überlingen in Nußdorf geworden. Der erste Altennachmittag der Stadt fand am 15.1.1978 statt. Eingeladen werden konnten damals nur über Siebzigjährige, „da es an Räumlichkeiten für eine größere Teilnehmeranzahl fehlt[e]".

Der Nußdorfer Ausschuss wünschte 1977, den B31-Anschluss Nußdorf vom derzeitigen Platz an die Rengoldshauser Straße bei Altbirnau zu verlagern, und lehnte deswegen den Ausbau der L 195c (Zum Salm) ab. Der Anschluss bei Altbirnau wird, soweit heute (Juli 2017) abzusehen ist, im Jahr 2021 realisiert werden.

Reinhard Ebersbach wurde am 11. September 1977 als Bürgermeister wiedergewählt.

Für den Haushalt 1979 bat Rudolf Beck im September 1978 in einem Brief an das Hauptamt u. a. um Berücksichtigung für:

- „Die Schaffung eines Raumes für Versammlungen, Feiern u. dgl. für die Nußdorfer Vereine im stadteigenen landwirtschaftlichen Gebäude (Beck'sche[2] Scheuer) gegenüber dem ehem. Nußdorfer Rathaus. […]
- Eine Ein[Aus]segnungshalle auf dem Nußdorfer Friedhof."

Im Dezember drückte Rudolf Beck, laut Südkurier, seine Verwunderung darüber aus, dass es Überlegungen gebe, die B 31 im Bereich Birnau nach Norden zu verlegen. Er verwies auf die Probleme, die Trasse über ein Feuchtgebiet zu führen und auf die Glatteisgefahr im schattigen Tal hinter dem Oberhof. Er erinnerte daran, dass es besser sei, anstatt dieser Neugestaltung der Trasse, den Anschluss von Nußdorf an die B 31 nach Westen zur Altbirnau zu verlegen.

Nußdorfer Gewerbetreibende lehnten im Juni 1979 einen Anschluss an die B 31 bei Altbirnau ab, da sie bis zu vierzig Prozent Umsatzeinbußen befürchteten. Man war besonders besorgt, da auch die Schließung der Tordurchfahrt von Maurach im Gespräch sei. Der Ausschuss respektierte zwar die Bedenken der Nußdorfer Gewerbetreibenden, meinte aber, diese Bedenken beruhten nur auf „Vermutungen und Schätzungen" und dass der Gewinn durch Verringerung des Durchgangsverkehrs mögliche Verluste ausgleichen werde.

Für den Haushalt 1980 beschloss der Ausschuss auch die Maßnahmen aufzunehmen, die „schon für frühere Haushalte angemeldet waren, jedoch noch nicht verwirklicht sind". Darunter waren u. a.:

2 In Nußdorf gab und gibt es im Jahr 2017 noch drei Familien Beck, die nicht miteinander verwandt oder verschwägert sind. Da sind die Nachkommen des Josef Beck (Bürgermeister von 1921 - 1943), die heute noch im Hecht bzw. außerhalb Nußdorfs leben. Dann gibt es die Familie des Josef Beck (Bürgermeister von 1945 - 1946 und 1954 und Rudolf Becks Vater) im Kretzer. Der Bauer Ludwig Beck hatte seinen Hof am Laugele, wo heute das Wohnhaus Zum Laugele 2 steht. Östlich von diesem Wohnhaus war eine große Scheuer. Diese Scheuer und den Grund bis zur heutigen Einmündung des Laugeles in den Salm hatte die Familie Beck vor der Eingemeindung mit der Auflage an die Gemeinde Nußdorf verkauft, die Scheuer in ein Dorfgemeinschaftshaus umzubauen.

Die „Schaffung einer verkehrsgerechten Zufahrt zum Kindergarten [... Gehweg] entlang der Straße ‚Zum Hecht' von der Bahnunterführung in Richtung Maurach,

[...] Um- und Ausbau der Beck'schen Scheuer zu einem Dorfgemeinschaftshaus

[... sowie] Einrichtung einer Einsegnungshalle." Zusammen mit der Verlegung des B31-Anschlusses fasste der Ausschuss diese Maßnahmen „in einer mittelfristigen (fünfjährigen) technischen und finanziellen Planung" zusammen.

Bürgermeister Ebersbach berichtete dem Ausschuss in dessen Januarsitzung 1980, dass das Regierungspräsidium Tübingen meine, der Anschluss an die B 31 bei Altbirnau könne frühestens in fünf Jahren angegangen werden. Deswegen sei es gerechtfertigt, die L 195c (Zum Salm) in der Ortsdurchfahrt auszubauen. Zu einer Sperrung der Straße Uhldingen-Nußdorf durch Schloss Maurach könne es in „ferner Zeit" kommen. Dann würde der Hecht eine Anliegerstraße werden.

In einer Bürgerversammlung in Nußdorf im Löwen sprach sich Bürgermeister Ebersbach „für die Beibehaltung des Nußdorfer Ausschusses aus", der bei der Kommunalwahl nach dem gleichem Verfahren wie 1975 zu wählen sei. Die SPD wurde gebeten, auf eine eigene Liste bei der Wahl für den Nußdorfer Ausschuss zu verzichten, da man die Einheitsliste beibehalten wolle. Bei der Kommunalwahl verdoppelte sich im Ausschuss der weibliche Anteil mit Monika Schmid und Hannelore Auer. Rudolf Beck wurde einstimmig zum stellvertretenden Ausschussvorsitzenden wiedergewählt.

Hatte Ebersbach noch im November 1980 den Bau eines Dorfgemeinschaftshauses abgelehnt, war er im Mai 1981 der Meinung, dass der beste Standort dafür das Voith'sche Grundstück[3] gegenüber dem Strandbad sei. Dagegen stellte sich der Ausschuss, weil die Familie Beck ihren Grund im Laugele an Nußdorf unter dem Vorbehalt der Errichtung einer Mehrzweckhalle verkauft hatte. Der Ausschuss befürchtete auch, dass „der grüne Dorfkern einer Betonwüste" mit Wohn- und Geschäftshäusern weichen würde. Auch hatte die ehemalige Gemeinde Nußdorf schon mit den Planungsarbeiten für eine Mehrzweckhalle mit Schwimmbad im Souterrain begonnen.

Da die Stadt schon damals über fehlende Geldmittel für freiwillige Leistungen wie eine Mehrzweckhalle klagte, entschloss sich Nußdorf, der Stadt finanziell unter die Arme zu greifen. Man gründete im November 1981 den „Förderverein Dorfgemeinschaftshaus Nußdorf". Vorsitzender wurde Konrad Scheurer. Schon seit 1980, vor Gründung des Fördervereins, hatten die Nußdorfer auf dem Dorffest begonnen, Geld aus den Taschen der Feiernden zu locken. In der kalten Jahreszeit wurden Benefizveranstaltungen im Löwen or-

3 Das heute (2017) als Kanulager dienende Grundstück zwischen dem Haus Zur Forelle 15 und dem Strandbadparkplatz

ganisiert und so kamen 200.000 DM zusammen. Rechnet man die 100.000 DM, die Nußdorf für den Bau einer Turnhalle auf der hohen Kante hatte und die bei der Eingemeindung in die Stadtkasse geflossen waren, dazu, lag der Nußdorfer Eigenanteil immerhin bei 15 Prozent der Baukosten unseres Dorfgemeinschaftshauses.

Konrad Scheurer erinnerte sich, wie er nach einer dieser Veranstaltungen in den frühen Stunden eines Sonntags im Saal des Löwen vor über 30.000 DM Einnahmen saß, nicht wusste wohin damit und sich mit Bangen entschied, dieses viele Geld bis zur Banköffnung am Montag bei sich zu Hause aufzubewahren.

Eine weitere Eigenleistung war die Einrichtung des Proberaums durch den Gesang- und Musikverein. Dessen Mitglieder hatten unter Leitung ihres Vorsitzenden Karlheinz Kretz im westlichen Souterrain des Dorfgemeinschaftshauses elektrische Leitungen verlegt, unverputzte Wände mit Holz ausgekleidet, den Boden gefliest, eine Küche und eine Toilette eingerichtet. Im Mittelteil des Souterrains war die Nußdorfer Filiale der Sparkasse untergebracht. Östlich von der Sparkassenfiliale bot das Verkehrsamt von Nußdorf seine Dienste an. Dort ging es anfänglich aber nicht nur um Zimmervermietungen und Auskünfte für unsere Gäste. Es wurden auch einfache Verwaltungsdienstleistungen angeboten wie die Erstellung/Verlängerung von Personalausweisen/Pässen. So blieben den Nußdorfern damals einige Gänge in die Stadt erspart.

Als 1982 der Bahnhof von Nußdorf geschlossen wurde, war für 19 Jahre der Überlinger Ostbahnhof für die Nußdorfer das Tor zur Welt.

Im Frühjahr 1985 begann endlich mit dem feierlichen Spatenstich der Bau des DGHs, das am 27./28. September 1986 geweiht wurde. Ein Jahr vorher war Reinhard Ebersbach zum dritten Mal als Bürgermeister von Überlingen gewählt worden. Sein einziger Gegenkandidat war Josef Marchl aus Nußdorf gewesen.

Im September 1990 wurde die Straße, die bisher durch die Gemarkung „Mittlerer Neusatz" führte, „Zur Grundel" genannt.

Nach dreißigjährigem Bestehen erhielt der Nußdorfer Kindergarten den Namen seiner Stifterin und wurde zum Rosa-Wieland-Kindergarten.

Titelbild der Festschrift zur Einweihung des Dorfgemeinschaftshauses Nußdorf

Überlingen wurde am 1. Januar 1993 zur Großen Kreisstadt[4] und Reinhard Ebersbach somit zum Oberbürgermeister. Ebersbach entschied sich in diesem Jahr, nach 24 Jahren Dienst für Überlingen, nicht mehr zur Wahl anzutreten. Sein Nachfolger als Oberbürgermeister wurde im Oktober Klaus Patzel von der SPD.

Es wurde zwar schon vor dem Zweiten Weltkrieg in Nußdorf mit Böllern geschossen - so hatte der Gemeinderat 1935 beschlossen, eine Salutkanone anzuschaffen - aber irgendwie war die Sache eingeschlafen. Zu einer Wiederbelebung kam es erst im Oktober 1994 mit der Gründung des Vereins „Badische Böllerschützen Nußdorf".

Das Jahr 1998 sollte für Nußdorf aufregend werden. Im März wurde durch eine Änderung in der Hauptsatzung Nußdorf zu einem Teilort aufgewertet. Rudolf Beck wurde in öffentlichen Sitzungen des nun zum Ortschaftsrat umgewandelten Nußdorfer Ausschusses und des Überlinger Gemeinderats zum Ortsvorsteher gewählt. Einen Wermutstropfen mussten alle Teilorte schlucken: die unechte Teilortswahl (UTW) wurde am 22.10.1998 vom Gemeinderat aufgehoben. Für Nußdorf gab es noch einen weiteren Wermutstropfen. Das Regierungspräsidium hatte gegen die Aufwertung von Nußdorf als Teilort mit Ortsverwaltung Stellung bezogen. Gegen diesen negativen Bescheid setzte sich Nußdorf erfolgreich mit einer Klage - unterstützt durch die Überlinger Stadtverwaltung - vor dem Verwaltungsgericht durch. Im neuen Ortschaftsrat von Nußdorf hatten zehn von elf Ortschaftsräten gegen die Aufhebung der UTW gestimmt. Die Teilorte hatten somit keine „eigenen" Stadträte mehr. Es gab zwar und es gibt noch heute Stadträte aus Teilorten. Da diese Stadträte ihr Mandat aber nicht mehr der unechten Teilortswahl verdanken, sind sie hundertprozentig der Gesamtstadt verantwortlich. Sie können sich daher nicht mehr so stark wie vorher für ihren Teilort einsetzen. Seit 1999 hatte übrigens immer mindestens ein Stadtrat seinen Wohnsitz in Nußdorf. Bei der Kommunalwahl 2014 gewannen sogar drei Nußdorfer ein Mandat im Überlinger Gemeinderat.

In den Kindergarten wurde 1999, nachdem die Deisendorfer Kinder in ihren eigenen Kindergarten umgezogen waren, vom Körperbehinderten Zentrum Oberschwaben (KBZO) eine organisatorisch vom städtischen Kindergarten getrennte Gruppe von Kindern mit Handicap eingeführt. Die Trennung zwischen beiden Organisationen Stadt und KBZO ist zwar geblieben, aber eine Trennung der Kinder gibt es nach anfänglichen Schwierigkeiten zum Vorteil beider Gruppen seitdem nicht mehr.

Am 20. April befürwortete der Ortschaftsrat eine kleine Wiedereröffnung des Bahnhofs, der zu einem Haltepunkt an der Bodenseegürtelbahn von Radolfzell nach Friedrichshafen im heutigen Aussehen umgestaltet werden sollte.

4 Alle Städte Baden-Württembergs mit mehr als 20.000 Einwohnern werden entsprechend der Gemeindeordnung vom 1. April 1956 Große Kreisstädte. Ohne die sieben eingemeindeten Dörfer müsste Überlingen noch sehr kräftig wachsen, um diesen Sonderstatus zu erreichen.

Als das Schulamt, damals noch in Tettnang, die Eltern der Nußdorfer Zweitklässler informierte, dass ihre Kinder nicht mehr in die dritte Klasse der Burgbergschule, sondern an die Wiestorschule (beide in Überlingen) kommen würden, lud eine Elterninitiative (Sprecherinnen Christine Kiefer und Conny Gross) in das DGH ein, um den Ausbau der Nußdorfer Schule in eine vierklassige Grundschule zu fordern. Unterstützung erfuhr die Initiative von der Schulleiterin Inge Ginter, die berichten konnte, dass es im Schulamt keine Einwendungen gegen diese pädagogisch sinnvolle Aufstockung gäbe. Ortsvorsteher Rudolf Beck war sich sicher, auch im Ortschaftsrat eine Mehrheit dafür zu finden. Die versammelten Eltern forderten die Aufstockung auf die Klassen drei und vier schon für das kommende Schuljahr.

Das Hochwasser im Juni 1999 war heftig. Der Winter war schneereich gewesen und der Schnee bis in den Mai liegen geblieben. Dann wurde es warm und regnete viel. Diese Wetterlage ließ den See ansteigen und das gerade neu eröffnete Strandbad-Café unter Wasser setzen. Das Hochwasser hatte dem bisherigen Steg so zugesetzt, dass er abgerissen werden musste. Die Pfeiler des neuen Stegs waren aus Stahl und nicht mehr aus Holz.

Der alte Steg im Sturm bei Hochwasser.

Am Sonntag, den 6. Juni lud Christine Kiefer zur Gründung eines Fördervereins Grundschule Nußdorf ein. Dieser Verein wurde vom Ortschaftsrat mit der Forderung für die Einführung einer einzügigen vierklassigen Grundschule unterstützt.

Anlässlich der Vor stellung des Planungsvorhabens 7 für den vierspurigen Ausbau der B 31 forderte der Ortschafstrat einstimmig - analog der Bürgerinitiative - die Ausarbeitung einer Variante, die nördlich von den Waldflurstücken „Gesellenholz“ und „Mauerholz“ liegen sollte.

Der Südkurier berichtete: Das Schulamt Tettnang würde „eine Erweiterung der Grundschule Nußdorf um die Klassen 3 und 4 [... für] pädagogisch sinnvoll und wünschenswert“ halten, wie dies der Ortschaftsrat gefordert hatte, und habe zugesagt, „bei räumlicher Erweiterung für die nötigen Lehrer zu sorgen.“ OB Patzel würde die Rechnung der Fördervereinsvorsitzenden Christine Kiefer „freundlich-wohlwollend“ betrachten, so dass man mit Mittelverschiebungen im städtischen Haushalt, mit Geldern, die der Förderverein sammeln würde und mit Landesfördermitteln einen Erweiterungsbau für 900.000 DM erstellen könne.

Im neuen Jahr 2000 forderte der Ortschaftsrat von der Verwaltung, sich sofort der Aufstockung der zweiklassigen Grundschule auf vier Klassen anzunehmen. Man habe, wie der Südkurier berichtete, ausreichendes Zahlenmaterial über die demographische Entwicklung Nußdorfs, die eine solche Erweiterung rechtfertige. Parallel zum Ausbau der Schule hatte der Förderverein Grundschule Nußdorf eine vom Sozialreferenten des Kreises begrüßte Initiative für einen Schulkinderhort angestoßen. Am 16. Juni starb der den Nußdorfer Schulausbau unterstützende OB Patzel. Trotzdem ging es weiter. Der Gemeinderat stimmte Ende Juli einstimmig dem Konzept zu, die Grundschule Nußdorf um die dritte und vierte Klasse zu erweitern. Außerdem sollte ab dem neuen Schuljahr ein vom Förderverein initiierter und getragener Schulkinderhort mit einer Betreuungszeit von 7.30 - 17.00 Uhr angeboten werden. Im neuen Schuljahr 2000/2001 war im Südkurier zu lesen: „Erstmals seit 25 Jahren werden in Nußdorf wieder 19 Drittklässler unterrichtet". Dies bezeichnete Bürgermeister Weber als „wahrhaft historisches Ereignis". Er stellte fest, „dass diese Errungenschaft zu einem großen Teil dem Förderverein für die Grundschule Nußdorf [...] und seiner Vorsitzenden Christine Kiefer zu verdanken sei". Diese wiederum lobte die Schulleiterin Inge Ginter und ihre Kolleginnen, die fast die ganze Ferienzeit dem Umzug geopfert hätten.

Durch Umzug des Ortschaftsrats aus dem ersten Obergeschoss „konnte der Raum in ein Klassenzimmer umgewandelt werden". Das bisherige Büro des Ortsvorstehers wurde dem neu gegründeten Hort zur Verfügung gestellt. Dort konnten die anfänglich sieben Hortkinder, drei kamen später noch dazu, ihr Mittagessen einnehmen. Der Ortsvorsteher zog in den umgebauten bisherigen Lagerraum des Narrenvereins um. Die Kosten für den Umbau in Höhe von 5.000 DM hatte der Förderverein übernommen.

Am 24.9.2000 wurde der bisherige Baubürgermeister Volkmar Weber zum Oberbürgermeister von Überlingen gewählt.

Die im November eingegangene Bauanfrage für das ehemalige Deufelgrundstück (Zum Salm 25, heute die Westseite des Parks beim Dorfgemeinschaftshaus) machte deutlich, dass ein Bebauungsplan für die Dorfmitte beantragt werden müsse. Der im Januar 2001 auf die Bauanfrage folgende Antrag zum Bau eines Wohn- und Geschäftshauses unterstrich die Dringlichkeit für einen Bebauungsplan. Im Verlauf des Jahres 2001 stemmte sich der Ortschaftsrat vergeblich gegen die Bebauung des Deufelgrundstück, auch wenn gewisse Reduzierungen in der Kubatur[5] des Baus durchgesetzt werden konnten.

Ab dem 2. Dezember 2001 konnte man wieder nach Nußdorf mit der

5 „Der Begriff Kubatur bezeichnet im Bauwesen das Volumen eines Bauwerks, unabhängig von der Gestaltung oder der Materialität. Der Begriff bezeichnet ursprünglich ein geometrisch messbares Volumen, wird aber in der Architektur oft im Sinne von Gestalt/Form eines Baukörpers gebraucht." (Wikipedia 2017)

Bahn, bzw. von Nußdorf aus in die große weite Welt fahren.

Der Streit gegen den vierspurigen Ausbau der B 31 im Hinterhof Nußdorfs ging weiter, ja wurde sogar im Bundestagswahlkampf 2002 angesprochen. Man machte den Bundestagsabgeordneten Andreas Schockenhoff (CDU) darauf aufmerksam, dass nicht nur die Nußdorfer unter Lärm und Dreck leiden würden, sondern dass man auch einen Rückgang des Fremdenverkehrs bei immerhin 60.000 Übernachtungen im Jahr befürchte. Schockenhoff versuchte, die Nußdorfer zu beruhigen. Wie der Südkurier berichtete, wies er darauf hin, dass man ganz sicher im Straßenbauamt kein Interesse daran habe, Bürger vor den Kopf zu stoßen, und man alle Optionen für die Trassenführung neutral begutachten werde.

Im November 2002 wurde in einer Klausurtagung des Feuerwehrausschusses der Gemeinde Überlingen festgestellt, dass der notwendige Schutz für die Außenbereiche der Stadt nicht sichergestellt sei. So könne zwar für die Kernstadt, aber nicht für die Dörfer garantiert werden, dass binnen zehn Minuten nach einer Alarmierung neun Feuerwehrleute plus Löschfahrzeug und binnen 15 Minuten insgesamt 16 Helfer an einem Brand wären. Als Lösung wurde beschlossen, das Einsatzgebiet der Wehr in die drei „Ausrückebereiche" West (Bonndorf/Nesselwangen/Hödingen), Mitte (Kernstadt/Nußdorf) und Ost (Deisendorf/Bambergen/Lippertsreute) zu unterteilen und die hierfür entsprechenden baulichen und technischen Einrichtungen „ergänzend zu erstellen und zu beschaffen".

Am 17. April 2003 berichtete der Südkurier: „Mit der Planfeststellung für den Bau des neuen Bundesstraße-31-Knotens bei ‚Alt-Birnau' will die Straßenbaubehörde im Frühsommer dieses Jahres beginnen. Das sagte der Leiter des Straßenbauamtes, Hartmut Kohler."[6]

Das Protokoll des Ortschaftsrates vom 10.6.2003 vermeldete den „Abschluss der Neugestaltung des Siegfried-Wagner-Platzes am Landungssteg."

Im Juni stimmte der Gemeinderat dafür, 408.000 DM in einen Erweiterungsbau für die Nußdorfer Zwergrumpfschule zu stecken, um Platz für eine dritte und vierte Klasse zu schaffen. Inge Ginter, die bisherige Leiterin der Zwergrumpfschule, wurde vor den Sommerferien in den Ruhestand verabschiedet. Sie hatte fast ein Vierteljahrhundert ihrer 38 Jahre als Pädagogin beinahe eine ganze Generation Nußdorferinnen und Nußdorfer unterrichtet. Ihre Nachfolgerin wurde Uta Stockmann, die heutige Frau Heuser. Sie leitet noch immer (2017) die Schule.

Der Südkurier berichtete im Juli, August und September über die unterschiedlichsten Auffassungen zur Trassierung der B 31 oberhalb von Nußdorf. Die Bürgerinitiative Nußdorf (BIN) forderte den Neubau einer vierspurigen Straße nördlich der bisherigen Trasse. Deshalb befürchtete die BIN, dass

6 Am 11.7.2017 läutete Helmut Köberlein, Leiter des Tiefbauamts Überlingen, im Ortschaftsrat Nußdorf den Anfang der Planfeststellung für den Anschluss der Rengoldshauser Straße an die B 31 bei Alt-Birnau ein.

eine „Planfeststellung für den Bau des neuen Bundesstraße-31-Knotens bei ‚Alt-Birnau'" die Entscheidung für den Trassenverlauf vorwegnehmen würde. Die Naturschützer vom NABU und BUND wehrten sich jedoch vehement gegen die Verlegung der Trasse und OB Weber wollte eine Ablehnung zum Ausbau zur Vierspurigkeit nicht mittragen.

Zum Jahresende präsentierte der Architekt Thomas Pross (Überlingen) der Schulleiterin Stockmann und dem OB die Pläne und ein Modell des Schulerweiterungsbaus. „Auf einer Gesamtfläche von rund 230 Quadratmetern werden in dem Neubau zwei je 36 Quadratmeter große Mehrzweckräume eingerichtet (die Klassenzimmer), dazu kommen ein Lehrerzimmer, ein Raum für Lehr- und Lernmittel, Toiletten und ein kleines Foyer."

In der ersten Ortschaftsratssitzung im Jahr 2004 stimmte der Ortschaftsrat dem Verkauf des Mietshauses Zur Forelle 33 zu, um damit die Finanzierung der Therme zu unterstützen.

Am Ufer vor Nußdorf wurde das winterliche Niedrigwasser genutzt, Verbauungen zu entfernen und das Ufer mit Kies aufzuschütten. So sollten „die Qualität der Flachwasserzone für Fauna und Flora [verbessert … und] durch die Erhöhung des Niveaus auch Strandspaziergänge möglich" gemacht werden. Auf einer Länge von 220 Metern und einer Breite zwischen 10 und 34 Metern zwischen den Häusern Zum Kretzer 2 und 12 wurde durch Aufschüttung von 3.750 Kubikmetern Moränenkies „der Lebensraum für Wasserpflanzen, für Kleinlebewesen und laichende Fische wesentlich verbessert und die Selbstreinigungskraft der Flachwasserzone gestärkt."

Die Stadtsparkasse bot ihre Räume im DGH nach Aufgabe der Nußdorfer Filiale zum Verkauf an. Auf Anregung von Ortsvorsteher Beck nutzte die Stadt ihr Vorkaufsrecht.

Am 31.7.2004 feierte Nußdorf das Richtfest zum Schulneubau. Da der Stadt das Geld für ein Fest fehlte, organisierte es die Schule zusammen mit dem Förderverein.

Bei der konstituierenden Sitzung des neuen Ortschaftsrates im September forderte Ortsvorsteher Beck mehr privates Engagement, „um das angestrebte Prädikat Erholungsort zu verdienen". Beim Erholungsort ginge es ja nicht bloß um den Zusatz auf dem Ortseingangsschild, sondern um die Chance, auf die unterschiedlichsten Fördermittel zugreifen zu können.

Kurz vor Weihnachten beschloss der Ortschaftsrat den Erhalt des Trafoturms hinter der Schule, nach dem die Finanzierung der vorläufigen Sanierung durch Spenden gesichert worden war. Unter dem Vorbehalt der Finanzierung hatte man schon im November den Abriss des Trafohäuschens verhindert. Uwe Negrassus von der Gärtnerei gleichen Namens hatte die blendende Idee, den Turm nicht nur zu erhalten, sondern der Nutzung durch die Kinder zuzuführen. Mit seiner Skizze, die der heutigen Lösung sehr ähnelt, konnte Schulleiterin Stockmann den Ortschaftsrat schnell überzeugen, den Turm im ersten Schritt zu erhalten, damit er später zu einem Spielturm umgestaltet werden könnte.

In einem Rückblick auf das Jahr 2004 stellte OB Weber laut Südkurier fest: „Und das Erfreulichste im ausgehenden Jahr? Dass wir für Jung und Alt investieren konnten. Wir haben eine neue Sporthalle Wiestorschule, wir haben die Realschule saniert, erweitert. Wir sind dabei, die Grundschule in Nußdorf zu realisieren."

Im Februar 2005 - mitten in der Fasnet - begannen aufregende Zeiten für Nußdorf. Edda Nagel, die in der Tourist-Info Gäste und Vermieter in Nußdorf betreute, sollte noch im Laufe des Jahres in die Zentrale der Kur & Touristik GmbH (KuT) in Überlingen versetzt werden. Werner Manneck, der das DGH betreute und dessen Gäste bekochte, sollte ebenfalls so bald wie möglich einer neuen Arbeit in der KuT-Zentrale nachgehen. Da das DGH für die KuT nicht nur keinen Profit abwarf, sondern in 2004 ein Defizit von 60.000 Euro produziert hatte, kündigte die KuT den DGH-Verwaltungsvertrag mit der Stadt, der vor sieben Jahren unter OB Patzel geschlossen worden war. Der Südkurier kommentierte diese Angelegenheit recht harsch:

„Es geht überall ans Eingemachte - und das soll nun besonders schmerzhaft das touristisch geprägte Nußdorf zu spüren bekommen. Die geplante Schließung der Tourist-Info und das Aus für das DGH als von der Kur- und Touristik GmbH organisierter Veranstaltungsraum bedeuten tiefe Einschnitte für den Ort.

Der Ruf nach ‚bürgerschaftlichem Engagement', um Abstriche bei bisher freiwilligen Verwaltungsleistungen aufzufangen, hat damit in Nußdorf eine neue Qualität erreicht. Jetzt sind Gewerbebetriebe, nämlich die Vermieter von Gästebetten, aufgefordert, selbst neue Lösungen zu erarbeiten. Das wird nicht leicht, sondern ein ganz harter Brocken. Bemerkenswert bleibt, dass erstmals Hand angelegt wird an das wirtschaftliche Standbein der gesamten Stadt, den Tourismus. Nußdorf ist dabei womöglich nur der erste Schritt. Erholungsort kann es immer noch werden - leider wohl aber ohne persönlichen Ansprechpartner für die Urlauber."

Das Angebot der KuT, die Nußdorfer Ferienmietobjekte in eine elektronische Buchungsstelle am Landungsplatz in Überlingen zu integrieren, stieß wegen der hohen Kosten auf Ablehnung bei den Nußdorfer Vermietern. Die gemeinsame Verantwortung der Stadt Überlingen und der Ortsverwaltung Nußdorf für das DGH begründete „Oberbürgermeister Volkmar Weber bei einer öffentlichen Ortschaftsratssitzung mit vielen Vermietern des Stadtteils [damit, dass so ...] die Stadt einem ‚Gebot der Kostentransparenz' [folge] und stelle das Nußdorfer DGH allen anderen Gemeinschaftshäusern der Überlinger Teilorte gleich." Der Ortschaftsrat akzeptierte die auf ihn zukommende neue Verantwortung.

Im selben Monat Februar gab es etwas zu feiern. Der Erweiterungsbau der Schule wurde eingeweiht. Die Redner waren: Thomas Pross (Architekt), Uta Stockmann (Schulleiterin), Rudolf Beck (Ortsvorsteher), Christine Kiefer (Vorsitzende des Fördervereins Grundschule Nußdorf), Heidrun Pfeiffer (Vorsitzende des Elternbeirats), Volkmar Weber (Oberbürgermeister) und Arthur Pilz, dessen Konzept umgesetzt wurde. Alle Redner hoben das Engagement der Eltern hervor. OB Weber erinnerte sich, dass, als er noch Baubürgermeister war, alles damit angefangen habe, dass man das Lehrerzimmer erweitern wollte. Er erwähnte auch, dass der Schulhort gänzlich ohne finanzielle Beteiligung der Stadt gegründet worden sei und auch ohne städtische Mittel unterhalten werde. Christine Kiefer meinte, dass solch ein Erfolg zu Recht viele Väter und Mütter habe. „Sie nannte einige, darunter die ehemalige Schulleiterin Inge Ginter, die es geschafft hatte, dass Kinder Schule liebten".

Das fünfzigjährige Jubiläum der Musikkapelle fasste der Südkurier zusammen: „Der musikalisch umrahmte Festakt mit vielen Lob- und Dankesreden, in den hochkarätige Ehrungen durch den Blasmusikverband Bodenseekreis genauso eingebunden waren wie die Vorstellung der umfangreichen Festschrift, hatte mit einem Sekt-Empfang begonnen und gipfelte nach über drei ereignisreichen Stunden in ein geselliges Beisammensein, für das fleißige Vereinsmitglieder an die 1.000 Canapées gerichtet hatten."

Der Ortschaftsrat Nußdorf hatte zwar akzeptiert, sich in Zukunft zusammen mit der Stadtverwaltung um das DGH zu kümmern - wobei noch nicht geklärt war, wie das im Detail ablaufen würde. Mit der Aufgabe der Tourist-Info waren aber weder die Vermieter noch der Ortschaftsrat einverstanden. Deswegen wurden ernsthafte Überlegungen angestellt, die Stadt vor dem Verwaltungsgericht wegen Nichteinhaltung des Eingliederungsvertrags von 1974 zu verklagen. Im Protokoll des Ortschaftsrates wurde dazu im Mai vermerkt: „Bei (einem) Treffen am 2.5. mit den Fraktionsspitzen, mit OB Weber, Bürgermeister Lutz und Thomas Götz, dem GF der Kur & Touristik, war OV Beck auf breite und sehr emotionale Ablehnung des Beschlusses des Nußdorfer Ortschaftsrats gestoßen, im Falle einer Schließung des Nußdorfer Verkehrsamts beim Verwaltungsgericht in Sigmaringen die Gültigkeit des Eingemeindungsvertrags überprüfen zu lassen." Doch kurz darauf konnte der Südkurier berichten: „Nußdorf behält dauerhaft in der Hauptsaison vom 1. Mai bis 30. September einen Ansprechpartner für Touristen. Das beschloss der Gemeinderat." Über das DGH soll eine „große Verwaltungsrunde im Rathaus [...] klären, wie es künftig mit der Bewirtschaftung des Dorfgemeinschaftshauses (DGH) im Stadtteil Nußdorf weitergeht."

Im Ortschaftsrat war schon mehrmals der Nußdorfer Schandfleck, das ehemalige Deufelgrundstück am Salm, angesprochen worden. Nicht nur die Verschandelung der Dorfmitte wurde als Problem gesehen, sondern auch die Gefährdung der Bewohner in der nicht abgerissenen Nordhälfte der ehemaligen Doppelhaushälfte.

Als bekannt wurde, dass dem Grundstück eine Zwangsversteigerung drohe, herrschte im Ortschaftsrat Einigkeit, dass das Grundstück von der Stadt erworben werden solle, um an Stelle eines Gebäudes etwas öffentlich Nutzbares einzurichten. Da die Stadt den geforderten Preis in Höhe von 165.000 Euro

Der Nußdorfer Schandfleck; die Wand mit dem Graffiti ist die Außenwand der noch bewohnten Nordhälfte der ehemaligen Doppelhaushälfte.

nicht in den Haushalt ein gestellt hatte, entschied der Ortschaftsrat, das Geld in Nußdorf zu sammeln. Der Ortschaftsrat durfte als Organisationseinheit innerhalb der Stadtverwaltung keine Geldsammlung durchführen. Deswegen wurde entschieden, den über zehn Jahre schlummernden „Förderverein Dorfgemeinschaftshaus Nußdorf" zu reaktivieren und in „Förderverein Dorfgemeinschaft Nußdorf" umzubenennen.

Man kämpfte aber nicht nur gegen Ruinen in der Dorfmitte und für den Erhalt der Tourist-Info, sondern feierte auch kräftig, wenn es etwas zu feiern gab, wie auch im Südkurier vermerkt wurde. „Mit einem großen Bezirksmusikfest im Rahmen des 25. Nußdorfer Dorffestes hat die Musikkapelle Nußdorf gestern ihren 50. Geburtstag gefeiert. Sechs Musikvereine aus der näheren und weiteren Umgebung gaben sich beim Dorfgemeinschaftshaus ein Stelldichein, um nach einem Sternmarsch die Besucher mit einem mehrstündigen Konzert zu verwöhnen."

Am 20. September beschloss der Ortschaftsrat „den Landschaftsschutz auf der Nordseite der Pfrille aufzuheben und dafür den bisherigen landwirtschaftlichen Grund auf der Nordseite des Birnauer Wegs zum Landschaftsschutzgebiet zu erklären." Auf dieser Entscheidung fußte im November die vom Ortschaftsrat einhellig unterstützte Forderung von Rudolf Beck, „dass die Stadt das [Deufelgrundstück] kaufen sollte, um es in eine Grünfläche umzuwandeln. Finanziert werden soll das mit den Einnahmen der Stadt aus dem Verkauf der zwei städtischen Grundstücke an der Pfrille". Dort waren nämlich sieben Baugrundstücke ausgewiesen worden, von denen zwei der Stadt gehörten. Diese Nußdorfer Forderung fand wenig Gegenliebe in der Stadt.

Aus einem Interview des Südkuriers mit Rudolf Beck im Januar 2006 war zu erfahren, dass sich Nußdorf schon im ausgehenden Jahr 2005 um das Prädikat Erholungsort beworben habe. Beck war optimistisch, da „Nußdorf schließlich einiges zu bieten [habe]: Ein schönes und familienfreundliches Strandbad, einen Direktanschluss an den Schiffsverkehr und mit dem Dorfgemeinschaftshaus einen attraktiven Veranstaltungsort, der durch den bevorstehenden privaten Betrieb noch aufgewertet werden könnte." Am meisten spräche laut Beck das hohe Verkehrsaufkommen im Salm gegen die Verleihung des Prädikats. Schon deshalb „wartet Nußdorf sehnsüchtig auf einen neuen Anschluss an die Bundesstraße bei Altbirnau. [...]. Im Frühjahr rechnet der Ortsvorsteher nun mit dem Besuch der eigentlichen Kommission, die letztendlich die Bewertung vornimmt."

Am 1. Februar 2006 wurde das DGH einem Pächter anvertraut. Aus der Einleitung eines längeren Berichts im Südkurier: „Im September wird das Dorfgemeinschaftshaus Nußdorf 20 Jahre alt. Zunächst von der Stadt selbst verwaltet, kam es mit der Gründung der Kur und Touristik Überlingen GmbH 1995 unter deren Obhut. Nach kontinuierlich rückläufigen Umsätzen und einem wachsenden Defizit verspricht sich die Stadt von Verpachtung und Betrieb unter privater Regie ab 1. Februar Vorteile."

Das Nußdorfer Ehepaar Veronika und Wolfgang Daiber erhielt bei einer kleinen Feier in den Räumen der Sparkasse die Urkunde für die Stiftung „Maria-Daiber-Stiftung für Menschen in Not". Die beiden Daibers wollten die Erträge gemeinnützigen Einrichtungen und Institutionen anvertrauen, da diese wüssten, „wo die Not am größten ist". „Regierungspräsident Hubert Wicker betonte, dass vieles in der Gesellschaft nicht gemacht werden könnte, wenn es keine Stiftungen gäbe. Im Bodenseeraum gibt es derzeit 56 Stiftungen mit den unterschiedlichsten Stiftungszwecken."

Beim Zwangsversteigerungstermin für das Deufelgrundstück wurde im Amtsgericht Anfang März kein Angebot abgegeben.

Der Südkurier stellte Mitte April fest: Nußdorf sei „ein drohender Aderlass erspart geblieben. [...] Nun ist Nußdorf wieder gerüstet für seine Feriengäste. Zur modernen Maschine in Form des Buchungsautomaten vor dem Dorfgemeinschaftshaus gesellte sich nun mit Mechthild Knapp im ‚Verkehrsamt' wieder der Mensch als Informationsquelle. Ab 2. Mai wird sie auch die Post-Service-Filiale übernehmen."

Trotz der warnenden Hinweise von Thomas Vogler, Leiter des städtischen Grünflächenamts, unterstützte der Ortschaftsrat im April die Idee der Vereine, das Dorffest vom bisherigen Standort (Laugele, DGH und Pausenhof der Schule) an das Seeufer auf die Wiese vor dem Hotel Zolg (heute Hotel am Seeuferpark) zu verlegen.

Der Ortschaftsrat beschloss, am nächsten Zwangsversteigerungstermin für das Deufelgrundstück teilzunehmen, um das Grundstück für die Errichtung eines kleinen Parks zu erwerben. „Konrad Scheurer, der Vorsitzende Fördervereins Dorfgemeinschaftshaus [... erklärte] sich bereit, den Restkassenstand für den Kauf des Grundstücks zur Verfügung zu stellen. Mehrere Ortschaftsräte erklärten sich bereit, Sponsoren für den Erwerb des Grundstücks zu suchen."

Das Prädikat Erholungsort wurde Nußdorf vorläufig verweigert. Es gab zwei Gründe: Die hohe Verkehrsbelastung in der Ortsdurchfahrt und die Ruine auf dem Deufelgrundstück. Rudolf Beck bedauerte zwar die negative Entscheidung des Regierungspräsidiums Tübingen im Mai, zeigte sich aber optimistisch, dass ein neuer Anlauf 2008 erfolgreich sein werde. Bis dann nämlich seien der provisorische Anschluss der B 31 bei Alt-Birnau vollzogen und der

Park in der Dorfmitte fertiggestellt. Positiv waren für Nußdorf die Luftwerte. Es würden alle klimatischen und lufthygienischen Anforderungen für einen Erholungsort erfüllt, trotz des hohen, täglichen Verkehrsaufkommens von 10.000 Fahrzeugen.

Nachdem die Stadt im Juni erklärt hatte, sie werde den Kauf des Deufelgrundstücks unterstützen, war am 16. Juni der Zeitpunkt gekommen, den Förderverein Dorfgemeinschaftshaus in Förderverein Dorfgemeinschaft umzubenennen und die Satzung dem neuen Vereinszweck anzupassen: Der Zweck „ist die Förderung sämtlicher Maßnahmen einschließlich der Aufbringung finanzieller Mittel, die zur Erstellung Pflege, Erhaltung und Erweiterung des Dorfgemeinschaftshauses und anderer Projekte durch die Stadt Überlingen im Teilort Nußdorf ergriffen werden." Nur sieben Tage nach der Umwidmung des Vereins waren von den Ortschaftsräten, die sich zum Geldsammeln gemeldet hatten, schon 50.000 Euro gesammelt worden. Die Unterstützung der Stadt war mindestens zweifältig. Einerseits verpflichtete sich die Stadt, auf dem zu erwerbenden Gelände keine Gebäude zu errichten, andererseits erklärte sie sich bereit, die fehlenden Geldmittel, sollte die Spendensammlung nicht ausreichen, zuzuschießen. Ein beträchtlicher Teil dieses städtischen Zuschusses ergab sich aus Grundstücksverkäufen an die Anwohner gegenüber dem DGH. Im Protokoll des Ortschaftsrats ist das Ergebnis der Zwangsversteigerung beschrieben: „Bei der Zwangsversteigerung des Cubillos[7]-Grundstücks wird die Stadt von einem Nichtüberlinger Bauträger bei 125.000 Euro überboten. Die Stadt konnte nur bis 122.000 Euro mitbieten, die sich aus 78.515 Euro Spendengeldern und 40.000 Euro städtischen Mitteln zusammensetzten." Die Enttäuschung war groß, bis OB Weber eingriff. Er konnte nämlich den Nichtüberlinger Bauunternehmer überreden, der Stadt das Grundstück zum Preis von 125.000 Euro zuzüglich der ihm durch die Versteigerung entstandenen Kosten zu verkaufen. Ob Weber sich für diesen so wichtigen Schritt für Nußdorf am Wochenende des ersten Nußdorfer Seeuferfestes, das auf die Versteigerung folgte, entschieden hat, ist zwar nicht bekannt. Bekannt aber ist, dass der Gemeinderat in nicht öffentlicher Sitzung dem Vorschlag von OB Weber zustimmte. So konnte Ortsvorsteher Beck am 12. September berichten, „dass am 10.8.2006 das Grundstück an die Stadt verkauft worden sei. Da der erfolgreiche Ersteigerer, Bauunternehmer Oßwald, die Hintergrundgeschichte des Grundstücks nicht gekannt habe, sei dieser bei einem Rathaustermin kurz nach der Versteigerung leicht zu überzeugen gewesen, seine Erwerbung ohne Profit für ihn an die Stadt zu veräußern. Die Gesamtkosten würden sich auf 131.400 Euro belaufen. [...] Für die Gestaltung seien schon erneut Spendengelder eingegangen." Und am 11.Oktober war im Südkurier zu lesen: „Der Bagger steht zwar noch am Rand, aber gestern sind die Arbeiten an der Einebnung des von der Stadt Überlingen gekauften Grundstückes 'Cubillos' im

7 Damaliger Besitzer des ehemaligen Deufelgrundstücks

Stadtteil Nußdorf abgeschlossen worden. Jetzt geht es an die Gestaltung des Grundstückes." Nach einer im Dezember durchgeführten Schrottsammlung wurden gut 2.000 Euro erzielt. Damit überstieg der Nußdorfer Anteil für den Erwerb und die Gestaltung des inzwischen vom Bauschutt bereinigten Grundstücks 80.000 Euro.

Vor der ersten Ortschaftsratssitzung im Jahr 2007 informierte „Thomas Vogler (Leiter des städtischen Grünflächenamtes) [...] OV Beck [...], dass er das Gebiet vom Nußdorfer Friedhof bis zur Birnau in die Heinz Sielmann Stiftung einbringen wolle. Dadurch sei die Erhaltung für diese bodenseetypische Landschaft für 15 Jahre sichergestellt. So sollen auf allen Obstwiesen dieses Gebiets die Hochstämme von der Stiftung gepflegt und auch nachgepflanzt werden. Auch Bewirtschafter von außen, möglicherweise mit Vieh, könnten hier landschaftspflegerisch tätig werden."

Ende Januar wurde eine Arbeitsgruppe gegründet, um einen Vorschlag für die Gestaltung des Deufelgrundstücks zu erarbeiten. Ihre Mitglieder waren Thomas Vogler, Michael Schneider (Planstatt Senner), Rudolf Beck, die Ortschaftsrätinnen Ulrike Gut, Christine Kiefer, Maria Spreitzhofer und die Ortschaftsräte Dietram Hoffmann und Markus Wuermeling.

„Am 23. März gab es im Dorfgemeinschaftshaus eine kleine Feier für Martin Walser, dem wohl prominentesten Nußdorfer Bürger zu seinem 80. Geburtstag. Gefeiert haben mit ihm OB Weber, OV Beck, der Ortschaftsrat und gut 30 Musiker des Gesang- und Musikvereins. Natürlich hat ihm keiner am Vorabend des Geburtstags gratuliert, aber die besten Wünsche und Geschenke gab es trotzdem. Der OB überreichte eine Kiste Wein, die in blaues Papier - so blau wie der Bodensee - verpackt war. [...] OV Beck [... überreichte] in einer Nußdorfer Zonne (Weidenkorb mit zwei Griffen) auf Beck'schem Heu gebettete Produkte aus Nußdorf. Darin waren Schnaps aus den Brennereien Schumacher und Beck, fünf Liter Süßmost, Eier aus dem Hühnerhof Specker, Holunderbeerensirup, Quitten in Jamaikarum und Marmeladen (in EU-Deutsch Fruchtaufstriche) aus Nußdorfer Brombeeren, Quitten, Äpfeln und Kirschen. [Die Nußdorfer Malerin] Helga Sebecke hatte auf ein Gänseei ein, wegen der ovalen Oberfläche des Eis, leicht rundliches Porträt von Walser gemalt."

Am 20.4.2007 stand im Amtsblatt, dass Nußdorf 1.287 Einwohner zählt. Schon im Mai konnte Michael Schneider das in drei Sitzungen erarbeitete Ergebnis der Arbeitsgruppe zur Gestaltung des Deufelgrundstücks in einer öffentlichen Ortschaftsratssitzung vorstellen.

„Der Ortschaftsrat stimmte mit zehn Stimmen und einer Enthaltung dem Entwurf zu. Die Stadt [... wurde] gebeten, der Planstatt Senner einen Planungsauftrag zur Gestaltung der Ortsmitte von Nußdorf zu erteilen."

Ortsmitte Nußdorf **Entwurf**

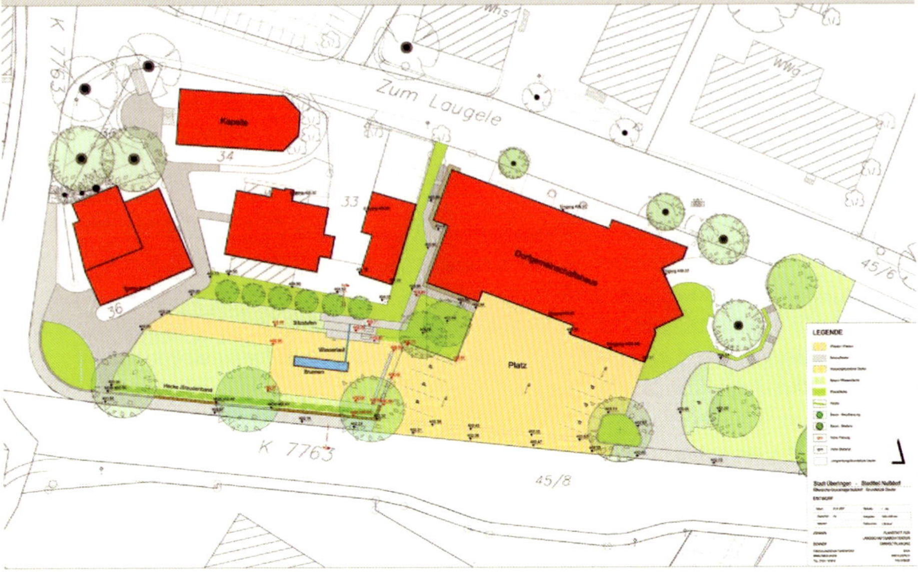

Quelle: Michael Schneider, Planstatt Senner

Im Oktober 2006 wurde eine Rollerfahrerin am Bahnübergang Untermaurach von einem Zug erfasst. Sie war sofort tot. Als im Juli 2007 einen Mopedfahrer ein ähnliches Schicksal ereilte, begann eine Diskussion zwischen der Deutschen Bahn, der Gemeinde Uhldingen-Mühlhofen, auf deren Gemarkung der Bahnübergang liegt, und der Gemeinde Überlingen. Die Bahn und Uhldingen-Mühlhofen wollten den Übergang ersatzlos schließen. Dagegen stellte sich Überlingen, weil Nußdorf darauf hingewiesen hatte, dass es dann zu Moped- und Motorrollerverkehr auf dem Spazierweg zwischen Nußdorf und der Birnau kommen würde. Außerdem wiesen die Nußdorfer daraufhin, dass die Uhldinger Feuerwehr dann nur über Nußdorf mit einem Zeitverlust von mindestens 10 Minuten die westliche Seite von Schloss Maurach anfahren könnte. Auch hätte das Kloster Birnau seinen landwirtschaftlichen Maschinenpark auf der Westseite des Schlosses untergebracht. Zu guter Letzt einigten sich die beiden Gemeinden auf einen halbseitig beschrankten Bahnübergang, nachdem der Überlinger Gemeinderat beschlossen hatte, die Hälfte der für Uhldingen-Mühlhofen anfallenden Kosten zu übernehmen.[8]

In der zweiten Jahreshälfte kam es nach Neuwahlen im Vereinsvorstand zu Unruhen im Förderverein Grundschule Nußdorf, die beinahe das Ende des Vereins bedeutet hätten. Dank engagierten Einsatzes der neuen Vereinsleitung gelang es, wieder Ruhe in den Verein zu bringen, so dass er nicht nur noch immer aktiv für die Grundschule ist, sondern auch die geschäftliche Verantwor-

8 Im Jahr 2015 reduzierten beide Gemeinden ihren Vorschlag von 2007 auf eine feste Sperre, die motorisierte und nicht motorisierte Zweiradfahrer zwingen würde, bei der Überquerung abzusteigen.

tung für den Hort weiterhin beim jeweiligen Fördervereinsvorsitzenden bleibt.

Der Umbau des alten Trafoturms zu einem Spielturm mit Galerie wurde im Oktober abgeschlossen und den Schulkindern im Rahmen einer Feier übergeben.[9]

Zum Jahresabschluss 2007 wurde die Innenrenovierung der St. Kosmas und Damian Kapelle abgeschlossen. Sie war durch die Heizanlage verschmutzt worden. Auch die gotischen und barocken Figuren wurden komplett gereinigt. Damit sich in Zukunft dieser Verschmutzungsprozess nicht wiederholen könnte, wurden eine neue Heizung und Belüftung eingebaut. Im kommenden Jahr sollte dann mit den Außenarbeiten die Renovierung ganz abgeschlossen werden. Die Gesamtkosten von 250.000 Euro teilten sich das Erzbistum Freiburg (75.000 Euro) und das Denkmalsamt (25.000 Euro). Der Kapellenfonds (die Gemeinschaft der Katholiken von Deisendorf und Nußdorf) hat dann wohl mit 150.000 Euro drei Fünftel der Renovierungskosten getragen.

Ende Januar/Anfang Februar sollen Gemeinderat und der Rest der Stadtverwaltung erstaunt gewesen sein, so der Südkurier, dass „bei der Datenerhebung der Landesanstalt für Umweltschutz über starke Lärmbelastungen [...] die B 31 beim Burgberg [...] nicht so negativ [...auffiel], wie der Abschnitt zwischen Nußdorf und Uhldingen."

Anfang Februar gab OB Volkmar Weber bekannt, für eine zweite Amtszeit von acht Jahren nicht mehr zur Verfügung zu stehen.

Im März 2008 trat ein neues Konzept für den Betrieb des DGH's in Kraft. Der bisherige Pächter war damit gescheitert, das DGH profitabel zu führen und hatte aufgeben müssen. Seine Nachfolge trat die ICOMA-Systemmanagement GmbH an, aber nicht mehr als Pächter, sondern als Verwalter des DGH's im Auftrag der Stadt.

Als im Mai 2007 der Planungsentwurf für die Parkanlage im Dorfzentrum vorgestellt wurde, war die Brunnenanlage „nicht mehr der klassische Dorfbrunnen, sondern ein flaches Wasserbecken, das aus einer Wasserrinne gespeist werde." Diesen Entwurf hatte Michael Schreiber von der Planstatt Senner geändert und dem Ortschaftsrat im April vorgestellt. Die den Brunnen speisende Wasserrinne hätte sich negativ auf die zu erwartenden Kosten ausgewirkt. Der Brunnen sollte im neuen Entwurf zwar klassisch aus einem Wasserspeier gespeist werden. Das Wasser würde aber nicht mehr in einen Trog, sondern in ein Bächlein mit Inseln fließen, um Kinder zum Spielen einzuladen. Dieses Bächlein würde dann als kleiner Wasserfall in ein dreißig Zentimeter tiefes Becken des Brunnens laufen. Der Ortschafstrat stimmte diesem Entwurf mehrheitlich zu. Realisiert werden konnte der Brunnen vor allem dank einer großzügigen Spende von Annette Schavan (damalige Bundesministerin für Bildung und Forschung und Besitzerin einer Ferienwohnung in Nußdorf).

Endlich war es soweit. Im Juni waren auch die Außenrenovierungen an

9 Mehr dazu in Kapitel 8: Vereine heute und gestern, Förderverein Grundschule Nußdorf

der Kapelle abgeschlossen. Dies wurde von der Kirchengemeinde Birnau mit einer Festmesse mit Abt Kassian von der Zisterzienser Abtei Mehrerau, zu der das Priorat Birnau gehört, gefeiert. Schon seit März läuteten die Glocken mit einem weicheren Klang, nicht nur, weil die morschen Joche ersetzt worden waren, sondern auch, weil „die beiden Klöppel [...] mit einer speziellen Legierung ‚aufgepolstert' [... wurden]". Zum Schutz der wertvollen Figuren im Innenraum wurde die Alarmanlage umgerüstet. Der Planer Wilfried Stotz bedauerte, dass der Zugang zur Kapelle nicht barrierefrei gestaltet werden konnte. Eine dafür zu bauende 18 Meter lange Rampe wäre vom Landesdenkmalamt nicht genehmigt worden.

Mitten in der Badesaison im Juli attackierte der Vater von drei Schwanenküken einen älteren Mann, als dieser beim Rückenschwimmen beinahe mit der Familie zusammengestoßen wäre. Der 79-jährige musste nach der Attacke wiederbelebt werden und kam mit dem Schrecken davon. Da dies nicht der erste Vorfall mit dem Schwan war, hatte er schon den Spitznamen „Iwan der Schreckliche". Um weitere Vorfälle zu vermeiden, wurde Iwan mit Frau und Küken in den Neuweiher nach Daisendorf zwangsumgesiedelt. Dort gefiel es der Schwanenfamilie aber nicht. Sie machte sich zu Fuß auf, um nach Nußdorf zurück zu watscheln. Auf der B 31 wurden die fünf Schwäne gefangen und ins Donautal exiliert, wo sie geblieben sind. Über diese Story erschienen im Südkurier immerhin sieben Artikel. Einer handelte vom „Killerfritz". Der lebte 2002 im Bereich des Nußdorfers Schwimmbades, wie Peter Eberz, der damalige Pächter des Strandbads, erzählte. Dieser sei viel aggressiver als Iwan gewesen. Fritz hatte auch Schwimmer angegriffen, ohne dass es zu Beinahezusammenstößen gekommen wäre. Er wurde mitsamt seiner Familie in den Andelshofer Weiher exiliert und strangulierte sich ein Jahr später an einer Angelschnur.

Da das Prädikat Erholungsort in weite Entfernung gerückt war, erarbeitete eine Arbeitsgruppe des Ortschaftsrates im August „eine Broschüre für die Beteiligung von Nußdorf am Kreiswettbewerb ‚Unser Dorf hat Zukunft'. Nußdorf [... trat] mit dem Slogan ‚Nußdorf das Dorf zwischen Wasser und Wald' an. [Die ... wesentlichen] Bewertungskriterien [... waren] bürgerschaftliche Aktivitäten, die dörfliche Infrastruktur und das Vereinsleben." Nußdorf landete mit 89 Punkten knapp hinter den 92 Punkten für Billafingen auf dem zweiten Platz.

Beim zweiten Wahlgang wurde Sabine Becker im Oktober 2008 zur Oberbürgermeisterin von Überlingen gewählt.

Rudolf Beck und Karlheinz Kretz wurden in Baden-Baden mit der goldenen Ehrennadel des Gemeindetages Baden-Württemberg für ein mehr als vierzigjähriges Engagement in ihrer Ortschaft geehrt: Kretz für 42 und Beck für 40 Jahre. „Ausgezeichnet wurden [vom Städtetag] insgesamt neun aktive und ehemalige Stadtoberhäupter sowie 31 Ratsmitglieder. Städtetags-Präsident Ivo Gönner überreichte die Auszeichnung."

Im Oktober wurde der Brunnen im Park vor dem DGH aufgestellt. Kurz vor Weihnachten wurden der Park in der Dorfmitte und der Brunnen, mit anschließenden Umtrunk im DGH, eingeweiht. Anwesend waren „viele Nußdorfer Bürgerinnen und Bürger, die Kapelle des Gesangs- und Musikvereins, OB Weber, Bürgermeisterin Becker, der Gemeinderat, der Ortschaftsrat, die Spender, Bundesministerin Annette Schavan, die Ortsvorsteher der anderen Teilorte, der Leiter des städtischen Grünflächenamts Thomas Vogler, Stadtkämmerer Ludwig Sauter, Johann Senner, Geschäftsführer Eder von den Stadtwerken, die beteiligten Handwerker, die Vorstände der Nußdorfer Vereine und die Geistlichen [beider Konfessionen], die den Brunnen einweihten. [...] Die Geschichte hatte dramatisch begonnen, durchlebte eine lange Durststrecke, nahm eine spektakuläre Wendung und für Nußdorf dank des Engagements seiner Bürger schließlich noch ein gutes Ende. Wo mehrere Jahre lang eine Bauruine den Blick beleidigte, darf der Teilort nun bald auf eine neue Dorfmitte blicken. Die Brunneneinweihung am Samstag war dazu das erste Etappenziel, das gebührend gefeiert wurde. Als Bundesministerin, Wahlnußdorferin und Spenderin Annette Schavan am Ende ihrer Ansprache das Kommando ‚Wasser marsch!' gegeben hatte, sorgten die heimischen Böllerschützen mit drei Salutschüssen für den überraschenden und weithin hörbaren Theaterdonner. Deutlich dezenter begleitete der Musikverein Nußdorf den kleinen Festakt rund um den mit Buchs und badischen Farben geschmückten Brunnen. Über nichts werde lebhafter diskutiert als über Brunnen, sah Oberbürgermeister Volkmar Weber Diskussionen über die Gestaltung schon heraufziehen. Deshalb wünsche er sich noch ein paar Bänke drumherum, damit man hier in Ruhe philosophieren

Der neue Park in der Dorfmitte im Frühsommer 2009

könne. Froh sei er auf jeden Fall, räumte Weber ein, ‚dass es kein Lenk-Brunnen geworden ist'."

Der Ortschaftsrat beschloss auf seiner ersten Sitzung im Jahr 2009, das Thema 875 Jahre Nußdorf nicht mehr weiter zu verfolgen.

Bei der Kommunalwahl am 7. Juni 2009 wurde ein neuer Ortschaftsrat gewählt. Da der neue Gemeinderat zum ersten Mal nach dem 15. September zusammentreten würde, blieb der alte Ortschaftsrat bis zum 15. September weiter im Amt. Dieser alte Ortschaftsrat beschloss Ende Juli „bei der konstituierenden Sitzung am 15.9. anlässlich des 875sten Jubiläums von Nußdorf eine Arbeitsgruppe einzusetzen, die den Rahmen für eine Nußdorfer Chronik festlegt".

In der konstituierenden Ortschaftsratssitzung am 15. September entschied der Ortschaftsrat, Ortsvorsteher Rudolf Beck dem Gemeinderat nicht mehr als Nußdorfer Ortsvorsteher-Kandidaten vorzuschlagen, sondern Günter Hornstein, der dann auch einstimmig vom Gemeinderat gewählt wurde.

Auf der Ortschaftsratssitzung am 17. November 2009 beschloss der neue Ortschaftsrat einstimmig, anlässlich des 875. Jubiläums der ersten schriftlichen Erwähnung von Nußdorf 1134 eine Dorfchronik erstellen zu lassen. Mit der Projektleitung wurde Dietram Hoffmann betraut.

Quellenverzeichnis

Bildnachweise

Die meisten hier verwendeten Fotos sind von Nußdorfer Bürgen zu Verfügung gestellt worden, die damit auch einer Veröffentlichung zustimmten. Der jeweilige Fotograf konnte nicht immer ermittelt werden. Bilder, die von den Verfassern der Chronik gemacht wurden, sind ohne Quellenangaben. Aus der Online-Enzyklopädie Wikipedia wurden nur Abbildungen entnommen, die zur Weiterverwendung freigegeben waren. Das gilt auch für die Titelbilder der Kapitel 12, 13 und 15. Für die Abbildung der Künstlerischen Rekonstruktion eines Therizinosaurus-Embryos, Titelbild für Kapitel 11, gibt Wikipedia folgende Quelle an: Pavel.Riha.CB aus der englischsprachigen Wikipedia (18.07.2017). Der Fotograf des Titelbildes von Kapitel 16 war W. Fischer.

Auch zu den Titelbildern der beiden Buchteile gibt es aus gestalterischen Gründen keine Bildunterschriften und -quellen; deshalb werden diese hier aufgelistet:

Titelbild Teil 1: Luftaufnahme von Nußdorf, Foto: Achim Mende

Titelbild Teil 2: Karte aus dem 18. Jahrhundert, Museum Überlingen

In folgenden Fällen wurde mit den Lizenzgebern die explizite Quellennennung vereinbart:

Kapitel 2, Die Kapelle St. Kosmas und Damian: Copyright (mit freundlicher Genehmigung): Zentralinstitut für Kunstgeschichte, München

Kapitel 1, Die Straßen: Artzeichnungen von Fritz Wendler aus dem Buch: Hartmann, Uwe: Süßwasserfische. 3.Aufl. Stuttgart: Eugen Ulmer KG, 2003. Rechteinhaberin: Daniela Lachmuth

Karten

Geometrische Mappa [...] Herrschaft Salmannsweiler [...] 1765 [Karte von Salem 1765]. Wikimedia Commons https://commons.wikimedia.org/wiki/File:Salem_Mappa_1765.jpg (17.02.2017)

Grundriss über das Dorf Nußdorf. So vermessen von Jacob Heber aus Lindau 1713

Nußdorf - Stich und Druck der Hof-Steindruckerei v. H. Straub 1879

Nußdorf - Verbesserung der Abwasserversorgung und Kanalisation, Lageplan 1:1500, Entwurf von Ing. Rose, 1952

Literatur

Im Folgenden sind die verwendeten Literaturquellen aufgelistet. Zitierte Definitionen aus der Online-Enzyklopädie Wikipedia, die in den Fußnoten stehen, werden hier nicht noch einmal genannt. Außerdem wurden die ausgewerteten Artikel des Südkuriers nicht einzeln ausgewiesen. Das Online-Angebot des Südkuriers ab dem Jahr 2000 war uns eine große Hilfe, insbesondere, weil die Berichte es uns ermöglichten, Beziehungen zwischen dem Geschehen in der Gemeinde Überlingen und im Ortsteil Nußdorf herzustellen. Die ausgewerteten Akten aus dem Stadtarchiv Überlingen, dem Kreisarchiv in Salem und dem Staatsarchiv Sigmaringen wurden ebenfalls nicht einzeln aufgeführt.

Archäologisches Landesmuseum Baden-Württemberg, Landesmuseum Württemberg und Landesamt für Denkmalpflege im Regierungspräsidium Stuttgart (Hrsg.): Die Welt der Kelten. Zentren der Macht - Kostbarkeiten der Kunst. Ostfildern 2012

Badische Gemeindeordnung vom 5. Oktober 1921. Erl[äutert]. von Erwin Gündert. 2. Aufl., Mannheim 1924

Badisches Wörterbuch. Hrsg. mit Unterstützung des Bad[ischen] Ministeriums des Kultus und Unterrichts. Begonnen von Ernst Ochs. Band 1: A - E. Lahr (Schwarzwald) 1940

Baier, Hermann: Akten zur Geschichte des dreißigjährigen Krieges am Bodensee. In: Schriften des Vereins für Geschichte des Bodensees und seiner Umgebung. Bd. 44 (1915), S. 129 -162

Baumgartner, Josef: Das Musikleben in Nußdorf um die Jahrhundertwende. [Unveröff. Skript. o.J.]

Beck, Rudolf: Ergänzende Darstellung zur Geschichte der Nußdorfer Kapelle. In: Ausschuss für Angelegenheiten des Stadtteils Nußdorf (Hrsg.): Dorfgemeinschaftshaus Nußdorf. Festschrift anläßlich der Einweihung des Dorfgemeinschaftshauses Nußdorf am 27./28. September 1986. Nußdorf 1986, S. 30

Beck, Rudolf: Inbetriebnahme des Bahnhaltepunkts Nußdorf. 2. Dezember 2001. [unveröff. Broschüre. 2001]

Beyer, Q. E.; Zur Geschichte von Nußdorf am Bodensee und seines Karpfenwirtshauses. [handschr. Manuskript] Freiburg 19

Böll, Adolf: Die neuesten Pfahlbaufunde am Überlinger See. In: Schriften des Vereins für Geschichte des Bodensees und seiner Umgebung. Bd. 11 (1882), S. 93 - 100

Borchardt-Wenzel, Annette: Kleine Geschichte Badens. Regensburg 2011

Borst, Arno: Ritte über den Bodensee. 2. Aufl., Bottighofen 1992

Bosl, Karl: Europa im Mittelalter. Wien [u.a.] 1970

Bräunche, Ernst, Otto: Gemeindeordnung 1831. http://stadtlexikon.karlsruhe.de/index.php/De:Lexikon:ereig-0240 (04.07.2017)

Büchi, Eva: Andere Zeiten, andere Badesitten! Von der Seebadeanstalt zum Strandbad. Badekultur am Bodensee (1850 - 1930), unter dem Aspekt der Disziplinierung der Badegäste. [Hochschulschrift] Weinfelden 1997

Buhlmann, Michael: St. Georgener Gründungsbericht (1033 - 1155). http://www.michael-buhlmann.de/Geschichtsschreibung_MA/ (04.07.2017)

Die Landesständische Verfassungsurkunde für das Großherzogthum Baden. Nebst den dazu gehörigen Actenstücken und anderen Zugaben welche hierauf Bezug haben. Karlsruhe 1819

Chronik der Überlinger Feuerwehr 1853 - 1978. Überlingens Kampf gegen das Feuer in den vergangenen Jahrhunderten. Festschrift zum 125jährigen Jubiläum der Freiw. FW Ü / Bodensee. Hrsg.: Freiw. FW Überlingen 1978

Derschka, Harald: Die stiftsalemische Waisenkasse Abt Anselms II. von 1749. In: Schriften des Vereins für Geschichte des Bodensees und seiner Umgebung, Bd. 118 (2000), S. 87 - 95

Die Deutsche Gedichtebibliothek. Gesamtverzeichnis deutschsprachiger Gedichte. http://gedichte.xbib.de/Dahn,+Felix_gedicht_Gotenzug.htm. (04.07.2017)

Duttlinger, Johann Georg: Quellen des Badischen Staatsrechts. Karlsruhe 1822

Eckert, G[ustav] A[dolf]: Entstehung und Beschreibung der Wasserleitung in Nuszdorf bei Überlingen /Bodensee. [o.J., wahrscheinlich 1903]

Enzensberger, Hans Magnus: Wie man Nationen am Schreibtisch erfindet. In: Ders.: Enzensbergers Panoptikum. Zwanzig Zehn-Minuten-Essays. Berlin 2012

Fautz, Hermann: Die Bergbauversuche auf Braunkohlen im nordwestlichen Bodenseegebiet. In: Schriften des Vereins für Geschichte des Bodensees und seiner Umgebung, Bd. 84 (1966), S. 39 - 68

Fenner, Achim: Schule in Badischer Zeit 1810 - 1918. Stockach 1987

Filser, Hubert: Europas Urahnen. In: Süddeutsche Zeitung, 16.11.2015

Fischer, Jürgen / Bayrischer Rundfunk: Eine Zeitreise durch die Geschichte der Jagd. 2014. http://www.daserste.de/information/wissen-kultur/w-wie-wissen/sendung/zeitreise-100.html (02.01.2017)

Fladt, Wilhelm: Von den Anfängen der deutschen Schule in Überlingen. In: Schriften des Vereins für Geschichte des Bodensees und seiner Umgebung, Bd. 66 (1939), S. 101 - 114

Förderverein Dorfgemeinschaft Nußdorf e.V. http://www.nussdorf-bodensee.de/foerderverein.html (04.07.2017)

Freiwillige Feuerwehr Nußdorf (Hrsg.): 50 Jahre Freiwillige Feuerwehr Überlingen Abt. Nußdorf. Überlingen 1988

Freudenberg, Hermann: Die Obstbaulandschaft am Bodensee. Ihr Wesen, Werden und ihre Bedingtheit. Heidelberg 1938

Frick, Friedrich: Obstbau im Wandel der Zeit. 5000 vor Christi bis zur Gegenwart, dargestellt an der Region Bodensee. Hrsg. v. Landesverband Obstbau, Garten und Landschaft Baden-Württemberg. Stuttgart 1985

Friebe, J. Georg: Feuer, Eis und Wasser, Streifzüge durch die Landschafts- und Entstehungsgeschichte der Bodenseeregion. (Hrsg.:) Kommission Kultur der internationalen Bodenseekonferenz. Konstanz [ca. 2000]

Friedrich, Gerd: Das niedere Schulwesen. In: Handbuch der deutschen Bildungsgeschichte. Band III 1800 - 1870: Von der Neuordnung Deutschlands bis zur Gründung des Deutschen Reiches. Hrsg. von Karl-Ernst Jeismann und Peter Lundgreen. München 1987, S. 123 -151

Fritz, Wilhelm: Chronik der freiw. Feuerwehr Überlingen 1854 - 1929. Überlingen 1929

Geiss, Michael: der Pädagogenstaat. Behördenkommunikation und Organisationspraxis in der badischen Unterrichtsverwaltung 1860 - 1912. Bielefeld: 2014

Gesangverein Frohsinn Nußdorf. Protokollbuch 1921/1927

Gesang- und Musikverein Nußdorf: 50 Jahre Musikkapelle. 1955 - 2005. Nußdorf 2005

Gesang- und Musikverein Nußdorf. Protokollbuch 1957 - 1987

Gesang- und Musik-Verein Nußdorf e.V. 60 Jahre / 25 Jahre, Nußdorf 1980

Gleich, Philipp: Die Pfahlbausiedlungen von Nußdorf-Seehalde. Sondagen und Prospektionsarbeiten 1982 und 2003 des „Projekts Bodensee-Oberschwaben". Freiburg i. Br. 2017

Goetz, Hans-Werner: Leben im Mittelalter. München 1964

Grimm, Jacob / Grimm, Wilhelm: Deutsches Wörterbuch von Jacob Grimm und Wilhelm Grimm. 1852 - 1960. Hrsg. von der Berlin-Brandenburgischen Akademie der Wissenschaften und der Akademie der Wissenschaften zu Göttingen http://www.woerterbuchnetz.de/cgi-bin/WBNetz/setupStartSeite.tcl (16.7.2017)

Großherzogliches Badisches Staats- und Regierungsblatt. 47. Jg., Karlsruhe 1849

Hardegger, August: Aus der Baugeschichte des Klosters St. Gallen. In: Schriften des Vereins für Geschichte des Bodensees und seiner Umgebung, Bd.17 (1888), S. 7 - 22

Hardtwig, Wolfgang: Strukturmerkmale und Entwicklungstendenzen des Vereinswesens in Deutschland 1789 - 1848. In: Dann, Otto (Hrsg.): Vereinswesen und bürgerliche Gesellschaft in Deutschland. München 1984

Heinz Sielmann Stiftung: Biotope in Sielmanns Biotopverbund Bodensee. https://www.sielmann-stiftung.de/fileadmin/user_upload/Biotopverbund_Bodensee_AuswahlBiotope.pdf (10.7. 2017)

Henkel, Gerhard: Das Dorf. Landleben in Deutschland - gestern und heute. Stuttgart 2012

Heuberger, Richard: Der Bodenseeraum im Altertum. In: Geschichtliche Landesforschung, Wirtschaftsgeschichte, Hilfswissenschaften, 1955, S. 7 - 21

Heunisch, A. J. B.: Das Großherzogthum Baden, historisch-geographisch-statistisch-topographisch beschrieben. Heidelberg 1857

Heyd, Heinrich: Geschichte und Entwicklung des Volksschulwesens im Großherzogtum Baden. Bd.1: Die geistlichen Herrschaften. Bühl 1900

Hönes, Jiří: Flurnamenlexikon Baden-Württemberg. Stuttgart-Untertürkheim 2011. http://f.hypotheses.org/wp-content/blogs.dir/1283/files/2012/01/flurnamenlexikon-baden-wc3bcrttemberg.pdfv (12.07.2017)

Hofmann, Franz: Mineralische Rohstoffe und historischer Bergbau rund um den Bodensee. In: Schriften des Vereins für Geschichte des Bodensees und seiner Umgebung. Bd. 115 (1997), S. 169 -191

Hunziker, J.: Das Bauernhaus des Großherzogtums Baden, verglichen mit dem in der Schweiz. In: Schweizerisches Archiv für Volkskunde, Bd. 2, 1898, T. 1: S. 89 - 105; T. 2. S. 193 - 214

Hutter, Walter: Gustav Robert Oexle. Der Aufstieg vom „Dienstbuben" zum Leiter einer Außenstelle der Parteileitung. In: Wolfgang Proske (Hrsg.): Täter, Helfer, Trittbrettfahrer - NS-Belastete aus dem Bodenseeraum. Gerstetten 2016

Jagd. Wikipedia, https://de.wikipedia.org/wiki/Jagd (02.04.2017)

Kalckhoff, Andreas: Karl der Große - Gründer Europas. Stuttgart 1996, Kindle-Edition

Kalkowski, A.: [Pfahlbausiedlung Hornstaad], s. © Landesamt für Denkmalpflege Baden-Württemberg: Siedlungen unter der Lupe 2016. http://pfahlbauten2016.de/de/bildmaterial.html (27.06.2017)

Kaspar, Alfons: Schussenrieder Häuser als Fluchtasyle und Pfleghöfe in fremder Herrschaft. Sonderdruck. Konstanz 1965

Kaufmann, Sabine / Westdeutscher Rundfunk: Geschichte der Jagd: http://www.planet-wissen.de/natur/tier_und_mensch/geschichte_der_jagd (02.01.2017)

Kiefer, Friedrich: Naturkunde des Bodensees. 2. Aufl., Sigmaringen 1972

Kleiner, Ulrich: Geschichte des Musikvereins Nußdorf. Chronik zum 75. Stiftungsfest. Unveröff. Redemanuskript [o.J.]

Kleinstück, Holger: Restaurierte Handdruckspritze sorgt auf Dorffest für nassen Spaß. In: Südkurier vom 7.8.2013. http://www.suedkurier.de/region/bodenseekreis-oberschwaben/ueberlingen/Restaurierte-Handdruckspritze-sorgt-auf-Dorffest-fuer-nassen-Spass;art372495,6202530 (12.07.2017)

Koberg, G.: Urkunde des Abt Thomas von Salmansweiler, Transkription des Consensbriefes des Gotteshauses Salem für die Umwandlung der Allmende auf dem Neusatz in Weingärten. In: Dorfgemeinschaftshaus Nußdorf. Festschrift anläßlich der Einweihung des Dorfgemeinschaftshauses Nußdorf am 27./ 28. September 1986. Ausschuss für Angelegenheiten des Stadtteils Nußdorf. Nußdorf 1986, S.41

Koch, Herbert: Die Unterseefischerei und ihre Geschichte. Arbeitsgruppe Bodenseeufer 2008, http://www.bodensee-ufer.de/Inhalt/Archiv/ThdM-Koch-Sept08.pdf (16.07.2017)

Köninger, Joachim: Tauchsondierungen und Prospektionsarbeiten unter Wasser zwischen Überlingen und Maurach am Nordufer des Überlinger Sees. LEO-BW landeskundliche Informationssystem für Baden-Württemberg 2004, https://www.leo-bw.de/en_GB/web/guest/detail/-/Detail/details/DOKUMENT/bsz_swb/280225040/Tauchsondierungen+und+Prospektionsarbeiten+unter+Wasser+zwischen+%C3%9Cberlingen+und+Maurach+am+Nordufer+des+%C3%9Cberlinger+Sees (16.07.2017)

Köninger, Joachim: Nußdorf-Strandbad - Das Fundmaterial der Horgener Siedlung an der Liebesinsel. LEO-BW landeskundliche Informationssystem für Baden-Württemberg 1999, https://www.leo-bw.de/web/guest/detail/-/Detail/details/DOKUMENT/wlbblb_labi/1395972/Nu%C3%9Fdorf-Strandbad++das+Fundmaterial+der+Horgener+Siedlung+an+der+Liebesinsel+%C3%9Cberlingen-Nu%C3%9Fdorf+Bodenseekreis (16.07.2017)

Kolb von, Johann Baptista (Hrsg.): Historisch-statistisch-topographisches Lexicon von dem Großherzogthum Baden, Bd. 1 - 3, Karlsruhe 1813 -1816

Krakow, Thomas: Verena Lafferentz-Wagner. Ein stiller Star ist 95 Jahre alt. In: Richard Wagner Verein Leipzig: Berichte 2015, http://wagner-verband-leipzig.de/engl/index.php/verena-lafferentz-wagner.html (16.07.2017)

Krausse, Dirk [u.a.]: Die Heuneburg - keltischer Fürstensitz an der oberen Donau. (Hrsg.:) Landesamt für Denkmalpflege Stuttgart. Darmstadt 2015

Julius-Weismann Archiv (Hrsg.): Julius Weismann - Leben und Wirken. Duisburg 2000, https://www.duisburg.de/stadtbib/medien/bindata/weismann.pdf (16.07.2017)

Krayss, Edgar / Keller, Oskar: Hydrographie während der letzten Vorlandsvereisung. In: Schriften des Vereins für Geschichte des Bodensees und seiner Umgebung, Bd. 114 (1996), S. [111-] 143

Kreisobstbauverein Überlingen e.V.: Festschrift zum 80jährigen Jubiläum. Überlingen 1984

Kuhn, Elmar L.: Der Bauernkrieg am See. In: Seegründe. Beiträge zur Geschichte des Bodenseeraums. Hrsg. v. Dieter Schott und Werner Trapp. Weingarten 1984, S. 19 - 52

Kuntzenmüller, Albert: Die Badischen Eisenbahnen. 2. Aufl., Karlsruhe 1953

Kurlemann, Jan: [Rezession des Buches] Die Gäste des Führers, von Rosine De Dijn. In: Belgieninfo 4. März 2015, http://www.belgieninfo.net/die-gaeste-des-fuehrers/ (13.07.2017)

Lachmann, Theodor: Auszug aus der Chronik von Überlingen 1892. In: Schriften des Vereins für Geschichte des Bodensees und seiner Umgebung, Bd. 22 (1893], S. 131- 140

Lachmann, Theodor: Auszug aus der Chronik von Überlingen 1893. In: Schriften des Vereins für Geschichte des Bodensees und seiner Umgebung, Bd. 25 (1896), S. 72 - 77

Lachmann, Theodor: Auszug aus der Chronik von Überlingen 1894. In: Schriften des Vereins für Geschichte des Bodensees und seiner Umgebung, Bd. 25 (1896), S. 104 - 106

Lachmann, Theodor: Archäologische Funde im Bodenseegebiet. In: Schriften des Vereins für Geschichte des Bodensees und seiner Umgebung, Bd. 30 (1901), S. 241 - 242

Lachmann, Theodor: Sagen und Bräuche am Überlinger See. Neu bearb. von Mathilde Maier. Weißenhorn 1976

Lachmann, Theodor: Überlinger Sagen, Bräuche und Sitten mit geschichtlichen Erläuterungen. Konstanz 1909

Landratsamt Bodensee: Bodenseekreis. Historisches. Im Winkel [o. J.], s. https://www.bodenseekreis.de/landkreis-tourismus/historisches/bilder-der-geschichte/im-winkel.html (13.07.2017)

Landwirthschaftliches Wochenblatt für das Großherzogthum Baden. Karlsruhe 1833

Landw. Consumverein Nußdorf. Protokollbuch. 1897-1979

Lamers, Reinhard / Rosenzweig, Daniel / Abel, Ruth: Raumklima in frühen Fachwerkhäusern. In: Bewährung innen wärmegedämmter Fachwerkbauten - Problemstellung und daraus abgeleitete Konstruktionsempfehlungen. Stuttgart: 2000

Landesamt für Denkmalpflege im Regierungspräsidium Stuttgart (Hrsg.): UNESCO-Welterbe. Prähistorische Pfahlbauten um die Alpen in Baden-Württemberg und Bayern. Stuttgart 2011

Lehmann, Albrecht: Zur volkskundlichen Vereinsforschung. In: Dann, Otto (Hrsg.): Vereinswesen und bürgerliche Gesellschaft in Deutschland. Historische Zeitschrift. Beiheft N.F. 9 (1984), S. 133 - 149

Lengkeek, Jaap: Vereine als Ort der Vergemeinschaftung? Eine soziologische Perspektive. In: Zimmer, Annette (Hrsg.): Vereine heute - zwischen Tradition und Innovation. Basel, Boston, Berlin 1992, S. 19 - 42

Lebek, Walter: Überlingens Kampf gegen das Feuer in vergangenen Jahrhunderten. In: Schriften des Vereins für Geschichte des Bodensees und seiner Umgebung, Bd. 71 (1952), S. 107 - 160

Leuzinger, Urs: Bevor die Römer kamen - späte Kelten am Bodensee. In: Mitteilungsblatt Archäologie Schweiz, Bd. 31 (2008), S. 38 - 39

Lichter, Clemens: Sammler, Händler und Gelehrte. In: Jungsteinzeit im Umbruch. Die „Michelsberger Kultur" und Mitteleuropa vor 6000 Jahren. [Katalog zur Ausstellung im Badischen Landesmuseum Karlsruhe 20.11.2010 - 15.5.2011]. 2010, S. 280 - 283

Madörin, Tobias [u.a.]: Gleichgesinnt. Der Verein - ein Zukunftsmodell. Hrsg. Museum im Bellpark Kriens. Zürich 2003

Maier, Ursula: Archäobotanische Untersuchung in der Feuchtbodensiedlung Nußdorf-Seehalde (Sondage 1982). In: Gleich, Philipp: Die Pfahlbausiedlungen von Nußdorf-Seehalde. Sondagen und Prospektionsarbeiten 1982 und 2003 des „Projekts Bodensee-Oberschwaben". Freiburg i. Br. 2017

Mall, J.: Handbuch für alle großherzoglichen Staatsbehörden. Karlsruhe 1831, http://reader.digitale-sammlungen.de/de/fs1/object/display/bsb10022688_00001.html (15.07.2017)

Mauch, Heiko: Kelten im Linzgau. 2012

McCrae, Heather: Frank may well be the origninal „Jersey Boy". In: Scugog Standard, Vol. 9, Nr. 44, 18.11.2011, S. 18

Mieder, Wolfgang: Der Reiter über den Bodensee. In: Fabula, 40 (1999) H. 3 - 4, S. 195 - 232

Mone, Franz Josef (Hrsg.): Zeitschrift für die Geschichte des Oberrheins. 1 Bd. 1850

Müller, Karl Otto: Der Hauskalender des Überlinger Chronisten Jakob Reutlinger. In: Schriften des Vereins für Geschichte des Bodensees und seiner Umgebung, Bd. 47 (1918), S. 196 - 235

Nathaus, Klaus: Organisierte Geselligkeit. Deutsche und britische Vereine im 19. und 20. Jahrhundert. Göttingen 2009

Nussdorfer Narrenbuch. 1925 - 2000

Niewel, Gianna: Provinz versus Metropole. The Dorf. In: Süddeutsche Zeitung, 29.12.2015

Obituary Rudolf Paul Stenger. In: The Canadian Statesman, Bowmanville, 18.04.1979, Section Two

Ontario Farmer: 2011 inductees to Canadian Agricultural Hall of Fame http://www.ontariofarmer.com/sitepages/ (13.07.2017)

Ossenberg, Horst: Haus + Hof, Im Sprach- und Kulturraum Alemannien und Schwaben von der Steinbis zur Neuzeit. Norderstedt 2004

Ostendorp, Wolfgang / Froböse, Christiane: Ein bronzezeitlicher Strand bei Ludwigshafen. In: Plattform. Zeitschrift des Vereins für Heimatkunde e.V. Unteruhldingen, 3 (1994), S. 34 - 44

Pertz, Georg, Heinrich (Hrsg.): „Historia Brevis Monasterii Salemitani" [Kurze Geschichte des Klosters Salem]. Repertorium Fontium 5, 539. [Berichtszeit 1134 - 1210]. In: Monumenta Germaniae Historica (MGH). Stuttgart 1874

Polizeygesetzgebung des Großherzogthums Baden. Bearb. von Friedrich Christian Rettig. 2. Aufl., Karlsruhe 1828

Protokollbuch der Freiwilligen Feuerwehr Nussdorf. 3 Bde. 1938 ff

Protokolle der Musikkapelle 1911 - 1912. In: Protokollbuch des Schützenvereins Nußdorf 1926 - 1941

Protokollbuch des Gesangvereins „Frohsinn" Nußdorf. 1927 - 1939, 1947 - 1950

Protokollbuch des Kriegervereins Nußdorf. 1895 - 1943

Protokollbuch des Schützenvereins Nußdorf 1926 - 1941

Protokollbuch Gesangs- und Musikverein Nußdorf e.V. 1987 - 1999

Protokolle des Nußdorfer Ausschusses 1975 - 1999

Protokolle des Nußdorfer Gemeinderates 1923 - 1975

Protokolle des Ortschaftsrates Nußdorf 1999 - 2009

Repetitorium über die Verhandlungen der ersten und zweiten Kammer der Ständeversammlung des Großherzogthums Baden. Karlsruhe [ca.] 1835

Reuß, Johann August: Teutsche Staatskanzley. IV. Theil. Ulm 1783.

Riehl, Simone: Jungneolithische Pflanzenproduktion des Naturraums am Überlinger See/Bodensee. 2004, https://www.jkoeninger.de/file/hs4/HS-4-2-Riehl.pdf (14.07.2017)

Rill, Bernd: Der Bodensee, Geschichte einer trinationalen Region. Gernsbach 2014

Roder, Christian: Tagebuch über die Belagerung der Reichstadt Überlingen durch die Schweden vom 24. April bis zum 16. Mai 1634. In: Schriften des Vereins für Geschichte des Bodensees und seiner Umgebung, Bd. 40 (1911), S. 116-140

Sandner, Harald: Hitler - Das Itinerar. Berlin 2016

Saltzwedel, Johannes: Faszinierende Ferne. In: Der Spiegel. Geschichte. Nr. 4/2013: Das Leben im Mittelalter

Sieger, Robert: Postglaciale Uferlinien des Bodensees. In: Schriften des Vereins für Geschichte des Bodensees und seiner Umgebung, Bd. 21 (1892), S. 164 - 182

s' brennt. Überlingen. Eine Stadt und ihre Feuerwehr 1853 - 2003. Überlingen 2003

Schels, Peter C. A.: Kleine Enzyklopädie des deutschen Mittelalters. 2010, Mittelalter_Lexikon: Portal http://u01151612502.user.hosting-agency.de/malexwiki/index.php/Mittelalter_Lexikon:Portal (14.07.2017)

Schlichtherle, Helmut: Moor- und Seeufersiedlungen, Die Sondagen 1982 des „Projektes Bodensee-Oberschwaben". In: Archäologische Ausgrabungen. Bd. 1982 (1983), S. 40 - 45

Schlichtherle, Helmut: Nußdorf-Seehalde, Stadt Überlingen (Bodensee) und Nußdorf-Strandbad. Überlingen (Bodensee) 1990

Schlosser, Ernst: Vom Obstbauparadies am Bodensee. In Badische Heimat 1936, S. 334 - 342

Schmid, Herrmann: Aus der älteren Geschichte der Pfarrei Seefelden. Ein Überblick unter besonderer Berücksichtigung des Pfarrurbars von 1629. In: Freiburger Diözesan-Archiv. Bd. 111 (1991), S. [171-] 185

Schmid, Herrmann: Die Säkularisation des Reichsstifts Salem durch Baden und Thurn und Taxis. In: Schriften des Vereins für Geschichte des Bodensees und seiner Umgebung, Bd. 98 (1980), S. 111 - 145

Schmid, Herrmann: Die Staats-, Kirchen-, Rechts- und ökonomischen Verhältnisse der Reichstadt Überlingen 1802. In: Schriften des Vereins für Geschichte des Bodensees und seiner Umgebung, Bd. 102 (1984), S. 185 - 206

Schmidle, Wilhelm: Zur geologischen Geschichte des nordwestlichen Bodensees bis zum Maximalstand der Würmeiszeit. In: Schriften des Vereins für Geschichte des Bodensees und seiner Umgebung, Bd. 35 (1906), S. 71 - 122

Schmidle, Wilhelm: Die geologische Geschichte des Überlinger Sees, in: Badische Heimat, Bd. 23 (1936), S. 38- 49

Schwab, Gustav: Der Bodensee nebst dem Rheinthale von St. Luziensteig bis Rheinegg. Handbuch für Reisende und Freunde der Natur, Geschichte und Poesie. Stuttgart und Tübingen 1827

Sielmanns Biotopverbund Bodensee. Hrsg.: UN-Dekade Biologische Vielfalt Geschäftsstelle. nova-Institut. [o.J.]. http://www.undekade-biologischevielfalt.de/projekte/aktuelle-projekte-beitraege/detail/projekt-details/show/Wettbewerb/1172/ (14.07.2017)

Sorg, Ernst: Kleine Chronik zum 50-jährigen Bestehen des Gesang- und Musikvereins Nußdorf. 2005

Spahr, Gerhard: Geschichte des Weinbaus im Bodenseeraum. In: Schriften des Vereins für Geschichte des Bodensees und seiner Umgebung, Bd. 99/100 (1981), S. 189 - 230

Spahr, Kolumban: Kapelle St. Kosmas und Damian in Nußdorf. München und Zürich 1989

Spahr, Kolumban: Spätgotik am Bodensee: Die Nußdorfer Kapelle. In: Schönes Schwaben. Land und Leute. Tübingen, H. 5 (1992), S. 36 - 43

Späth, Franz: Handschriftliche Sammlung historischer Daten zu Geschichte von Nußdorf. Überlingen 1964 -1971

Speiche, Stephan: Politische Philosophie - Stolz auf die goldene Regel. [Auszug]. In: Süddeutschen Zeitung, Kultur 13.12.2015

Staatliche Naturschutzverwaltung Baden-Württemberg: Plenum Baden-Württemberg. Projekt Kulturlandschaft Konstantinhalde, Nussdorf. 2009, http://www4.lubw.baden-wuerttemberg.de/servlet/is/60925/?detail=KN-2009-11&browser=wg. (14.07. 2017)

Staatsanwaltschaft Konstanz: Betr. Anzeigesache gegen ehemalige Angehörige des KZ Überlingen wegen Mordes. Das Verfahren wird eingestellt. 1960 [unveröff. Schreiben] Bundesarchiv, Außenstelle Ludwigsburg

Staiger, Franz Xaver: Salem oder Salmannsweiler ehemaliges Reichskloster Cisterzienser-Ordens, jetzt Großh. Markgräfl. Bad. Schloß und Hauptort der Standesherrschaft Salem sowie die Pfarreien Bermatingen, Leutkirch, Mimmenhausen, Seefelden und Weildorf mit ihren Ortschaften und Zugehörungen. Konstanz 1863

Staiger, Franz Xaver: Über die Schulen und Schullehrer. Ein Wort zur Beherzigung. Freiburg 1833

Statistisches Landesamt Baden-Württemberg (Hrsg): Vertriebene in Baden-Württemberg. Stuttgart 2004

Stenger, Frank: Memories 1. Hrsg.: Cordula und Fritz Herbst. Schaffhausen 2001.

Steudel, A. Diaconus: Vortrag über die Pfahlbauten. Mit einer Karte. In: Schriften des Vereins für Geschichte des Bodensees und seiner Umgebung, Bd. 3 (1872), S. 66 - 90

Steudel, A. Diaconus: Welche wahrscheinliche Ausdehnung hatte der Bodensee in der vorgeschichtlichen Zeit? Wann ungefähr gestalteten sich seine jetzigen Ufer. In: Schriften des Vereins für Geschichte des Bodensees und seiner Umgebung, Bd. 4 (1874), S. 72 - 90

Stingl, Willy: Noch 15 Torkel im Bodenseeraum. Hrsg.: Kur- und Verkehrsverwaltung Meersburg. Meersburg 1981

Storm, Monika: 90 Jahre Frauenwahlrecht in Deutschland, Erste Wahl? Erste Wahl! Mainz 2009

Strigel, Anton: Die Fischereipolitik der Bodenseeorte in älterer Zeit mit besonderer Rücksicht auf Überlingen. In: Schriften des Vereins für Geschichte des Bodensees und seiner Umgebung, Bd. 39 (1910), 94 -156

Tann, Siegfried (Hrsg.): Der Bodenseekreis. Ein Führer zu Natur, Geschichte und Kunst. Friedrichshafen 1998

Telle, Wilhelm: Die Belagerung Überlingens durch die Schweden. In: Schriften des Vereins für Geschichte des Bodensees und seiner Umgebung, Bd. 52. (1923), S. 12 - 56

Telle, Wilhelm: Die Belagerung Überlingens durch die Bayern 1614. In: Schriften des Vereins für Geschichte des Bodensees und seiner Umgebung, Bd. 55 (1927), S. 160 - 177

Tröltsch, von: Vergleichende Betrachtung der Pfahlbauten des Bodensees. In: Schriften des Vereins für Geschichte des Bodensees und seiner Umgebung, Bd. 25/26 (1897)

Urbar [von Nußdorf] um 1800. [...] über die Nummern, womit ein jedes Grundstück und Haus im Urbar als auch auf der Karte bezeichnet wird". [Lose Blätter]. Stadtarchiv Überlingen: Gemeindearchiv Nußdorf C I / 1

Vaz, von. In: Historisches Lexikon der Schweiz. Basel 2014

Verfassungsurkunde für das Großherzogthum Baden vom 22. August 1818, http://www.documentarchiv.de/nzjh/verfbaden.html (14.17.2017)

Verhandlungen der Stände-Versammlung des Großherzogthums Baden im Jahr 1833. Karlsruhe, 1833

Der Viererbund. Fasnet in Rottweil, Oberndorf, Elzach und Überlingen. Hrsg. von Hansjörg Deck. Tübingen 2002

Wagner, Wilhelm J. / Schwaighofer, Bernd: Der große Bildatlas unserer Heimat. Österreichs 120 Paradiese. Wien 1998

Walser Martin: Heimatlob. Friedrichshafen 1978

Walter, Leodegar: Die Nußdorfer Kapelle. In: Dorfgemeinschaftshaus Nußdorf. Festschrift anläßlich der Einweihung des Dorfgemeinschaftshauses Nußdorf am 27./ 28. September 1986. (Hrsg.:) Ausschuss für Angelegenheiten des Stadtteils Nußdorf. Nußdorf 1986, S. 22 - 28

Wechmar, Karl August Ferdinand von: Instruction für die Hebammen im Großherzogthum Baden. Karlsruhe 1854

Weech, Friedrich von (Hrsg.): Sebastian Bürster's Beschreibung des schwedischen Krieges 1630 - 1647. Nach der Originalhandschrift im General-Landesarchiv zu Karlsruhe. Leipzig 1875

Weech, Friedrich von (Hrsg.): Codex Diplomaticus Salemitanus. Urkundenbuch der Cistercienser Abtei Salem. Bd.1: 1134 - 1266, Karlsruhe 1883

Weech, Friedrich von (Hrsg.): Codex Diplomaticus Salemitanus. Urkundenbuch der Cistercienser Abtei Salem Bd. 2: 1267 - 1300, Karlsruhe 1886

Weech, Friedrich von (Hrsg.): Codex Diplomaticus Salemitanus. Urkundenbuch der Cistercienser Abtei Salem, Bd. 3: 1300 - 1498, Karlsruhe 1895

Weichle, Friedrich: Der Weinbau am Überlinger See. In: Badische Heimat. Bd. 23, 1936, S. 312 - 333

Wever, Bruno de: „Rebellen" an der Ostfront. Die flämischen Freiwilligen der Legion „Flandern" und der Waffen-SS. In: Vierteljahreshefte für Zeitgeschichte, Jg. 39 (1991) H. 4, S. 589 - 610

Wikipedia: Schlachttier- und Fleischuntersuchung, https://de.wikipedia.org/wiki/Schlachttier-_und_Fleischuntersuchung (14.07.2017)

Wikipedia: Leichenschau, https://de.wikipedia.org/wiki/Leichenschau (13.07.2017)

Wieland Georg.: Bauernbefreiung in Baden und Württemberg. Die Umsetzung der Agrargesetze an Beispielen aus dem Bodenseeraum. In: Schott, Dieter / Trapp, Werner(Hrsg.): Seegründe. Beiträge zur Geschichte des Bodenseeraums 1984, S. 73 - 102

Wollenberg, Klaus: Grangie oder Bruderhof? Zur Geschichte der eigenbewirtschafteten Höfe des Klosters Fürstenfeld. In: Amperland, 22 (1986), S. 239 - 243

Zandt, Ferdinand: Fischerei im Überlinger See. In: Busse, Hermann Eris (Hrsg.): Überlinger See und Linzgau. [Serie] Badische Heimat. 23. Freiburg i. Br. 1936, S. 311 - 320

Zehender, Thomas: Bahnhof gefällig? Die Bahnhofsgebäude von Sipplingen und Nußdorf am Bodensee werden verkauft. In: Zeit und Welt, 26./27. März 1982

Zurfluh, Anselm: Dreißigjähriger Krieg. In: Historisches Lexikon der Schweiz, 2015